基于学科核心素养的课堂教学实践研究
——小学科学

《课堂教学实践研究》编委会　主编

世界图书出版公司

图书在版编目（CIP）数据

基于学科核心素养的课堂教学实践研究 . 小学 /《课堂教学实践研究》编委会主编 . -- 北京：世界图书出版公司，2021.11
　ISBN 978-7-5192-9066-5

Ⅰ . ①基… Ⅱ . ①课… Ⅲ . ①课堂教学—教学研究—小学 Ⅳ . ① G622.421

中国版本图书馆 CIP 数据核字 (2021) 第 222858 号

书　　　名	基于学科核心素养的课堂教学实践研究 . 小学
（汉语拼音）	JI YU XUEKE HEXIN SUYANG DE KETANG JIAOXUE SHIJIAN YANJIU . XIAOXUE
主　　　编	《课堂教学实践研究》编委会
总 策 划	吴　迪
责 任 编 辑	冯晓红
装 帧 设 计	包　莹
出 版 发 行	世界图书出版公司长春有限公司
地　　　址	吉林省长春市春城大街 789 号
邮　　　编	130062
电　　　话	0431-86805559（发行）　0431-86805562（编辑）
网　　　址	http://www.wpcdb.com.cn
邮　　　箱	DBSJ@163.com
经　　　销	各地新华书店
印　　　刷	长春新华印刷集团有限公司
开　　　本	787 mm×1092 mm　1/16
印　　　张	61
字　　　数	1230 千字
印　　　数	1—2 000
版　　　次	2021 年 11 月第 1 版　2021 年 11 月第 1 次印刷
国 际 书 号	ISBN 978-7-5192-9066-5
定　　　价	298.00 元（全五册）

版权所有　翻印必究

（如有印装错误，请与出版社联系）

丛书编委会

主　　任：王忠源
主　　编：李树军　吴　畏
副 主 编：王艳玲　高忠威　辛仁杏　李　欣
　　　　　刘　岩
编　　委：肖宇轩　李　博　史才春　褚春蕾
　　　　　周玉卓　张　键　辛　枫　李艳辉
　　　　　王煜煜　王　琳　王微微　苏丽红
　　　　　郑文春　周樱蓉

本书编委会

主　　编：郑文春
副 主 编：周玉卓　王　莉
编　　委：齐　彦　吕步坤　信　义　黄俊梅
　　　　　蓝　蓝

前言

根据立德树人工作总体部署和中国学生发展核心素养的发布，2017年2月国家教育部颁发了《小学科学课程标准》。新标准的颁布标志着课程实验阶段已经结束，新的课程标准将引领小学科学教育进入一个改革提升的全面阶段。这是我国科学教育发展中里程碑性质的一件大事。

纵观时代发展，世界变化，越来越证明科技强国的必然性。科技发展是国家发展的内生动力，要想建成社会主义现代化强国，就需要创新型人才的培养，科技创新离不开科学知识的积淀，科学教育由此被广泛关注，越来越多的专业人才投身科学教育中。广大科学教师立足课堂，躬身实践。在实践中探索，在实践中研究，提出对科学教育的理解，形成了提升科学教育质量的策略，也积累了丰富的教学案例。这些研究既有课程的转变，也有课堂的转变，同时反映科学教师自身的转变。

中国工程院院士、原教育部副部长韦钰认为："基础教育阶段科学教育的目的不在于简单地传授知识，而是在于建立一种新的文化，创新的社会文化，它包括对我们生活着的世界的态度、思维方式和价值取向。"科学教师们把普及科学知识、弘扬科学精神、传播科学思想、倡导科学方法、引导全民爱科学、不断提升科学素质为教学己任。借助新课标颁布、新教材使用之际，小学科学教师们认真研读与体会，此书正体现了科学教师们在科学教育中摸索、探究、实践而产生的思考，将他们记录整理下来与同行共同交流探讨，为更好地发展科学教育、提高课堂教学效率、培养学生的科学素养和科学思维抛砖引玉。

我们在实践基础上反思，在反思基础上提升，希望获得更好的成长。新课标的出台，既是一个改革的过程，也是一个建设的过程，每一个教师的实践既是一个学习探索的过程，也是一个生成构建的过程。作为一代幸运的科学教师，我们会在教学中坚持不断思考与积累，实现从经验型教师向研究型教师的转变，为中国科学教育发展助力。

长春市基础教育研究中心　周玉卓

目录

专题一　课程标准解读……………………………………… 1
小学科学课程标准解读 ……………………………………… 1

专题二　教学案例 ………………………………………… 13
核心素养培育目标下的科学实验教学案例 …………… 齐　彦　13
"测量气温"教学设计 ……………………………………… 黄　帅　18
"点亮小灯泡"教学设计 ………………………………… 黄俊梅　22
"弹簧测力计"教学案例 ………………………………… 蓝　蓝　26
"观察我们的身体"教学设计 …………………………… 吕步坤　32
"桥的形状和结构"教案 ………………………………… 孙丽濛　36
"物体在斜面上运动"教学设计 ………………………… 马维倩　41
"运动与摩擦力"教学设计 ……………………………… 包　宇　44
"压缩空气"教学设计 …………………………………… 卜金玲　48

专题三　探索与发展 …………………………………… 52
新课标下如何培养学生的科学素养 …………………… 郑文春　52
如何提高小学科学课堂的教学效率 …………………… 王　莉　55
浅谈小学生科学思维能力的培养 ……………………… 齐　彦　58
核心素养发展下的小学科学教学实践之思考 ………… 黄俊梅　63
在小学科学教育中实施生活化教学的策略 …………… 吕步坤　66

兴趣是科学实验教学实践探究的根本 …………………………… 王贺娟 69
科学课"玩中学,学中玩"的教学探究 …………………………… 张春燕 72
在认知碰撞中激发学习的内在动机 ……………………………… 黄俊梅 75
科学学科中积极心理品质培养的实践研究 ……………………… 蓝　蓝 78
探究式学习方法在小学科学教学中的研究 ……………………… 孙丽濛 81
小学科学教学:如何培养学生的探究能力 ……………………… 马维倩 84
浅谈如何在小学科学课中培养学生的科学素养 ………………… 王　娜 87

专题一　课程标准解读

小学科学课程标准解读

小学科学课程内容主要包含物质科学、生命科学、地球与宇宙科学、技术与工程4个领域，世界是物质的，物质是运动的，使学生体会到物质科学对推动社会进步、提高人类生活水平的重要意义，是小学科学课程的主要任务。由此，物质科学领域在小学科学课程中的地位可见一斑。

一、物质科学领域

课程标准作为教学的指导性文件，规定着学科的课程性质、目标、内容以及实施建议。为帮助小学科学教师正确解读与把握2017版小学科学课程标准，促进小学科学教育的更好发展，从以下四个方面对2017版《义务教育小学科学课程标准》（以下简称"标准"）物质科学领域进行分析。

（一）课程性质与课程设计思路

首先，标准重新定位了小学科学课程的性质，具体表现为小学科学课程的基础性、实践性、综合性。标准认为，早期的科学教育对于学生科学素养的形成具有不可替代的作用。在小学科学课程中，学生通过知识与技能的学习，培养观察、比较、分析的能力，利用科学知识和科学技能去理解身边的科学现象并解决一些实际问题，为日后的科学知识学习、日常生活乃至终身发展打好坚实基础，此其基础性特点。将探究活动作为学生学习科学的重要方式，通过重视学生动手动脑亲身经历等实践活动，强化学生各方面的学习能力，塑造学生良好的科学态度，是小学科学课程实践性的具体表现。强调四个领域知识之间的相互渗透和相互联系，注重理解自然与解决问题的结合，以此强化学生的综合能力。同时强调将科学课程与语文、数学等课程进行相互渗透，从而促进学生的全面发展，体现出小学科学课程性质中的综合性特点。

其次，从小学生入学开始对其进行科学教育，依据其"由形象思维过渡到抽象思维"的认知发展特点进行科学教学，不仅有益于从小激发和保护学生的求知欲与好奇心，同时也对学生科学精神的培养和实践创新能力的提高产生深远影响。

（二）课程目标

标准摆脱了以传统三维目标为总目标领域进行分目标分解的理念，强调从"科学知识""科学探究""科学态度""科学、技术、社会与环境"四个方面阐述具体目标，即四个方面的总目标，再按照不同的领域、要素、维度和关系对这四个方面进行学段目标的详细划分。其中，科学知识的学段目标将知识内容在学习与生活中的不同作用与功能进行合理的安排。一个具备科学素养的公民不仅应该掌握足够的科学知识、科学方法，更需强调科学的思维和科学的精神。所以，在科学素养、技术素养与人文素养并称为现代公民三大基本素养的时代背景之下，小学科学课程以培养学生的科学素养为总目标，秉承了为学生继续学习、成为合格公民做铺垫的基本课程理念。在此次课程目标更新之后，学生在科学课程学习中需要完成的主要任务是了解科学、技术、社会和环境的关系。与此同时，也需加强对小学生的创新意识、保护环境意识以及社会责任感的培养。遵循了标准中"反映国际科学教育的最新成果"的课程设计思路。

（三）课程内容

标准在课程内容这部分的结构编制上也是步步推进，层层深入。首先，将蕴含在该知识领域中的所有学习内容以知识结构图的方式联结起来，使各个主要概念之间的相互关系一目了然，各个主要概念之间有机联系且相互渗透。然后，在每一个主要概念下，均以表格形式将其在不同学段所需达到的不同要求和所需达成的学习目标条理清晰地呈现出来。最后，再有针对性地给出一些可供小学科学教师参考并使用的教学活动建议。如此编排，既有助于小学科学教师对课程内容的整体把握，也有助于他们对每个领域的具体内容及主要概念的细节把握，有助于教师们对标准更快更好地解读，更是贯彻落实了科学教育发展观、按科学教育规律组织安排教学内容的理论原则。

(四)实施建议

标准以教学、评价、教材编写以及课程资源开发与利用为主要方面提出实施建议,汲取了近年来教学理论和学习理论的精髓,也是对当前小学科学教学经验的提升与凝练。较为显著的变化之一是在教学建议中首次加入学科关联建议,提出科学学科要与小学其他学科密切关联的观点,尤其是数学、语文、综合实践活动等课程。倡导跨学科学习方式,运用 STEM 教育体系将科学、技术、工程、数学有机地融合在一起,有助于学生科学素养的培养。科学教育工作者应尽可能理解、内化并指导自己的科学教育实验,科学教师亦可以尝试将其运用于自己的教学实践之中。

其次,是在教材编写建议中首次加入教学具开发建议。鼓励教师收集和自制学具,选取学生身边易获取、成本低的材料,为学生的探究活动提供物质条件。坚持教具不是学具的简单复制,更不能用教具的演示代替学生操作学具的理念。值得注意的是,教学辅助软件作为一种数字化的教学具,它不应是科学知识的简单图解,而应服务于学生的探究活动,通过呈现探究问题情境、提供探究素材来启迪学生的思维。

总体看来,2017 版《义务教育小学科学课程标准》在课程的性质和设计思路、目标、内容与实施建议四个方面均有不少改动与完善。研读 2017 版课程标准并对其做出正确的理解与认识,对于小学科学教师的日后教学以及小学生科学素养的培养有着十分重要的作用。

二、生命科学领域

随着人类社会的进步,经济的欣欣向荣,科学技术的快速发展,对每位公民都提出了新的科学素养要求。小学科学课程遵循国家教育理念方针,以培养科学素养为宗旨,尊重学生的年龄特点与认知规律,将小学科学课程划分为低中高三个学段(1—2 年级、3—4 年级、5—6 年级),四个教学目标(科学知识、科学探究,科学态度,科学、技术、社会与环境)与四个领域(物质科学、生命科学、地球与宇宙科学、技术与工程)。纵观小学科学中生命科学领域的课程设置其主要以一些简单、直观的学习内容为载体,培养学生对生命科学的学习兴趣,从而保护学生的好奇心与求知欲,为他们继续对初高中生物课程的学习以及终身发展奠定了良好的科学基础。现将从以下几个方面对《小学科学课程标准》中生命科学领域进行解读。

(一)从课程目标中解读生命科学领域

生命科学领域对于小学生并不陌生,小学科学课程标准中生命科学领域所涉及的科学概念与课程目标完全符合小学生认知规律及其特点。

1—2年段科学知识目标旨在能够简单描述周边常见动植物的外部主要特征。低年段学生在系统学习科学课程之前，他们在日常生活中常通过感官以及周围环境的影响认识部分植物与动物，并对自己身体各部分结构有一定粗浅的认识，将此课程设置在低年级旨在强化他们对周围环境的认识，修正错误的概念，形成良好的科学习惯与正确的科学概念。

3—4年段科学知识目标旨在使学生了解常见动植物体的主要组成结构、生命周期，能够对生物进行简单分类，初步认识人体主要生命活动。随着学生智力的发育显然外部简单的生物特征已不能满足学生的认知水平，使中年段学生对动植物体组成部分进行进一步探究，认识到生物具有一定生命活动且存在生命周期，形成尊重科学事实、乐于探究、学会与他人合作的科学态度。

5—6年段科学知识目标旨在初步认识人体生命活动与人体健康，了解动植物关系、生物生存条件及其多样性。低中学年段的科学学习主要在观察与认识层次，而此学年段的学生有一定的思维与创新能力，教师将要引导学生对课程内容系统的学习，培养学生探究、实践、创新能力，并尝试与其他学科相结合培养学生整合与反思能力。

（二）从课程内容中解读生命科学领域

在我们的生命世界里包含多种多样的生物，不仅仅有植物、动物，还有微生物，它们存在于不同的环境中，可以生长发育，也可以延续生命。为了达成课程标准目标将课程内容分为以下几个主要科学概念。

科学概念7地球上生活着不同种类的生物。此概念均匀分布在各个学段，很多学生知道生物但却不明确生物的概念及特征，课程将通过观察不同的动植物分阶段，让学生清楚生物是具有生命的，它与非生物有着本质性区别，不同生物有不同特点，但它们也有共同的特征，其中，这些生物体的基本组成单位都是细胞。

科学概念8、9动植物都能适应环境，动物与植物则需要通过不同的方法获取养分维持生存。这两个概念主要分布在低中年段，知识相对浅显易懂。"民以食为天"，动植物属于生物，需要生长和发育，因此也需要营养供给，这是生物的重要特征之一。

科学概念10人体是由多个系统共同组成的，各系统分工配合共同维持人体的生命活动。此概念在各学段均有涉及，但侧重点不同，低中年段主要以观察识别为主，高年段主要以调查、讨论多角度多方位的分析评价人类的生命活动。要让学生深入了解人类身体结构与进行生命活动所需的人体器官，以及这些器官的功能与作用，让学生需要从小就学会保健常识，形成健康的生活意识与良好的生活习惯。

科学概念 11 植物和动物通过繁殖后代使得它们世代相传。此概念仅在中高年段出现。中年段主要是让学生知道动植物具有生命周期以及繁殖后代的方式，高年段则让学生观察亲子代之间的差异，为初高生物学中遗传学做铺垫，提高学生对生物学的学习兴趣。

科学概念 12 动植物间、动植物与环境间都存在着相互依存的关系。此概念仅分布于中高年段，此时学生对生物已有粗浅认识，同时基于原有的生活经验和探究能力，可以尝试进行一些浅显的生物学探究实验，分析生物之间、生物与环境间存在的关系，让学生形成热爱自然、爱护生物的情感态度。

（三）从课程实施建议中解读生命科学领域

《小学科学课程标准》中并没有对生命科学领域提出具体的实施建议，但学生形成科学素养的过程并非一蹴而就，而是一个长期、呈阶段性的培养过程。小学科学主要以探究式学习为主，以学生为主体，教师为主导的原则下，教师需引导学生产生认知冲突激发学生学习兴趣，不仅可以利于学生对生命科学概念的理解，也可以培养学生思维逻辑、探究创新能力。低年段的学生主要以观察、种植饲养等方式来进行生命科学领域的学习，高年段的学生将尝试设计实验、动手操作、制作模型等方式来辅助记忆与理解。小学科学是一门综合性学科，与其他学科关系密切，因此在实施教学活动中可以与其他学科进行关联与互动，同时可以以课程为基础，教师带领学生走出教室、实验室，走进校园、公园、动物园、科技馆等更为广阔的学习场所，收获更多的科学知识。

三、地球与宇宙科学领域

地球与宇宙科学领域是小学生认识大自然的基础，是小学生科学素养不可或缺的组成部分，准确理解和把握课程标准中本领域课程价值、学习内容和教学建议，有利于提高教学质量，有利于培养学生科学素养。

（一）地球与宇宙科学领域的科学价值

1. 本体价值

（1）了解地球，探索太空的奥秘，是人类几千年来梦寐以求的目标。地球是人类生存的家园，是宇宙中一个普通的天体。地球的结构是由地核、地幔和地壳组成的内层空间和由大气、生物圈组成的外层空间组成的。地球内外层的交界处形成了一个特殊的土壤圈，是人类活动最重要的场所。

（2）地球与宇宙的科学研究，对于合理开发利用空间资源和自然资源，正确认识人与环境的关系，具有重要的理论和现实意义。从理论上讲，地球与宇宙科学承担着揭示整个地球和空间形成与演化规律的科学使命。当代自然科学一些重要基础理论问题的最终解决，离不开地球科学和宇宙科学的研究。

（3）地球与宇宙科学的研究方法不仅是其自身发展的重要内容，而且可以为其他自然科学领域的发展拓展空间。地球与宇宙科学以地球和空间为研究对象，自然现象、事物和规律具有时空的复杂性，这就决定了地球科学和宇宙科学的研究方法既有与其他领域的研究方法相同之处，但也有其特殊性。

2. 学科教育价值

（1）加强宇宙科学教育有利于激发学生探索科学的欲望。宇宙科学以神秘宇宙为研究对象，始终是激发人类好奇心、挑战人类想象力的重要源泉，是培养学生对自然和科学兴趣的学科。

（2）学习地球知识对培养学生的科学素养具有重要意义。地球与宇宙科学有着自己的知识体系，也与材料科学、生命科学、技术科学等其他领域有着许多交叉的内容。同样，在小学科学课程中，要使学生形成一幅完整的地球图景，不仅要学习地球和宇宙本身的知识，还要学习材料科学、生命科学、技术和工程科学的知识。

（3）地球与宇宙科学的学习有助于引导学生形成人地协调的可持续发展观。进入 21 世纪以来，全球环境进入可持续发展阶段。随着当前我国对资源环境问题的重视，小学科学课程在可持续发展教学中的作用越来越明显，地球与宇宙科学的内容起着重要的载体作用。学习地球宇宙学可以帮助学生理解科学，解释一些自然现象，初步树立科学的宇宙观和自然观，使学生关注社区、国家和全球资源，是科学课程的重要任务，也是可持续发展教育的需要，能源和环境问题，获得人与自然和谐共处所需的知识、方法和能力，培养对待自然和环境友好的情感态度和价值观。

（二）地球与宇宙科学领域的内容

本领域重点是进一步梳理了地球存在的宇宙空间，宇宙地球本身的物质组成及结构，地球的圈层结构涉及的相关概念，在此基础上补充完善了人类与地球之间的关系，地球是人类生存的家园的相关概念。

1. 本领域内容主要概念

（1）在太阳系中，地球、月球和其他星球有规律地运动着。

（2）地球上有大气、水、生物、土壤和岩石，地球内部有地壳、地幔和地核。

（3）地球是人类生存的家园。

2.本领域学习内容知识结构图如下：

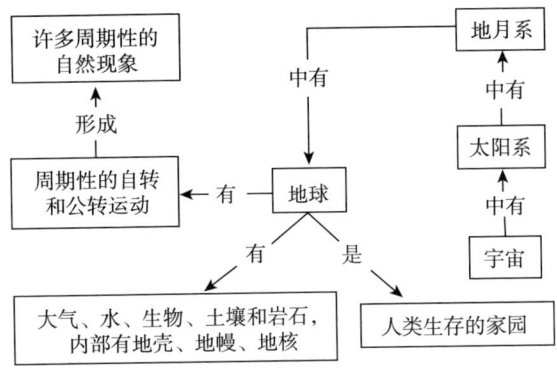

（三）地球与宇宙科学领域的教学建议

1.教学应以学生的经验为基础。儿童的生活环境中存在着丰富的信息刺激。他们在生活世界中探索了地球和宇宙，积累了一些经验。虽然这些经历中有误解和疏漏，对事物的理解不够全面、科学、深刻，但它们是儿童自己建构的对地球和宇宙的原始观念和看法。我们的教学应以学生的前概念为基础，通过引发认知冲突，激发学生的思维，重建正确的观念。

2.注重经验，尽可能关注现实。"地球与宇宙"的教学应充分利用多媒体、网络等先进的教学手段和教学方法，尽量营造氛围，让学生置身于真实的地球和宇宙中，或将真实的天地环境引入课堂，使教学具有真实感，使学生有所收获真正的经验。

3.丰富多彩的活动是教学的主要形式。以"活动"为载体，以"活动"为组织形式，让学生体验观察实验、信息收集、科学探究等过程，通过情景模拟、信息交流会、科学鉴赏、科学游戏等方式，促进教师与学生学习合作。

4.树立开放的教学理念。地球和宇宙的一些教学内容和活动，不是一节课就能完成的，也不是一两节课就能完成的。如"月相的变化""太阳的位置和方向""各种天气"等都需要在时间和空间上开放。此外，地球和宇宙的空间特性要求开放教学资源，引导学生利用学校、家庭、自然、网络等各种媒体进行科学学习，多途径获取证据，形成证据链，从而了解原理，解释现象，从而得出完整的结论，达到良好的教学效果。

地球是目前人们认识到的宇宙中唯一适合人类生存的星球。地球与宇宙中有关现象、事物和规律，具有时间和空间的复杂性，需要对人们运用实地观察、长期观测、建构模型、模拟实验、逻辑推理等方法进行探索与研究。本领域教师通过指导学生对太阳和月球等天体的观察，学习实地观察和观测的方法，初步认识一日内太阳在天空中位置变化的规律；通过模拟实验和建构模型等方法，了解由于地球的自转和公转运动产生的昼夜交替、四季变化等自然现象和规律。从地球的自转、公转、昼夜交替、四季的形成等内容的整体了解，再到了解月球、太阳以及整个太阳系、宇宙等的方面，将有助于激发学生对地球和宇宙的探究热情，发展空间想象、模型思维、逻辑推理能力，初步建立科学的宇宙观和自然观。

四、技术与工程领域

近年来国际科学教育当中，技术与工程领域的教育日益受到重视，已经成为许多国家科学教育的重要组成部分。尤其是英、美等发达国家，显著的特征就是突出技术与工程教育的作用，重视技术与工程素养的培养。目的是希望小学科学教育能够更好地与真实世界、社会生活相关联，以提高学生实践和应用能力。在小学科学课程中凸显技术与工程领域，不但顺应国际科学教育发展的趋势，同时也成为全世界各国的共识。

2016年，教育部课题组发布了《中国学生发展核心素养》，提出了我国学生"应具备的、能够适应终身发展和社会发展需要的必备品格和关键能力"。为了落实核心素养，本次《课程标准》修订当中技术与工程领域作为一个基础的学习领域被新增为小学科学必修内容，凸显了技术与工程在小学科学教育中的地位。有利于学生统合知识、知行合一，使科学教育重新回归生活。为培养创新型人才及复合型人才提供了强有力的保障。2017版课程标准尽管没有明确地说明哪一条是在培养核心素养，但是在具体的阐述之中却有着关于核心素养的要求。如对科学精神和实践创新的重视，关注培养学生的科学思维等，并明确设置了"科学、技术、社会和环境"目标，分别从科学技术与日常生活的联系、科学技术与社会发展的联系、人类与自然和谐相处3个方面的描述，从中我们不难看出其对核心素养的贯彻落实。

在剖析技术与工程领域之前，我们先来明晰四个概念：

1.科学是一个建立在可检验的解释和对客观事物的形式、组织等进行预测的有序知识系统，是已系统化和公式化了的知识。其对象是客观现象，内容是形式化的科学理论，形式是语言，包括自然语言与数学语言。或者说科学是人类在认识世界和改造世界过程中所创造的，是正确反映客观世界现象、物质内部结构和运动规律的系统理论知识。

2.技术是人类为了满足自身的需求和愿望，遵循自然规律，在长期利用和改造自然的过程中，积累起来的知识、经验、技巧和手段，是人类利用自然改造自然的方法、技能和手段的总和。广义的技术包含两个方面，精神方面的因素是方法和技能；物质方面的因素是工具和设备。或者说技术是在科学的指导下，通过总结实践的经验而得到，在生产过程和其他实践过程中广泛应用的，从设计、装备、方法、规范到管理等各方面的系统知识。

3."工程"一词有广义和狭义之分。就狭义而言，《辞海》将工程定义为"以某组设想的目标为依据，应用有关的科学知识和技术手段，通过一群人的有组织活动将某个（或某些）现有实体（自然的或人造的）转化为具有预期使用价值的人造产品过程"，这是标准的工程学的定义。就广义而言，工程则定义为由一群人为达到某种目的，在一个较长时间周期内进行协作活动的过程。我们认为工程是人类有组织地综合运用多门科学技术进行的大规模改造世界的活动，它除了要考虑技术的先进性和可行性，还要考虑成本和质量，做到经济、实用、美观，要考虑对环境的影响，以避免污染。工程这个词从英文的角度来说，它起源于拉丁文，其本意是设计的意思。因此工程技术的关键是设计，工程是运用科学和技术进行设计解决实际问题和制造产品的活动。

4. 人工世界，我们这里说的人工世界并非是由人工高科技技术，如计算机技术、互联网技术、虚拟现实技术等所创造世界，它是相对于现实世界而言的虚拟世界。我们这里讲的人工世界是相对于自然世界而存在的，以人类的意志为转移，由人力干预或塑造形成的便利、快捷、舒适的世界。

在课标中这四个概念是这样阐述的：人类观察自然、研究各种现象产生和变化的原因，而产生科学，科学的核心是发现；对科学加以巧妙运用以适应环境、改善生活而产生技术，技术的核心是发明；人类为实现自己的需要，对已有的物质材料和生活环境加以系统性的开发、生产、加工、建造等，这便是工程，工程的核心是建造。运用科学、技术和工程，人类创造了丰富多彩的人工世界。这一段话，开宗明义阐明了科学、技术与工程的主要特征及其相互之间的关系以及科学、技术和工程之于人类文明的意义。

科学的核心是发现即揭示规律，技术的核心是发明即实现功能，工程的核心是建造即造物。它们是逐层递进且相互关联的。例如：通电导线具有磁性，说明电可以生磁，这是发现即揭示规律，它指向的概念是科学。在通电导线内加入铁芯就做成了电磁铁，电磁铁具有磁性，这就实现了功能，它指向的概念是技术。电磁起重机、电磁继电器、电铃、磁悬浮列车、扬声器等产品体现了工程的核心是建造即造物，它指向的概念是工程。由此可见技术要符合科学原理，因此科学就是技术的根，而技术是科学一种延展；科学提供一种物化的可能，而技术和工程用来实现物化；科学是对知识的研究，而技术和工程则是对知识的综合应用。简而言之就是在概念上技术包含科学而工程包含技术和科学。

对于小学阶段的学生而言，他们对技术和工程概念的理解，在他们将来的学习当中同样有所帮助。在平常的教学当中，学生通过动手的活动他将知道这些所有的技术活动都需要工具，都需要材料，都需注意安全和规划。另外，他们还将发现技术和工程概念与他们生活当中的方方面面是密切相联系的，他们每天碰到的人造物体、物品是怎么组成他的世界的。

新课标中技术与工程领域共涉及三个主要概念，八个学习内容，低学段学习目标九个，中学段学习目标十一个，高学段学习目标十四个。这为课程教材编写提供了清晰的目标和明确的依据，也方便我们一线教师理解课标，更好解读教材、把握目标、设计学习方案。

三个主要概念中"16.人们为了使生产和生活更加便利、快捷、舒适，创造了丰富多彩的人工世界。"说明产品构成人工世界，同时也说明了工程与技术共同创造出人工世界。"17.技术的核心是发明，是人们对自然的利用和改造。"说明技术的核心是发明。"18.工程技术的关键是设计，工程是运用科学和技术进行设计、解决实际问题和制造产品的活动。"说明工程的关键是设计，设计产生产品。

八个学习内容及分段目标与内容，由于篇幅关系我们概括性介绍。

1.在备课的过程中明确学习内容指向的是知识、经验还是实体。例如："17.1技术发明通常蕴含着一定的科学原理。"属于知识形态的要素，"17.2 技术包括人们利用和改造自然的方法、程序和产品。"属于经验形态的要素，"17.3 工具是一种物化的技术。"属于实体形态的要素。

2.分段目标体现了学习进阶，我们在教学的过程中要掌握好尺度。

学习进阶是合理而连贯的科学概念与实践网络，其起点是学生入学时已有的概念与能力，终点是社会期望学生达到的科学理解能力，另外还包括介于两端点之间的中间理解水平，学生正是通过经历这些中间步骤而达到终点所要求的发展水准的。换言之，前一等级水准为后一等级水准提供了前概念，后一等级水准则是前一等级水准的最近发展区。具体操作中我们可以围绕核心概念由宏观到微观，具体到抽象，简单到复杂，低水平到高水平，逐级发展，螺旋上升，并且前后相互呼应，相互联系，这样有助于学生形成连贯的知识体系并迁移运用。

例如：低学段学生还不能准确区分科学家、发明家和工程师，在他们的眼里这些人都是科学家，他们只知道一些简单的科技产品但不明白原理，因此教学中应更多地着眼于现象。中年段学生能够区分科学家、发明家和工程师了，这时他们要知道一些著名的发明家和工程师的研究事迹，简单了解他们设计和发明过程，同时也应该知道一些著名科学家的研究事迹，和他们科学研究的过程。通过阅读、资料检索等活动了解分析古今中外科学家、发明家和工程师的发明、研究过程。高年段学生应知道很多发明能够在自然界找到模型，知道科学家发明出一个东西利用了哪些科学原理。他们还应知道科技上的发现以及发明依赖于勇气，依赖于创新，依赖于从业人员的不懈努力。知道科学家、发明家和工程师是如何批判性思考、探究性思考以及创造性思考的。

3. 技术与工程领域的学习内容特征：①功利性（实践性）——形成"产品"。②科学性——技术认知一定以科学规律为依据，技术一定符合科学原理。③创造性——技术和工程领域一定要强调创造，它是人类创造性的直接的体现。④限制性——技术和工程一定是受到人力、时间、成本、国家政策法律、道德、民俗、伦理等制约的。⑤质疑性——当我们遇到技术与工程问题时，无论是创造还是故障，不要急于迷信权威，先学会质疑。⑥探究性——技术与工程的实践活动和科学探究活动是小学科学教育中不可分割的两个方面。

4. 操作学习、合作学习是技术工程领域学习的重要特征，技术工程领域的学习可以大大地丰富学生的隐性知识，有利于提升他们的创造力。所谓"科学"就是分科而学，科学学科研究越来越细，越来越单一，使得人们对我们周围世界的认识犹如盲人摸象、管中窥豹，只知其一不知其他，忘了这个整个自然界本身就是一个有机的统一体，也忘了儿童认识这个世界不是分科的是整体的。所以技术与工程领域的内容必然体现出一种运用多学科知识去解决实际问题的一个特征。

5. 综合性和复杂性反映出技术认知和科学认知在思维方式上面的不同。技术认知很显然是偏向于综合，而科学认知则偏向于分析。工程和技术的学习是多科目领域知识的综合与运用，可以使各学科、各领域的知识综合化。

6. 技术与工程领域的学习还特别要强调人文性。科学与人文内在是互相关联内在统一的，这两者尽管形成背景、关注对象、涵盖内容各不相同，但是在深层的价值取向上面是互通互补的。因此小学科学里面增加技术和工程领域这个内容，其实就是特别强调科学与人文的整合，建立科学人文的课程文化观，培养学生的核心素养。

7. 教学中建议开展四类教学活动：①认识身边技术与工程领域的产品；②使用常见的技术工具；③研究简单的技术原理，进行简单的科学科技作品的制作和工程设计；④了解简单的科技史。

8. 授课类型建议分为三类：①认知类，对于没办法去制作或体验，也不具备参与的条件，主要是通过观察、通过视频这些方式去认识；②制作类，工程技术制作的内容，主要是针对技术产品，让学生经历制作的过程，感受技术产品生产的一个全过程；③应用类，通过对技术产品本身的使用和运用，来了解产品的功能和结构。

9. 教学策略建议：①材料的选择。根据学生的年龄特点选择适当的材料，当然，课堂上可以让学生自主选择材料用以培养创新能力。②基于模型的科学教学，提升思维品质。明确一个要解决的问题→在限制条件下进行设计→制作一个模型（画或写解决方案）→测试这个模型→评估并改进→实施建设。③提倡STEAM教学，推进项目教学。在科学、技术、工程、艺术、数学之间存在着一种互相支撑，互相补充，共同发展的关系。在交叉和碰撞中学生能够实现理解性的学习和深层次的学习。我们不是单纯的将科学与工程罗列出来，而是要把学生学到的零碎的科学、技术和工程知识转变成一个探究实践的过程。

10. 技术与工程领域教学误区几点提醒：①与物质科学、生命科学、地球与宇宙科学等传统科学教育领域的三大板块内容显著不同，技术与工程领域的内容知识性、概念性内容弱化，操作性、实践性凸显。②不同于以往的实验探究。实验探究的目的是发现科学原理，技术与工程领域的"设计与制作"则是运用科学原理解决的问题。③不同于手工课。手工课更倾向于审美，而技术与工程领域的动手实践则强调对科学原理的运用以及科技对生活的改变，出发点和落脚点明显不同。④技术与工程领域的课程与校本课程中的发明创造类课程不同，科学课中技术与工程领域的课程面向的是全体学生，更注重基本概念的普及，使大多数学生能够达到一定的水准，不具有学生群体针对性。

11. 教学建议：①介绍相关的科技史，针对某一内容选取重要时间节点，兼顾历史与逻辑的顺序组织引导学生重演人类的理论分析与推理过程，使学生以主人公的身份带着问题进行探究与实践。②注意创设并运用真实情境、驱动性问题，开展持续的探究，重视反思改进，展示交流、评估等环节。③让学生亲身体验科学技术带来的改变、亲自动手制作，帮助学生利用已有知识进行设计、发明、改进和创造，发展学生的动手能力、科学探究能力和思维能力。

专题二　教学案例

核心素养培育目标下的科学实验教学案例

长春市绿园区绿园小学　齐彦

课题	证明地球在自转	授课人	齐彦
学段学科年级	小学科学五年级	所在学校	长春市绿园区绿园小学
核心素养背景下的教学分析	教材分析： 　　本节课的内容是教科版科学五年级下册第四单元"地球的运动"第3课"证明地球在自转"。在本课教学中，我将主要采用"探究——研讨"的教学方法组织课堂教学，让学生进行观察、研讨、推测假设、验证，以进一步研究地球自转产生的原因，从而让学生学到探究科学规律的本领。同时在教学中，我将组织学生综合运用观察法、小组合作等学习方法，指导学生通过"假设——实验——得出结论"的途径对地球的自转进行解释，充分发挥学生的自动性，使学生通过自主探究实验，获取新知识，培养新技能。		

核心素养背景下的教学分析	学情分析： 　　五年级的学生，通过电视、书籍和网络，大多数都已经知道地球在自转并且围绕太阳公转这一科学现象。但让学生说一说地球自转或公转的证据，那就困难了。我将利用学生这些认知基础组织教学，从而激发学生对自转现象的探究兴趣，让他们在探究活动过程中不断产生问题——解决问题——又产生新问题。从而达到进行持续的长时间观察和研究活动。
教学目标	（一）科学知识目标 　1.通过实验了解摆具有保持摆动方向不变的特点。 　2.通过观看录像了解"傅科摆"，傅科摆与地面的刻度盘会发生"偏移"。 　3.用收集到的证据来解释昼夜交替出现的原因。 　4.认识到地球自转虽然不能直接观察到，但是能通过实验证实。 （二）科学探究目标 　1.通过摆的实验研究，了解摆的特点，并借此理解"傅科摆"的原理。 　2.通过提供的有关"傅科摆"的资料，理解人类是如何直接证明地球在自传的。 （三）科学态度目标 　　在研究活动过程中，培养学生的实证意识，使他们认识到地球的自转虽无法直接观察到，但通过实验，仍可以证实。 （四）科学、技术、社会与环境目标 　　增强学生对科学现象的探索精神的培养，了解到人类社会科技的发展离不开对科学实验的不断验证。
教学重难点及突破策略	教学重点：通过探究活动了解地球在自转。 教学难点：学生设计方案证明地球在自转。 策略：模拟傅科摆，课堂模拟实验，视频资料等。

教学过程	**（一）兴趣引入** （1）观察图片，棉签在静止平稳的装着水的盆里，经过一夜的时间，你观察到了什么？（2）棉签角度为什么会发生偏移？这是什么原因呢？（3）你还知道在生活中哪些现象能证明地球在自传吗？ 　　虽然我们现在已经能通过人造卫星观测到地球在自传，但是早在几百年前，哥白尼就已经提出了"日心说"，认为地球在转动，但是没有任何人能够观测到，直到1851年，150多年前，法国的一位物理学家在家中研究摆摆动规律时，发现了证明地球在自传的方法，你们想不想知道在没有高科技的情况下，他是怎么证明的呢？那我们就先向傅科学习研究一下摆的特点。 　　【设计意图】这样的好奇心有助于激发学生探究的欲望，让他们在对"像科学家那样进行科学探究"的期待中开始学习，使学生的思维处于一种积极的状态中。学生思维的参与，对理解傅科摆原理这一教学难点起着重要的作用。 **（二）科学探究** 　　请两位同学到前面来帮老师一个忙：请第一位同学在圆盘上过圆心画一条直线，请第二位同学在圆盘上画三条直线，请问大家能不能用摆划出这两个圆盘的直线呢？我用课件直接出示"摆的特点"实验说明：（1）用三角木架做支架，挂上一个摆。（2）将三角木架和摆一起放在一个圆底盘上。先让摆前后来回摆动起来，再缓慢而平稳地转动圆底盘。（3）观察：当圆底盘转动90度、180度、360度后，摆摆动的方向变了吗？是跟着圆盘一起转动了还是基本不变？ 　　我要求学生可以反复多次实验，给学生充分的自主探究活动时间中，这样学生能够较容易认识到摆具有保持摆动方向不变的特点，从而总结出摆的特点。 　　【设计意图】小学科学重在培养学生良好的科学素养，因而在教学中我注重引导学生探讨已熟知的知识的缘由，更能激发学生探究的欲望。 　　在学生汇报完观察发现后，我接着让学生想象：假设如果在地球平面上立一个巨大的摆，当地球这个底盘转动后，过一段时间会看到什么现象？这个现象，说明了什么？

教学过程	【设计意图】合理的想象是任何科学探究的前提，在学生了解了摆的基本特点之后，我让学生思考和讨论这个问题，将有助于在后一环节中，学生理解傅科摆能作为地球自转的证据铺设了有力的基石。 （三）模拟实验 这个环节我会分成两个步骤来完成。 首先，我给每个小组一份"谁证明了地球自转？"的阅读资料或观察视频。给学生充分时间进行小组研读，对不理解的部分做一定的记录，再全班交流，说说自己的理解和收获，如：（1）傅科摆是一个特殊的摆，它特殊在什么地方？（2）傅科摆摆动后，发生了什么现象？（3）为什么资料说人们亲眼看到了地球的自转？ 在学生汇报结束之后，我用课件展示北京天文馆的傅科摆资料。说明傅科摆是一个可重复验证的实验，绝不是一个偶然。今天人们依然可以通过傅科摆看到地球的自转。 【设计意图】学习中对历史事件和现象的理解有助于学生思维能力的提升。我们判断一个探究活动是否成功，关键要看它能够在多大程度上促使学生不断地去思考，去判断，去推理，去验证。基于这个道理，我让学生进行课外阅读，看似非常简单的科学教学活动，试图将学生对傅科摆原理的理解更深入一步，最大程度地促进学生的发展，引发学生思维的火花，生成更多的有价值的教学元素。 （四）拓展延伸 本部分的内容主要是在前两课《昼夜交替现象》和《人类认识地球及其运动的历史》教学基础上，对能产生昼夜现象的几种假设进行分析和排除。而本课将完成对这一现象的解释。 我将直接出示问题，引导学生思考：（1）对原来有关昼夜现象的解释，你们需要修改吗？（2）你们认为哪些解释是正确的，哪些可以排除掉？为什么？ 【设计意图】这一活动要求学生继续对昼夜交替现象的解释进行处理和修正。当学生掌握了一定的知识之后，对前面的概念或印象进行回顾有助于学生思维的发展与认知水平的提升。通过本课的学习，学生对昼夜交替现象的解释更加明确，思维发展到了一定的水平。

教学过程	（五）科学活动 　　这个环节我会首先让学生回顾本节课所学的知识，然后我再出示活动提示，要求学生根据本课所学的知识制作信息卡，自主取一个主题名，围绕主题选择相关的资料粘贴上去，版面设计就像制作手抄报一样。 　　根据不同班级学生的情况，我将为提供学生几个制作的样板参考。目的是巩固前节课所学的知识，并进行课外知识的扩充，学生可运用课外寻找到的相关资料结合课内老师提供的资料来制作。在合作中掌握技能，培养交流的习惯，获得鼓励和自信。 　　当然，如果课堂教学时间不够，这个活动完全可以延伸到课外，让学生在一定时间完成，我将对学生的作品组织评点和展示。
教学反思	五年级的学生形象思维占主导，抽象思维比较薄弱。对于五年级学生来说地球在自转，这个概念过于抽象，在短短的40分钟一节课时间里，怎样做出明显的实验现象让学生感知理解傅科摆原理，怎样让学生从摆的摆动方向不变性推理认识到地球在自转，我想了很多的办法来突破重难点。 　　首先是在"摆"教具的准备上。最开始我是用学校的铁架台来做"摆具有保持摆动方向不变的特点"实验的，在实验过程中我发现，转动底盘的时候，摆锤很容易撞到铁架台上，影响实验效果；而且，转动过程中，摆的重心也跟着转动了，这是不科学，不规范的。所以我想到了用我们这里常见的细木棍扎成三角形的支架来做摆的支架，解决了摆撞到支架的问题，而且转动底盘时，摆的重心一直没有变，"摆摆动的方向不变"现象非常的明显。只是有时学生做实验时，缺乏规范性，稍用力一拉，摆幅过大的时候，三角形支架由于自重较轻，会随着摆锤的摆动而出现轻微的晃动。为了规范实验，我再次对实验的器材进行了改进，做成了底部是大的圆形实木板，上面是三根粗木支架，学生实验时，观察视野开阔，支架稳定性好，现象明显，科学规范。学生用这种装置来做实验，是非常成功的，从而解决了教学重难点，达到了本节课教学目标。 　　当然也有些不足之处：比如我在渗透科学家在探索科学道理时体现的精神，值得我们学生学习这方面，在这里我应该再多多渗透，这样会更能完成对学生科学素养的培养。

"测量气温"教学设计

宁静小学　黄帅

教材分析	测量气温是新教科版科学教科书第三单元第3课，气温是描述天气情况的要素，是"天气"单元中的重点内容，既是我们关心天气的方式方法，又为我们的天气日历积累了数据。教材精心设计了测量气温的体验活动，让学生明确同一时间里，室内与室外的温度不同，而气温指的是室外阴凉通风处的空气温度，一天内的气温的变化是有规律的。
学情分析	由于利用一节课无法达到组织学生测量一天中多个时间段的气温状况，所以我会在引导学生明确测量气温的方式方法上下功夫，并利用我提前准备好的一天内五个时间段的气温，绘制柱形图方式帮助学生理解一天内气温变化的规律，并利用课余时间组织学生进行不同时段的气温测量。
教学目标	科学概念目标：气温是指室外阴凉、通风地方的空气温度。一天内的气温变化有一定规律。 　　科学探究目标：正确使用气温计测量气温，记录一天内的气温并绘制一天内气温变化柱状图。 　　科学态度目标：保持对气温变化的研究兴趣。 　　科学、技术、社会与环境目标：认识到工具的使用可以提高测量气温的准确性。
重点难点	重点是引导学生学会使用气温计测量气温，明确一天内气温的变化是有规律的，会根据数据绘制柱状图。难点是按计划的5个时间段测量气温，一节课无法完成，必须延伸到课外，需在课后多次组织学生进行测温。
教学准备	课件、气温计、测量记录单、彩笔。

教学过程		
学生学习	教师教法	教者意图
学生通过观看视频和思考问题并运用已有知识和生活经验,明确天气变化与自己有关,体会生活中处处充满着科学道理,并自觉关注天气。	一、导入 1. 师:欢迎进入科学课堂,上课之前老师先播放一段视频,同学们认真观看。(播放录好的天气预报视频) 2. 师:你在视频中发现了什么信息?(几个学生回答) 3. 师:视频中预报的气温和我们今天的气温相同吗?(不同) 4. 师:正是因为气温的不同我们才能够感受到春的温暖、夏的火热、秋的凉爽、冬的严寒,那么这节课我们就一起来测量气温。(板书:测量气温) 二、探究活动 (一)测量气温的方法 1. 师:生活中有很多工作需要借助各种各样的工具,我们应该选择什么工具来测量气温呢?(学生回答,并出示课件图片辅助) 2. 师:气温计怎样使用呢?在哪里测量更能准确地表示天气呢?读数可以怎样读呢?带着这三个问题,小组内讨论一下。 3. 学生汇报,教师总结使用方法、测温地点、读数方法(板书)。 (二)测量气温	三年级的学生由于年龄较小,需要在使用工具前加以正确引导,使学生能够顺利完成探究活动。激发学生用已有知识探索生活新奥妙的兴趣。
学生运用已有知识和生活经验,通过猜测讨论,复习巩固对气温计的认知。	1. 师:掌握了测量方法,老师看到同学们都跃跃欲试了,我们先练习一下室内空气温度的测量,课后我们再到室外测量气温。老师已经为大家准备好了材料,但在动手操作前,老师还有一些话要嘱咐大家,一起看屏幕上的注意事项。 2. 学生动手测量并记录数据。 3. 学生汇报测量结果,学生互评,教师点评。	

学生阅读注意事项，谨记之后分组探究、测量室内空气温度，观察、记录并汇报自己的测量结果。对于不在误差范围内的值猜测可能影响测量的因素。 学生明确一天内从早到晚气温是不断变化的，了解柱状统计图能直观地表示一天内气温的变化规律，学习柱状图的绘制方法，练习柱状图的涂色，并向同学展示自己绘制的柱状图，其他小组对其进行评价。	4.教师对测量结果进行整体评价，并表述温度范围，说明可能影响测温结果的因素。 （三）一天的气温变化规律 1.师：一天内从早到晚气温是怎样的呢？会不会变化呢？ （学生根据生活经验回答） 2.师：老师分五个时间提前测好了昨天的气温（出示一天内不同时刻的温度），你从表格中看出了哪些信息？ （学生作答） 3.师：有的同学从表格数据看规律看的眼睛都酸了，老师教你们一个更好更直观的方法，能轻松地表示出一天内气温的变化规律。（介绍柱状图的绘制方法，并引导学生练习给柱状图涂色。） 三、课外延伸 1.师：课后自己完成一天内不同时段的气温测量并记录。 2.师：小组讨论一天内最高气温和最低气温分别出现在什么时间。	根据记录的数据绘制柱状图，对测量的温度进行分析，从而统计发现一天气温的变化规律，认识到最高气温和最低气温分别出现在一天中哪一时间段。通过汇报环节，让学生攻克本节内容的重难点部分。 课后组织学生进行气温的测量，并提醒学生记录到我的天气日历中，为后边的课程积累数据。

	四、科学拓展资料 师：介绍百叶箱。（课件） 教师出示百叶箱图片，引导学生仔细观察并猜测这是什么，学生能够看出像小房子一样或是百叶窗，教师介绍，百叶箱的作用，并科普百叶窗最早是我国发明并应用的。	通过小发明的介绍，激发学生爱国、爱科学、爱发明的情怀。
学生课后探究、讨论，与同学交流自己的测量结果。 阅读资料、观看关于气象站工作站的百叶箱，让学生了解气象站的工作人员是怎样来测量气温的。 学生回忆、巩固本节内容	五、课堂小结 师：这节课我们学习了哪些内容呢？ （学生自主回答、教师强调） 通过做题巩固本节课所学的主要内容（PPT）。	通过课后练习即巩固了本节所学内容，又引发学生思考和总结，学以致用，将科学知识应用于生活。
板书设计	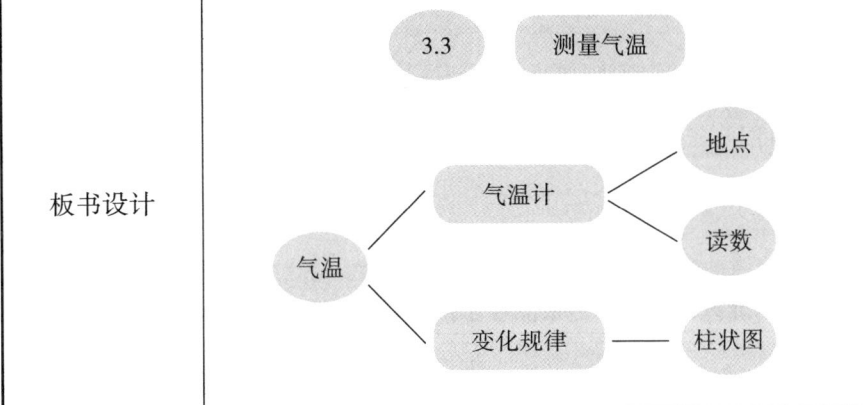	

"点亮小灯泡"教学设计

长春市绿园区双丰小学　黄俊梅

【教学目标】

一、科学知识

1. 知道只有电流流过灯丝时小灯泡才会发光。
2. 初步认识电路的意义，即利用电来点亮一只小灯泡需要一个完整的电路。
3. 认识到一个完整的电路可以使用相同的材料，而用不止一种方法建立起来。
4. 认识短路对电路的影响。

二、过程与方法

1. 会连接简单电路。
2. 能够观察、描述和记录点亮小灯泡的实验现象。
3. 能够根据实验现象初步对电流的流向做出大胆的想象与推测。

三、情感态度价值观

1. 体验对周围事物进行有目的、细致地观察的乐趣和合作成功的喜悦。
2. 意识到科学观察与实验需要敢于根据现象做出大胆的想象与推测。
3. 增强学生进一步探究电的兴趣和安全用电的意识。

【教学重点】

在观察了解小灯泡结构的基础上，能正确连接电路。

【教学难点】

初步认识电路的意义，理解电路中电流的流动路线，正确连接小灯泡。

【教学准备】

教师准备：课件。

学生实验准备：1只小灯泡、1节1.5伏干电池、1根导线、实验记录单。

【教学时间】

1课时。

【教学过程】

一、创设情境，激趣导入

这段时间我沉迷在一些小艺术品中不能自拔，今天想和大家分享一下，你们想知道是什么吗？

【设计意图】从身边的灯饰品的灯光引入来探究有关点亮灯泡的问题，既创设了探究情境，又对学生渗透了热爱家乡、赞美家乡的思想教育。

预设1：学生能提出怎样才能让灯变亮或灯为什么会亮等问题时，教师顺势引导：你的问题很有科学价值，今天我们就利用老师为大家准备的材料来当一回小电工，亲自解答你们提出的问题，来点亮我们的小灯泡。（板书：点亮小灯泡）。

预设2：如果学生不能提出与灯为什么会亮或怎样才能把灯点亮等问题时教师可这样引导：正是有了这么美丽的彩灯，使我们的城市才会变得美丽，那么同学们知道怎样才能点亮那些漂亮的彩色灯泡吗？这节课我们就亲自探究一下灯点亮的原因，亲自点亮小灯泡。（板书：点亮小灯泡）。大家有信心接受挑战吗？

二、观察材料，认识构造

（一）猜测，点亮小灯泡需要哪些必备的条件？（学生的猜测五花八门，及时指导科学的名称）

（二）观察这些实验材料，看，摸……充分感受每件材料。

（三）猜测怎么点亮小灯泡，小组内讨论交流！

（四）实验开始，自己尝试点亮小灯泡。

（五）汇报实验结果，找到不亮的原因，剖析亮的原因。

（六）再次观察实验材料。

1. 引导学生观察小灯泡。

师引入：要想点亮小灯泡，我们先认识一下小灯泡。你们知道灯泡是谁发明的吗？（课件介绍爱迪生）

下面首先让我们共同认识一下小灯泡的结构。教师课件出示小灯泡的结构图。

（1）学生观察。（学生也可以结合本组已有的小灯泡，进行亲身实际观察）

（2）学生汇报观察结果。

（3）教师结合小灯泡的结构图帮助学生认识小灯泡的各部分名称。（课件出示名称，强调有连接点。）

师：小灯泡上发光的部位是哪里？（灯丝）

（4）回忆第一次实验你的连接方式，两个连接点你是怎么做的！点亮小灯泡的组和没点亮的一样吗？

【设计意图】了解小灯泡的结构是此部分教学的重点，小灯泡灯丝点亮与连接点关系的问题的设计有助于学生明白要点亮小灯泡必须电流从一个连接点流向另一个连接点。

2. 引导学生观察电池。

师：小灯泡要有什么才能点亮？（板书：电池）

师：老师也为大家带来电池，电池里的电是安全的，大家可以放心使用。电池相信大家都很熟悉，电池有哪些部分组成呢？

（1）师生共同了解电池的结构（课件演示电池结构）。

（2）师：电池上有正负两极，小灯泡上有两个连接点，你觉得它们之间有什么联系吗？请同学们大胆猜测一下。

预设：此问题学生在没有实际操作前仅能通过猜测来对电池的正负极和小灯泡的两个连接点之间关系做出判断，只要学生能猜测出点亮小灯泡的过程中电池的一极连接到小灯泡的一个连接点上，另一极连接到另一个连接点上即可。如学生不能说出教师可暗示电池有"两"极，小灯泡有"两"个连接点，两两相连小灯泡就有可能点亮。

【设计意图】进一步通过了解电池的结构来为点亮小灯泡做准备。用电池的两极与小灯泡的两个连接点的关系引导学生大胆猜测，锻炼了学生的逻辑推理能力。

三、再次尝试点亮小灯泡

1. 汇报交流，引出导线。
2. 出示导线，并对导线作简要介绍。

四、小组合作，总结经验，你能用几种方法点亮小灯泡

1. 小组合作点亮小灯。

教师课件出示温馨提示：

（1）同组合作探究，比一比哪个小组接亮的方法最多；

（2）仔细观察连接的电路，试着用简单的图画出连接装置。每接亮一种，就用示意图画下来；不亮的也用示意图画下来。

（3）思考亮与不亮的原因，试着用红笔画出电在电路里流动的路线！

2. 学生实践。教师统计成功的小组并表扬他们的合作。

五、研究电路

1. 真利索，来个挑战，哪个小组来说一说你的连接装置。

预设：学生能够说出电在小灯泡中的流动情况，教师要顺势引导学生明确这样的流动使电流形成一个闭合的回路，这才能组成一个完整的电路。如果学生回答情况不理想，教师可用课件演示使学生明了"回路"的意思，再让学生边说边演示电流流动的情况，以此来加深学生对一个完整电路的理解。

2. 小结：电从电池的正极流出，通过导线从小灯泡的一个连接点进入，再经过灯丝从另一个连接点流出，顺着导线又流回到电池的负极，这样就形成一条回路。这条路通了，灯泡就亮了。（课件出示：模拟电流）

【设计意图】通过对回路的理解，从而对完整电路产生初步的认识，通过对一些学生的错误连接要让学生自己找原因，这样更能锻炼学生的"行"与"思"的协调联动，从而加深学生对一个完整电路的理解。

3. 那么，除了这些接法，还有其他不同的接法点亮小灯泡吗？老师这里有几种连接方法，猜一猜哪些会亮？哪些不亮？说一说为什么这样接法灯泡不会亮？

（课件出示）

4.学生做出判断，教师予以简评。

通过分析得出：像这样用导线直接把电池的两端连起来的现象叫短路；电路中电流不通，电没有形成回路，断开了就叫作断路。最后归纳在连接电路中经常出现的错误接法：短路和断路。

【设计意图】短路和断路是学生在点亮小灯泡的过程中极容易犯的一个毛病，正确理解短路和断路，有助于学生正确连接点亮小灯泡，也能增强安全用电常识。

六、总结延伸

1.短路时，电线和电池会在一瞬间发热变烫，不仅灯泡不能发光，电池也会很快坏掉。如果是交流电短路那更危险，甚至会引发火灾，所以要防止发生短路现象。大家一定要注意安全用电！

2.通过本节课的亲身探究，你知道生活中的灯是怎样亮起来的吗？

3.对家中使用的电器做个调查。

家庭节约用电的建议：

【设计意图】此环节有助于学生学以致用，增强学生安全用电常识；再次提出生活中的灯点亮的原因，首尾呼应，有利于学生知识的再现；通过小调查增强学生环保、节能意识，体现"科学与人文"教育有机糅合的现代教育理念。

附：板书设计

点亮小灯泡

小灯泡——导线——电池

回路

错误连接方法：短路、断路

"弹簧测力计"教学案例

长春市第八十七中学小学部　蓝蓝

一、教材分析

"弹簧测力计"是四年级上册第三单元"运动和力"中的第 4 课，第三单元的前 3 课主要研究了小车动力大小与小车运动的关系，也着重了解了重力、反冲力、弹力等类型的力。本节课安排了两个活动：第一是认识弹簧测力计。学生通过观察、认读和实际感受来认识弹簧测力计的结构、计量单位、刻度标识及如何读数，这是使用弹簧测力计的前提。第二是用弹簧测力计测量力的大小，一方面引导学生亲身感受不同力的大小，另一方面先估测、后测量实际的物体，这是本课的重点内容。研讨部分引导学生思考得更为深刻，进一步认识弹力概念的内涵和实例。

二、学情分析

弹簧测力计是测量力的重要工具，它的构造、原理、使用方法都比较简单。学生已经知道力有大小，本课安排用弹簧测力计去测量力的大小是符合他们对力的认识规律的，将为后续力的学习奠定基础。

三、教学目标

（一）科学概念目标
1. 力有大小和方向，力的大小是可以测量的。
2. 弹簧测力计是利用弹簧"受力大，伸长长"的特征制作的，弹簧的伸长特征与橡皮筋相似。
3. 力的单位是牛顿。

（二）科学探究目标
1. 认识弹簧测力计的基本结构。
2. 使用弹簧测力计测量力的大小。

（三）科学态度目标
1. 发展进一步研究力的兴趣。
2. 树立细致、有步骤工作的态度。

（四）科学、技术、社会与环境目标

1. 体会到不同测量工具可以解决不同的现实问题。
2. 用弹簧测力计可以测量物体的重力。

四、教学准备

弹簧测力计、钩码、班级记录表、弹簧测力计的纸板模型、教学课件。

五、教学设计

（一）导入（预设 3 min）

师：同学们，上课！（起立）同学们好！（老师好！）

师：孩子们，你们喜欢玩游戏吗？好！在上课之前，蓝老师想和大家玩一个小游戏，你们想不想玩？今天呢，老师把我的好朋友请到了教室里，你们知道这是什么吗？

生：拉力器！

师：那你们玩过吗？

生："玩过。""没玩过。"

师：那我现在要找两名同学，我们一起试着比一比，看看谁的力气最大。哪两个力气大的同学愿意上来？

师：我们一起给他们加油，好不好？来！预备，开始！（同学试着拉拉力器）哇！

师：哇，他们的力气可真大，孩子们，那他们两个谁的力气大呢？你是怎么知道的？

生：因为他拉的长，所以他的力气大。

师：很好，你观察得可真仔细！因为他把拉力器的弹簧拉长了，所以他的力气大；他（另一个同学）所拉的弹簧短，所以他的力气小。那请问，谁能试着总结一下弹簧的特点呢？

生：弹簧伸长长，受力大。

师：这就是我们说弹簧的固有特点，受力大，伸长长。（板书：伸长长，受力大）跟老师一起读一遍"伸长长，受力大"，来，大点儿声。

师：那你们知道这位同学比他的力气大了多少呢？

生：不知道。

师：你们有没有什么办法可以准确地测量出力的大小呢？

生：可以利用测力计。

师：太棒了，你们的想法都特别新颖，我们在上学期学过了能够测量温度的温度计，今天老师要给大家隆重地介绍一位新朋友，这位新朋友呢，它也是利用了弹簧的"伸长长，受力大"这个特点制作的一个可以测量力的工具——弹簧测力计，也叫弹簧秤。那么今天，就让我们一起来认识一下这位新朋友。（板书：弹簧测力计）

（二）新授（预设 20 min）

1. 认识条形测力计。

师：这位新朋友呀，它有很多兄弟姐妹，有的叫作盒形测力计、圆筒形测力计、条形测力计，还有的叫作手柄式测力计，虽然它们形状各不相同，但它们都叫作弹簧测力计。那你们想不想和它们交朋友呢？其实，老师早早就把它们请到了咱们的教室里，请你在你的桌位上找一找它们在哪呢？找到了吗？找到了几个？

生：找到了！2个！

师：好，请你们大声地告诉我，它叫什么测力计？

生：条形测力计。

师：太棒了，看来你已经记住它的名字了，它是我们科学实验室中最常见的一种弹簧测力计。好了，请把它们放在你的桌子上。

2. 观察条形测力计。

师：老师的魔法棒要变魔法了，现在要把九班所有坐端正的同学都变成小小科学观察家。看来咱们班的同学都变身了，各位观察家，请你和同桌两个人一起观察这两个弹簧测力计，看一看它们是不是一样的，它们都是由哪些部分构成的，有哪些相同的地方和不同的地方。各位观察家，你们一定要注意科学的观察顺序，从上到下、先整体后局部。给各位小观察家一分钟的时间，和同桌一起小声讨论一下吧。（鼓掌）

师：好了！孩子们，请问你手中的这两个弹簧测力计都是由哪些部分构成的，有什么相同的地方、不同的地方呢？那我们先说相同的地方，好吗？

①提环：当拉手用，方便提拉重物；

②弹簧：受力时弹簧伸长产生弹力；

③指针：指示力的大小；

④刻度值：标明力的刻度值；

⑤挂钩：挂被测量的物体。

3. 认识力的单位。

师：好的，各位小科学观察家，请你们再仔细观察，在弹簧测力计的刻度板上有什么？

生：gf、N。

师：哎呀，那 N 和 gf 是什么呢？有知道的吗？

师：哎呀，你懂的可太多了，我们叫它们为力的单位。好的，在这里不得不提到一位非常伟大的科学家牛顿，牛顿通过"苹果落地"发现了万有引力，物体因为受到万有引力从而产生了重力，这里 gf 表示了 1 g 物体所受到的重力，叫作克力。为了纪念我们伟大的科学家牛顿先生，在国际上通用的力的单位叫作牛顿，简称牛，符号是 N。（来一起和我读一遍力的单位牛顿，简称牛，符号 N）

师：那克力和牛顿之间有什么关系呢？我们的科学家啊，通过大量的实践发现：1 N ≈ 100 gf，就是 100 g 物体所受重力是 1 N。

师：好了，现在各位小观察家已经找到了一处不同，还有吗？再一次仔细地观察。

生：上面的刻度不同。

师：太棒了，那通过这两个测力计我们会发现不同的测力计，刻度是不同的，那也就是说测力范围和读数也一定是不一样的，简单考考你们，看看你们会不会？

（①每一大格表示？②每一小格表示？③最大测力范围？）

师：好，我要考一考你们，看看你们会不会，现在我的指针指在了这个位置。它又到了这里，这里呢？（最后落到 1 N）

4. 感受 1 N、2 N、5 N。

师：咱们班的同学简直太聪明了，刚才这个同学读的 1 N，那你说 1 N 的力是多大呢？2 N 呢？5 N 呢？你们想感受一下吗？好！现在请你选择 5 N 的弹簧测力计，用手拉一拉，感受一下 1 N、2 N、5 N 等不同的力是什么，有什么感受？

生："非常轻。""很重。"

师：你呢？你也是同样的感觉？你们都是吗？

师：好的，我们现在可以预估不同力的大小了，现在，老师这里有一个小弹簧，请你掂一掂，你觉得它的重力是多少？你再来掂一掂。

师：那我们为了更精准，可以选择哪个测力计？那这个呢？很好，在我们测量物体前一定要用手先掂一掂，预估一下物体的重力，选择合适的测力计。

5. 测量物体。

师：我现在直接把这个物体放到这样的弹簧测力计上，这样读数可以吗？（错误示范，没有调零，没有平视）

生：不行。

师：哦，为什么不行？你告诉我，这个指针应该在哪？我的眼睛要怎么样？好！请你读出它的重力。你再来。

师：读的真好，那你们会测吗？现在蓝老师给大家 3 min 的时间，测量你身边的两个物体，并填写实验记录表，看看哪组同学做得又好又快！测完两个物体后马上用你的坐姿告诉我。看看哪个小组做得最快。

（3 min 后）

师：请你分享一下你的实验结果。你们预估的数值是多少，最后测量的重力又是多少？

（三）研讨（预设 5min）

师：看来你们都和弹簧测力计成了好朋友，那你们有没有发现在测量的时候，物体挂在挂钩上和物体拿下来的时候，弹簧怎么样了？

生：弹簧发生了变化。

师：正是因为弹簧的形变，产生了一种力，我们叫它——弹力。弹簧伸长时，弹力变大，弹簧恢复本身的形状后，弹力也就没有了。在我们的日常生活中，也有很多具有弹力的物体，你还知道哪些呢？

生：（……）

师：刚才有同学说到了，家里最常见的——橡皮筋，在我们家里有很多这种橡皮筋，请你们试着做一个橡皮筋测力计，看看谁做得好，到时候我们拿来比一比，好不好？

（四）总结（预设 2 min）

师：好的！通过今天这节课，请问各位小科学观察家，你们学到了什么呢？

生：（……）

师：我发现我们九班的孩子不仅观察能力特别强，总结能力也非常棒！我们说科学存在于我们身边，一个小小的弹簧可以有这么大的能量，老师也相信小小的你们也能创造大大的奇迹。好！今天这节课我们就到这里，同学们下课！

六、板书设计

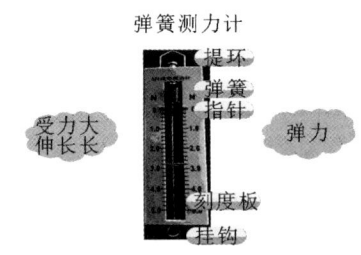

七、专家评语

本节课设计得非常成功,设计突出了以学生为本的理念和全面培养学生素养、自主合作探究学习的理念。教学安排清晰有序,科学规范。在教材处理上从具体到抽象,化难为易。各环节有详细的练习,科学、合理、有效地培养学生自主、探究、创新能力的发展。

"观察我们的身体"教学设计

长春市绿园区凯旋小学　吕步坤

【教材简析】

二年级下册第 2 单元"我们自己"的教学内容指向小学科学课程标准生命科学领域"人体由多个系统组成，分工配合，共同维持生命活动"这一科学概念。

本课作为单元的起始课，对身体的整体性观察开启了研究的大门，聚焦部分使用了一个男孩和一个女孩奔跑的照片，明确了本课的研究对象是"我们的身体"引导学生认识我们的身体具有相同的地方，也有很多差异。提出了"关于我们的身体，你知道些什么"的问题，旨在调动唤醒学生的初始想法，引导学生交流对于身体的已知信息，同时发现学生比较模糊的认知，为深入观察研究我们的身体了解基础，作好铺垫。

探索部分安排了四个活动。第一个活动是对身体外形结构的观察，核心是"身体是由哪些部分组成的"，认识人体的基本结构——头、颈、躯干和四肢；第二个活动是对身体外形的对称性的观察；第三个活动和第四个活动都是将观察的重点由身体外部引向身体内部，对人体展开了由外部到内部的观察活动，通过手摸、耳听等方法观察并描述骨骼、肌肉、内脏器官等，激发调动学生的好奇心和探究欲望。

研讨活动环节的"我们用了几种方法观察身体""说说观察中的新发现和想研究的问题"，这两个问题引发学生对观察方法、观察内容的思考，激发学生对探究人体秘密的兴趣。

拓展环节主要是通过仔细观察人体结构图进一步认识身体内部的一些看不到的器官，及时修正完善自己对身体的认识，掌握更多的信息。

【教学目标】

一、科学概念目标

1. 我们的身体基本结构分为头、颈、躯干和四肢，身体外形具有左右对称的特点。

2. 身体内部还有很多我们看不到的结构，如骨骼、肌肉、心脏等。

二、科学探究目标

1. 能够观察并描述身体的外部结构。

2. 能够用摸、听等方法，探知身体内部的情况。

三、科学态度目标
1.能够尝试用不同的方法开展观察活动,以证实自己的观察结果。
2.能够如实描述自己的观察结果。
四、科学、技术、社会与环境目标
能够发现人们身体结构相似,但相貌等方面总会有些不同。
【教学重难点】
一、教学重点
能够观察和描述身体的外部结构。知道人的身体基本结构分为头、颈、躯干和四肢,身体外形具有左右对称的特点。
二、教学难点
能够尝试用不同的方法开展观察活动,获得更多的信息以证实自己的观察。
【教学准备】
学具准备:人体结构拼图。
教具准备:班级记录单、人体内部结构围裙、人体结构拼图、听诊器。
【教学过程】
一、聚焦:揭示课题(预设5分钟)
1.观察:出示动物剪影图片,提问:这些剪影是什么呀?
2.引导:再出示人体剪影,再问:这又是什么呢?
3.谈话:一年级,我们认识了很多动物,了解了它们的身体结构。那么,关于我们的身体,你知道些什么?(根据学生交流,择要记录在班级记录单上。)
4.揭题:今天,我们就来观察我们的身体。(板书课题:观察我们的身体)
二、探索:观察我们的身体(预设20分钟)
(一)观察身体的外部结构
1.探索1:观察身体结构。
(1)引导:请两名同学上来,大家观察他们的身体,说说人的身体是由哪些部分组成的?
(2)交流:根据学生讨论,概括出人体四部分并板书:头、颈、躯干、四肢。
(3)活动:两个同学一组,互相指认这些身体部分。
2.探索2:研究人体结构拼图。
[材料准备:人体结构拼图]
(1)引导:出示用纸板遮挡半边身体图,提问:你们能拼出它的另一半身体吗?
(2)活动要求:小心取下另一半身体拼图,小组内讨论摆放。说一说关于我们的身体有什么发现。

（3）活动：学生领取材料，进行活动。

（4）整理材料。

（5）交流：请一组学生展示他们的拼图，说一说为什么这么拼？你们同意他们的拼法吗？观察一下人体外形左右两边的结构，你有什么发现？

（6）观察：如果把右边拼图部分翻过来，像这样，你发现了什么？两个部分会重合在一起，说明我们的身体具有左右对称性，比如，我们的左手和右手是对称的。你还能说说我们的身体哪些地方是对称的吗？

3. 小结：不同的人有很多不同之处，但外部结构基本是相同的，包括了头、颈、躯干和四肢四部分，同时，人体还具有左右对称性。

（二）观察身体的内部结构

1. 探索3：摸一摸，感觉皮肤下面有什么。

（1）提问：我们观察了人的外部结构，那么我们的身体内部又有什么呢？我们可以用什么方法来观察呢？

（2）引导：摸一摸、听一听、看一看都是我们可以观察的好方法。我们可以先来摸一摸胳膊、手、小腿等部位，感觉皮肤下面有什么？并把手的样子和你的发现画在活动手册上。

（3）观察：学生摸一摸、画一画。

（4）小结：根据学生发言概括：皮肤下面有肌肉、血管、骨骼等部分。

2. 探索4：听一听，躯干里面有什么。

（1）提问：我们生病时，医生经常用听诊器听听我们身体里的声音。你们听到过自己身体发出的声音吗？

[材料准备：听诊器]

引导：根据学生回答概括。那我们就同桌之间互相听一听腹部和背部哪里有声音？（图片出示）

观察：两个同学一组，互相听一听对方的腹部和背部，哪里有声音？可能是什么器官发出的声音？

（2）交流：学生展示本组的观察结果，教师板书记录。

三、研讨：我们用了几种方法观察身体（预设8分钟）

1. 提问：刚才我们用了哪几种方法观察身体？（根据学生回答板书：看、摸、听）

2. 交流：在观察身体的过程中你还有其他不清楚或者想知道的问题吗？学生交流自己的疑惑或者问题。

3. 整理学生的疑问：关于身体不能观察到的内部结构。

[材料准备：人体内部结构围裙]

（1）引导：刚才同学们提出了许多自己的疑问和想研究的问题。老师带来

了一条围裙或许可以帮助大家。（带上人体内部结构围裙）

（2）观察一下，说说你知道我们身体里还有什么。

（只要求学生能知道有心脏、肺部、胃、肠就行了，其他内部器官不做要求。）

4. 小结：我们的身体里还有许多秘密等着我们继续深入探究。

四、拓展：量一量（预设5分钟）

1. 引导：除了看一看、摸一摸、听一听，我们还可以用量一量的方法来记录我们的身体数据，开展对我们身体的研究。

2. 活动：教师引导学生两人一组互相量一量并记录。

3. 交流：请汇报测得有关数据。

4. 小结：通过测量，我们了解了自己和同学的一些身体信息，还有一些信息请同学们在课外和爸爸妈妈一起测量，完成记录，也可以搜集一下爸爸妈妈的身体信息。

五、总结建议（预设2分钟）

1. 总结：我们每个人的身体都有相同的部分，但也有不同的地方，比如我们的这些长度、重量等等。通过今天的学习，我们认识到人的身体外部结构是相同的，都包括头、颈、躯干、四肢四部分。同时，人体还具有左右对称性，我们还发现身体内部有很多器官。

2. 建议：身体上的秘密可真多，接下去一段时间，我们将围绕我们身体的秘密开展研究，爱动脑、勤思考的同学可以通过和爸爸妈妈交流、阅读关于身体的书籍先行动起来。

【板书设计】

```
            观察我们的身体
    看      头、颈、躯干、四肢
    摸      ……              对称
    听
```

"桥的形状和结构"教案

长春市绿园区跃进小学　孙丽濛

【教材分析】

"桥的形状和结构"是教科版小学科学六年级上册"形状与结构"单元的第7课。教材安排了以下几个活动：一是观察比较各式各样的拱桥；二是了解大跨度的钢索桥；三是"观察研究我们家乡的桥"。

桥的形状结构明显外露，容易观察研究。桥的形状结构变化反映了人类科学技术的进步和发展。本课的活动设计意在带领学生了解多种多样的桥梁结构，加深和拓宽前面的知识，让学生深入地感受科学技术对社会进步的贡献，为下一课用纸造桥培养兴趣和开阔视野。本课还隐含着这样一条隐性的线索：桥梁形状与结构不断发展的背后蕴藏着人类针对"跨越江河、湖海、山涧……等障碍的主要建筑——桥梁"的不足而进行改进和创造的历史，科学史在本课教学中是一个不容忽视的重要内容。

【教学目标】

一、知识与技能

1. 桥梁有多重不同结构，有的桥梁把多种结构合为一体。
2. 桥的形状和结构与它的功能是相适应的。

二、过程与方法

通过观察、比较不同性质和结构的桥梁，描述和评价其特点和原理。

三、情感态度和价值观

1. 体会科学技术对社会进步的作用。
2. 感受和欣赏桥梁的形状结构之美。

【教学重点】

知道拱桥、钢索桥的特点是什么。

【教学难点】

拱桥、钢索桥产生力的原理是什么？

【教学方法】

实验探究法。

【课前准备】

木板、绳子、粗线。

【课时安排】

1课时。

【教学过程】

一、情境导入

出示十七孔桥、三江风雨桥、赵州桥等大桥图片，说明桥能使我们跨越江河、峡谷、道路和其他障碍，是我们生活中常见的建筑。

观察这些桥是什么形状和结构的？今天我们就来认识桥的形状和结构。

二、新课学习

（一）各式各样的拱桥

出示西藏拉萨铁路大桥、法国加尔德桥、瘦西湖上"二十四桥"和长江三峡中的钢筋水泥桥。比较它们的相同点和不同点。

桥的名称	相同点	不同点
西藏拉萨铁路大桥	拱桥	桥面在拱下方的拱桥，使用了钢筋水泥，又用了钢框架结构。
十七孔桥	拱桥	拱在桥的下方，桥跨过下面的河。
三江风雨桥	拱桥	拱在桥的下方，下面便于船的通行。
赵州桥	拱桥	拱在桥的下方，是世界上现存年代久远、跨度最大、保存最完整的单孔坦弧敞肩石拱桥，其建造工艺独特，在世界桥梁史上首创"敞肩拱"结构形式。

观察拱形桥，发现：桥面在拱的上方：桥下空间高，便于船的通行。桥面在拱的下方：桥面低，与道路连接容易；桥面拉住拱足，能抵消拱的外推力。

做一个没有外推力的拱。

验证内容	桥面在拱的下方，可以拉住拱足抵消拱的外推力。
实验材料	竹子、绳子。
实验步骤	向下压拱或拉拱圈，它容易变形吗？能承受压力或拉力吗？

图示，有外推力和没有外推力的动画。

可以感受桥面在拱下方的桥的优点：桥板拉住了拱足，抵消拱向外的推力。

桥面被水平方向的力拉紧,还增加了桥面的抗弯曲能力。

(二)大跨度的钢索桥

钢索桥的家史:

很早很早以前,人们从缠绕在大树间的藤蔓得到启示,用藤蔓做成了吊桥,后来用铁链代替藤蔓建造出了铁索桥。

钢索桥有由钢缆、桥塔和桥面组成。钢缆是桥承重的主要构件,桥塔是支承钢缆的主要构件。钢缆能承受巨大的拉力,人们用它建造钢索桥,大大增加了桥的跨越能力。

钢索桥主要包括悬索桥和斜拉桥。

悬索桥,又名吊桥,指的是以通过索塔悬挂并锚固于两岸的缆索作为上部结构主要承重构件的桥梁。

斜拉桥是将主梁用许多拉索直接拉在桥塔上的一种桥梁。

长江江阴大桥属于悬索桥。跨越长江的江阴大桥,跨度达1 385米,一跨过江,吊起桥面的主钢缆,每根由两万多根钢丝组成。钢缆要承受6.4万吨的拉力。

世界上最大的斜拉桥——苏通长江大桥,主跨度1088米,双塔斜拉桥。该桥主塔高298米,通航净高62米(5万吨级集装箱货轮可通过)。

通过观察发现:钢缆桥的特点,桥被钢缆吊起,桥的跨度很大。

模拟钢索桥的体验活动:

实验名称	建造一座"钢索桥"。
实验材料	绳子、木板、椅子。
实验步骤	用木板做"桥面",用绳子做"钢缆",用椅子背做"桥塔",搭成一个"钢索桥"。在木板上放书包,不同程度地拉紧绳子,感觉力的大小,体会把桥塔修得很高的道理。

探究问题:

两人同时用力拉绳子,把"桥"吊起来。我们朝什么方向用力?

让吊"桥"的绳子下垂多一些和把绳子尽量拉平直一些,感觉用力的大小有什么变化?想一想桥塔为什么要修那么高?

动画展示。

桥塔修得高是为了降低钢缆的拉力。

美国旧金山金门大桥用到了框架结构、钢索结构和拱形结构。

小结:决定桥的形状和结构的主要因素是用途、材料和技术,桥梁反映着科学技术的进步状况。

三、拓展延伸

中国是桥的故乡，许多桥梁往往在桥上或桥头上构建许多附属建筑物。桥上构筑建筑物，起自木桥的防腐和压基作用，后成为桥与建筑的结合物。

桥头构筑建筑物，是作为桥梁出入口的标志，并兼有衬托、拱卫和装饰桥梁的作用。

四、课堂小结

桥梁有多种不同结构，有的桥梁把多种结构合为一体，决定桥的形状和结构的主要因素是用途、材料和技术。桥的形状和结构与它的功能是相适应的。

五、一课一练

（一）判断题

1. 桥面在拱下方的拱桥，桥板可以拉住拱足，抵消拱向外的推力。（√）
2. 桥梁反映着科学技术的进步状况。（√）
3. 钢缆桥的跨度不大。（×）

（二）选择题

1. 钢索桥是由（ABC）组成的桥梁。（多选）

A. 钢缆　　B. 桥塔　　C. 桥面

2. 钢索桥的特点是（A）。

A. 桥的跨度很大　B. 承重能力大　C. 减少桥的负担

六、家庭作业

观察研究我们家乡的桥，画出它的结构并描述。

【板书设计】

桥的形状和结构

各式各样的拱桥

大跨度的钢索桥

建造一座"钢索桥"

【教学反思】

本课教学将在前几课教学的基础上，综合运用学到的知识，来认识了解与人们生活密切相关的建筑——桥。而了解生活中各种桥的形状和结构以及这些结构的优点，也是为了下一课"造桥"打基础。本课教学时应充分利用图片、视频等媒体资源，使学生尽可能多地了解桥。

教材中的三幅图，分别是石拱桥、高架桥、跨江钢架桥。在分析这三种桥时，要引导学生利用已学过的知识进行分析讲解，如它们分别应用了拱形、增加厚度抵抗弯曲、框架结构等科学原理。但分析这么三个是不够的，要让学生看更多桥的图片，最好是家乡的桥，学生熟悉，有亲切感，更利于教学活动的开展。学生通过更多图片的介绍，认识到桥的各种形状和结构。教师再从多种多样的桥结构中，引申出拱桥和钢索桥两大类。

对于拱桥，受到前情知识的影响，学生较熟悉的是桥面在拱上方的桥，也明白拱桥承重的原理，对于桥面在拱下方的拱桥，学生在生活中虽然也常见，但却无法很好地解释这种桥的受力特点。我们可以借助钢锯条或竹条，两端绑上绳子使之成为拱形，那绳子就是在拱下方的桥面。让学生亲自体验感知一下钢锯条、绳子受到的力，这样学生就比较容易理解这种拱桥的受力特点，再让学生阅读一下书本中对它的介绍，使学生在理解的基础上进行阅读，对其受力特点就印象深刻了。

讲解钢索桥时，通过大量图片的介绍，看着一座座壮观的跨江、跨海钢索桥，首先使学生在视觉上受到冲击，感受到人类的伟大，同时也认识到钢索桥都有一个或两个高高耸力的桥塔。桥塔什么用？为什么要建那么高？这是学生们自然产生的思考与疑问。对于这个问题，让学生在模拟实验操作中感知一下，印象会很深刻。按照教材中的图示，让学生模拟建造一座"钢缆桥"，随着桥面与桥塔顶端距离的变化（也就是桥塔高度的变化），学生会感受到承载桥面的钢缆所受拉力的大小，会发现桥塔越矮小，钢缆需要承受的拉力就越大，从而很好地理解为何钢索桥都有高高耸立的桥塔。

"物体在斜面上运动"教学设计

长春市第八十七中学小学部　马维倩

课题	物体在斜面上运动	年级	三年级下册
教师	马维倩	学校	长春市第八十七中学
教学目标	科学概念目标： 1. 不同的物体在斜面上的运动情况是不一样的。 2. 物体的形状和它在斜面上的运动情况有一定的关系。 科学探究目标： 搭建斜面进行实验，观察、描述、比较物体在斜面上的运动情况。 科学态度目标： 1. 关注物体在斜面上的运动情况。 2. 愿意跟同伴合作探究。 3. 能认真观察实验现象，并以事实为依据，开展交流研讨。 科学、技术、社会与环境目标： 利用材料，搭建坡度不同、稳定牢固的斜面。		
教学重点	观察、描述、比较不同形状的物体在斜面上的运动情况。		
教学难点	发现物体的形状等因素与其在斜面上的运动情况有关。		
教学准备	六个小木块、长木板、多种物品（十二面体、圆柱形橡皮、小球、立方体、小六棱柱、装有水的圆柱形小药瓶、铅笔）、活动记录表。		

教学过程	设计意图
一、导入 教师出示电影片段：成龙高楼斜坡逃生。提问：成龙是如何虎口脱险的？引出"斜坡"。（出示幻灯片）我们周围有许多不同的斜坡，物体在斜坡上会怎样运动呢？ 预设：个别学生回答引导得出：物体在斜坡上，可能会静止不动，可能会滑动，也可能会滚动。 教师出示课题：物体在斜面上运动。	从学生熟知的图片入手，目的在于滚动让他们联系生活，发现斜坡在生活中普遍存在，并能归纳斜坡的特点。
二、新授 探索（一）： 1. 小小工程师：出示材料（木板、三个小木块），提问：我们怎样利用这些物体来搭一个斜面？ 2. 教师提出建议：小木块横放叠加，与木板的接触点应在木板的前端，越靠前越好，保证斜面的稳定。 预设： 1. 一名学生上台操作。 2. 学生分组搭建斜面。	制作一个斜面，为下面物体的运动做准备。如何搭建一个稳固性高的斜面实际，也是让学生亲身体验技术与工程领域的问题。
探索（二）： 提问：（出示幻灯片）把立方体木块轻轻放在斜面的上端，它会怎样运动？请同学们预测一下。 预设：学生讨论，预测。在记录表相应的格子里画"√"。用同样的方法观察六棱柱和小球在斜面上的运动情况。 给出实验步骤和注意事项。 预设：分组实验；汇报交流实验现象。	本环节是探究小球与六棱柱在斜面上的运动，其中小六棱柱由于放置方式不同，在斜面上的运动情况会不一样。
探索（三）： 观察更多不同形状的物体在斜面上的运动情况。给出材料：十二面体、铅笔、圆柱形橡皮、小药瓶等物体。观察这些物体在斜面上的运动情况，先进行预测，再实验并记录，教师巡视。 预设： 预测并记录。 分组实验，记录物体的运动情况。	观察不同形状物体在斜面上的运动，找出运动规律，经历之前的探索活动，用更多物体检验学生是否很好地掌握了整个实验探究过程。

交流研讨： 1.不同形状的物体在斜面上分别是怎样运动的？ 2.物体的形状与它在斜面上的运动情况有关系吗？ 3.拓展：如果将斜面一端逐渐变高，再把小立方体、小六棱柱、小球等物体分别放在斜面上端，它们会怎样运动？ 三、板书设计 　　　　物体在斜面上的运动 滑动　　　　　物体形状 滚动　　　　　放置方法　　✓ 不动　　　　　　　斜面坡度　　✓	通过增大斜面坡度，学生发现斜面上物体的运动速度会发生变化，就自然而然地引向了下两节课关于"物体运动速度"的研究，同时也激发了学生课外继续研究物体在斜面上的运动的兴趣。

"运动与摩擦力"教学设计

长春市第八十七中学小学部　包宇

课题	运动与摩擦力	年级	五年级下册
第一备课人	包宇	学校	八十七中学小学部
教学目标	知识与技能： 1. 学感受到摩擦力的存在。 2. 知道摩擦力是一种阻碍物体运动的力。 3. 知道摩擦力的大小与接触面的状况和物体的轻重有关系。 过程与方法： 1. 会测量摩擦力的大小。 2. 能推测、设计实验检验摩擦力与接触面和重量的关系。 3. 提高假设、设计实验、动手实践解决实际问题的科学探究能力。 情感、态度、价值观： 1. 增长合作探究科学知识的兴趣，逐渐培养动手能力。 2. 形成认真实验、根据数据得出结论的科学精神。 3. 了解摩擦力在生活中的作用，能够辩证地看待摩擦力。		
教学重点	测量摩擦力，研究摩擦力的大小与哪些因素有关。		
教学难点	设计对比实验，研究影响摩擦力大小的有关因素。		
教学准备	科学记录表、小车、弹簧测力计、毛巾、钩码。		

教学过程：	二次备课
一、游戏+看图谈话导入 师：课前咱们玩一个小游戏，力夺接力棒，规则非常简单，两人各握住接力棒一端，开始以后看谁先把接力棒夺过去。我想请两名同学上来试试，先请一位力气大的男同学，再请一位力气小的女同学，大家猜一猜，谁能夺过去？ 师：为什么力气小的女同学反而夺过来了呢？我们请这位男同学来说一说为什么？ 生：我握住的那段非常滑，我觉得是摩擦力太小了，她那端摩擦力大。 师：其实摩擦力是无处不在的。咱们一起来看图，普通轮胎和雪地胎相比有什么区别呢？雪地胎的花纹更深，与地面摩擦力更大，那同样的道理，普通鞋底和登山鞋底相比，登山鞋鞋底纹路更深，摩擦力更大。无论是轮胎还是鞋底，都与地面不断发生摩擦，都与运动过程密不可分。这节课我们就来学习"运动与摩擦力"。 二、感知测量摩擦力 师：在开始研究摩擦力以前，咱们首先要知道到底什么是摩擦力？来看这个小动画，谁来说一说，你觉得什么是摩擦力呢？ 师：一个物体在另一个物体的表面上运动时，在两个物体的接触面会产生一种阻碍物体相对运动的力，这种阻力就叫作摩擦力。 师：摩擦力是可以感觉到的，感受摩擦力的方法有很多，那今天老师就用非常简单的方法领大家感受一下摩擦力。把手放在桌面上轻轻地推动一下，拿起来，再把手放到桌面上用力地推动一下，比较两次手推桌面的感觉，有什么区别呢？ 师：描述得非常准确！那摩擦力的大小怎么测量呢？用什么工具来测量？	

师：那我们应该怎么测量摩擦力呢？咱们一起来学习一下。我们用弹簧测力计沿着水平方向拉一个物体，刚好能使这个物体运动起来的力就相当于是它受到的摩擦力。

师：测量时先检查指针是否对准"0"刻度。测力计要沿水平方向匀速拉物体，不要碰到桌面。

师：大家现在可以用测力计去试一试，测一测自己笔袋的摩擦力是多少。

师：测量完以后我们发现每个人的笔袋的摩擦力都不一样，那摩擦力大小与什么因素有关呢？谁来说一说。

生：材质、轻重。

三、摩擦力大小与什么因素有关

师：刚刚说了很多种可能，咱们这节课选择其中的两个因素来研究一下。

师：大家来猜一猜摩擦力的大小和物体接触面粗糙程度有什么关系呢？

师：你们的猜测似乎有一定的道理，但这些都只是我们的猜测，还需要用实验来证明。

师：我们为了验证它们之间的关系，还是要设计一个什么实验？

生：对比试验。

师：在这个实验中要改变的唯一的条件是什么？看一看你面前的实验材料，谁想好了怎么做来说一说？

生：改变的唯一条件是接触面的光滑程度，用弹簧测力计在光滑桌面和粗糙毛巾上各测量一次，记录数值。

师：你太聪明了，非常准确。老师把他的想法总结了一下，放在屏幕上，大家可以作为参考，那我们就动手来完成这个实验，把结果记在实验记录表上。测量重复三次，取平均值。

师：谁上来展示一下你们小组的实验记录表？

生：通过测量以后发现，在光滑桌面 0.2 牛，在粗糙毛巾 0.8 牛，接触面越光滑，摩擦力越小，接触面越粗糙，摩擦力越大。

师：通过刚才的实验，我们发现："物体间接触面光滑，摩擦力小；物体间接触面粗糙，摩擦力大。"力夺接力棒的奥秘就是一端涂抹了润滑油，接触面光滑，摩擦力小，所以力气小的女生可以轻易战胜男生。

师：那摩擦力大小与物体重量又有怎样的关系呢？请各小组独立研究设计一个实验方案，一会儿请同学来说说。

师：现在按照试验方案完成实验，同时填写记录单，一会儿我们找同学来分享一下实验结论。

生：通过实验发现，物体重，摩擦力大；物体轻，摩擦力小。

四、拓展应用

师：其实利用摩擦力可以帮助我们做很多事。你觉得摩擦力大好还是小好？

师：在生活中有时需要增大有益摩擦力，如汽车防滑链、体操运动员做动作以前手上摸镁粉、乒乓球拍上的橡胶垫，还有饮料瓶盖的条纹。有时需要减小有害摩擦力，如汽车机油、自行车车轴加润滑油、门的合页加润滑油。这些都是摩擦力在我们生活当中的应用。大家课后可以回家观察一下还有哪些地方巧妙地运用了摩擦力。

五、板书设计

　　　　运动与摩擦力
　　接触面光滑，运动时摩擦力小；
　　接触面粗糙，运动时摩擦力大。
　　物体重量轻，运动时摩擦力小；
　　物体重量重，运动时摩擦力大。

六、教学反思

回顾本节课的教学，学生能够很好地记录实验数据并得出结论，培养了他们分析问题的能力。学生对实验研究的兴趣得到了加强，学生的想象力和创造力得到了发展，学生学会了记录和描述简单的实验现象。也就是说大部分教学目标都达到了。这节课不足的是对学生自主探究能力的培养还不够。因为在课堂上，学生的主体地位不容忽视，让每一个学生都有自我展示的机会，让每一个学生都在合作中探究，才能提升学生的科学探究能力。

"压缩空气"教学设计

长春市绿园区正阳小学　卜金玲

【教材分析】

"压缩空气"是教科版三年级上册第二单元第三课的教学内容。通过前两课的学习，学生已经认识到空气和水、石块一样都能占据空间。在此认知基础上，本课以及此后的学习内容要对空气的物质属性进行更深入的研究和理解。在科学的大概念里，宇宙中所有的物质都是由很小的微粒构成的，空气当然也不例外。本课希望学生仔细观察有关空气压缩和扩张的现象，然后让学生试探性地从微粒的层面对现象做出解释。

【学情分析】

通过一年级和本单元前两课的学习，学生对空气的一般特征已经有所认识。对空气可以被压缩的现象在生活中可能看到或体验过，但对压缩空气缺乏有目的的研究，认识比较零散和浅薄。因此本课的研究对学生认识空气有很大的帮助。

【教学目标】

一、科学概念目标

1. 知道空气占有一定的空间，空气占据的空间可以被压缩。
2. 发现被压缩的空气具有弹性。

二、科学探究目标

1. 学生通过教师指导，学会使用实验方法证实空气确实占据空间。
2. 学生通过使用学习单，会运用图画等形式记录实验结果。

三、科学态度目标

1. 学生通过教师的引导，在科学事实的基础上进行预测和解释。
2. 学生通过比较其他人的证据，体会多次实验能提高实验结果的可信度。

四、科学、技术、社会与环境目标

1. 了解科技对生活的影响，压缩的空气可以制成救援的气垫、玩具枪等。
2. 了解人的需求是影响科技发展的关键因素。

【教学重难点】

重点：知道空气占据一定的空间，空气占据的空间可以被压缩。

难点：解释空气为什么可以被压缩或扩张。

【教学准备】

为学生准备：装有水的水槽、带刻度的注射器、橙子皮、靶盘、实验记录单等。

教师准备：自制空气枪、课件等。

【教学过程】

一、聚焦

利用游戏导入新课。

出示自制空气压缩枪，学生进行游戏。

提出问题：注射器里面有什么？为什么用力压活塞，管口处的橙子皮像子弹一样发射出去了呢？导入本课。

追问：我们知道空气和水一样都能占据空间。空气和水相比又有什么不同呢？

（设计意图：游戏导入，激发学生学习兴趣，引发学生思考。将学生注意力吸引到课堂学习中来。同时通过对比问题，把问题聚焦到本课需要关注的问题上——空气的压缩。）

二、探索

（一）预测活塞位置的变化

过渡：想要研究这个问题，我们可以借助于注射器，一起来认识它。

1. 出示注射器，并介绍注射器的结构：活塞、针筒、刻度。

2. 教师演示抽一段空气。

提问：（1）如果老师把活塞向下压，你们觉得能推得动吗？如果能推动，能推到哪里？

（2）如果把活塞向外拉呢？又会有什么现象？

（3）把空气换成同样多的水，会怎么样呢？

小组讨论，交流想法。

3. 明确实验步骤。

用两个相同的注射器，分别抽取同样多的（20mL）空气和水，记录初始刻度，然后堵住管口。

慢慢用力向下压活塞，直到压不动为止，记录活塞位置变化，然后松手。

慢慢用力向上拉活塞，直到拉不动为止，记录活塞位置变化，然后松手。

4. 反复多次实验。

（二）做压缩空气和水的实验

1. 学生分组实验，并用绘画的方式记录自己的发现。

2. 教师引导学生对发现的现象进行描述交流，并用活动式板书形象化呈现。

（设计意图：通过教师演示、学生预测，鼓励学生在实验中寻找证据证实自己的猜测。活动中让学生经历观察、实验、分析、归纳的过程，从而获得"空气占据的空间可以被压缩""被压缩的空气具有弹性"的认识。）

三、研讨

1. 现象描述，提出问题：活塞往里推，空气占据空间变小；往外拉，空气占据空间变大；这一过程中空气有什么变化？

学生用小圆圈的方式，表达空气压缩前、压缩后及活塞向外拉伸后状态的猜测。

学生表达、交流自己的猜想。

2. 根据学生的猜想，引导学生用实验寻找证据。

3. 组织学生用找到的证据对实验过程中观察到的现象做出合理的解释。

（设计意图：学生针对问题自己提出猜想，拓展学生思维能力，让学生勇于表达交流自己的猜想。引导学生用证据检验猜想，做出解释，培养学生实事求是的科学精神。）

四、拓展

1. 指导学生用注射器制作空气枪，进行观察体验和解释。

2. 用实物、图片等方式引导学生观察生活中压缩空气的应用实例，分析解释原理。

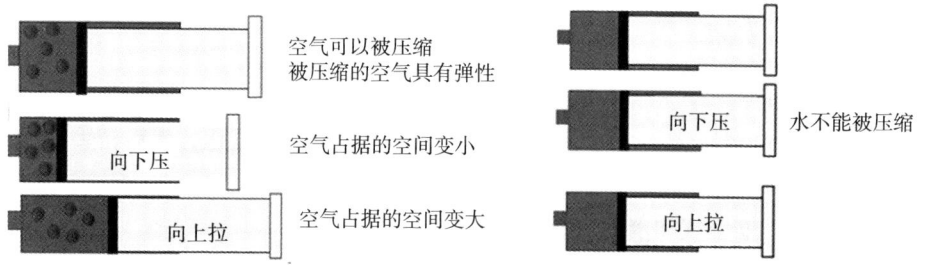

（设计意图：通过游戏和压缩空气在生活中的应用，激发学习兴趣，让学生学会知识的运用迁移。）

【板书设计】

压缩空气

空气可以被压缩
被压缩的空气具有弹性

向下压　空气占据的空间变小

向上拉　空气占据的空间变大

向下压　水不能被压缩

向上拉

【教学反思】

"压缩空气"是教科版三年级上册第二单元第3课的教学内容，在对学生的前概念调查中发现大部分学生已经能认识到空气和水一样占据空间，但对空气占据的空间大小是否可以改变这一问题，不是很确定。本课在此基础上对空气进行更深入的学习和理解。本课的优点主要体现在以下几个方面。

一、创设问题情境，激发学生的探究欲望

通过玩自制空气枪的游戏，激发学生想要学习空气的兴趣，将学生的注意力吸引到课堂中来。化被动为主动。

二、尊重事实，重视证据

在课堂教学中，让学生经历猜测、观察、实验、分析、归纳的过程，从而获得"空气占据的空间可以被压缩""被压缩的空气具有弹性"的认识。培养学生良好的科学态度，学会尊重事实，重视证据。

三、化抽象为形象

在小组描述空气被压缩的现象和解释变化原因时，引导学生用活动式板书形象化呈现自己的观点，很好地强化、巩固了教学目标。

当然，本课也存在不足之处。

实验前，教师应指导学生用注射器抽取一定量的水时，应先排净注射器内的空气，确保实验的有效性；教师的评价引导要及时到位。

专题三　探索与发展

新课标下如何培养学生的科学素养

长春市绿园区教师进修学校　郑文春

发展学生的科学素养是科学教育的根本任务。它是学生在从事科学学习过程中所获得的科学知识技能、科学思想方法、科学能力和科学思维品质等融于一体的聚合，是一种运用科学做出决策，能在个人人生和未来社会中使用科学的综合素质。科学核心素养的培养离不开教师在具体的教学内容和教学过程的引导，那么，如何培养学生的科学素养呢？在多年的教学实践中，我主要从以下几方面入手。

一、培养学生对科学知识的兴趣

恰当的问题情境有利于激发学生对科学的学习兴趣，解决科学的高度抽象性和小学生思维的具体性之间的矛盾，使原来枯燥的科学知识变得生动形象。因此，课堂上教师要善于结合学生的认知特点、生活阅历和已有经验，穿插科学问题和科学知识创设问题的情境，引导学生产生认知冲突，激发学生思考的积极性。

例如"小灯泡亮了"一课，部分学生不会有探究的欲望，觉得很难、很神秘。教师如果设置一个轻松愉快的游戏环节，或简单的电路，让学生感受到电其实就在身边，而且还广泛应用，意识到科学观察与实验需要敢于根据现象做出大胆的想象与推测。学生可能就产生了兴趣，并有弄明白的冲动和欲望，体验对周围事物进行有目的、细致的观察的乐趣和合作成功的喜悦。从而顺利愉快地参与学习和探究。

二、关注学生学习科学的过程

独立思考是一个人获得持续发展所必需的一种能力，而科学学习从某种程度上可以说是一种个体的劳动，因此，在课堂教学的过程中，教师应给学生思考的时间和空间。在学生独立探索的基础上，教师应该结合教材重点及难点问题，抓住契机，让学生开展小组合作研讨，为学生充分暴露自己的思维活动创造一种安全的氛围。这样的创设，留给了学生自主探究的时间，让学生充分表现自我，经历"发现问题—提出问题—猜想问题—验证问题"的过程，从而发展了学生的思维，使学生获得了科学的思想与方法。因为只有让学生自己思考过某些问题，他们才能对问题有更深刻的记忆，有自己的想法、自己的结论，也就培养了素质。

在学生解决问题的过程中，教师要注意培养学生敢于求"异"，发展他们的求异思维，追问"还有更好的办法吗？"当学生的多种答案充分展现出来之后，再引导学生辨析"哪种办法更好？"对于学生的方法，教师不要轻易做出判断，而是让学生在实际的操作中去感受，去领悟。

三、交给学生语言表达的思想、方法

语言是思维的体现，在科学学习的过程中，学生的语言对于旧知识的巩固和新知识的理解起着关键作用，它既可以促进学生的思维发展，又可以培养学生的正确思考方法。因此，教师在课堂教学中不仅要引导学生多说，还要指导学生会说，根据不同的内容教给学生不同的说理方法。它包括有条理地将思考的过程、结果说出来；用准确的语言将课堂所学内容进行总结、归纳。这样反复的训练，既可加深学生对知识的理解，又可推动学生的思维能力发展。

四、指导学生知识系统的形成

在工作中，我们常常会发现有的学生平时学习挺认真，能够掌握当堂所学的学习内容，但是在做综合检测题的时候常常不够理想。经过长期的观察，我们发现源于他们掌握的知识比较零散，没有将所学的新知纳入科学的知识系统，而科学是一个系统性很强的学科，各部分知识之间有着内在的联系。因此在教学中，教师要注重指导学生将新知与以往所学的相关联的知识建构一个知识网络，使学生感受科学的整体性。而思维导图既可以帮助学生在课堂上有条有理地完成交流汇报，又可以指导学生对所学知识进行系统的归类、综合、整理，把知识点，用线串联，编织成网。它是培养学生思维的逻辑性、严密性的有效途径。因此，在教学中，教师要结合课堂教学内容教给学生制作思维导图的方法。

五、引发学生对科学知识进行运用

为了激发学生学习科学的积极性，提升学生的科学思维能力，教师要有应用意识和主动驾驭教材的意识，及时收集和整理与学生的生活密切相关的、富有时代气息的材料，从而自然而然地引导学生把所学的科学知识应用到现实生活中去，解决身边的科学问题，感受、体验"科学应用于生活，服务于生活"。在此过程中，学生的综合运用能力、决策能力以及科学素养都会得到提升。

基于这一点，在课堂教学中，我常常布置实践性作业，把科学与生活紧密地联系在一起，使学生不再感到学习科学是一件枯燥乏味的事，相反，树立了"科学来源于生活，生活中时时处处都要用到科学"的思想，从而产生对科学的亲切感。

总之，培养学生科学素养的课堂，不仅是知识的学习，更重要的是培养学生的科学意识，让学生用科学的眼光认识世界，增强学生的应用意识，让学生用科学知识解决生活中的实际问题，体会到科学与自然及人类社会的密切联系，进而找到学习科学的乐趣，从根本上提高学习的信心及综合学习能力。

如何提高小学科学课堂的教学效率

长春市绿园区教师进修学校　王莉

【摘要】教学活动展开的主要场所是课堂。不管是过去、现在，还是将来，课堂教学都是我们培养学生综合能力的主要途径。向课堂要效率，是我们教师一直关注并执着追求的目标。解读教材是基础，要注意吃透新课程理念，领会教材意图；优化教学过程是关键，包括优化教学目标、优化教学手段、处理好预设与生成的关系、注重小组合作学习的有效性等；建立和谐的师生关系，则是提高课堂教学效率的保证。

【关键词】小学科学；课堂；教学效率

在实施课堂教学前，教师要先备课，确定好课堂教学的三维目标、预设好主要的教法学法、准备好适当的课堂练习，因此，认真钻研教材，才能提出科学优质的教学设计，才能使课堂教学的有效性成为可能。我在教学中做法具体如下：

1.重视课前准备，课前教师对教学内容有了深刻的把握，可以使教师灵活地处理教学中的问题，使课堂教学高效、顺利。例如，我在教授《月球——地球的卫星》之前做了一个全面的准备。首先对课程标准进行研读，对教材内容进行探究，再进行教学过程的设计。我在掌握了本节课教学内容后，我与学生进行了交流，并让学生谈谈什么是卫星？月球的特点有哪些？我对学生的前概念进行了解。再结合学生的实际情况，在教学设计中，根据学生兴趣和知识水平的特点，制作多媒体教学课件，使学生在直观学习的过程中提高探究的主动性。在课堂教学中，我首先通过多媒体视频展示人类探索月球的过程，让学生观察月球图片。然后，向学生介绍科学教学的内容，让学生探索月球表面环形山形成原因，学生的学习积极性很高，他们深入阅读教材内容，有效地提高了教学效率。在充满兴趣和探究的科学教学中，充分发挥学生探究的积极性，促进课堂教学的顺利开展，有效提高教学效率。

2.注重课堂教学，在课堂中教师要有很强的课堂驾驭能力，课堂教学组织能力，课堂教学纪律调控能力。教师在上课前，教学设计思路清晰，教学环节环环相扣，过渡语言自然，运用丰富的教学形式激发学生的探究欲望，充分体现学生学习的主动性，在教师提问过程中，教师应注重提问的有效性，从而有效地开展教学内容。在教师提问过程中，善于追问的教师不仅能够使课堂生成新的内容，更有利于学生思维能力和质疑能力的培养。激发探究的欲望，使学生产生强烈的求知欲和好奇心。在学生主动探究的过程中，教师应引导学生提高对科学知识的理解，培养学生的创新思维。在课堂教学中，教师还可以准备一些可以看到的新实验材料，供学生探索和观察，培养学生的科学态度，提高学生在动手操作过程中的科学学习兴趣。比如，我在教授《呼吸与健康》这节课中，课堂中我使用矿泉水瓶、气球皮、吸管制作的模拟胸腔的实验材料，使得学生更加直观地看到呼气和吸气时，人类胸腔、腹部的变化，更好地完成了本节课的教学目标，从而提高了课堂教学效率。

3. 正确及时地评价学生，激发学生的学习热情。在对学生的评价中，教师不仅可以口头表扬，而且可以以特定的形式展示学生的表现，使学生以直观的方式对学习有很强的成就感，并促使他们更积极地学习。实现高效的课堂教学。例如，在教学中，我用加分形式奖励学生以此鼓励他们。对于上课前能够提前准备好班级用品的同学，奖励加一分；对于积极回答问题的同学，奖励加一分；对于受到老师表扬的同学，奖励加分；在实验过程中，每位实验过程顺利有序的小组成员都会获得相应的分数。通过加分奖励制度，使学生积极思考，积极参与课堂活动，有效提高学习效率，使学生更好地掌握科学知识。

4. 注重经验，尽可能关注现实，贴近生活。课堂教学应充分利用多媒体、网络等先进的教学手段和教学方法，尽量营造氛围，比如，我在教授《月球——地球的卫星》一课时，我找到人类探索月球的视频，让学生置身于真实的地球和宇宙中，或将真实的天地环境引入课堂，使教学具有真实感，使学生有所收获，有真正的经验。这样有利于教学目标达成，提高了课堂的教学效率。

5. 课后反思有助于提高课堂教学效率。反思是一种手段，其目的是促使教师发现问题、思考问题、解决问题，从而获得专业水平的提升和发展。教师的自我反思可以在更高的层面上取得突破。教师反思不仅要关注教育的质量和效果，更要深刻反思影响教育质量和效果的因素。要用反思中获得的意见和观点指导自己的教育活动，使以后的教育教学活动更加合理有效，不断提高教学实践的合理性，有效地提高教学效率。

总之，在小学科学教学中，教师课前应根据教学内容精心设计教学环节，课堂中充分激发学生的探索欲望，使学生积极参与课堂学习，教师要注重经验，选择合适的教学手段和方法贴近学生生活，及时引导学生，使学生在生动形象的教学环境中积极互动，促进学生综合能力的提高，教师课后反思，有利于提高小学科学课堂教学的效率。

【参考文献】

[1] 张光凡.如何提高农村小学科学课教学的有效性[J].科学咨询(教育科研),2017(06).

[2] 黄学友.是要我反思,还是我要反思[J].湖北教育,2006(05).

[3] 姜德泉,李建国.走出教师反思的误区[J].教育科学论坛,2007(07).

浅谈小学生科学思维能力的培养
——以一年级下册"我们周围的物体"单元教学为例

长春市绿园区绿园小学　齐彦

【摘要】在2017年最新编写的《小学科学课程标准》课程基本理念中明确指出倡导探究式学习，学生要真正学会科学探究，需要在掌握知识、解决问题的过程中灵活地运用科学思维方法，形成科学思维方式，逐步提高科学探究能力。科学探究的能力，其核心是科学思维能力的形成，科学探究的终极目标就是培养学生的这种思维能力，从而形成科学研究的技能和方法。因此，在科学教学中培养学生的思维能力就显得尤为重要。

【关键词】小学生；科学；思维能力；培养

思维是人类所具有的高级的认识活动，科学思维方式的形成需要学生有一定的知识和经验作为基础，在一定程度上了解前人的研究方法和思维过程，自觉学习科学家的思维方式。因此，在科学教育中，要促进学生科学思维能力的培养，像科学家一样思考，让学生从科学家的思维过程中得到启发，逐步发展科学思维。

一、科学家是怎样思考的

温德威·廉姆斯在培养学生如何像科学家一样思考的研究项目中，从以下几个方面，我们可以看到科学家在科学研究过程中的特殊思维过程以及在此过程中所运用的科学思维方法。第一，提出并界定问题。第二，寻找科学证据。第三，我们需要对各种科学方法获得的科学证据进行进一步处理，从而得出正确的结论。第四，通过科学研究得到的结论可以渗透到科学的其他方面，进行进一步的综合研究，从而完善现有的理论，有效地应用于社会生活中。第五，复习、反思和检验。

二、学生怎样学习科学

1.在科学学习中，学生能够运用他们所学的知识，理解基本概念，并且知道如何有效地使用他们所学的知识。学生不仅掌握科学概念和科学知识，而且也要发展科学思维，需要学会科学思维的方法，学生能够获得新的数据，以改变他们原来的看法，或者加深他们对重要科学理论的理解。

2. 学生在已有知识和概念的基础上建构知识和理解。许多学生的前概念与当前公认的科学知识并不完全一致，学生头脑中的前概念往往是顽固的，因此在教学中应采用特殊的方法来改变他们的前概念。

3. 学生通过修改和提炼现有概念，并将新概念融入现有概念，从而形成新知识。学生很少主动寻找不同解释的证据，也很少思考为什么一种证据比其他证据更有说服力。

三、学生的科学学习和科学家科学研究的联系与区别

学生的科学学习与科学家的科研过程既有联系又有区别。一般认为，学生的科学学习过程类似于科学家的科研活动，学生的研究性学习是模拟科学家科学研究进行科学学习的一种方式。学生科学学习与科学研究的关系主要体现在学生的思维过程和科学思维方法的运用上。

科学家有着深厚的知识背景，他们所研究的科学问题是尚未解决的，并且涉及到许多复杂的因素，因此思维过程相对复杂。学生的知识背景相对有限，学习的主要目的是获取科学知识，体验科学活动的过程。学生的思维对象相对简单，学生的科学学习不一定像科学研究那样经历一个完整的思维过程，而可能只经历其中的某些方面。学生要掌握科学的思维方法，形成科学的思维方式，需要在教师或其他教育工作者设计的适当的教育坏境中实现。

四、结合小学科学课程标准和一年级科学教材，如何培养小学生的科学思维能力

在当代课程改革中，科学探究是核心议题。在2017年最新编写的《小学科学课程标准》基本理念中明确指出倡导探究式学习，要真正学会科学探究，需要学生在掌握知识、解决问题的过程中，灵活运用科学的思维方法，形成科学的思维方式，逐步提高科学探究能力。

怎样选择和组织合适的教学内容，制定发展学生科学思维的教学目标以及选择合适的教学策略，为体现"像科学家一样思考"的实际教学做好理论准备。

一年级下册第一单元"我们身边的物体"单元中出现次数最多的两个思维方法就是比较（比一比）和分类。如表和如图。

科学思维方法在教材"我们身边的物体"内容中呈现的次数

思维方法	次数
分析	0
综合	0
比较（比一比）	3
分类	14
抽象	0
概括	0
类比	0

思维方法出现次数统计图

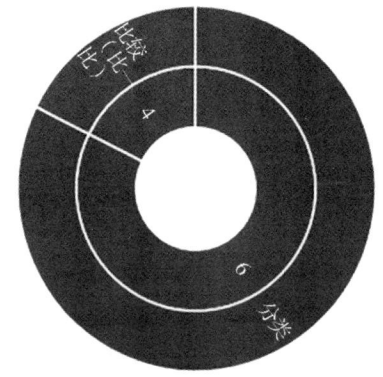

科学思维方法在教材"我们身边的物体"内容中呈现的次数统计图

1. 了解比较与分类两种思维方法

俄罗斯的教育家乌辛斯基曾经指出："比较是一切理解和思考的基础。只有通过比较，我们才能了解世界上的一切。"事实上，比较是科学研究的基础，这也是科学研究中的一项重要技能。

分类是根据对象的共同点和差异点，把它们区分为不同类别的思维方式。分类是基本的思维活动，也是其他思维活动产生的基础。

2. 培养小学生科学思维能力的教学设计

以一年级下册"我们周围的物体"单元第四课"给物体分类"一课为例

分类思维过程	教学环节	教学过程	学生活动
	导入新课	教师提问"生活中，你们见过人们把物体分类吗？是如何分的？"	学生举出例子进行汇报：超市里把物品进行分类，家里衣物分类，厨房餐具分类等。
确定分类对象	观察物体特征	教师引导学生先观察本节课要研究的物体，带领学生回顾它们的名称。	学生观察、说一说名称。
	提出探究问题	我们怎样给物体分类？	学生进行思考和讨论。
确定分类依据	确定分类的依据	教师可提示学生回忆前几节课探究的物体的哪些特征，并可提示根据物体的特征进行分类。	学生汇报交流，确定每组分类的依据。
实施分类活动	学生进行分类	教师指导学生完成分类前的准备工作，将物体贴上统一编号。提醒学生，按着你的分类依据，边分类边做记录。	学生可小组合作，也可个人完成分类过程。
	表达交流	教师可以让汇报的学生先说一说你是怎样分类的，根据物体的哪些特征？引领学生分析各种分类结果，引发学生思考分类结果受到哪些因素的影响。	学生进行汇报。

	反思评价	教师引导学生对以上同学们的分类结果进行反思与分析，使学生认识到当分类涉及到细分标准时，会产生不同的分类结果。	学生能够根据小组内其他同学的分类记录进行反思，并且将获得的新认识填写到第一课表格中。

本文以一年级下册"我们周围的物体"单元中分类的思维方式进行反思，旨在想让大家在平时的科学探究活动中，根据学生活动及时地引导学生进行科学的思维，引导学生像科学家一样思考，培养科学思维能力。伟大科学家头脑中的科学思维不是天生的，而是在科学生涯中通过学习科学知识和科学实践中不断形成的，我们科学教师也应该在平时的课堂教学中对培养学生的科学思维能力进行不断反思，逐步使学生形成自己的科学思维能力。

【参考文献】

［1］聂晓春.体现"像科学家一样思考"的单元整体教学设计研究［D］.长春：东北师范大学，2012.

［2］徐艳.小学"科学"探究式教学的教学设计与实践［D］.兰州：西北师范大学，2003.

［3］吴斐雯.利用校园种植园进行小学科学课外延伸的探究［J］.科学咨询（科技·管理），2019（10）.

核心素养发展下的小学科学教学实践之思考

长春市绿园区双丰小学　黄俊梅

【摘要】这是一个信息过剩的时代，新的信息每一秒钟都可能颠覆你的前认知，这样的时代背景下，小学科学教学也在前行的实践中摸索创新，不断地调整已适应长远而迅猛的发展。小学科学课程要按照立德树人的要求培养小学生的科学素养，为他们的继续学习和终身发展打好基础。科学发现与技术创新不断涌现，对小学科学课程不断提出新的要求，而继续学习和终身发展是我们面对一切变化始终不变的初心，随着核心素养的不断延展，我们的科学教学要在实践中不断摸索，在学习中使之科学素养不断形成，力求思维本质的长远发展。作为教师从思想的转变到实践的细节，我们要在探究的路上不断学习，总结经验。

一、学科思维延展：求知、认知、探究

1. 从求知热情走向科学探究

求知热情是孩子对大千世界及未知现象的好奇、向往及在求知过程表现出的积极性、主动性，是推动科学学习的内动力。引导学生从求知热情转向科学探究，就是要引导他们对问题进行推理和联想，转化为对因果关系的猜想和假设，并实验论证。

时代的发展呈现给我们的是信息量庞大后，孩子对网络的依赖，思维的程序化，行为的懒惰，太多的理所当然，使求知的欲望岌岌可危。激发他们的求知欲，调动他们的热情，让他们有一探究竟的冲动，让课堂教学成为快乐与知识的源头。

小学科学是一门实践性课程。探究式学习是学生学习科学的重要方式。小学生的探究式学习是指在教师的指导、组织和支持下，让学生主动参与、动手动脑、积极体验，经历科学探究的过程，以获取科学知识、领悟科学思想、学习科学方法为目的的一种学习方式。求知热情就是打开科学探究的敲门砖。理论的提升，帮助我们更好地把握教学的节奏、方式。通过对《科学探究与国家科学教育标准——学与教的指南》及《探究学习教学策略》等书的学习，更深层次了解了教与学的关系，明确了探究性学习需要孩子围绕整个单元可驱动的问题展开探究活动；需要学生获取事实证据；形成解释，做出回答。因此，教师探究教学的流程设计要有着力点，"在情境中激发求知热情；在实验操作中指导探究；在互动的

思想碰撞中启发思维；评价中获得成就感"。体现了教学中教师主导和学生主体的定位。

从求知热情到科学探究，教师应明确科学知识为本、实事求是为准、终身发展为目标，把科学本质、科学思想、科学知识、科学方法等学习内容融入在科学教学的大概念、大主题中，创设轻松愉悦的课堂教学氛围，保护孩子们的好奇心和激发求知欲，引导学生主动探究，以增强科学学科的意义性和趣味性。

2. 在认知冲突中形成探究的主动性

我们的教学设计应以学生的认知为原点，每个学龄段的孩子在生活中都积累了知识经验，我们要通过情境、实验、交流引发学生认知冲突，通过不断地否定和肯定自主构建新认知结构，产生新的认知需要。

根据教学需要或实际资源创设场景，实现触景生问。例如教学《马铃薯在液体中的沉浮》一课时，把同一马铃薯切成大小相对差距大些的两块，放入两杯水中，观察发现大块马铃薯在水中上浮，小的马铃薯在水中下沉，学生对原有的认识画上了大大的问号，有惊讶、好奇、猜测，有想一探究竟的急切愿望。在原有认知的基础上产生了质疑，为探究学习开启了内动力的阀门。

让学生带着问题逐步探究。教学中我们准备丰富的材料，让学生的探究是内发的、自主的，体验是主动的，真实可触碰到的，让他们在充足的时间和空间中享受学习的乐趣，获得成就感。我们要做的是把控探究节奏，及时进行信息交流和情感调节，实现课堂的趣味性、有效性、高效性。在问题中体验认知的不断重建、突破。形成自发的、主动的、合作的探究过程。

3. 在探究活动中逐步培养科学思维

科学探究模式随着科学的发展而改变，从萌动的摸索转变为模型的使用，从单纯的实践证据转变为大数据的收集，从简单的推理转变利用计算机对数据进行分析。

网络时代下，我们在尊重时代发展的背景下不断推进小学科学教学形式、方法和目标的改变，在探究活动中逐步培养孩子的科学思维。在课堂上，聚焦问题的核心，引导学生看到事物的本质，在遇到问题的过程中，不受现状和思维定式的约束。聚焦于问题的本质，找到突破点，从而提升自己的认知水平和解决问题的能力，所谓的成长和精进，保持思维的敏感，探求自己还不知道的部分，完成认知升级，不断打破自己的认知边界。

信息渠道的便利导致信息和知识获取成本大大降低。知识总量的急剧膨胀和人的信息处理能力之间矛盾升级。我们要引导学生在探究过程中提炼有用的信息，并用科学的方法论证、交流，用不同的实验材料进行对比，不同的实验方案得出数据进行分析，通过观察现象，最后得出结论。直面问题找到解决的办法，从而促进学生思维发散，逐步培养他们科学思维的形成。

二、学科课标认识：延展性学习衡量的尺子

时代的发展从不会停歇，孩子的原认知会随着外界的发展而不断膨胀。在课堂教学中，学生的一个问题，就可能把所学带入更深的层面，把握教学的深度和宽度，要把课程标准吃透，对知识的延展才有边界可依托！

对于这个"度"的思考我想一线教师从没间断过，在教学中教课本的内容还是扩充挖些更深的知识，值得我们思考，也对教学目标的确立有着影响。在教学过程中，教师对于不同年龄段学生理解能力、认知能力要有充分的认识，不能小瞧了，也不能高估了他们。电的教学在小学阶段一直都是学生较难理解的部分，学生没有太多的生活经验，除了知道家里的电器，灯的正常运作来源于电，对于很多概念几乎很少出现在他们的生活中，对于电流的存在，觉得抽象，怎么会流动，都觉得看不到，摸不着！基于这点我们在教学过程中，难免要讲一些没要求的知识，帮助学生理解。但怎样才能适度，课标为我们提供了标准，3、4年级的学习目标只需要说出电源、导线，用电器和开关是构成电路的必要元件！而对于孩子们聚焦的部分问题，可稍做解释，去感知电流的存在，不去理解概念的深层意义！引导他们探究的兴趣，形成科学思维就可，所以课程标准是我们进行延展性学习的一把尺子，适度却不能成为束缚孩子们继续探究、无限想象的绳索！

三、学科教学实践：以生为本，因地制宜

在实践教学中，我们发现，不同区域的孩子对一些知识的掌握是有差距的！比如教学力这个单元，我曾在区级实验校和村小两所学校工作，在课堂上发现他们的认知水平差距很大。比如对反冲力的认识和实际运用方面，在区级实验校，您照搬课本，孩子们没有兴趣，如果你把影响反冲力的研究加进去，上升到工程技术层面，孩子们就有了研究热情！而在村小，他们对反冲力本身就茫然不知，那我们就去充分感知反冲力的存在和作用，利用课本为依托引导学生去感悟。所以对于教学的设计，我们应该以学生为本，因地制宜！站在学生的认知和立场思考教育教学！

综上，小学科学教学注重现代核心素养的实践探索，我们要努力依托教材，紧抓课程标准，在教学内容和教材设计方面下功夫，把握每一个切入点，为孩子们继续学习，成为合格公民和终身发展奠定良好的基础。

在小学科学教育中实施生活化教学的策略

长春市绿园区凯旋小学　吕步坤

【摘要】科技的发展带动了社会的进步，也渗透到了我们生活的每一个角落。小学科学教育早已是小学课程中的一门重要科目。小学阶段的学生正处于接受教育的启蒙阶段，此时一种合理的贴近生活的科学教育方法，对于学生良好科学素养的形成能够起到奠基性的积极作用。因此，对于学校和教师来讲，如何创造出一个适合小学生的生活化教育法是现阶段教育的重要工作点。本文将浅析小学科学教育中存在的问题，以及如何在小学科学教育中正确应用生活化教学法。

【关键词】启蒙；科学素养；贴近生活；生活化教学

传统的小学科学教育教学存在很多问题，课堂内容不贴近现实生活，学生的积极性不高，就直接导致了教师的教学效率过低。小学科学教育这门功课的存在意义就是为了引导孩子探索周围事物的发生机制，提升其对未知事物的探知能力，进而促使学生的整体素质得以提高。针对此问题来讲，一个合理有效的生活化教育法不仅可以解决现阶段小学科学教育存在的问题，对于学生的学习能力和教师的教学质量的提升都有重大的意义和作用。

一、小学科学教育教学生活化的必要性

近些年，国家大力推行"素质教育"的举措说明了当代教育更注重学生的全方位发展，而小学科学教育是基于实际生活，以学生的生活经验和个人认知为前提，让学生在实际生活中体验科学教育，再将科学教育所学到的知识运用到实际生活中去的一门学科。相比于其他学科来说，科学教育的"学"与"用"相互依存更密切。所以，科学教育生活化可以让小学生身体力行地验证这些科学知识，让学生感受到科学的认识学习其实并不难，而且就在我们的身边，真正体会科学教育的学习乐趣。从小学生的思维方法和接受能力来看，学习事物的方法还没有形成固定模式，思维仍以具体形象为主。针对这一特性，教师应从最基础的实际生活出发，激发学生的逻辑思维的潜在能力，探索出一个真正适合的生活化教学方法是十分有必要，也是十分有意义的。

二、传统小学科学教育存在的现状

科学教育往往就是将一些生活中出现的各类状况用理论阐述的方式解释出来，让学生在科学知识的学习的同时对生活有探知的欲望。但是传统的小学科学教育并没有注重这一点，课本的内容不贴近现实生活，教师也不懂得将科学教育与生活联系起来进行授课，一些不贴近生活的知识也不容易被学生所接收，所以，大多数小学生产生"听不懂"的现象，也就无法在课堂上提起兴趣，从而影响了教师的教学质量。

三、小学科学教育中实施生活化教学的具体应用

1. 课前营造生活化的科学教育氛围

教师可以在科学教育课程开始前，对学生进行布置一个可以在生活中得到答案的科学作业。例如在"各种各样的交通工具"一课学习前，教师可以让学生在课外找到各种交通工具，并将找到的交通工具按照适用地点进行归类，以供上课时教师与学生进行讨论点评，由此引出交通工具根据不同时间、不同用途，随着时代的发展变化而变化，让学生自己主动参与，提出问题。这样的做法不仅让学生回归到生活中去发掘问题，还可以将现实生活与课本内容联系到一起，激发了学生学习探知的积极性。

2. 课上设置生活化的教学方式

在"做一杯饮料"一课学习时，教师可以准备一些可以做饮料的材料，例如，"苹果糖浆、橘子糖浆、白开水、玻璃棒"等，然后，在课上以学生们生活中最喜爱的饮料为题，让学生参与讨论回答。课堂上进行操作，使用实验器材配料，并做成一个最受喜爱的饮料供大家分享，最后老师可以借此引出课本的中心内容：饮料中含有的每一种原料以及每一种原料的多少，就是饮料的配方。配方不同，味道就不一样。评价一种饮料是否好喝，与它的配方有着密切的关系。因为，饮料是小学生都喜欢喝的，利用"饮料"这个介质导入新课，有利于激发学生的学习兴趣，提高学生学习的参与度，释放学生上课起始时的心理压力，活跃课堂气氛；也正好充分利用了学生的生活经验。这样的生活化的课堂更易被小学生所接收，教师教学也就更容易开展实拖。

3. 课后布置生活化的课题巩固知识

生动活跃的课堂教学结束后，学生对知识的最后掌握程度才是检验教师教学成果的最终考核指标，所以，课后需要对学生所学的知识进行巩固。例如"物体在水中是沉还是浮"这一课的学习中，课上老师演示了一枚回形针在水中是沉的，

几个回形针在一起在水中也是沉的,一块木块在水中是浮的,几块木块相叠在水中同样是浮的这一实验。那么,教师就可以在课后安排学生回家自己找实验器材进行操作。例如,橡皮在水中是沉的,把橡皮切成一半大小,还会沉吗?再切成四分之一、八分之一大小,还会沉吗?推测把它切得更小会怎样。萝卜在水中是浮的,把萝卜切成一半大小,还会浮吗?再切成四分之一、八分之一大小,还会浮吗?推测把它们切得更小会怎样。这样不仅做到了回顾课上老师所讲的内容:"同一种材料的物体,把它们的体积改变,在水中的沉浮状态也不会发生改变"这一结论,更让学生在实际生活中认识到用实验验证猜想,能及时纠正自己的错误概念,贴近生活的同时,巩固了所学知识。

四、结语

有效的生活化科学教育是每位小学科学教师所追求的最终目标,教师教学的过程利用教材,依托实际生活,引导学生开展各种各样的课题研究正是新课程所倡导的。通过开展这样生活化的教学模式,激发学生开展科学探究的兴趣,锻炼学生的实验操作能力,而且丰富了学生的课外生活,起到"一石激起千层浪"的作用。无论是课上的讲解还是课后的复习,对于小学科学的教育来说,采取正确的生活化的教育方式是大势所趋,同时,其作用也在实践中得到了更好的印证。

【参考文献】

[1]李志波."生活化教学"策略在小学科学教育中的实际应用[J].成才之路,2014(06).

[2]曹军.生活化教学应用于小学科学教育中的策略分析[J].小学新课程,2016(03).

[3]刘晶晶.让教学更生活化:小学英语教学生活化研究[J].中国教育技术装备,2014(03).

兴趣是科学实验教学实践探究的根本

长春市绿园区绿园小学　王贺娟

一、激发学生科学实验兴趣

兴趣是促进学生全身心投入实验教学活动的关键动力，对此，在实践探究中，教师应结合实验内容、任务，以及学生的年龄、认识认知特点，制定出具有启发性、趣味性和针对性的实验教学方案，并创设问题情境，激活学生的科学思维，让其带着问题从多角度去思考实验内容、过程和结果。由于学生的思维、认识能力还有待提升，在教学中，教师可以以一些小实验、小发明入手，逐步地激发学生的学习兴趣。比如，指导学生用塑料吸管和硬纸板来制作风向标，或者用玻璃杯来制作雨量器等，增加师生、生生互动。这样不仅能够激发学生的科学学习热情，也能够进一步挖掘实验的有效因素，培养、发展学生的探索、团队精神，以及实践、创新能力。

二、培养学生掌握高效学习方法

在形成良好学习方法与习惯的关键阶段，教师应把握契机，帮助学生积累更多适合自己的学习方法，准确把握提高学生的思维、认知能力的起点。科学是容不得半点虚假的，所以，在教学培养中，教师不仅要把握学生的心理特点，还要保持一丝不苟的态度，正确示范，进而对学生形成良好的学习方法与习惯起到潜移默化的作用。

首先，要引导学生准确把握实验目的，尤其是引起实验变化的原因、条件。教师应给予恰当的启发，培养学生养成勤于思考的科学学习习惯。其次，要认真严肃地对待实验过程，引导学生正确认识到学具不是玩具，科学实验也不是游戏，要认真对待每个实验环节，培养学生认真严谨、实事求是的科学态度。比如：在讲解"测定物体的温度"的相关内容时，教师就可以在墙上挂一支温度计，让学生观察上午、中午和下午的气温变化情况，并要求其进行详细的记录。这样贴近学生实际生活的实验活动，不仅有助于其学习兴趣和态度的培养，也能够帮助其掌握学习方法，锻炼其实践动手能力，进一步拓展其学习视野。

三、指导学生设计科学实验方案

小学科学实验教学中，相比于教师演示实验，学生更喜欢亲自动手操作的实验，这是经过教师的启发与指导，由学生自主完成的一种教学形式，而教师的指导也是实验能否成功的决定性因素，而教师应知道学生设计恰当的实验方案，进而在开发智力获取知识的同时，也有助于学生实践操作、创新能力的培养。在指导过程中，教师需提出基本要求，引导学生明确实验目的、探究问题，并对相关实验仪器的名称、使用方法做出详细的介绍，建立材料超市，让其自由地选择实验素材，为学生构建轻松、自由的实验条件与操作氛围。比如：在讲解"磁铁"的相关内容时，教师就可以将铜片、木片、塑料、铁片等各种材料放到材料超市，并要求学生设计出多样化的试验方法来对磁铁的性质做出深入探究。

四、注重学生创造思维的培养

创新能力不仅是素质教育要求，也是学科教育的基本任务。在选择实验教具时，应给学生提供"发现"的机会，要让学生从多角度去思考探究，以此来激发学生的创新思维。比如：在讲解"导体绝缘体"的相关内容时，教师就可以在课堂教学中，为学生提供一些实验材料，并让其通过各种方法，来证明这些材料是否导电。有的学生可能会将材料连接到电路中，用这些材料来代替开关或是导线来进行检验等多种方法，然后可以让学生根据自己的方法，按照自己的思维来进行实践操作。而通过实验，学生可以发现铜片、铝片等材料能够代替导线和开关，这也充分证明该材料导电，而无法代替的木片、玻璃片等材料不导电。之后再引入导体、绝缘体的概念知识，这样不仅可以全面激发学生的学习兴趣和科学创新思维，也能够在锻炼、提升其科学素养的基础上加深其对所学知识的理解与印象，从而增强科学教学效果。

五、鼓励学生积极质疑探究

科学实验不仅是人类认识自然的基本途径，也是科学教学的重要特点。通过实验反映出来的现象和数据，去对事物包含的本质、规律进行探究，实现从直观到抽象思维的过度，对学生来讲，虽然具有一点难度，但也是最有意义的。而质疑作为思维的导线，同时也是重要的学习内驱力，是开展探索、进行创新的源头。因此，科学教师在设计组织实验教学活动时，应积极鼓励学生发挥想象，质疑探究，进而不断培养学生的分析、探究能力。在探究、解决相关问题时，应构建相应的问题情境，让学生大胆地提出心中的质疑，进而在激活其科学思维的同时，也进一步增强其学习兴趣和信心。比如：在讲解"热胀冷缩"的相关内容时，教师就可以引导学生联想日常生活中，用壶烧开水时的情景，然后在让学生提出自己心中的疑问，如"水壶里的水为什么会外溢"等，并针对这类问题进行辩论探究，让学生积极地发表自己的看法，使其在争论、探讨过程中逐渐达成共识：主要是因为壶里的水被烧开后，体积膨胀了。之后再组织学生开展相关实验来验证这一探究结果。这样通过反复训练，既有助于培养学生良好的质疑探究能力，也能够进一步提升其分析能力。

科学课"玩中学,学中玩"的教学探究

长春市绿园区绿园小学　张春燕

我们不能假设学生们都非常清楚学习的重要性,并自觉地投入足够的时间与精力去学习,也不能单纯依赖教师或家长的权威去迫使学生们这样做。事实上,我们更需要做的是让学生们愿意亲近、了解、喜欢,从而主动从事学习。怎样使学生"乐学""爱学"呢?让学生在玩儿中学呢?以下是我的一点粗浅认识,请老师们多多指教。

古代教师的角色是"传道、授业、解惑",而创新教育下教师的角色的转变之一就是由"教"者变成"导"者。

科学实验课本身是一门严谨的、实践性强、需要耐心的课程。在教学中,小学生虽然对科学实验具有极大兴趣,但多数是因为好玩或者有趣,拿到实验器材以及进行实验时十分兴奋,而到了探讨分析实验结果,学习理论知识时,就失去了兴趣,也没有足够的耐心进行多次重复实验,不仅不利于学生科学习惯的养成,同时也使整个科学实验的效果大打折扣。爱玩是小学生的天性,也是孩子感知世界、认识世界的重要方式,如何利用孩子的这一天性,寓教于乐,在"玩中学,学中玩"也一直是教师探索的重点。

一、以"学中玩"增加实验趣味性

学习兴趣是教学能够顺利开展的重要条件,游戏教学是一种贯彻了"寓教于乐"教育原则的教学方法。在教学实践中,利用游戏教学能够增加实验的趣味性,进一步提高学生的学习兴趣。如学习"声音的传播"时,设计"打电话"的游戏。在教师的指导下,学生利用纸杯等材料制作好简易"电话"。我们都知道在日常生活中打电话时需要真的电话,而我们只是用纸杯、线和火棒做出了这个"电话",为什么能通话呢?是因为声音是由振动引起的,我的声音能让纸杯振动,纸杯的振动能够传到线上,线再把声音传到天天的纸杯上,天天就能听到我的声音了。那我们来试一下,如果线没有被拉直,我们还能不能听到对方的声音呢?通过"打电话"的游戏,不仅能够使学生切身感受到声音的传播,促使学生对实验结果结论产生兴趣,也能提高学生的动手能力,同时获得快乐和知识。在游戏中,教师可担任独白、指导者等角色,并在适当的时候提出问题,以保证教师参与到游戏中,增加师生间的互动。

二、以"玩中学"提高学生科学知识

小学生对新鲜事物的好奇心较强，在他们的日常玩耍活动中，就包含着很多科学知识。在教学实践中，对学生感兴趣的东西，教师应正确加以引导，将科学实验与学生的日常生活相结合，充分激发学生的兴趣，为学生创造宽松、欢乐的学习氛围，如在实践中发现，很多学生喜欢在课余时间玩吸铁石。那么在学习磁铁的性质时，教师就可以充分地利用这一点开展教学。

例如我们在家里经常会看到父母擦玻璃时很费劲，尤其是住在高层的住户，擦玻璃还很危险，所以我们就会运用"磁铁能吸铁的性质"制成了擦玻璃器。

我利用学生的兴趣爱好开展科学实验教学，能使科学更加贴近学生的生活，使学生感受到科学就在身边，同时将科学知识融入教学中，这样既能够不破坏学生玩的乐趣，也能够激发学生对科学实验的兴趣。真正将科学实验融入学生生活中，让学生明白"生活中处处有科学，科学能够服务生活"。

科学的实验仪器，容易让学生产生一定的陌生感，不利于学生参与到学习中及课后的科学探索，因此，实验所选择的材料也应当贴近学生的生活，除了必要的实验仪器，应尽可能地以学生日常生活中常见的物品、熟悉的环境等作为实验材料。例如四年级风向和风速一课，我就利用了小国旗来代替风向标和风速进行的教学。

新课标强调学生自主能力的开发，因此在科学实验教学中，只会传统"手把手"教的方法已经不适用。在"玩中学，学中玩"的教学过程中，教师应该适时引导学生，不断鼓励他们，培养学生正确的科学实验思维。如在"水和食用油的比较"学习中，采用了小组合作教学法，先将实验材料分给每个合作小组，在开始实验之前提出问题：先来看看我们的实验材料，依我们的经验，大家觉得哪个会更重？哪个会更轻能呢？此时学生们众说纷纭。我会说："看来大家的意见还不一致，那现在就让我们来动手做一做，看看大家说的是不是正确。"

实验后学生发现水较重，油轻。面对这个结果，学生们百思不得其解。于是，教师再一次提供生活经验来证明：来看看我们常喝的紫菜汤。经过第二次实验，进一步证明了实验结论。在这一教学过程中，所使用的材料都是学生经常会接触的物体，这样就能够引起学生做实验的兴趣。在实验的过程中，教师并不干涉学生的实验。在整个教学活动中，我始终处于引导的地位，让学生自己做出假设、进行实验。当结论和假设不一致时，学生的探究欲望被完全激发出来，教师再次引导学生进行第二次实验，教后由学生自己总结出结论，培养他们通过实验解决一定的科学问题。

　　总之,"玩中学"和动手操作是培养学生"乐学、会学"的有效途径。在课堂上,多项的信息交流开阔了学生的视野,培养了学生的语言表达能力、自学能力,使学生养成了良好的学习习惯,培养了学生主动获取知识的能力,发展了学生的主动性、自信心,培养了他们勇于探索、勇于创新的精神,使学生真正感受到了成功的喜悦和自我价值的实现,成为学习的主人。这就是我,创新教育下教师的角色转变,由"教"者变成"导"者。

在认知碰撞中激发学习的内在动机

长春市绿园区双丰小学　黄俊梅

【摘要】翻开几千年的历史，没有哪个时代，像今天这样以秒来界定世界的变化，那种依靠学校所学，依托老师所教，去应付一切的时光，已经无法追回了。现在需要我们不断地随时随地快速高效、自主积极的学习，提高应对时代变化需求的能力。学生对学习任务感兴趣程度越高，动机越强，学习效果越好。激发他们学习的内在动机，进行主动学习，实现深度学习。学校教育将成为他们终身学习和实现远大理想的试练场。

【关键词】认知；内在动机；教育

波利亚曾说：学习任何知识的最佳途径是由自己去发现，因为这种发现，理解最深，也最容易掌握其中的规律、性质和联系。激发他们学习的内在动机由此可见其重要，小学科学教学是一门实践性、综合性很强的课程，如何在教学过程中，引发认知碰撞激发学习的内在动机呢？

一、以学生的认知为原点，引发不由自主的思考

每个学龄段的孩子在生活中都积累了知识经验，在课前对他们的原认知要有充分的了解，通过情境、实验、交流，引发学生认知冲突，通过不断地否定和肯定自主构建新认知结构，产生新的认知需要。

根据课堂需求或所具有的资源创设情境，实现质疑问因。例如教学《电和磁》一课时，接通电源，指南针指针发生偏转，这种直观的展现，使学生对原有认识画上了大大的问号，有惊讶、好奇、猜测，有想一探究竟的急切。在原有认知的基础上产生了质疑，不由自主的思考，为探究学习开启了内动力的阀门。只有内在动机才是一个人向前发展的内驱力。面对问题我们时常不受控制，当我们浸泡其中产生质疑就拥有了内在的动机，愿意主动学习从而不断打破原有认知。从不由自主到主动意识的形成，这需要教师的时时关注和正确的引领。

二、以愉悦的氛围为触发点，形成自主高效的探究式学习模式

小学科学课程是一门综合性课程。从物质科学、生命科学、地球和宇宙科学、

技术与工程四个领域呈现了科学知识和科学方法，注重学习内容与已有经验的结合，动手与动脑的结合。教学中我们准备丰富的材料，让学生的探究是有趣的、内发的、自主的。体验是主动的，真实可触碰到的。让他们在充足的时间和空间中享受"玩"的乐趣，当学习过程中面对问题、困惑、实验的结论有误差，教师正确的引导，适时的鼓励，充分的肯定，在情感上达到共鸣。心情的愉悦能得到更好的学习效果，谁能有效地把控自己的心情，保持轻松愉悦的状态，谁就能取得更优异的学习效果。而师生、生生的共情使学习变得轻松愉悦，探究节奏得以把控，保持和谐状态，及时进行信息交流汇报和情感的调节，实现了课堂的趣味性、高效性。在问题中体验认知的不断重建、突破。形成自发的、主动的、合作的探究过程。

例如：在"形状与抗弯曲能力"一课时，我为每个孩子准备一张 A4 纸，告诉他们：今天我们来玩一个游戏，用你手中的这张纸承起更多的硬币。有的同学唏嘘着，有的同学寻找着这张纸的不同……质疑声，兴奋声，声声入耳啊！学生一边玩，一边比较，一边又在借鉴……玩的可谓不亦乐乎。实验的成果并不明显时，教师出示了建筑材料的各种形状，孩子们突然顿悟，兴奋地再次投入实验中。师生的全情投入，在情感的融合中，学习是自然而然的事，认知的突破，内在的动机产生于玩中。

三、激发个体学习的内在动机，面向全体学生

柯比教授说，大部分学校是岸上教学生游泳，或是直接跳进水里和学生一起游泳，而哈佛是把学生直接扔进水里，让他自己学游泳。柯比教授的游泳论值得思考，形式不能固守，多元整合，让孩子成为学习的主人，直面问题，在摸爬滚打中解决问题，收获成功才是关键。

每个孩子都是独立的，有着各自的内心世界，家庭背景、地域差异、民族习惯……不同，如何把他们扔进泳池而最终到达彼岸，就要求教师面对每一个学生，对于他们的差异，不忽视，关注他们，激活每一个孩子学习的内在动机，面向全体学生，找寻适应每个学生个性发展需要的方法策略。

1. 以每个孩子为点，确定合理有效的方法触发学习的内在动机

心理学中的"期望效应"，让我们明白学生的发展与教师对其的关注度成正比。我们要尽力使每个学生获得价值感和成就感，经常性地经历成功的快乐，增加他们的自信心。教师针对每个孩子的个性差异，经常谈话沟通，深情的肢体爱抚，及时地发现其优点，夸大并给予肯定，不同的针对干预，形成有效的触动点，激发每个人的学习内在动机。

2. 阶梯式构建各个环节，多维度找寻关注点

学习任务分层布置，实践操作分层要求，课堂问答分层评价；对他们进行及时的指导和平行的助力。课堂上，教师走到学生身边，关注他的学习情绪与学习方法，及时发现问题及时给以肯定和帮助。自己和自己纵深比较。教师要关注每个孩子，发现细微的进步，肯定这是一种成功，给予鼓励。每次课堂教学中，把一些浅显的问题留给那些相对滞后的学生，为他们创造机会，让他们品尝到成功的喜悦，产生积极的学习期待。有些难度的问题，给那些班级相对靠前的学生，培养其挑战意识。教学过程中，我们要把落脚点放在每个孩子身上，看到他们的差异，为每个学生的主动学习打开心中的门窗，及时有指向的表扬进步的学生，让他们都有成功的体验，从而不断激发他们的学习动机。

四、为学习目标设级登高，成就心流状态

积极心理学奠基人米哈里·契克森米哈赖提出技能挑战比，就是你想爱上一份工作，那它的难度不能太低，也不要太高，就是说在你的能力范围内做一件事情，有一点挑战，但是又不能太难的情况下，最容易吸引你坚持下去。我觉得这个技能挑战比为我的教学提供了更明确的方向。把学习目标拆分成一级一级的台阶，让孩子踏着台阶一级一级的上升，体会到上进，感受到幸福，体会到随时随刻的自我满意。小学科学课程，面对已知的材料，不断地假设、猜想、探究，寻求未知的结果的过程都在让自己的认知冲破一级台阶踏上另一级台阶，及时的不确定性的反馈，捆绑着他们继续攀登阶梯，每一级学习目标的达成，都能直观地反馈，及时地调整直至最后得出结论。那份全身心的投入，瞬间的成就感、幸福感、心流的状态会激发继续学习、终身学习的内在动机。

世界瞬息万变，一波又一波的信息流不断碾压前一秒的认知。教育无法剥离现实社会，随之发展而不断地调整前进节奏。抓住孩子的内心世界，驱动他们的内在学习动机，使思考变成习惯，对学习不再抵触，使课堂成为快乐的源起，在认知冲刷碰撞中激发学习的内在动机，使之不断地延展，为他们的继续学习和终身发展夯实根基。

科学学科中积极心理品质培养的实践研究

长春市第八十七中学小学部　蓝蓝

【摘要】随着新课标的不断完善与推进,过去的"讲授式"教育已悄然变革,但对学生进行积极心理品质教育一直是重要的教学重点与难点。本文阐述了现代科学教学中教师与学生积极心理品质的培养现状,同时也发现了科学教学中学生积极心理品质所存在的问题及原因。最后,针对科学学科教学中所发现的问题,提出了几点相应的教学策略。

【关键词】科学;积极心理品质;实践研究

学科教学是学校教育的主阵地,也是培养学生积极心理品质的重要组成部分。积极心理品质的主要内容是关注学生的心理机能,重视学生潜能的发挥,把促进学生的健康成长、激发与培养学生的积极情绪、帮助人获得快乐与成功作为使命。小学作为学校教育的起步阶段,教师要根据学科教学的具体内容和这些内容所蕴含的心理健康教育资源,合理渗透心理健康教育,培养学生积极心理品质。

在学生的健康成长当中,积极心理品质是非常重要的一个标志,也是人成长、成才的重要保障。而在小学阶段教学中,蕴含着很多能够增强学生积极心理品质的因素,对于学生该项品质的培养有着非常大的效用。因此,小学教师在科学教学的实际开展当中,要发挥自身的引导作用,对这些因素进行挖掘,真正地实现对学生积极心理品质的培养。

小学科学课作为一门综合性学科,以学生能够感知的一些比较直观、感兴趣的重要内容为载体,课堂组织形式较其他学科更为灵活多样,更有利于进行积极心理健康教育的学科渗透。教师在小学科学课上渗透积极心理健康教育时,应根据小学生的身心发展特点,设计合理的教学环节,开展多样的教学活动,优化教学评价效果,以便更好地挖掘小学生的积极心理品质,促进他们全面发展。

一、科学学科中积极心理品质培养现状

(一)科学学科中教师积极心理品质培养现状

目前,部分小学科学教师虽然了解积极心理品质对学生的重要性,也会在课堂教学中有意无意对学生进行简单的情感教育,但并不明确什么是积极心理品质,对于在小学科学课堂中应该如何培养、培养哪些积极心理品质并不明确。而教师

的积极情感品质、情绪调节能力以及教师的幽默风趣特质等积极心理品质都会潜移默化地影响学生的积极心理品质的形成与发展，而在一线教学中并没有针对这方面的专业化培训，少数教师对学生的积极心理品质的培养都是鉴于自身对积极心理品质的重视与看重。

（二）科学学科中学生积极心理品质培养现状

小学生积极心理品质是儿童积极的认知方式、积极的情绪情感、积极的意志、积极的习惯、积极的人格、积极的心态、积极的学习意识、积极的人际关系等的总和，积极心理品质为个体健康快乐成长和社会和谐发展提供正能量。从20世纪90年代到2017年，各种研究表明，小学生心理品质不容乐观，主要体现在心理健康状态。杨林娜的研究表明，小学生群体心理健康问题，主要表现为承受能力偏低、缺乏学习兴趣与心理焦虑、人际交往能力差等方面。

二、科学学科中积极心理品质所存在的问题及原因

（一）轻视科学课的负面心理

目前对于小学科学学科而言，就是家长及学生对科学学科所产生的消极心理。他们会认为相对于语数外，其他科目均为小科课程，属于可学可不学范畴中，觉得这些课程的开展可有可无，导致学生在课上思绪跟不上。

（二）厌倦课后实践的消极心理

科学来自于我们身边，科学课中很多相关的内容都是取自于我们的日常生活，因此会让学生有一些课后实践的活动，但学生的参与度并不高，很多学生认为有这些时间可以多学一学其他科目的课程，课后实践相对而言可能会更加烦琐，但同时会锻炼学生的自理能力、吃苦耐劳的精神。

三、科学学科中积极心理品质培养策略

（一）课堂教学目标突出情感态度的培养

只有制定清晰全面的教学目标，并按照相应的目标维度去进行教学实践，才能确保教学目标的实现。当前的小学科学教学中，在积极心理品质渗透方面一个主要的问题就是过多关注学生认知的培养，对意志、利群、律己以及超越情感等积极心理品质的培养不够。因此，在教学目标中渗透积极心理品质的培养要注重对积极心理品质的全面培养，不可偏废。

（二）在科学课堂中培养学生的积极心理品质

学生大部分时间都是在课堂上与教师共同度过的，课堂不仅仅是学生学习知

识和能力的场所,也是学生形成积极人格的重要场所。因此,教师要不断提升自身心理品质。高效课堂都建立这种良好氛围,无一不需要师生间和谐、融洽的关系与学生对本学科学习兴趣的激发和保持。

教学实践中,和谐的师生关系是向学生进行积极心理品质渗透并为学生积极、主动接受的重要前提。这主要是因为在这种课堂氛围情形下,学生对于教师的引导教育,更多地会持有一种心理上的相容性,即我们常说的"亲其师"才会"信其道"。为此,教师对待学生,人格上要尊重,态度上要诚恳,语言上要和蔼,姿仪上要优雅,行为上要恰当,等等。就后者来说,作为一门综合性课程,从课标的教学建议出发。多种多样的教学活动方式,具体的教学内容以及恰当的方式选择相结合,可为学生提供丰富的学习体验,这也会极大提高学生对本课程的学习兴趣。

(三)对学生的评价注重激励与发展

在评价方式上,教师首先要采取多元化的评价。一方面,评价的内容要多元化,既要对学生的成绩进行评价,又要对学生学习中表现出来的学习兴趣、良好的心理素质、积极的情感体验,以及创新能力等综合素质加以评价;另一方面,评价的主体要多元化,要改变传统评价由教师完全主导的单一主体模式,教师不仅要对学生进行评价,还要引导学生进行自评与互评,让学生在自评、互评中看到别人的优点,发现自己的不足,并相互学习,养成公正、客观的态度。其次,评价还要注重激励性。教师对不同学习水平的学生要采取不同层次的评价,要善于发现学生的进步,及时给予鼓励,让学生树立学习的信心和希望,尤其是对学困生的评价,更要注重激励性。最后,教师的评价还要注重发展性,要突出学生认识的发展。教师要用发展的眼光来看待学生,评价要关注过程,关注学生在解决科学问题和完成学习任务中体现出思维过程、情感态度、知识技能的发展。

在小学科学教学中,培养学生积极心理品质不仅有利于促进学生的全面发展,同时还是提高学生学习效率的有效途径。因此,教师要充分利用小学科学课堂这一平台培养学生的积极心理品质,为学生的长远发展奠定基础。

探究式学习方法在小学科学教学中的研究

吉林省长春市绿园区跃进小学　孙丽濛

【摘要】随着素质教育的不断深化，教师的教学方式发生了翻天覆地的变化，其不仅需要在课堂中进行知识的讲授，还需要通过创新的教学方法开发学生的潜力，拓展学生的思维，以培养学生更多的创新意识。而探究式教学方法，能够在一定程度上达到这种教学目的。因此，本文主要以小学科学课程为研究对象，通过应用探究式教学方法，取得了显著的教学效果，不仅有效地提高了学生的实践能力，也为其他学科的教学提供了参考价值。

【关键词】小学科学；实验教学；探究式学习方法

探究式学习是基于小学科学概念、科学方法、科学态度三个方面的综合以及对科学研究过程的理解。小学科学实验课堂教学中，探究式学习方法主要是指，学生在老师的指导下，用科学实验研究的方法去解决问题的学习方式。在探究学习的过程中，需要有老师的指导，老师是整个过程的组织者、引导者，而实际动手操作的是学生，这种教学方法可以让学生学习科学研究的思维方法，拓展学生的思维，培养学生自主探究、自主解决问题的习惯。那么在实际的小学科学实验教学中，从哪些方面引导学生进行探究式学习呢？

一、基于生活，激发学生的探究热情

如果学生能对这门学科感兴趣，便是我们教学成功的关键。在探究式学习中，首先要激发学生探究的热情。如果学生对我们所选取的教学实验内容不感兴趣，即便在课堂上进行探究式教学，效果也不会很好。小学科学是一门操作性与实践性都非常强的学科。在小学科学实验课堂教学中，教学老师应该先选取与学生日常生活相关的一些实验来探究，密切联系学生生活，激发学生探究的热情，同时还能解决生活中所存在的问题。

例如，在学习"为什么会有雨和雪"这一节内容时，学生可以联想到在雨天跟雪天的时候，雨天是怎样形成的？为什么会有水滴？云是怎样形成的？等等发生在我们身边的气候现象，引发学生思考，从而激发学生探究的热情。

二、角色扮演，提升学生的创新意识

在新课程改革以后，对传统的教学方法进行了一系列的革新，萌生出了很多新型的教学方法，探究式教学法作为一种新型的教学方法，对具有实践操作性的学科带来了很大的帮助。所以在小学科学实验教学当中，教学老师应该创新教学方法，改变传统的教学模式，采用探究式的教学手段，让学生多进行实践操作，通过亲自扮演角色，让学生在情景感受中对科学知识产生疑问，引导学生进行科学的思考与探究，促进学生的实践能力，培养学生自主探究的精神，在探究的过程中，拓展思维，有利于学生创新意识的培养。

例如，组织班级同学到附近的山上进行探险，学生扮演自然探险者的角色，在进行探险时，学生可以简单地带一些我们科学实验中使用的工具，比如放大镜这种便于携带的。在强壮的队伍下，让学生分别去观察山上的各种植物，在学生观察时，老师可以提出疑问：这些植物体都是由什么组成的？它们分别有哪些组织、细胞、器官？带着这些疑问，老师可以建议学生摘取部分植物保存完整，先简单地为学生讲解这些绿色植物的结构层次，然后在实验课上让学生亲自动手进行植物解剖，充分了解植物体的各种细胞是怎么组成的，在引导学生研究植物体结构层次的过程中，能培养学生的空间想象能力，拓展学生的思维，培养学生的创新意识。

三、依托实验，培养学生的探究精神

教学老师可以在进行科学实验教学时对学生进行提问，让学生在边实践的过程中边进行思考，并通过实验得出最终答案，这样的一个过程被称为科学探究过程，可以提高学生的探究精神。

例如，在学习"水的三态变化"这一内容时，为了让学生知道外界温度发生变化时，水会通过吸热或者放热改变存在状态，知道水的冰点，认识到水在自然界中的各种状态，可以相互变换。并对水在各种条件下进行实验，记录下来，然后根据老师提问的问题，让学生进行交流讨论，加深学生对科学实验的印象并尊重科学事实，培养学生主动思考探究问题的好习惯。

四、合作学习，加深学生对知识的理解

小学科学这门学科是一门逻辑性、操作性和复杂性都很强的学科。所以我们在进行小学科学知识的课堂教学中，需要让学生在观察实验的同时，并进行思考，

从而加深对科学知识的理解。在实际的课程中，我们可以让学生进行合作，一方面可以加深学生对知识点的理解程度，另一方面有利于培养学生自主操作实验的能力，促进探究式学习的作用。

例如，在学习"植物的光合作用"这一内容时，老师可以将班级分成若干个小组，然后为学生准备好实验所使用的物品，比如花盆、土壤等等。让学生以组为单位进行物品的选购，然后对植物进行培养，每一组内成员分工合作，最终发现植物的成长规律。这种合作学习的方式更加促进了学生自主探究式的学习信心。

总之，在小学科学实验教学中，利用探究式学习方法会激发学生学习科学的兴趣，在自主探究过程中进行思考，能拓展学生思维，对培养学生的创新思维有很大的作用。我们应该不断地探索这种新型的教学模式，为学生更好地学习科学知识奠定基础。

【参考文献】

［1］张四军.探究式学习在小学科学教学中的实践初探［J］.新课程，2020（26）.

［2］吉永来.探究式学习在小学科学教学中的实践路径探析［J］.生活教育，2020（02）.

小学科学教学：如何培养学生的探究能力

长春市第八十七中学小学部　马维倩

【摘要】小学科学是一门基础性、实践性、综合性的课程，其重要的学习方式即探究活动。探究式学习，即在教师的组织、引导和支持下，让学生主动参与、动手动脑、设计方案、解决问题，亲身经历一个完整的科学探究过程，以获取科学知识、学习科学方法的一种学习方式。其中如何真正培养学生的探究能力是一线科学教师应重点钻研的问题。

【关键词】小学科学；探究能力；合作学习

2017年2月，教育部出台《小学科学课程标准》后，全国掀起一场科学课程改革浪潮，政策的出台对基础教育中科学教育的发展有着非凡的意义，它要求学生从一年级就要上科学课，低年段（1—2年级）主要以观察活动为主，衔接中（3—4年级）、高年段（5—6年级）科学课学习，继续深化科学探究，同时将科学素养的培养作为小学科学教育的目标，这些规定对培养新时代创新人才有着不可忽视的作用。英国学者贝尔纳在《科学的社会功能》中提到："如果学生不了解知识是怎样获得的，如果学生不能够以某种方式亲自参加科学发现的过程，就绝对无法发现科学知识的全貌"。激发学生强烈的探究欲，让学生主动探究，经历科学探究过程，让科学课成为学生探究的乐园，这是小学科学课的重要教学目标。那么，身为科学教师，如何有效培养学生的探究能力呢？我们可以从以下几个大方面入手。

一、激发学生的探究欲望

兰本达教授早在1955年就提出：小学科学教学的一个重要功能就是保持儿童的好奇心；布鲁纳认为"发现"是促进学生学习的重要因素，在教学中应用这种方法可以使学生成为"发现者"，增强学生的学习兴趣。其实孩子对事物的好奇心是与生俱来的，尤其在儿童时期，教师应该抓住这个特点，比如教学的引入多样化，加入一些演示实验，有趣的现象，或者请同学们做游戏，并设置一些疑问，请学生发现问题并想办法弄清楚问题。比如在执教新三年级上"空气能占据空间吗"一课时，我的导入环节是这样设计的：准备一个不透明的纸杯，一个底部粘有纸团、装有三分之二水的水槽,提问:"同学们,如果我把纸杯竖直慢慢倒扣在水槽中,纸团会湿吗"?由于看不到纸杯里面的情况,学生根据生活经验或者认知纷纷猜测。这时只要给他们材料,把纸杯换成透明的塑料杯,就会激起他们探究的欲望,他们便会兴高采烈地做起实验来,以证明自己的猜测是否正确。

二、多给学生动手探究的机会

在新课标背景下的科学教育中,教师的角色应该是引路者,而学生的角色是真正的探索者。传统的接受式教学一味地灌输知识给学生,这种知识的掌握是短暂的,因为他们不知道这种现象、结论或者原理是怎么得来的;探究式教学更注重的是让孩子自己发现问题、设计方案、动手探究、交流研讨、反思评价,像科学家那样亲自经历探究的整个过程,得出有事实依据的结论。而根据年段的不同分为低年段(1—2年级)、中年段(3—4年级)、高年段(5—6年级),每个年段的探究方式都不相同,低年级教师可以多指导、多启发,给出具体的实验步骤,养成良好的习惯,让他们自己动手探究。中年段的学生已经掌握了一定的探究方法,教师可以适当引导,探究的时间留给学生,让他们有足够的时间去佐证自己的猜想。对于高年段,他们可以完成简单的实验探究,这时可以给予他们更充分的时间设计方案并动手实验,这样培养的不仅仅是探究能力,科学思维也有很大的提升。

三、合作学习的重要性

小学科学课堂教学过程中需要许多实验,其中比较多的部分是学生分组实验。一般分为4人或6人一组,共同完成探究活动。科学探究过程倡导学生之间的合作学习,由于学生的个体差异,集思广益,取长补短,互帮互助,合理搭配,使学生的动手能力有了更大的进步。在组织学生合作学习时,教师应注意分工明确。根据学生动手能力、爱好特长和学习情况进行合理的分工,可以把活泼好动的学生和被动、不善于动手操作的学生分散在各个小组里,有负责动手实验的,有负责观察实验现象的,有负责记录现象的,有负责上台汇报展示的。例如五年级下册"用水测量时间"一课,本课需要比较精准地记录500毫升水、200毫升水,观察水流的速度,完成实验以及汇报展示几部分,可见合作学习在培养学生的探究能力中体现了一定的重要性。

四、设疑的技巧与魅力

学起于思,思源于疑,一个好的问题(提问),往往能很快引起探究反射,有了这种反射,才利于启迪学生思考,激发学生的学习兴趣,使学生设计相应的实验方案。科学课程的设置很多是从日常生活现象中提炼出问题,让学生进行研究,解决实际问题,所以在课堂上,很多是以提问的方式来揭示课题的。这样可以让学生在疑问中找到突破口,使学习更有目的性,也更有动力。在整个学习过程中也少不了教师的问题衔接,恰到好处的设疑才能引领学生走上正确的探究方向。比如,高年级很多实验都是对比实验,这里只改变一个条件,其他条件不变。学生可以提出他们觉得可能的影响因素,但有的其实是天马行空的,这时候教师可以设置问题,从而启发学生提出更具有可行性的实验因素。在课堂教学中,灵活、巧妙地提问,对学生创造性思维的培养具有积极的意义。教师提问效果的好坏往往成为一堂课成败的关键,能否激起学生的探究欲望,得到课堂的预设和生成,使教与学之间、师与生之间处于和谐的信息交流之中。因此,教师要正确、科学地运用课堂提问。

如何把探究式教学更好地落实在课堂教学中,还需要不断探索。我们要努力给学生营造探究氛围,提供各种探究机会,让探究学习真正融入学生的学习活动中,使科学教学充满生机和活力。

【参考文献】

[1]高积丰.科学教学应以探究为本注重过程[J].教学仪器与实验,2006(X2).

[2]喻伯军.小学科学教师专业能力必修[M].重庆:西南师范大学出版社,2013.

[3]叶笑玲.培养学生语文探究性学习的方法[J].现代语文(教学研究版),2007(09).

[4]张琳.小学科学探究式教学初探[J].东西南北:教育,2018(17).

[5]唐波.小学科学教学中如何提高探究活动的有效性[J].科学大众(科学教育),2011(06).

[6]李利娟.探究式教学在化学教学中的应用[J].读写算(教师版):素质教育论坛,2013(18).

[7]吴立玉.科学课教学如何有效地开展探究性学习[J].基础教育论坛,2011(10).

浅谈如何在小学科学课中培养学生的科学素养

长春市第 87 中小学南校 王娜

【摘要】《义务教育小学科学课程标准（2017 年版）》指出："小学科学课程的总目标是培养学生的科学素养，通过科学课程的学习，发展学生的学习能力、思维能力、实验能力和创新能力。"在小学科学课教学中，教师应该创新教学实验，转换教学思路，引出实践操作，引导互动交流，提升思维品质，从而有效全面地提升学生的科学素养。

【关键词】科学素养；小学科学；科学思维；创新能力

皮亚杰曾经说过："教育的首要目标在于培养有能力创新的人，而不是重复前人做的事。"而当今的素质教育在于提高国民素质为根本，在于发展学生的重要能力也就是其思维能力。培养学生科学素养，也是重中之重。作为培养学生科学素养的基础课程，小学科学课在现实中经常被忽略，教学内容比较抽象，学生对其重视程度明显不够，但是师生关系民主，气氛活跃，学生思维训练表面化，科学教学目标完成度较弱。

在科学课中，我们设计 4 个教学环节。第一，引发学生认知问题；第二，引出学生合理的假设；第三，引领学生实验；第四，引导学生进行交流。这 4 个环节有序推进、和谐联动，能有效训练学生的科学思维。

一、引发学生认知问题，激发思维，培养思维的开放性

通过学习就是在学生的原有认知与新概念间不断相互融合的过程。当学生没有得到相应的需求时，就会迅速激活其思维。教师再讲"运动与摩擦力"时，会用以下方式导入。

师：在我们日常生活中运动是无处不在的，同时也伴随着摩擦力。那么，同学们想一想运动与摩擦力有哪几种关系呢？

生 1：与运动的坡度

生 2：与物体的形状

生 3：与物体的重量

生 4：与物体的运动方式

师：同学们说的都很好，但是由于时间以及条件的原因，我们这节课主要来学习摩擦力与物体的重量以及物体接触面光滑程度的因素。

这种导入方式，在我们课堂上是非常常见的。但是这些问题引起的学生思维层次是浅显的，我认为，在设计导入时，我们要紧密联系学生的前概念，不断地激发学生的认知冲突，我们把学生的想法以及注意力更好地放在问题上，从而更好地培养孩子的思维准确性。

二、引出学生合理的假设，聚合思维，培养思维的概括性

在教学中要发挥学生的主体作用，学生从自我猜想中得到结论，通过实验的方法来进一步得到结论，实验验证是培养科学素养的重要方式之一。通过学生的合理猜想，然后进一步分析、综合、得出结论，以培养学生思维的概括性。

生：食物进入了口腔。

生：食物进入了食道、胃。

生：食物进入了口腔、食道、胃。

只有小部分的同学把消化器官联系在一起，就在这时学生的思维是分散的、发散的。这时出示吃下的食物到哪里去了的图片，这时再让学生猜想食物从嘴里又到哪里去了，思维得到了聚合，学生的猜想也就变得更有价值了。

三、引领学生实验，强化思维，培养学生思维创新能力

在实验过程中，要出示材料，合理调控实验的过程。例如，在讲授"分离食盐与水的方法"时，不要提前拿出浓盐水、酒精灯、石棉网、蒸发皿等实验器材放在桌面上，首先仔细分析盐水的浓度，以及怎样进行分离，再让学生自己设计实验方案。当确定好了实验方案后，可以提供实验器材，让学生动手操作。在实验之前，不要提前出示实验器材，否则会对学生的思维形成暗示，不利于思维的训练。

在材料的选择上要掌握方法和知识，要想让学生在科学探究中提高科学素养，关键是让学生掌握有效的科学探究方法。在科学探究的过程中要注意培养学生专注的观察能力，因为学生在观察中越仔细认真，就能提出和发现更多的问题，学生的自主性和探究性才能得到充分的表现。

四、引导学生进行交流，提升情感，培养思维严密性

语言是人类最重要的交际工具，人类的思维工具语言可以起到表达情意、交流思想、消除误会、拉近距离、增进了解的作用。在英国学者罗布巴恩斯在其《新教师如何有效控制课堂》一书中写道："学生在课堂学习中的表现与他们对教师设计的交流模式是否能真正地领悟有关。"在小学科学教学中，教师要检验学生是否真正地掌握知识，要看学生是否能用精准的语言来表达出来，在小组讨论时，可以和同学、老师进行交流。

交流分为好几种，其中包括实验前交流和实验后交流两个阶段。实验前交流是导入新课以及猜想假设的行为，学生在自主思考中奠定了基础。实验后的交流是学生自我评价和反思的重要环节，可以更好地让学生理解语言表达的重要性。在实验探究中，要观察实验现象，及时记录数据，进而可以获得更多的成功，同时也能在失败中得到感受以及体验。在实验结束后，教师要给予学生充分的时间讨论和交流，鼓励学生从现象中得出结论。

在教学中，"水能溶解一些物质"一课中，在经过食盐、面粉、沙子是否能溶于水，可以用以下的教学方法。

师：同学们，你们知道食盐、面粉、沙子是否能溶于水呢？
生：食盐能。
生：面粉也能。
师：那我们怎样通过实验的方法来验证呢？
生：都加入水。
师：那还需要其他的实验步骤吗？
生：我们需要在烧杯中加入水，再往里面加入物质，进行搅拌，同时观察是否溶解。

教师做面粉的实验，通过老师不断引导，使学生认真地观察，细心的孩子就会发现面粉不溶入水，只是有些面粉是漂浮在水面上，对此学生没有明确的概念。通过以上的实验，在观察、比较、分析、再观察、再比较、再分析的过程中，可以使学生的思维更加严谨，学生的思维能力从而得到了明显提高。

小学科学课是学生接触科学知识、形成科学素养、培养探究与创新能力的重要途径。在小学科学课教育教学中，要引发学生的兴趣，使学生积极主动参与科学实践的探究，进而培养学生的科学探究能力，可以形成更好的科学素养，使学生真正成为学习的主人。

【参考文献】

［1］王海明，刘涛.如何在小学科学课堂上培养学生的科学思维［J］.实验教学与仪器，2019，36（10）：65-66.

［2］韩向军.教师如何有效控制课堂纪律［J］.学周刊，2015（26）：25.

［3］张俊萍.浅谈如何通过小学科学课培养学生探究和创新能力［J］.学周刊，2019（06）：54-55.

［4］张秋常.基于小学科学实验教学，提高学生学科素养［A］.中国智慧工程研究会智能学习与创新研究工作委员会.2019教育信息化与教育技术创新学术研讨会（贵阳会场）论文集［C］.中国智慧工程研究会智能学习与创新研究工作委员会：重庆市鼎耘文化传播有限公司，2019：3.

基于学科核心素养的课堂教学实践研究
——小学语文

《课堂教学实践研究》编委会 主编

世界图书出版公司

图书在版编目（CIP）数据

基于学科核心素养的课堂教学实践研究. 小学 /《课堂教学实践研究》编委会主编. -- 北京：世界图书出版公司, 2021.11
 ISBN 978-7-5192-9066-5

Ⅰ. ①基… Ⅱ. ①课… Ⅲ. ①课堂教学—教学研究—小学 Ⅳ. ① G622.421

中国版本图书馆 CIP 数据核字 (2021) 第 222858 号

书　　　名	基于学科核心素养的课堂教学实践研究. 小学
（汉语拼音）	JI YU XUEKE HEXIN SUYANG DE KETANG JIAOXUE SHIJIAN YANJIU . XIAOXUE
主　　　编	《课堂教学实践研究》编委会
总　策　划	吴　迪
责 任 编 辑	冯晓红
装 帧 设 计	包　莹
出 版 发 行	世界图书出版公司长春有限公司
地　　　址	吉林省长春市春城大街 789 号
邮　　　编	130062
电　　　话	0431-86805559（发行）　0431-86805562（编辑）
网　　　址	http://www.wpcdb.com.cn
邮　　　箱	DBSJ@163.com
经　　　销	各地新华书店
印　　　刷	长春新华印刷集团有限公司
开　　　本	787 mm×1092 mm　1/16
印　　　张	61
字　　　数	1230 千字
印　　　数	1—2 000
版　　　次	2021 年 11 月第 1 版　2021 年 11 月第 1 次印刷
国 际 书 号	ISBN 978-7-5192-9066-5
定　　　价	298.00 元（全五册）

版权所有　翻印必究

（如有印装错误，请与出版社联系）

丛书编委会

主　　任：王忠源
主　　编：李树军　吴　畏
副 主 编：王艳玲　高忠威　辛仁杏　李　欣
　　　　　刘　岩
编　　委：肖宇轩　李　博　史才春　褚春蕾
　　　　　周玉卓　张　键　辛　枫　李艳辉
　　　　　王煜煜　王　琳　王微微　苏丽红
　　　　　郑文春　周樱蓉

本书编委会

主　　编：张　键　李艳辉
副 主 编：肖宇轩　周樱蓉　辛　枫　张洪玲
编　　委：张　娇　李　丽　董亚飞　杨冬梅
　　　　　刘丽丽　李　阳　郝　旺　张　磊

前言

《中国学生发展核心素养》课题组负责人、北京师范大学林崇德教授指出:"核心素养是学生在接受相应学段的教育过程中,逐步形成的适应个人终生发展和社会发展需要的必备品格与关键能力。它是关于学生知识、技能、情感态度、价值观等多方面要求的结合体;它指向过程,关注学生在其培养过程中的体悟,而非结果导向;同时,核心素养兼具稳定性与开放性、发展性,是一个伴随终生可持续发展、与时俱进的动态优化过程。是个体能够适应未来社会、促进终生学习、实现全面发展的基本保障。"正是在这样一个大力倡导建构学生核心素养的背景下,绿园区小学语文教师坚持与时俱进,瞄准提升核心素养的靶向,优化教学策略,创新以学生发展为本的课堂教学模式,提升课堂教学质量,落实立德树人任务。基于此,编撰本书以适应当前形势下教育教研之现实需求,针对学业标准,提炼关键教学问题,展示优质教学课例,为教师提供了有效的教学指导和案例示范。

本书概括起来主要有三大特点:

一是实践性强。本册书的成果多源于实践,服务于实践,实践特征鲜明。初稿在绿园区小学语文教师的努力下编撰而成,并对教学实践的适切性、关键问题的准确性和指导建议的针对性,进行进一步检验。指导教师、学校校本教研、区域教研三个层面探索使用。二是系统性强。本书从四个方面进行架构:学科课程标准解读、学科教学建议、教学案例、探索与发展,以引领区域学科教学,作为绿园区教师教育教学行为的重要指南、抓手,有效辐射、影响指导绿园区教师转变教学观念,改进教学行为,增效提质。三是指导性强。本书帮助教师建立了理念与实践的联系,系统设计教学,有效地将课程标准的要求与教师的自身实践结合起来,落实学科素养。

相信本书将对绿园区小学语文教育教学实践起到积极的促进作用,也希望绿园区继续深化研究,不断完善小学语文核心素养的实践与探索,形成更为丰富的研究成果。

长春市基础教育研究中心 肖宇轩

目录

专题一　课程标准解读 1

专题二　教学指导建议 17

专题三　教学案例 26
　　《明天要远足》教学设计 .... 董亚飞　26
　　《人之初》教学设计 .... 叶　路　31
　　《操场上》教学设计 .... 赵丽美　38
　　《坐井观天》教学设计 .... 叶　路　42
　　《风娃娃》教学设计 .... 李　丹　53
　　《纸船和风筝》教学设计 .... 于　敬　57
　　《雷雨》教学设计 .... 李　丹　62
　　《青蛙卖泥塘》教学设计 .... 于　敬　68
　　《我是一只小虫子》教学设计 .... 刘丽丽　71
　　《我不能失信》教学设计 .... 张　龙　74
　　《囊萤夜读》教学设计 .... 张　龙　77
　　《长相思》教学设计 .... 张　键　83
　　《少年中国说》教学设计 .... 李艳辉　86
　　《从军行》教学设计 .... 张　娇　89
　　《伯牙鼓琴》教学设计 .... 李艳辉　93
　　《我最喜欢的人物形象》教学设计 .... 张　磊　97
　　口语交际《朋友相处的秘诀》教学设计 .... 刘志超　101
　　《游——》教学设计 .... 李　丽　105

《一起读诗》教学设计 ………………………………… 张 娇 108
《乌鸦喝水》教学设计 ……………………………… 董亚飞 112
《绝句》教学设计 …………………………………… 郝 旺 118
《大自然的声音》教学设计 ………………………… 张 龙 125
《肥皂泡》教学设计 ………………………………… 潘 茹 130
《吃雪饼》教学设计 ………………………………… 李 阳 140
《记一次游戏》教学设计 …………………………… 李 阳 143
《我想对您说》习作教学设计 ……………………… 杨冬梅 148
口语交际《我的暑假生活》教学设计 ……………… 刘丽丽 152

专题四 探索与发展 ……………………………… 156

古典诗词教学拓展三法 ……………………………… 侯玉芳 156
扬自信笑脸 做更好一点 …………………………… 周秀晶 159
阅读教学要体现探究性 ……………………………… 张洪玲 164
平淡是真 扎实为本 ………………………………… 张洪玲 167
统编版语文教材"阅读策略单元"的教学建议 …… 刘志超 170
谈小学语文教学中实施素质教育的研究 …………… 刘冬辉 174
乡村儿童课外阅读能力提升的思考 ………………… 朱春利 177
尊重儿童阅读经验 遵从教材课程定位 …………… 张 键 180
漫谈小学古诗文教学 ………………………………… 张 键 184
浅谈小学语文阅读教学中有效沟通策略 …………… 李艳辉 188
情境为媒 魅力交际 ………………………………… 李艳辉 192
如何在语文教学中对学生进行审美教育 …………… 石 兰 195
在作文教学中培养学生的创新能力 ………………… 石 兰 198
我眼中的语文 ………………………………………… 张 娇 200
中年段寓言类课文教学策略的探索与研究 ……… 刘志超 张 娇 209

标题	作者	页码
古诗词意境鉴赏策略	张　磊	220
关于非连续性文本阅读的几点思考	李　阳	222
体验，让学习成为一种乐趣	董亚飞	224
如何调动学生发言的积极性	李　丽	227
小学阶段习作教学"四步法"初探	李　丽	230
浅析低年级拼音教学有效策略	李　丹	233
运用信息技术，提高识字效率	李　华	236
农村小学语文阅读教学的有效性研究	张春妍	240
空间教学　网上情深	郭　丽	243
如何让孩子爱上阅读	赵洪霞	248
浅谈纠正学生上课注意力不集中的策略	沈晓红	252
对未来教师的思考	尹丽敏	254
如何在语文课堂教学中强化语言运用	崔金蕊	258
关于有效教学理论的研究	修永萍	262
春风化雨，润育有"声"	孙　笑	271
浅谈如何提高小学语文教学质量	王春凤	276

专题一　课程标准解读

一、课程性质

语文课程是一门学习语言文字运用的综合性、实践性课程。义务教育阶段的语文课程，应使学生初步学会运用祖国语言文字进行交流沟通，吸收古今中外优秀文化，提高思想文化修养，促进自身精神成长。工具性与人文性的统一，是语文课程的基本特点。

二、课程基本理念

（一）全面提高学生的语文素养

九年义务教育阶段的语文课程，必须面向全体学生，使学生获得基本的语文素养。

语文课程应激发和培育学生热爱祖国语文的思想感情，引导学生丰富语言积累，培养语感，发展思维，初步掌握学习语文的基本方法，养成良好的学习习惯，具有适应实际生活需要的识字写字能力、阅读能力、写作能力、口语交际能力，正确运用祖国语言文字。语文课程还应通过优秀文化的熏陶感染，促进学生和谐发展，提高其思想道德修养和审美情趣，逐步形成良好的个性和健全的人格。

（二）正确把握语文教育的特点

语文课程丰富的人文内涵对学生精神世界的影响是广泛而深刻的，学生对语文材料的感受和理解又往往是多元的。因此，应该重视语文课程对学生思想情感所起的熏陶感染作用，注意课程内容的价值取向，要继承和发扬中华优秀文化传统和革命传统，体现社会主义核心价值体系的引领作用，突出中国特色社会主义共同理想，弘扬以爱国主义为核心的民族精神和以改革创新为核心的时代精神，树立社会主义荣辱观，培养良好思想道德风尚，同时也要尊重学生在语文学习过程中的独特体验。

语文课程是实践性课程，应着重培养学生的语文实践能力，而培养这种能力的主要途径也应是语文实践。语文课程是学生学习运用祖国语言文字的课程，学习资源和实践机会无处不在，无时不有。因而，应该让学生多读多写，日积月累，在大量的语文实践中体会、把握运用语文的规律。

语文课程应特别关注汉语言文字的特点对学生识字写字、阅读、写作、口语交际和思维发展等方面的影响，在教学中尤其要重视培养良好的语感和整体把握的能力。

（三）积极倡导自主、合作、探究的学习方式

学生是学习的主体。语文课程必须根据学生身心发展和语文学习的特点，爱护学生的好奇心、求知欲，鼓励自主阅读、自由表达，充分激发他们的问题意识和进取精神，关注个体差异和不同的学习需求，积极倡导自主、合作、探究的学习方式。教学内容的确定，教学方法的选择，评价方式的设计，都应有助于这种学习方式的形成。

语文学习应注重听说读写的相互联系，注重语文与生活的结合，注重知识与能力、过程与方法、情感态度与价值观的整体发展。综合性学习既符合语文教育的传统，又具有现代社会的学习特征，有利于学生在感兴趣的自主活动中全面提高语文素养，有利于培养学生主动探究、团结合作、勇于创新的精神，应该积极提倡。

（四）努力建设开放而有活力的语文课程

语文课程的建设应继承我国语文教育的优良传统，注重读书、积累和感悟，注重整体把握和熏陶感染；同时应密切关注现代社会发展的需要。拓宽语文学习和运用的领域，注重跨学科的学习和现代科技手段的运用，使学生在不同内容和方法的相互交叉、渗透和整合中开阔视野，提高学习效率，初步养成现代社会所需要的语文素养。

语文课程应该是开放而富有创新活力的。要尽可能满足不同地区、不同学校、不同学生的需求，确立适应时代需要的课程目标，开发与之相适应的课程资源，形成相对稳定而又灵活的实施机制，不断地自我调节、更新发展。

三、课程标准解读与实施建议

(一) 前言

课程目标与内容	要点说明	教学建议
语文课程是一门学习语言文字运用的综合性、实践性课程。义务教育阶段的语文课程，应使学生初步学会运用祖国语言文字进行交流沟通，吸收古今中外优秀文化，提高思想文化修养，促进自身精神成长。工具性与人文性的统一，是语文课程的基本特点。	明确了语文课程性质。	1. 对语文学科来说，必须紧紧围绕语文课程目标与内容的核心——语言文字的运用开展教学。 2. 每一篇教材都只是一个学习的案例，应当先从识字辨句到了解思想内容，再从思想内容进而研究用词造句、篇章结构等表现技巧，通过表现技巧的分析，必须加深对思想内容的理解。 3. 教师努力改进课堂教学，围绕课程目标，让学生在语文实践中学习语文，学会学习。善于通过专题学习等方式，沟通课堂内外，沟通听说读写，增加学生语文实践的机会。
1. 全面提高学生的语文素养。 2. 正确把握语文教育的特点。 3. 积极倡导自主、合作、探究的学习方式。 4. 努力建设开放而有活力的语文课程。	1. 充分发挥师生双方在教学中的主动性和创造性。 2. 教学中努力体现语文的实践性和综合性。 3. 重视情感、态度、价值观的正确导向。 4. 重视培养学生的创新精神和实践能力。	重视语文课程对学生思想情感所起的熏陶感染作用，注意课程内容的价值取向，要继承和发扬中华优秀文化传统和革命传统，体现社会主义核心价值体系的引领作用，突出中国特色社会主义共同理想，弘扬以爱国主义为核心的民族精神和以改革创新为核心的时代精神，树立社会主义荣辱观，培养良好思想道德风尚。

（二）识字与写字

课程目标与内容	要点说明	教学建议
第一学段（1—2年级） 1. 喜欢学习汉字，有主动识字、写字的愿望。 2. 认识常用汉字1600个左右，其中800个左右会写。 3. 掌握汉字的基本笔画和常用汉字的偏旁部首，能按笔顺规则用硬笔写字，注意间架结构。初步感受汉字的形体美。 4. 努力培养良好的写字习惯，写字姿势正确，书写规范、端正、整洁。 5. 学会汉语拼音。能读准声母、韵母、声调和整体认读音节。能准确地拼读音节，正确书写声母、韵母和音节。认识大写字母，熟记《汉语拼音字母表》。 6. 学习独立识字。能借助汉语拼音认读汉字，学会用音序检字法和部首检字法查字典。	一、注重汉语拼音的学习 　　汉语拼音教学是小学低年级教学的难点，是识字和学习普通话的工具。由于声母、韵母没有意义，音和形之间也没有直接联系，只能是机械记忆，所以汉语拼音教学要尽可能有趣味性，宜多采用活动和游戏等形式，应与学说普通话、识字教学相结合，并注意汉语拼音在现实语言生活中的运用。 二、注重多种方法识字，激发学生的学习兴趣 　　语言文字是中华民族文化的根，因此，在教学当中潜移默化地渗透汉字的造字规律，培养学生喜欢汉字的情感，从而激发学生学习汉字的兴趣，促进学生主动学习汉字的愿望。 三、以识促写，识写分开 　　识字是写字的基础，第一学段以识字教学为重点，降低写字量，关注学生写字的过程，注重学生写字基本功的培养。第一、二学段要多关注学生主动识字的兴趣，第三学段要重视考查学生独立识字的能力。	一、汉语拼音方面 1. 教学时要注意趣味性，可以利用插图表音、表形的特点，帮助学生认清字母，读准声母，也可以编写儿歌帮助学生记忆易混声母和韵母。 2. 教学中将知识渗透在活动和游戏中，创设学生感兴趣的情境和语境。 3. 将拼音教学与识字教学、阅读教学相结合，以汉字带学拼音，在学习拼音时学习汉字，两者相互促进。 4. 降低书写的要求，能做到正确书写即可。 5. 注意在语言实践中的运用。 二、识字方面 1. 创设多种情境识字。 2. 激发学生在生活中识字的兴趣。 3. 识字的形式应多样。 4. 通过汉字（汉语）家园的学习，引导学生观察汉字的构字规律，发现汉字的造字特点，养成自主识字的习惯。

第二学段（3—4年级） 1. 对学习汉字有浓厚的兴趣，养成主动识字的习惯。 2. 累计认识常用汉字2500个左右，其中1600个左右会写。 3. 有初步的独立识字能力。会运用音序检字法和部首检字法查字典、词典。 4. 能使用硬笔熟练地书写正楷字，做到规范、端正、整洁。用毛笔临摹正楷字帖。 5. 写字姿势正确，有良好的书写习惯。 第三学段（5—6年级） 1. 有较强的独立识字能力。累计认识常用汉字3000个左右，其中2500个会写。 2. 硬笔书写楷书，行款整齐，力求美观，有一定速度。 3. 能用毛笔书写楷书，在书写中体会汉字的优美。 4. 写字姿势正确，有良好的书写习惯。	四、加强写字基础的培养 　　写字教学应贯穿于每节语文课堂，重视写字姿势与书写习惯，教师要亲自示范和指导。第一学段重点要关注学生写好基本笔画、基本结构和基本字，第二、第三学段要关注学生的毛笔书写。	三、写字方面 1. "识""写"分流，多"认"少"写"，先"认"先"写"基本字。 2. 对于学生已认识的汉字，不易重复教学，有效提高识字效率。 3. 遵循规律，掌握识字方法，如象形字、形声字等。 4. 拓宽识字渠道，不局限于课堂和书本识字。 5. 每节课都安排写的指导与训练。 6. 要求"严而不死"，注意体现学生个性。 7. 采用传统的描红、临摹等方式。 8. 重视书写评价，可以生生评价、师生评价、小组互评等。

(三)阅读

课程目标与内容	要点说明	教学建议
第一学段（1—2年级） 1. 喜欢阅读，感受阅读的乐趣。养成爱护图书的习惯。 2. 学习用普通话正确、流利、有感情地朗读课文。学习默读。 3. 结合上下文和生活实际了解课文中词句的意思，在阅读中积累词语。借助读物中的图画阅读。 4. 阅读浅显的童话、寓言、故事，向往美好的情境，关心自然和生命，对感兴趣的人物和事件有自己的感受和想法，并乐于与人交流。 5. 诵读儿歌、儿童诗和浅显的古诗，展开想象，获得初步的情感体验，感受语言的优美。 6. 认识课文中出现的常用标点符号。在阅读中体会句号、问号、感叹号所表达的不同语气。 7. 积累自己喜欢的成语和格言警句。背诵优秀诗文50篇（段）。课外阅读总量不少于5万字。	低年级阅读教学应该做好以下方面： 一、良好的学习习惯 1. 正确的读书姿势。读书时，书斜立，脚放平，身坐正。 2. 学生养成自己读书，自己思考的习惯。 3. 认真倾听的习惯。 4. 主动交流的习惯。 二、基本的学习方法 1. 勾画生字的方法。把要求学会的生字和要求认识的生字，用不同记号标示出来。 2. 标示自然段的方法。 3. 朗读的基本方法。如词语连读、遇到标点符号要停顿、不要唱读等。 4. 在老师的引导下，通过抓住关键词句读懂课文的方法。	一、以读为本，激发阅读兴趣 　　要想实现小学语文阅读教学的目标，激发学生的阅读兴趣是基础。只有学生有了兴趣，才会激发其阅读的积极性和创造性。也唯有如此，阅读对他们来说，不是负担，而是无尽的乐趣和执着的追求。 　　在小学语文教材里，有记叙文和文学作品。这些课文内容具体，形象生动。无论写人、记事，还是绘景、状物，都生动传神，颇具阅读美感。因此，在学习课文时，教师不妨引导学生对文章中精练的语言进行欣赏，进而体会作者的思想感情。在和作者产生思想的共鸣时，使学生能对文章生动的记述以及描写产生强烈的感受，进而可以在他们的脑子里唤起相应的形象。这时，学生就会被形象的画面所吸引，进入文章所描绘的境界。在这种境界的吸引下，他们会越读越想读，越读越爱读……自然，他们也会从阅读当中得到乐趣。

专题一　课程标准解读

课程目标与内容	要点说明	教学建议
第二学段（3—4年级） 1. 用普通话正确、流利、有感情地朗读课文。 2. 初步学会默读，做到不出声，不指读。学习略读，粗知文章大意。 3. 能联系上下文，理解词句的意思，体会课文中关键词句表达情意的作用。能借助字典、词典和生活积累，理解生词的意义。 4. 能初步把握文章的主要内容，体会文章表达的思想感情。能对课文中不理解的地方提出疑问。 5. 能复述叙事性作品的大意，初步感受作品中生动的形象和优美的语言，关心作品中人物的命运和喜怒哀乐，与他人交流自己的阅读感受。 6. 诵读优秀诗文，注意在诵读过程中体验情感，展开想象，领悟诗文大意。 7. 在理解语句的过程中，体会句号与逗号的不同用法，了解冒号、引号的一般用法。 8. 积累课文中的优美词语、精彩句段，以及在课外阅读和生活中获得的语言材料。背诵优秀诗文50篇（段）。 9. 养成读书看报的习惯，收藏图书资料，乐于与同学交流。课外阅读总量不少于40万字。	中年级阅读教学要求： 1. 重视语文基础知识的复习和巩固。 2. 重视引导学生掌握理解词句的方法。到了中年级，更加重视引导学生掌握理解词句的方法。如，引导学生自觉运用查字典、联系上下文等方法准确理解词语，运用联系上下文和生活实际的方法理解含义比较深刻的句子。 3. 重视积累语言。在理解的基础上，通过朗读、背诵、摘抄等形式，积累课文中的优美词语、精彩句段，养成积累词句的习惯。 4. 引导学生学习和体会作者遣词造句、表情达意的方法，引导学生在习作中运用。	二、以字为基，打好阅读基础。 　　文章的基本要素的基础是字、词、句，这也是阅读的根基。如同学生通顺连贯地理解文章的字、词、句。对小学生而言，字、词、句正像他们手种的积木。要想把积木组装好，首先需要能够认识一个个的零件。相对于阅读来说，可能这一阶段的教学是最枯燥的。但是，这一环节无疑也是最重要的。在整个语文教学过程中，关于字、词、句的学习，都必须重视。否则，一旦"忘本教学"，阅读乃至整个语文教学就都好像"空中楼阁"一样。

课程目标与内容	要点说明	教学建议
第三学段（5—6年级） 1.能用普通话正确、流利、有感情地朗读课文。 2.默读有一定的速度，默读一般读物每分钟不少于300字。学习浏览，扩大知识面，根据需要搜集信息。 3.能联系上下文和自己的积累，推想课文中有关词句的意思，辨别词语的感情色彩，体会其表达效果。 4.在阅读中了解文章的表达顺序，体会作者的思想感情，初步领悟文章的基本表达方法。在交流和讨论中，敢于提出看法，做出自己的判断。 5.阅读叙事性作品，了解事件梗概，能简单描述自己印象最深的场景、人物、细节，说出自己的喜爱、憎恶、崇敬、向往、同情等感受。阅读诗歌，大体把握诗意，想象诗歌描述的情境，体会作品的情感。受到优秀作品的感染和激励，向往和追求美好的理想。阅读说明性文章，能抓住要点，了解文章的基本说明方法。阅读简单的非连续性文本，能从图文等组合材料中找出有价值的信息。 6.在理解课文的过程中，体会顿号与逗号、分号与句号的不同用法。 7.诵读优秀诗文，注意通过语调、韵律、节奏等体味作品的内容和情感。背诵优秀诗文60篇(段)。 8.扩展阅读面。课外阅读总量不少于100万字。	高年级，要进一步提高阅读，特别是默读的速度和质量，能体会词句含义、感情色彩和表达效果；揣摩文章的叙述顺序，领悟基本的表达方法；学习诗歌、叙事性、说明性等不同文体文章的阅读；学习浏览，根据需要搜集和处理信息。 高年级阅读教学习惯： 1.认真阅读的习惯。 2.使用工具书的习惯。 3.边读边做记号的习惯。 4.质疑问题的习惯。 5.独立完成和小组合作完成作业相结合的习惯。 6.及时复习的习惯。 7.阅读后写读书笔记习惯。	阅读是个性化行为，尊重学生阅读的感受，老师应加强指导，但不应当以教师的分析代替学生的阅读实践，不要以模式化的解读代替学生的体验与思考。 "语文教学应在师生平等对话的过程中进行"，"阅读教学是学生、教师、文本之间对话的过程"。这里的"对话"，已经不再是狭义的师生双方语言的交际了，它是"互动"的一种外化，是一种全新的教学方式。 教育教学中的互动，主要有师生互动、生生互动。师生互动，即在教育教学过程中，老师和学生改变了传统的老师控制课堂、学生被动听讲的局面，而是师生共同探讨、共同研究，在这一过程中，老师给学生以指点，学生也给老师以启发，相互促进，共同发展。生生互动，则是学生之间摆脱了"各自为战"的学习方式，在学习活动中互相推动，从而共同提高学习效果。

（四）口语交际

课程目标与内容	要点说明	教学建议
第一学段（1—2年级） 1. 学讲普通话，逐步养成讲普通话的习惯。 2. 能认真听别人讲话，努力了解讲话的主要内容。 3. 听故事、看音像作品，能复述大意和自己感兴趣的情节。（改"精彩情节"） 4. 能较完整地讲述小故事，能简要讲述自己感兴趣的见闻。 5. 与别人交谈，态度自然大方，有礼貌。 6. 有表达的自信心。积极参加讨论，敢于发表自己的意见。（原：对感兴趣的话题发表自己的意见）	课程标准规定的口语交际的总目标是具有日常口语交际的基本能力，学会倾听、表达与交流，初步学会应用口头语言文明地进行人际沟通和社会交往。口语交际要体现口语化和互动性。 1. 口语化。根据《现代汉语词典》的解释：口语是"谈话时使用的语言（区别于书面语）"，交际是"人与人之间的往来接触"。广义的口语交际是以口语为载体，实现人与人之间交往的活动。狭义的口语交际（作为语文课程内容的口语交际）是交际双方（交际对象）为了特定的目的（交际目的），在特定的环境（交际情境）里，运用口头语言和适当的表达方式（交际手段）传递信息、交流思想、表达情感的双向互动的言语活动。	1. 激发兴趣。在指导学生口语交际时要充分考虑学生的实际（生活环境、生活经验、语言能力等诸方面的因素），因势利导，调动学生对口语交际的积极性，让他们"动"起来，这里的"动"不光是倾听，还有感悟直至开口说。使他们在口语交际中得到展示自己的快乐，知识经验有所增量、语言能力有所发展。 2. 创设情境。可以在课堂上用生动形象的语言描绘创设故事情境或生活情境；可以事先布局创设情境，即我们可在教学前事先布置好一个场面，诱导学生在浑然不知是人为设计的情况下进入角色，以他们最真实、自然的方式进行口语交际；也可以模拟表演创设情境，通过小品、相声、独角戏等学生喜欢的表演形式激发他们口语交际的兴趣，使他们在表演过程中不知不觉地锻炼口语交际能力；还可以利用教学多媒体创设情境，使学生有身临其境的感觉，引发学生口语交际的热情。

课程目标与内容	要点说明	教学建议
第二学段（3—4年级） 1. 能用普通话交谈。在交谈中能认真倾听，养成向人请教、与人商讨的习惯。 2. 听人说话能把握主要内容，并能简要转述。 3. 能清楚明白地讲述见闻，并说出自己的感受和想法。讲述故事力求具体生动。（删：努力用语言打动人） （原4条，现3条） 第三学段（5—6年级） 1. 与人交流能尊重、理解对方。 2. 乐于参与讨论，敢于发表自己的意见。 3. 听人说话认真耐心，能抓住要点，并能简要转述。 4. 表达要有条理，语气、语调适当。 5. 能根据对象和场合，稍作准备，作简单的发言。 6. 注意语言美，抵制不文明的语言。	课标也指出：初步学会应用口头语言文明地进行人际沟通和社会交往。通过"口语"的定义以及课标的要求我们不难看出口语交际使用的是口头语言，也就是说口语交际是"口语"的交际，而非"书面语"的交际。 2. 互动性。口语交际的核心是"交际"，注重的是人与人之间的交流和沟通，即必须重视口语交际的人际交往功能。口语交际强调信息的往来交互。参与交际的人，不仅要认真倾听，还要适时接话，谈自己的意见和想法。学生在生与生、生与师的口语交际实践中，互相启发、互相促进、互相补充，在双向互动中实现信息的沟通和交流。这就决定了口语交际的基本特点是"双向互动"。	3. 贴近生活。要善于引导学生深入生活，体验生活，热爱生活，从丰富多彩的生活中汲取口语交际能力训练的营养。应注重挖掘生活化的课程资源、创设生活化的交际情境、营造宽松愉悦的"生活"氛围，积极寻找生活中与教学相关的内容，让每一个学生学会从学校走进家庭、社会、大自然等更为生动、广阔的生活课堂中，引导学生边体验、边进行口语交际实践。 4. 多元评价。要从积极的角度去肯定学生，激励每个学生交际的信心；要规范学生评价，重视口语交际的文明态度和语言修养，使学生懂得用尊重别人的语气发表见解；要调动学生之间互相评价的积极性，让学生学会欣赏、倾听，以培养学生的欣赏、合作、交流的能力，品尝成功的乐趣。 全面渗透。要注意让口语交际训练渗透于拼音教学、识字教学、阅读教学等语文教学的各个环节，让学生在口语交际实践中培养起良好的语言态度和口语交际习惯，形成初步的口语交际能力。

（五）综合性学习

课程目标与内容	要点说明	教学建议
第一学段（1—2年级） 1. 对周围事物有好奇心，能就感兴趣的内容提出问题，结合课内外阅读共同讨论。 2. 结合语文学习，观察大自然，用口头或图文等方式表达自己的观察所得。 3. 热心参加校园、社区活动。结合活动，用口头或图文等方式表达自己的见闻和想法。 第二学段（3—4年级） 1. 能提出学习和生活中的问题，有目的地搜集资料，共同讨论。 2. 结合语文学习，观察大自然，观察社会，用书面或口头方式表达自己的观察所得。 3. 能在教师指导下组织有趣味的语文活动，在活动中学习语文，学会合作。	一、语文综合性学习的特性 1. 语文性。语文综合性学习首先要姓"语"，即不管学习活动中涉及哪一学科，学习目标应是"语文素养的形成和发展"，而非其他学科知识的掌握。 2. 综合性。语文综合性学习的体现在本学科各方面知识的综合；语文学科和其他学科的沟通以及书本学习和生活实践的结合。 3. 自主性。强调在亲身观察及体验中有所感悟和发现。 4. 实践性。联系生活实际中的问题开展学习活动，在语文学习的过程中，提高对自然和社会的认识，增强对事件的应对能力。 5. 生成性。学生在语文综合性学习的过程中不是按照既定的程式流水作业，而是在活动中不断产生新目标，生成新主题，迸发新火花。 二、各学段差异关键点 1. 问题提出。在第一学段中仅引导学生就感兴趣的内容提出问题并进行讨论即可。在第二学段中则应更倾向于问题提出后的解决过程，即在资料搜集和合作讨论中解决问题。	综合性学习主要体现为语文知识的综合运用、听说读写能力的整体发展、语文课程与其他课程的沟通、书本学习与生活实践的紧密结合。 综合性学习应贴近现实生活。联系生活中的实际问题开展学习活动，在实现语文学习目标的同时，提高对自然、社会现象与问题的认识，追求积极、健康、和谐的生活方式，增强抵御风险和侵害的意识，增强在与自然、社会和他人互动中的应对能力。 综合性学习应突出学生的自主性，重视学生主动积极的参与精神，主要由学生自行设计和组织活动，特别注重探索和研究的过程，要加强教师在各环节中的指导作用。

课程目标与内容	要点说明	教学建议
4.在家庭生活、学校生活中，尝试运用语文知识和能力解决简单问题。 第三学段（5—6年级） 1.为解决与学习和生活相关的问题，利用图书馆、网络等信息渠道获取资料，尝试写简单的研究报告。 2.策划简单的校园活动和社会活动，对所策划的主题进行讨论和分析，学写活动计划和活动总结。 3.对自己身边的、大家共同关注的问题，或电视、电影中的故事和形象，组织讨论、专题演讲，学习辨别是非、善恶、美丑。 4.初步了解查找资料、运用资料的基本方法。	2.自我表达。第一学段中学生采用口头或图文的形式进行表达。第二学段要求将图文的表达方式转变为书面表达，更强调了表达的逻辑性。 3.活动参与。在第一学段中重在鼓励学生热心参与到学习活动中去，保护学生的参与兴趣。第二学段中，不仅要求学生单纯参与到活动中去，还要在参与中学会合作，并进行角色转化，成为活动的组织者。 4.问题解决。第一学段并未对此做出要求，第二学段要求学生只需做到简单的问题即可。第三学段在前两个学段的基础上更强调方法的运用和习得，如积极构建网络环境下的学习平台。解决问题的过程性体验，如主题的确立，资料的获取，活动的策划，活动中的表现方式等。学习结果的呈现方式，如计划、总结、研究报告、辩论、演讲等。	综合性学习应强调合作精神，注意培养学生策划、组织、协调和实施的能力。 综合性学习的设计应开放、多元，提倡与其他课程相结合，开展跨领域学习。跨学科学习，也应以提高学生语文素养为目的。 积极构建网络环境下的学习平台，拓展学生学习和创造的空间，支持和丰富语文综合性学习。

四、学段学业标准

领域	第一学段	第二学段	第三学段
识字与写字	1. 喜欢学习汉字，有主动识字、写字的愿望。 2. 认识常用汉字1600个左右，其中800个左右会写。 3. 掌握汉字的基本笔画和常用的偏旁部首，能按笔顺规则用硬笔写字，注意间架结构。初步感受汉字的形体美。 4. 努力养成良好的写字习惯，写字姿势正确，书写规范、端正、整洁。 5. 学会汉语拼音。能读准声母、韵母、声调和整体认读音节。能准确地拼读音节，正确书写声母、韵母和音节。认识大写字母，熟记《汉语拼音字母表》。 6. 学习独立识字。能借助汉语拼音认读汉字，学会用音序检字法和部首检字法查字典。	1. 对学习汉字有浓厚的兴趣，养成主动识字的习惯。 2. 累计认识常用汉字2500个左右，其中1600个左右会写。 3. 有初步的独立识字能力。会运用音序检字法和部首检字法查字典、词典。 4. 能使用硬笔熟练地书写正楷字，做到规范、端正、整洁。用毛笔临摹正楷字帖。 5. 写字姿势正确，有良好的书写习惯。	1. 有较强的独立识字能力。累计认识常用汉字3000个左右，其中2500个会写。 2. 硬笔书写楷书，行款整齐，力求美观，有一定速度。 3. 能用毛笔书写楷书，在书写中体会汉字的优美。 4. 写字姿势正确，有良好的书写习惯。

领域	第一学段	第二学段	第三学段
阅读	1. 喜欢阅读，感受阅读的乐趣。养成爱护图书的习惯。 2. 学习用普通话正确、流利、有感情地朗读课文。学习默读。 3. 结合上下文和生活实际了解课文中词句的意思，在阅读中积累词语。借助读物中的图画阅读。 4. 阅读浅显的童话、寓言、故事，向往美好的情境，关心自然和生命，对感兴趣的人物和事件有自己的感受和想法，并乐于与人交流。 5. 诵读儿歌、儿童诗和浅显的古诗，展开想象，获得初步的情感体验，感受语言的优美。	1. 用普通话正确、流利、有感情地朗读课文。 2. 初步学会默读，做到不出声，不指读。学习略读，粗知文章大意。 3. 能联系上下文，理解词句的意思，体会课文中关键词句表达情意的作用。能借助字典、词典和生活积累，理解生词的意义。 4. 能初步把握文章的主要内容，体会文章表达的思想感情。能对课文中不理解的地方提出疑问。 5. 能复述叙事性作品的大意，初步感受作品中生动的形象和优美的语言，关心作品中人物的命运和喜怒哀乐，与他人交流自己的阅读感受。 6. 诵读优秀诗文，注意在诵读过程中体验情感，展开想象，领悟诗文大意。 7. 在理解语句的过程中，体会句号与逗号的不同用法，了解冒号、引号的一般用法。	1. 能用普通话正确、流利、有感情地朗读课文。 2. 默读有一定速度，默读一般读物每分钟不少于300字。学习浏览，扩大知识面，根据需要搜集信息。 3. 能联系上下文和自己的积累，推想课文中有关词句的意思，辨别词语的感情色彩，体会其表达效果。 4. 在阅读中了解文章的表达顺序，体会作者的思想感情，初步领悟文章的基本表达方法。在交流和讨论中，敢于提出看法，做出自己的判断。 5. 阅读叙事性作品，了解事件梗概，能简单描述自己印象最深的场景、人物、细节，说出自己的喜爱、憎恶、崇敬、向往、同情等感受。阅读诗歌，大体把握诗意，想象诗歌描述的情境，体会作品的情感。受到优秀作品的感染和激励，向往和追求美好的理想。阅读说明性文章，能抓住要点，了解文章的基本说明方法。阅读简单的非连续性文本，能从图文等组合材料中找出有价值的信息。

领域	第一学段	第二学段	第三学段
阅读	6. 认识课文中出现的常用标点符号。在阅读中体会句号、问号、感叹号所表达的不同语气。 7. 积累自己喜欢的成语和格言警句。背诵优秀诗文50篇（段）。课外阅读总量不少于5万字。	8. 积累课文中的优美词语、精彩句段，以及在课外阅读和生活中获得的语言材料。背诵优秀诗文50篇（段）。 9. 养成读书看报的习惯，收藏图书资料，乐于与同学交流。课外阅读总量不少于40万字。	6. 在理解课文的过程中，体会顿号与逗号、分号与句号的不同用法。 7. 诵读优秀诗文，注意通过语调、韵律、节奏等体味作品的内容和情感。背诵优秀诗文60篇（段）。 8. 扩展阅读面。课外阅读总量不少于100万字。
写作、习作	1. 对写话有兴趣，留心周围事物，写自己想说的话，写想象中的事物。 2. 在写话中乐于运用阅读和生活中学到的词语。 3. 根据表达的需要，学习使用逗号、句号、问号、感叹号。	1. 乐于书面表达，增强习作的自信心。愿意与他人分享习作的快乐。 2. 观察周围世界，能不拘形式地写下自己的见闻、感受和想象，注意把自己觉得新奇有趣或印象最深、最受感动的内容写清楚。 3. 能用简短的书信、便条进行交流。 4. 尝试在习作中运用自己平时积累的语言材料，特别是有新鲜感的词句。 5. 学习修改习作中有明显错误的词句。根据表达的需要，正确使用冒号、引号等标点符号。 6. 课内习作每学年16次左右。	1. 懂得写作是为了自我表达和与人交流。 2. 养成留心观察周围事物的习惯，有意识地丰富自己的见闻，珍视个人的独特感受，积累习作素材。 3. 能写简单的记实作文和想象作文，内容具体，感情真实。能根据内容表达的需要，分段表述。学写读书笔记，学写常见应用文。 4. 修改自己的习作，并主动与他人交换修改，做到语句通顺，行款正确，书写规范、整洁。根据表达需要，正确使用常用的标点符号。 5. 习作要有一定速度。课内习作每学年16次左右。

领域	第一学段	第二学段	第三学段
口语交际	1. 学说普通话，逐步养成说普通话的习惯。 2. 能认真听别人讲话，努力了解讲话的主要内容。 3. 听故事、看音像作品，能复述大意和自己感兴趣的情节。 4. 能较完整地讲述小故事，能简要讲述自己感兴趣的见闻。 5. 与别人交谈，态度自然大方，有礼貌。 6. 有表达的自信心。积极参加讨论，敢于发表自己的意见。	1. 能用普通话交谈。学会认真倾听，能就不理解的地方向人请教，就不同的意见与人商讨。 2. 听人说话能把握主要内容，并能简要转述。 3. 能清楚明白地讲述见闻，说出自己的感受和想法。讲述故事力求具体生动。	1. 与人交流能尊重和理解对方。 2. 乐于参与讨论，敢于发表自己的意见。 3. 听人说话认真、耐心，能抓住要点，并能简要转述。 4. 表达有条理，语气、语调适当。 5. 能根据对象和场合，稍作准备，作简单的发言。 6. 注意语言美，抵制不文明的语言。
综合性学习	1. 对周围事物有好奇心，能就感兴趣的内容提出问题，结合课内外阅读共同讨论。 2. 结合语文学习，观察大自然，用口头或图文等方式表达自己的观察所得。 3. 热心参加校园、社区活动。结合活动，用口头或图文等方式表达自己的见闻和想法。	1. 能提出学习和生活中的问题，有目的地搜集资料，共同讨论。 2. 结合语文学习，观察大自然，观察社会，用书面或口头方式表达自己的观察所得。 3. 能在教师指导下组织有趣味的语文活动，在活动中学习语文，学会合作。 4. 在家庭生活、学校生活中，尝试运用语文知识和能力解决简单问题。	1. 为解决与学习和生活相关的问题，利用图书馆、网络等信息渠道获取资料，尝试写简单的研究报告。 2. 策划简单的校园活动和社会活动，对所策划的主题进行讨论和分析，学写活动计划和活动总结。 3. 对自己身边的、大家共同关注的问题，或电视、电影中的故事和形象，组织讨论、专题演讲，学习辨别是非、善恶、美丑。 4. 初步了解查找资料、运用资料的基本方法。

专题二　教学指导建议

语文教学应努力优化教学目标，精心筛选教学内容，科学开发、合理利用教材等教学资源，加强语文实践，关注学生思维训练与发展，重视学习方法、自学能力、良好的学习习惯等的培养，追求"简约、务本、求实、灵动、科学"的小学语文课堂教学境界。

一、强化语文教学目标意识

教学目标是一切教学活动的"魂"，教师应强化教学目标意识，在教学之前，应深入、反复思考语文教学、本学期教学、本课教学乃至本课时教学应该让学生"获得什么"，即确定教学的目标与方向，方向正确了，教学活动的组织、教学细节的推敲、教学艺术的追求才有价值。

教师应在认真学习《语文课程标准》，阅读全套教材，钻研整册课文，明确总体目标和年段目标的基础上，立足于有效促进学生语文素养，制定学期总目标、单元目标、课文学习和课时目标；制定课时目标应充分考虑语言、认知、情感三个维度，还应充分考虑学习方法的指导，学生语文能力、自学能力的培养等，不同维度的目标相互渗透和融合；课时目标明确具体，突显语文学习的核心目标，关注文本特色，防止忽视语文的"工具性"，也防止唯"工具性"；目标制定应符合学生的年龄特点,防止拔高或降低学习要求。

二、准确把握语文课程内容

在明确语文学科的本质,准确把握不同年段的学科教学目标后,语文教师应依据教学目标、教材和相关教学资源,精心筛选合适的教学内容,即静心思考"教什么"。既防止窄化语文教学内容,忌一味局限于文本学习,忌只引导学生理解课文内容,体会文章情理,而忽视引导学生学习、理解、品味、运用语言文字,忽视适度揣摩、欣赏文本精妙的语言表达等,忽视学习方法的指导、学生语文学习能力和习惯的培养等;也防止泛化语文教学内容,过度拓展和拔高要求。教师应结合具体课文、不同年段的学习,课标中的条目化为具体的、可操作的教学内容,引导学生学习实践,有机、有序、有效地加以落实。语文教学内容的筛选应基于对学情的分析来选定,不面面俱到,不蜻蜓点水,学生自学后依然不懂、思考不深入的,应是我们的重要教学内容,学生不具备却又最需要得到发展的语文素养,也是我们主要的教学内容。

三、明确不同领域教学重点

识字写字:专门安排一节识字课,了解学生识字情况,做到合理安排,针对指导。教师可以在学生已掌握生字的基础上,根据字的读音、字形分类指导,将识字的方法教给学生,采用老师检测指导与学生自主学习的方式完成识字写字任务。

低年段:

1.集中识字与分散识字相结合

低年段识字教学应实现集中识字与分散识字相结合。激发学生识字的兴趣,帮助学生借助图片、词串情境、具体语境了解一些字词的意思,引导学生探究汉字的构字特点和规律,在突显识字功能的前提下,发挥识字写字阅读审美、认识事物等多重功能。

2.写字与识字相结合

识字写字教学要注重形象性、趣味性,运用直观手段或借助文本图片,采用猜谜、游戏等形式进行教学,寓教于乐,培养学生识字写字的兴趣;生字要在不同的情境、时间反复出现,引导学生经常运用,准确识记与书写;学生写字易出现反复的现象，教师应不厌其烦进行引导与指导，"反复抓，抓反复"，帮助学生养成认真写字的良好习惯。

重视写字教学，遵循"多识少写，识写分流"的原则，只要求认读的生字，学生只要准确认读、识记即可，不提默写要求；要求书写的生字，应训练要到位，指导学生书写正确、工整，卷面清楚。写字教学力求在课内完成，指导学生掌握汉字的基本笔画、笔顺规则和结体规律，注重引导学生整体把握字形结构，把字写正确、规范、工整。

3.识字与阅读相结合

低年级阅读课应高度重视识字教学，减少冗余的分析，留出足够的时间带领学生随文识字，做到"字不离词，词不离句"，音、形、义相结合识字解字。

中年段：

1.加强引导，教给方法，自主识字

除查字典外，可引导学生感悟汉字的构字基本规律，运用多种识字方法进行自主识字。比如：字理识字、形声字识字、韵语识字等等。也要引导学生把识字和生活紧密联系起来，做识字的有心人。比如：关注商铺的店名，食品包装的名字，同学的姓名等等。

2.统筹指导，定期检测，完成任务

对难以读准的字以及结构复杂、笔画易错的字教师要重点指导。学期中，教师可引导学生利用小组学习、课外互助等方法，将识字写字任务化整为零。学期末，可开展识字大王、听写竞赛等活动，达到巩固识字写字的目的。鼓励学生多看课外书，寓识于读，以识促读，较好地完成本学期的识字写字任务。

高年段：

1.了解学情，分类识记

高年级的学生已经具备了很多有效的识字方法和写字规律，教师可引导学生对自己会认、会写的字进行分类，自主学习。也可制定相应的调查表，对学生的识字情况进行全面的了解与掌握，再根据学情制订合理的方案，分类、分层教学。

2.自主阅读，随机识记

教师可根据教材内容拓展与文本内容相关联的阅读资源，或者推荐相关文章、书目，也可鼓励学生自主选择优秀的阅读材料，让学生在自主阅读中随机学习，实现阅读中识字写字、以阅读促识写的良性循环。

3.合作共学，主动识记

对于高年级的学生，教师可组织学生开展小组合作共学，以互听互检、互学互教的形式，在合作交流中自主识字写字。合作识字写字时间可与早自习、晨读等灵活结合。

阅读教学：围绕一个单元语文要素、一个主题把一组文章或一类文章聚在一起，进行学习内容整合，开展群文阅读教学。优化要素结构，整体设计问题，循序渐进提高阅读速度，完成阅读教学任务。

低年段：

1. 重视"听"的训练

低年段的阅读教学中，要重视并加强"听"的训练，让学生学会倾听，认真、细致、耐心，边听边思，获取信息，吸纳精髓，做出自己的判断与评析。

2. 重视和加强"读"的训练

强化"读"的指导，力求在课堂内达到读通、读懂、读好三个层次的要求，每堂课应留给学生足够的读书时间，朗读与默读训练并重，能根据教学需要并结合教学情境指导学生的朗读、默读、诵读和背诵；重视复述训练，教师应结合不同课文，帮助学生了解复述的要求，指导学生复述的基本方法，课堂上留出一定的时间让学生进行复述训练，培养学生的复述能力。

3. 重视"说写"训练

教师应充分利用课堂、学校学习资源，挖掘适合学生发展需要的说写资源，给学生搭设"说写"实践的平台，有效发展学生的说写能力；注重语言积累，结合具体的语境学习词语，重视提高学生理解和运用语言的能力，引导学生利用课前3—5分钟熟读背诵经典的课文、段落和古诗文，建议每周一篇（段），每学期不少于15篇（段）。

中年段：

1. 抓住教学重点，制定合理目标

中年段的阅读教学在识字写字的基础上，要整体把握语文要素，学习运用预测、提问的阅读策略。教师要根据学段要求，认真研读单元导语，结合课后习题，制定合理的教学目标。

2. 重视朗读训练，提高阅读实效

中年段的阅读教学要在朗读训练上加大力度，尤其在默读以及有感情朗读方面多下功夫。教学中要充分利用初读，精读，品读等各个环节，为学生提供阅读机会，让他们充分读文，熟读课文，以致熟读成诵，提高阅读的效率。

3. 体现读思结合，提高阅读能力

中年段的阅读教学应该让学生学会边读边想、自读自悟，在教学中要引导学生学会抓住重点词语和段落理解文章主要内容，联系上下文体会条理清楚的表达方法，要让学生学会跟着老师的"核心问题"进行思考，学会"带着笔墨"进行批注，引导学生将文本中的好词佳句圈画并积累下来，也可以把不理解的内容标注出来，还可以在文本空白处写上自己阅读的感受与体会，逐步提高阅读能力。

4. 拓展课外阅读，提升语文素养

阅读教学中要注意精讲与略讲结合，导读与自学结合，还要做到课内与课外结合，读单篇文章与读整本书结合，为学生推荐好的书籍，把阅读内容序列化、课外阅读课程化，做到有计划、有书目、有检查、有评价，循序渐进逐步提升学生的语文素养。

高年段：

1. 树立单元的整体意识

高年段的阅读教学要注意准确把握教材特点，掌握单元整体动向，在整合教材选文内容、活动内容、练习内容与可链接的丰富的课外课程资源的基础上，进行整体规划、精准设计。

2. 针对不同文体，进行有效指导

重点弄清楚精读课文与略读课文的关系，关注古诗、长文、文言文等不同文体的教学定位，采用"教读——自读——课外阅读"的"三位一体"教学结构，教给学习路径和方法，传授知识，训练技能，举一反三，提高阅读水平。

3. 落实阅读策略，提升阅读能力

在充分读文的基础上，要落实相关的阅读策略，继续练习提高阅读的速度，加强默读、速读、浏览读的训练；强化概括能力，在理解文章内容的基础上，让学生从文本的结构特点、作者的遣词造句、修辞方法的运用等方面进行品读，挖掘文本中蕴含的思想情感，从而提高学生的阅读能力。

4. 开展阅读实践，提升核心素养

高年级的学生可多开展阅读实践活动，让学生在咀嚼与品读语言的同时，感受文本魅力模仿文本练习写作，也可开展剧本编演、公益广告创意等实践活动，从而提高学生的审美能力与语言文字运用能力，提升学生的语文核心素养。

口语交际教学： 口语交际教学要根据学生的兴趣、需要，结合当前疫情实际，结合单元语文要素、阅读教学和习作教学内容等选择一个话题或一个角度采用交流展示的方式予以完善提升。既对线上学习效果进一步评估，又给学生展示分享的机会，在展示分享中进一步培养语言文字运用能力，提升学科核心素养。

低年段：

1. 以趣促学让学生想说

低年段的口语交际教学要注重培养学生口语交际兴趣，让学生想说。教师要通过多种形式创设良好的口语交际情境，营造一个平等和谐真实的交际氛围，提供畅所欲言的互动空间，引导学生在玩中说、在做中说、在议中说，激发学生口语交际的兴趣。

2. 以评促学让学生爱说

低年段的口语交际教学离不开科学合理恰当的评价，教师要善于捕捉闪光点激励学生，同时要给足学生自由评价的时空，采用自评、互评等多种多样的评价方式，引导学生进行合理的评价，实现师生间、生生间的信息沟通与启迪，从而使学生能够在日常生活中自觉、积极、主动地进行口语交际。

3. 以练促学让学生会说

低年段的口语交际教学要循序渐进、有章有序地进行训练，教师在指导学生进行口语交际训练时要遵循学生语言思维发展的规律，从易到难，从扶到放，从浅到深，从表到里，从基本句型到完整句式，再到整段，整篇，层层递进，同时要在口语交际训练时指导学生仔细观察、有序观察，通过师生互动、以问助答、激发想象、词语积累等多种形式丰富充实口语交际内容，使学生想说、爱说、会说。

中年段：

1. 把握目标梯度，凸显交际特点

口语交际教学要从倾听、表达、习惯三个维度把握学段目标要求及训练梯度。教师要引导学生边听边思考，筛选信息，捕捉重点，提高处理信息的速度效率及信息传递的效果，强调对他的尊重与体谅，更巧妙地达到交际目的。

2. 捕捉生活现象，激发交际欲望

教学中要注重创设情境，引导学生演一演，说一说，再现生活情境，要捕捉学校或班上发生的具体的相关实例，引起学生交流的欲望，引导学生围绕交际主题把自己想讲的内容讲清楚，要在听与说的双向互动中培养学生倾听、表达和应对的能力。

3. 关注多元互动，提升交际能力

教学中要结合口语交际专题训练要求，对学生进行观察、倾听、理答，尊重交际对方，运用肢体语言或表情包表达意图和观点，交换思想、看法、意见，引导学生访谈调查、鉴赏品评。评价时重点以听话说话能力为核心，交流经验、成果、情感，运用多维多体的评价方式，整体与局部、定量和定性评价多元化。

4. 搭建策略支架，强化交际过程

教师要将交际方法策略自然融入交际话题，利用教材内容打开学生思路，依托教材范例帮助学生说好，化抽象为具体促进交际互动，搭建实践支架，展开学习过程，让学生在完成真实交际任务的同时，学习一些交际方法策略。

高年段：

1. 提供真实交际空间

高年级的口语交际课要以真实的交际活动为依托，发展学生的交际能力。

2. 改进交际评价角度

高年级口语交际的评价要关注学生交际能力的发展，关注实际的交际效果怎么样，关注是否实现了交际意图，关注在具体的语境中，语言是否得体，行为是否得体。

3. 注重交际资源开发

教师要提升口语交际意识，注重口语交际课程资源的开发与利用。要充分挖掘教材中的口语交际资源，结合阅读教学、习作教学、综合性学习设计口语交际活动。同时建立常规的交流机制，开展系列交流活动，交流假日见闻，交流学习经验，交流读书心得等，培养学生交际自信，锻炼学生交际品质。

4. 关注交际人文素养

高年级的口语交际教学要引导学生表达自己的真实想法、独立见解，而不止于仿说、复述。通过口语交际教学，引导学生逐步形成对人生、对世界的基本看法以及核心价值观，培养与周围人和谐相处的态度与技巧。

综合性学习：综合性学习要以语文课程的整合为基点，以教材内容为立足点，以社会实践为背景，贴近学生生活，选择一个学生感兴趣的问题，抓住闪光点设计综合性学习，促进学生语文综合能力的发展。

1. 依标扣本，提升关键能力

综合性学习要体现课程标准所倡导的"自主、合作、探究的学习方式"。基于问题的学习，以问题的解决来驱动学习，提升语文素养。要立足教材，在阅读、习作、口语交际等板块，用教材随文、随堂提升关键能力，提高学习实效。

2. 链接生活，挖掘学习资源

综合性学习要贴近现实生活。联系社会生活、自然现象中的实际问题开展学习活动，进行探究性学习，实现语文教学的课内外联系、校内外沟通、学科间融合、跨领域学习，在实现语文学习目标的同时，提高对自然、社会现象与问题的认识，追求积极、健康、和谐的生活方式，增强抵御风险和侵害的意识，增强在与自然、社会和他人互动中的应对能力。积极构建网络环境下的学习平台，拓展学生学习和创造的空间，支持和丰富语文综合性学习。

3. 整体设计，强化过程指导

统编本教材综合性学习编排以单元整体的形式呈现，教学时应把握单元语文要素，整体设计学习活动。将阅读与表达能力的培养融入综合性学习整体活动之中。活动过程中，以阶段性的"活动建议"引导学生明确每一个步骤的任务与要求，凸显学生能力发展路径，落实语文要素。教师要时时关心，了解活动开展的情况，及时表扬好的做法，帮助解决遇到的困难。

4. 注重评价，重视展示交流

综合性学习要采用多种形式，充分展示交流学生学习成果。要将评价贯穿于整个综合性学习活动始终，坚持学生自我评价和相互评价相结合，教师评价和学生评价相结合，过程评价和结果评价相结合，促进学生语文素养的不断发展和提高。

习作教学：关于习作教学，教师要做足准备工作，充分发现学生日常学习期间习作的优缺点，结合每一次习作的"写作要素"，扎实高效上好习作指导课，目标高度聚焦地上好习作评改课，指导学生知道怎样修改、为什么这样修改，由此提高习作能力，能改出"升格文"。

低年段：

1. 习作教学应让学生敢于表达

教师应引导学生有一个放松自由的心态，记述生活中的点点滴滴，抒写自己的真实感受与情感。遵循年段教学目标，起步阶段应放手让学生独立写作，尽量少干预，不说教。关注学生写作的投入状态，尊重学生作文的语言个性，给予适当的指导。

2. 习作教学还应让学生善于表达

低年段的习作教学不能单纯讲写作技巧，教师应结合作前指导和作后点评自然、适度地渗透相关的写作方法，同时要做到习作教学应和阅读教学有机结合，加强写片断等的训练，引导并鼓励学生善于留心观察周围事物，写观察日记或生活日记，为习作积累丰富的素材；教师还应重视引导学生好读书，读好书，多读书，读整本书，丰厚学生的文学、语言的积累，为习作奠定语言基础。

中年段：

1. 注重激发兴趣，倡导自由表达

中年段的学生对于习作有些为难情绪，教师要从兴趣出发，努力创设情境，指导学生联系生活实际，从"心"出发，自由表达。

2. 注重能力培养，留心观察生活

教学中要注重培养学生的观察、思考和想象能力，让学生学会关注生活，热爱生活，才能把自己的见闻、感受和想象写出来。

3. 注重学习方法，重视修改讲评

中年段的习作一般是命题作文，要求学生能够把文章写通顺，意思表达清楚。教学中可引导学生从"精读课文"中学习方法，从"交流平台"中归纳方法，在"初试身手"中运用方法，发挥习作例文的示范作用，习作写好后鼓励学生自主修改，可以从错别字、不通顺的语句、不恰当的词语等地方进行修改，在讲评课时，教师要以表扬鼓励为主。

4. 注重日记训练，强化语言积累

中年段学生书写日记，是提高习作水平的有效方法，老师可定期组织学生进行日记以及读书笔记的评比。同时要加强学生语言的积累，为习作奠定夯实的基础。可要求学生每人配备积累手册，无论是课本上还是课外读物中，每当读到好词佳句，可随手摘抄下来，以丰富词句的储备，学生在日后的习作中，才能言语丰富，信手拈来。

高年段：

1. 注重训练方式，调动习作兴趣

高年段习作训练的方式要体现多样化，既要有命题作文，也要有半命题作文，既有记叙文、说明文、想象作文，还要有实用性作文，教学中要给学生更多的主动权，为学生提供更多的习作素材，调动他们作文的积极性。

2. 注重读写结合，提高习作能力

教学中要加强作文教学与阅读教学的结合，还要注重课内作文与课外作文的结合，实现习作生活化。课内结合具体篇章进行适当的续写、扩写、仿写训练，课外创造多接触大自然与社会的机会，引导学生体验与观察，激发习作的创造性与积极性，由浅入深，潜移默化，提高写作能力。

3. 注重习作积累，夯实写作习惯

在日常教学中注重学生的习作积累，比如语言积累：优美句段、名篇佳作、名言警句等；方法积累：诸如审题、立意、选材、结构层次的安排、语言的使用和选择、修改等等，逐步培养学生乐于观察、善于积累、勤于动笔、精于修改的好习惯。

4. 注重教学评价，提高习作素养

高年段的学生提倡写后自评、同学互评、老师点评，将评价贯穿于写作中和写作后，可采用书面和口头结合的方式，等级评比和评语展示等形式，发挥学生的主观能动性，提高学生的习作素养。

专题三　教学案例

《明天要远足》教学设计

长春市绿园区绿园小学　董亚飞

【教学目标】
1. 认识"睡、那"等11个生字和目字旁、京字头2个偏旁。会写"才、明"等4个字。
2. 正确、流利地朗读课文，注意句子语气的变化。
3. 联系生活实际，结合插图，感受即将远足的快乐和对远足的无限期盼之情。

【教学重点】
正确朗读课文，感受即将远足的快乐和对远足的无限之情。

【教学难点】
注意轻声字音和短语的朗读方法。联系生活实际，结合插图，感受即将远足的快乐与对远足的无限期盼之情。

【教学准备】
生字卡片、课件。

【课时安排】
2课时。

第一课时

【课时目标】
①认识"睡、那"等11个生字,认识目字旁和京字头。
②正确、流利地朗读课文,注意轻声字音的读法。
③正确书写"才、明"两个字。
【教学重点】
能正确流利地朗读课文,识记生字,学习新偏旁。
【教学难点】
注意轻声字音和短语的朗读方法,仿照文章句式练习说话。
【教学准备】
生字卡片、课件。
【教学过程】

教学内容	设计意图
一、谈话导入 出示课题:明天要远足。 学生读题目,要求词语连贯不拖音。 教师:你知道什么是"远足"吗? 2. 提问:你有过远足的经历吗?你远足前的心情如何?(学生自由发言) 3. 文中的小朋友因为明天要远足,晚上都睡不着觉了,猜猜他的心情是怎样的? 二、初读课文 1. 教师范读,使学生初步感受诗歌的节奏与韵味。 2. 学生自由读文,要求:能够借助汉语拼音把诗歌读通顺,遇到不认识的字,能进行圈画,多读几遍。 3. 分小节指名朗读,对于学生在朗读中出现的错音、断句错误要及时纠正。 4. 学习本课生字新词。 (1)出示词卡"老师、大海、同学、天亮、睡觉",练习认读,并说一句话,用"亮"扩词,认识京字头,用"睡"扩词,学习目字旁,请学生做一下"睡"的动作,了解"目字旁"和眼睛有关,并积累目字旁的字。	设计意图: 用谈话的方法激发学生的学习兴趣,联系学生的生活实际,拉近与文本之间的距离。 设计意图: 在学习偏旁时,将偏旁表义的特点渗透到汉字的学习中,既能激发学生对汉字的学习兴趣,又有利于引导学生更好地理解字义,掌握汉字的构字规律。

教学内容	设计意图
（2）出示带有轻声词语、句子，练习朗读。 地方 真的 什么时候 是吗 请学生读这些词语，发现这些词语的共同特点，即后面的字要读成轻声。引导学生说一说，你还能列举出这样的词语吗？（学生自由发言） 课件展示词语：哥哥、姐姐、弟弟、妹妹、爸爸、妈妈、伯伯、叔叔、爷爷、奶奶 请学生说出上面词语的规律。 ①都是对家人的称呼。 ②第二个字都要读成轻声。 （3）练习短语朗读。 出示句子"那地方的海，真的像老师说的，那么多种颜色吗？"通过范读、跟读、开火车读、小组读等方式，熟练掌握短语朗读的方法，避免出现停顿不当、唱读等问题。 5.自由练读诗歌。	设计意图：将语文园地七中识字加油站的内容在此处呈现，体现识字环节内容的完整性，更有利于发现与总结词语的特点和规律。
三、书写指导 1.出示田字格中的"才、明"，观察汉字在田字格中的位置。重点强调"才"的第二笔是竖钩，不是弯钩，与"了"对比。 2.教师范写，学生书空，之后练写。 3.评价与指导：展示优秀书写作品，评价标准与书写要求一致；再出示部分有共性或典型问题的书写，指导后再次书写。	设计意图：竖钩与弯钩的形状相似，写法略有不同，通过细微观察，发现区别，有利于学生正确书写汉字。
板书设计： 明天要远足 远足：兴奋、激动、睡不着 书写指导： 才 明	

第二课时

【课时目标】

1.复习生字，能正确书写"同、学"两个字。

2. 正确流利地朗读课文,读出句子的语气。
3. 联系生活实际,结合插图,感受即将远足的快乐、期盼之情,仿照文章句式练习说话。

【教学重点】

正确流利地朗读课文,读出句子的语气。

【教学难点】

联系生活实际,结合插图,感受即将远足的快乐、期盼之情,仿照文章句式练习说话。

【教学准备】

生字卡片、课件。

【教学过程】

教学内容	设计意图
一、复习词语 出示生字卡片,复习词语:睡觉、那么、大海、真的、老师、同学、什么、刚才天亮、明天、是吗。 二、书写指导 1. 出示田字格中的"同、学",观察汉字在田字格中的位置。强调"同"的第一笔是竖不是撇。"学"字上面两点一撇的方向和位置。 2. 教师范写,学生书空,之后练写。 3. 评价与指导:展示优秀书写作品,评价标准与书写要求一致;再出示部分有共性或典型问题的书写,指导后再写。 三、品读感悟 1. 分段指名读,读正确、流利。 2. 交流:这首诗中,哪个地方写得最有趣? 预设1:翻过来,翻过去。 想想看,从这里你能感受到什么?(小作者睡不着觉) 他因为什么而睡不着觉呢?你有过这样的感受吗? 请学生结合自己的生活实际,体会小作者内心的激动与兴奋。 预设2:三次叹气"唉——" 请学生演一演叹气"唉",表情生动。 "唉——"这条长长的"尾巴"是什么意思呢?表示因为叹气而时间延长。	设计意图: 由学生自己找到诗歌中写得有趣的地方,让学生成为阅读的主体,形成独特的阅读体验。

教学内容	设计意图
指导学生练读三小节中"唉——"的句子,体会小作者内心的无奈,并感受到对远足的期待。 预设3:真的像老师说的,那么多种颜色吗?真的像同学说的,那么洁白柔软吗? 想想看,海会有哪些颜色? 小作者睡不着,脑子里想的都是明天远足会看到的美好景象,除了"多种颜色"的海和"洁白柔软"的云,他还会想些什么呢?(请学生仿照课文,说一个句子)"那地方的山,真的像爸爸说的,那么高大巍峨吗?""那地方的花,真的像妈妈说的,那么芳香扑鼻吗?" 四、总结提升 我们的祖国有许多大山名川,同学们可以和爸爸妈妈一起去远足,欣赏这些美景。	设计意图: 由学生自己找到诗歌中写的有趣的地方,让学生成为阅读的主体,形成独特的阅读体验。 设计意图: 预设情境,鼓励学生插上想象的翅膀,结合自己的生活经验,提升口语表达的能力。
板书设计: 明天要远足 童趣: 翻过来,翻过去 指导书写: 唉——　　　　　　　　　　　同学 真的像老师说的,那么多种颜色吗? 真的像同学说的,那么洁白柔软吗?	

《人之初》教学设计

长春市第八十七中学小学部　叶路

【教材解析】

《人之初》精选《三字经》的两个片段进行识字教学，共八行，四句。第1个片段讲述了教育孩子的重要性，第2个片段讲述了学习对儿童成长的重要性。

《三字经》是中华民族的珍贵遗产，也是古代蒙学教材中较有代表性的一种。它以三字断句，句句押韵，读来朗朗上口，易读易记。

两个片段意思的理解，对学生来说有些难度，教学时，可以引导学生大体了解意思，并熟读成诵，为今后更好地理解、领悟、印证打下基础。本课的学习，应该注重培养学生热爱中华传统文化的情感，激发学生了解中华传统文化的兴趣。

【学情分析】

《三字经》的部分内容对于一些孩子还是比较熟悉的，但对字和意思的理解还处于懵懂阶段，需要运用好的策略加以引导，从而培养学生热爱中华传统文化的情感，激发学生了解中华传统文化的兴趣。一年级下的学生虽然经过一个学期多的学习，课堂常规、课堂纪律已经形成，但是由于一年级学生的特点，要保持长时间的注意及学习是困难的，因此仍有必要将学习过程融入一定的激励、激趣活动中，例如"读文比赛""起立读文""拍手读文""猜字义""看动画视频"等寓学于玩中，以唤起注意，维持学习兴趣。

【教学目标】

知识与技能：

1.运用熟字加减等方法，结合语境认识"之、初、性"等13个生字，会写"远、近、义"等7个生字，重点写好"之、义"。

2.认读"初始、初夏、性格、个性"等8个词语，复习"不"的变调规律。联系生活了解课文的大致内容。

3.能正确、流利地朗读课文，背诵课文。

过程与方法：

通过字理学习激发学生识字的兴趣，多种形式朗读，提高朗读的能力。

情感态度价值观：

能感受汉字的魅力，培植学生热爱中华传统文化的情感，激发学生了解中华传统文化的兴趣。

【教学重点】

认识"之、初、性"等13个生字,联系生活大致了解课文内容。

【教学难点】

能读懂课文内容,培植学生热爱中华传统文化的情感,激发学生了解中华传统文化的兴趣,也能感受到汉字文化的优美,培养学习汉字的兴趣。

【教学准备】

生字卡片、多媒体课件。

教学课时:

2课时。

【教学过程】

第一课时

一、直接导入,学习生字"之"和"初"

同学们好,这节课我们一起来学习:识字8 人之初

1. 拼读整读音节"之"。

2. 讲解"之"的意思。

3. 指名拼读,一起拼读"初"。

4.(出示兽皮和刀的图片)学生看图理解"初"的意思——"初始"。

5.(出示图片)相机引出"初春""初夏""初秋""初冬"。

6. 理解人的刚刚开始是指"人之初"。

二、多种形式读文,读通读顺

1. 教师范读。

2. 学生自由读、同桌互读。

3. 指名读、比赛读。

4. 师生配合读。

三、学习第一行

1. 齐读第一行。
2. 学习"性"。
（1）指生拼读。
（2）你有什么好办法记住它？
（3）用"性"组词。
（4）结合竖心旁理解"性"的意思。
（5）找出第一片段里带"性"的句子，理解之间的关系。
3. 学习"善"。
（1）拼读。
（2）观察生字，找出里面的小动物"羊"。
（3）生谈对小羊的印象。
（4）（出示善的字理图）再结合图片，帮助理解"善"的字义和识记字形。
（5）扩词。
（6）用"善良""友善"说句子。
4. 引读。
是啊，我们每个人在出生时，都是善良的。这就是：人之初，性本善。

四、学习第二行

1. 引读。
大家的本性也都差不多，这是指——男同学读：性相近。
可是每个人相近的本性慢慢也会发生变化，这是因为——女生读：习相远。
2. 学习"习"。
（1）谁来说说你在哪里见过这个字？也可以用它组个词，说句话。
（2）学写"习"。
（3）展评"习"的书写。
3. 起立齐读前两行。

五、学习第三行

1. 指读这一行。
2. 学习"教"。
（1）指生拼读三拼音节"教"。
（2）（出示字理图）你看到了什么？
（3）结合图片，引出"教师""教室""教育""教训"。
（4）猜一猜这里"教"的意思。
3. 学习"迁"。
（1）拼读。
（2）你有什么好办法记住它？
（3）组词。
（4）观看动画《孟母三迁》，理解"迁"的意思。

六、学习第四行

1. 学习"贵"。
（1）拼读。
（2）这个字又能怎样记住它呢？引出识记顺口溜。
（3）用"贵"组词或说句子。
2. 学习"专"。
（1）翘舌音，拼读。
（2）（出示字理图）讲解"专"的意思。
（3）组词。
（4）结合课文插图，再次理解"教之道，贵以专"。
3. 读这两行。

七、读第一片段

1. 起立拍手读。
2. 学习了这段《三字经》，你明白了什么？

八、拓展

结合图片，让学生初步感知《三字经》这本书的内容，感知我国经典启蒙读物的有趣，激发阅读兴趣。同时，激发学生了解中华传统文化的兴趣。

九、板书设计

第二课时

一、游戏复习

1. 上节课我们学习了课文的第一个片段，我们进行男女生比赛读课文。
2. 出示本课相关画面，教师口述第一片段大意。

二、学生再读第一片段，结合大意和实际，说说自己的理解体会

三、自主质疑，学习第二片段

1. 引导学生多种形式朗读第二片段，读一读，你读懂了什么？
2. 导学：出示第一句，引导理解意思。
（1）在这一句中，请你找出一组反义词。（幼和老）
（2）学习"幼"：拼读、识记、扩词。
（3）"幼不学，老何为"的意思就是小时候不好好学习，长大以后不懂做

人的道理，又没有知识，能有什么用？

3. 指导学生联系自己或生活说一说。

4. 出示第二句，结合图片理解意思。

（1）学习"玉"和"器"。

（2）出示玉石和玉器的图片，理解玉不经过打磨雕琢，是不能成为精美的玉器的。

（3）学习"义"。

（4）引导学生联系自己或生活说一说：人也和玉一样，要是不学习，就不懂得礼仪，不能成才。

四、再诵韵文，熟读成诵

1. 学生共同策划，展现个性读法，例如拍手读、打节奏读、男女生对读等。
2. 小组合作多种方式读，集体展示。
3. 多种形式练习背诵。

五、指导书写

1. 指导观察。

（1）观察"远"与"近"，你有什么发现？

（2）对比观察两个字：请同学们仔细观察语文书中的书写范例，看一看每一个笔画占田字格的什么位置，都是先写里面的字，写在田字格的中心偏右上，走之最后的平捺要舒展，把里面的字托住。

（3）你还知道哪些走之底的字，说一说。

（4）指导观察左右结构的字"相"：左窄右宽，左高右低。右边的"目"起笔在"木"的一横偏上一些，四横间距要均匀。

（5）重点指导"之"和"义"的书写。

2. 书写生字，互评反馈。

（1）写字练习：在书上描红一个，写一个。

（2）反馈：围绕要点，让学生互动点评，点评后每个生字再写一个，与前面的进行对照，看看自己有什么变化。

（3）利用投影仪进行书写展评，鼓励学生多观察，掌握"辶"的写法。

六、拓展学习

1.读一读：出示《三字经》的其他部分内容，进行比赛。谁能读得准，谁会背，谁知道意思？

2.选取《三字经》中其他片段，找自己喜欢的感兴趣的和爸爸妈妈一起读一读吧。

（获长春市第三届名师评选教学新秀现场课一等奖）

《操场上》教学设计

长春市第八十七中学小学部　赵丽美

【教材分析】

《操场上》选自统编教材一年级下册第五单元第7课,与《动物儿歌》《古对今》《人之初》一起构成了识字专题,体现了识字方法的多样性,彼此一脉相承,又各放异彩。本课以体育活动为主题,由一幅画、6个词语和一首儿歌组成。词语都是体育活动的名称,第一行的活动与手有关,词语中的动词都带提手旁;第二行的活动与脚有关,动词都带足字旁。儿歌描绘了下课后同学们在操场上活动的情景,告诉小朋友们参加体育活动可以使我们的身体更健壮。儿歌音韵和谐,读起来朗朗上口。

【教学目标】

1. 借助汉语拼音、课文插图和生活经验,认识"拔、拍"等12个生字和火字旁1个偏旁;正确、规范地书写"拍、跑"等7个生字,写好足字旁。

2. 正确、连贯地读好词语,正确、流利、有节奏地朗读儿歌。

3. 对应插图,联系生活,了解课文中的各项体育活动。

4. 培养热爱运动,锻炼身体的好习惯。

【教学准备】

多媒体课件、生字卡。

【课时安排】

2课时。

【教学过程】

一、趣引操场上,认识"操"与"场"

1. 课件出示学生熟悉的校园场景。

上课之前,老师悄悄地拍下了校园里的几处角落,大家猜猜看,都是哪里?(依次出示教室、正厅、多功能厅和操场)

2. 识字教学"操"与"场"。

看你们的小表情,我猜操场一定是你们最喜欢的地方。相机出示"操场"。

(1)学习"操"字。

开火车拼读"操",进行正音训练。(强调"操"是平舌音)

学生通过已有经验,分享识记生字的方法。

(2)场:一起拼读"场"。

(课件出示以下场景)做操的地方是——"操场",妈妈买菜的地方是——"市场",天安门前有一块宽敞的地方,我们叫它——"广场",很多人开会的地方是——"会场"。看来,像这样广而大的地方,我们就可以称之为"场"。

(3)齐读词语"操场"、课题"操场上"。

设计意图:两个生字分别从音、形、义三方面来学习。采用开火车拼读和齐读两种形式来进行正音练习,避免学习形式的单一性。另外,字义主要通过给生字组词和场景图片来帮助学生理解。

二、来到操场上,这里真热闹

1. 儿歌部分。

过渡:下课的时候,操场上可热闹了。看,老师这有一首小儿歌描写的就是操场上热闹的景象。

(1)初读儿歌,整体感知:借助拼音,读准字音,并把生字圈出来。

(2)多种形式读:小老师带读、开火车读、小组读、男女生读。过程中指导个别易错字音。

(3)生生交流,识记生字:学生分别从字音、字形及组词三方面来讲解生字,教师进行以下补充和延展。

铃:老师这有个铃铛,它是用金属铜做的,所以它是金字旁。摸一摸、晃一晃,清脆悦耳的铃声。如果我把它挂在门上就是"门铃",挂在车上就是"车铃",系在骆驼脖子上的就是驼铃。铃铛的形状有很多,看,老师这有一种体育器材长得特别像这个铃铛,我们叫它"哑铃",棉花的果实长得特别像圆圆的铃铛,我们叫它棉铃。

设计意图:从视觉、触觉和听觉三方面帮助学生认识"铃",并通过图片展示帮助学生理解词语,从而真正做到学字、用字。

热:四点底是火的变形,知道它的反义词吗?当学生说出"冷"时,对比形旁四点底和两点水的不同意义,进行识字方法的总结。

闹:热闹的闹要读轻声。

锻:也是金字旁,因为它就是指把金属反复地捶打。

炼:你们看火字旁和汉字"火"长得一样吗?当火做偏旁时,捺要变成点。

体：身体就是我们学习和玩耍的根本，所以右半部分就是"本"。

（4）送字回家，再读儿歌：生字都学完了，现在我们把生字宝宝们送回家，再来读一读。

设计意图：以上生字学习比较集中，所以每一个生字的学习方法都不同，避免因为形式单一而导致学生视觉、听觉疲惫。另外，在学习生字时，引导学生关注形旁的意义，激发学生对祖国语言文字的热爱，感受汉字的奇妙。

2.词组部分。

过渡：这么热闹的操场上，我相信一定还有一些人在做着其他的运动，我们一起来看看吧。课件出示词组图。由学生以"我看见了……"句式来描述图片上的活动。教师进行适时点播。

（1）随文识字。

这里有你喜欢的体育运动吗？你来讲一讲。

拔河：能用自己的话说一说小朋友们的表情和动作吗？

小朋友已经累出汗了，但他们仍不肯放手，这就是"拔"。大小声练习"拔"。

拍皮球：你能做做拍皮球的动作吗？大家注意到它用了身体的哪个部位了吗？所以这个字是提手旁。

跑步：你有好办法记住这个字吗？足字做偏旁时哪里变样了？你们看，"跑"还会72变呢。换偏旁变新字：有饭能吃饱，有水把茶泡，有手轻轻抱，有火放鞭炮。你们看，相同的字"包"加上了不同的偏旁就变成了新字，有了新的意义。我们的祖先在造字的时候偷偷地把这个字的意思放在了一个偏旁里，这就是形旁。我们一起拼读一下"跑"。"跑"还是需要我们会写，伸出小手和老师一起，注意第六笔和第七笔的变化。这样变化是为了和"包"更好的相处，右边的"包"要写得略宽一些，左窄又宽，这就是中国汉字的协调美。

跳高：就像一匹腾空的骏马在空中划出一道优美的弧线。老师猜，在操场上，一定还有人在打篮球、踢足球。

（2）发现形旁规律：齐读2个词语，你发现红色的字中藏着什么秘密吗？学生总结足字旁和提手旁的汉字构字规律。

（3）句式拓展：此时的操场热闹极了，你能用这样的句式来说一说吗？"有的……有的……还有的……"

三、拓展新活动，创编小儿歌

过渡：运动不仅可以锻炼身体，还可以愉悦我们的身心、磨炼我们的意志呢！

1. 你还知道哪些体育运动，请你试着把新运动放入儿歌中，尝试着自己编一首小儿歌。如果学生注意到了韵脚，一定表扬，并且提醒其他人注意这种韵律美。

2. 操场上，同学们进行着各种各样的体育活动，真是热闹极了。让我们一起再来读一读这首小韵文，读出这种热闹的感觉。

教学反思：在本课教学中，通过把教材内容重新整合，以朗朗上口的小韵文呈现本课第一部分教学，把课文内容化成有趣的生活场景，唤醒学生对课堂的兴趣。在引出体育活动后，再继续学习词组部分。识字部分主要采用集中识字和随文识字两种方式。在识字过程中，主动权一直交给学生，教师相机做补充和归类引导，学生不断地自主巩固和探究，形成识字能力。

（获长春杯教学大赛现场课特等奖）

《坐井观天》教学设计

长春市第八十七中学小学部 叶路

【教材分析】

《坐井观天》这篇课文是部编版小学语文二年级上册第五单元的第一课。这是一则寓言故事，课文通过青蛙与小鸟之间生动有趣的对话，给孩子们讲述了一个寓意深刻的故事。文章通过青蛙和小鸟对天的大小的争论，阐明了一个深刻的道理：看问题，认识事物，站得要高，看得要全面，不能像青蛙那样犯了错误还自以为是。

【学情分析】

低年级学生有意注意的时间非常短，教师要善于创设情境让学生参与其中，他们的形象思维占据主导地位，教师要引导孩子展开想象，帮助理解；同时，他们对事物的认识往往是片面的，这篇课文的学习正好对其有现实的指导意义。

【教学目标】

1. 会认"沿、答、渴、喝、话、弄、错、际"8个生字和一个多音字"哪"，会写生字"渴"和"喝"。

2. 能积累"井沿""回答"等由生字组成的词语，并能简单理解"大话""无边无际"的意思。

3. 能正确、流利、有感情地朗读课文，进行分角色朗读，读出青蛙和小鸟说话时不同的语气。

4. 初步感知寓意。

【教学重难点】

1. 学习生字词，会认"沿、答、渴、喝、话、弄、错、际"8个生字和一个多音字"哪"，会写生字"渴"和"喝"，掌握"井沿"等词语。

2. 能够分角色有感情地朗读对话内容。

【课时安排】

3课时。

【教学准备】

课件、字卡、板贴、头饰。

【教学过程】

一、课前谈话导入

（预设 生：课前一支歌。师：大诗人杜甫说："此音只应天上有，人生难得几回闻。"可是我们做老师的却能每天都生活在你们动听的歌声里，幸福而感动着，谢谢可爱的同学们！）

师：我们先来一个小测试，知道小猪佩奇的请举手（预设全班同学几乎都举起手），知道熊大熊二的请举手。

（预设全班同学几乎都举手），知道叶路的请举手（全班没人知道），提示你们，她是一位老师（看学生反应），她是一位语文老师（继续看学生反应），她此时就站在你们面前（生：就是你）谢谢你，终于把我认出来了！我都快急哭了。现在知道叶路的请举手（全班学生都举起了手）噢！我现在和熊大熊二齐名了！（预设：生大笑）那你们猜猜，叶老师最喜欢怎样的学生？生1：我认为老师肯定喜欢积极举手发言的学生。生2：我认为老师肯定喜欢成绩好的学生。师：那你们能做到吗？生：能！师：上课之前，我们先来热热身！

课前律动：《金龙拍拍操》《布谷鸟》《你笑起来真好看》备选。

二、正课

师：那我们开始上课吧，上课！
生：师生问好。
师：这节课我们一起来学习，请大家齐读课题。
生：12《坐井观天》（预设：没有问题就过。或如果能带上课题号 / 声音再洪亮些 就更好啦，再来一遍 / 不拖长声，听老师怎么读。师范读：12 坐井观天，大家读。生读：12 坐井观天）

师：请大家把书轻轻地翻到58页，立好（预设：像老师这样把书立在桌子上。师示范动作）（课件出示全文）先听老师范读课文，请你听清字音，要是还能关注老师的语气就更棒啦！

师范读课文。（师范读要再放开，读精彩）
师：喜欢这个故事吗？
生：喜欢。

师：那谁听懂了，故事的主人公是谁呀？

生：青蛙和小鸟。

师：（板贴画青蛙和小鸟贴在黑板一边），还有一口——

生：井。（师画井）

师：那青蛙和小鸟在哪呢？我应该把它们贴在什么位置呢？别着急，快来读读课文，找找答案吧。注意字音要读准，句子要读通哟。

生：自由读文。（师目光巡视学生朗读；预设：如果不是自由朗读可随时打断：同学们，可以自由朗读，自己读自己的，你想怎么读就怎么读，继续吧）

三、学习第一自然段

师：同学们认真读书的样子真可爱，知道青蛙和小鸟都在井的哪里了吧？谁愿意来帮老师把他们贴上？（叫2个孩子到前面直接贴）

师：孩子们，他们贴的对吗？青蛙为什么贴在这？

生：坐。

师：坐在井里看天，这就是（师面向全体）——坐井观天。

师：那小鸟呢？为什么贴在这呢？（预设引导：它落在了哪？）

生：因为小鸟是落在了井沿上。

（课件出示句子，师：请你读一遍。生读：小鸟飞来，落在井沿上。师：非常棒！请回。）

师：那井沿就是井的——（课件演示）

生：边。

师：那碗的边呢？就叫作——碗沿；河的边——河沿；（手拿字卡"沿"）你的桌子边？——桌沿（板贴字卡"沿"）

师：孩子们真会读书，能从课文里找答案，我们一起来读一读这句话吧。（课件出示句子）生齐读：小鸟飞来，落在井沿上。

四、学习第二自然段

师：小鸟飞来，青蛙对她说了什么？我们接着看（课件出示句子）谁愿意来读一读？

生1：指生读。

师：这句话你再读一读。（课件句子变成红色）

生2：指生读。

师：为什么这样读呢？

生：因为后面是问号！

师：善于发现！（师竖大拇指）

师：？表示疑问呀，那谁来问一问？

生3：读句子。

师：谁再来？（预设：生举手，师：你再来问一问）

生4：读"你从哪儿来呀？"

师：充满了好奇！这个"呀"要读的轻而短！我们一起试一下。

生：齐读句子"你从哪儿来呀？"

师：这句话里除了问号表示疑问，还有一个字也表示疑问呢？（课件出示"哪"的两个句子）

生："哪"。

师：这个字在文中一共出现了两次，自己读读这两句话，你能发现什么？

生：读音不一样，儿化音和轻声。

师：你领大家读读这两个音。

生领读儿化音和轻声。

师：这个字很难读，你把它读对了，真不容易！它的音很特别，哪和儿连起来时，两个字要读成一个音，大家跟我读"哪儿"。

生：读"哪儿"。

师：这个字呀还有一个音呢！有知道的吗？快看！（课件出示哪吒图片）谁？大声喊出他的名字！

生：哪吒。

师：对！哪吒的哪，也是这个字！一起读"哪吒"。

生齐读："哪吒"。

师：一个字有三个音，这是一个？

生：多音字！（板贴字卡"哪"）

师：仔细观察，这两句话标点符号也——

生：不一样。

师：第一句是——

生：问号。

师：要用疑问的语气来读。

师：第二句是——

生：感叹号。

师：要用赞叹的语气来读。请女同学来读上面这句。

女生齐读：你从哪儿来呀？

师：男同学第二句。

读：大得很哪！

五、学习第三自然段

师：青蛙和小鸟的对话开始啦！师引读：青蛙问小鸟——

生："你从哪儿来呀？"

师：有问就有——（字卡"答"）

生："答"！

师：这个字我们经常用，有什么好办法能记住它呢？

生：5人〔预设：学生自由说，师有针对性地评价：你是用加一加的办法记住的；你是用组词的方法记住的；你是用拼读的方法记住的；你是用造句的方法记住的……你还知道成语，真了不起，大家跟他一起读（成语跟读）答非所问，对答如流，有问必答〕

师：小鸟是怎么回答的呢？谁来读一读？

指生读：第三自然段。

师：（课件出示完整第3自然段；一百多里变色）这里小鸟说它飞了多远啊？

生：一百多里。

师：你知道一百多里有多远吗？（等于50公里，等于5万米）

生：很远很远或不知道。

师：叶老师从长春来，长春到咱们学校就有一百多里哪！

生：哇！好远呢！

师：那你能读出这种远吗？

生1：读。（读得特别好，师带领其他学生主动给掌声）

师：看，同学们都给你掌声，你能教教我们，你怎么读的这么好呢？

生1：把一百多里读得长一点儿，感觉就远啦！（师相机引导：要把一百多里读的怎么样？）

师：你再来读一读。

生2：读。

师：在读这句话时，你是不是把自己当成了谁呀？

生2：我就是把自己想象成了小鸟……（师相机引导：飞过了很多很多的地方，很远很远）

师：好的朗读就是把自己也当成故事中的人物，我们就能读好它。

师：一起试一下：我来读旁白，你们来读青蛙和小鸟的话。（课件出示第一次对话）

师生配合读文。

师：这句话里面有两个字特别像！（出示字卡"渴"和"喝"）看！这个字念什么？

生：渴。

师：这个呢？

生：喝。（板贴"渴"和"喝"）

师：那你有什么好办法来区分它们吗？（2人）

生：（师相机点评：哎呀，你的想法很别致，不过也教我们认识了这个字，真棒！）

师：我们可以编个顺口溜来区分（课件出示），一起读一读，师生共读："渴了想要水，喝水要用嘴。"（转身面向学生）所以渴是——

生：三点水旁。

师：喝是——

生：口字旁。

写"渴"。

师：（课件出示两个字田字格）再来观察这两个字在田字格中的书写和结构，你能发现什么？

生1：都是左右结构的字。（恩！你再来说）

生2：都是左窄右宽，右半部分越过了竖中线。

生3：右边是一样的。（3人）

师：同学们观察得很仔细！观察是写好字的前提！（预设：可以不说，或者在评价学生发言时相机渗透：观察时我们要先看这个字的整体，这两个字都是什么结构？书写时要左窄、右宽；然后我们再看这个字的关键笔画，这两个字的右边一样，下半部分里面的人的最后一笔要把捺变成点。）

师：那这两个字这么像，我写一个，你们想让我写哪个？（随便说：渴喝）好！

看老师来写一个渴!

师范写"渴",写到第二笔的时候,回头解说:左边三点水,第二个点要落在横中线上,靠左一点;接着写,里面的"人"最后一笔要写成点(红色强调),最后写竖折!先进人,后关门。拿起笔,在你书上的田字格里描一描。注意写字姿势。

生写师默默下去巡视,相机俯身指导。

师:写完的同桌互相评一评,自己再改一改。

师:我们现在写字不但笔画要规范,还要注意字的间架结构!写得漂亮了,汉字就会像一幅美丽的画一样。

师:我们再看这两句话,谁想来和老师配合分角色读一读?(找一生)

师:你想读谁?

生:青蛙或小鸟。

师:那我来读小鸟或青蛙,旁白呢?

指一生读。

师生配合分角色读文。

师:像这样一问一答,你一言我一语,就叫一次对话!那快看看,全文青蛙小鸟之间一共发生了几次对话?

生:三次。

师:我们接着来看第二次对话。(课件出示)

六、学习第四、五自然段

师:青蛙和小鸟又说了什么呢?谁来读?(指两生,你来读青蛙的话,你来读小鸟的话)

师:(字卡"话")这个字就是"话",认识吗?

生:认识!

师:说话得有舌头来帮忙,所以言字旁加舌就是——话。

师:课文当中,青蛙说小鸟别说——

生:大话!(板贴字卡"话")

师:什么叫说大话?

生1:"大话"就是吹牛,说不切合实际的话。

师:你能不能说一句大话我们听听?

生1：自由说。（预设：学生说一句，师可以让他试试，比如学生说：我可以爬到月亮上，师可以说：你试试，我们看看你是怎么爬到月亮上的。生表演，爬不上去，师接：你看，就像这样能说到却做不到的就是——大话）

师：青蛙觉得小鸟说什么大话，吹什么牛了？（引导：看看前面的课文）

生：青蛙觉得小鸟说自己飞了一百多里是在说大话、吹牛。

师：奇怪！青蛙为什么觉得小鸟飞了一百多里是在说大话呀？

生：因为青蛙觉得天不过井口那么大。

师：（板贴"井口那么大"）井口有多大？用手比一比。

生：（做动作）

师：是呀！就这么大的天（师做动作比井口那么大）还用飞一百多里那么远吗？可见青蛙对小鸟的话根本就——

生：不相信！

师：那青蛙的话该怎么读好呢？自己练一下！

生：（自由练读）

师：谁来试试？

生：青蛙说："朋友，别说大话了！天不过井口那么大，还用飞那么远吗？"（师点评：你看多么自信的青蛙，它在说小鸟吹牛呢！谁还想读？如果学生读得不好，可以问：你这只小青蛙，你相信小鸟的话吗？生：不相信。师：你不相信，那该怎么读？一定要让学生经过老师的指导读好了再坐下。）

师：听了青蛙的话，小鸟又是怎么说的？一起来。（课件出示小鸟的话）

生齐读：你弄错了。天无边无际，大得很哪！

师：（板贴"弄"）这个字你读的特别准，请你领大家拼读一下？

生：拼读弄。

师：它的读音在我们北方经常容易读错，我们再来拼一拼。这组……这组……（四个组读四遍）

师：小鸟告诉青蛙说，你弄错了。（贴字卡"错"）

师："错"的反义词是——

生：对！

师：这对反义词可以组成一个词——对错（板贴"错"）

师：小鸟为什么说青蛙弄错了，它认为天有多大？

生：无边无际，（板贴"无边无际"）大得很哪！

师：（字卡"际"）谁来拼读这个字？火车火车哪里开？（预设：当老师问火车火车哪里开？你们来回答：这里开！然后把你的小手高高举起来。我们来一遍。）

生（一竖排）开火车拼读"际"。（手拿字卡"际"）

师：能给际组个词吗？

生：边际、交际、国际。（预设：如果生组不出来，师：老师跟大家分享两个词语，跟我读：边际、国际、交际、"无边无际"）（板贴"际"）

师：什么叫"无边无际"？

生1：大到没有边际，很大很大！

师：那请你读出天的这种大！（课件出示句子：天无边无际大得很呢）

生1：天无边无际，大得很哪！

师：是呀，小鸟飞呀飞，飞了一百多里，都还没有看到天的边。（边说边走到某生身边，拍她读）

师引读：天真是——（你再来读）

生2：天无边无际，大得很哪！（肯定、自信的语气）

师：对！小鸟就是这样很肯定天是无边无际——大得很哪！那你还知道有什么是无边无际，大得很的吗？

〔预设1：生1：沙漠无边无际，大得很哪！师：看！这就是沙漠，（出示图片）一起读。生2：大海无边无际，大得很哪！（出示图片）师：一起读。生3：草原无边无际，大得很哪！（出示图片）草原一二。生4：宇宙无边无际，大得很哪！〕

（预设2：学生说不出来，师：那老师领大家一起去看看吧。这是大海，出示图片，生齐读；这是沙漠，出示图片，生齐读；这是草原，出示图片，生齐读。）

师：同学们说的真棒！这些都是无边无际，大得很哪！我们头上的天也是——一起读：（课件切换出示：天无边无际，大得很哪！）

生：齐读这句。

师：学到这，我们知道了，（手指板书）青蛙眼中，天只有——

生：井口那么大。

师：小鸟眼中的天却是——

生：无边无际、大得很哪！

师：小鸟和青蛙的对话多精彩，（课件出示前两次对话）那谁愿意到前面来给我们表演一下这两次对话呢？（手拿头饰）老师给大家带来了精美的头饰，谁想来？

找三人，一人戴青蛙，一人戴小鸟，一人旁白。把题目也读。

师：（边戴头饰边说）现在你就是青蛙了，你就是小鸟了，演员在表演时可以边说话边加上你的动作和表情。想一下你的角色该怎么演。开始你们的表演吧！

师：他们的表演精不精彩？真的是精彩绝伦，有声有色！（师带头鼓掌，竖大拇指欢送）请回！

（预设：可以再找一组。表演的真投入！模仿得惟妙惟肖！如果表演出现问题，随时可打断：1.笑场：演员要有专业素养，不能笑场。2.声音小：青蛙/小鸟你的声音小得我们有些听不到了，再大点声就更好啦！重来。）

七、学习第六、七自然段

师：小鸟和青蛙一直都在争论什么呀？
生：天到底有多大。（板贴：天有多大）
师：那究竟谁对谁错呢？
生：青蛙。
师：你们同意吗？
生：同意。
师：青蛙眼中的天为什么就只有井口那么大呢？我们来做个小游戏。（课件出示"纸筒看天花板"游戏做法：1.像老师一样把语文书卷起来，卷成一个纸筒。2.右手把纸筒放在右眼处。3.左手捂住左眼。4.头不能移动，直视上方天花板。）
生：做游戏
师：通过纸筒，你看到的天花板是什么样子的？
生：直接说"就一小块"。
师：拿下纸筒，再看看你刚才看过的地方，你看出了什么？谁来说说？
生：用纸筒就只能看见一小块，放下纸筒就能看到一大片了。
师：你的表达这么清楚流畅，让大家一听就懂！（虽然你说得不完整，但我还是感谢你的勇气）（2人）
师：青蛙不就是这样吗？（手指板画加手势）它一直生活在井里，视线被井壁挡住了，所以它看到的天只有"井口那么大"。
师：可自以为是的青蛙还和小鸟争论不休，我们再来看它们的第三次对话（课件出示），请这两组同学来读青蛙的话，这两组来读小鸟的话。边读边想一想，青蛙和小鸟为什么笑？
生：分组读文。
师：青蛙为什么笑了？
生：因为它认为自己没有错……

师：那这是一只什么样的青蛙？

生：这是一只自信／自以为是／自大／愚蠢／不听劝告……的青蛙。（3人）

师：像青蛙这样总以为自己是对的，这就叫作自以——为是。那我们一起来当这只自以为是的青蛙，读。（课件出示"青蛙笑了，说……"）

生：齐读。

师：那小鸟为什么也笑了呢？

生：认为青蛙很可笑，青蛙错了还不知道呢……（1—2人）

师：是啊，小鸟见多识广，诚恳地劝告青蛙，希望青蛙能改变它的看法。我们再来一起劝劝小青蛙："朋友一二"。

师：同学们，我们都知道是青蛙错了，可它自以为自己是对的，那要怎样才能让青蛙知道自己错了呢？

生1：跳出来。

生2：让小鸟带它到处看一看。（1—2人）

师：（配乐过渡）是啊，青蛙跳出来啦，小鸟带着青蛙一起，它们看到了蓝天白云，高山大海，看到了湖泊沙漠，城市村庄，它们走遍大千世界，感受万水千山（拉长音、停顿想象感受）……它们都笑了。（课件出示图片）

师：这回你觉得它们笑什么呢？

生：青蛙懂啦……成了好朋友……（1—3人说）

师：看来要想知道外面的世界什么样，还真的得跳出来——看一看。因为只有站得高——才能——看得远！

师：这节课我们就上到这里，谢谢可爱的同学们！下课！

（获绿园区第一届新星杯教师技能大赛现场课一等奖）

《风娃娃》教学设计

长春市绿园区民丰小学　李丹

【教材分析】

《风娃娃》是部编版二年级上册第八单元第 24 课的一篇浅显易懂、趣味盎然的童话故事。全文共有 7 个自然段。第一自然段写了风娃娃的美好心愿，以及妈妈对它的指点和鼓励。第二、三自然段讲风娃娃做的两件好事"吹风车""吹帆船"，得到大家的喜爱，享受着做好事带来的快乐。第四自然段通过风娃娃的想法，能察觉它被喜悦冲晕了头，有点儿自以为是。第五、六自然段讲风娃娃因为方法不当，给人们帮了倒忙，受到了大家的责备。第七自然段写了风娃娃的委屈，妈妈的提醒和点拨。这个故事告诉学生"做事情光有好的愿望还不行，还要看是不是真的对别人有用"的道理。

【学情分析】

本节课的教授对象是小学二年级的学生，经过一年的学习，已初步掌握了一些语文学习的方法。在识字写字方面，掌握了一些识字方法，但识字水平存在差异，独立识字的能力仍需进一步提高。阅读理解方面，多数学生能读懂浅显的文章，但因为年龄特点，孩子在复述课文方面有难度，还需教师进一步引导。

【教学目标】

1. 认识"助、抽、使劲"等 13 个生字。会写"秧、苗"等 8 个生字。能够正确、流利、有感情地朗读课文，把握课文内容。

2. 通过小组讨论交流的学习方式，以及教师引导多种形式的朗读，帮助学生正确理解课文，知道风娃娃做了几件事，哪些做得好，哪些做得不好。

3. 懂得"做事情光有好的愿望还不行，还要看是否真的对别人有用"的道理。

【教学重点】

本节课的重点是识字与写字，通过学习课文，知道风娃娃做了哪些事。

【教学难点】

懂得"做事情光有好的愿望还不行，还要看是否真的对别人有用"的道理。

【课时安排】

1 课时。

【教学过程】

一、激发兴趣，导入新课

1. 出示风娃娃的图片，认识新朋友，互动打招呼。
2. 板书课题，渗透童话故事拟人化特点，齐读课题。

二、初读感知，自主识字

1. 自由朗读课文 1—3 自然段，圈画生字，自主识字，思考：风娃娃是个怎样的孩子？
2. 学生汇报，教师小结过渡。

三、创设情境，读文识字

（一）学习第 1 自然段，识记生字"助"
1. 指名朗读第一自然段。
2. 识记生字"助"。
（1）字谜引出"助"：且字横变提，加上大力气。
（2）生自由说识字方法，师相机点拨。
（二）学习第 2 自然段，指导重点句子的朗读，认识"抽""使劲""哗"，学写"秧苗"
1. 想要帮助人们的风娃娃最先来到了哪里呢？指名朗读第 2 自然段，师相机点评。（生回答出田野里，师贴板书词条）
2. 结合本段第 1 句话的学习，随文识记生字"抽"。
（1）风娃娃来到田野看到了什么？引导学生用原文第 1 句回答。
（2）出示卡片"抽水"，强调"抽"翘舌音，跟读"抽水"，启发学生说一说识字方法。
（3）游戏识字：翻转卡片，认读生字"抽、油、邮、袖、笛"。

（4）理解"断断续续地流着"，语言渲染秧苗喝不到水的情景，学生想象自己就是小秧苗，表达感受。

3. 结合本段第2句，指导朗读，体会风娃娃的助人行为的可贵，识记"使劲"。

（1）在秧苗求救的情境创设下引出"风娃娃是怎样帮助秧苗的？"指名读出"他深深地吸了一口气，鼓起腮使劲向风车吹去"。师总结并贴出板书词条"吹风车"。

（2）模拟吹风车，体会风娃娃的行为动作，体验促读。

（3）出示词卡"使劲"，学生分享识字方法基础上出示儿歌识记"使"，联系"助"字识记"劲"，再引导学生尝试用意思相近的词替换"使劲"，理解词语意思。

4. 结合本段第3、4句，学习"哗"。

（1）生齐读句子："风车一下子转的飞快！抽上来的水奔跑着，哗啦哗啦地向田里流去。"

（2）形声字猜字法，认读"哗"，认识拟声词"哗啦哗啦"，启发学生说一说口字旁家族的生字。

5. 创设情境，体会本段第5、6句中秧苗（得到帮助）和风娃娃（帮助别人得到感谢）的快乐，读悟结合，认识"秧"，指导"秧苗"的书写。

（1）这时候谁最高兴？为什么？

（2）指名读句子：秧苗喝足了水，笑着不住地点头，风娃娃也高兴极了。

（3）角色换位想象秧苗会对风娃娃说什么，风娃娃因此也高兴极了。

（4）带着体验与想象指导朗读。

（5）字理图识记"秧"，并指导书写"秧""苗"。

（三）学习第3自然段，指导朗读，认识"拉""表示"

1. 风娃娃接下来又去了哪里，看到了什么？

（1）指名朗读本段第1句话。（板书贴词条：河边）

（2）出示"拉"字，韵律活动识记。

2. 由"拉手"引出"拉船"，出示长江边拉船的船工图片，语言渲染情境，体会船工辛苦，指名朗读本段第2句。

3. 由所见所感船工辛苦，引出第3句风娃娃的助人行为，指名朗读，体会风娃娃急切心理，指导朗读。（板书贴词条：吹帆船）

4. 结合本段第4句，联系生活实际认识"表"，字形识记"示"，创设情境理解"表示"。

四、梳理总结，布置作业

短短的时间里我们的好朋友风娃娃就帮助人们做了两件好事，并且得到了人们的感谢，收获了快乐，他真的是一个乐于助人的好娃娃。

那接下来他又去了哪里做了哪些事，结果怎样呢？这个问题留给大家课后到文中4—7自然段中去寻找答案，相信你们一定会对风娃娃、对帮助他人有新的认识。

五、板书设计

<pre>
                24 风娃娃
贴图（风娃娃）
    田野 吹风车 ⎫   秧 苗
                 ⎬ 好事 贴图（笑脸）
    河边 吹帆船 ⎭
</pre>

（获长春市第二届青年教师大奖赛一等奖）

《纸船和风筝》教学设计

长春市绿园区宁静小学　于敬

【教材分析】

《纸船和风筝》是一篇充满温情的童话故事，讲的是松鼠和小熊通过纸船和风筝成为好朋友。

课文配有跨页的大插图，形象地描绘了松鼠住在山顶用小溪送纸船，小熊住在山脚拉着线放风筝的画面，生动地展现两个伙伴用纸船和风筝传递友情的美好场景。

【学情分析】

本文文字虽然浅显，但对二年级的孩子，要他们感悟友谊带来的快乐，及对如何交朋友和维护友谊有所感悟还是有难度。根据新课标的理念以及低年级学生生性活泼的特点，应注重多创设情景，引导学生置身其中。

【教学目标】

1. 认识"筝、鼠、折、漂、扎、抓、幸"七个生字，正确书写"纸、折、张、祝、扎、抓"六个字，会写"纸船、松果、纸条"三个词语。
2. 综合运用多种方法认字，读懂故事内容，体会松鼠和小熊之间的友谊。
3. 继续学习默读，感受友谊带来的快乐，对如何交朋友和维护友谊有所感悟。

【教学重难点】

感受友谊带来的快乐，对如何交朋友有所感悟。

【课时安排】

1课时。

【教学过程】

一、创设情景，趣味导入

师：孩子们是不是有点紧张啊？那我们先来做个小游戏好不好，我来说词语，你来做动作或者表情。游戏要开始喽！乐坏了，难过得哭了，伤心极了，高兴得哭了。太有意思啦！朋友一起做游戏多么快乐呀，一起学习更是一件幸福的事。

我们的幸福小火车就要启程喽！今天我们学习的课文是纸船和风筝伸出你的小手，和老师一起来书写。"纸"白白的纸上一点也没有。"船"舟作偏旁横不出头，"几"第二笔是横折弯。"和"禾作偏旁，捺变成点。"风"最后一笔是长点。"筝"竹字头＋争，当它和风做朋友时读轻声，这里读轻声。（字卡）和我读：风筝。大家齐读课题——23 纸船和风筝。

二、初读课文，大胆猜字

师：预习过课文了对吗？这篇课文和我们前面学的课文不一样。

生：上面一个拼音也没有。

师：是啊，会读吗？你来读。你来读。

师：这里边藏着好多生字，你们是通过什么方法猜出这些字的读音的？

预设：

1. 你用已经认识的字猜出不认识的字，他们真是一对好朋友，你真聪明！用认识的字去猜它的好朋友读什么，这是一种好方法。

2. 你用阅读积累的方法猜出这个字，你是生活中的有心人。

3. 上形下声或者左形右声就是形声字的构字规律，根据声旁来猜这个字的读音。

师：你们太能干了，你们运用了形声字和象形字的特点来猜字。还可以通过看图片联系上下文，联系生活等等来猜字。有了那么多猜字的办法，我们就能认识很多很多的字。那就能读很多很多的书啦。

师：你们猜对了吗？我们把这几位新朋友送回到句子里读一读。

三、默读课文，整体感知

师：看来读课文对你们来说已经没有难度啦。很温馨的一篇故事。松鼠和小熊通过纸船和风筝成为好朋友。课文共 11 个自然段，这节课我们先来看看他们是怎么相识的，也就是 1—6 自然段。

师：读课文前谁读一下这个要求。

默读一至六段，想一想小熊和松鼠是怎样成为好朋友的，用横线画出你觉得很快乐很有趣的句子。

师：该怎么读呢？你们会不会默读？怎样叫默读。不指读，不动唇，在心里读，你们已经学过默读了对不对？我们在默读的时候要集中注意力，用眼睛看，在心里读，试着不出声。我们先来试一遍，请你们把这个要求在心里边默读一遍。读好了，点点头。

师：好，拿出笔。画出你们认为很快乐、很有趣的句子。

四、合作交流，深入分析

师：故事的两个主人公松鼠和小熊。松鼠和小熊住在一座山上。（画山）

快，谁来帮帮我，把他们送回家。松鼠住在——山顶。小熊住在——山脚。山上的小溪往下流，正好从小熊的家门口流过。（山上到小熊家门口还应该有——小溪）

谁来分享一下你认为读起来很快乐的句子。

生：小熊拿起纸船一看，乐坏了。纸船里放着一个小松果，松果上挂着一张纸条，上面写着："祝你快乐！"

松鼠一把抓住风筝的线一看，也乐坏了。风筝上挂着一个草莓，风筝的翅膀上写着："祝你幸福！"

师：为什么这个句子你很喜欢？因为她说了乐坏了，还送出了祝福。他们给对方送出了祝福，还说哪个词？乐坏了。你有没有乐坏了的时候？和大家说一说什么时候你乐坏了？那你当时是怎么表现的？

生：……

师：你们看，此时此刻松鼠和小熊很开心很开心，可以说是乐坏了。
那很累很累呢？累坏了。你看，他都累得趴在桌子上，马上表演出来，真棒。
那要是很气很气呢？气坏了。眉毛都翘起来了。
要是很忙，很忙呢，忙坏了。
像小熊这样非常非常高兴，就是乐坏了，我们已经感受了他们那份快乐。

师：带着这样的心情我们再来读一读这句话。
小熊拿起纸船一看，乐坏了。
从哪个动作可以看出来松鼠也乐坏了？一把抓住。（字卡抓住）我们一起来做一下这个动作，速度好快啊！和我读——抓住。

师：这个抓也是我们的新朋友，谁能给它找个小伙伴？

师：有了这些小伙伴，"抓"就不孤单了。我不但要记住它，还要写好这个字，不过需要你们的帮助（换田字抓），请你们仔细观察"抓"在田字格内占格位置。告诉我怎样写才能更美观。

生：1. 左窄右宽。

2. 提手旁略高于爪。

3. 爪的第二笔竖撇在竖中线的左侧。

4. 第三笔竖在竖中线的右侧。

（评价：①你观察真细致。②谢谢你，找到这个压线笔，我可以把"抓"写得更美观了！③你们观察得太细致了，找出了写好这些字的关键。）

师：你们教得真好！我学会啦！你们也动手写一个吧！

（巡视）（1. 正确的写字姿势，会帮助你写好这个字，要记得哦。2. 这一笔写的真有力。）

师：孩子们，那老师这里有几个好朋友？为什么说他们是好朋友呢？（都是左右结构，都是提手旁）

折纸船 扎风筝 抓住

生：……

师：折、扎、抓这些字是我们新认识的朋友，在书写时要注意什么呢？

师：我记住了，你记住了吗？

师：刚刚我们说小熊和松鼠他们乐坏了。为什么乐坏了？一位朋友为他们送出了祝福。因为他们还给对方送了小礼物，什么礼物。你们说松鼠为什么要送松果呀？因为松果是松鼠最爱吃的东西。他把自己最喜欢的食物送给了对方。也把自己喜欢的送给别人。你们看，在我们交朋友的时候，把自己最喜爱的东西和朋友分享。这样才能表达我们的真心和诚意，这样才能交到朋友。你们看，他们两个都收到了彼此送的礼物。还收到了满满的祝福。怎能不乐坏了呢？谁来当当小熊和松鼠读出他们这种乐坏了的感觉。

生：松鼠折了一只纸船，放在小溪里。纸船漂哇漂，漂到了小熊家门口。

师：你们有没有发现文中还有一句话和这句话好像啊，哪一句话谁找到了？你为什么觉得这句话很有趣？你们再读读这两句话：

纸船漂哇漂，漂到小熊家门口。

风筝乘着风飘哇飘，飘到松鼠家门口。

你们看我变变变，把这两句话变成这样行不行。你来说一下。

师：上下两句，你更喜欢哪一句？为什么？原来这个飘啊飘，给我们一种期待，还给我们一种画面感，它是忽上忽下，忽左忽右。例如第一句当读到漂哇漂的时候，眼前就有一个画面出来。一座美丽的小山，一条清澈的小溪从山顶缓缓流下，孩子们，你的小手变成了那只纸船，它在小溪里会是怎样漂的呢？用你们的动作来告诉我！

纸船漂哇漂，漂哇漂……（师读，生做动作。纸船漂得很慢，我们读起来也是缓缓地，慢慢地）漂到了小熊家门口。

纸船是这样漂的，风筝呢？

溪水缓缓地流着，风儿轻轻地吹着，你感受到了吗？带着这样的感受，我们把这句再来读一下。

风筝乘着风，飘哇飘，飘哇飘……飘到松鼠家门口。

我们加上动作一起来。

纸船漂哇漂，漂到小熊家门口。

风筝乘着风飘哇飘，飘到松鼠家门口。

动作！声音！漂哇漂，漂哇漂……

师：漂哇漂，漂到了小熊家门口。风筝……飘哇飘，飘到了松鼠家门口。

这两个词语你会用了吗？那我们试试看。

如果是三点水旁漂，你就用这个动作告诉我，如果是风字边的飘，用这个动作告诉我。我连的对了吗？是你们的意思吗？你看，像树叶这样飘就叫作随风飘落；像红旗这样飘叫作迎风飘扬；像风筝一样飘，叫作随风飘荡；像纸船这样漂叫作顺水漂流。

师：原来小溪和风儿送来的，不单单是纸船和风筝，还有浓浓的情谊。就这样，大家齐读。

（6段）

五、总结归纳，埋下伏笔

哇！太温馨了，我猜你们都很喜欢这一段，读起来心里就暖暖的。

纸船和风筝带着问候，带着祝福，在山顶和山脚架起了一座七彩的友谊长桥。孩子们，纸船和风筝使松鼠和小熊成了好朋友。故事到这还没有结束，后来又发生了什么？我们下堂课再继续。

（获长春市第二届青年教师大奖赛一等奖）

《雷雨》教学设计

长春市绿园区民丰小学　李丹

【教材分析】

《雷雨》是部编小学语文二年级下册第六单元的一篇精读课文。课文描述雷雨前、雷雨中、雷雨后自然界的景象变化。雨前"黑沉沉的乌云"那凝重的美；雨中大雨倾盆，涤荡万物的美；雨后彩虹高挂，清新隽永的美，无疑是大自然所给予孩子们的伟大恩赐。雷雨对于学生来说并不陌生，从学生的生活经验出发，引导学生在体验、观察、阅读中感悟课文的内容。恰当地利用多媒体，创设与教学内容相吻合的教学情境，可以充分激发学生的学习兴趣和求知欲望，真正做到寓教于乐。本课紧扣语文课程标准精神，积极倡导自主、合作、探究的学习方式，激发学生观察生活的兴趣，热爱自然的热情。

本单元的主题是大自然的秘密，单元的语文要素是提取主要信息，了解课文内容，基于学段目标、单元目标、本课目标，教学中一要通过朗读这一途径，读中思，读中感，读中悟，从而引导学生提取主要信息，了解课文内容；二要通过多媒体手段辅助运用，激活学生已有生活经验，增强对课文的感知；三要通过多种识字方法的运用，达成识字、写字的教学目标。

【学情分析】

1.低段学生自学能力及自主探究能力并不强，教师需要关注学生的学习过程，注意引导与培养。

2.低段学生形象思维占主导，学文时需要通过生动的图片、动画，直观地帮助学生体会"压""垂"等字的妙用。

3.低段学生对朗读有热情，可以通过读的方式，在具体语境中进一步加深对文本的感知，对重点字词的理解。

4.部分学生在实际生活中不善于留心观察，经验积累尚有不足，需要借助多媒体声画并茂的特点，激活学生已有经验，使学生获得对文本的体验和感受。

第一课时

【教学目标】
1. 认识"压、蝉"等5个生字,会写"雷、压、垂"等字,重点指导"垂"的书写。
2. 正确、流利地朗读课文,借助关键词句,理解课文内容。
3. 能联系语境体会"压、垂"等词语运用的准确性。

【教学重难点】
理解"压、垂"的意思,感受词语运用的精妙;指导学生"垂"的书写。

【教学准备】
多媒体课件、字卡、黑板贴。

【教学课时】
2课时。

【教学过程】

一、字谜导入,引出课题

由"雨"字字谜导入,相机板书"雨"。今天我们要学习一篇描写雨的文章——《雷雨》。

雷是今天我们要学会写的生字。孩子们,你们看当雨变成偏旁的时候,它有什么变化?补充板书"雷",齐读课题。

二、检测预学,梳理课文

1. 自由朗读课文,注意读准字音,读通句子。
2. 检查字词,初步识记生字宝宝。
3. 整体感知,厘清文章脉络:雷雨前、雷雨中、雷雨后。

三、品雨前景,悟用词妙

1. 开门见山,承接初读引入。

在这节课的前十分钟我们读了课文,认识了生字宝宝,那课文是按照什么顺序写的?(雷雨前,雷雨中,雷雨后)

接下来我们就继续学习,一起走进雷雨前。

2.品读课文,体会字词精妙。

(1)整体感知1—3自然段。

请同学们把书翻到74页,默读1—3段,一边读一边用"_____"画出雷雨前都描写了哪些景物,画完后可以同桌之间说一说你都画了什么景物。

(2)学习第1自然段,识记"压""蝉",感受"压"字之妙。

A.以景物"乌云""叶子""蝉"为主线,识记生字"压""蝉",生自由说识字方法,师相机点拨。

B.出示图片,读悟结合,体会"压"字精妙。

(3)学习第2自然段,体会"垂"字之准,指导书写"垂"。

A.以景物"大风""树枝""蜘蛛"为主线,通过强调字音,字理识字,识记"垂"。

B.出示动画,读悟结合,体会"垂"字精妙。

C.联系生活实际,拓展"垂"字用法。

D.指导"垂"的书写。

(4)学习第3自然段,体会词语"越来越"。

以景物"闪电""雷声"为主线,体会词语"越来越",感受闪电变化和雷声的气势。

3.课堂小结,体悟雨前变化。

小朋友们,大自然是多么神奇啊!雷雨前的景象真是让人觉得变化莫测。那雷雨中、雷雨后的景物又会有什么变化呢?下节课我们再来学习。

四、板书设计

雷雨前　乌云　压

叶子　蝉　垂

大风　树枝

蜘蛛　垂

闪电　雷声　越来越

雷雨中

雷雨后

第二课时

【教学目标】

1. 巩固认识"压、蝉"等5个生字,会写"扑、新"等字。

2. 联系语境,体会"挂、坐"等词语的准确性。

3. 通过朗读表达感受,试着背诵课文。

4. 能用自己的话说一说雷雨前、雷雨中和雷雨后的景色变化以及自己见到的雨的情景。

【教学重难点】

理解"挂、坐"用词的精妙;能用自己的话说一说雷雨前、雷雨中和雷雨后的景色变化。

【教学准备】

多媒体课件、字卡、黑板贴。

【教学课时】

2课时。

【教学过程】

一、复习旧知,导入新课

1. 开火车形式朗读字词。

2. 说一说雷雨前都有哪些景象。

二、看图理解,品词析句

1. 雷雨中。

A. 自由朗读4—6自然段,一边读一边用"△"画出雷雨中都描写了哪些景物,画完后可以同桌之间说一说你都画了什么景物。

B. 引导学生用上"越来越"说说雷雨中景物的变化。

C. 多种形式朗读,感受雷雨中景物的变化。

2. 雷雨后。

A. 默读7—8自然段,一边读一边用"～～"画出雷雨后都描写了哪些景物。

B. 品读句子,体会"挂""坐"用词精妙。

C. 蜘蛛雷雨前"垂下来"、雷雨后"坐在网上",对比体会景物变化。

D. 读悟结合,感受景色变化。

3. 分析字形,指导写字。

A. 学生观察生字,说说自己的发现。

B. 指导书写。

C. 展评,纠正不足。

三、迁移表达,整体提升

1. 借助板书,说说雷雨前、雷雨中和雷雨后景色的变化。
2. 朗读课文,尝试背诵。
3. 结合生活实际,说说自己见过的雨。

四、总结课文,课后延伸

大自然是一个五彩缤纷的世界,到处都藏着神奇和无穷的奥秘。善于观察的小朋友一定会用自己明亮的双眼去发现大自然中更多的奥秘,一定会有更多的发现。让我们一起走进大自然,去留心观察吧。

布置作业。

五、板书设计

雷雨前　乌云　压

　　　　　　叶子　蝉　垂
　　　　　　大风　树枝
　　　　　　蜘蛛　垂
　　　　　　闪电　雷声　越来越

雷雨中　树　房子　雷声　雨
雷雨后　太阳　彩虹　挂

　　　　　　蝉　蜘蛛　坐
　　　　　　池塘　青蛙

（获长春市第三届名师评选教学新秀现场课一等奖）

《青蛙卖泥塘》教学设计

长春市绿园区宁静小学　于敬

【设计理念】

《新课标》在各个阶段都提出"用普通话正确、流利、有感情地朗读课文"的总目标。朗读有利于理解课文，也具有强烈的感染力，把"内化"与"表达"融于一体，并且能有效地培养学生的语感及想象力。

在二年级学生语文的学习中提出了"字词仍是重难点"，通过拓展带"兰"部件的字帮助学生识记的同时更交给学生自主识字的方法和意识。

【教材分析】

《青蛙卖泥塘》是一篇童话故事，这个故事讲了青蛙想卖掉烂泥塘，搬到城里住，但是没有人买，于是他听取小动物们的建议在泥塘周围栽了树、种了花、引了水、修了路，还在泥塘旁边盖了房子。在不知不觉中，以前的烂泥塘被青蛙用勤劳的双手创造成了一个美好、舒适的住所。看到这样美好的环境，青蛙就不再卖泥塘了。故事篇幅较长，但条理清晰，能使学生在学习中明白劳动的意义。

【学情分析】

二年级的学生已经掌握了基本的学习方法，对于语言也有了一些积累，所以学生已经能把课文正确、流利地读下来。低年级的学生对故事十分感兴趣，但学生在体会课文的主题思想方面比较欠缺，需要教师注重引导。课堂上，我将组织学生进行情景表演，从而提高学生理解和运用语言文字的能力，激发学生学习语文的兴趣。

【目标设定】

1. 知识与能力

熟读课文，会认"卖、牌、喝、烂"等4个生字，会写"卖"，知道多音字"喝"。理解"吆喝""舒服"的意思。

2. 过程与方法

学会自主观察"卖"的书写。通过朗读青蛙和老牛的对话，加深对"吆喝、牌子、舒服"等词语的理解。

3. 情感态度价值观

让学生在学习中感知中国文字的魅力，激发自主学习汉字、语文的兴趣。小组合作分角色朗读，让每个孩子都有平等参与的机会，使每个孩子都获得成功的体验。通过对课文的学习，感受泥塘发生的变化，懂得通过我们的劳动可以创造美好的环境。

【教学重难点】

通过朗读指导，引导学生抓住课文的重点词语，了解青蛙在卖泥塘的过程中将泥塘装扮得越来越漂亮。让学生在学习中感知中国文字的魅力，激发自主学习汉字、语文的兴趣。

【教学准备】

字词卡片、课件、PPT、头饰、图片。

【教学过程】

一、创设情境，导入新课

1. 学生学习

和老师一起书写课题。

2. 教师导学

回忆式导入：同学们，今天我给大家带来一位老朋友——小青蛙。我们和它一起学习儿歌、一起写诗、帮助它的宝宝找到了妈妈，今天青蛙先生又发生了什么事情呢？请同学们齐读课题：青蛙卖泥塘。

二、初读感知，随文识字

1. 学生学习

质疑、自读课文、小组内认读生字、词语。

2. 教师导学

学习"卖"字，质疑：青蛙为什么卖泥塘？有哪些动物来买泥塘？泥塘卖出去了吗？自由读课文。

三、引导探究，随文识字，感悟课文内容

1. 学生学习

小组讨论，交流意见，陈述理由。学生用自己喜欢的方式朗读，感悟理解文章内容。师生交流互动，学生表演，理解课文内容。

2. 教师导学

解决第一个问题：青蛙为什么卖泥塘。出示课文的前两个自然段。青蛙住在哪里？泥塘里。什么样的泥塘里？烂泥塘。我听到你们读的烂字的声音特别大。烂泥塘！什么是烂泥塘呢？你能想象一下描述一下吗？就是一个小水塘，里面有很多的烂泥巴，很泥泞。通过前两个自然段。我们已经找到了小青蛙卖泥塘的原因。

重点学习3—5自然段。通过朗读感悟课文内容，随文识字，理解词语。

这不，青蛙已经站在一旁，吆喝起来了。

出示吆喝的字卡。

这个"喝"我们都知道，它是一个多音字。当它表示有东西送入口中的时候一声如喝水。当它表示大声地叫喊时，读四声。这里的吆喝的就是取四声轻声处理。吆喝的意思就是大声地叫卖。青蛙是怎么吆喝的呢？为了别的小动物能听到他的吆喝。他的声音是不是应该更大一些呢。前半句稍长一点，后半句短促一点，这样好像更方便叫卖起来。他喝（hē）完水又继续吆喝（hè）起来。他觉得，在这个泥塘里打滚儿挺舒服。老牛喜欢在泥坑里打滚儿，就像你们喜欢在厚厚的绿草地上打滚儿，是一样的。你们觉得在厚厚的草地上打滚儿是不是舒服，那何止是舒服啊，那简直就是——挺舒服。

出示字卡，亲爱的同学，带着这样的感受再读一读。

老牛说出了这个烂泥塘的优点。

出示句子：要是周围有些草就好了、要是周围有些草就更好了。

四、扮演角色，加深体会，总结全文

1. 学生学习

表演小青蛙和牛的对话。

2. 教师导学

同桌之间分角色扮演，一个人扮演老牛，一个人扮演青蛙。

总结全文 为下一节课做铺垫。

五、板书设计

青蛙卖泥塘、青蛙、吆喝、老牛、草、采集、播种。

（获绿园区第一届新星杯教师技能大赛现场课一等奖）

《我是一只小虫子》教学设计

长春市绿园区雷锋小学　刘丽丽

【教学目标】
1. 认识16个汉字，会写8个字，学习新的偏旁部首，正确读写有关词语。
2. 能正确、顺畅、有感情地朗读课文。
3. 在充满感情的朗读中感悟语言的趣味性，激发想象力。

【教学重点】
1. 认识16个汉字，会写8个字，学习新的偏旁部首，正确读写有关词语。
2. 能正确、顺畅、有感情地朗读课文。

【教学难点】
在充满感情的朗读中感悟语言的趣味性，激发想象力。

【教学过程】

一、复习导入

上节课我们认识了一只可爱的小虫子，这节课我们继续走近它，继续学习第11课，请同学们齐读课题——

通过上节课的学习，我们了解到"当一只小虫子好不好？"这个问题有两种截然不同的答案。我的伙伴们认为当一只小虫子不好，那是因为（课件出示儿歌：屁股疼，小心跳，一泡尿，昏头脑，最怕毛茸茸的小鸟。）上节课学习的生字宝宝都调皮地藏在了儿歌中，同学们读得很准确，真棒！原来小虫子生活中会遇到这么多的危险啊！可真让人烦恼！可是我呢？我却觉得当一只小虫子还真不错！

当我的想法与小伙伴不同时，就可以用"不过"这个词来转折。谁来读读这句话！

二、新授

1. 文中的哪些语句让你感觉到当一只小虫子真不错呢？下面我们根据自读提

示来学习。谁能大声地读给大家听！（出示自读提示）听清楚了吗？按照这三个步骤开始你的学习吧！

2.同学们都在积极交流自己的想法，真不错！谁先来汇报，哪些句子让你觉得当一只小虫子真不错？

预设：

（1）早上醒来……

★摇摇晃晃：齐读这个词，你还知道哪些东西是摇摇晃晃的？（摇篮，秋千，跷跷板……）这草叶就是它的摇篮、秋千、跷跷板。我们都来做这只小虫子，一起摇摇晃晃地伸个懒腰，边做动作边读句子：早上醒了……感觉怎么样？嗯，当一只小虫子还真不错！还有呢？这句话里还有哪些动作让你觉得真不错？

★露珠：一颗露珠就能把脸洗干净，把触须擦亮，这小虫子真是太小巧玲珑了。"净"字我们以前就认识了，仔细观察，书写这个字需要注意什么呢？

你观察得很仔细。请同学们伸出你的小手和老师一起写：左边两点水点提，右边的争字起笔要高，撇横撇横折横，横右边要出头，小横，竖钩收笔要低。在你的书上写一个净字。巡视，孩子们写得真好！

★经过这一番打扮，清晨的小虫子一定更清醒了，学习醒。

★小结：刚才听了同学们的交流真让人感觉到当一只小虫子还不错，引读：早上醒来……

（2）如果能小心地……

第四自然段中还有哪句话让你觉得当一只小虫子真不错？

★小心地：为什么要小心地跳？还会怎样跳？怎么读？

★免费列车：学习"免费""列车"，可以不花钱旅行，怎么读？

★句子训练：只有小狗会带它旅行吗？还会有谁呢？展开想象的翅膀，看谁的旅行最有意思？

★总结：嗯，当一只小虫子可真不错呀！注意红色的生字，读（课件出示儿歌）。字音都读准了，真不错！免费旅行可真是让人快乐的事儿！

（3）还有没有哪一方面让你觉得当一只小虫子很不错？

我有很多小伙伴，他们每一个都特别有意思。

谁特别有意思？

★屎壳郎：强调读音，学习撞。有个不看路的小伙伴，有意思。小心被撞伤。

★螳螂：还有个贪吃的小伙伴，有意思。学习贪。现在贪吃的螳螂举着它的大镰刀向你扑来了，怎么办？能在螳螂的魔爪下逃脱，你可真幸运。学习"幸"。

幸字在书写时注意什么呢？我们一起写，土字写在上半格的中间，横竖横，第二横要长长的，在土字下边端端正正写下半部分。

★天牛：还有个脾气差的大婶呀，真有意思。学习"婶""脾"。

★总结：当一只小虫子还真不错，有那么多特别有意思的朋友。（课件出示儿歌）读儿歌，尽管这些朋友对我并不十分友好，但是身边有这么多有意思的人本身就是一件幸运的事情。

三、总结

孩子们，我们看，这就是小虫子的生活。虽然伙伴们觉得当一只小虫子一点都不好，可是我却有自己独特的想法，清晨明媚的阳光，摇摇晃晃的草叶，哪怕是一颗露珠，都让我觉得生活真不错，更何况身边还有那么多特别有意思的朋友。你喜欢当这样一只小虫子吗？齐读最后一个自然段。

（获长春市第二届名师评选教学新秀现场课一等奖）

《我不能失信》教学设计

长春市绿园区正阳小学　张龙

【教材分析】

《我不能失信》选自部编版小学语文三年级下册第六单元，这一单元以"多彩童年"为主题，将导语、课文、语文园地、课后练习等内容系统、完整地组织在一起。而《我不能失信》这篇略读课文讲述的是宋庆龄小时候诚实守信的故事。重点是通过对人物语言、行为等描写，使学生感受宋庆龄诚实守信的可贵品质，在思想上受到熏陶和感染，使自己在做人、做事上面获得启示。

【学情分析】

小学三年级是培养学生阅读习惯、学习习惯的关键时期，此年龄段学生好奇心强，具有一定的学习、理解、模仿能力。宋庆龄是名人，本文讲的是她小时候诚实守信的故事。学生读与自己年龄相仿孩子的故事，很容易产生共鸣。因此，学生在阅读课文时，会有自己的体会和见解。教师抓住这个契机，并将其与学生自己的生活结合起来，对宋庆龄内心活动联系生活实际进行想象。所搭起的支架，让学生们看到一个真真实实的小宋庆龄，真切感受到宋庆龄诚实守信品质的可贵，进而让学生感悟到诚实守信的重要。

【教学目标】

结合课文内容，运用联系生活实际等多种方法理解课文结尾处宋庆龄的话，体会并学习人物诚实守信的可贵品质。

【教学重难点】

结合课文内容，运用联系生活实际等多种方法理解课文结尾处宋庆龄的话，体会并学习人物诚实守信的可贵品质。

【教学方法】

引导品读、讨论交流，借助多种方法理解文中难懂的句子。

【教学准备】

多媒体课件。

【教学课时】

1课时。

【教学过程】

一、导入新课，出示课题

这节课我们学习一篇略读课文《我不能失信》。（板书课题，齐读课题）课题中的我指的是——（板书：宋庆龄）

二、初读课文，整体感知

请同学们打开书第80页，自由地读课文，一边读一边想课文讲了一件什么事。故事的最后，小宋庆龄没有去成伯伯家，但是她不后悔，快速找到最能体现她不后悔那句话说一说从这句话中你读懂了什么？

三、读悟结合，深入探究

孩子们，要想真正读懂这句话，还需要我们走进课文，走进故事，走近小宋庆龄。
1. 出示自学提示，引导学生组内自学。
自学提示：
（1）默读课文，结合课文中的语句，谈谈你对"一个人在家，是很没劲。可是，我并不后悔，因为我没有失信。"这句话的体会。
（2）把你的体会与组内同伴进行交流。
2. 同学们组内交流。
3. 学生汇报，教师适时点拨。

四、拓展练笔，升华主题

在现实生活中，一个人做到时时处处守信并不容易，而年幼的宋庆龄却做到了，正是因为她的坚持，长大后的她更没有让人失望，成为中华人民共和国的名誉主席。

孔子说:"人而无信,不知其可也。"像这样的守信名言有很多,你能说一说吗?(课件出示)

在我们的身边也有很多像小宋庆龄一样拥有美好品质的人,可能是诚实守信,可能是乐于助人,也可能是无私奉献,课后我们写一写,下节课再进行交流。

【板书设计】

```
         21  我不能失信
             拉        劝
      爸爸 ⇌ 宋庆龄 ⇌ 妈妈
             抽       坚定
```

(获长春市第三届名师评选教学新秀现场课一等奖)

《囊萤夜读》教学设计

长春市绿园区正阳小学　张龙

【教学目标】
1. 认识"恭""勤"等4个字,会写"囊""萤"等9个字。
2. 正确、流利地朗读课文,背诵课文。
3. 借助注释等多种方法理解课文的意思。

【教学重难点】
通过囊萤夜读的故事,体会车胤勤奋学习的品质。

【教学准备】
PPT课件。

【教学课时】
1课时。

【教学过程】

一、谈话导入,揭示课题

师:孩子们,又见面了,还记得我这个新朋友吗?

生:记得,你是张老师。

师:同学们好。

师:结识新朋友,不忘老朋友,(出示PPT)你们还记得他们吗?(司马光砸缸、精卫填海)

生:……

师:这些小故事都是我们曾经学过的文言文。

师:今天我们再来学习一篇文言文《囊萤夜读》。

指生读。

生:囊萤夜读。

师:看老师板书课题。

同学们请看"囊"字,乍一看挺复杂,其实不然,第一笔横就像一根绳子,口就是口袋,竖表示里面有东西。(秃宝盖)就是放在案板上,囊字笔画较多,书写时要注意紧凑。

"萤"字上面是草字头，下面是虫，意思是生活在草丛里的昆虫。

夜读，提示我们，读书的时间是——（夜晚）。

师：谁来说说你怎么理解这个题目。

生："囊"是用口袋装的意思，"萤"就是萤火虫。"囊萤夜读"就是用口袋装着萤火虫照亮，在夜晚读书。

师：说得很完整，再来读一读课题。

生齐读：囊萤夜读。

师：理解意思再来读就不一样了。

（设计理念：通过谈话引入老朋友——曾经学过的文言文，引出要学习的文言文，并揭示课题含义。）

二、初读课文，整体感知

师：请同学们轻轻地打开书第76页，借助拼音自由读课文和注释，注意读准字音，读通句子。

预设：孩子们齐读。

师：孩子们试着自己读，不要让别人的声音和节奏影响到你。

生：……

师：谁来读一读。（指生读）（PPT出示全文）

生：读文。

师：你再来读一读。

生：……

师1：初读了课文，同学们读的不太一样，字音与节奏都有区别，到底应该怎么读呢？

师2：我发现咱班同学真会读书，但要想真正读懂，还需要我们进一步去理解课文。

（设计理念：整体感知课文内容，把文言文读正确、流利。）

三、引导理解，梳理方法

别急，我们看这是一篇文言文，你有什么好的方法把文言文读懂？

生：看注释。

师：那就请同学们看注释来读一读第一句，看你能否读懂。（出示第一句PPT）

生：我通过第一句知道胤肃敬勤勉不知疲倦，知识渊博。

师：这个人叫"胤"，那他姓什么？

生：姓车，从注释1中我知道的。

师：你真会学习，借助注释理解词语的意思是我们学过的学习文言文的方法。

师：结合书下注释，你还关注了哪个词？

生：恭勤，就是肃敬勤勉的意思。

生：通，是通晓明白的意思。

师：但是注释中没有的词语呢，比如文中的"倦"字，你想怎么理解？

生：疲倦、困倦。

师：我们发现给它组个词就是它的意思了，也就是我们通常所说的"扩词"，这也是理解文言文的好方法。

师：掌握了这些方法，谁再来说一说这句话的意思？

生：车胤肃敬勤勉不知疲倦，知识渊博。

师：理解了意思之后你觉得这句话应该怎么读？

生：……

师：大家听出来它在哪里停顿了？

生：胤。

师：这下有节奏感了，谁再来试？

生：……

四、运用方法，感悟品质

师：晋书车胤传，第一句开宗明义，就写出了车胤是一个恭勤不倦、博学多通的人，车胤的这种品质你是从哪里体会到的呢？谁来读读学习提示？

默读第二句，想想你是从哪体会到车胤是一个恭勤不倦、博学多通的人？

学习提示：

1. 运用学习第一句的方法，抓重点词语来理解。

2. 与小组同学之间交流感受并读一读。

师：哪个小组来说一说？

生：我通过"家贫不常得油"能看出车胤家里很贫穷但仍然能坚持学习，所以能看出他是一个恭勤不倦的人。

（PPT出示插图）

师：我们一起来看一下，从这幅图中，你看到了什么，想到了什么？

生：我看出来车胤贫穷。

生：看出车胤穷到都没有钱买油灯，用萤火虫的光来读书了。

师：从图中看，车胤身上打着补丁，家徒四壁，虽萤光微弱，但神情专注，克服困难，可以看出车胤是一个——恭勤不倦，博学多通的人。

师：所以你们看借助插图理解文言文也是很好的方法。

师：你还从哪读出了车胤的恭勤不倦博学多通？

生预设1：我还通过夏月则练囊盛数十萤火以照书中的"练囊"用白色薄绢做的口袋来装萤火虫。

生预设2：全句理解。

师：你关注了哪个词语？

生：……

师：你借助书下注释理解了"练囊"，但是不足以看出车胤是一个恭勤不倦博学多通的人，你能结合这句话说一说吗？

生：夏天的夜里，车胤用薄绢装着萤火虫来照亮读书。

师：这样微弱的萤火，车胤还能坚持学习，可见他是一个恭勤不倦的人。

师：孩子们，这里的盛和数二字本身是一个多音字，你为什么读 chéng 和 shù？

生："盛"表示装着，"数"表示多个，所以读 chéng 和 shù。

师：你理解的真准确，以后再读文言文的时候遇到多音字，可以先根据书下注释，没有注释的时候，就根据意思来判断读音。

师：借着这样的萤火，车胤还能坚持不懈地读书，想象一下，他还会克服哪些困难呢？

生：夏天的夜里可能蚊虫叮咬

师：是啊，蚊虫叮咬确实让人很不舒服，但即便这样，车胤还能坚持读书，把你的感受读出来。

生：夏天的夜里闷热。

师：克服了这么多困难，带着你的感受读读这句话。

家贫不常得油，夏月则练囊盛数十萤火以照书，以夜继日焉。

师：他还克服了哪些困难？

生：他还克服了白天晚上读书，时间很长很累，我觉得他克服了这些困难在坚持不懈的读书。

师：你是从哪里读出来的？
生：我从"以夜继日"这个词体会理解到的。
师："以夜继日"就是我们现在说的——
生："夜以继日"。
师：白天连着黑夜，黑夜接着白天，而文中第一句却说恭勤不倦，真的是不觉疲倦吗？
生：不是。
师：那是什么呢？
生：不怕疲倦，不畏惧疲倦。
师：正是因为车胤有这样坚定的意志，执着的信念，我们才说车胤是一个恭勤不倦、博学多通的人。
师：炎炎夏日，闷热难耐，车胤——
PPT 出示：家贫不常得油，夏月则练囊盛数十萤火以照书，以夜继日焉。
师：萤火微微，蚊虫叮咬，车胤——
家贫不常得油，夏月则练囊盛数十萤火以照书，以夜继日焉。
师：夜深人静，疲惫困倦，车胤——
家贫不常得油，夏月则练囊盛数十萤火以照书，以夜继日焉。
（设计理念：掌握借助注释、扩词、课文插图等方法理解课文的意思，通过品析重点词句，感悟车胤恭勤不倦的品质。）

五、拓展延伸，升华主旨

师：据车胤传记载，他在十几岁就步入了仕途，官至吏部尚书，成年后的车胤深夜仍然秉烛夜读，一生勤学不辍。千百年来，有无数文人墨客歌颂车胤勤学苦读的精神，杜甫曾这样写道：
客来洗粉黛，日暮拾流萤。
不是无膏火，劝郎勤六经。
师：孩子们，囊萤夜读的故事距我们已有千年之久，但是今天再读，我们不仅能触摸到人物的形象，更能感受到精神的力量，车胤已不是一个名字，而是中华民族孜孜不倦，勤勉好学的文化符号，影响着一代又一代的人，让我们再来读读这个故事：
生：胤恭勤不倦，博学多通。家贫不常得油，夏月则练囊盛数十萤火以照书，以夜继日焉。

师：课下，试着用今天的学习方法来理解下面的句子，看看你读懂了什么？
如囊萤，如映雪，家虽贫，学不辍。
——《三字经》
古人勤学，有握锥，投斧，照雪，聚萤。
——《颜氏家训》

（设计理念：借助历史资料，引导学生深入探究车胤恭勤不倦的品质，感受其精神的力量。）

六、板书设计

囊萤夜读

胤恭勤不倦　博学多通　　　　注释
　　　　　　　　　　　　　　　扩词
　　　　　　　　　　　　　　　插图

（获吉林省第五届名师评选教学新秀现场课一等奖）

《长相思》教学设计

长春市绿园区教师进修学校　张键

【教学目标】
1. 在知识与技能上，会写"榆、畔"2个生字。
2. 在过程与方法上，有感情地朗读课文，背诵课文，学习结合注释，查阅资料，边读边想象等方法，理解诗句意思。
3. 在情感态度与价值观上，体会诗人思乡怀亲的思想感情，领悟作者通过景物、事件表达感情的方法。

【教学重点】
想象诗境，感悟诗情，背诵全文。

【教学难点】
体会诗人思乡怀亲的思想感情，领悟作者通过景物、事件表达感情的方法。

【教学准备】
多媒体课件。

【课时安排】
1课时。

【教学过程】

一、简介作者，了解背景

1. 通过预习，说一说你对纳兰性德有哪些了解。
2. 老师整理了纳兰性德的信息，请大家看大屏幕，播放多媒体课件出示纳兰性德简介。谁来读给大家听。

（设计意图：了解作者为学习诗词奠定基础，作者独特的背景，更能激发学生学习的主动性。）

二、读题解题，了解长相思

1. 今天，我们一起学习纳兰性德的一首词《长相思》。板书课题，请大家齐读课题。

2. 说一说你对"长相思"的理解。预设学生交流：长相思是词牌名，就是词的格式的名称，通常用来写思念之情。也是这首词的题目。

三、初读感知，体会长相思

1. 请同学们自由轻声朗读这首词，播放多媒体课件出示诗词全文，注意读准字音，读通句子。

2. 指名读诗，相机指导"畔""聒""更"的读音。注意停顿和节奏。读诗过程中，生生间从字音、停顿、节奏三方面进行评价。

3. 结合书下注释及查阅的资料，说一说诗句意思。

（设计意图：学习古诗词的第一步要读正确，在初读这首词时，通过读准字音，读出上阕和下阕之间的停顿，读出词句间的停顿和节奏三层递进的方式，带领学生走进文本，感受诗词独特的韵味。）

四、精读感悟，品味长相思

1. 细读全诗，说说你从哪儿感受到了作者的长相思？播放多媒体课件出示自学提示：仔细阅读古诗，画出关键词句，想象画面，说说你的感受，并通过朗读表现出来。学生自主探究，圈画批注，想象画面，交流感受，读出味道。

（设计意图：抓住"长相思"这一线索，引领学生抓关键语句走进诗歌所营造的意境，想象画面，感受作者身处关外，思念家乡的情感。）

2. 汇报交流：抓关键词句想象画面交流感受，读出相思味道。

预设：（1）想象跋山涉水、身向榆关、风雪交加、心梦故园的画面。

（设计意图：想象是学习古诗词重要的方法，展开想象，将凝固的语言转化为可感的画面，带着画面朗读诗句，理解诗句，感受作者远离家乡，对家乡和亲人的思念，带着画面还原诗歌的意境，这样的体会更真实。）

（2）抓关键词"一、更、聒碎"等关键词体会作者用词的精妙。

（3）情境朗读：读出风雪的肆虐、读出将士难以入睡、读出对家人的思念。适时播放多媒体课件，配乐朗读。

五、对比研读，感悟写法

对比阅读思乡诗句，体会作者不同的表达方法。播放多媒体课件展示思乡诗句。

（设计意图：在学习语言的过程中，体会诗人的思乡怀亲的思想感情，领悟作者的表达方法。联系学生对诗词的理解和对作者感情的体会，引导学生把握作者的感情基调，读出自己的感受。）

六、拓展阅读，丰富积累

播放多媒体课件，展示拓展阅读：搜集有关思乡的诗词或歌曲背一背或唱一唱，以丰富学生的语言积累。

七、板书设计

长相思

跋山涉水　　风雪交加

身向榆关　　心梦故园

（获吉林省基于核心素养的小学语文学科教学设计一等奖）

《少年中国说》教学设计

长春市绿园区教师进修学校　李艳辉

【教学目标】

1. 认识本课"泻、鳞、惶"等6个生字,会写"潜、试、胎"等7个生字。
2. 采用借助工具书、结合注释和联系上下文的方法理解重点词语的含义,疏通文义。
3. 采用多种形式有感情地朗读课文,做到连贯有气势,并能熟读成诵。
4. 感悟文中蕴含的强烈的爱国情怀,激发学生为了祖国繁荣富强而积极进取、努力奋斗。

【教学重点】

熟练地朗读课文,结合语境理解文章的意思,感受语言美。

【教学难点】

体会"少年中国"和"中国少年"的关系,感受作者的爱国情怀,受到鼓舞。

【教学准备】

多媒体课件。

【教学过程】

一、情境铺垫,导语引入

1. 同学们,在中国近代史上有一位非常著名的人物,曾写下了一篇文章,激励了当时无数的中国有志青年,这篇文章是《少年中国说》,板书课题,齐读课题。(学生读题解题)

2. 有没有同学知道这位著名作者是谁?(梁启超)通过预习,你对梁启超有哪些了解?

老师整理了梁启超的信息,请大家看大屏幕,出示梁启超简介。谁来读给大家听。(学生结合课前查到的资料介绍梁启超)

3. 通过预习,这篇文章的写作背景你了解吗?(学生交流查到的背景资料)

(设计意图:通过时代背景和作者的介绍,明确作者提出的观点,让学生感受作为少年的责任。）

二、初读感知，疏通文义

1. 请同学们自由读课文，注意读准字音，读通句子。出示自读提示。（学生自由练习读文）

2. 指名读文，相机指导"泻""鳞""惶""履""哉"的读音。注意停顿和节奏。

3. 借助注释及相关资料了解课文意思。（学生借助工具书或注释，结合语境理解词语，进而大概了解文章内容。）

（设计意图：用不同方式的读书，让学生在琅琅读书声中，感受作者的满腔热血，明白他把国家的命运系于少年一身的强烈感情。）

三、品读欣赏，深入探究

细读全文，说说课文用哪些事物来赞美少年中国？少年中国和中国少年之间有什么联系？出示自学提示：仔细阅读课文，画出关键词句，说说你的理解，读出气势。

汇报交流：（1）从智、富、强、独立、自由、进步等几个方面论述了少年的责任。排比的修辞语气紧凑，感情强烈，有很强的感染力。（2）从文字提供的美好形象中感受少年中国生机勃勃的生命力。①"红日初升……横有八荒"熟读背诵。②比喻的作用："红日"般的灿烂前景，"河出伏流"的壮阔发展，有如"潜龙""乳虎"的巨大声威，有如"奇花"的壮丽前景，如"干将"的锐利锋芒；③"天戴其苍""地履其黄"，一"纵"一"横"，显得气势不凡，一个顶天立地的东方巨人巍然屹立在地球之上。④抓住两个感叹句体会句子承载的思想感情，再次重申了中国少年和少年中国密切的关系以及作者对他们的赞美之情。（3）配乐朗读，读出气势。

（设计意图：让学生与文本亲密接触，走进文本，走进人物的思想感情世界，从而受到感染，获得启示。通过自吟、分段朗读和配乐朗读等多种形式，以声传情，活化出鲜活的人物感情。）

四、朗读悟情，背诵积累

作为中国的少年，我们要从小立志，发愤图强，为早日实现祖国的伟大复兴而自强不息。请同学们满怀激情地朗读这篇文章，尝试着背诵下来。

五、板书设计

少年中国说（节选）

理想　　实现　　少年中国

希望　　责任　　中国少年

（获吉林省基于核心素养的小学语文学科教学设计二等奖）

《从军行》教学设计

长春市第八十七中学小学部　张娇

【教材分析】

《从军行》是长春版语文教材五年级上册第十一单元"爱国诗"板块的第一首诗。《从军行》是唐代诗人王昌龄所作的一组边塞诗，共七首，本课所选的是其中的第四首。诗歌既写出了战争的艰苦，也写出了戍边将士生活的孤寂，但是全诗苦而不悲，反映了戍边将士保家卫国、杀敌立功的雄心壮志，充满了爱国热情和乐观精神。

【设计理念】

语文课应该是教师运用诗一般的语言，文质兼美；带领学生找寻玩儿一般的趣味，妙趣横生，这就是我一直追寻的"诗趣"语文。本课的设计我以朗读的三个层次：念（与文字初遇念对，念文字本身。）——读（与文学相遇读好，读古诗韵味。）——诵（与文化相守诵读，诵诗词风骨。）贯穿始终，辅以古诗学习的常用方法"看文字——想画面——悟诗情"，和学生一起走进历史风烟，感受爱国情怀。

【教学目标】

1. 知识与能力：能借助教材注释、字典和课外资料，弄懂诗句的大概意思。

2. 过程与方法：以朗读的三个层次"念""读""诵"贯穿全诗，再运用"看文字——想画面——悟诗情"的方法，理解诗歌意思，读出情感。

3. 情感与态度：在从"念"到"诵"的过程中，理解、想象、体会诗歌情感，感受诗词的魅力。

【教学方法】

1. 念——读——诵。

2. 看文字——想画面——悟诗情。

【教学过程】

一、课前互动

师：我第一次来银川，能用一两句话向我介绍一下你的家乡吗？我在百度百科看到这样两句诗：塞北千重翠，古朴银川岩。我是这样定义银川的，川是河流，银川就是一川流动的银光。似历史的记忆长河，中间多少事，都付笑谈中。

二、新课学习

（一）解诗题，知诗人——开篇

师：历史就是一幅诗歌画卷，今天我想和大家一起学习一首古诗——《从军行》（板书课题），有了解这个题目的吗？

预设：

行，体裁。从军就是参军，标题中加上"歌""引""吟""歌行"等都属于乐府诗。

描写边疆地区军民生活和自然风光的诗叫"边塞诗"，在诗人辈出的唐代尤为鼎盛。

师：很多诗作都叫《从军行》，今天我们要学习的这首是王昌龄组诗中的一首，也是我们长春版教材中"爱国诗"单元的一首。王昌龄，有了解的吗？

生：自由介绍。

预设：

1. 王昌龄，字少伯，汉族人。盛唐著名边塞诗人，后人誉为"七绝圣手"。有"诗家夫子王江宁"之誉。

学过诗句：洛阳亲友如相问，一片冰心在玉壶。（《芙蓉楼送辛渐》）但使龙城飞将在，不教胡马度阴山。（《出塞》）

（二）品诗句、明诗意——朗读

师：我们理解了题目，也简单了解了诗人，接下来我们应该——读古诗？朗读分三个层次：念、读、诵。（板书）念就是照本宣科，把文字读对就可以；读，要理解意思，读出自己的感受；诵，要饱含情感，高声诵读。我把它总结成三句话：

与文字初遇念对，念文字本身。

与文学相遇读好，读古诗韵味。

与文化相守诵读，诵诗词风骨。（课件出示）

师：我们五年级的孩子一定都可以念下来，同桌互相念一遍听听？都能念对吧？那我们来读一读古诗吧！读要注意古诗特有的节奏和韵律。

师：读得都不错，学习一首古诗，我们不但要把它读通、读熟，还要读明白，这首诗什么意思呢？自己借助注解先想想，再和同桌说说，指名说。

预设：美丽的青海湖上，战争的浓云遮暗了白雪皑皑的祁连山，从远处看只有茫茫荒漠中的一座孤城与玉门关遥遥相望。

（三）想画面、悟诗情——成诵

师：学古诗不只要读明白，还要把它读懂、读透。刚才我们只是初步朗读，现在我们尝试深入解读。可以借助一个方法：看文字——想画面——悟诗情。仔细读读诗句，在哪些字的背后你看到了怎样的画面？想象画面，读出感受。这就叫，看文字——想画面——悟诗情。

预设1：围绕"长、暗、孤、遥"等字来谈。

预设2：四处地方：青海湖、祁连山，孤城与玉门关东西相距数千里，为什么出现在同一个画面中？（给出图片辅助学生解决）

师：看文字，想画面，再用看到画面的感觉把诗句读出来，这就是朗诵。闭上眼睛，我们来试一试。

引读：原本美丽的青海湖被战争的浓云笼罩，湖的北面，横亘着绵延千里的隐隐的雪山；越过雪山，是矗立在河西走廊荒漠中的一座孤城；再往西，就是和孤城遥遥相对的军事要塞——玉门关。这幅东西跨度数千里的长卷，就是当时戍边将士生活、战斗的地方。读：巍巍雪山、血染残阳、大漠昏黄、孤城遥望，此情此景，并非是诗人眼中所望，而是万千将士心中所想啊！

师：在文字背后我们看到了这么丰富的画面，文字背后一定有一种情感，一定有一种精神。哪些字、词能让你体会到一种精神？

预设：围绕"百、穿、破、不还"等字词来谈。

引读1：3个世纪300多年啊！而每一个朝代的戍边将士都是：（男生读）黄沙百战穿金甲，不破楼兰终不还。3个世纪，足有四次人生轮回呀！而每一个军人都把青春和热血书写下：（女生读）黄沙百战穿金甲，不破楼兰终不还。

引读2：漫长的时间，无情的战斗，不但刺穿了战士的盔甲，甚至夺去了一个个战士鲜活的生命啊，多么残酷的战争啊，我们一起再读诗句：黄沙百战穿金甲，不破楼兰终不还。

引读3：一个"百"字让我们看到了战斗的频繁，一个"穿"字让我们看到了战争的残酷，乱世中，将士们驰骋沙场，保家卫国，女生读：连诗人王昌龄这样的文人也心忧祖国，恨不能"投笔从戎"，还曾经亲赴边塞，发出"但愿生入玉门关"的感慨，（男生读）尽管金甲磨穿，尽管身经百战，但却毫不悲苦，反而充满豪情！"不破不还""不胜不归"这就是无数戍边将士许下的铮铮誓言啊！

（齐读）黄沙百战穿金甲，不破楼兰终不还。

（四）联诗句、品诗境——融情

师：不同的文字，相同的情感，你知道哪些诗句也表达了这样的情感吗？

预设：生汇报、投影展示。

（音乐）不同的文字，相通的情感，这就叫"以诗解诗"（幻灯片）引读：大漠飞沙，战马嘶鸣，多少热血男儿，纵马扬鞭，驰骋疆场，只为保家卫国；（女生）不毛之地，剑影刀光，无数志士仁人，奋勇杀敌，视死如归，只为国泰民安！（男生）长河落日，人间苍茫，狂沙破金甲，铁马戍边疆，何惜此身葬他乡，马革裹尸又何妨？让我们再一起朗诵一下将士们这感天动地的爱国篇章吧，起立，齐背诵。

（五）察诗韵、感诗风——升华

师：其实古诗除了念——读——诵之外还有吟、唱、啸，我们有机会再探索吧！短短28个字，既有景，又有事，还有情，"诗"不愧为"最精练的语言"，既能读，又能诵，还能唱，不愧是中华艺术的"瑰宝"！希望大家能继续热爱诗词，传承文化。我们87中有一条校训，今天送给大家：读圣贤书、立君子品、做文明人！

三、板书设计

从军行
诵——悟诗情
读——想画面
念——看文字

（获"基于核心素养下的全国中小学课堂转型与教学创新银川峰会"特等奖）

《伯牙鼓琴》教学设计

长春市绿园区教师进修学校　李艳辉

【教学目标】
1. 读准"少""汤""为"的字音，会写"哉"字。
2. 借助语言文字展开想象，体会音乐之美；体会知音难觅。
3. 有感情朗读课文，背诵全文。

【教学重点】
借助语言文字展开想象，体会音乐之美；体会知音难觅。

【教学难点】
借助语言文字展开想象，体会音乐之美；体会知音难觅。

【教学时数】
1课时。

【教学过程】

一、音乐导入，读题释题

1. 播放古琴曲《高山流水》，猜一猜这首曲子是用哪种乐器演奏的？（古琴）出示古琴图，古琴也叫瑶琴、七弦琴。

2. 今天我们来学习一篇和古琴有关的文言文《伯牙鼓琴》。齐读课题，说一说通过读题你知道了什么？（我知道了伯牙弹琴的事）"鼓"是什么意思？（弹）你是怎么知道的？（注释）借助注释学习文言文是一个好办法。古人把弹琴称为鼓琴，而现在呢，鼓已经没有弹的意思了。古文中，每个字都有它的意思。我们读懂了每个字的意思，也就读懂了文言文的意思。那你再来读一读课题。你通过抓住"鼓"这个重点词把课题读得有味道了。

3. 结合课前的预习，说说你对伯牙有哪些了解。（伯牙善弹古琴、琴艺高超，被称为琴仙。）

4. 在我国文学史上，也有被称作"仙"的人，你知道是谁吗？（诗仙李白）李白因为在诗歌领域有着突出的成就被称为诗仙，那么琴仙一定是在弹琴方面具有很深的造诣。

二、初读感知，读准读通

1.课文围绕伯牙弹琴讲了一个怎样的故事呢？请同学们打开语文书98页，（出示提示1）借助拼音自由读文，注意读准字音，读通句子。遇到读不通顺的句子多读几遍。

2.学生练习读文。

3.谁愿意读？其他同学听他读得怎么样？注意纠正字音。[课件出示：你能读准吗？少（shǎo）选、汤（shāng）汤乎、破琴绝弦（xián）、以为（wéi）世无足复为（wèi）鼓琴者]

4.还有谁愿意读？其他同学听他读得怎么样？文言文朗读要注意停顿、节奏。课件出示：善哉乎鼓琴，巍巍乎若泰山。读好语气词乎，这句话就读好了。"乎"一般用在形容词或者副词的后面作为词的后缀，不翻译。在文言文的朗读当中要注意读得慢一些缓一些，和前边的词连起来。师范读，谁来读一读这句话。

出示："善哉乎鼓琴，汤汤乎若流水。"读读这句话，相信你能读出停顿。

5.课件出示：（以为世无足复为鼓琴者）你能试着读出停顿吗？

6.我们一起来读这篇课文，相信你这一次一定能读准字音、读通句子。

三、精读想象，感悟内涵

1.学习文言文有哪些方法呢？（借助注释、结合资料、查字典、多读）

2.李老师也总结了一些学文言文的方法。出示：学习文言文的方法：借助注释、抓重点词、结合句子、联系上下文、想象画面、结合小资料等。

下面请同学们默读课文，看看你读懂了什么？出示提示2：你读懂了什么？

自学提示：

（1）默读课文，一边读一边把读不懂的地方圈画出来。

（2）把你不理解的地方在小组内和同学交流。

建议时间：3分钟。

3.汇报交流：你读懂了什么？

我知道了伯牙在弹琴，钟子期在听他谈琴。你从哪句话知道的？（伯牙鼓琴，钟子期听之）"之"是指什么？（伯牙弹琴）读出这句话。关于钟子期，你有哪些了解？（钟子期是一个樵夫）

你还读懂了什么？（当伯牙弹奏到描绘泰山的乐曲时，钟子期仿佛看到了高山。钟子期说：弹得真好啊，我好像看到巍巍的大山。）你结合这句话读懂了文言文的意思，读出来吧。

（1）你从哪个词读懂了什么？（我从方鼓琴而志在泰山，方字是刚刚开始的意思，志是心志情志的意思，伯牙刚开始弹琴就想到了泰山，钟子期就说弹得真好啊，巍巍乎若泰山，他也想到了泰山。）你抓住重点词读出了体会。

（2）你还从哪个词读懂了什么？（巍巍乎若太山，巍巍是高大的样子）你能用一个词来形容泰山是怎样的吗？（巍峨、雄伟壮观、高耸入云）想象一下巍峨挺拔的山的模样，读出这种感觉来。你用想想画面的方法读出了文言文的味道。

（3）你还从哪个词读懂了什么？（"善哉"）"善哉"是什么意思？（好啊、妙啊）那你把这样的语气读出来。你用赞叹的语气说一说伯牙的琴弹得怎么样。（弹得真好啊！）你用赞叹的语气读这句话吧！

（4）你还读懂了什么？（一会儿，当伯牙又弹奏到意在描绘流水的乐曲时，钟子期仿佛就看到了江河，又说弹得真美呀，我又好像看到浩浩荡荡的江河。）把你的体会读出来吧。

（5）你还从哪个词读懂了什么？（汤汤乎若流水，汤汤是水流大而急的样子）那请你想象流水的画面，通过读表现出来。听他这样读，你仿佛看到了怎样的画面？（我仿佛看到了江水奔腾不息，浩浩荡荡地向前流淌）好，把你听到的都读出来。你用抓住一句话想象画面的方法，把文言文读出味道来了。

（6）作为"琴仙"的伯牙，会用琴声表达他的所见所闻、所思所想。伯牙弹琴"志在太山"，钟子期就仿佛看到了"巍巍乎若太山"，伯牙弹琴"志在流水"，钟子期就仿佛看到了"汤汤乎若流水"。只要是伯牙心里想的，钟子期全都知道，他真是伯牙的——（学生补充"知音啊"）板书：知音。

"相识满天下，知音能几人！"伯牙虽然是皇宫里著名的乐师，名满天下，可是没有人能听懂他的音乐，只有钟子期才能听出伯牙的志向、伯牙的胸怀。如果用一个字来概括伯牙当时的心境，那就是——（学生补充"喜"）。是啊，如果要用一个词来形容伯牙此时的心情，那就是——（学生补充"欣喜万分"）。读出这种喜悦的心情。

（7）伯牙与子期因琴相识，因琴相知，并约好第二年年中秋老地方再见。伯牙如约赶来，可是子期却已病逝。出示："伯牙破琴绝弦，终身不复鼓琴，以为世无足复为鼓琴者。"读读这句话，你读懂了什么？（钟子期死了，伯牙摔坏了琴，扯断了琴弦，以为世界上再也没有人值得他为之弹琴了。）

（8）你还读懂了什么？（伯牙很悲伤）你从哪个词感受到了他的悲伤？（破琴绝弦，伯牙摔坏了琴，扯断了琴弦）出示：伯牙摔琴谢知音图片，这是伯牙摔琴时的图片，读出你感受到的悲痛吧。你借助插图展开想象读出了文言文的味道。从"破琴绝弦"中还体会到了什么？（以后再也不弹琴了）读出你的体会吧。

（9）在钟子期的坟墓前，伯牙写下了一首短歌悼念子期。课件出示：忆昔去年春，江边曾会君。今日重来访，不见知音人。但见一抔土，惨然伤我心！伤心伤心复伤心，不忍泪珠纷。来欢去何苦，江畔起愁云。子期子期兮，你我千金义，历尽天涯无足语。此曲终兮不复弹，三尺瑶琴为君死！

读读这首诗，看看从中又读懂了什么？（伯牙破琴绝弦怀念知音）你借助资料读出了文言文的韵味。

摔碎瑶琴凤尾寒，子期不在对谁弹？子期死，伯牙谓世再无知音，乃破琴绝弦，终身不复鼓。读！出示："钟子期死，伯牙破琴绝弦，终身不复鼓琴，以为世无足复为鼓琴者。"

四、总结收获，强化认识

1. 配乐诵读：古琴曲《高山流水》。一曲《高山流水》，一段动人的故事千古流传，让我们跨越时空，背诵全文，再现情境。

2. 今天我们一起读懂了伯牙鼓琴这个故事，读出了体会，习得了方法，最后熟读成诵。感谢同学们这节课的精彩分享。下课！

（获第三届全国生态语文教育教研大赛中获优质课二等奖）

《我最喜欢的人物形象》教学设计

长春市绿园区开元小学　张磊

个性鲜明，充满魅力的人物形象总能牵动我们的心，让我们由衷地欣赏和喜欢。以"交流会"为载体，结合已有阅读经验，打开交际话题，激发表达欲望，提升表达及倾听能力。

【教学目标】
1. 分条讲述自己最喜欢的人物形象，能把理由说清楚。
2. 听人说话能抓住重点。

【教学重难点】
1. 分条讲述自己最喜欢的人物形象，能把理由说清楚。
2. 听人说话能抓住重点。

【教学准备】
1. 搜集关于自己最喜欢的人物形象的信息。
2. 多媒体课件。

【教学课时】
1课时。

【教学过程】

一、游戏引入，激趣揭题

1. 猜猜看：出示"蔺相如""海力布""关羽"的形象描写文字片段，让学生猜，猜中后出示相关人物图片。

2. 谈话揭题：这三个人物是本册书中出现的人物，教材中有的对他们进行了细致的描写，有的一笔带过。其实除了书中的人物，我们在阅读文学书籍、观看影视作品时，也常常被一些人物打动。这节口语交际课我们就来举行一次"我最喜欢的人物形象"的交流会，请你把自己最喜欢的文学或影视作品中的人物介绍给大家。（板书课题：我最喜欢的人物形象）

评：从熟悉的人物引入，创设"交流会"的交际情境，激发交际兴趣。

二、自主填表，合作评改

1. 根据资料，填写表格。
（1）根据课前搜集的关于自己最喜欢的人物形象的资料，填写书中表格。
（2）填写前请学生通过看表格所给范例，发现表格是按照姓名、出处、喜欢的理由三个方面来填写。
（3）学生自主填表，教师巡视，做到心中有数。
2. 组内交流，完善表格。
（1）小组内交流表格，在比较中发现填表的注意事项。
如：表格中"喜欢的理由"可以是人物的外在形象，也可以是内在品质。
举出相关事例，无疑是表现人物形象的最佳方法。
填表时，语言要简练，可以采用写关键词的填写方式。
（2）学生修改完善自己的表格。
评：学生是学习的主体，让学生在自主学习中进行独立思考，在合作学习中打开新的思路，促进语文能力的提升。

三、首次表达，讨论方法

1. 指两位同学，借助表格进行交流。其他同学评价，评价要说清楚讲述者有哪些可取之处，哪些不足之处，如何改进。
引导学生从以下几个方面入手讨论方法：
A.加上开场语或结束语，增加表达的完整性。
B.用上连接词把几方面串联起来，如"一、二、三"或者"首先、其次、最后"等，分条讲述，说清楚，使听的人更容易听明白。
C.人物的内在品质可以结合具体事例展开说。
D.声音洪亮，讲话连贯，语态自然，适当加上表情和动作，以增强语言的感染力。
2. 根据以上注意事项学生自主练说，教师巡视指导。
评：在倾听中学习，在评价中提升，在互动中提高对口语交际的认识和表达沟通的水平。

四、组内练说,自评互评

1. 组内练说:小组成员依次介绍自己喜欢的人物,并根据评价表进行自我评价,其他成员注意倾听并根据评价表对展示者给出星级。

姓名	内容			表达
	理由简单,角度唯一 ☆	理由清楚,分条讲述 ☆☆	事件典型,表述清楚,人物形象吸引人 ☆☆☆	声音洪亮,自然、大方 ☆
自评				
互评				

2. 总结得分,选出代表。

评:在小组内进行自我评价和互相评价,在评价中落实本次口语交际的两个目标:分条讲述,把理由说清楚;听人讲话能抓住重点。

五、再次展示,能力提升

1. 小组派代表依次进行交流展示,全班共同评议,内容是否符合要求、语言是否流畅、重点是否突出,并给出建议。如果学生多是严格按照"一、二、三"分条表述的,先肯定其条理,同时也提出不一定非得按"一、二、三"固定模式表述,也可以根据表达的需要,用上关联词语、过渡句等调整表达方式,使表达更自然。

2. 根据学生表达的特点评选出"最自然大方奖""最佳口才奖""最具文学性奖""最具趣味性奖""最大进步奖"等,并宣布评选结果。

评:在经历自主思考、倾听借鉴、自我重塑的过程中展示最优的自己,增强交际自信。

六、游戏巩固,总结所学

1. 我演你猜。游戏中交际:一人演一人物形象,一人猜,教师从旁协助,可以让猜的同学说一说是怎样猜到的,注意语句的通顺。

2. 小结:与别人交流时不仅要会讲,做到分条讲、讲清楚,还要善于听,做到听人说,抓重点。想要了解更多的人物形象,就要多阅读,在阅读中汲取知识,充实自己。这也是我们本次口语交际要达成的目标。(分条讲述,把理由说清楚;听人说话能抓住重点。)

在有层次的设计中,进行有层次的训练和指导;在有梯度的学习中,逐步提升表达能力;在自主评价和互相评价中,彰显个性,汲取优长。

(获绿园区优质课教学大赛一等奖)

口语交际《朋友相处的秘诀》教学设计

长春市第八十七中学小学部　刘志超

【教材分析】

"朋友相处的秘诀"是统编版四年级下册第六单元的口语交际话题,旨在引导学生主动参与集体讨论,根据讨论目的学会记录信息、整理信息,能够清楚地、有条理地汇报小组的意见。另外,这一话题也契合了单元主题"成长"的内涵,"学会相处"是一个人"成长"的重要体现。通过本次口语交际的训练,可以将两个方面的能力进行迁移运用,一是用朋友相处的秘诀指导学生的生活,让学生反思自己的生活,发现自己在朋友相处中出现的问题,知道今后怎样与朋友相处。二是将小组讨论记录、整理信息的能力迁移运用到其他活动或学科的学习中。

教材第一段引出话题,提出了朋友相处最重要的是什么这个问题,并列举对这个问题的两种看法,引发学生的思考。第二、四段提出本次口语交际的具体要求,一是要求分组讨论,每组至少提出三条大家认为最重要的意见;二是小组意见汇总后,派代表在全班汇报。

如何根据讨论的目的记录重要的信息,如何整理、汇总小组的意见,对四年级的孩子来说是第一次接触,有一定的难度。为此,教材第三段提供了一个范例,根据"怎样表达对父母的爱"这个话题,呈现了小组讨论记录的信息,"泡泡"的内容是对如何记录、整理、汇总意见的具体指导,有三个要点:一是要把每个同学的想法都记录下来;二是分类整理,把相近的内容整合在一起;三是确定意见,标出大多数同学认同的想法。

小贴士提出了本次口语交际的要求:一是根据讨论的目的,记录重要信息,这是对倾听能力的进一步要求,根据目的选择记录的内容;二是分类整理小组意见,有条理地汇报,在以前清楚表达自己看法的基础上,这一次是全面地反映小组的意见。"有条理",就是把大家的观点逐条说清楚,而"分类整理"是有条理表达的基础和前提。

【教学目标】

1.能根据讨论的目的,记录重要的信息。

2.能分类整理小组的意见,做到有条理地汇报。

3.引导学生反思自己的生活,发现与朋友相处中出现的问题,知道今后怎样与朋友相处。

【教学重难点】
学会整理、汇总小组意见。
【教学流程】

一、课前交流，引出话题

孩子们好，又见面了，穿上校服显得更精神了，虽然昨天只是匆匆一见，但老师能感受到咱们四年一班是一个特别团结友爱的集体，同学们既热情又友善，因此今天我想和大家聊一聊有关朋友的话题，谈到朋友，我想采访一下，咱们班谁的朋友比较多呀？自我推荐一下，能告诉我你的名字吗？**，你好，向我介绍两位你的朋友吧！为什么你们会和**成为朋友呢？你先说。

生回答，师交流评价。

师：通过你们的介绍，我发现大家真的很会交朋友，那也一定很会与朋友相处，那我们这节课就来聊一聊朋友相处的秘诀。

二、交流指导，小组讨论

师：都迫不及待想说了是吗？那说说吧。

预设1：我特别喜欢他的表达，不仅说明了观点，还解释了原因，特别有说服力。

预设2：老师也想来说一个朋友相处的秘诀，想听吗？我呀始终觉得陪伴是最长情的告白，朋友之间也是这样，我有几位好朋友就经常陪伴在我身边，尤其在我最需要帮助的时候，比如今天，他们虽然也很忙但还是来陪我上课了，让我感觉特别温暖。你们同我一起向他们挥挥手吧！

师：谢谢孩子们，那你们发现刚刚老师在发表意见的时候和之前同学们的有什么不同吗？那这样说的好处是什么呢？

师：其实老师这样说也是受到了之前同学们发言的启发，这就是讨论的好处，那我们今天的交流就先以小组讨论的方式展开。

要求：1.每个人都要围绕"朋友相处的秘诀"这一话题轮流在组内发表自己的看法，发表看法的时候可以简要举例说明以得到大家的认同。

2.记录员要在记录单上逐条做好简要记录。

3.每小组至少要记录三条大家都认同的重要意见。

4.讨论时间为5分钟。

小组讨论。
代表汇报。
他说得清楚吗？同一小组的同学来评价一下，有补充吗？
其他小组有想评价的吗？
老师想问一个问题：你记得这几个意见都是你们组谁说的吗？
相机指导。

三、范例引路，分类整理

老师这儿也有一份小组讨论记录单，是某小组在讨论"怎样表达对父母的爱"时做的记录，观察这个记录单，再对比自己小组的记录单，看看有什么不同？

生总结不同。

师小结：这一组不仅能整合相同的意见，还标记出了大家都认同的意见，真好，老师发现，你们都很会思考，借助这份记录提炼出了记录小组意见的方法，就是，让我们一起读一读泡泡图中的提示。

下面就请各小组按照这样的方法快速修改一下自己的记录单，标记出你们共同认为的重要意见，最重要的那个要重点标注，然后我们接着汇报。

四、代表汇报，交流评价

这样因为今天时间有限，我们每个小组就汇报一个你们认为最重要的意见，其他小组如果和他们达成共识可以补充。有不同意见我们再接着汇报。

1. 代表汇报。
2. 小组补充。

请你挑出能代表你们意见的关键词，把它贴在黑板上。

五、延学拓展，总结学法

好，我们先汇报到这儿，黑板上已经贴满了大家提炼出的与朋友相处的秘诀，我们来读一读。听了大家意见，老师真的很佩服你们，因为如何与人相处这件事真的很重要，老师也是一边成长一边学习，上课前我还通过读书穿越时空拜访了

几位名人,看看关于朋友相处,他们是怎样说的:

孔子:己所不欲,勿施于人。

子夏:与朋友交,言而有信。

孟子:人之相识,贵在相知;人之相知,贵在知心。

[清]徐时栋:人生得一知己足矣,斯世当以同怀视之。

虽然他们都是很有学问的思想家,但其实他们说的并不深奥,就是同学们所总结出来这些秘诀,大道理往往是最朴素的,这些最朴素的道理就是我们中国传统的交友之道,课后,大家可以动手制作一张卡片,写一些关于友情的名言或者对朋友最深的祝福,送给你的朋友。

这节课我们通过小组讨论的方式,学习了如何记录整理信息,如何有条理地进行汇报,这是我们在合作学习中经常用到的方式,独学而无友,则孤陋而寡闻,只有与朋友共同学习,集思广益、取长补短,才能弥补自身的缺憾,并获得更多知识。

今天我们就交流到这儿,谢谢四年一班友善的孩子们。

(获长春市第三届名师评选教学精英现场课一等奖)

《游——》教学设计

长春市绿园区民主小学　李丽

【教学目标】
1. 按一定的顺序把游览过程写下来。
2. 把印象深的景物写具体。
3. 使用过渡句，使各处景物转换更清楚。

【教学重难点】
把印象深的景物写具体。

【教学准备】
多媒体课件。

一、联系实际，创设情境

德惠市岔路口小学的同学们要和我校结成联谊校，为我校展演社团成果，你们期待吗？

在展演过后，他们将在长春参观游览，作为东道主你有什么好地方推荐？

预设：南湖公园、北湖公园、动植物公园等等。

可以说说理由吗？作为绿园人，我们身边也有一处美景值得推荐——长春公园。那今天我们就来写一篇游记，向德惠岔路口小学同学推荐一下我们身边美丽的长春公园。

老师这有一部介绍长春公园美景的先导片，让我们先睹为快。（播放）

看了这个视频你有什么感受？可以用一句话或者一个词语交流一下。

预设：美不胜收、无与伦比、风景如画等等。

你总结得很准确，请记住你刚才的发言，一会儿我们会用到。下面我们就看看第五单元的习作是如何要求的。

二、抓住重点，引入新课

PPT 习作要求。

预设：题目补充完整，按游览顺序写，写清楚游览顺序。
对于这篇习作还给出了具体的写作方法指导。
PPT 读出要求。
预设：先画路线图，明确路线，抓住景物的特点，用过渡句将景物的迁移写清楚。

三、依托例文，练习仿写

在这个习作单元中有2篇例文是按游览顺序写的。
预设：《记金华双龙洞》《颐和园》
好，那我们来回顾一下他们的游览顺序。预设：汇报路线。PPT 太棒了，老师这恰好有一张长春公园的景观图，请你来设计一下游览路线吧！
预设：汇报从不同方向进入游览顺序。
好，请将你的路线填在习作练习卡上有（ ）的部分。同时将你最感兴趣的景观做好标记。你还记得刚上课时汇报对长春公园的感受吗？请结合感受把联系卡上的第一句话补充完整。然后自己连起来读一读。
预设：汇报，纠正填写卡片出现的病句。
刚才发现（ ）数量不够，游览景观也要有取舍不能面面俱到。
我们都有自己最感兴趣的景观，能说一说它什么特点最吸引你吗？
预设：睡莲湖，受妈妈影响，喜欢白色的睡莲，人文因素；郁金香颜色各异；芍药园种类多等等自然因素。
我们尝试来写一写，请填在练习卡的___处。
预设：生练习，教师相机指导。

四、综合运用，提升能力

预设：展示学生作品。
PPT 指导评价方法：书写规范，是否抓住特点来写？用什么方法来突出特点？
预设：运用修辞方法来体现花的娇美灵动，用自己的感受来衬托花的惹人喜爱。
预设：第二篇小组讨论，如何修改，给出意见，现场发言。
其实，我们还可以按一定顺序来介绍，请看例文《七月的天山》，在课文第二自然段，作者用什么顺序来描写美景？

预设：从高到低的顺序。

还可以整体到局部、从远到近等等很多方法。请你也来尝试用用这种方法吧！同桌也可以商量一下怎么改。PPT 修改小提示。再出示郁金香图片体会空间位置不同观察结果不一样。也可以给一段例文，请学生填空体会。

预设：汇报 3 名同学，请同学分别评价是否体现出按一定顺序来写。可以借助一些表示方位的词语。

同学们，我们游览了这么多景观，如何能把它们自然地联系在一起呢？我们可以看看《颐和园》的写作方法——过渡句。请你读读这些过渡句，然后仿照例文，在练习卡上的空白处填写。

预设：同学们自由读一读，这时你发现经过一步一步的尝试，我们在课堂上已经基本完成了这篇习作。回忆你都运用了什么好方法。

预设：回顾写作方法。

小结：同学们，现在看我们手中的习作练习卡，你发现经过一堂课的学习，我们已经初步完成了这篇游记，希望通过你的介绍，德惠岔路口小学的同学们会更喜欢我们的长春公园，更喜欢我们美丽的绿园区。

五、结合学情，布置作业

1. 将习作卡补充完整。
2. 按照今天学到的写作方法，写一处景观。

六、总结方法，归纳板书

<pre>
              游长春公园
        按游览顺序   修辞方法
游记——写作方法——重点景物描写——有顺序
        用过渡句连接   加感受
</pre>

（获长春市第二届名师评选教学精英现场课一等奖）

《一起读诗》教学设计

长春市第八十七中学小学部　张娇

【教材分析】

本课教学内容为自选的几首古诗，范仲淹的《苏州十咏》，唐寅的《桃花庵歌》，白居易的《吴中好风景》和文天祥的"题壁诗"两句，诗作内容皆与苏州相关，诗人也皆与苏州大有渊源。

【设计理念】

苏州是历史名城，一份历史的凝重与文化的厚重分不开，本课设计意图重在品味历史的变迁中诗这种文化现象的奇妙与美丽，感受"文章合为时而著，歌诗合为事而作"。通过读诗、品诗感受其内容"爱恨情愁、风花雪月"，并积累学诗的方法——"六步法"。

【教学目标】

1.在阅读古诗的过程中获得初步的情感体验和感受语言的优美，激发学生对古诗词的热爱。

2.在品读的过程中积累一些学习古诗的方法。

【教学过程】

一、情境导入

师：我从小在书上看到这样一句话："上有天堂下有苏杭。"苏州在我、在很多人心里都是一个如诗如梦的地方。今天，我是客，你们是主，能用你们的家乡话和我说两句话吗？

师：你的声音真好听，这就是吴侬软语吧。这不禁让我想起辛弃疾的"茅檐低小，溪上青青草。醉里吴音相媚好，白发谁家翁媪？"

二、浏览古诗

师：喜欢读诗吗？你们知道吗？你们的苏州方言是最接近古音的，距今两千五百多年了，苏州这个城市有两千五百多年了，说到建城不能不提一个人——伍子胥。可惜他死于那场大家都熟知的吴越之争。至今苏州的许多地名都与他有关。胥口、胥山、胥湖。一个人身后能有此殊荣，足矣。历史一路走来，多少人与苏州有关，我不关心政客，只关注诗人。（板书：诗）在苏州为官的诗人中，范仲淹可算是地地道道的苏州人。聊到范仲淹你会想起关于他的什么呢？

预设：

1. 生平故事。（知诗人）

2. 诗句。（先天下之忧而忧，后天下之乐而乐等）

范仲淹在苏州为官时间并不长，只有一年，但他留下了很多关于苏州的诗词，今天，我们只能选取其中一首，看看诗人笔下的苏州：

苏州十咏（其三）

洞庭山

[宋] 范仲淹

吴山无此秀，

乘暇一游之。

万顷湖光里，

千家桔熟时。

师：自己读读，你知道了什么？

预设：

1. 诗题。（解诗题）（十首）

2. 内容。（诗人对苏州的喜爱）（悟诗情）

师：读诗，是在读一个人，了解诗人的故事，会更理解他的情之所至。（把这份热爱读出来吧，读）（板书：爱、读古诗）

师：走在历史遗留下来的古街，走在铭记历史的古镇，感觉自己被厚重的历史包围，是一种幸福。有没有一个地方是你爷爷小时候去过的，爸爸小时候去过的，而今你又可以去的。这，关乎传承。

师：（出示桃花庵图片）这是哪里？想到谁？明代才子唐伯虎也是苏州人。

桃花庵（ān）歌（节选）

[明]唐寅

桃花坞里桃花庵，桃花庵里桃花仙。

桃花仙人种桃树，又摘桃花换酒钱。

（先出示前四句）谁想读读？

酒醒只在花前坐，酒醉还来花下眠。

半醒半醉日复日，花落花开年复年。

师：唐伯虎"诗中有画画中有诗"，在他这首诗的背后你看到了怎样的画面？感受到怎样的情感？（根据学生发言板书愁、悟诗情，猜对了，出示后四句，再读。板书：花 想画面——明诗意。）

师：唐伯虎一代才子以文名天下，嬉笑怒骂，皆成文章，花落水流，一片自然。将车马权贵视如尘土，将酒盏花枝奉为天人，自有傲骨。疯癫也好，痴狂也罢，花间独坐自饮自斟，自有风流。（边想象画面边读一读吧，读）文天祥为此有题亭壁诗云："一片黄云万顷田，江南父老庆丰年"，就在桃花坞，这不能不说是苏州桃花坞的光荣。谁在前？

师：漫步苏堤，弱水三千，多少繁华故事闪过眼前，一个人的名字愈加清晰——白居易。了解他吗？说说。

吴中好风景（节选）

白居易

吴中好风景，风景无朝暮。

晓色万家烟，秋声八月树。

舟移管弦动，桥拥旌旗驻。

况当丰熟岁，好是欢游处。

师：情（板书）又岂在一知半解。

师：文天祥："人生自古谁无死，留取丹心照汗青。"恨（板书）。

师：月落乌啼霜满天，江枫渔火对愁眠。姑苏城外寒山寺，夜半钟声到客船。愁月。

三、解读诗意

1.读书是一件惬意的事儿，"闲坐小窗读周易，不知春去几多时。"（宋·叶采）

2. 方法：读书有三到：谓心到、眼到、口到。

3. 总结板书：爱恨情愁 风花雪月 补充 那么哪些诗词能让我们读到情、读到风，雪呢？课下愿意去找一找吗？可读、可诵、可吟、可唱。

四、拓展延伸

最近在微信上曾看一篇文章讲，国人年均读书只有0.7本，而最高以色列达接近70本，这篇文章不但直指人心，也批判人性。李克强总理做政府工作报告时，首次提到倡导全民阅读。我们应该把读书作为我们日常生活中的一种习惯。诚如温家宝总理说的那样："我愿意看到人们在坐地铁的时候能够手里拿上一本书。"

我们苏州的城市精神：崇文，融和，创新，致远，第一就是"崇文"，中华民族是一个崇文的民族，曾子说"士不可以不弘毅"，我们要做一个读书人，北宋哲学大师张横渠写过这样一段话给读书人，请同学们全体起立，挺胸抬头，我们一起来读一读："为天地立心，为生民立命，既往胜之绝学，开万世之太平。"希望你们知天下事，做读书人！我们一起读诗吧！

五、板书设计

有故事：爱 恨 情 愁　　方法
有画面：风 花 雪 月　　解诗题
　　　　　　　　　　　　内容知诗人
　　　　　　　　　　　　读古诗
　　　　　　　　　　　　想画面
　　　　　　　　　　　　明诗意
　　　　　　　　　　　　悟诗情

（获全国儿童深读阅读教学观摩与论坛大会现场观摩课特等奖）

《乌鸦喝水》教学设计

长春市绿园区绿园小学　董亚飞

【教学目标】

1. 认识 11 个生字，会写 5 个生字。
2. 学会"只"的写法，认识"夂"。
3. 正确、流利、有感情地朗读课文。
4. 从故事中受到启迪：遇到困难要认真思考，想办法来解决。
5. 能用简洁的语言复述乌鸦喝水的过程，并能对小乌鸦说两句话。

【教学重点】

1. 正确、流利、有感情地朗读课文。
2. 认识 11 个生字，会写 5 个生字。

【教学难点】

能用简洁的语言复述乌鸦喝水的过程，并能对小乌鸦说两句话。

【教学准备】

多媒体课件字卡。

一、初读课文，厘清脉络

（一）自读课文

1. 边读边画出要求会认会写的字，拼读几遍。
2. 标出自然段序号。

师：同学们，这篇文章讲的是谁的故事？（字卡出示"乌鸦"两个字）

师：谁想给大家讲讲这只小乌鸦的故事？（复述文章内容）

生说师板书：找水喝→喝不着→喝着水。

（二）厘清脉络

这篇课文，就是向大家讲述了：乌鸦先（找水喝），可是（喝不着），最后（喝着水）的故事。

这就是故事的主要内容，以后你读完一个故事也要学会用这样简短的话概括。

二、导授新课

（一）学习"只"字

屏幕出示：一（ ）乌鸦请学生填一填量词。

师：还可以说"一只"什么？

（一只猫，一只狗，一只鞋，一只手）

师：我们生活中还有许多像这样的词语，我们把它们称为"量词"，让我们来一起试一试，看你知道多少。学思结合，拓展练习激发学生的学习积极性，从而举一反三，教学相长。加框放在"填量词练习"右面。

填量词练习：

一（ ）花　　一（ ）河

一（ ）歌　　一（ ）旗

一（ ）星星　一（ ）老师

师：今天我们学的这个字它不仅是个量词，还是一个多音字，谁来说说它还念什么，再来给它组个词语吧！（学习多音字"只"）出示虚宫格中的"只"字。

1. 观察

请同学们观察，怎样写好这个字。

（上窄下宽、间距适当、最后一笔是长点不是捺）

写字指导，环节清楚，细致入微。写一写这个字。有评有改有实效。加框放在"请同学们"右面。

2. 范写

在横中线上一线和竖中线左一线相交的位置开始写短竖，到横中线处收笔，在竖的起笔位置处写横折，到接近横中线位置收笔。横封口。横中线下方竖中线左一线处起笔写撇，接近中心点位置起笔写长右点。

3. 练写

下面就在本子上写两个"只"字。

4. 评改

（二）学习"处"字和"找"字

师：想要表现小乌鸦的口渴，需要重读哪个词呢？

（到处）什么意思？（处处）说明它找了很多地方，他可能会到哪里找水了。（出示：小乌鸦来到＿＿＿，没有水。指名读，齐读）大家发现没有，处字和哪个字长得像？（外）

师：他们两个也是形近字，大家一定要注意区分。

写在虚宫格。

师：还有一个字宝宝藏在句子中，它是——找。怎么记住它？（组词，练写）

用换词的方法，让学生理解了"到处"的意思，同时又发散学生思维，培养学生的想象能力。加框放在"（二）"右下面

（三）学习"旁"字和"许"字

师：乌鸦好不容易找到了半瓶水，可是却喝不到，（幻灯片3）这时，它发现了什么？

生：（许多）小石子。（板书：见石子）

师：有一个词表示数量，来一起读一读。（出示字卡，许多）

师：你用什么方法记住这个字？（加一加，编儿歌）

师：乌鸦在哪里发现了小石子？

生：在瓶子旁边。

师：（字卡出示：旁边）开火车读"旁边"。

师：老师把这两个词语送回到课文中，你还认识它们吗？谁来读读第三自然段？

生：看投影读第三自然段。

师：看到了石子，乌鸦就开始——想办法（投影出示"办法"）

低年级识字教学，坚持"字不离词，词不离句，句不离段"的原则，创设多种情境识字，保证识字效果。加框放在"（三）"右下面

（四）学习"办法"两个字

师：同学们，你在生活中遇到困难也会想办法吗？

你有什么好办法记住这两个字吗？

（用力出汗就是"办"，把水去掉就是"法"）

师：口渴的乌鸦突然想到能喝到水的好办法，它的心情会怎样呢？（兴奋、激动、高兴……）谁来试着读一读？

（指导读第三自然段）

师：乌鸦究竟想到了一个怎样的办法呢？

（请学生读第四自然段）

（五）学习"放"字

师：出示"放"字的字卡，找两个学生读，认识"攵"，并积累带有"攵"的字。

（六）学习"进"字

师：男同学读出这个字——进，"进"可以组词"进门""进入"，所以进的反义词就是"出"，"进"还可以组词"前进""进步"，所以"进"的反义词还可以是"退"。再来看看这个字宝宝（近），这个"近"是远近的"近"。

识字方法多样，不局限于固定模式，区别形近字组词，既可快速提高识字效率，又可以避免汉字混淆，激发学生的识字兴趣。加框放在"（六）"右下面

（七）学习"高"字

师：把石子放进瓶子里，瓶子里的水有什么变化呢？（慢慢升高了）

师："高"的反义词呢？（低）

师："高"和"低"是一对好兄弟，它俩总喜欢一起出现在成语里，让我们来一起看看吧！

眼高手低 山高水低 眉眼高低 高不成低不就

师：其实啊，还有好多成语也有这样的反义词兄弟，谁想来说一说？

师：多么聪明的乌鸦，谁还想再来读一读这一段？

生：……

师：你读得不错，还有谁想来读一读？

生：……

师：你想对这只小乌鸦说些什么呢？

生：小乌鸦，你真聪明，我要向你学习。

师：小乌鸦那样渴，可是它还能一粒一粒地衔石子，猜一猜，这个时候它会想些什么？

生：它会想，我再坚持一下，就能喝到了。

生：它会想，我还要再加把劲，一定能成功的。

师：是呀，这只小乌鸦多有毅力呀，你还想对小乌鸦说些什么？

生：小乌鸦，我们也要像你一样，不怕累，做事要持之以恒，坚持到底，才能成功。

让我们再来夸夸这只小乌鸦！（齐读，指导读第四自然段）

识字之后指导感情朗读，寓识于读，以识促读，相互促进，相得益彰。加框放在"（七）"右下面。

三、拓展延伸

师：在我们的生活当中，也经常会遇到各种各样的困难，我想，只要我们能够动脑筋想办法，就一定会像乌鸦一样，找到解决问题的方法。

【评析】

大道至简，看似越简单的东西越难驾驭，我们低年级的课堂就是如此，一堂课既要识字写字，又要指导朗读，还要有语言文字的训练，口语的表达，如何将这些内容融为一体，让学生在40分钟的学习当中既有知识的获得，又有情感的体验。通过听课可以看出董老师在这方面进行了有益的尝试，在这节课的设计当中也融进了她巧妙的构思。总体来说，突出四个"巧"。

一、巧妙设疑，厘清文章脉络

对于一年级的学生，厘清文章线索是个很困难的事，但董老师用非常巧妙的问题，通过找到带有"喝"的三个词语，很清楚迅速地找到了文章的脉络，开篇就引导学生，认真读文，仔细观察、训练用最简练的语言概括故事内容，点出课题"乌鸦喝水"。接着用"乌鸦是怎样喝到水"的问题，激发儿童，让其在好奇和欲说的心态中学习课文。

二、巧妙识字，扎实能力培养

在这堂课中，以随文识字为重点，在巧妙的随文识字过程中，渗透一些识字的教学方法，让学生掌握了这些方法后，老师逐步放手，让学生自学，并通过小组合作，让学生有更多的机会自由发挥，自我展示，既培养了学生的自学能力、合作能力，又培养了表达能力，大大提高了识字的效果。

三、巧设环节，注重寓识于读

在本课教学中，老师精心设计环节，层层推进，做到寓识于读，以识促读，读中感悟。比如：在整体感知时，老师的范读，学生的自由读，同桌的互读，指名正音的读；在深入理解时，老师指导性的练读，学生个性化的朗读；在识字时，也是有层次的读，借助拼音读，去掉拼音读，等等。读的形式也很多样，如，"小老师"领读、"开火车"读等等，充分激发学生读文的兴趣。整个教学过程就是让学生在读中理解文本，在读中体会乌鸦找不到水的焦急、喝到水的高兴，在多种形式的朗读中，感悟到乌鸦的聪明、可爱。

四、巧于拓展，知识延伸课外

通过文章的学习和领悟，让学生体会到在生活中如果遇到困难要积极动脑筋想办法，这样使固定的文本灵动起来，让学生既有知识的获得，又有生活经验的积累。

最后，对于低年级的阅读教学提出三点建议：

1. 注重识字方法的多样性。

善教者，得法，事半功倍。在教学中，一定要注重识字方法的多样性，因字施教，抓住重点，有所侧重，这样既省时省力，学生又学有所乐，学有所长。

2. 注意生字的复现与巩固。低年级的识字就是要为学生创设多个与生字见面的机会，在复现巩固、反馈运用阶段，注意让学生换个语言环境再认识，再送到课文中或句子中进一步巩固。

3. 关注能力的培养与提升。在教学中，始终要以学生的发展为根本，关注到学习能力的培养与提升。使学生逐渐学会"自主、合作、探究"的学习方式，能够用眼睛去观察，用头脑去判别，用语言去表达与交流，能够成为一个独特的自我，才能逐渐适应未来的学习与发展。

低年级的阅读教学识字写字是重点，但不是全部，识字也不是简单的认字，要在识字的过程中赋予识字丰富的内涵，注意对学生认识事物、语言表达、思维能力的训练，体现语文综合素养的培养。

《绝句》教学设计

长春市绿园区迎宾路小学　郝旺

【教学目标】

1. 认识"绝、鹂、鸣、含、岭、泊"6个生字,读准多音字"行",会写"绝、含、岭、吴"4个生字。
2. 能正确、流利地朗读《绝句》,并背诵下来。
3. 能初步了解《绝句》中诗句的意思,说出诗句描绘的画面。

【教学重点】

1. 认识生字,正确书写"船"字,认识"舟"。
2. 有感情地朗读课文。

【教学难点】

能初步了解诗句的意思,说出诗句所描绘的画面。

【教学准备】

课件、生字卡片。

【教学过程】

一、激趣导入,简介作者

同学们,我们唐代有两位著名诗人,一位享有"诗仙"的美称,是李白;另一位则被称为"诗圣",他就是杜甫。杜甫的诗在唐代诗作中享有极高的声誉,在他饱经了战乱之苦后重返四川成都杜甫草堂时看到周围的美景,于是有感而发,便写下了这段流传古今的千古《绝句》。(板书:绝句)

1. 知诗人。

杜甫(712—770)唐代诗人。字子美,自称少陵野老。祖籍襄阳(今湖北襄阳市襄州区),自其曾祖时迁居巩县(今河南巩义西南)。许多优秀作品展示出唐代由开元、天宝盛世转向分裂衰微的历史过程,被称为"诗史"。《兵车行》《春望》《茅屋为秋风所破歌》"三吏""三别"等诗,皆为人传诵。

2. 解诗题。

绝句,又称截句、断句、绝诗,四句一首,短小精悍。它是唐朝流行起来的一种中国诗歌体裁,属于近体诗的一种形式。

二、初读课文，整体感知

1. 老师范读。（课件：在背景图上一行行出示，同时加入音乐，让学生感受诗的意境。）

两个／黄鹂／鸣／翠柳，一行／白鹭／上／青天。

窗含／西岭／千秋雪，门泊／东吴／万里船。

2. 学生初读。（学生自由读文，注意把生字的读音读准，把诗句读通顺。）
3. 指名读、齐读。

过渡：读的真好，因为诗真美，想不想走进诗人，走进杜甫草堂，去和他一同分享这天成之美。

三、创设情境，细读古诗

（一）学习第一句：两个黄鹂鸣翠柳

1. 出示课件，声景并茂。
2. 说说你看到了什么？听到了什么？

预设：我看到了黄鹂鸟。

3. 诗中那活泼可爱、小巧玲珑的黄鹂鸟在什么地方？

预设：黄鹂鸟在柳树间。

4. 诗人用哪个字来形容柳树的？

预设：翠。

5. 可见此时正是早春时节，那黄鹂鸟在翠绿的柳树上做什么？

预设：鸣叫。

6. 那么你们想美丽的黄鹂鸟会在翠绿的柳间怎样鸣叫呢？

预设：欢快地、自由自在地。

7. 于是诗人脱口而出：两个黄鹂鸣翠柳。（教师板书）
8. 随文识字：

学习"鹂""鸣""翠"。

（课件：3个字在诗中逐渐变大，跳出来，达到重点学习的目的。）

（1）鹂：lí，黄鹂，一种鸟，所以鸟字旁，左声右形。

（2）翠：绿的意思。

（3）鸣：鸟的叫声，出示字理。汉字就像个成长的孩子。课件：鸣的字理图，使学生清晰地看到鸣的历史演变过程。

（4）看吧，两只活泼可爱，小巧玲珑的黄鹂在翠绿的柳梢间欢快地鸣叫。他们是春的使者，给人以希望和向往。闭上眼睛想，你看到了吗？你能读出这春的生机吗？

（出示课件：这3个字跳回句子。）

（二）学习第二句：一行白鹭上青天

1. 诗人正陶醉于黄鹂悦耳的鸣叫声中，忽然眼前掠过一道白色的弧线，这白色的弧线是什么？

预设：白鹭。

（教师用课件展示白鹭图片，并介绍白鹭：一种水鸟，浑身羽毛洁白，在天空中飞翔的身姿十分优美。）

2. 诗中写的是一只白鹭吗？

预设：不是。

3. 哪个词告诉你的？

预设：一行。

4. 这一行排列整齐的白鹭正飞向哪儿？

预设：青天。

5. 青天是什么意思？

预设：蔚蓝的天空。

6. 学习"鹭"。

这就是"一行白鹭上青天"。（课件"鹭"逐渐变大，跳出来）

鹭：形声字。

7. 一行排列整齐的白鹭飞向蔚蓝的天空，这样的画面真美啊！让学生们想象一下这样的画面。齐读第二句，读出画面的美。（板书：一行白鹭上青天）

8. 诗人作诗用语简洁明快，画面里的色彩，诗中都体现出来了，你找到了诗中表示颜色的字了吗？

预设：黄、白、青、蓝。

9. 诗人用色彩鲜明的字写出春天景物的特征，仿佛有一幅早春美景图展现在我们面前。仰望苍穹，洁白的鹭鸟飞向蔚蓝的天空，这又是一幅多么高远而开阔的美呀！豪放的男孩们，让我们敞开胸襟，读出这深邃却又让人充满遐想的美吧！（学生齐读）（课件："鹭"跳回句子。）

（三）学习第三句：窗含西岭千秋雪

1. 过渡：黄鹂、翠柳、白鹭、青天，真是色彩鲜明，到处莺歌燕舞，绿柳垂丝，春意融融，怎不令诗人陶醉其中，此时他透过窗户，极目凝视却又被什么吸引住了？

预设：被远处的西岭雪山吸引了。

2. 介绍"西岭"：西岭是位于成都西边的岷山，那里的积雪终年不化，所以诗人说"千秋雪"。

其中"含"是包括、囊括的意思。"含"字，显示了透视的眼光，作者是把西岭之雪和方形的窗口放在一个平面上来欣赏，这"窗"如同油画的框，而"西岭千秋雪"则是框中的画，这么高的山可以像油画一样含在小小的"窗"中，可见"西岭"之远。（板书：窗含西岭千秋雪）

课件：第三句配图，感受"窗含"意境。

3. 学习"含""岭"。你觉得他们长得像吗？有什么好方法记住它们？"岭"去掉"山字旁"，你还认识它吗？（令）那么，"令"字家族除了"岭"你还想起了谁？

（玲、拎、冷、铃、零、龄、领）

出示课件："岭"出现"令"家族，使学生一目了然。

4. 汉字多变，汉字真的很神奇，一个"含"字将西岭雪山美景尽收眼底，不妨也让我们感受一下。同学们，让我们透过窗户看眼前的这片蓝天，想象一下，和下课后我们站在操场看到的无边无际的蓝天感受一样吗？

5. 可爱的女孩们，你能读出这含蓄的美吗？让我们闭上眼睛和诗人一同去感受这千秋雪景吧！（齐读）

（四）学习第四句：门泊东吴万里船

1. 诗人忽又低下头，这次，他又看见门前的什么？

预设：看到了船。

2. 船是停着还是行驶着？

预设：停着。

3. 你从哪个字知道的？

预设：泊。

4. 学习"泊"。

预设：停泊的意思。

5. 这是来自哪里的船？

预设：东吴。

课件：第4句配图，感受意境。

过渡：原来俯首处，门外还停泊一艘即将驶往东吴的客船。

6. 学习"吴"（课件："吴"跳出，重点学习。）

吴桐（学生名），你应该是最熟悉这个字了吧，告诉同学们，怎样记住它？

7. 因为从东吴到四川成都非常遥远，所以诗中用了一个词——万里。现在大

家明白这句诗的意思了吗？（板书：门泊东吴万里船）

8.同学们，战乱过后，江河畅通，路路通，万里航船，再不受阻，而行于其中，诗人看到此情此景，会是怎样的心情？

预设：愉快

9.让我们用愉快的语气齐读这首诗吧！

四、吟唱表演，感悟课题

1.吟唱表演。

诗歌，其实一首诗就是一首动听的歌，所以才称其为"诗歌"。有人就把这首诗谱成了曲，唱成了歌，我们一起来听一听。播放儿歌《绝句》，学生跟唱，师生同唱。

2.感悟课题。

同学们，诗人杜甫带我们一起欣赏了大自然的美景。是因为此时此刻诗人有一颗欣赏美的心，才有眼前的美景。看来只要心中有景，大自然处处是美景，也只有诗人这样绝妙的语句才能配得上大自然这绝伦的美景绝句，无与伦比，而不仅仅是一种诗的体裁。（出示课件回到首页图，学习"绝"，使课的本身达到"扣题"的效果。）

3.课堂小结。

同学们，任何事情都不是绝对的，只要下定决心，努力向前，就一定会春光无限。让我们怀揣坚毅的决心，谱写绝妙的人生。同学们，让我们闭上眼睛，想象这种美，印记这种美，吟诵这种美。（生配乐读，想象画面）

这堂课我们一起走近诗人，体会诗人作诗的情形，弄清了每句诗的意思，还想象画面，感悟诗中美好的意境。希望这节课能给大家留下一份美好的回忆。

【评析】

《绝句》是唐代著名诗人杜甫的一首七言绝句。该诗色彩明快，意境开阔。在教学时，郝旺老师遵循教学整体性原则，随文识字，教学层次清晰，从激趣引题到感知全诗到逐句讲解到学生吟诵诗句，层层展开，构成了一个由浅入深，步步深入体会诗境的良好教学结构。

一、字谜导入，激兴趣

字谜导入新课：三人坐在日上面——春。春天是美好的季节，今天就让我们跟随诗人杜甫的脚步去寻找春的足迹。郝旺老师相机播放古诗《绝句》视频范读，创设教学情境，拉近文本内容和学生的距离。字谜的导入充分调动学生学习的积极性，使学生兴趣盎然地进入课堂。

二、介绍背景，知诗人

故事的创作背景包括时代背景、诗人创作此诗的境遇及心态等。古诗深刻的历史文化背景，是传统文化教育的好素材，是小学语文人文性的典型体现。郝老师在课前让学生通过查资料了解诗人及其创作背景，既培养学生搜集和处理信息能力，又培养学生主动学习的品质、听说能力和口头表达能力，为下一步学习古诗、理解古诗的内容做好准备。

三、自主学习，明诗意

《语文课程标准》将"积极倡导自主、合作、探究的学习方式"作为语文课程的四大理念之一。指出"语文教学应该激发学生的休闲兴趣，注重培养学生自主学习的意识和习惯，为学生创设良好的自主学习情境，尊重学生的个体差异，鼓励学生选择适合自己的学习方式。"这就要求教师创设一个开放的学习环境，营造一种宽松自由的课堂氛围。在这一环节中，郝旺老师采取灵活多样的教学策略，做到"放"和"扶"有机结合，先引领学生抓住重点词语读懂前两句诗，再通过朗读感悟的方法获得情感体验，紧接着放手学习第二句古诗，在学习过程中教师依据学情适当地进行概括和提升。

四、想象诵读，悟诗情

古诗是中华民族的文化瑰宝，博大精深，凝练含蓄。有着音乐、建筑、绘画、意境等在内的巨大美学价值。语文课程标准指出：阅读是学生个性化的行为，不应以教师的分析代替学生的阅读实践。诗的情感要让学生通过朗读欣赏来体会。小学低年级的古诗教学要求较低，"诵读浅近的古诗，展开想象，获得初步的情感体验，感受语言的优美"。郝旺老师特别注重朗读，读书的形式较多，通过点读、评读、范读、诵读，演读使学生读出诗的重音和节奏。经过教师的不断引导、点拨，学生很快掌握了节奏，结果读得"有板有眼"。知道应该如何把握诗的轻重缓急，加深对诗人情感地体验，体味出诗人赋予诗的思想感情。

五、创设情境，入诗境

读诗的最高境界是进入诗歌意境。进入诗境就是引导学生真切地体验诗人所创造的那个景象和情感，为之动情。理解古诗的意思，体会古诗的意境是古诗教学的重点和难点。郝老师在学生熟读古诗的基础上采用了多种方法和手段理解诗意、入诗境，特别是在运用多媒体入诗境方面表现得更加突出，例如理解诗句"两个黄鹂鸣翠柳"，郝旺老师播放意境图一创设情境：春天来了，新绿的柳树上两只黄鹂在唱歌。学生之间交流自己看到了什么？黄鹂可能会说些什么？课文中哪行诗写了这幅画？使学生在教室里就能欣赏到这美丽的画面。在学习"一行白鹭上青天"时，播放意境图二：正当诗人陶醉于黄鹂悦耳的鸣叫声中，忽然眼前掠过一道白色的弧线，这白色的弧线是什么？对话推进教学：一行白鹭在天上时怎么飞的？指导读的时候加上动作，加深意境美。在教学诗歌的后两句时，老师又出示了课件"窗含雪""门泊船"的意境图。这样的直观教学,有动有静、有声有色,情境逼真,一幅色彩明丽、景色迷人的图画给学生留下了深刻的印象。学生在获得快感的同时又明白了诗歌的意思,在快乐中学习知识,可谓一举两得。最终,让学生通过诵读与诗人的情感达到共思、共忧、共吟的境界。实际上这一环节就是前一环节的升华和展示。

"教育有模,但无定模;无模之模,乃为至模。"古诗的教学结构可以多样,教学方法千变万化。郝旺老师根据古诗的特点,从语言因素入手,引导学生逐步完成对古诗的感知、理解和感悟,就可以达到学生读懂诗句、理解意思、体会情感、领悟诗境和朗诵背诵的教学目标,并激发学生更加热爱祖国语文文字的思想感情,培养学生的审美情趣,提高学生的审美能力。

《大自然的声音》教学设计

长春市绿园区正阳小学　张龙

【教材分析】

《大自然的声音》这篇课文以清新活泼的笔调介绍了大自然中风的声音，水的声音和动物的声音。文章以独特的视角，丰富的联想，富有韵味的语言，将大自然中的事物比作音乐家，把他们发出的声音描绘成各种美妙生动的乐曲，体现了大自然的美。

【教学目标】

知识与技能：学会6个字及相关的词语，认识12个字。体会作者的思想感情，培养学生对大自然的热爱之情。

过程与方法：感知课文结构，巩固抓关键语句读懂段落大意的方法。想象课文中描述过的声音，感受大自然的美。

情感态度价值观：课文以清新活泼的笔调介绍了大自然中风的声音，水的声音和动物的声音，表达了作者对大自然的热爱之情。

【教学重难点】

从语言文字中体会大自然声音的丰富与美妙，激发学生对大自然的热爱之情。

【教学准备】

多媒体课件。

【教学过程】

一、复习巩固，引入情境

师：这节课我们继续学习《大自然的声音》。（齐读课题）

师：通过上节课的学习我们都知道这篇课文是围绕——

生：大自然有许多美妙的声音。

师：第六单元要求我们抓关键词语理解一段话的意思，这句里有一个关键词语，你们找到了吗？（板书：美妙）。

师：真准确，这些大自然的美妙的声音都是谁演奏的呢？你能用文中的语句

说一说吗？（结构图）

生：风、水、动物。

二、入情入境，美读感悟

师：接下来我们就去聆听一下大自然的声音，请同学们默读课文第2—4自然段，想一想你是从哪里体会到声音的美妙？画一画相关的词语或者句子，把你找到的句子与同学读一读并交流一下感受。（出示自学提示）

预设：

（一）风

1. 风，是大自然的音乐家。他会在森林里演奏他的手风琴。

通过直观感受手风琴的演奏声音，体会风这位音乐家带给我们美妙的声音。

2. 不一样的树叶，有不一样的声音；不一样的季节，有不一样的音乐。

生：我通过不一样这个词感受到了风带来的声音的美妙。

师：你关注到了吗？有几个不一样？

生：四个。

师：那到底什么是不一样的呢？

生：树叶不一样，所以声音不一样。

师：那你觉得风会吹到哪些树叶上呢？

生：枫叶、梧桐叶、柳叶……

师：读一读不一样的声音，还有哪些不一样？

生：季节不一样，风也不一样，所以声音也不一样。

师：想象一下，不一样的季节会演奏什么样的音乐？

生：……

师：这么多的不一样，真是给我们带来了一场不一样的音乐盛宴啊，来读一读。

3. 当微风拂过。

理解"呢喃细语"，点播多音字"呢"，通过朗读体会微风的温柔。（板书温柔）

4. 当狂风吹起。

通过森林激动的状态，感受大自然狂风的威力。（板书威力）

小结：风之曲真是出自名家之手啊，不仅让我们体会到了轻柔的小夜曲，也欣赏到了雄伟的交响乐，让我们感受到了大自然的声音真是太美妙了。

（二）水

1. 小雨滴敲敲打打，一场热闹的音乐会便开始了。滴滴答答……叮叮咚咚……所有的树林，树林里的每片树叶；所有的房子，房子的屋顶和窗户，都发出不同的声音。

生：通过"热闹"一词感受到了声音的美妙。（板书热闹）

师：你感受到了怎样的热闹？

生：滴滴答答……叮叮咚咚……所有的树林，树林里的每片树叶；所有的房子，房子的屋顶和窗户，都发出不同的声音。

师：点拨"拟声词"小雨滴落在不同的地方还会发出什么样的声音呢？

生：……

师：正是因为有这些滴滴答答和叮叮咚咚的声音，小雨滴这敲敲打打的音乐会才会热闹，声音才会美妙，来读出小雨滴带给我们的美。

2. 当小雨滴汇聚起来，他们便一起唱着歌：小溪淙淙，流向河流，河流潺潺，流向大海；大海哗哗，汹涌澎湃。从一首轻快的山中小曲，唱到波澜壮阔的海洋大合唱。

师：你见到过小溪、河流。你听过大海发出的声音吗？

（边播放音乐边读，播放小溪，读小溪淙淙……）

师：你听到了什么样的声音？

生：……

朗读指导：

读出小溪淙淙的声音，河流潺潺的声音，大海哗哗的声音。

师：是什么让小雨滴拥有这么大的力量，可以唱出"大合唱"？一滴小雨滴能做到吗？

生：……

师：是小雨滴汇聚起来的力量。（板书汇聚）所以水带给我们的美妙声音是小溪淙淙，河流潺潺，大海哗哗，从一首一首，唱到海洋大合唱。

（三）动物

动物是大自然的歌手。走在公园里，听听树上叽叽喳喳的鸟叫；坐在一棵树下，听听唧哩哩唧哩哩的虫鸣；在水塘边散步，听听蝈蝈的歌唱。你知道他们唱的是什么吗？他们的歌声好像告诉我们："我在歌唱，我很快乐！"

生：通过叽叽喳喳、唧哩哩这些拟声词，我们感受到了动物带给我们的美妙声音。（板书叽叽喳喳、唧哩哩）

三、回归文本,想象拓展

大自然的声音太美妙了,真有"此曲只应天上有,人间能有几回闻"的感受。这样吧,让我们全身心地走进大自然,静心聆听这场天籁之声的音乐会。全班有感情地配乐朗读课文。

师:除了作者在文章中向我们展示的各种声音,你还听到过哪些"美妙的声音"?试着说一说。

例:厨房是个音乐厅。刀在菜板上切菜,发出有节奏的"咚咚咚",就像一位鼓手在卖力地打鼓。

鸟儿是大自然的歌手……

四、板书

21　大自然的声音

风　温柔　威力

美妙　水　热闹　汇聚

动物　叽叽喳喳　唧哩哩

【评析】

张龙老师执教的《大自然的声音》第二课时,注重"美妙"这个文眼的导入、延伸、体验,在教学的过程中,让学生在语言的品读、词句的品析、朗读的品味上展开,使学生能够感受课文生动的语言魅力,让学生充分体悟到语文的妙不可言。

一、品读词语,妙不可言

张龙老师在课堂中播放各种声音的音频,让课文中不会发生的文字与声音有机融合,既有生趣,又蕴含美妙。张龙老师紧抓课题中的"美妙"一次,让学生品读描写美妙声音的拟声词:有"淙淙"的流水声,有"潺潺"的河流声,有大海发出的"哗啦啦"的浪涛声,并通过声音来体会这些拟声词的美妙之处,在拟声词的比较与朗读中,碰撞出大自然声音的大和小、高和低、轻与柔,真是妙不可言!

二、品析结构,妙不可言

张龙老师在品析读课文中,注重了段落脉络的品析。首先,张老师引导大家寻找课文中大自然有哪些美妙的声音,出示了三句话:1.风,是大自然的音乐家;

2. 水，也是大自然的音乐家；3. 动物是大自然的歌手。张老师巧妙地让学生概括出了风声、水声和动物的声音，让学生自己去读课文，并想一想你是从哪里感受到声音的美妙，然后把你喜欢的句子或者词语与同学读一读交流一下感受，这个环节特别注重学生的自主发现，让学生主动发现，妙不可言！

《肥皂泡》教学设计

长春市绿园区正阳小学 潘茹

【教材分析】

部编版小学语文三年级下册第六单元以"多彩的童年"为主题，编排了4篇课文，从多个方面展现了儿童多姿多彩的童年生活。《肥皂泡》一文是我国著名作家冰心的作品，是一篇非常贴近学生生活而又高于学生生活的文章，文笔清新自然，情感真挚淳朴，意境深邃优美。课文写的是冰心童年时代吹肥皂泡的经历。那小小的、不起眼的肥皂泡，经了她的手，她的嘴，以及她的眼，她的心，不但吹出了快乐，吹出了情趣，还吹出来自己童年的梦想，寄托了对美好生活的向往。本单元的阅读要素是"运用多种方法理解难懂的句子"。

【学情分析】

学生在三年级上册第二单元中已经学习了"运用多种方法理解难懂的词语"，为理解难懂的句子提供了方法的支持，对文章"按事情的发展顺序"的表达方式有了一定的了解。这个年龄段的学生天真、活泼，想象力丰富。而本文是培养学生想象能力的好材料，教师能借助它发展学生语言能力和思维能力，激发想象力。在情感态度培养方面引导学生感受童年的美好，珍惜童年时光。

第一课时

【教学目标】

1.能正确认读"廊、悠"等9个生字新词；读准多音字"和"，正确读写"皂"等13个字和"肥皂泡"等13个词语。

2.有感情地朗读课文，能说清楚吹肥皂泡的过程。

【教学重点】

能说清楚吹肥皂泡的过程。

【教学难点】

能联系生活实际等多种方法理解难懂的句子。

【课时安排】

1课时。

【教学过程】

一、激趣导入，了解作者

冰心，原名谢婉莹，现代著名的散文家，诗人。她的作品充满了对大自然的赞美，以及对母爱与童真的赞颂，如《繁星》《春水》《寄小读者》。

二、初读课文，整体感知

1. 出示自读提示。
（1）自由轻声朗读课文，将课文读正确、读通顺，注意生字读音。
（2）说说课文讲了吹肥皂泡哪些方面的内容。
2. 检查生字。

láng
廊子上，　吹泡泡
huò　huò　　　hé
和一和，　水和皂
　　　　　ruǎn cuì báo
慢慢吹，软　脆　薄
ruò shàn　shān shān
若用扇，　扇一扇
chàn wēi wēi　líng lóng jiāo
　颤　巍巍，玲　珑　娇
　　　diān
飞山巅，心骄傲
心——骄——傲
3. 梳理文章主要内容。
4. 指导书写：廊。

三、品读课文，感悟细致

（一）朗读课文，感受作者吹泡泡描写的细致与有序
1. 做肥皂水。

抓住"加上、和弄和弄、蘸上、吹、提、扇",了解制作过程和方法。

2.吹肥皂泡。

掌握连接词"……然后……再……"的使用,体会作者将吹肥皂的过程的细致描写。

(二)紧扣重点词句品读,有感情地朗读课文

抓住关键词理解句子。

通过引导学生做出"慢慢地、轻轻地"的动作,体会作者吹肥皂泡时的轻柔小心,感受对肥皂泡的呵护。

四、课堂总结,布置作业

这轻清脆丽的小球,像一串美丽的梦承载了冰心美好的愿望,也承载了很多孩童无限的快乐,她们为冰心的童年留下了怎样的感受呢?请同学们回家读读文章的第4、5自然段,我们下节课继续学习!

五、板书设计

```
           20  肥皂泡

       做肥皂水    吹肥皂泡
```

第二课时

【教学目标】

1.正确流利有感情地朗读课文,运用多种方法理解难懂的句子。
2.体会作者产生的想象,并发挥想象说出肥皂泡还有哪些去处。
3.体会作者对童真童趣的赞美。

【教学重点】

运用多种方法理解难懂的句子。

【教学难点】

体会作者由肥皂泡产生的丰富想象,并发挥想象说出肥皂泡还有哪些去处。

【课时安排】

1课时。

【教学过程】

一、联系生活，情境导入

今天我们继续来学习《肥皂泡》这篇课文，课前我们吹了肥皂泡，有什么感受呀？（开心、有趣、快乐、难忘、紧张、刺激、难过的）看来大家都喜欢这个游戏呀！小小的肥皂泡儿给了我们这么多有趣的感受。请把语文书轻轻翻开，文中有一句话也写出了肥皂泡带给冰心奶奶的内心感受，你能快速浏览课文找到它吗？（目送着她们，我心里充满了快乐、骄傲与希望）

二、理解语句，体会情感

师：非常准确，我们将围绕这句话继续来学习课文的第四、五自然段。

请一名同学朗读阅读提示，其他同学认真听，里面有几个要求？（清楚准确）谁来说说阅读提示几个要求？（生汇报：三个要求 1. 2. 3.）要先厘清阅读要求，然后带着问题读文可以更省时有效地了解文章，给大家5分钟时间可以吗？（可以）开始吧。

（阅读提示：①自由朗读课文第四、五自然段；②画出能感受到作者快乐、骄傲与希望的语句；③然后和小组同学说说自己的体会和理解。）

1. 美丽画面——欣赏的快乐。

生：这肥皂泡，吹起来很美丽，五色的浮光，在那轻清透明的球面上乱转。我从中感受到快乐。

师：能具体说说吗？

生：五颜六色、色彩斑斓、五光十色的泡泡很美丽，看着她们让冰心奶奶的内心充满快乐。

师：是啊，（五色：原指青赤黄黑白，后泛指很多种颜色）球面上炫丽缤纷，看着就高兴，就这句话谁还想谈谈？

生：这肥皂泡，吹起来很美丽，<u>五色的浮光</u>，在那轻清透明的球面上乱转。我觉得这样的小泡泡就像一个透明的精灵，很自由，所以让冰心很快乐。（轻清透明：不仅写出了肥皂泡的轻，还写出了她的纯净、清亮、透明的特点）

师：你的想象真丰富，球面上不仅有光泽，而且上面的浮光还在动，这样美丽的画面多有趣呀!

师：你的观察真细致，不仅看到了颜色有光泽，还看到了动态美，是不是脑海中已经浮现这样的画面了？那就请你带着这样的画面感再读一读。

生：读。

师：看来边读边想象画面不仅能够很好地理解句子，还能读出趣味与美感。你还从哪些地方有自己的理解？

2. 不可预知——过程的快乐。

生：若是扇得好，一个大球会分裂成两三个玲珑娇软的小球，四散分飞。我体会到了冰心的骄傲。

师：说说理由？

生：因为能把一个大球扇成那么多的小球很了不起，所以很骄傲，还很高兴。

师：扇泡泡是需要技巧的，只有技巧高的才能扇得这么好，可真了不起，除了骄傲还有（快乐）。

师：就这句话，谁还想聊聊？

生：我从中体会到快乐，因为玲珑娇软的泡泡是那么小巧可爱，精致柔软。

你的词汇可真丰富，这么少见的词你都理解了，难怪读得这么好，真棒！能带着你的体会给大家再读读吗？

生：读。

"四散分飞"——就像淘气的孩子在玩捉迷藏游戏，多活泼多有趣呀！

师：这样的泡泡你喜欢吗？（喜欢）带着这种体会读一读。

师：被这样玲珑娇软的泡泡围绕，仿佛梦幻般的世界，多让人快乐呀！孩子们，你看，把句子里的关键词理解了，句子读起来格外的生动。

师：在第四自然段中你还有哪些体会？

生：有时吹得太大了，扇得太急了，这脆薄的球，会扯成长圆的形式，颤巍巍的光影零乱。体会到快乐。

师：能具体说说吗？

生：这些泡泡是很脆弱的，形状也是不断变化的，各具特色，非常有趣，而且颤巍巍地非常好玩。

师：是啊，正是这些泡泡扇出来的不可预知性，才让我们对这个游戏玩得更起劲，更快乐！

师：这句话在你的脑中有什么样的画面，和我们分享一下好吗？（引出颤巍巍）

生：泡泡随风飞舞，颤颤巍巍地抖动，

师：这样的泡泡是有点滑稽可爱，能读出颤——巍——巍的样子吗？

（生读：颤——巍——巍）

师：难怪说的这样好！我们就这样边读文字边想象画面，就读出了这肥皂泡独特趣味与活力！所以，想象画面也可以帮我们更好地读懂句子。

"光影零乱"——前面也有写到泡泡上面的光泽，是怎么描写的（五色的浮光在乱转）而这里因为泡泡被拉长，所以表面的光转动得更快乐，没有规则形成了光影零乱！联系上下文就找到了这些泡泡不断变化的美感。

3. 全身投入——内心的快乐。

师：听着你们的朗读，老师也被带回到童年，眼前都是和小伙伴们吹泡泡的画面！这泡泡越吹越大，越吹越薄，越飞越高，不禁让人有点（紧张）为什么呢？（希望他不要破，多停留一会）是啊，我们看得那么专注，想挽留她多飞一会，你们有过这样的体验么？（有）那咱们就带着共同的经历，小心地呵护她，读读这段话：这时大家都悬着心，仰着头，屏住呼吸——不久，这光丽的薄球就无声地散裂了，肥皂水落了下来，洒到眼睛里，大家都忽然低了头，揉出了眼泪。

师：孩子们玩得多么专注，多么投入啊！不仅游戏场景让人感到快乐，这个游戏过程也是那么好玩，真是让人乐在其中回味无穷啊！

小结：这一个个轻清脆丽的小球五彩缤纷，玲珑娇软、脆薄轻盈，越飞越高，越飞越远，看着他们出自她的手，她的嘴，她的心，这是多么有趣多么神奇多么美好啊！难怪冰心情不自禁地说：

（出示）目送着她们，我心里充满了快乐、骄傲与希望。

学习第五自然段。

师：除了以上的文字，你还抓住了哪些地方体会到作者这样的感受？

生：那一个个轻清脆丽的小球，像一串美丽的梦，是我们自己小心地轻轻吹起的，吹了起来，又轻轻地飞起，是那么圆满，那么自由，那么透明，那么美丽。

我从中体会到冰心吹泡泡时的快乐，因为这些泡泡像她的梦，非常美好。

师：有美好的梦想真的很快乐！就这句话，你还有不同的感受吗？

生：希望飞得更高更远，看到更多精彩美丽的世界。

师：带着你的理解读一读这句话。

生：读。

生：我从"这样圆满自由、这么透明美丽的泡泡是我们自己小心地吹起，成功地飞向远方"体会到冰心的骄傲。

师：生活中有这样的成功的体验吗？看着自己的作品心情如何，（特别高兴骄傲）是的，在骄傲的同时也会有喜悦，带着这样的经历读一读。

师：通过自己的努力做成一件事，真的了不起！看来联系生活也能帮我们把文章理解得更具体，读起来情感更真挚！

师：除了这句话你还有哪些词句给了你不同的体会？

生：送上天去送过海去。渡过天河跟着夕阳西去。

生：对未来的希望，希望自己可以漂洋过海，看到更多未知的世界。
师：请你读出这美好的愿望！
生：读。
师：谁还有其他发现？
生：轻悠悠地飘过大海，飞越山巅，又低低地落下，落到一个熟睡中的婴儿的头发上。从中感受到希望、快乐。
师：是啊，放飞梦想本身就会感受到无限的快乐。

三、想象画面，读出感悟

师：这是童年的美好愿望，相信作者（配乐）也希望这些肥皂泡能越飞越高，越飞越远，所以作者用扇子将她们轻轻扇送，飞起。

师生合作读。

借着扇子的轻风，把她们一个个送上天去送过海去，目送着她们，我心里充满了快乐、骄傲与希望。

借着扇子的轻风，她们会（指一生读）轻轻地挨着明月，渡过天河跟着夕阳西去。目送着她们，我心里充满了快乐、骄傲与希望。

借着扇子的轻风，她们会（指一生读）或者轻悠悠地飘过大海，飞越山巅，又低低地落下，落到一个熟睡中的婴儿的头发上……

目送着她们，我心里充满了快乐、骄傲与希望。

四、发挥想象，拓展练笔

师：孩子们，你看，这一个个肥皂泡，她们借着扇子的轻风，飞上蓝天，挨着明月，渡过天河，飘过大海，飞越山巅，如果你就是一个这样的泡泡，你会带着希望与梦想飞到哪些美丽的去处呢？请同学们拿起桌上可爱的泡泡，像作者一样发挥想象，写一写吧。（学习单书写）

屏幕出示：如果我是这个晶莹剔透的肥皂泡，我会飞到＿＿＿＿＿＿＿＿，

生：写练笔。

（师巡视，发现有个性的答案让孩子站起来汇报，然后孩子粘贴到黑板上的彩色泡泡里）

师：适当点评。

孩子们，我们轻轻地放下手中的笔，读着读着，我们仿佛成为这一个个轻清

透明的泡泡带着童年的快乐，骄傲与希望飞向远方。

冰心的作品语言，生动细腻，读起来像一首首优美的诗，在课堂的最后让我们带着所有的美好与收获，再来读一读这诗一样的文字。借着扇子的轻风……

五、课堂总结，感悟童真童趣

其实冰心的童年是略显孤单的，经常一个人在海边或者军舰上玩耍，可是这一个个小小的肥皂泡却是她童年快乐回忆的缩影，承载了她太多的快乐、骄傲与希望。

正如冰心在《繁星春水》中写道："童年啊，是梦中的真，是真中的梦，是回忆时含泪的微笑"。童年的孤单并没有影响冰心对美好生活的热爱和憧憬，而她的一生始终保有一颗未泯的童心，热爱生活，享受生活，所以他的作品才被人们称为爱的经典。孩子们，此时的你们正处在最美的年华，希望你们像冰心奶奶一样有一颗纯真的童心，享受童趣，热爱生活！课下老师推荐你用这节课学习到的阅读方法，还可以再去读读冰心的《童年的春节》《小桔灯》《再寄小读者》，相信在童年的百花园里，你会有更多的收获。下课。

六、板书设计

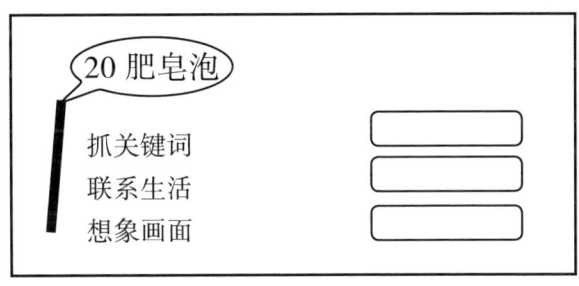

（获长春市名师评选教学精英现场课一等奖）

【评析】

这节《肥皂泡》课堂教学呈现出以下几个亮点：

一、定位准确，对话生长

潘老师这节语文课能够关注学生语文学科核心素养的提升，真正落实以生为本的学生观及教学理念，充分调动学生学习的主观能动性，引领学生真实学习。本节课中潘老师定位准确体现在两个方面：一是角色定位准确，建构多元对话场域。《语文课程标准》指出:"阅读是学生个性化的行为,不应以教师的分析来代替学生的阅读实践。"潘老师在教学中尊重学生,珍视学生的阅读实践,引领启发学生在主动积极的思维和情感活动中,建构了师生间平等对话、生生间和谐共享对话、学生与文本间深度对话、学生与作者间心灵对话的多元化对话课堂,加深理解和体验,有所思考和感悟,受到情感熏陶,获得思想启迪。二是目标定位准确,呈现真实生长课堂。潘老师在本节课教学中能够领悟教材编写意图,践行推进核心素养视域下的单元整体教学,准确把握本单元教学目标,结合学情科学设计本课教学目标以及本课时教学目标。学生从走进课堂到走出课堂在语言的建构与运用、思维的发展与提升、审美的鉴赏与创造、文化的传承与理解等几方面都有了不同程度的提升。

二、紧扣要素,一线串珠

"用多种方法理解难懂的句子"是本单元的语文要素,而本课中"目送着她们,我心里充满了快乐,骄傲与希望。"这句话对于三年级的孩子来说,理解起来难度较大。潘老师在本节课教学中以"你从哪儿感受到她的快乐,骄傲与希望?"这一问题直击难点,作为本课教学的主线,也是本节课师生共同学习的主线。围绕这一主线,潘老师在课堂教学中设计了"联系生活,情境导入;理解语句,体会情感;想象画面,读出感悟;发挥想象,拓展练笔;课堂总结,感悟童真童趣"五个教学环节,巧妙地将学生生活体验、文本感知、理解悟读、想象练笔等有机融合,引领学生自主学习,互动交流。在多元对话、思想交流碰撞中,通过拆分词语、联系上下文、结合生活实际、想象画面等多种方法层层深入的理解感悟,实现了对"目送着她们,我心里充满了快乐,骄傲与希望。"这句话的多维度、深层次解读,真正彰显了深度学习。学生在学习过程中由对文本的初步感知到品词析句的深度解读,再到拓展练笔的直抒胸臆展现出语言、思维、审美、文化传承与理解几大领域的生长。课文的第五自然段主要写作者的心情和感受。理解"送上天去,送过海去""飘过大海,飞越山巅"感受肥皂泡给作者带来快乐与自豪,带来希望与幻想,对于三年级学生有些难度。那么作为语文教师如何挖掘、把握和运用教材是语文教学的关键。潘老师运用多媒体创设了想象和表达的情境:如果我是这个晶莹剔透的肥皂泡,我会飞到_____。学生的思维在不断地发展,情感在不断地升华。此时学生对自己美好愿望的表达,足以说明对文本的理解,对作者情感的体验。

三、以读为本,升华情感

潘老师将读贯彻本节课教学始终,引领学生读中感知,读中理解,读中悟情,读中培养语感。通过默读自思自悟,通过品读咬文嚼字、赏析语言,通过悟读引读等升华情感。在朗朗的读书声中,课文中那深邃的快乐情绪,奇妙的想象,美好的向往,向溪水一样同时流入学生的心田,诱发学生情感的波澜;潘老师的引读以声传声,以情激情,激发学生情感上的共鸣,把学生带入了冰心奶奶的肥皂泡的世界里,把课堂推向了高潮。

四、学法指导,润物无声

潘老师在教学中抓住"目送着她们,我心里充满了快乐,骄傲与希望。"这一难懂的句子,从关键词入手,引导学生运用联系生活经验、联系上下文、关注词语与词语之间的关联等多种方法,理解句意。本单元的人文主题是"在童年的百花园里,我们看到了真善美"。因此,除了引导学生掌握理解难懂句子的方法,还要引导学生关注文章所表达的情感。学习第五自然段时,在综合运用各种方法理解句意的基础上,重点引导学生结合文本中的想象情境,体会作者对泡泡的喜爱,对童年生活的赞美,回应单元人文主题。

《吃雪饼》教学设计

长春市绿园区新营小学　李阳

【教学目标】

1.知识与能力：让学生用自己喜欢的方法观察事物，并学会抓住事物的特点进行描述。（耳、鼻、口、眼、手）

2.过程与方法：在课堂实际感受中激发学生的说话和写作热情，让学生有话可说，有事可写。

3.情感态度价值观：让学生从小事小物中体会到观察的乐趣，从而让学生开始用心感受生活中的点滴，热爱生活。

【教学重点】

学会在描写事物时运用多种方法，使描绘的事物更具体生动。

【教学难点】

能从观察思考到落笔成文，对事物的描写多角度、全方位地进行记录。

【教学方法】

体验式教学。

【教学准备】

雪米饼。

【教学时数】

1课时。

【教学过程】

一、创设情境，激发写作兴趣

1.今天有这么多老师来听课，老师特别紧张，你们紧张吗？

老师给你力量（或你给老师点力量，握手）谢谢大家。你认识老师吗？老师是个怎么样的人？（抓特点）

老师给奖励——雪米饼。

【教学分析】用共同的感受拉近与学生的距离，让学生乐于亲近的同时，巧妙地进入教学环节。从老师的特点入手来说说你是如何记住老师的，将教学道具雪米饼作为奖励同学的礼物，使全体学生自然而然地融入学习氛围中，不着痕迹，过渡巧妙。

2. 现在还不能吃，告诉老师，这是什么？你想怎么观察它？（眼、耳、鼻、舌、手）好，我们就用这些方面来观察。

【教学分析】让学生自己独立思考，你想用什么样的方法观察它？前面对人的观察和思考已经为观察雪饼做好了铺垫，学生此时可以很快说出多种观察方法，及时对学生的反馈进行总结，并板书，使原来抽象神秘的写作方法变得通透、清晰。如果在这之前提醒学生注意记录刚拿到雪饼时的心情，会使文章内容更完整。

二、看议访谈，进入写作状态。

1. 好，每个人都发到奖品了，你看到了什么？（看包装，看外形，看颜色，抓特点）同学说 。（将好词佳句写在黑板上）

2. 撕开，你听到了什么？（撕开包装的声音）——耳

3. 谁能说一说。（形容一下你听到的声音）

4. 还闻到了什么？（闻到食品的香味）——鼻

5. 再观察。

6. 咬一口。（让学生到台上吃，同学在看的时候可以想象，并谈感受）——口，手

【教学分析】用眼观，耳听到真实感受，用口去感受吃的过程。真实的体验中记录每一个环节的变化。这样避免了学生对写作文的畏难情绪，身临其境的感受可以让事物得以清晰地呈现。

7. 让在座的同学说说，看到了什么，猜想感受到了什么？

8. 让吃的同学说说，吃的味道。

9. 进行再观察，再品尝。

【教学分析】不同角度的解读，让学生对所写的事物有更多的兴趣，有想要充分表达的欲望。

三、写写评评，展示观察日记

刚才老师和大家一起品尝了第一口雪米饼，现在把你对它的认识写下来吧。注意，合理使用黑板上的和你想用的好词佳句。

【教学分析】对好词好句的整理有助于帮助学困生提高习作的效率，但不提

倡为用好词而用，要以自己的真实感受为依据，从自己的真情出发，写实感即可，对能力强的同学，不以好词的多少为评判标准，给学优生更大的发挥空间。

四、引导修改，总结观察经验

时间到。上这样的作文课紧张吗？（学生乱答）有的人不紧张，是因为"文章本天成，妙手偶得之"，他开心地完成了任务；有的人太紧张，平时没训练，"莫等闲，白了少年头，空悲切"啊，写作文，要是平时我们多注意观察，善于积累生活素材，做个生活的有心人，那该多好啊，因为您从此懂得了时间的宝贵，时光不等人啦。现在，请完成习作的同学举一下手。（学生举手）我想请几位同学展示一下他的作品，从头到尾把这篇观察日记声情并茂地念一下，可以吗？让我们一起来学习学习、切磋切磋，怎么样？首先，大家推荐一下，我们班的文学之星是谁？大声说出他的名字！

抓住重点词语进行表扬。（观察认真的，词语使用恰当的，语言流畅的，动用感受器官全面的）

结束：面对一个小小的再平常不过的雪米饼，我们都有这么多的话想说，那么面对我们丰富多彩的生活呢？大家的作品都写得那么富有灵气，只要我们用心观察生活、感受生活，动用我们的五元大将（齐说）"耳、鼻、口、眼、手"，相信同学们一定用心写出更多更好的文章来。谢谢大家！下课！

【评析】

教师极具亲和力的语言，让学生乐于与同学分享在体验过程中的真实感受，方法提示明确——"耳、鼻、口、眼、舌"即构成感受的器官。提供习作过程中可用的好词语，是提高写作效率的重要手段，借助好词语的提示，能使学生更快进入写作状态。帮助学生在成文过程中体会习作的成就感，全课一气呵成，是可以分享研究的教学模板。我们可以在其他类型作文教学中采用这样的教学方法，将可迁移的生活情境放入课堂教学中，边体验边记录，学会方法的同时，更有真情实感在其中，使学生习作内容言之有物。

《记一次游戏》教学设计

长春市绿园区新营小学　李阳

【教材分析】

本次习作的主题是"记一次游戏",引导学生回忆自己玩过的或喜欢的游戏。不但要把游戏的过程写清楚,还要写出当时的心情,并在题目中加入对游戏的感受。

【教学目标】

1. 让学生在游戏中感受到快乐,并在游戏中学会写作文,激发学生对写作的兴趣。

2. 能够将游戏过程写清楚,学会恰当地用词,做到语句通顺,按一定的顺序记叙,能够把自己的心情描述出来。

3. 学会捕捉精彩镜头,能将活动中看到的、听到的、想到的内容连句成段。

4. 用修改符号修改习作,将修改后的作文誊写清楚。

【教学重难点】

学会捕捉镜头,能将活动的过程写清楚,能够把自己的心情描述出来。

【课时安排】

1课时。

【教学过程】

一、图片导入,激发情感

1. 导语:这节课老师给大家带来一些图片,请同学们看看,这些游戏你是否也玩过?是否还记得游戏中的快乐时光?

2. 课件出示图片:丢沙包、抢椅子、跳长绳、两人三足跑、木头人。

3. 导学:谁来和大家分享一下你曾经在游戏中的难忘瞬间?(学生发言)

4. 小结:每个人对游戏都有说不完的话,说明每个人在游戏中都有数不尽的快乐。

5. 导入:这么多有趣的游戏光说可不行,大家愿意现在就一起玩一玩,再把它们记录下来，和更多的人分享吗？这节课我们就来一起完成习作"记一次游戏"。

（设计意图：《语文课程标准》指出：语文教学应该贴近学生生活，让学生易于动笔，乐于表达。在学生口语交际基础上巧妙地提示写作内容、习作方法，为学生动笔奠定基础。明确要求，点拨指导。）

二、明确要求，点拨指导

1. 做游戏，觅趣味。

（1）导学：每个小组选择一个喜欢玩的游戏玩，记住游戏前你都做了哪些准备，看看哪组同学玩得最开心。（板书：游戏前准备）

（2）学生在小组内做游戏，师相机提问并拍照或拍小视频。

2. 赏游戏，促灵感。

（1）导学：同学们玩得意犹未尽，大家玩的结果怎样？（板书：游戏后结果、启示、收获）

（2）出示刚才抓拍的一些图片，引导学生说说最喜欢哪幅图片，相机指导学生抓住人物的动作、神态，感悟人物的心情。（板书：记过程）

（3）出示最精彩的一个游戏视频，引导学生欣赏后描述视频内容，看谁描述得惟妙惟肖。

3. 议内容，理要求。

导学：看来要把一次游戏说好，就必须把游戏的时间、地点及过程说清楚。说到精彩的地方还要把人物的动作、神态和心理活动说细致。现在我们就一起来读读本次习作的要求，看看习作都给我们提出了哪些要求。（相机板书：动作、神态、心理）

（1）审体裁：写游戏。

（2）审范围：可以是传统的游戏，也可以是新的游戏；可以是室内的游戏，也可以是室外的游戏；可以是常玩的游戏，也可以是新发明的游戏。

（3）审要求：把游戏的过程写清楚，还要写写自己当时的心情。拟的题目最好能够反映自己的感受。用修改符号改正其中的错别字和不通顺的句子。

（设计意图：根据学生喜欢做游戏这一点激发学生的兴趣，让学生在回味游戏、说游戏中感悟游戏的快乐，并潜移默化地感悟写游戏的方法，拉近学生与习作的距离，消除习作的神秘感，让学生对习作产生亲近感，产生写作的欲望，放松写作的心态，真正做到易于动笔，乐于表达。同时引导学生审题，培养学生在写作过程中审题的好习惯，避免学生写作时无从下手，让他们有所思，有所想。）

三、指导思路，落笔成文

1. 选择材料。

明确了习作要求，那么就请大家再次回忆一下你做过的游戏中，你对哪一个印象最深？

2. 自主思考。

你准备怎么写？想一想怎样才能写清楚？

3. 指导方法：想一想怎样才能说清楚，可以从以下几方面思考。

（1）导学：怎样把一个游戏写清楚呢？我们可以按照"游戏前——游戏时——游戏后"的顺序来写。（相机板书：游戏前游戏时游戏后）

（2）课件出示如何写清楚提纲？游戏前，你作过哪些准备？

游戏中，你做了些什么？印象比较深的是什么？

游戏结束后，你有什么想法和感受？比如，应遵守规则，伙伴间要团结协作，遇事要勇敢果断，坚持到底……

（3）根据课件提示，绘制自己的思维导图，然后和同桌说一说。可以就感兴趣的地方进行提问。

（4）下面我们一起来分享一下自己玩过的游戏，看谁不但说得清楚还能融入自己的感受。学生说自己的游戏，小组同学可以通过提问的方式帮助发言的同学把游戏说得具体、生动。教师巡视，相机指导。

4. 全班交流。教师根据学生的回答做出评议和引导，重点在于是否讲清楚，说明白。

5. 范文引路。

（1）写清要素。交代清楚游戏的时间、地点和人物。

（2）分清主次。游戏中你印象最深的要详写，游戏准备可以略写。如《牛和鹅》一文通过具体的一件事情来详细描写对鹅的态度，重点突出。而对牛的态度只是简单介绍。

（3）真情实感。写作过程中，要抓住人物的动作、语言和心理等进行描写，表达人物内心的感受。

（4）确定题目。老话说"题好一半文"，好的题目可以让人耳目一新，更能起到画龙点睛的作用，还能吸引人很快地进入阅读状态。如《一只窝囊的大老虎》等，所以本次习作的题目，最好能反映自己的感受。

（设计意图：在习作教学中，要给予学生方法的指导，并以优秀习作为范例，让学生学会模仿，学到方法，学会习作，感到"有路可循"，这样既可以增强学生的写作兴趣，又降低了学生写作的难度。）

四、动笔成文，互评互改

1. 学生动笔成文，教师巡视指导。
2. 自己修改，可以放声读一读，想想词语用得是否恰当，看看标点符号是否正确，如果有错别字和不通顺的句子用修改符号修改。
3. 小组内互读互改，提出修改建议。
4. 挑选3—5名学生把自己的习作读给同学听，大家共同评议，然后根据评议修改自己的习作。

评议要求：

（1）游戏的时间、地点、人物交代清楚。
（2）游戏过程交代清楚，表达真情实感。
（3）文章中的亮点。

5. 学生把修改后的习作读给大家听，教师引导学生修改完善自己的习作。

（设计意图：在"愿意将自己的习作读给别人听，与别人分享习作的快乐"的过程中，自改自评，互改互评，逐步养成终身受益的修改能力。同时在相互交流中，全体同学都分享了自己的快乐，体验到写作的乐趣，从而激发了学生习作的积极性。）

五、佳作赏析，指导提升

1. 教师选取最有代表性的几篇习作。
2. 指生依次读自己的文章，学生点评。
3. 教师相机引导学生赏析。

4.学生修改自己的习作。

（设计意图：教师指导学生赏析同学的作品，既能够激发学生的写作欲望，又能使学生在赏析过程中习得方法，可谓一举多得。）

【评析】

统编版教材在习作教学中更加侧重于让学生感知真实的生活，鼓励学生表达自己独特的生活体验。本节课教学从学生的兴趣点出发，先让学生回忆难忘的游戏过程，又在教学过程中以小组为单位让学生完成游戏过程，让每个学生都沉浸在游戏的快乐中，对游戏有说不完的话，这首先让表达与习作自然融为一体，拉近了习作与学生的距离。

"新课标"在习作目标中指出："养成留心观察周围事物的习惯，有意识地丰富自己的见闻，珍视个人的独特感受，积累习作素材。"其目的在于让学生以多姿多彩的生活为素材，衍生出富有生活气息的习作。老师对写作方法的指导，蕴于无形之中，相机提问"你游戏前都做了哪些准备？"使学生在表达时有意识将游戏过程阐述得更全面。

整堂课中，学生用自己的眼睛去观察，用自己的耳朵去倾听，用自己的头脑去思考，用自己的心灵去体验。让学生"眼动""心动""口动""笔动"，解决了"作文难"的问题。无论是口语交际，还是写话，学生皆情趣盎然，笔落记心声，情动有文采。

《我想对您说》习作教学设计

长春市绿园区宁静小学　杨冬梅

【设计理念】

语文《课程标准》强调淡化文体意识，倡导自由表达，强调习作"要引导学生写熟悉的人、事、景、物，做到说真话，表达真情实感，不说假话空话"。本文设计力求体现《课程标准》精神，主要表现在：

1.减少束缚，引导自由表达。

淡化文体意识，与单元主题以及口语交际的内容联系起来，让学生在自然而然的宽松和谐的氛围中无拘无束、敢说敢写、自由奔放地进入习作状态。

2.诱发兴趣，引导真情表达。

为学生营造宽松、自由、民主的课堂氛围，教师以朋友的身份与学生进行心灵的交流，师生之间、生生之间展开一次心灵的对话，鼓励学生说真话、实话，以"我口说我心，我笔抒我情"，让习作成为学生心情自由宣泄的平台。

【表达内容】

本单元你和爸爸妈妈可能是无话不说的好朋友，也可能平时你与他们并不多，让我们借助这次习作机会，把平时想对他们说的话写下来，与他们真心"交谈"。

【学情分析】

通过平时的教学，我了解到五年级的学生具备了一定的表达能力，也积累了一些习作的方法，而本次表达的内容又贴近学生的生活，学生感兴趣，有话可说。但如何说出真话、实话、心里话，对学生来说有一定难度，我会在这部分重点进行引导点拨。

【教学目标】

1.给父母写一封信，能用恰当的语言表达自己的看法和感受。

2.习作内容要完整，表达要具体，条理要清楚。

3.多种方式唤起学生生活经验，回忆和父母之间的往事，激发学生尽情倾吐内心情感，激发表达欲望，从而表达真情实感。

【教学重点】

按作文要求，重点做到引导学生具体、完整地倾吐内心情感，激发表达欲望，从而表达真情实感。

【教学难点】

消除或减弱学生对作文的畏惧感，创设情景引导学生写亲身经历的事，表达真实感受。

【教学准备】

充分利用教材，选取课文《再见了，亲人》和《秋天的怀念》中的片段作为范文。利用多媒体课件辅助教学，课件中包括课文片段、歌曲《小小少年》等内容。

【教学过程】

一、创设情境，引入话题

1. 播放课件（当你还小的时候，他们……学生提供孩子和父母的一些生活照片）。

2. 生命中，爸爸、妈妈是我们最亲的人，他们教会了我们什么？采用这样的句式说一说，爸爸、妈妈，您教会我……

3. 看着这张灯下为我们缝补的母亲我想到了《游子吟》。

4. 这张和爸爸一起玩碰碰车，我感受到了"父爱如山"……

一张张照片，满满的父母爱，此时你想对父母说什么？有些话说不出口，怎么办？对，可以写信、发邮件。

二、议论纷纷，开启心路章法

1. 复习书信的基本结构，说说写信时要注意哪些问题。

2. 写信就像和别人面对面说话，是传情达意，交流感情的一种很好的方法。今天我们就要以书信的方式给你想倾诉的人说一说心里话。（板书：我想对您说）

3. 打开书88页，自由读习作内容，在学生读要求的过程中，表扬有良好学习习惯的学生。

学情预设：有一些同学可能会将重点词语标画出来，要表扬鼓励。

4. 提炼习作的内容。

（1）可以是"高兴的事""烦恼的事"，也可以是其他事情。（板书：亲历可信）

（2）写作对象应当是某个自己最亲近、最信任的人，可以放心地倾诉心里话。

（3）写的内容应当是讨论某一件事，表达内心深处的情感。（板书：一事一感）

（4）内容要具体，语句要通顺，要表达真情实感。（板书：真情实感）

思考：你想对谁说心里话，为什么最想对他说心里话？那么怎样才能把内容写得生动具体，更好地抒发情感呢？我们现在就来解决这个问题。

三、范文引路，读中学写

1. 出示片段1。

（《再见了，亲人》中"小金花"一段，及对比句。）通过对比让学生感悟运用典型事例的好处。

（1）同学们，请齐读第一个句子。

（2）想一想，读完后这个句子让你获得了什么信息？

（3）看下面这段话，边看边想从这段话你又获得了哪些信息？哪段话更能充沛地表达真情实感，让你更能产生情感共鸣？

（4）我们一起来分析一下，这段话是怎样达到这种表达效果的？

（通过师生共同交流，让学生感知典型事例的叙述，动作、语言、神态等多种描写方法的运用，及多种抒情方法的运用，使文章内容更加具体，更能表达真情实感，更富有感染力，志愿军战士与朝鲜人民那种浓厚的亲情，依依惜别之情表达得淋漓尽致。）（板书：动作 语言 神态……）

师生一起归纳总结，写作文时要注意围绕中心选择典型材料，同时要注意运用多种写作方法。（板书：典型材料）

2. 出示片段2。

《秋天的怀念》中母亲絮絮叨叨说错话的段落。教师创设情境"清明时节雨纷纷"，作者史铁生来到母亲的墓前深情地对母亲说："妈妈，您还记得吗？那天我又独自坐在屋里，看着窗外的树叶唰唰啦啦地飘落。您进来了……"引导、鼓励学生以"妈妈，我想对你说"的方式完成对这个片段的改编，体会本次作文应该具备的语言特色。先自己认真思考，再与周围的同学互相交流。教师注意情感的引导。然后让一两名学生改编表演。教师相机示范改编朗读。

四、动笔书写表真情

1. 题目是文章的眼睛。

可以以《说说心里话》为题，也可以自己取一个更符合你习作内容的题目。

互相交流启发:《××,我想对你说》《和××说说心里话》《我有一个小秘密》《××,你错怪我了》《说句心里话》……

2. 列写作提纲。

对着提纲想,或者写几个重点词语,对着词语思考;或者画几笔简笔画,用简笔画激发自己的灵感……

3. 学生写草稿,教师巡视指导。

五、板书设计

我想对你说

真情实感

材料:一事一感

方法:多种描写方法

    多种修辞方法

    多种抒情方法

【评析】

听了杨老师的这节作文课,我想到了陶行知先生的一句话:"千教万教教人求真,千学万学学做真人。"本次习作设计,可以用三个真来概括——真实、真事、真感。教师本着"在真实中下笔千言"的思想设计这节课。唤醒学生内心真实的情境,让童心精彩飞扬。作文指导的核心价值在于唤醒学生的个人记忆,激活学生的个人经验,调动学生的词汇积累、写作手法的运用等。"写作是动用语言文字进行表达和交流的重要方式,是认识世界、认识自我、进行创造性表述的过程。写作能力是语文素养的综合体现。"(《语文课程标准》)作文源于社会实践的真实体验,源于书本的阅读积累,悟于对事物的观察思考,要求作文与做人,真实与诚实融为一体,让作文记录人的思想,思想通过作文来磨炼,达到做人促进作文,作文升华做人,使学生的写作成为健康人生的重要开端。

口语交际《我的暑假生活》教学设计

长春市绿园区雷锋小学　刘丽丽

【教学目标】
1. 有表达的兴趣和自信，愿意把自己的感受与同学交流。
2. 选择别人可能感兴趣的内容重点讲述。
3. 恰当使用图片和实物。

【教学重点】
认真听别人讲话，同时把要讲的话说得清楚、明白，了解讲话的主要内容，是本次活动的重点。

【教学难点】
讲的时候可以出示相关的图片或实物，帮助别人更好地理解你讲的内容。

【教具准备】
课件。

【教学过程】

一、创设情境，引入交际话题

多媒体出示学生课余生活的照片。

教师导言：可能有心的学生会发现，平时同学们活动时老师经常拍摄照片，老师不但拍了照片，还做成了影集。现在我们一起来欣赏一下。看一看，照片上的学生都在做些什么？他们是怎样做的？想象一下他们当时的心情。

（看电影电视、旅游观光、玩游戏、上网查资料、学游泳、跟爸爸妈妈干活、唱歌跳舞、读书做作业等图片。）

导入主题：多么丰富的课余生活呀！这节口语交际课我们就来举行一次"多彩的暑假生活展示会"，说一说你们的暑假生活，比一比谁说得有趣，说得清楚。（板书：我的暑假生活）

二、自主交流，尝试交际练习

（一）启发学生回忆生活，激发学生参与兴趣

师：以上我们看到的是同学们的课余生活记录照片，非常生动，非常有趣。请同学们回想一下自己的暑假生活是怎么样的？有哪些有趣或者特别的事情呢？在这个过程中，你有什么收获和感受呢？

（二）鼓励学生自主练习，引导学生合作交流

1. 师生讨论，指导口语交际的方法与技巧。
2. 引导学生思考并回答。

选择别人可能感兴趣的内容重点讲述。

可以出示相关的图片或者实物帮助别人更好地理解自己讲述的内容。

（板书：感兴趣 图片 实物）

今天你想跟大家分享你课余生活的哪项活动？

你能把暑假生活的过程说清楚吗？

你能把暑假生活的过程说清楚，并且说得有趣些吗？

谁能当小老师评一评以上学生的发言？

3. 小组合作，练习口语交际。

提出小组合作交流要求：先想好了再说，注意叙述的顺序；态度自然大方，尽量把事情说清楚，说具体，说有趣；声音要洪亮。

先在组内互相说一说，再评一评。组内推选代表，参加全班的口语交际活动。教师参与各小组的交流讨论，并进行个别指导。

三、互动交流，全班分享小组的汇报交际

（一）课件出示汇报要求

发言的同学要发挥自己的最高水平；其他同学要认真倾听，不要中途打断；有疑问或者要提意见的，等听完之后再举手发言；发问和提意见要有礼貌，注意礼貌用语。

（二）各小组推举代表轮流展示多彩的课余生活

本组的同学可以补充，其他小组可以提问（教师适当指导点拨，重点从语言表达是否完整和内容是否有趣两方面来指导，启发引导学生相互补充，学生相互评价，发现优点和不足）。

（三）师生评议，学会方法

引导学生从"态度自然大方、完整、清楚明白、具体有趣"几个方面进行互相评价。

（板书：自然大方、完整、清楚明白、具体有趣）

（四）评选、小结

从暑假生活中选择说得有趣，活动开展的过程精彩，收获丰富、感受深刻、说得好的学生中评选出"最自然大方奖""最佳口才奖"，并宣布评选结果。

教师小结：介绍暑假生活，可以先说说自己的暑假生活是什么，具体的经过如何，怎么有趣，再说说自己的心情、感受怎样，还可以讲讲给自己带来的快乐。

四、总结收获，课外作业

1. 这节课我们重温了以前丰富多彩的暑假生活，学会了怎么与同学交流。希望同学们对今后的活动做好计划，使自己的课余生活更加丰富多彩，带给自己更多的快乐。

2. 课外作业：回家后跟爸妈交流自己的暑假生活。

五、板书设计

我的暑假生活
感兴趣 图片 实物
自然大方、完整、清楚明白、具体有趣

【评析】

口语交际是语文教学的重要组成部分，它贯穿在语文教学活动的各个环节。在本课口语交际的教学中，教学设计紧紧围绕课程目标进行，在各个交际活动中，让学生学学会了表达、学会了倾听、学会了交流、学会了文明与人沟通、学会了人与人合作。我认为这节课的设计科学合理，非常成功。成功之处就在于精准把握了以下几个方面：准备、情境、活动、交流、评价。

准备：准备是口语交际的积蓄阶段。学生要表达自己的思想、情感、体验、首先应该积累丰厚的语言，也就是"厚积薄发"。通过教师设置的问题，可以看出学生在头脑中经历了一个准备的过程。例如运用多媒体课件，出示小朋友看电

影电视、旅游观光、玩游戏、上网查资料、学游泳、跟爸爸妈妈干活、唱歌跳舞、读书做作业的情景，为交际活动提供丰富的素材，从而拓宽了学生的思路，调动了学生生活积累，激发了学生的欲望。

情境：情境是口语交际的前提。在学习活动中充分利用情境教学的手段，调动学生积极参与。如：1. 以问题引发情境。问题是打开学生思维的钥匙，一切思维由问题开始，一个个有情趣有价值的问题，打开了学生的心灵之窗，揭示了学生的内心世界，放飞了学生的想象，激发了学生的探索欲。2. 多媒体演示情境。生动活泼的画面，声声悦耳的音响、丰富多彩的内容，点燃学生思维的兴奋剂。

活动：活动是口语交际的载体。在教师的倡导建议下，给学生自主选择的空间。先小组交流，选代表展示，本组其他成员补充，其他小组成员可以提问，每一组同学在交际中享受了无穷的快乐，在激烈的竞争中获取了暑假生活的有关知识，锻炼了口语交际能力，变得能言善辩。并通过大量的口语交际实践活动，内化为口语交际能力。活动的形式体现多样性，实效性，合作性。

交流：交流是口语交际的核心。本节课的设计给学生创设出自由、平等的交流平台，同时注重引导一部分学生注意倾听，只有听得认真，才能理解得深刻。

评价：评价是口语交际的保证。教师用激励性评价，抓住学生的成功之处，及时表扬。如"你说得真好""你很有想象力""你的用词很准确"。点拨性的评价如"你能把这句话说得再具体些吗？""想一想应该如何改进？"调控性的评价如"你的假期生活很丰富，但说得不够有趣，你还能补充吗？"等等，教师对学生的发言的评价很有艺术特色，再适当结合生生之间的评价，能及时把学生交际的积极性真正地调动起来。在整个教学过程中，学生相互包容、相互激励、相互促进、相互提高。

口语交际课是学生与学生、教师与学生之间在交换思想、看法、意见时进行的心与心的对话，本节课的教学设计，做到了真正的互动，学生与学生，老师与学生，多层次的交际，使学生真正进入角色，进入生活，提高了学生的口语交际能力。

专题四　探索与发展

古典诗词教学拓展三法

吉林省长春市绿园区雷锋小学　侯玉芳

古典诗词是语文教学的重点内容之一。因此，各种版本的语文教材都精选了大量的古典诗词作品作为传统文化学习的媒介。但是，在具体的教学实践中，因为学生知识水平的差异，理解能力的不同，往往需要任课教师对教材中的这些古典诗词进行科学重组与补充。特别是对于后者而言，如何根据教学的需求选择一些适当的古诗作品对现行的语文教材进行补充与拓展，不仅是提升任课老师执教能力的关键，而且也是提升教学效果的前提。因此，在此有必要对如何拓展古典诗词的教学方法问题进行科学探索与说明。

一、古典诗词数量拓展法

古诗词教学的"拓展"可以从两个层面进行理解，即诗词作品数量层面的拓展和诗词内容、内涵方面的拓展。对于前者而言，从古诗学习数量的层面进行拓展，主要的方法有主题相似法、情感延伸法、风格近似法三种核心方法。

（一）主题相似法

主题相似法是指根据教材所选古诗的主题内涵，选择与其相似的其他古诗作品作为拓展教学的材料。众所周知，无论是小学的古诗教学，还是中学的古诗讲解，在具体的教学实践中，它都需要学生掌握古诗的核心内容并感悟作者表达的主要情感。虽然在有的学段不以讲解诗歌的主题为教学内容，但是如果既明确了诗歌的内容，又体验到诗中的情感，那么学生也就大体掌握了古诗的主题。因此，用主题相似法拓展古诗教学是一种切实可行的教学方法。例如，李白的《静夜思》是一首著名的思乡诗作，在教学这首诗作的时候，任课教师可以把王维的那首题为《杂诗》的诗歌作品介绍给有学习兴趣的学生。这首诗作的原文如下：君自故乡来，应知故乡事。来日绮窗前，寒梅着花未？这两首诗作相比，它们不仅具有相同的思乡主题，而且在写作的层面上，都属于五言诗。

（二）情感延伸法

情感延伸法是古诗拓展教学的另一重要方法。众所周知，诗歌是抒情言志的作品。任何一首诗歌作品的创作都是作者情感的凝结。从另一个层面来分析，诗歌教学的核心主要体现在学生的情感体验上。因此，根据教材所选诗作中的情感也可以拓展教学实践。例如，《闻官军收河南河北》是爱国诗人杜甫众多诗作中颇为引人注目的作品。虽然这是一首对仗严格的律诗，但学生却可以从诗人听到官军收复失地消息的兴奋中感悟到作者对祖国的热爱。尤其是作者在诗中对回家之路的表述，更能激发学生的爱国情怀。因此，任课教师可以从诗作中的爱国情感进行延伸，选择其他的爱国诗作拓展教学实践。例如，文天祥的《过零丁洋》、陆游的《示儿》等。特别是后者，它更适合拓展教学。因为，陆游的《示儿》这首诗作的内容简短，表达的情感也更容易引起学生的共鸣。

（三）风格近似法

风格近似法是任课教师在古诗拓展教学中较常用的一种方法。所谓的风格近似指以教材所选诗作的风格为选择标准进行拓展诗作的选择。运用这种方法进行古诗拓展阅读教学的目的之一就是培养学生欣赏诗歌的方法。因为风格相似，所以在阅读教学中对于这些诗作的赏析方法也应该基本相同。例如，在语文教材所选的乐府诗作中，有一首来自北朝的著名民歌诗作《敕勒歌》。这首诗不仅在语言上具有通俗易懂的特点，而且通过高度的概括形象化地再现了北方的游牧生活。因此，根据乐府诗作的这种创作风格，任课教师可以选择与其相似的另一首北朝民歌《企喻歌》来进行拓展教学。这首诗歌的语言不仅与《敕勒歌》一样明白易懂，而且颇为严格的五言形式更加方便学生记忆。

二、古典诗词意境再现法

如果说前边的三种方法都是从数量层面对古诗教学的拓展,那么下边提到的意境再现法则是从诗歌的内容教学层面进行的拓展。所谓的意境再现是指学生用自己的语言对特定诗歌作品的意境进行真实的描述。这样的描述不仅是学生理解诗歌内容的基础,也是学生体验诗作情感,领悟诗歌语言表达技巧的关键。例如,白居易有一首题为《夜雪》的诗作已被选入多种版本的语文教材。其诗原文如下:已讶衾枕冷,复见窗户明。夜深知雪重,时闻折竹声。在这首以雪为题材的诗作中,作者运用简洁的语言为读者营造了一个孤寂的意境来再现自己贬为江州司马时的孤寂情怀。以雪入诗本已难作,更何况是对夜雪的描绘。可是作者却独辟蹊径,通过感觉来再现窗外的大雪。首先,他通过自己的触觉——"冷"来再现夜雪之大;其次,诗人又通过自己的视觉"明",来点明窗外雪之大;再次,诗人又写到雪带给自己的听觉——折竹声,从而再一次地向读者强调自己此时此刻的情怀——孤寂。

古典诗歌作品的教学,既要在有限的课堂时间内完成教材中规定的教学内容,还要根据学生的个性差异进行适当的拓展训练。唯有如此,它才能在自己的实践中真正体现因材施教的教学原则。

三、古典诗词积累感受法

学生的阅读经历是有限的,他们受年龄限制和时间的限制,阅读量不大。识字量有限,也影响了学生的阅读和理解能力,而古诗文教学要是没有充分的理解做基础,那么不管是积累还是积淀,都不能做到。所以在古诗文教学中,帮助学生理解也是非常重要的。引领学生在文字中徜徉走进作者的灵魂中,在阅读中和作者的灵魂对话,从而感受诗人的情怀,感受诗词的意境美。理解得是否深厚,与教师的讲解有关,所以教师要重视备课的过程,重视自己的文学积累。实现教学内容的延伸和拓展,实现学生阅读的丰富。

小学古典诗词教学是语文教学的一个重要组成部分,教师要认真做好这项工作,将小学语文的古典诗词教学的拓展做好,为学生日后的文学积累和鉴赏能力的提高打下坚实的基础,这是语文教师责无旁贷的任务。我们必须要提高认识,强化教学改革,提高古诗文教学的质量和效果。

扬自信笑脸 做更好一点
——农村小学生"自信教育"之我见

吉林省长春市绿园区同心小学　周秀晶

我校是一所普通的农村小学，由于学生家庭比较贫困和家庭教育缺失等各种因素，导致我校学生普遍存在不同程度的自信心不足、自卑的心理现象；学校教育环境对一些学习比较困难的学生缺乏理解和激励的氛围，部分教师的教育观念滞后。

根据农村学校实际特点和教育优势资源，着眼于学校的长远发展和学生的全面可持续发展，我校确立了"扬自信笑脸，做更好一点"的办学理念，突出教育创新，坚持以人为本，实施贫民化教育策略和培养目标，真正确立了学生在学习活动中的主体地位，不断唤醒学生蛰伏的主体意识，培养学生的自信心。我们力求把"自信教育"逐步形成为学校的教育特色，培养学生良好的个性和健全的人格，促其德、智、体、美诸方面的和谐发展。

一、优化办学条件，为自信教育提供保障

"翠叶松枝遮去路，未见花香先有香。"近年来，我校积极采取得力措施，加大资金投入，积极优化办学条件，美化校园环境，给学生创造良好的育人空间。四年间，多方筹措资金新建室内厕所和校门、粉刷教学楼内外墙壁、改造电化教室、铺设草坪操场。现校容校貌、硬件设施等都发生了巨大的变化。几年来，学校先后按标准配备了科学实验室、计算机教室、多媒体教室、录播室、电视台、图书室、阅览室、舞蹈室、美术室、音乐室等，为师生的发展提供了更好的空间和舞台。这些硬件设施的投入使用，营造一个良好的育人环境，使教师和学生自然而然地萌生授业与学习的内在需求。这无疑为我校打造自信教育提供了有力的保障。

二、构建阳光课堂 让学生相信自我

多年来我校以构建自信课堂为载体,以省级科研课题为依托,立足学区研训和校本研训,实施有效教学,把自信教育渗透到每一个教学活动中来,力求通过全体教师的努力,积极构建适合我校学生自主式学习的阳光课堂。以生动活泼、兴趣盎然的阳光课堂为土壤,根植学生的自信心。

（一）激发学生学习兴趣

孔子曰:"知之者,不如好之者,好之者,不如乐知者。"教师以兴趣为自信的支点,引发求知的原动力。努力创造情景、提供信息,以巧妙的形式激发学生求知的欲望和学习热情,促使学生思维真正动起来,这就要鼓励老师根据不同教学内容和学生实际,设计不同的方法。以知激趣,以新激趣,以奇激趣,以动激情,以疑激情,以趣激情,直观激情,争论激情等等。正所谓:课未始,兴已浓,课正行,兴愈浓,课已毕,兴犹浓。在这样一个快乐、活泼的课堂氛围中不断满足学生的求知需要,学生兴趣越浓思维越活跃,最容易接受新知识,也最有助于学生自信的提升,能力的提高。

（二）创设平等民主和谐的课堂氛围

马斯洛健康心理学告诉我们任何一个健康的心理都有一些需要,当满足了基本需要,另一个更高的需要才会得以实现。那么当学生满足了平等、互尊、合作的需要,学生才会朝着自尊、自重、自信的方向发展。

教师有一个良好的心态,将学生真正当作自己的朋友,温和、微笑、宽容、认同是我们实现平等、和谐课堂的法宝。师生合作的关键是要让教师从内到外散发一种亲和力、一种吸引学生的磁场,这样就能让学生亲其师而信其道。因此教师进入课堂必须以得体的礼仪,积极向上、朝气蓬勃的精神面貌微笑着面对每一个学生,让学生见到老师就如沐春风。从而缩短师生之间的心理距离,让学生在认知满足的同时,获得情感的满足。让学生把教师的亲切当成一种奖赏,一种被鼓舞,产生的一种被爱被承认的心理满足,从而在学生血液里根植自信的种子,实现学生健康、自信、和谐发展。

（三）充分发挥教师的主导作用和学生的主体作用

课堂教学中的质疑问难是一种开放性的、多向性的信息交流活动。在教学实践中,我们老师经常会遇到学生启而不发、启而乱发的现象。这时教师就要发挥教师的主导作用,为学生铺路架桥,引导学生思考的方向。在这里教师尤其要保护善待那些思维活跃、爱动脑、爱表现的同学，把学生置于发现者和探索者的位置。考虑大多数学生的实际水平，分层次、有梯度，通过多种途径引导学生，要选择最佳的切入点，设疑引思，善问善诱。让学生在频繁的思考和想象中点燃学生自信的火花，体味发现的喜悦，创造的喜悦，成功的喜悦。

（四）注重过程评价的激励性

学生学习是一个循序渐进的过程，时时发生着变化。因此教师也应该时刻以发展的眼光，注重过程评价的激励性，从多角度多方面去看待每一个学生，要客观公正，并给予学生欣赏、赞美、鼓励、肯定。从不同的角度肯定他们一点一滴的进步，帮助学生维持积极的情绪体验，让每个学生在自尊自信中快乐成长。

三、营建书香校园，为孩子创设自信的精神家园

如果说"让读书成为习惯"还可以诠释为一种光明、一种温暖、一种爱心的话，那么当我们的老师、我们的学生有了这种习惯，在未来的社会中，他们就能像"光源"一样，用他们充盈着自信的光，去"照亮"他人，"照亮"社会……

我校特殊的生源环境使得学生学习起点普遍偏低，且普遍缺少良好的养成习惯和礼仪修养，缺少积极的生活追求和理想信念。为了改变这种状况，学校经过多番研究达成共识，坚持以"书香校园"建设为载体，开展系列丰富多彩的快乐读书活动，丰富学生的人文素养，为孩子自信成长奠基。

（一）营造氛围，让校园有书香。我们通过校园环境的建设，营造读书的氛围

1. 学校每个楼层都设有全开放式的小书架，学生课间在这里自由浏览，小书架旁读书的身影已经成为我校一道亮丽的风景线。

2. 建立班级图书角，为阅读提供有力的保障。学生根据学校推荐的书目，自由购买优秀的图书，让好书在班级间漂流，让学生能花最少的钱读最多的书。

3. 鼓励学生在家里建立自己的藏书架，每天进行亲子阅读。

（二）引领阅读，让学生书山有路

一是建立组织，让阅读有引领。我校成立了书香班级领导小组、读书指导委员会和教师读书微信群，校长亲自带头，引领全体教师积极参与。各班还成立了"快乐读书小组""自信阅读小组"，每一个组有自己的活动宣言。小组成员之间相互合作、相互监督，效果很好。二是言传身教，让阅读有指导。我校领

导班子无论工作多么繁忙，坚持读书一点也不松懈。因为，我们相信：读书可以让我们在工作中更加自信。三是积极参与，让阅读有成效。我们经常开展好书漂流、读书讲座、古诗词诵读等系列读书活动。读书活动的开展，使越来越多的学生养成了爱读书的好习惯，到图书室借书的孩子越来越多，课间的教室里、走廊中、操场上随处可见学生读书的身影。

春风化雨，润物无声。当教师们与书交上了朋友时，校园里的工作氛围异常热烈；孩子们都和书交上了朋友时，校园读书的气氛就会日益浓厚，形成了"书香校园""书香班级"。我们真正感受到阅读的无穷魅力，感觉到孩子们在书香熏陶下成长得格外自信、快乐。

四、丰富校园生活，为孩子打造展示自我的舞台

纸上得来终觉浅，绝知此事要躬行。我们除了要让学生在教学活动以及校园生活中获得与生活密切相关的经验和真切体验外，还要给学生一个属于自己的舞台，创设多种体验实践活动，为学生提供自我表现、自我实现的空间与机会，引导学生在体验中提高认识，形成自信。

（一）开展社团活动，给孩子一个属于自己的舞台

为了培养学生特长，我校在原有兴趣小组的基础上，成立了"吉他""合唱""视唱练耳""足球""创意画""手工""机器人"共七个社团，即七彩社团。社团建设的探索与实践，是我校打造自信教育的一大举措。学生经过长期的学习和训练，兴趣特长得到了培养，实践技能得到了提高，不仅增进了学生们的自信交流，更让他们收获了成功的快乐。

（二）开展各种赛事，爆发学生自信的正能量

为了培养学生的自信心，发展学生的个性，我们开展了各种活动来丰富学生的学习生活。每年一次的学生书法大赛、作文大赛、古诗词诵读大赛、拔河比赛、足球比赛、科技大赛、书画大赛等，不但丰富了孩子们的课余生活，也为孩子们享受一次次成功的快乐，搭建了锻炼和展示的平台，真正提升了学生的自信心。

多年来，我校善于利用社团、赛事等一切可以利用的方法和手段培养学生的自信心，从内心深处坚信学生"我能行"。自信心唤醒的内驱力会产生积极的行为、学习的热情，从而生命的能量在这样的催唤中爆发、释放，惊喜和奇迹就会在这

样的催唤中孕育、诞生。

五、勇敢参与实践，为孩子插上自信的翅膀

教育家陶行知先生说："教育只有通过生活才能产生作用，并真正成为教育。"教育是生活的需要，其源于生活又要以生活为归宿。因此教师要引导学生关注社会实践，关注生活实践，从生活中来，到生活中去。为了让学生能够在社会活动中收获快乐，我校积极组织学生走出校园、走向社会、参与社会实践活动。根据学生年龄特点，精心设计主题鲜明、具有针对性和实效性的活动，如定期到敬老院进行送温暖活动，与城建学院大学生志愿者手拉手活动、参观吉林省自然博物馆、走进关东文化园和电影城等实践活动。这些社会实践活动不仅开阔了学生的视野，也给孩子们带来了全新的体验，让他们在感悟生活的同时，能够热爱生活、学会生活、享受生活。

我校实施自信教育以来，学生的精神面貌发生了巨大的改变。孩子们比以前更自信、更快乐了；每一个孩子都得到了老师的关心和帮助，每一个孩子都得到了同伴的激励和肯定，每一个孩子都得到了进步和成功的机会。"自信人生二百年，会当水击三千里。" 我们愿继续为"自信教育"多做一些探索和尝试。

阅读教学要体现探究性

长春市绿园区正阳小学　张洪玲

《语文课程标准》指出：要逐步培养学生探究性和创造性阅读的能力，提倡多角度有创意的阅读。也就是说，阅读教学要体现探究性，要注意培养学生的创新精神和实践能力。那么在语文教学中如何培养探究能力呢？根据教材特点和学生实际，我们可以从以下几个方面进行尝试和探索。

一、质疑，播下思维的种子

人的思维总是起源于疑问，有了疑问才有探究的动机。对于一篇文章，学生读后往往会产生一些疑问，教师要放手让学生提出不懂的问题。先提给自己，看看通过自己的思考能否使问题得到解决。再提给同伴，互相帮助解答。小组内解决不了的，再提给全班同学及老师，大家一起合作探究。这时教师要注意结合训练重点，引导学生将所提出的问题加以归纳，使问题条理化、明确化，以便组织学生有的放矢、科学有效地展开探究性阅读。例如，教学《倔强的小红军》一文时，我考虑到课文的内容离学生生活较远不容易理解，因此初读课文以后，我首先让学生提出自己不懂的问题，学生提出了不少有价值的问题：如陈赓自己也掉队了，为什么还要帮助小红军呢？小红军已经极度虚弱，为什么不肯接受陈赓的帮助呢？陈赓走后为什么又调转马头，说自己受骗了呢？这些问题都是学生阅读课文过程中的障碍，是他们最想解决的。因此，在接下来的时间，我就鼓励学生进一步阅读讨论，进行探究性学习。学生通过交流课前收集的有关红军长征过草地的材料，结合课文的重点词句，通过反复研读，比较顺利地解决了上述问题，从而加深了对课文内容的理解。

二、争论，点燃创新的火花

学生是有生命的个体，由于思想、性情等个性特点不同，他们对问题的看法也不尽一致。当学生在阅读过程中对某个问题产生争议时，教师要鼓励学生大胆发表自己的见解，阐明自己的理由，在观点争鸣中展开探究性阅读。

笔者曾听过这样一节课，一位教师在讲《穷人》一文时，学生在"桑娜是否应该收养西蒙的两个孩子"的问题上产生了意见分歧，教师抓住这个契机，让学生自由组合，形成正反两方，在阅读课文的基础上展开了一场别开生面的辩论。正方学生认为：桑娜虽然家境贫寒，但她非常善良，从道义上，她应该收养西蒙的孩子。反方同学却认为，桑娜一家根本没有能力再收养西蒙的孩子，因此她不应该这样做。双方同学结合课文中的有关词句，真实地谈出了自己的情感体验，教师并没有对这个问题妄下结论，而是以一个主持者、引导者的身份组织学生在辩论中真切地体会到桑娜当时复杂的心理，在朗读品味中感受到她最终收养两个孩子的伟大与善良。争论张扬了学生的个性，探究激发了创新的火花，这样的课堂效果比串问串讲要好得多。

三、艺术，激发学生灵性

语文教学本身就是一种艺术，而将艺术融进教学，就会使语文课堂更加生动、鲜活。学生喜欢祖国优美的语言文字，但我想在学习这些优美符号的同时，如果再适当辅以音乐、绘画等各种艺术形式。那么就能更加充分地启发心智，陶冶情操。在教学我国文化瑰宝——古诗时，我就采用了这种方法。在舒缓的音乐声中，学生自由地吟诵着诗句，或愉悦轻松，或哀伤沉痛，或高昂悲壮，或低沉婉转。有时，还根据诗句内容自由作画：风拂绿柳，绘出春的勃勃生机；群山起伏，画出庐山的高大幽深；顽童捕蝶，充满了生活情趣；老翁独钓，饱含着生活的艰辛……艺术激发了学生的灵性，当其在轻松愉悦的艺术氛围中与文本及作者达到情感上的共鸣时，教学也往往达到了最佳的艺术效果。

四、体验，拓宽思维的空间

对于小学生来讲，学习就是一种体验，而语文学习尤其如此。生活中处处有语文，当学生真正地去体验时，所学的知识就会由陌生变得亲切，由复杂变得简单，由枯燥变得生动有趣。因此在教学中我们要时刻遵循这样一个原则：学生自己能读懂的内容教师不讲，学生实验操作后能理解的知识教师不教，学生遇到困难时我们鼓励，学生解决不了的问题我们点拨。体验可分为实验操作、情境表演、语文实践等多种形式。以实验操作为例，现行语文教材中，有的文章具有一些实验操作的内容，这些文章往往比较抽象，单凭学生自读或教师讲解都只能是知其然不知其所以然。这时，教师应该创造条件，让学生自己动手，再现实验过程，在具体操作中进行探究性学习。如《捞铁牛》一文，阅读重点是理解怀丙和尚捞铁牛的过程和原理。为了突破这一重点，课前我和学生一起准备了实验器具：鱼缸、小木船、"铁牛"、砂石等。上课时，先让学生读懂课文中相关段落，然后分组实验，模拟课文中怀丙和尚捞铁牛的情景。然后再回归文本，朗读品味，学生兴趣盎然，在操作中形象地感知了课文内容，阅读难点迎刃而解。

以上只是阅读教学的几种常见方式，其实要真正培养学生的探究能力，还需要教师在阅读教学过程中从实际出发，创造性地知道学生进行丰富多样的探究活动，以拓展学生的思维空间，提高阅读教学质量。

平淡是真 扎实为本
——我的语文教学观

长春市绿园区正阳小学　张洪玲

新课程改革以来，新的教育教学理念为语文教学注入了生机和活力。我们欣喜地看到：大部分学生的语文学习兴趣提高了，思维活跃了，视野开阔了，但一些问题和困惑也随之而来。我们不止一次地听到有老师抱怨：当了十多年老师，课越上越糊涂了，这语文课到底怎么教啊……之所以出现这些困惑，究其原因是对语文课的理解出现了偏差。那语文课到底是什么呢？杨再隋教授的解释简明而准确，他说：语文课就是学生学习理解和运用祖国语言文字的课，是学生听说读写的综合实践课，是引导学生提高语文综合素养的课，说到底就是学生学习说语文、讲语文、读语文、写语文、用语文的课。

明白了语文课的内涵和真谛，我想我们就可以掠去过多的浮华，抛开不必要的喧嚣，减少支离破碎的分析，让语文课返璞归真，踏实前行。

一、平淡是真

唐代大诗人李白诗云：清水出芙蓉，天然去雕饰。平淡的语文教学亦如清水，使学生的思维、能力和情感在其中变得润泽、饱满而清新。

1. 平淡致静，师生和谐共处

心平气和地走进语文课堂，以微笑面对每一个学生，多年来，我一直坚持这样做。正是这种淡然，使我时刻以真心和真情与学生对话交流。有时我是学生的学习伙伴，共同探讨问题；有时是师长，授业解惑，和他们一起品味语文学习的快乐。当学生有了精彩的发言时，我往往不是极其夸张地大加赞扬，但是轻轻竖起的大拇指和一个诚恳的微笑，却足以让学生体会到自己的价值所在。当学生出现失误或犯了错误时，电闪雷鸣和暴风骤雨也许能解决一时的问题，但是平淡而幽默的一句话更如春风化雨，润物无声。

2. 平淡致真，过程比结果更重要

很多次公开课上，没有达到那种热热闹闹，顺顺利利的效果，有时会出现老师们最怕的所谓学生不配合的情况，然后在我的引导下，逐渐地峰回路转、柳暗花明。课后总是有人善意地责备我：事先为什么不渗透渗透呢？那样更会显示出你的水平。我不反对这样的观点，但我会始终坚持自己的做法，因为我知道，没有什么比让学生经历学习过程更可贵，没有什么比培养学生自主读书和探究能力更重要。所以我喜欢这种略带困难和风险的平淡与真实。

3. 平淡致美，语文课更该简洁明快

容量大、环节杂、节奏快、课件多等现象使语文课臃肿不堪，忙忙碌碌的一节课，细嚼起来没有多少值得回味的美。曾经看过这样一个教学设计：一个老师教《翠鸟》，课始，用了大量的课件展示了翠鸟的种类、生活习性、捕鱼本领等资料，很久才切入正题。课上又利用一定时间设计了让学生画翠鸟的环节，以期达到体验出真知的效果。语文教学追求过多，往往就忽略了朗读感悟以及语言文字的积累和运用。这种复杂的"统一"或"整合"很多时候让语文显现出综合性的同时，也失去了语文的自我。其实我们完全可以把这个环节放在课前，把收集资料的任务教给学生，课上只需进行有针对性的交流。这样既培养了学生收集信息和课外读书的兴趣，又提高了课堂教学效率。这种简洁明快其实就是一种平淡的美。

二、扎实为本

语文是基础工具性学科，从小打好学习母语的基础，对于学生的终生发展十分重要。而小学语文又是基础的基础，因此我们在教学中应该扎扎实实训练。如果只是虚晃一枪，走马观花，那么提高学生语文素养就永远是一句空话。在新课程理念下什么是有效的训练呢？应该是通过对典型的语言作品即课文的品味感悟，在各种言语实践中内化语言、运用语言，再外化为自己的言语作品，逐步形成独立的听说读写能力。

1. 字词训练

我想大家可能看过这样一个案例：著名特级教师袁蓉在执教《少年闰土》时，提问"秕谷"一词的意思，学生课前查了字典，回答说：秕谷就是干瘪的谷子。按照常理对这个词的理解应到此为止了，可是袁老师又问：能不能说"秕枣"啊？学生说不能，老师笑问为什么，学生说这个字是"禾"部,用来形容谷子的。一个"秕"字，使学生增长了多少见识啊。这就是扎实。

再如四字词语的理解。我们在教学中都能很好地关注到这类词语，让学生会读、会写，理解在书中的意思，并且用这些词语说话。但是不是训练到这一步就可以了呢？我想不是的，我们还应该适时地离开这个语言环境进行迁移训练，鼓励学生把这样的好词佳句运用到口语表达和习作中去，内化为自己的语言实践能力。这就是扎实。

2. 朗读训练

在平时的课堂上我们经常看到这样的景象："请同学们用自己喜欢的方式读。""你想怎么读就怎么读。"话音一落，学生便热热闹闹地读起来。这种训练不乏调动学生积极性的作用，但是更多时候其实就是一种喧嚣。为了避免自由朗读中的这种虚和乱，我们可以这样做：

首先，书要有备而读。学生要有工具书，遇到不认识的字，不懂的词，不了解的背景资料，就会主动查阅。这样的读书不只是简单意义上的读，更是扎实有效的能力培养和训练。

其次，书不动笔墨不读。用手中的笔圈点批注，记下自己的感受和疑惑，这种读与书声琅琅、童声飞扬相比，多的是一丝沉静、一种踏实、一分收获。

另外，要注重读后的反思。读书之后要留给学生足够的思考时间和空间，反思一下：自己读懂了什么，还有哪些地方需要和同伴切磋或老师的点拨。这既是对刚才读书活动的总结，又为下一步的交流奠定了基础。这样的读书比一放下课本就进入汇报交流效果要好得多，扎实得多。

3. 读写结合训练

可以说读写结合是大家比较倡导的一种行之有效的训练方法。我们也经常在课堂上让学生或抒发心中感受，或模仿作者的方法写上三五分钟，但多数时候是找几个代表读读作品，简单点评后便不了了之。如何才能关注大部分学生，进行实在的字句的指导，值得我们深思。以《燕子》一文为例，让学生模仿开头写一种小动物的外形，我们不但要给学生足够的时间，还要分层次检查，将不同层次学生的作品进行展示，特别要注意"一身、一对"这样数量词的运用，"似的"比喻词的运用，以及一些生动的形容词的用法，使训练真正能使学生受益。

说了这么多的扎实训练，落实到语文教学中，简言之无非就是：难读的字要多读几遍，难写的字要多写几个，该解释的词语要解释，该分析的词语要分析，该品味的句子要品味，该概括的意思要归纳，该讲解的篇章知识、标点符号等知识还要讲解……让学生学得扎实，让语文课变得朴实，让语文教师变得充实。

有歌词曰：平平淡淡从从容容才是真。那我说：语文教学简简单单扎扎实实才是本。

统编版语文教材"阅读策略单元"的教学建议

长春市第八十七中学小学部　刘志超

自2017年秋季部编教材正式走进课堂，到2019年秋季所有年级的全面使用，相信很多老师都会有这样的发现和思考：教材的改版，其实改变的不只是内容，还有它的编写体例，以及编写体例背后的意图和思想。从三年级起，部编版语文书突破了传统语文教科书的编写体例——暨以人文主题和语文要素双线构成的单元，专门编写了两种特殊形式的单元：阅读策略单元和习作单元。这是较之于之前所有教材的最大的不同，也是深化课程理念上的一个巨大进步。

我常常想起叶圣陶先生的那句话："课文只不过是一个例子。"换言之，课文无非是一个载体，学生可以通过这个载体体验情感、态度、价值观，学习表达与写作，自然也可以学习阅读策略。以往教材往往更偏向于以人文为主题编排单元内容，而部编本教材从三年级上册开始每一个年级安排一个专门的"策略单元"。这四个策略单元分别指向"预测""提问题""提高阅读速度"和"有目的的阅读"，这是小学生阅读实践中需要经常运用的几种阅读策略，对提高学生的阅读理解能力、阅读效率都十分重要。去年，在我校的"润涵杯"语文研讨活动中，我执教了三年级阅读策略单元中的第一课《总也倒不了的老屋》，在备课和研讨过程中，有了一些思考和收获，总结为以下四点建议。

一、围绕策略，制定教学目标

作为一线教师，我们在带领学生学习"策略单元"的时候，应该努力领会编者意图，教学的重点、难点都要围绕策略来设定，也就是说，我们在教学"策略单元"时，可以教知识，这是我们阅读教学的基础，因为你不可能连课文内容还不清楚的情况下去教策略。可以涉及情感、态度、价值观，这是文本自带的，比如《总也倒不了的老屋》中老屋的善良与助人为乐；四上《蝙蝠和雷达》：生活中还有哪些发明是受到了动物的启发的；五上《搭石》：从哪些语句中可以体会到乡亲们美好的情感；孩子们都是可以总结和提炼的。也可以教表达，比如我在《总也倒不了的老屋》这一课中，就设计了续编故事这一环节的表达教学。但有一点必须坚定的是,"策略单元"的教学,无论是时间的分配,还是教学任务的设计,都得倾向于"策略",先完成"策略"的教学,然后再兼顾其他。还以《总也倒不了的老屋》这篇课文为例,如果把它放在其他一般性的阅读单元,它就是一个童话故事,我们可以按学习童话故事的思路教学;如果放在预测单元,还按老套路上,或者第一课时解决字词句段篇,第二课时学习预测,就偏离了编者和教材的意图,不利于学生对于预测的学习和理解。因为通过第一课时,大家对这一文本已经非常熟悉了,思维形成了固化,即使你让他预测,他也只会想到故事的原文,原文对学生学习预测的干扰太大,不利于学生学习和感受预测。

二、遵循顺序,分解教学目标

阅读策略单元的编写单元结构体例与阅读单元基本相似,由精读课文、略读课文、识字写字、课后思考练习题、习作、语文园地(三年级的有口语交际)这几部分组成。但它与普通阅读单元有两个明显不同,一是人文主题线不明显;二是以一个阅读策略各个层次的教学目标,把3—4篇课文紧密联系起来,作为一个整体呈现,后一篇课文是前一篇课文的提高,以突出单元阅读策略教学目标的层次性、递进性和发展性。例如,四年级上册第二单元共有四篇课文,第一篇课文《一个豆荚里的五粒豆》,正文前的提示是要求阅读课文时要尝试提问;课后练习2则通过泡泡提示,让学生发现可以从不同角度提问。因此其教学目标是:尝试提问,发现可以从不同角度提问,并尝试解决问题。第二篇课文《蝙蝠和雷达》,正文前的提示告知阅读时提出问题的操作方法写在旁边和文后,并提供了具体的范例;课后练习2则通过学习伙伴,学习从不同角度提出问题。课后练习3是尝试有意识的从不同角度提出问题。所以,这一课的教学目标是:学习从不同的角度进行提问,并尝试解决示例问题和整理后的问题。第三篇课文《呼风唤雨的世纪》,根据正文前的提示和课后练习1、2,可以判断这一课的教学目标是:指导学生明白为什么要提问,并尝试解决问题。第四篇课文《蝴蝶的家》,根据阅读提示,这一课的教学目标是:能独立提出问题并尝试把问题分类,选出最有价值的问题尝试解决。这四篇课文的目标层次十分清晰:发现可以提问——学习提问——知道为什么要提问——进行提问——独立提问。阅读策略教学目标水平要求一篇比一篇高,前一篇课文目标的落实是后一篇课文目标达成的基础。因此在单元教学时,调整课文教学顺序会打破这个单元的整体性,会破坏该单元阅读策略教学目标的层次性、递进性和发展性。所以,阅读策略单元的教学,必须按照单元安排的课文顺序,严格按照设定的教学目标水平标准进行。

三、教会方法，达成教学目标

《阅读辞典》是这样阐释阅读策略的：阅读策略是指阅读主体在阅读过程中，根据阅读任务、目标及阅读材料的特点等因素所选用的促进有效阅读的规则、方法和技巧。从逻辑关系上分析，"策略"这一概念更"上位"，更有概括性，"方法"要具体一些，而技术是最"下位"的概念。以"预测"为例，"预测"是策略，"联系上文、根据插图、生活经验预测"是具体方法，"将预测的结果批注在文章旁，将依据用横线画出来"是技术。我们一线教师在教阅读策略的过程中，一定要指导学生学习并运用策略下面的方法和技术。那与"阅读策略"关联的"阅读方法"如何确定呢？首先是从"课前导语、课文旁注、课后问题"以及语文园地里的"交流平台"中提取、整合。因为教材编写者会将一些实用的阅读方法在这些地方呈现出来。以四年级上册"提问单元"为例，前面三篇课文"课前导语"和"课后问题"的表述文字非常明确地告诉学生——要学会从不同角度提问。再以五年级上册"提高阅读速度"单元为例。教材在"课后问题""交流平台"等多个地方呈现了提高阅读速度的具体方法：读的时候集中注意力，遇到不懂的词语不要停下来，不回读；尽量连词成句读，不要一个字一个字地读；借助关键词语，用较快的速度默读；带着问题读；扩大阅读视域；等等。其次，教师也要结合自己的阅读经验提供给学生"听得懂、记得住、用得上"的阅读方法。

四、反复练习，夯实教学目标

阅读策略是一系列的阅读方法和技巧，掌握任何技巧都离不开反复练习，所谓"熟能生巧"，阅读策略也一样。所以，教学时不能停留在学生已经了解知道的层面，而是应该让学生反复练习，然后熟练运用。以我执教的三年级上册的预测单元为例，教材的编排就体现了这一理念。预测单元安排了《总也倒不了的老屋》《胡萝卜先生的长胡子》《不会叫的狗》三篇文章，根据所给材料的特点，三篇文章对预测的教学侧重点是有所区别的。第一篇是"完整的文本"，编者通过旁注的方式进行了预测示范，在备这节课的时候，我想很多老师都面临着一个难题，那就是不管你愿意不愿意还是要求不要求，学生们已经或多或少地读了这篇文章。所以，如果你想完成单元导读中的"一边读一边预测，顺着故事情节去猜想"的任务，需要灵活地根据学生实际进行有效调整。因此，教学时我们不必让学生根据旁注再来猜一遍故事情节的发展（我听过有的老师是这样教的），而是应该引导学生通过分析教材的示范，了解预测的方法，了解如何有依据地进行预测。比如可以针对题目来预测、可以根据插图进行预测、可以联系自己的生活经验来预测，还可以联系上文，根据文字细节来预测。教学中，教师可以提这样的问题："课文为什么这么预测呢？他的依据是什么？"来引导学生思考。后面两篇文章都是没有结局的不完全文本，教学的重点是用第一篇文章中所学方法进行预测练习，预测故事的结局。但是，要真正掌握预测这项阅读策略，只是在一个单元里练习也还是不够的，我们要创设机会让学生反复练习。教材也通过"课后习题""交流平台"传达了这一理念。例如《胡萝卜先生的长胡子》课后出示了一些文章和书的题目，要学生"读读下面这些文章或书的题目，猜猜里面可能写了些什么"；交流平台中也出现了"我在图书馆里找书看时，会先看标题，猜猜书的大致内容，再决定要不要看这本书"这样的交流内容。这就告诉我们，"预测"这一阅读策略的练习，要从课内引向课外，从单篇引向整本书。当然这种练习我们也不一定就非放在课后，比如在执教《总也倒不了的老屋》这节课时，我就插入了猜绘本故事这一练习，我觉得数学学科趁热打铁的巩固练习我们语文学科也应该借鉴。

以上是我对"阅读策略单元"教学的四点建议，部编版教材人文主题和语文要素双线并行的编排思路，以及对阅读策略的重视，与原先教材相比，进行了大胆创新，但这样的创新还需要接受实践的检验，尤其是我们一线教师的践行和思考，甚至质疑和讨论。

（此文节选自"长春市第八十七中学小学部第21届'润涵杯'语文学科主题研讨活动"培训稿）

谈小学语文教学中实施素质教育的研究

吉林省长春市绿园区雷锋小学　刘冬辉

【摘要】伴随着新课改的逐步深化，对于小学阶段的语文教学也提出了更新的要求，素质教育成为教师教育教学中的重要导向，成为教师必须要渗透的内容之一。因此，在教学实践中，教师也应深化在此方面的认知，意识到素质教育的渗透价值，以此来推动学生的全面发展，将学科价值全方位地展现出来。

【关键词】小学语文；素质教育；实施对策

在小学阶段的课程体系中，语文是非常重要的一门学科，在提升学生综合能力、素质方面有着其他学科不可代替的功能。因此，小学教师在语文教学中，为了将学科价值全方位地展现出来，也应对素质教育的实施引起注重，只有这样才能推动学生的综合性发展，为其后续的成长，发展保驾护航。可见，在现阶段，以此为话题加以分析是十分必要的。

一、小学语文教学中实施素质教育的重要性

素质教育在小学语文教学中的实施将发挥诸多方面的价值，具体体现在以下几个方面：

首先，有助于学生人文素养的提升。培养学生人文素养是一个系统、漫长的过程，只有通过这样才能在潜移默化、循序渐进中达到预期效果，使学生的人文素养得以形成。而通过素质教育的实施，就能使学生在学习中得到延伸、拓展，促使培养目标得以更好地达成。

其次，有助于学生创新能力的增强。小学生的想象力是非常丰富的，通过素质教育与语文教育的结合，不仅有助于学生发散思维的形成，也能使其在学习、探究中更好地发挥想象，使其思维始终处在活跃状态，保障其语文学习得以持续、有效地开展下去。

最后，有助于学生德育思想的形成。对于小学生这一群体来说，虽然其学习能力的提升是重要的，但是德育思想的形成却更为重要。通过素质教育的实施，就可以将教师的目光放置在学生的全面发展上，并通过课文中的一些因素，培养

学生形成爱国热情、远大理想等思维，这对于学生德育思想的形成将有着非常大的效用。

二、小学语文教学中实施素质教育的策略研究

（一）转变教学思想，彰显学生本位

语文教学是师生间双向互动的过程。因此，小学教师在语文教学中，要想真正实施好素质教育，首先要做的就是积极转变身的思想、观念，彰显学生在课堂中的主体地位，只有这样才能使学生在局限的课堂中获得更多，将素质教育的渗透价值全方位展现出来。

例如，在讲解一些情节性较强的课文内容时，教师就可以在生本理念的导向下，引入角色扮演这一形式，让学生以小组的形式进行角色划分、情节再现，将课文内容以生动化、趣味化的方式呈现出来。在这样的教学模式下，不仅可以彰显学生小主人的地位，使其的学习体验得到深化，也能使其站在不同的视角下对课文内容有全新的理解，使其在扮演中深化理解、升华情感，促使素质教育的落实。

（二）挖掘教材因素，培养审美能力

在素质教育中，审美能力也是非常重要的一项内容，通过审美教育可以帮助学生塑造人格、完善自我等，是教师在教育教学中不可忽视的一项内容。因此，在教学实践中，教师也可以充分发挥出自身的作用，充分发挖掘出教材中的各个因素，促使学生审美能力的增强，进一步彰显出语文学科的人文性，使学生在局限的课堂中学习更多知识。

例如，在讲解《望庐山瀑布》《小池》等古诗时，教师就可以通过多媒体的介入实施审美教育，通过这样的方式实施素质教育，促使学生得到更加全面的发展。比如，教师可以在多媒体的支持下，一边为学生展现景物的动态视频，一边为学生播放男中音深沉的古诗朗诵等，使得学生可以静下心来，慢慢感受，并在感受后发表自身的想法、观点等，以此来实现美育教育，保障素质教育得以一一落实。

（三）拓展学生眼界，升华教学效果

在针对小学生所实施的素质教育中，科学素养也是非常重要的一部分，只有与课外阅读相结合，才能拓展学生的知识视野，促使其发散思维的形成等，使其养成良好的学习习惯，使教学效果得以升华。因此，在教学中，教师也应深化对此方面的注重，使预期的教学效果得到真正实现。

例如，由于小学生的辨别能力较弱，教师可以充分发挥出自身的引导作用，来为学生推荐一些书籍，如《鲁滨孙漂流记》《十万个为什么》《海底两万里》等，这些都是非常适合小学生阅读的书籍，使得学生在阅读的过程中提高科学素养、拓展视野等，使其本身得到更加优质的发展，真正实现素质教育的渗透。

综上所述，小学教师在开展语文教学的过程中，注重素质教育的实施是非常必要的。在此模式下，不仅可以充分挖掘出教材因素，促使学生人生观、价值观、世界观的构建，也能大大地增强教学的人文性、情感性、实效性等，力求将学科价值全方位展现出来。但在这其中，教师也应运用正确的实施方法，只有这样才能达到预期效果，促使学生得到更多更好的进步、发展。

【参考文献】

[1] 陈燕飞.生本教育理念下小学课文阅读教学[J].读与写（教育教学刊），2018,15（10）：158.

[2] 李芳.核心素养下小学语文拓展阅读教学研究[J].科学咨询（教育科研），2018（10）：105.

[3] 赵莹.小学语文课堂教学中绿色教育的实施[J].文学教育（下），2018（10）：94-95.

乡村儿童课外阅读能力提升的思考

长春市绿园区民丰小学　朱春利

【摘要】阅读是人类净化灵魂、提升素养的重要途径，需要从孩提时代抓起。对于乡村儿童而言，阅读是帮助其探寻广袤世界的窗口，对其未来一生的发展都有着积极的影响作用。但目前，受阅读条件、教育意识以及个体能力等因素的影响，多数地区乡村儿童的课外阅读情况并不乐观。为了切实推动乡村儿童教育的发展，本文提出营造良好阅读环境、着眼兴趣与方法、拓宽深度与广度以促进阅读能力提升的三点举措，以供大家参考。

【关键词】乡村儿童；课外阅读；能力提升

近年来，为了改善乡村儿童教育环境，国家对各个乡村地区都给予了较大的教育支持，乡村图书馆和乡村学校也开始重视对图书馆人才队伍的建设和乡村儿童阅读推广体系的设计，以使得我国乡村儿童人均阅读量获得了较高的增长。但相对于城市儿童而言，乡村儿童课外阅读情况仍然较差，影响我国乡村儿童课外阅读量的重要原因在于课外阅读能力不足，据相关研究统计，2019 年，我国乡村儿童人均课外阅读数量仅为 7.44 本，城市儿童人均课外阅读数量为 10.10 本，二者相差甚大，这也是由于城市比乡村更重视儿童课外阅读能力培养导致的。笔者结合多年的教学经验，针对提升乡村儿童课外阅读能力的方法和对策进行深入的分析和总结，认为可从以下几个方面着手。

一、整合资源，营造环境与氛围

在乡村儿童课外阅读能力培养的过程中，班主任老师是最为重要的"引路人"。然而，单凭班主任老师个人的力量是远远不够的，学校和家庭两者均需要加入其中，整合力量，整合现有资源，为儿童创设良好的课外阅读环境。从班主任老师的角度来看，其可以通过向学校申请课外阅读活动和购置图书的专项资金，购置适合儿童阅读的课外读物、建立班级图书角、组织开展相关教学活动，并鼓励儿童将家中闲置的图书带到班级中以充实班级图书角，实现阅读共享等方式整合资源，以达到为学生营造良好阅读环境的目的。从学校的角度来看，要重视为儿创造良好的阅读条件，充实校内阅读室藏书数量和种类并及时更新；号召社会力量开展"捐书"等系列活动，整合社会资源，帮助乡村儿童实现有书可借、有书可读；同时积极开展家长学校关于阅读方面的有效指导。从家庭的角度来看，其也要为儿童营造良好的家庭课外阅读氛围，鼓励儿童多读书和勤读书，有条件的家庭，倡导父母可以陪着儿童一起读书，营造良好的亲子阅读氛围。

二、教学实践，着眼兴趣与方法

提升儿童课外阅读能力是一项重要的语文教学目标，语文老师需要紧密结合常规教学中丰富的教材内容，从课堂教学中激发儿童阅读兴趣，开拓儿童知识眼界，由课内向课外延伸。首先是从具体的课文出发，在讲解课文时，为儿童介绍课文的背景和相关趣味话题，激起儿童的阅读欲望，用生动浅显的语言帮助儿童理解课文内涵，并在课堂中教授儿童阅读的方法，鼓励其在课外阅读中进行实践。其次是为儿童推荐书目，语文老师可根据儿童的年级、年龄和阅读水平，为儿童推荐恰当的书目进行阅读。同时倡导教师积极开展整本书阅读策略的研究与实践，更有利于提升儿童阅读能力的提升。儿童在课内得到指导，课下得到运用，不仅提高了阅读能力，对语文素养的提升也有着较大帮助。值得一提的是，阅读能力和语文素养之间有着密不可分的关系，二者相辅相成，相互促进，儿童只有具备良好的语文素养，才能在课外阅读过程中克服许多阅读障碍，学会自主阅读和探究阅读。

三、多辟蹊径，拓宽广度与深度

随着我国乡村儿童教育的不断完善，各类教育、教学活动也逐渐多了起来，课外阅读活动也在其中。教学老师通过组织儿童开展课外阅读活动，可以有效拓宽提升阅读能力的广度，从纵深的角度进一步激发阅读潜能。首先是开展各类评选活动，比如"小小阅读家""我的读书好方法"等活动，鼓励儿童在阅读的过程中，养成批注式阅读、及时记录所感的良好阅读习惯，渗透"不动笔墨不读书"的阅读思想，老师还可以将优秀的读书笔记和词句摘录进行展示，增强儿童阅读过程中的获得感，使其享受读书的过程。其次是开展专项主题读书活动，比如"绘本阅读""名著阅读""散文阅读""诗歌鉴赏"等,并结合知识竞赛、辩论赛等活动,系统地指导不同书籍的阅读方法,体验不同题材的文学作品的创作特点与文学风格,在获取知识的过程中初步建构文学体系,在情感体验的不断丰富中塑造价值情操。此外在知识与体验的内化过程中及时鼓励二次创作,及时指导学生将阅读与写作相融合。长此以往,语文素养的提升必会收到显著效果。

综上所述,提升乡村儿童课外阅读能力是一项需要长期坚持的工作,它需要学校、社会、家庭的共同努力,条件支持、氛围营造、方法指导、习惯养成、活动推广等等之于乡村教育而言虽困难重重,但不积跬步又何以至千里?读书是每个人都受益终生的事,做好乡村儿童阅读工作更是每一位教育者最应重视的伟大事业,激发阅读兴趣、培养阅读习惯、提升阅读能力,这样才能为乡村儿童的语文素养提升正辟蹊径,从而助力儿童未来的终身发展。

【参考文献】

[1] 邓倩.农村留守儿童阅读现状的调查分析——以重庆市为例[J].出版发行研究,2015(1):81.

[2] 陆俊,邓祎,罗冰雪.农村儿童阅读现状调查与阅读推广策略探析[J].图书馆,2018(7):65.

尊重儿童阅读经验 遵从教材课程定位
——小学语文五年级下册《红楼春趣》教学例谈

长春市绿园区教师进修学校 张键

【摘要】《红楼春趣》是统编版教材小学语文五年级下册第二单元第四篇课文。从教材课程定位来说,这是一篇略读课文,因此需要关照儿童阅读经验、关注略读教学定位,实现略读课文在教材中的功效与价值,推进统编教材"精读""略读""课外阅读"三位一体阅读体系的构建。

【关键词】儿童阅读;略读教学;教材课程

统编小学语文教科书五年级下册第二单元,以"走近中国古典名著"为主题,编排了《草船借箭》《景阳冈》《猴王出世》《红楼春趣》四篇课文。本组课文,从根据名著改写的现代文到原著节选,体现了由易到难的编排顺序。《红楼春趣》作为本单元的最后一篇课文,既是原著节选,又是略读课文,从儿童阅读的视角来说,具有一定的难度,所以在教学时要充分考虑并遵从教材的课程定位,突出略读教学的功能。对于这样的长文、难文,可采用如下策略,实现难文简教。

一、关照儿童阅读实际,实施有起点的教学

五年级的学生,未曾系统地学习四大名著选文。在生活中,部分学生对四大名著有所掌握和了解,还有部分同学对四大名著的阅读处于刚刚起步阶段。本单元的四篇课文篇幅较长,学生理解起来有一定的难度。但通过前三篇课文的学习,学生已经基本掌握了阅读名著的学习方法:文章的语句能大致读懂,遇到不懂的词语可以猜一猜意思。初步掌握了通过人物的语言、动作等描写来概括人物特点的方法。在教学中,基于学生的认知水平,引导学生通过分析人物的语言、动作,来概括人物的特点,并恰当地为学生提供相应人物的学习资料辅助学生学习。

1.兴趣引读

作为我们中华民族的一部古往今来、绝无仅有的文化小说。《红楼梦》所具有的惊人广博而深厚的文化内涵,是它作为四大名著之一的重要价值。能享受《红

楼梦》的人,他们是幸福的,因为他们是精神世界的富有者。作为一篇鸿篇巨制,清朝嘉庆年间姜祺做过统计,《红楼梦》光描写的人物就有四百四十八人。为了让阅读经验、生活经验有限的儿童,更容易地走进名著世界,课前可以引导学生预习四大名著中《红楼梦》的相关写作背景与主要人物,引发学生学习兴趣与探究欲望。为了不做过多枝节繁杂的预习,教师可重点让学生了解课文中出现的人物:宝玉、黛玉、紫鹃、翠墨、探春、宝钗、李纨、宝琴等。

2. 难点浅读

本课节选自《红楼梦》第七十回,儿童接触这种章回体半白话文小说较少,课文中有些语句朗读、理解起来有一定的难度,在处理这样的难文时,可借助《语文园地》中"交流平台"里的学习提示,"本单元的课文内容理解起来有些难度,如果掌握一些方法,阅读起来就能更加顺畅,也能更有收获"。还有"遇到一些较难理解的语句,不用反复琢磨,如《红楼春趣》中的'剪子股儿、籰子'等词语,只要知道是与风筝有关的物品就行了"。这样的交流平台的设计,都指向在教学时不做过多纠缠,猜测、了解大概意思即可。因此教师不需做太多、太难的讲解,以学生自读自悟为主,切忌愈讲愈难,愈难愈讲。

3. 拓展导读

周汝昌曾说:"一部《红楼梦》,引人注目之点极多,难以尽举,首先认它什么命脉筋节呢?我提出,先要认它的两大奇迹。何谓两大奇迹?一个是全书整个故事结构的奇迹,一个是全书众多人物品质的奇迹。"可见,对于《红楼梦》人物形象的理解是读者们极其关注的。而《红楼春趣》这课的人物形象,教师在学生品味的基础上,提供相关人物链接,比如介绍林黛玉时出示图文结合或影音交互的内容:林黛玉,林如海与贾敏的独女。因父母先后去世,外祖母怜其孤独,接来荣国府抚养。虽然她是寄人篱下的孤儿,但她生性孤傲,天真率直,和宝玉同为封建的叛逆者,从不劝宝玉走封建的仕宦道路。她蔑视功名权贵,当贾宝玉把北静王所赠的圣上所赐的名贵念珠一串送给她时,她却说:"什么臭男人拿过的,我不要这东西!"她和宝玉有着共同理想和志趣。

儿童可借助教师提供的人物链接辅助学习。既增添了形象感知,又补充了儿童学习经验。同时引导学生"在《红楼梦》中这样的故事还有很多,如果你感兴趣可以走进《红楼梦》去读一读,相信你一定会有更多的收获。"培养学生广泛的阅读兴趣,尤其对古典名著的阅读。多读书,好读书,读好书,读整本的书,把孩子引向更加广阔的阅读天地。

二、关注略读教学定位，凸显有支点的教学

统编教材强调"精读""略读""课外阅读"三位一体阅读体系的构建，所以在单元的整体设计上，既有精读课文，又有略读课文，既有方法习得，又有迁移训练。因此本单元，前两篇精读课文的基础上，《红楼春趣》作为第二篇略读课文，应该通过"粗知、应用、拓展"略读教学的方法，实现本课的课程定位：

1. 粗知即整体把握，大体了解

相对于精读课文，略读课文的教学内容更要注意取舍，在这节课上，基本任务有二个：第一，粗知文章大意；第二，哪个人物给你印象最深。课上，围绕本课略读提示中"《红楼梦》中的许多故事，在我国广为流传。这篇课文讲述的是宝玉、黛玉等在大观园里放风筝的故事。读读课文，能大致读懂就可以了。读后和同学交流：宝玉给你留下什么印象？"课上，可以通过对三篇选文学习方法的简单回顾以及总结，使学生明确本课的学习方法。不必像精读课一样地咬文嚼字，精细分析，而是紧紧围绕"粗知文章大意"，粗知即整体把握，大意即大体知道。通过学生谈对略读提示给予自己的启发，明确本课的学习目标，激发学生阅读本文的兴趣。

2. 应用即运用方法，自主学习

略读课文的教学重在培养学生使用从精读课文中学到的方法，强调以点带面、迁移运用，所以这节课，师生围绕略读提示，进行充分的自主学习。可以通过：（1）默读课文，完成学习单；（2）学生自主学习，结合人物的语言、动作，初步感受人物的特点；（3）借助教师提供的人物链接辅助学习，结合人物的语言、动作，感受人物的特点。

阅读是学生的个性化行为，学生通过初读课文，分析人物的语言、动作，已经初步感知了人物的特点，形成了自己的观点。为了让学生的小组合作学习有方法、有效率，可为学生提供明确的、具体的、有可操作性的小组学习要求：（1）分成小组。按照喜欢的人物分组。（2）确定组长。负责组织协调成员交流。（3）组内交流。组内成员或补充或提建议。（4）整合资料。合理运用人物链接中的资料。（5）归纳整理。整理发言，板书人物及其特点。

把阅读的时间留给学生，让他们在和文本的亲密接触中去发现，去感悟；在和同学的交流中产生思维的碰撞；在阅读中学会运用掌握的阅读古典名著，以及品鉴人物形象的方法。为了降低学生学习的难度，突出学生在学习过程中的主体

地位，教师的相机评价也体现了教师在学生学习过程中的主导地位。为学生学习古典名著扫清障碍，减轻畏难情绪，教师为学生提供相关的人物的学习资料，辅助学生学习。

这样的略读课文教学方式，以学生的自主学习和交流为主，而教师给予了学生自主学习的空间，改变了精读课文教学环环紧扣的线形设计，进行大刀阔斧的板块式推进。

3. 拓展即链接阅读，走向生活

对于这样语言形式、表述内容，离儿童生活有一定距离的课文，教材在后面附上了"阅读链接"，让学生拓展阅读林庚的散文《风筝》。可以通过阅读链接的对比学习，让学生感受同一描写事物，放风筝这一民俗的悠久历史和文化传承。同时也是同一主题同质文拓展阅读的最好比对。课下，也可以积极引导学生由一篇读一章，进而读一部，以《红楼春趣》中故事与人物形象为基础，让学生以"我眼中的红楼人物"为题，进行语文实践活动，既是对阅读教学的补充，又是对学习的实践验证，激发阅读名著的兴趣，变晦涩深奥的文字为亲切博学的密友。

遵从教材课程定位，我们就会发现，略读不仅是一种课文分类，更是一种阅读方法，甚至是课程定位，指向了方法运用、学习方式与教材处理；尊重儿童阅读经验，每一节课都将是儿童从一个经验走向另一个经验的开放结构；遵循教学的客观规律，才能真正化繁为易、化难为简。

漫谈小学古诗文教学

长春市绿园区教师进修学校　张键

古诗文言简而意赅，隽永而境深，短短数十字蕴含的是画面美、色彩美、意境美、音律美，但也正是因古诗的主题深刻、意境深远、情感深切，只能意会而不可言传，所以修订版课标对小学阶段中高年级的古诗文教学有着这样的描述："在引导学生了解故事大意的基础上，体会诗歌意境和作品情感"。笔者在深入小学语文古诗文课堂教学时，发现以下三个方面的问题，制约着教学发展，成为古诗文教学的难点：

1.得言：如何帮助学生在理解古诗大意的基础上，结合"诗眼"品味语言？

2.得意：怎样落实课标提出的"体会古诗意境，感受作品情感"，指导学生更好地朗读？

3.得法：如何体现古诗文学习方法的渗透和指导？

基于以上难点，我们在以课例研究、交流探究的基础上，将宝贵的经验和深入的思考作以理性的提升，形成策略与方法，主要体现在实现三"入"解决三"得"。

一、入理得"法"

在古诗文教学中起码要在课堂中落实三个"理"：渗透文理、领会学理、顿悟情理。

1.领会学理——要让学生在学习中能够经历一个完整的过程。一节古诗课要想引导学生能够揣摩诗眼，研读诗句，理解诗意一定是基础，因此我们不能忽视古诗中对于诗句的理解，更不能忽视理解诗意的方法和过程。在中高年级的古诗文课堂中，教师有意识地引导学生学习古诗的方法，就是对学理的领会。比如一位老师在教学长春版五年级上册《从军行》一诗时，是这样引导的：

师：上节课我们讲的学习古诗最行之有效的方法——看文字想画面，下面我们就用这个方法继续学习诗的后两句，自己读读诗句，说说你仿佛看到了怎样的画面？

生：……

师：都是关于战争的场面，现在这个画面还有些模糊，不甚明朗，怎样才能让它变得更加清晰，更加生动呢？

生：读诗、理解。

师：要想透过文字看到画面，我们必须得先了解诗句的大概意思。透过这两句诗我们看到的是战争的场面，那么这是一场怎样的战争呢？请你反复读诗，然后结合注解、资料自学两句诗，解决这个问题。

以上环节的教学，教者就是在有意地让学生领会，要想"看文字想画面，就得先理解文字的意思"这样一种学习古诗的方法。而对于古诗画面的想象，起码要达成三个层次：第一是脑中再现诗人描绘的画面；二是把画面中没有直接写到的部分补充出来，使之趋于完整；三是领会画面背后无限深远的意蕴。而这三个层次的想象都离不开对文字的理解。因此，这种学习道理和方法的领会就有利于学生自学古诗文教学，形成能力。

2. 渗透文理——在学习古诗的过程中润物无声地品味一些特有的手法和方法。比如一位教师在教授四年级《望庐山瀑布》一课，在教学"飞流直下三千尺，疑是银河落九天。"一句时，对于"三"和"九"这样的数字词语的理解，教师有这样的引导：在古诗中，这样的数字和"十""百""万"一般都是虚指，通常不是就指表面的"三""六""九"，而是指很多、很长、很大。这样的渗透，对于学生掌握古诗学习方法会起到很大的辅助作用。

3. 顿悟情理——虽然在古诗教学中我们体会情感是重点，但是很多情理和道理，不是直白地发问"这首诗表现了诗人怎样的思想感情"，而是应该由对具体词句的理解和感悟而生发出来。这种情理的生发和感受一定是要结合诗句中具体的语言文字进行，无论怎样的情感体验方法指导，都要以本首诗中的具体词语为载体进行解读，不能过多地脱离文本把古诗教学上成古诗鉴赏课。

二、入境得"言"

古诗文语言的品味尤其重要，而这种品味往往要在语言环境中进行，最后达到读深读透的程度。这种语言环境要求我们创设情境、体会意境、再现语境。

1. 体会意境。对于意境的体会，我们经常做的就是出示作者及写作背景，这种方法能够帮助学生走入古诗文所在的具体环境，帮助学生在一定的意境中体会词语。

比如教师在教学《秋夜将晓出篱门迎凉有感》一诗时，有以下的设计：

师：看来同学们已经一步步走进诗人的内心世界了，要体会诗的思想感情，我们除了从字面上理解诗的内容，还要了解诗的写作背景。（教师结合大屏幕简要介绍南宋的历史，南宋王朝偏安一隅，老百姓生活在水深火热之中）

师：当你看到这些，你觉得诗句中的"胡尘"仅仅是灰尘吗？再读这一句，你眼前会浮现出什么样的画面。

生：我看到了战马扬起的灰尘，是金兵烧杀抢掠的铁蹄，践踏在北方老百姓的身上。

生：我仿佛看到金兵骑着战马将老百姓的房子、财产，烧的烧，抢的抢。

生：我看到老百姓哭天天不应，叫地地不灵的悲惨画面。

师：谁能带着这样的体会再来读一读这句诗？

这个时候再来朗读，学生能够站在诗人的视角融入时代的背景，体会古诗所要表达的喜怒哀乐。

2. 创设情境。情境的创设很大程度上要依赖我们语文教师的语文素养，在《春望》一课中，教师在引导学生体会"国破山河在，城春草木深。"的"破"字时，播放了《大明宫》中对于安史之乱的一段视频，这种资料的引入，不仅是对背景的揭示，也是对都城破败、家园破损、希望破灭的情感的一种渲染。这就是一种情境的创设，情境的创设使学生融入到了文本，不仅能够帮助学生体会诗人情感，更能深刻体会作品情感。

3. 再现语境。帮助学生走入意境，在语境中提升语言文字的训练与运用，这是感悟与朗读的很好结合。比如在讲授古诗《出塞》时。

师：这就是一轮明月下的边疆关塞（画面音乐出示），如果你是一名戍边将士，置身其中，举头望月，你会想些什么呢？

生：我会思念家乡亲人。（读）

生：我想自己什么时候才能回去。（读）

生：我会想自己会不会战死沙场。（读）

师：这是一位久经沙场的老将，如今两鬓斑白，饱经沧桑，仰望明月，你会想：

生：我的孩子都长大成人了吧。（读）

师：这是一位刚刚入伍的新兵，十五六岁，还是个孩子啊，看到这轮明月，你会想：

生：我还会不会活着见到我的爹娘呢？（读）

师：这声音里饱含（无奈，悲哀），听得我们一阵的心酸啊——秦时明月汉时关，万里长征人未还。

三、入情得"意"

对于古诗文可意会不可言传的情感的品味，在课堂上采用同质互文解读的方法，也就是以诗解诗、以文解诗的方法，能够达到事半功倍的效果。互解的方法有：

1. 整合同主题的作品。在小学阶段学习的古诗词中，有不少的古诗词虽然作者不同，背景不同，但表达的情感主题却是相同或相近的。如果教师在教学时能改变传统"逐首教学""逐环教学"的模式，资源整合，主题凝聚，学生就能在把握基点中生情。比如在教学《回乡偶书》时，有如下设计：

师：这五十年，每当夜晚，他抬头仰望，看着那皎洁的圆月，不禁想起自己的家乡，真是（引入）"举头望明月，低头思故乡。"；这五十年，他时常想起自己年迈的母亲连夜赶制御冬的衣服，他想起了母亲拉着自己的双手千叮万嘱的话语，真是（引入）"慈母手中线，游子身上衣。"；这五十年，他时常想起家乡稻谷飘香，瓜果满园的景色，想起自己的朋友登高远望遍插茱萸的情形，（引入）"独在异乡为异客，每逢佳节倍思亲。"这不是一天两天，一年两年，十年二十年，而是整整五十年啊！（读）"少小离家老大回，乡音无改鬓毛衰"。

这样整合了游子离家在外的诗篇《静夜思》《游子吟》《九月九日忆山东兄弟》，从思念家乡、思念亲人、思念母亲的角度体味别离之愁。

2. 把握同题材的作品：以题材为桥梁，可以带动同题材不同主题的诗歌的学习。

3. 延伸同诗人的作品：这样做的目的一可增加学生对不同语言风格的感受力；二可加深学生对课文内容的理解和对该作者写作风格的把握。

面对着流传几百几千年的文化精髓，我们在进行古诗文教学时应心存欣然与敬畏，更该通过自己的努力实现从文字理解到文学赏析到文化传承的这样一种历史使命。正如刘禹锡《浪淘沙》的"莫道谗言如浪深，莫言迁客似沙沉。千淘万漉虽辛苦，吹尽狂沙始到金"，希望在古诗文的教学中，我们都能通过自己的努力"千淘万漉始到金"！

浅谈小学语文阅读教学中有效沟通策略

长春市绿园区教师进修学校　李艳辉

【摘要】小学语文阅读课堂教学为师生、生生、生本之间的对话沟通提供了一个有效的交际场，教师要实时更新沟通理念，营造和谐环境；强化生本对话，树立阅读自信；优化阅读流程，创建沟通模式；激发学生对话夙愿，提升学生语文核心素养。

【关键词】小学语文；阅读教学；有效沟通；策略

小学语文阅读课堂教学为师生、生生、生本之间的对话沟通提供了一个有效的交际场，一种强烈的对话夙愿，一个阳光和谐的交流氛围，再加上教师细致全面的充分预设，必然激发学生浓厚的阅读兴趣，提升学生语文核心素养。

一、更新沟通理念，营造和谐环境

1.学会倾听，有效沟通

倾听是人与人之间沟通的必备交际素养，一位闻名于世界的加拿大教育家——马克思·范梅南曾经说过这样一句话："一个真正的发言者要善于倾听，必须是真正的倾听者。"在师生之间的交流互动中，教师不仅要做好引路人，同时更要做一个真真正正的倾听者。教师的倾听可以让课堂溢满民主的空气，可以让学生绽放自由，放飞心灵，畅所欲言。

（1）放低姿态，平等沟通。教师要从我做起，与时俱进，更新教育观念，与学生平等对话，民主互动，和谐交流。教师要俯下身子做一个倾听者，要走下三尺讲台，走进学生中间，走进学生的对话中，与学生倾心交流，拉近距离，细听每一个学生的想法及意见。

（2）巧妙思考，深入对话。钟启泉先生说："对话性的沟通不是单纯意义上的传递，具有重新构建与生成的特点。"小学语文阅读教学中，课堂教学对话具有开放性、生成性的特点，不同的学生对阅读文本的理解不同，课堂上表达的观点自然有所不同，当众多思想观念都出现时，教师可以通过倾听启迪学生从不同方面再思考，从而加深对文本知识的认识。

2. 尊重学生，互换思想

我国特级教师于永正老师说过："在相互沟通与交往中增长见识。"的确是这样，一种思想交换另一种思想，收获的不仅仅是两种思想。因此，教师要善于捕捉对话契机，搭建沟通平台，创设交流情境，激活学生思维，鼓励学生深思、各抒己见，激励学生分享知识与经验，感受语文阅读与学习生活的精彩和美妙。充分发挥集体交流这一有效沟通载体的作用，为学生提供更多对话沟通的机会，满足学生表达观点、抒发情感的需求。通过交流，比较自己和他人的观点，梳理建构新知识、新思想。

二、强化生本对话，树立阅读自信

在阅读教学中，学生与文本之间的对话一旦缺失，没有学生的独立思考、分析想象、感悟理解，学生不能发挥学习主体作用，学生将无法重新建构并完成知识认知体系。因而教师要学会大胆放手，引导学生走近文本、对话文本、对话人物、对话作者，真正主动学习与思考、主动探究与实践，了解学生与文本对话时出现的问题、呈现出的困难，引导学生通过互动对话、多元沟通解决问题，一次又一次获得成功的阅读体验，激发兴趣，树立自信。

1. 用活文本

教师在课堂教学中要把课本作为"活"的对象，一个表达交流的对象。一般情况下，文本大多是现实生活与作者思想交织的火花、碰撞的结晶，文本源于生活、高于生活，故生活乃文本之源，是灵动的、充满生机的，所以，文本具有动态的美，生成的美，经过课堂教学的再次开发，文本又具有了个性化的美，这样就为生本对话提供了根本保证。

2. 活用文本

要切实把学生作为"活"的教育对象。真正让学生与文本中的人、物、事进行"对话"交流，激活学生的思维火花。给学生充足的时间与文本"对话"，与作者的思想达成共识，与作者的情感产生共鸣，实现真正意义上的生本对话。

三、优化阅读流程，创建沟通模式

要把有效沟通的理念扎扎实实落到实处，适当整合教学流程，注重培养学生语文核心素养，优化小学语文阅读课堂教学，使之高效。

1. 初读整体感知，巧妙选择话题

学生积极调用已有认知经验，设身处地与文本"对话"，整体感知文本。教师要引导学生充分自读，要让每一个学生读得认真，读得深入，在读中依据原有认知形成新的认识。教师要给予学生真正的信任，结合不同课文的不同特点，唤起学习热情，激起学习兴趣，调动多重感官认知，多形式检查阅读实效。同时引导学生规范表达对课文的初步感知，及时梳理问题，相机巧妙选择有效话题。

2. 熟读文本精思，自主领悟话题

要以学习文本的语言为本体，选择独具特色的对话主题。通过熟读精思，潜思感悟，自主探究，形成个性化的认识。教师要尽量引导学生联系生活、链接已有认知解读文本，从真正意义上拉近生本距离、拉近读者与作者距离，实现深度思想对话。要引导学生了解语言表达规律，当学生求而未得、言而未达时，教师要给予引领，指引学生熟读、精思、细察、深悟、想象，使学生顿然醒悟，茅塞顿开。

3. 细读精研探究，多元解读话题

文本是"言"和"意"统一的语言表现形式及载体。语文阅读教学在于引领学生感悟言与意的内涵，恰当运用个性化的语言表情达意。这中间包括两个方面：一方面是学生主动与文本的"言"进行对话，融进个性化体验、感悟和理解，转化为自己的"意"；另一方面是学生把"意"转化为独特的、规范的、鲜活的"言"。学生与文本对话的过程，实际上也是一个认知体系方面不断建构的过程，学生结合自己的生活阅历赋予文本全新的意义和诠释，使文本的内涵不断地开拓与建构。学生紧紧围绕话题，通过对文本语言熟读精思后产生的个性理解，就是转化与建构的结果。对于各种各样的结果，教师要引导学生正确认识文本价值取向，自主解决疑难、自主明辨是非、自主探究高精（叶圣陶语），并通过美读加深学生的个性化感悟。当学生的理解存在偏颇时，教师要引导学生潜下心来，再次仔细研读文本，深度探究，多元对话，从而实现"柳暗花明又一村"。总而言之，教师要尊重、鼓励、欣赏价值取向内的个性化感悟。这样，学生在对文本的多元解读中习得语言技能、情感表达技巧和积淀敏化语感，并从中达成师生、生生、生本共鸣的人文情怀。

4. 活读迁移运用，拓展创新话题

现代语文阅读教学强调文本多元解读，学生凭借自己原有的生活体验和社会阅历获得独特的个性感悟，通过教师的引导，恰当融合文本感悟、生活体验表达思想观点。阅读教学过程其实是师生、生生及生本之间以语言为媒介而展开的融学生个性化感悟、作者真情倾吐、教师倾心指导于一体的互动对话过程。在此过程中，感知、领悟、积累、表达是阅读教学中有效沟通、互动对话的个性化体现。

叶澜教授指出:"语文教学只有充分激活文本、激活语言,才能真正实现生命的涌动。"教师要引导学生活读文本,读活文本,依据文本特色,设计动态实践活动,迁移运用语言,拓展创新话题,实现语言与思想共生。

小学语文阅读教学课堂上的沟通为学生营造了一个自由、平等、民主、和谐的沟通环境。为了学生学得深入,教师要努力搭建平台、创造机会,与学生多元对话交流,重视学生感悟体验,通过对话教学,引导学生积极健康阳光发展。

【参考文献】

[1]. 陆云峰. 在对话中凸显语文教学的人文旨趣 [J.] 来源:中小学教师培训,2008,(12):39-41.

[2]. 方健华. 中小学名师成长过程的特征分析——基于江苏名师成长案例的研究 [J.] 教育研究与实验,2011(4):5.

情境为媒 魅力交际

长春市绿园区教师进修学校　李艳辉

口语交际是人与人之间运用口头语言开展对话、交流思想的一种交际方式。《语文课程标准》明确指出:"口语交际是聆听者与表达者双方之间的互动过程,教学活动自然要在具有实践价值与意义的交际情境或活动中进行。""要让每一个学生在交际情境中无拘无束地交流。"这就要求我们小学语文教师在教学实践中捕捉交际契机,创设交际情境,激发课堂活力,引导学生想讲敢讲会讲,同时通过师生、生生间的交际活动,丰富交际知识,掌握交际技巧,从而提高人文交际能力。

情境包含两层含义,一方面是实际生活中空间上的"场",即景物、场景、环境等;另一方面是人的精神世界心灵上的"场",例如人物、情节,由某些场景或景物唤起的情绪等。它的最大特点是生动、形象,是现实生活的"缩影"。那么,如何在课堂教学中创设情境,激起学生表达欲望,展现交际魅力呢?不妨从以下几个方面着手进行。

一、创设生活情境

口语交际情境的创设要符合生活实际,能够充分调动学生已有的生活感知,激发学生的内心情愫,让学生乐于倾诉,而且能够在交流中说得详细,说得真实,说得生动。在一次口语交际课上,我这样将学生的交际主题引向学生生活实践——"借铅笔",启发他们想一想:你们写作业时,突然,手中铅笔不好写了,自己暂时没有多余铅笔能用,可作业就要交了,你想怎么办?先让学生同桌之间交流,然后引导学生模拟生活场景,在全班同学面前进行实践演练。由于这一情景源于学生熟悉的生活,学生在模拟互动练习中,积极动脑,兴趣盎然,各抒己见,不但提高了他们的交际意识,锤炼了交际能力,还培养了良好的交际习惯,丰富了交际体验。

二、创设表演情境

"儿童是用形象、色彩、声音来思维的。"（苏霍姆林斯基语）创设表演情境，让学生做一回演员，他们是非常乐意的。因而教师要善于捕捉适合表演的话题内容，引导学生结合实际说一说，揣摩角色特点练一练，模拟情境演一演，通过精彩的表演激发学生交际热情，锤炼交际技能。如《商量》，教师可以借助学生生活引出交际话题，唤起情绪共鸣，引导学生思考辨析，小组合作角色表演，模拟对话交际，通过系列联系生活的实践演练，使学生明白在与别人商量事情时要态度诚恳，语气恰当，清楚表达，礼貌回应。

三、创设视听情境

充分发挥现代化信息技术优势，融视、听、说于一体，营造语言交际氛围，引导学生在多元整合的交际环境中感受语言交际魅力，学习语言交际艺术，恰当运用语言交际表情达意，实现交际语言的活学活用。如教学口语交际《有趣的动物》，就可以播放节选的《动物世界》纪录片或者展示有特点的动物图片，以此引发学生的好奇和思考；教学《讲历史人物故事》引导学生看有关历史人物的视频，听有关历史人物故事的评书或音频，阅读历史人物故事图书，选择自己最喜欢的历史人物故事说一说，同时把学生讲故事的过程录制成视频，再评一评。通过学生看、听、讲、评的训练，使学生能够把故事讲清楚，讲完整，语气、语速恰当，适时评价同伴的发言。

老师还可以发挥自身语言魅力，有效运用饱含感染力的语言把学生带到引人入胜的情境中来，从而激发学生灵感，引起学生情感共鸣，使他们踊跃参与活动、主动融入角色。

四、丰富教材情境

现有的部编语文教材中每册安排4次"口语交际"内容。这就要求我们在教学中，不仅要凭借教材对学生进行口语交际训练，更重要的是要挖掘教材中富含交际因素或交际情境的交际资源，丰富教材内容，充实教材内容，满足日常课堂教学中生与生、师与生双向互动交流的需要。

比如《坐井观天》一课，除了教材里的三次对话让学生进行分角色表演外，教师还可以让学生想象青蛙跳出井底看到了什么，补白第四次对话。这样，在拓展了课堂教材内容的同时，也巩固深化了教材的教学效果，而且切实提高了学生言语交际的能力。

五、创设实物情境

直观形象的实物展示，能很快吸引学生的注意力，易于学生观察。如"说说自己喜欢的动物"这节口语交际课上，让学生把家中能带来的小动物带到课堂上，通过接触与观察，学生能积极比较全面地、生动地、准确地介绍动物的外形和生活习性，从而更好地进行口语交际的练习。

此外，还可以利用图画，创设情境，如《我们的画》一课，为学生创设"赛画"的情境；还可以利用游戏，创设情境，如《有趣的游戏》《我会拼图》《猜谜游戏》等，创设学生熟悉的游戏情境，符合儿童活泼好动的特点，能较好地激发口语交际的兴趣。

六、创设实践情境

口语交际是一项实践性很强的活动，教学时要注意课内外的沟通，学科间的融合，让学生在实践中学，在实践中用，实际上，形式多样的实践活动也是交际情境，如校园交往实践，教师引导学生在游戏中交往、在寻求帮助中交往等；家庭交往实践，如"怎样保护环境"这节口语课中，我让学生向家长宣传保护环境的重要性；社会交往实践，教师组织学生参观、访问、调查、慰问等实践活动，在活动中提高学生的口语交际能力。

交际情境是经过教师加工的特殊微观环境，它能提供丰富的学习材料，为学生获取文本知识提供台阶；有利于学生获得感悟，体验知识的发生与发展过程；有利于学生根据交际情境中的信息独立思考、自主探究、合作交流；能让学生依托情境获得多方面教育，既获取知识，又转化思想、升华情感、完善个性。

教育家陶行知认为："生活即教育""教育即生活"。这就要求我们将教育与生活紧密相连，在教育教学中再现生活化的情境，用生活中的情境来教育学生，让生活成为教育的话题，让教育成为生活的延续。

如何在语文教学中对学生进行审美教育

长春市绿园区教师进修学校　石兰

中共中央国务院在《关于深化教育改革全面推进素质教育的决定》中指出："美育不仅能陶冶情操、提高素养，而且有助于开发智力，对于促进学生全面发展具有不可替代的作用。"美育在整个学校的教育过程中的作用不容忽视。因此，在语文教学中如何对学生进行审美教育，增强学生的美感体验，从而培养学生欣赏美和创造美的能力，已经成为语文教学实践中一个值得研究的课题。

语文教学中教育者要善于挖掘语文教材中的美育因素，实施多种多样的美育活动，有效地培养学生的审美情趣，审美能力，从而促进学生智力的开发和综合素质的发展和提高。

下面我就如何在语文教学中进行审美教育谈几点做法。

一、创设情境，引导学生发现美

在小学语文课本中有许多课本是进行审美教育的好素材。它们或是描写自然风光的雄奇壮美，或是表现社会生活中的真、善、美，或是反映人物的机智、勇敢等美好品质。在语文教学中教师如果能适时恰当地采用一些教学手段（如看图、看录像），创设出课本中所描写的情境，并且能够积极引导学生去仔细观察，不仅能够激发学生的爱美之情，更会在此过程中使学生学会发现美，并且能够不断提高发现美的能力。如《第一场雪》这篇课本，作者通过对下雪时雪大、急的描写，以及雪后雪景的美的描写，表达了对这场雪的喜爱之情。在教学"雪后"这一段时，采用放录像的方法，引导学生仔细观察，从录像中看到了什么？用自己的话说一说。舒缓、清新的乐曲声响起，学生眼前展现出一个银装素裹、粉妆玉砌的世界。青松、白雪、毛茸茸的银条、蓬松松的雪球，还有在雪地上堆雪人，打雪仗的孩子们，这一切都通过录像展现在学生的眼前。学生看着画面，听着音乐，便不由自主地融入其中了，他们深深地感受到了雪后景色的美丽。当录像结束之后，学生能够将自己看录像的收获用语言表达出来。从而我们通过创设情境，便使学生学会了发现美。教学中教师只要不失时机地运用教学媒体创设情境，使学生沉浸于创设的情境之中，受到美的熏陶，并能发现其中的美，就能使学生发现美的能力不断提高。

二、品词析句，使学生学会品味美

小学语文教材中的多数的课本出于名家之笔。许多作品不仅在描写的内容中反映了美，而且在字里行间流露出美。所以在进行语文教学中，教师应注意对学生进行语言文字训练，通过品词析句使学生学会品味美、鉴赏美。如《鸟的天堂》一文，作家巴金通过写自己两次经过鸟的天堂时所见到的不同景色，抒发了对鸟的天堂的喜爱之情和对大自然的热爱之情。作者在写第一次经过鸟的天堂时看到的大榕树和第二次经过鸟的天堂时看到了纷飞欢叫的鸟时，是紧紧抓住了榕树和鸟的特点来写的。在教学描写大榕树一段时，引导学生品一品文中的词句：找一找文中哪些词句精彩地写出榕树大和美的特点？学生通过体会"枝干的数目不可计数""那翠绿的颜色，明亮地照耀着我们的眼睛，似乎每一片绿叶上都有一个新的生命在颤动"等句子，感受到"榕树真大、真美"。所以教学中，教师可以根据作者对事物的描绘刻画，引导学生抓住重点词句细细品味，使学生在语言文字的训练中体会美、品味美，从而激发学生的美感，增强学生的美感体验，培养学生欣赏美的能力。

三、感情朗读，让学生学会表达美

语文教学中教师通过引导学生有感情地朗读课文，使学生能够把自己对美的体验和感受表达出来。声情并茂的朗读，可以把学生带入美的情境中，从而提高学生感受美、创造美的能力。如《再见了，亲人》一文，作者通过写志愿军战士与朝鲜大娘、小金花、大嫂一一话别的情景，表现了中朝人民之间的深情厚谊。教学中可以采用以读促讲的方法，引导学生理解课文内容，体会文中的"依依不舍的深情"。如"大娘，停住您送别的脚步吧！您这么大年纪，能支持得住吗？快回家休息吧"这几句话应该读得委婉亲切，语速宜慢一些；在读"八年来，您为我们花了多少心血，给了我们多少慈母般的温暖"这句时，"八年来"应该读得缓慢一些，读出志愿军对朝鲜阿妈妮的无限感激之情；在读"您说，这比山还高比海还深的情谊，我们怎么能忘怀"这句时应充满激情地读。引导学生有感情地朗读课文，既训练学生语感，又使学生学会了表达美，从而融化在美的境界中，既受到了思想教育，又使学生产生强烈的审美感受，从而使教学收到良好的效果。

四、学以致用，培养学生创造美

培养学生创造美的能力是审美教育中的最高阶段。日常学习和生活中，引导学生注意用眼睛去发现美，用心去品味美。然后在语文教学中培养学生创造美的能力便有的放矢。如"写一处景物"的作文训练，引导学生把自己关于美景的所见、所感运用优美的文字表达出来，这便是关于美的创造。在语文教学中注意培养学生创造美的能力，一方面有利于促进学生智力的发展，另一方面更有利于促进学生综合素质的提高和发展。

总之，作为一名语文教师，只有不断地研究美育的方法，积极地探索美育的模式，才能在教学中更好地实施美育，从而真正发挥美育在开发学生智力，促进学生全面发展中的重要作用。

在作文教学中培养学生的创新能力

长春市绿园区教师进修学校 石兰

从古到今，人类社会都是靠不断创新才得以进步的。具有创新能力是现代社会更是未来社会更是未来社会对人才提出的要求。作为一名语文教师，就应该通过各种途径来开启学生想象、幻想的大门，让他们内心潜在的创新因素活跃起来，并闪出夺目的光彩。其重要途径之一，就是在作文教学中培养学生的创新能力。

一、通过素材积累，培养学生的创新能力

生活是丰富多彩、绚丽多姿的。每个人在生活中的所见、所闻与所感也不可能完全相同。在平时，教师应该引导学生多看适合他们阅读的各种书籍。可以阅读诗歌、童话、寓言，也可以阅读小说；可以阅读文学名著，也可以阅读科普读物；可以阅读中国作品，也可以阅读外国作品。总之，学生可以广泛地涉猎。同时教师应该引导学生走出教室，去接触大自然，去了解社会，去观察生活，去留意身边的人和事，并教会他们积累素材的同时学会正确地鉴赏和评价。在此基础上，教师可以在班级里定期地开展如"小小新闻发布会""素材交流会""实话实说"等形式的小活动，为学生创造、提供交流素材的机会。学生们通过交流，从而实现了素材的共享，开阔了眼界，也开阔了思路。这样不仅培养了学生的表达能力，也培养了学生多角度、多方面地看问题，从而使学生形成思维的新颖性和独创性，最终形成创新能力。

二、通过作文教学，培养学生的创新能力

创新能力的核心是创造性思维。通过作文训练，可以有效地激发和培养学生的创造性思维，进而促进学生创新能力的发展。

（一）先作文，再指导

传统作文指导的一般步骤是"先指导，再作文"。这种模式下学生的作文几

乎是"千人一面"，缺乏个性和新意。而"先作文，再指导"则尊重学生的主体地位，注意调动学生作文的积极主动性，而且顺应了学生个性发展的需要，让学生在不受任何约束下自由地写，而教师的"导"则建立在学生"写"的基础上，这样可以有的放矢，保留学生作文的鲜明个性。在学生落笔成文后引导学生交流初稿，教师要随机点拨，进一步激活学生的思维，拓宽学生的写作思路，鼓励学生求新求异，力求"立意新，选材新，构思新，表达新"。这样学生就会写出属于自己的作文，这个作文的过程便是创新的过程。创新能力也会从中得到相应的提高。

（二）写想象类作文

爱因斯坦曾经说过："想象力比知识更重要，因为知识是有限的，而想象力概括着世界上的一切，推动着进步，并且是知识进化的源泉。"教师引导学生通过写形式多样的想象类作文可以有效地增强和丰富学生的想象力，进而促进学生创造性思维的发展，从而形成创新能力。

1. 续写作文，就是接着原来的内容继续往下写。根据实际的阅读情况，教师可以引导学生续写学过的课文，也可以引导学生续写读过的故事。如续写课文《狼和小羊》，续写寓言故事《乌鸦兄弟》。

2. 补写作文，就是对文章的空白部分进行补充。学生可以针对课文的空白进行补写，也可以补写故事的、电影的空白。如补写课文《幸福是什么》中"三个牧童分手之后"。

3. 幻想作文，就是引导学生对未来展开想象，把想到的写下来。如《假如我……》《20年后的我》《三十年后的家乡》《四十年后的地球》《我在年后的某一天》。

4. 写童话故事。童话故事是学生们所喜闻乐见的，引导他们编写童话更会激发其写作兴趣，也利于培养他们的创新能力。

总之，想象类的作文趣味性强，想象的空间大，符合学生的年龄和心理特点，能有效地提高他们的创造性思维能力。

创新能力是有高低不同层次的。小学时重在培养学生的创新意识、创新精神，打下创新的基础。小学生的作文只要能真实地表达自己的所见所闻所感，写出了一点新意，写出了自己的作文，就是创新，就应该加以肯定、鼓励和引导，最终必将促进学生创新能力的发展。

我眼中的语文

长春市第八十七中学小学部　张娇

正如题目的文字一样,我是很渺小的,而语文是很大很大的!所以我看语文只能是管中窥豹,略见一斑。我只是一个普通的语文老师,从教17年,可能我再干17年甚或穷其一生都只能是语文教学这片海洋中的沧海一粟。但是我不轻看自己,正是我们这样的一个一个组合起来,却在书写我们一个时代的命运。

今天我分三点汇报我的想法:
1. 我眼中的语文怎么学——学习方式
2. 我眼中的语文怎么教——教学方法
3. 我眼中的语文教什么——教材之内与教材之外

一、我眼中的语文怎么学

合作,是一个现代人必备的基本素质。也是我们年纪越大越体会其重要的两个字,这其实是人的社会性的日趋完善。孩子,尤其是现在的孩子更需要学会合作,最近一些年,我和我的朋友们、同事们就在研究合作教学。

合作学习很重要的一个方式就是小组合作教学,小组合作学习是目前世界上许多国家普遍采用的一种富有创意的教学理论与方略。由于其实效显著,被人们誉为近十几年最重要和最成功的教学改革。各国的小组合作学习在其具体形式和名称上不甚一致。如在欧美国家叫"合作学习",在苏联叫"合作教育"。

合作学习在20世纪70年代兴起于美国,并受到世界各国的广泛关注。20世纪90年代以来,我国的一些中小学积极参与小组合作学习的研究与实践,在我刚工作的前两年我们学校就进行过实验,但是也没大面积地铺开,而且后来就不了了之。时隔多年又再次被提及,一时热得不得了,我不知道咱们这是怎么样的,我们那好像跟一个地方有关。杜郎口,我没去过,听闻很神奇,后来也听过他们的讲座,确实有很多可取之处,但是实验的同时就伴着很多质疑,一直到几年后简直是一片抨击之声,又说弄虚作假,又说华而不实,现在几乎又销声匿迹了。

工作17年来,大大小小的课改经历了多次,每次似乎都这样无疾而终。然后就会有一些人站出来说语文要回归,那就是说走错路了吗?但是要回归什么?

去往哪里？意见不一。我一直认为语文教学没有对错，只有合不合适。哪一种形式用到极致都是美。语文教学本就应该是一个百花齐放、百家争鸣的事。我不是大家，但我也不盲从。十几年来一次次探索、改变、挣扎中哪些让学生受益了，让老师受益了，我就坚持！哪些风风雨雨、热热闹闹之后没留下什么，也没改变什么，我就放弃。几年的对小组合作学习的潜心研究，确实觉得自己和学生都从中受益匪浅。今天分享我的一点做法。

大家都知道：2011年的最新版课标强调了自主、合作、探究的学习方式。提倡我们学习方式、师生关系、教学评价的改变。

（一）合作学习的含义

教学上利用小组，使学生一起工作，使他们自己和他人都达到最大的学习效果。小组讨论不等于小组学习。

（二）小组的作用

1. 便于了解每一个学生，从而进行班级管理。

今天在座的都是语文老师，应该有许多也都是班主任。合作对一个班级来说更为重要。

今天如果我问大家：您班里有多少学生，您一定张口就答。但如果我问您他们都坐在哪？他的同桌是谁？他的学习成绩？他的个性？他与人相处怎么样？可能一时能答上的就不多了。我记得每一个学生的名字，小组号，座次。他在小组内的情况都比较了解，便于教育。

2. 把班主任从繁重的工作强度中解脱出来。

容易在日日芜杂中磨平了自己，所以我们都在找寻方法，能让自己省时、省力、省心。

①人人有事干，事事有人干（小当家）。②收发作业。③检查作业。（寒暑假作业，组长假期就可以在微信群检查、调研）④组内互助。⑤紧急通知。⑥合作学习。

3. 大家合作能激发个人潜能。

今年年初我在上海参加了华师大与长春市教科所联合主办的小学骨干教师研修班的学习，华师大董蓓菲教授做了专题讲座《基于合作的十种学习方式》。她为了让大家感受合作的好处，就让老师们分组，并给自己小组起名字（时间就三分钟）。感受：在分工的时候其实还是不为所动的，甚至是反感的、厌烦的，就像今天我在这讲，您在下面听，同意的地方呢您可能点头意会，不同意的地方可能就一笑置之，但是如果我总提问您，您可能就不高兴了。到给自己小组起名字的时候，因为大家都是小学老师，似乎想在一个大学教授面前证明一下我们小学老师也不是简单的，还有就是因为大家都是长春的同行，都代表自己的学校，所以都不甘落后，起的名字和发言有很多精彩之处，举例：

生长小组：借我们培训第一天李正涛教授的讲座名称《让课堂散发生长的气息》

解读：

向上生长——有高度

向下生长——有深度

向左右生长——有广度

智慧小组：做智慧的老师，打造智慧的课堂，培养智慧的人生。

五之小组：①五人行。②《礼记·中庸》博学之、审问之、慎思之、明辨之、笃行之。③"五之"谐音于"无知"越学习越发觉自己的无知，是谓"五之"。

细节：①兰泽芳草，取义于《诗经》等，后来一个成了读书群的名字，一个成了我们五个人的群的名字。三分钟的时间这些名字让你一个人琢磨，很费劲的。我们体会到一种合作的力量。②汇报时，我是报告员，同事一直拿着手机给我提示，这种来自同伴的支持，这种心灵的贴近，是很让人感动的，让我想起学生们学习时、汇报时的快乐。我认为……我们认为……当你感同身受，你自己成了一个学生时，你才体会到合作的力量。

4. 学生学习热情高涨，学生学习能力的快速提升。

你给了他信任、得到了自由、空间，归根结底你给了他们两个字——尊重。课前的自学（全面）——课上的互学——共学（精彩）——测学（四个孩子答一张卷），迅速有几个孩子就成长起来了，他们再去带动其他人。

5. 师生关系的融洽，家校关系和谐。

尤其高年级，你觉得能有一些思想上的交流了。课改过程中，经常有家长打电话或上网与我聊孩子的转变，这是特别让人高兴的。他们不懂课改，但就是感觉孩子爱学习了，以前完成作业是例行公事，现在却极为认真，回到家还常常会收到小组同学的电话，一起研究作业，分工准备第二天的预习和汇报展示等等，感觉孩子把学习当成了攻坚，当成了乐趣。

6. 师生都拥有了更多的自信。

班级中大部分孩子特别愿意上公开课，人来疯，有一半盼着上，剩下的呢，可能不盼，但是也不怕了！我准备一节课，不谦虚地说，也感觉越来越得心应手了。我们都是有备而来，你到哪，我接着。因为主角不再是我了，而是学生。不是我"背"一些东西，而真是"备"一些东西。其实教学相长就一个老师和学生之间是一种相互成全。孩子们升入中学后也常回来看我，喜忧参半。开始时总说一句话：再也没有以前的课堂了！让他们自由表达，畅所欲言，但是他们到中学后能力比较突出，当班干部的比较多，表达、朗诵都特别出色，作文被当作范文全年组印发。

（三）小组的建立

1. 人数：3—6人组，四人组更好。便于分工、有利于照顾到全体，合作也方便。

2. 建立：组长要求：①成绩较好。②性格一般比较外向，有领导范儿的。③自我要求比较严格、标准高。④组织协调能力强的。⑤学生自荐。⑥民主选举。⑦性格测试。

兼顾学习、性格、能力、男女搭配、家庭远近。

3. 座位：四张桌子，两两相对。听课时面向前，讨论时面对面。有的孩子不愿意动，就是规矩，形成习惯了就好了。也有别的排法。

4. 分工：1—4号，1号组长，组长不在2号顶上、依次。①收发作业。②考试分层。（一般分两种：每人答一张卷、四人答同一张卷）③合作对子：1、4号，2、3号。潜能生往往不是智力上的欠缺，而是习惯上的欠缺。有一个同伴随时随地提醒你，能好很多。

（四）（课件6）小组文化的形成

1. 组名：自己协商。（联想、快乐、猫咪）组规、组训、组歌等，唤起集体意识。

2. 培养能力：听（互相监督）说（官教兵、兵教兵）读（互相倾听）写（互评互改）

3. 班级布置：班级书柜、小组展示区域（全家福）、档案袋等。小组玩具区、小组柜子、小组展示区、班刊等等。

4. 各种比赛①查字典比赛：每周一次。②汉字英雄比赛：每周五中午。③书法比赛④粉笔字比赛：利用小黑板每天轮流展示。古诗对答、朗诵、演讲、书法、我是演说家。

5. 小组会议：自己开、请家长开、请老师开。

6. 小组卫生：每人一块抹布、挂在书桌侧面，每天三次卫生小当家检查，加分和扣分的。每周三大扫除一次。1—4号。轮流打扫卫生

7. 小组活动：①班级阅读活动和图书交流活动：每周四下午第七节课。②学生、家长讲课活动：每双周周五班会。③假期、周末自己策划活动。（美食、读书、画画、旅行、自闭症儿童）

8. 奖励制度：形形色色的积分制（发言、捐书、帮助伙伴等）积分——班币，每月用班币买奖品。拍卖等。

（五）课堂发言

如何鼓励小组发言：

1. 树立典型，带动。

2. 组内积极的带动不积极的，以小组整体发言，一人不发言小组不是优秀小组。

3. 鼓励不爱发言的，大加奖励等。

4. 轮流汇报，如课前三分钟，1—4号轮流汇报，不敢说的，不会说的，其他人提前培训。

5. 课下联系：合作绝不仅仅存在于课堂上，课下更是锻炼学生能力的场合。互留电话作业、查资料、雪天、雾霾天气小组传达、假日活动、分享诗词、备课、聚餐等。

（六）小组评价

布置了任务永远不等于完成了任务，尤其对小孩子，需要督促、检查。小组评价、组长评价、优秀组员、十佳等等，表扬＋鼓励＋奖励。

1. 个人得分在组长手里的记录本上。

2. 小组得分在黑板上，课前三分钟，课堂小组发言，满10进1在后面的小组得分记录板上。

3. 个人得分10分换一元班币，班币在班级内通行（《第56号教室的奇迹》）购买书籍、礼品、本、食品、租书等。

4. 劳动、捐书、捐物均可得班币。

这是一篇国际通考中小学四年级孩子的阅读题。这个故事告诉我们：不管世界看上去有多么上下颠倒，请站稳自己的立场。教学也一样，多种多样的形式，多种多样的风格，多的不胜枚举的大师，多的你似乎永远跟不上的潮流，不能乱花渐欲迷人眼，邯郸学步，首先得选自己认可的、其次选适合自己和自己学生的，执着地坚定地去完成它，就一定能成功。

二、我眼中的语文怎么教

近5年的课改中，我和学生一直在用小组合作形式学习，也是从最开始的不会、不习惯到慢慢找到一些方法，后来先后用这种模式做了一些公开课，也积累了一点方法。我自己给取了一个粗糙而实在的名字——"六步法"教学。就是把学习某一类文章的方法和步骤用简单的几个字总结概括出来，然后用于学习这一类型的文章。

比如：古诗教学六步法：解诗题——知诗人——读古诗——明诗意——悟诗情——背（吟）古诗。

我以长春版教材五年下王昌龄的《从军行》为例，（文档）边学边总结学法，再利用这些方法去学习更多的诗，变成一节20分钟的课，参加了长春杯比赛，获得特等奖。

苏州《一起读诗》古诗学习的六步法。内容：风花雪月；感情：爱恨情仇。

现代诗《一句话》。

文言文：一、解文题；二、知作者；三、读古文；四、明文意；五、悟情理；六、巧积累。

《论语》全国一师一优课，一课一名师活动中获部级奖励。学情调查确定学生最不容易懂的是哪一则。

课文：解文题——知作者——读课文——析课文——悟情理——巧积累（或仿写）。

课文篇幅较长，开放性的理解很多，所以把握起来不太容易，但是话又说回来，可以随便展开谈，所以总会出现延时的情况，里面有很多小方法：抓词抓句理解法、相关语句对比读法、改词换句对比读、文字之后想象法、同质文章链接法等等。

方法和步骤都是可以根据情况打乱顺序的。

我自己觉得都比以前的老师讲授式的方式有所创新和突破，明显就是我说得少了，学生表达、表现的多了。现在讲公开课最大的感受是不用准备那么"细"了，准备一个大体思路、框架，看学生的发挥和关键处的几次点拨和提升了。以前讲课，愁肠百结，黔驴技穷。学生时刻提心吊胆应对老师的问题，而现在我简简单单，他们大大方方。大道至简。按着简简单单的方法，展现丰丰富富的理解。

不是每个人都能做王松州，他的信手拈来、出口成章；也不是每个人都能做窦桂梅，她嬉笑怒骂、高潮迭起。但是每个人都能用这个方法上课，给学生一点儿空间，他呈现出乎意料的结果。

三、我眼中的语文教什么？教材之内与教材之外

对于语文教学的内容，第一当然是教材，不同版本约15种。用教材又不为教材。就是课标所提倡的创造性地使用教材。于永正等的单元主题阅读，大单元开发，内容优化，课时重组、绘本。

这些今天我都不与大家细聊，我要聊的是我在教材之外我们还加点什么？

这张相片变成了我自己的，这是我最骄傲和满足的一张相片，这不是我到北京旅游时在北大门口拍的，而是我真的有幸在这座我心中的圣地学习了将尽一周。我一直视北大为圣地，因为这里的文化、这里的人我都知道，我也懂，而剑桥、哈佛再有名、再厉害，我不懂。之前海子15岁考进北大，学的竟然是法律系，老师给我报的，说文科是弱项。我就懂我们自己老祖宗的东西。

当时是一个国学教育机构在北大发行他们的教材和理念的推进会，我有幸见到了北大、清华、人民大学、北师大的一众教授们，其中还有我最崇拜的《百家讲坛》最年轻的主讲人——康震教授。虽然他们坐在百年讲堂的一隅口吐莲花，我乖乖坐在下面如沐春风。中间隔着十万八千里，我也没有冲到台上与他们合影，但是那时那刻我经历了，足以。

就像这棵树，再枝繁叶茂，根必须是我们几千年的文化给养。那就是——国学。

人们常问：教师是做什么的？韩愈说是"传道、授业、解惑"，徐特立强调"教书育人"，我觉得教师还是一个传承文化、传播文明的职业。余秋雨先生说："我认为的中国文明就是千家炊烟、万家灯火下的守望相助。"

我们的中华文明是世界古代文明中唯一一个没有中断、流传至今的文明。我们都说中华文明几千年，可现在我们却觉得中国处处缺文化，不文明现象越来越多。微信有一篇文章，看完后我也愤怒地转了——戏子当道，英雄末路。网络主播，我们都觉得不理解，可这就是我们国家目前很多青年人真真切切的生活。里面充满形形色色的腐败，盲目无知的自由，标榜自己，无视规则。

我们常感慨：今天的中国人是怎么了？中国的下一代怎么了？尤其我们当老师的，天生就有一种使命感，紧迫感。一位学者说的一语中的：物质文明发展太快，精神文明跟不上物质文明的发展了，才导致这些现象的产生。西学太盛，国学衰微，社会中就会充斥着科技理性膨胀，人生价值迷茫，道德意识浅薄以及人与自然冲突等一系列问题。

国学经典经历了几千年历史长河的洗礼、沉淀，是我国民族文化的精髓，不仅蕴含着崇高的人格美和深刻的智性美，更成就了一个伟大民族的血脉精神，是中华民族的文化之根，是华夏子孙安身立命之本。国学精神高扬，文明自然灿烂辉煌；国学精神衰萎，文明就会凋谢飘零。

中国人民大学冷成金教授认为，学习传统文化的意义怎么强调都不过分。

著名学者南怀瑾："一个国家，一个民族，亡国都不怕，最可怕的就是一个国家和民族自己的根本文化亡掉了。"

北大一位教授说：中国的传统文化在台湾。

1998年，诺贝尔奖获得者在巴黎也宣称：人类要生存下去，就必须回到25世纪以前去汲取孔子的智慧。

中国当代著名教育专家皇甫军伟：现在的教育，老师在孩子心里种的是树的种子，长的却是草。没有文化底蕴的人，内心是干枯的，种不进去东西，有文化底蕴的人，内心的土壤是温和的，每接收到一个信息，都会长成一棵小苗。

为什么学国学：一、文字之美。二、文化缺失。

国学大师季羡林曾经这样说过"中华古诗文经典诵读工程正在将文化的种子

撒播在孩子的心里，撒播在希望的田野上，春华秋实，它的作用在不久的将来必会凸显，为这项工程所做的任何努力，都会使安放我们灵魂的精神家园更加美好。振兴国学，必须从娃娃抓起。"

学习国学经典的好处：

1. 打好汉语言文字基础。（应对名目繁多的考试）
2. 培养诵读能力和习惯，激发对国学经典的兴趣。（朗诵高手）
3. 理解传统文化知识，提升国学素养。
4. 认识国学经典的价值，形成共同的良好的价值取向汉武帝、朱子啊等等都是能以引经据典为荣，增强说服力，就连现代诗人也是从古典中寻找灵感。什么叫经典：就是你堵着就觉得怎么这么美呢！（《木瓜》《蒹葭》）李延年《北方有佳人》越是有文化的人，越会去追随，逆流而上。余光中评李白：酒入豪肠，七分凝成了月光，剩下三分啸成剑气，秀口一吐，就是半个盛唐。"蓝墨水的上游是汨罗江"。

我是中国人——
我的祖先最早走出森林，
我的祖先最早开始耕耘，
我是指南针、印刷术的后裔，
我是圆周率、地动仪的子孙。

我是中国人——
在我的民族中，
不光有史册上万古不朽的孔夫子、司马迁，
还有那文学史上万古不朽的李白、曹雪芹，
我骄傲，我是中国人！

为什么学国学：一文字之美；二、文化缺失。而我和孩子们一起学习国学的目的就四个字——知书达理。

（为什么要读书，就是看到鸟在天上飞我们会说：落霞与孤鹜齐飞，秋水共长天一色。求婚时可说：执子之手、与子偕老。而不用只是说嫁给我好吗？）

5. 养成良好的学习习惯，矫正日常行为规范。幼儿养性，童蒙养正，少年养志，成人养德。志于道，据于德，依于人，游于艺。博文约礼、知行合一。学习转变观念，观念促成行为，行为形成习惯，习惯铸就性格，性格决定命运。

我从一年级开始就让学生开始背诵《三字经》《百家姓》《笠翁对韵》等蒙学读物，年级高一些就开始积累《论语》《老子》等四书五经中的经典语句。经过几年的实践观察，我发现学习了国学经典的孩子普遍有三个突出优点：一是愿意学语文。(升入初中，普遍省力，成绩优异。"少时学的好比石上刻的"，例子：四十不惑不辜负、不荒废。明代第一大才子8岁熟读《四书五经》，史学家吴晗5岁开始读《红楼梦》)二是作文水平高。这点都好理解，"熟读唐诗三百首，不会写诗也会吟。"（例文）三是更有礼貌。懂礼：我们现今的中国社会儒家思想为主导思想的，其精髓：仁义礼智信，例：《弟子规》孝（杨世熙）行（父母呼，应勿缓）礼（长者先，幼者后）。大一些的孩子：修身、齐家、治国、平天下。（《大学》）孟子（天将降大任于斯人也，必先苦其心志，劳其筋骨，饿其体肤，空乏其身，行拂乱其所为也，所以动心忍性，增益其所不能）。

北大中文系教授卢永璘认为：学国学是功德无量的一件事，台湾对传统文化的传承比大陆要好，现阶段小学国学量不够，（小学70篇，初中50篇，高中40篇）。尤其课本内所涉猎的经典语句就更少了。每册书仅有一到两篇左右。教师在教学中又容易避重就轻，一带而过，造成学生的传统文化知识少得可怜，再加上各种各样的课外班学习大大占据了学生的课余时间，使学生离祖国的文化经典越来越远。它的价值若干年后会显现出来，国学经典要从娃娃抓起。

《我是演说家》我以前一直认为技巧高于内容，现在我觉得我们更多的聆听的是演讲者的思想。我们不去用道德绑架谁，但是我们喜欢并期待有情怀的演讲。情怀一定是来自经典文化的给养。

孔子曰："《诗》三百，一言以蔽之，曰：思无邪。"发乎心，不违礼，用国学经典帮孩子保有纯正心思，陪他们一起品味语文之美。

小组合作点燃学生学习热情；

"六步法"教给孩子学习的方法；

国学经典使孩子心思纯正。这样教语文我是快乐的。

古今之成大事业、大学问者，必经过三种之境界："昨夜西风凋碧树。独上高楼，望尽天涯路。"此第一境也。"衣带渐宽终不悔，为伊消得人憔悴。"此第二境也。"众里寻他千百度，蓦然回首，那人却在灯火阑珊处。"此第三境也。人生也好，语文也罢，语文永远是我们心中的爱，心中的痛，希望我们能拨开迷雾，见其本真。在语文教学之路上找到自己，认识自我，找到方向，努力坚守。语文教学之路越走越坚定，越走越寻得馨香。

中年段寓言类课文教学策略的探索与研究
——以长春版四年级下册第七板块"寓言故事"的教学为例

长春市第八十七中小学部 刘志超 张娇

【研究缘起】

"寓言"一词最早见于《庄子·寓言》,"寓言十九,藉外论之"。后人解释为"寄寓之言",寓言是借一定的比喻来寄托要表达的意思。寓言这种文体浅显易懂却包含着丰富的哲理,能传达出丰富的信息。我国著名儿童文学家严文井说:"寓言是一个魔袋,袋子很小,却能从里面取出很多东西来,甚至能取出比袋子大得多的东西。寓言是一个怪物,当它朝你走过来的时候,分明是一个故事,生动活泼;而当它转身要走开的时候,却突然变成了一个哲理,严肃认真。寓言是一座奇特的桥梁,通过它,又可以从单纯走向丰富;在这座桥梁上来回走几遍,我们既看到五光十色的生活现象,又发现了生活的内在意义。寓言是一把钥匙,这把钥匙可以打开心灵之门,启发智慧,让思想活跃。"这几个鲜明的比喻道出了"寓言"这种文学体裁的特点及其魅力所在,寓言作品,千百年来,在中外文学中比比皆是,因其篇幅短小,语言精辟简练,富有趣味性和教育性,因而在不同版本中的小学语文课本中,都占有一席之地。虽然教材几经改革,但寓言在教材中所处的地位,丝毫不见改动。以长春版教材为例,一到六年十二册书中共收录古今中外寓言故事18篇,约占总选文比例的5%。

一上	第七板块　朋友	《朋友》
一下	第二板块　动物天地 第七板块　故事里的智慧	《猴子捞月亮》 《乌鸦喝水》
二下	第五板块　寓言	《坐井观天》《乌鸦和狐狸》《狼和小羊》《蜻蜓和蚂蚁》
三下	第五板块　寓言	《揠苗助长》《亡羊补牢》《惊弓之鸟》
四下	第七板块　寓言故事	《南辕北辙》《滥竽充数》《爱美的梅花鹿》
五上	第二板块　汉语家园	《朝三暮四》《相濡以沫》《买椟还珠》
五下	第四板块　动物之美	《一只贝》
六下	第八板块　不同的思考	《不留余地的狼》

从表面上看，寓言教学很简单，无非是"故事+道理"：引导学生了解故事的起因、经过、结果，再联系生活实际思考故事的寓意，最后出于应试的需要把寓意背诵下来——似乎就完成了传统意义的寓言教学。但这样千篇一律、约定俗成的教学策略抹杀了学生的学习兴趣，束缚了学生的想象力，遏制了学生的创造力，违背了学生的身心发展规律，同时也违背了语文的学习规律。

《语文新课程标准》指出"学生生理、心理以及语言能力的发展具有阶段性特征，不同内容的教学也有各自的规律，应该根据不同学段学生的特点和不同的教学内容，采取合适的教学策略，同时注意不同学段之间的联系和衔接，促进学生语文素养的整体提高。"因此，探索不同学段寓言类课文的教学策略，有助于教师形成一个大的视野，让语文教学有章可循，循序渐进，从而达到提高教学效率和教学质量的目的。

中年段在小学语文教学中起着承上启下的过渡链接作用，又因其心理思维因素的发展特点，是学生语文素养发展和"学习力"提高的有效开始，有效的阅读教学、习作起步教学、良好的思维品质培养是中年级语文教学的三个着力点。基于以上原因，教研组选择了寓言类选文较多的中年段，经过几轮研讨，最终以四年级下册第七板块的寓言故事为例进行单元开发的教学实践研究，探索中年段寓言类课文的阅读教学策略。

【研究过程】

一、单元分析

长春版语文四年级下册第7板块"寓言故事"由三篇寓言和一次表达组成，分别是《南辕北辙》《滥竽充数》《爱美的梅花鹿》和《写你最感兴趣的一个人》。三篇故事旨在通过故事告诉学生做人做事的道理，《南辕北辙》主要通过对话展开情节。《滥竽充数》故事情节清晰明了，这两篇寓言篇幅短小，语言简练。相较于前两篇寓言，《爱美的梅花鹿》的篇幅较长，描写具体细致，语言生动形象。

专题四　探索与发展

《教师教学用书》中对本单元的教学目标做如下要求：

单元能力、策略点	课题	具体目标	课时建议
体会寓言中蕴含的道理。通过表演、续写、改写等形式，加深对课文内容的理解，丰富语言实践，扩大语文的学习空间。	《南辕北辙》	1.联系上下文体会"南辕北辙"的含义，理解文中的寓意。 2.抓住人物之间的对话，体会路人的苦口婆心和赶路人的刚愎自用。 3.引导学生在熟读课文的基础上，大胆地去说，去读，去演，以领会文中的寓意。 4.懂得做事要选准方向再做，行动和目的要保持一致，否则将一事无成。	1课时
	《滥竽充数》	1.理解词语"滥竽充数""讲排场""装腔作势"的意思。 2.能创造性地复述课文，合理想象南郭先生逃跑后的情景，理解《滥竽充数》故事的寓意。 3.结合生活实际理解故事的寓意，体会成语的用法。 4.懂得"没有真才实学蒙混凑数是不行的"这一道理。	1课时
	《爱美的梅花鹿》	1.能用自己的话复述故事。 2.引导学生联系上下文理解词语的意思，侧重抓住描写梅花鹿语言、动作的句子，理解课文的内容。 3.体会课文中蕴含的寓意，懂得"实用"也是一种美。	2—3课时

从单元概况来看，三篇选文虽同属寓言，但叙述风格各不相同，因此必然造成了具体目标的差异，除"理解故事寓意"这一单元目标之外，其他目标都看似缺乏单元的整体联系。课标对于第二学段阅读教学的目标有如下要求："能联系上下文，理解词句的意思，体会课文中关键词句表达情意的作用；能初步把握文章的主要内容，体会文章表达的思想感情；能对课文中不理解的地方提出疑问；能复述叙事性作品的大意，初步感受作品中生动的形象和优美的语言，关心作品中人物的命运和喜怒哀乐，与他人交流自己的阅读感受。"从落实学段教学目标这一角度，《爱美的梅花鹿》文质兼美，似乎更适合作为范例性课文进行精读，课时建议上也凸显了这一点。从以往的教学来看，大多数教师也都是做如此选择。

然而此次纵观我们的教材，从一个大的视野来看寓言教学，我们就不难发现作为寓言故事，《爱美的梅花鹿》这篇课文实则缺乏代表性，因为寓言的篇幅一般都比较短小，语言精辟简练，结构简单。而且"引导学生联系上下文理解词语意思，侧重抓住描写语言、动作的句子，理解课文的内容。"这一训练点在以前的学习中已经反复学习和巩固，如三上的《老海龟的悲剧》和四上的《平分生命》《哈尔威船长》等等。

因此，我们转换了视角，经过反复研读文本，我们发现正因为寓言篇幅短小，语言简练，才给了我们广阔的想象空间，它故事中的留白正是我们应该抓住的语言训练点。从这个切入点入手，我们又查阅了相关资料，对比了故事原文：《南辕北辙》出自《战国策·魏策》；《滥竽充数》来源于《韩非子·内储说上》；《爱美的梅花鹿》改编自《伊索寓言》中的《泉边的鹿与狮子》，原文篇幅也比较短小，改编后描写具体细致了许多，语言也更加生动形象。晚清时期，《伊索寓言》的第一个汉译本《意拾喻言》问世，据传为英国人罗伯聃（Robert Thom）和他的中文老师蒙昧先生合作翻译，其中《水边的鹿与狮子》翻译为《鹿照水》。也就是说这三篇寓言故事都有其相对应的文言文版本，而且文字浅显，简单易懂。

这个发现让我们的研究思路逐渐清晰起来，对照《语文新课程标准》在"具体建议"中对阅读教学的相关阐述，如"阅读是搜集处理信息、认识世界、发展思维、获得审美体验的重要途径。阅读教学是学生、教师、教科书编者、文本之间对话的过程。""逐步培养学生探究性阅读和创造性阅读的能力，提倡多角度的、有创意的阅读，利用阅读期待、阅读反思和批判等环节，拓展思维空间，提高阅读质量。"我们初步把单元教学策略定位在"对比阅读"上。

二、学情分析

1. 年龄和认知发展特点

四年级的孩子大脑发育正好处于内部结构和功能完善的关键期,生理和心理特点变化明显,开始从被动的学习主体向主动的学习主体转变,开始有了一些自己的想法,如果经过正确引导,孩子的综合能力会得到快速的提高。研究表明,10 岁左右大脑前额皮层发育完善,孩子注意力的目的性增强,注意力保持的时间更持久,注意力的稳定性由 15—20 分钟提高到 20—30 分钟,可以胜任更加复杂的学习任务。这一阶段的孩子第二信号系统的语言和文字反应能力增强,孩子的言语发展水平由口语向书面语言过渡,并且书面语言水平逐渐超过口头语言水平。所以抓住这个关键期,重点培养孩子的写作能力和阅读能力,是语文教学的重点。而且,此时孩子思维能力的发展也处于转折时期,抽象概括、分类、比较和推理能力开始形成;思维的敏捷性和灵活性提高。思维开始从模仿向半独立和独立转变,培养思维的独立性和发散性在四年级尤其关键,而独立性和发散性是创造性的必要条件,所以四年级是培养学生创造性的关键期。

2. 学生的阅读基础

读书能力和理解能力是中年段阅读教学的两个侧重点。从阅读内容上看,对于读故事长大的四年级学生而言,对童话、民间传说、寓言以及神话都已经有了一定的阅读量。甚至通过自主阅读,学生就能够了解故事的内容,体会其中的道理。从阅读方法上看,通过近四年的学习,学生已能够按照学习指南要求,初步学会了圈画、批注等自主阅读方法,并在与同伴的合作学习中学会了倾听、讨论、思考和表达,但一定存在着个体间的差异。针对差异,《新课程标准》指出"阅读是学生的个性化行为,应引导学生钻研文本,在主动积极的思维和情感活动中,加深理解和体验,有所感悟和思考,受到情感熏陶,获得思想启迪,享受审美乐趣。要珍视学生独特的感受、体验和理解。不应完全以教师的分析来代替学生的阅读实践,也要防止用集体讨论代替个人阅读,或远离文本过度发挥。"

通过对单元教学内容及学情的分析,教研团队对单元教学目标和单元教学框架进行了重新建构,把"对比阅读,想象补白"确定为寓言教学的主要教学策略,并进行了教学实践。

三、单元开发与优化

（一）确定单元教学目标与框架

单元目标	课题	具体目标	课时建议
知识与技能： 1. 运用多种识字方法识记生字。 2. 正确、流利、有感情地朗读课文。 3. 培养学生抓住关键语句理解故事内容的能力。 4. 培养学生发挥想象，补白故事的能力。 过程与方法： 1. 通过对比阅读，学习扩写、补白、续写以及改写故事的方法。 2. 通过对比阅读搭建文言文启蒙阅读的桥梁。 情感态度与价值观： 1. 了解故事的内容，并能结合生活实际理解寓意。 2. 激发学生读寓言故事的兴趣和对祖国语言文字的热爱。	《滥竽充数》	知识与技能： 1. 会认3个生字，会写6个生字。 2. 正确、流利、有感情地朗读课文。 3. 理解词语"滥竽充数""讲排场""装腔作势"的意思，积累"滥竽充数"的近义词。 过程与方法： 1. 通过与文言文的对比阅读，把握故事主要内容，搭建文言文启蒙阅读的桥梁，并学习补白。 2. 通过抓重点词句，"长文短读"，理解寓言内容；通过补白故事内容，"短文长读"，培养学生的想象力和创造力及表达能力。 情感态度与价值观：引导学生在熟读课文、揣摩想象的基础上，多角度领会故事寓意。	精读 2课时
	《爱美的梅花鹿》	知识与技能： 1. 会认13个生字，会写10个生字。 2. 正确流利有感情地朗读课文。 3. 能用自己的话复述故事。 过程与方法： 1. 通过与文言文的对比阅读，把握故事主要内容，并在此基础上复述。 2. 通过与文言文的对比阅读，品味描写梅花鹿语言、动作的句子，学习扩写和补白。 情感态度与价值观： 　　引导学生体会课文中蕴含的寓意，并用自己的话大胆表达。	对比读 1课时
	《南辕北辙》	知识与技能： 1. 会认2个生字，会写3个生字。 2. 正确流利有感情地朗读课文。 3. 联系上下文理解"南辕北辙"的含义，并积累近义词。 过程与方法： 1. 抓住人物之间的对话，体会路人的苦口婆心和赶路人的刚愎自用。 2. 通过与文言文的对比阅读，搭建文言文启蒙阅读的桥梁。 3. 尝试扩写或续写故事。 情感态度与价值观： 引导学生体会课文中蕴含的寓意，并用自己的话大胆表达。	略读 1课时

（二）确定教学重难点

1. 教学重点：学习补白，并通过补白想象故事情节，揣摩人物心理，进而理解故事寓意。

2. 教学难点：通过与文言文的对比阅读，学习补白，搭建文言文启蒙阅读的桥梁。

四、教学实践：以《滥竽充数》的教学为例

第一课时 目标任务：通过抓重点词句，"长文短读"，初步理解寓言内容及寓意。			
教学环节	教师提问与指导要点	学生学习活动	评价要点
一、激趣导入	T1：游戏：看图猜故事。（PPT 出示） T2：看着这几个故事，你发现了什么？	C1：看图猜故事：《盲人摸象》《狐假虎威》《揠苗助长》《亡羊补牢》。 C2：自由回答。预设：我发现这四个故事都是成语故事，都告诉我们一个道理。	△提问、观察法 ○认真倾听，清楚表达
二、学习新课	T3：把深刻的道理寄托在简单的小故事里，这就是——寓言。（板书）我们马上要开始一个新单元的学习，这一单元主题——寓言故事（板书）3 篇文章：滥竽充数 南辕北辙 爱美的梅花鹿，这节课我们学习其中的一篇寓言。	C3：质疑课题。预设： 谁滥竽充数？ 为什么滥竽充数？ 怎么滥竽充数？ 为什么能滥竽充数？ 结果？	○认真倾听，提问要有层次。

教学环节	教师提问与指导要点	学生学习活动	评价要点
三、对比拓展	T4：板书课题。学习"滥""竽"。 T5：读了课题有哪些问题？ T6：到课文中寻找答案吧，指名读文。正音：排场、竽眼儿。 T7：出示学习任务一。 T8：自读找到的句子，读懂了什么？相机总结，板书动作、神态、心理。 T9：这个故事告诉我们什么道理呢？	C4：汇报问题答案。 C5：默读课文，完成学习任务一。 C6：抓住字、词谈，可以做动作表演体会。相机学习腮、腔、混。 C7：先自己总结，再完成练习。	△提问、观察法 ○认真倾听，清楚表达 ○认真倾听，提问要有层次。 ○层次分明，不重复表达。 ○按要求圈画，如有不同答案，各抒己见，讲清理由。
四、回顾总结	T10：与古文对比。一个会读书的人可以把长文章读短，因为有他的思考在里面；还能把短文章读长，因为有他的想象在其中。这节课我们学习把文章读简单。原文也很短小精悍，出示原文。 T11：古文言简意赅，有很多留白，等待我们来丰富，如何把简洁的文字变得更丰富多彩，如何把一篇短文读长，下节课我们继续研究。	C8：对比读文言文，感受其言简意赅。	△观察法、表演法 ○读正确，注意字音。

第一课时检测	一、听写。（3号） 滥竽充数 二、我能给加"_____"的字注音。（4号） 充数　　腔　　排场　　混合 三、形近字组词。（2号） 滥（　　）篮（　　）腮（　　）腔（　　） 四、学习了《滥竽充数》这个故事，我想说_____。（1号）
板书设计	滥竽充数 　　　　一句话 　留白　　　一个词　　　简单 　　　　一个字 　　　　……

第二课时

目标任务： 通过补白故事内容，"短文长读"，培养学生的想象力、创造力和表达能力，深入理解故事寓意。

教学环节	教师提问与指导要点	学生学习活动	评价要点
一、复习导入	T1：这节课我们接着学习《滥竽充数》，上节课，我们学习了如何把故事读简单，回忆一下，我们先是找到了一个关键句——，接着又找到了一个关键词——，最后我们又找到了一个关键字——（PPT出示）。 T2：抓住了关键句，关键词，关键字，我们就了解了故事的主要内容，但是学习语文，我们不仅要化繁为简，提纲挈领，还要添枝加叶，揣摩想象。	C1：学生回应。 每逢吹竽，他也鼓着腮帮捂着竽眼儿，装腔作势，混在队里充数。	△提问、观察法 ○清楚表达 △提问、观察法 ○认真观察，思考、发言。

217

教学环节	教师提问与指导要点	学生学习活动	评价要点
二、对比阅读，学习补白	这节课，我们就尝试用补白的方式把课文读丰富。（板书） T2：还是这句话，请同学们在原文（文言文）里找一找，看看有没有对应的句子。	C2：生自读比较。 每逢吹竽，他也鼓着腮帮捂着竽眼儿，装腔作势，混在队里充数。 滥竽充数 ——《韩非子》 齐宣王使人吹竽，必三百人。南郭处士请为王吹竽，宣王说之，廪（lǐn）食（sì）以数百人。宣王死，湣王立，好一一听之，处士逃。	△提问、观察、检测 ○阅读要求，想象、合作 ○倾听，给予他人中肯评价。
三、想象画面，尝试补白	T3：你发现了什么？ T4：这么生动的描写，原文中并没有，是后人想象并补充进去的，这种方法就叫作补白。（板书） T5：文言文言简意赅，给我们留下了许多想象的空间，即便是这篇改写后的课文，还是留给我们很多想象的余地，还是这句话，你能想象南郭先生滥竽充数的画面，试着把它补白得更具体更生动吗？和你的同桌研究看看。	C3：学生回答。 C4：学生合作补充。 每逢吹竽，他也鼓着腮帮捂着竽眼儿，装腔作势，混在队里充数。 别人（　　　　），他也（　　　　）；别人（　　　　），他也（　　　　），一副（　　　　）的样子。他混过了一次又一次，没有出过毛病。	○默读有一定速度。
四、再读课文，找出留白			
五、鼓励想象，补白练笔	T6：同学们的想象都很丰富，描写得非常生动，下面就请大家再次默读这篇课文，看一看我们还可以在哪些地方见缝插针，想象补白。 T7：这节课，我们就挑同学们最感兴趣的两处来进行补白练笔，第一处老师给了一点提示，请你补白心理描写。第二处是开放式的，你想补白	C5：默读课文，寻找留白。 C6：生汇报。 预设： 1.滥竽充数时的心理描写。 2.逃跑前的心理描写。 3.逃跑时的动作及心理描写。 4.逃跑后发生的事情（南郭先生的结局） 5.古诗的道理……	○大胆想象，独立完成补白练笔。 ○积极交流，自信，大方。 ○认真倾听，中肯评价。
六、汇报交流，揣摩人物			
七、梳理学法，布置作业			

教学环节	教师提问与指导要点	学生学习活动	评价要点
	什么就补白什么。 T8：听了他的补白，你觉得这是一个什么样的南郭先生？ T9：这节课，我们学习了用补白的方式把故事读丰富，通过补白，我们不仅揣摩了人物的心理，也更深刻地理解了故事的寓意。 一个故事，用一个字可以概括，用一个词可以说明，用一句话可以讲清，文言文言简意赅，现代文具体想象，言有尽而意无穷，这就是我们中国语言文字的魅力，希望同学们能够插上想象的翅膀，课后把这篇课文用补白的方式改写得更加生动，更加引人入胜。	C7：生补白练笔。 C8：生汇报，互评。 预设：不劳而获的、做贼心虚的、贪婪的…… C9：倾听，记作业。	
板书设计	滥竽充数 情节： 动作　心理　神态…… 补白　场面　丰富 道理 ……		

五、教后记

1. 教学有法，但无定法，贵在得法，教学提倡模式，但不能模式化。

2. 教学不仅要传承知识，还要创新知识，教学发生时，学生不仅是学习的消费者，而且是贡献者。

古诗词意境鉴赏策略

长春市绿园区开元小学　张磊

意境是美学的重要范畴,是衡量艺术美的重要标准。那么如何引导学生体味古典诗歌中的意境美呢?

一、捕捉意象感悟意境

这一点是体会作者思想情感从而顺利进入诗歌意境的关键。马致远的《天净沙·秋思》中叠用了九个名词,这九个名词正是九个意象。在【教学过程】中,我注意引导学生抓住这九个意象中特定的修饰词"枯""老""昏""古""西""瘦"所联系的灰暗色彩,在脑海中勾勒出一幅弥漫着阴冷气氛的秋郊夕阳图。这正与意象"小桥""流水""人家"所勾勒的温暖、闲适的家庭氛围形成对比,更加突出一位游子悲秋寂寞的羁旅愁思。

二、抓住文眼感悟意境

文眼就是诗文的中心点,主题字,抓住文眼就是抓住诗的核心,引导学生感悟古诗词的意境。柳宗元的《江雪》:用"鸟飞绝""人踪灭",写茫茫雪野的孤静寒景,用"孤舟""独钓"象征人的顽强意志和坚毅形象,抓住这些重点词自然能让学生感悟到山山是雪,路路皆白,飞鸟绝迹,人踪湮没的意境,从而体会到渔翁孤高清苦,凛然不屈的倔强形象了解背景感悟意境。

三、了解背景感悟意境

知人论世,要想领会诗的意境,必须分析诗的背景。诚如刘老师在教授《春望》时对"安史之乱"的简要介绍,对杜甫战乱中投奔肃宗,途中为叛军俘获,带到长安,看到长安城的断壁残垣,触景生情的简要介绍,都有助于学生体味诗人"忧国伤时,念家悲己"的情感。

四、积累常识感悟意境

文学常识的积累和整理有利于学生对古诗词意境的体会。诗人杜甫20岁之后的人生可分为漫游时期(14年)、长安时期(11年)、任左拾遗和流亡时期(3年)、漂泊西南时期(10年)四个时期。每个时期国家状况不同,诗人境遇不同,诗作风格及表达的思想情感就自然不同。

五、诵读吟唱感悟意境

有幸听过全国著名语文特级教师戴建荣老师的两节课,分别是《静夜思》和《赏鹅》。从这两节课上我感受到了他与众不同的"吟唱"教学法,这种吟唱不单单是动口朗读,而是合"读、吟、歌、舞"于一体,让人觉得教师俨然就是诗人。

我在古诗词诵读的指导上本就存在困惑,听了戴老师的课就更无从下手了,因为戴老师的动作语气,我学不来;驾驭课堂的能力,他的文学内涵也不是一朝一夕能积淀出来的,所以在此也想请教各位前辈这个问题:如何在古诗词教学中指导学生有感情的诵读?

关于非连续性文本阅读的几点思考

长春市绿园区新营小学　李阳

非连续性文本阅读在小学语文教学中，从未以主题板块的形式系统地呈现在教学计划中，但在语文检测的方式和日常生活中，他却几乎无处不在。《义务教育语文课程标准（2011版）》第三学段阅读目标中，有这样的表述："阅读简单的非连续性文本，能从图文等组合材料中找出有价值的信息。"到了第四学段，则表述为："阅读有多种材料组合、意义较为复杂的非连续性文本，能领会文本的意思，得出有意义的结论。"课标对非连续性文本阅读已经给出了学段的标准和要求。

对于非连续性文本阅读，有学界定义为"非连续性文本指由数据表格、图表和曲线图、图解文字、凭证单、使用说明书、广告、地图、清单、时刻表、目录、索引等组成的文本，具有直观醒目、概括性强、易于比较等特点。"按照文本的表现形式可以分为两类：一类是以图文结合的形式呈现，图文互补，图是对文本直观、形象的补充，包括一切图画、图形、数字、视频、列表等；另一类则是指为了更清楚地说明某一主题，而选择不同材料的纯文本信息组合。这些不同来源的文本可以彼此独立，甚至可以互相矛盾，需要读者对来自不同材料的文本进行综合分析和整合，全面阐述自己的观点。

非连续性文本之于小学语文教学是一个新鲜事物，事实上它在我们的生活中随处可见，有的以单一的图表形式呈现，如校标、会徽、股票行情、景区地图、平面示意图、座位安排表等；有的以图文结合的形式呈现，如产品说明书、药品说明书、手机使用说明书、景区游览图、车辆保险协议等等；有的则以多形态文本集群形式呈现，如围绕鱼翅造假的新闻，报纸上链接的各方面文字信息等等。

2009年上海市首次参加PISA（"国际学生评估项目"的缩写）国际阅读测试，参加测试的152所学校的5115名学生，连续性文本分量表平均成绩遥遥领先，高于第二名韩国26分，而非连续性文本分量表上平均分却低于七个国家！分析表明，上海学生阅读连续性文本的能力非常强，而阅读非连续性文本的能力相对较弱，与发达国家相比有较大差距。无独有偶，PISA2000-2006阅读测试中发现中国香港地区学生在非连续性文本的测试中得分偏低。

综合分析两则资料，我们可以发现，无论是大陆还是香港，前几年语文教学中较少涉及图表等非连续性文本教学。专家分析，这一差异跟东西方教材结构是大有关系的。国外的教科书，常见图像、表格等形象，系统的知识结构与思维方法的梳理，而国内的教材则鲜有呈现。以上仅从测评的角度得出结论：为顺应时代发展，与国际阅读检测同步，必须要加大非连续性文本的阅读比重，以提高学生对不同类型文本的阅读能力。

　　提高对学生非连续性文本阅读的意义还在于非连续文本的阅读，主要的任务要求：一是寻找信息。学生必须将自己需要寻找的信息，与阅读文本中原始的信息相联系，以快速得到所需要的结果。这些信息往往处于图表中，或隐藏在某些数据里；二是解释原因。要求学生结合自己的知识结构，联系阅读文本中提供的不同信息，对信息进行加工处理，从而得出文本中没有明确陈述的结果。有时，也要求学生进一步判断作者的意图，掌握事件发生的原因等等；三是思考文本的内容。要求阅读者把在文本中找到的信息与其他知识联系，并用自己的知识结构来评价文本中的观点，即怎样去证明、维护自己的观点。因此，它要求学生具有高水平的转换认知能力，即必须能有效控制自己对文本的思考和反应，并通过运用已有相关知识，使知识能以连贯的方式组织起来。

体验,让学习成为一种乐趣
——浅谈在"生活体验课"中促学生成长

吉林省长春市绿园区绿园小学　董亚飞

"体验教育"就是教育对象在实践中认知、明理和发展的过程。"体验"包括两个层面,即行为体验和内心体验。行为体验是一种实践行为,是亲身经历的动态过程,是学生发展的重要途径;内心体验则是在行为体验的基础上所发生的内化、升华的心理过程。两者是相互作用,相互依赖的,对促进少年儿童的发展具有积极作用。由此可见,体验教育是在实践活动中,促使学生不断产生新经验、新认识,并由此发展学生适应自然与社会的能力,形成积极的人生态度,促进个性成长的一种教育方式。

生活体验课是我们学校的"体验教育"特色课程之一,目的是为学生提供亲自动手、展示自我的平台,让学生在实践中学会生活的基本技能,并且促进学生间的交流,提升学生的成功体验,激发学生的创新能力,为学生的终身学习打下夯实的基础。

一、通过生活体验课唤醒学生的自我意识

生活体验课是让学生经历自我感受,产生自我情感,形成自我行为的过程,它的作用在于突出以学生的"自我"为中心,体现学生的主体地位,从而唤醒学生的自我意识。学生有了自觉、自尊、自重的意识时,就会持久地促进自我教育与自我完善的发展。

我平时在开展生活体验课程时,首先选择学生喜闻乐见的内容,只规定范围,不做具体内容安排,这样有利用学生以自己的理解去感受教学内容,并对教学内容进行重新建构,让学生学会思考。

二、通过生活体验课为学生建立良好的情感模式

生活体验课通过实践活动让学生感受、体会、感悟,再将感受、体会、感悟

内化为行为准则,进而转化为行为习惯。实践活动的每一环节与步骤都需要学生亲身经历和体验,特别是需要学生在情绪、情感、态度等方面的体验。学生通过体验,可以获得乐观、同情、激情等正向的情绪,使学生产生积极的情感体验,如喜爱真善美,赞赏文明行为,勇于面对困难和挫折等,最重要的是在体验过程中,学生可以获得更高级的情感:以崇高的思想为核心,以高尚的操守为基础的情感,有助于建立道德感、真理感和美感。

记得在四年级上学期,我们曾经做过一次水果拼盘,一周前,学生们便纷纷地通过各种途径查找相关资料,搜集相关图片,小组讨论设计方案,有的时候大家意见不统一时,甚至争执得面红耳赤,最终达成一致意见。在这个过程当中,学生收获的绝不仅仅是学会做一个拼盘这么简单,而是学会了如何表达自己的想法,如何与人沟通,这是一个人在社会上立足的基本能力。在制作拼盘时,每组的五个同学分工明确,有的负责洗水果,有的负责剥皮、切水果,有的摆盘、挤酱,忙得不亦乐乎。同学们制作出成品后,高兴得手舞足蹈,贾书鉴和王一霖甚至拥抱在一起,来庆祝他们的作品成功。通过体验教育,学生们不再斤斤计较,懂得了与别人团结合作,知道了集体的力量是最大的,品尝到了分享的喜悦,增进了同学之间、师生之间的情感交流。

三、通过体验教育规范学生的行为习惯

学生行为的形成与之行为习惯有着直接的关系,而行为习惯的养成便离不开体验。学生要形成一种经常性的习惯行为或规范行为,就需要不断地强化和固化,这个强化和固化过程就必须依赖于主体的真实体验和亲身感悟,没有真实体验和亲身感悟,学生就不能形成自觉的行为意识和倾向,也不能形成内在需求与外在行为的必然和固定的联系,于是行为也必然无法形成。

在开展生活体验课以前,我们班很多学生不讲究卫生,小手总是脏脏的,地面上也经常有垃圾,我经常通过班会和其他时间对学生进行教育,有时也看一些礼仪教育影片,但是效果仍旧不太好,总是需要我反复提醒,为此我非常苦恼。学校开展生活体验课以后,我们班一起去生活体验室包饺子,因为是做食物,所以同学们都非常自觉地用洗手液把小手洗得干干净净,我们做完以后,学生又自发地以小组为单位,将用过的餐具洗刷干净,摆放在消毒柜里,女同学用抹布将桌面擦干净,男同学更是主动地承担起了扫地、擦地、换水的工作,把生活体验室打扫得干干净净。从那以后,我就发现学生们变了,中午吃饭前,都知道主动洗手,脚下的碎纸片也能及时地捡起,班级比以前干净多了,我也省力了不少。

四、通过体验教育健全学生的人格魅力

人格是一个人的性格、气质、能力等特征的总和,是思想觉悟、道德品质等多方面的综合表现,是一个人整体精神面貌的表现,学生健全的人格不是与生俱来的,需要通过一言一行的实践与一点一滴的体验的积累而形成的。

生活体验课可以帮助学生掌握处理人与人、人与社会关系的方式方法,让学生学会乐善好施、善解人意、严于律己、以礼待人、举止温雅等;可以磨炼学生的意志品质,学生意志的形成需要以从体验中获得的真实感受作为基础,需要以从体验中获得的认识和情感作为依据,更需要有自觉意向、坚韧毅力、自制能力作为内核,磨炼意志的过程是一个不断体验、不断反省的过程;可以培养学生为人处世的能力,让学生获得感受、增加认知、形成技能、领悟道理、提升素质。

通过生活体验课培养学生正确的思想观念,良好的自我心态,乐观的生活态度,塑造学生的人格魅力是一种行之有效的教育方式。

五、通过生活体验课发掘学生的潜能与发挥特长

生活体验课可以激发学生获取知识的渴望,产生好奇心和兴趣。学生在体验活动中,不断地发现自我,不断地满足自身的需求,不断地感受成功的体验,使学生的特长得以发挥,潜能得以挖掘。

上学期,我们在生活体验室包饺子时,我没有让学生局限于包普通的饺子,而是鼓励学生从颜色、形状、口味上大胆尝试,有的学生在面里加入了菠菜汁、胡萝卜汁,这样的饺子不仅颜色漂亮,而且营养丰富;有的学生包成了小猪饺子,有的学生包成了圆形、三角形的饺子,让辛苦的劳动充满了乐趣;在口味上,学生也尝试着加入各种辅料,使味道更有新意。在这样的活动中,学生亲自实践,大胆尝试,最大限度地发挥了学生的想象力和创造力。

体验教育是一种现代教育理念,它体现了现代教育的基本特点,体验教育突出主体性,强调以人为本;体验教育坚持实践性,强调实践第一;体验教育注重感悟性,强调心理内化;体验教育讲求社会性,强调教育紧扣时代脉搏。体验教育为我们新时代的教师提出了新的任务和考验,只有真正地将体验教育落实到日常教学中,关注学生的主体地位,尊重、培养学生的创新能力,才可以为学生的终身发展奠定基础,最终将体验教育的教学目标内化为品质,外显为行为。

如何调动学生发言的积极性

长春市绿园区民主小学　李丽

作为一名教师,与学生沟通互动,反馈效果最明显的方式就是学生的发言。每当在课堂上,学生们积极举手,声音洪亮的发言时,教师是感到最欣慰的。通过这种信息反馈,教师可以随时掌握学生的学习动态,及时纠正错误和不足,从而促进学生在学业方面的提高。但在现实中我们也不得不面临这样一种窘境:随着学生年龄的增长,他们似乎越来越不愿意说话。课堂上逐渐变成了老师的"一言堂"或者只有几个特别活跃的学生在与教师交流。

那如何能调动学生的积极性,鼓励他们在课堂上大胆发言呢?我们有必要分析一下事情的成因和寻找解决的办法。

一、分析学生不爱发言的成因

学生天性活泼善思,如果只是在课堂上沉默寡言,我们有必要寻找一下原因。

没有自信心。学生的学习并不是"1+1"那么简单,面对许多新知识,学生还难以消化理解或者说对心目中已有答案还不确定。对回答这一问题的自信心不足,所以不想举手发言。

虚荣心作怪。随着学生年级的升高,对自我的认知能力也在逐年提升。他们更喜欢肯定的认同,如果课堂回答错问题错了,害怕他人嘲笑,也同样会躲避举手发言。

思考时间不充足。教师在现场授课时,急于追求答案,没有给学生充分的时间思考,以至于学生无法回答这一问题,而不愿意举手发言。

没有养成良好的学习习惯。学生在与教师互动的时候,部分学生没有养成良好的听课习惯,不善于捕捉教师的提问和寻找答案,只倾听结果。也会造成课堂"一言堂"的现象。

二、寻求调动学生发言积极性的方法

1. 改变单一的教学模式

"课堂教学的重要任务之一就是要使教学过程成为学生获取知识、发展能力的活动过程，成为科学知识内化为学生精神财富的过程。"学生知识的获得与内化必须符合学生的认知规律，并借助学生已有的经验对知识进行自主性地构建。作为教师，精心备课，为学生呈现一个精彩的课堂是调动学生发言积极性的必要途径。教师的妙语连珠，课堂的巧妙设计，均是引发学生思考、讨论、交流的良好契机。如果我们还是因循守旧地用"讲授式"上课方法，已经无法跟上课改教育的步伐，更不符合现代学生的发展需要。现代教育改革所倡导的"导学式教学""翻转课堂"等等，都是教育工作者为改变单一的教学模式所做的努力。我们力图在学生充分发挥能动性的前提下，在教师的引导和教学设备、教学手段的辅助下，学生们乐于学习，乐于展现自己的学习成果，乐于发言。

2. 帮助学生打磨良好的心理素质

"一个人的心理素质是在先天素质的基础上，经过后天的环境与教育的影响而逐步形成的。心理素质包括人的认识能力、情绪和情感品质、意志品质、气质和性格等个性品质诸方面。"可见环境与教育是影响学生心理素质形成的重要因素。作为教育者，我们可以利用自身优势，联合家长，为学生发展营造一个宽松的氛围。鼓励学生大胆认知，尝试控制情绪，学会正确表达自己的情感，磨炼自己的意志品质，熏陶良好的气质。稳定的心理素质对学生来说至关重要，从大的层面上来说，帮助学生全面健康发展；从小的层面来说，有着稳定心理素质的学生在课堂上才乐于发言，不恐惧发言。

3. 构建和谐的课堂氛围

罗杰斯说过："创造活动的一般条件是心理安全和心理自由，只有心理安全才能导致心理自由，也才能导致学习的创造性。"师生共同学习的课堂，应该是轻松的，和谐的课堂，这样才有利于师生间的知识传递，情感交流。学生才会更乐于主动思考，积极参与，课堂氛围才会更活泼；从而激发学生的学习兴趣，大胆发言。如果教师总是沉溺于旧式的教学方式大搞"一言堂"，没有留给学生宽松自由的空间，学生想说没机会说，想说却不敢说，那就违背了教育教学的本意，可见，创设和谐的课堂氛围是十分重要的。

4. 及时反馈对学生的评价

我们在日常所说的评价，一般是指对学生的思想品德，学业成绩，身心素质，情感态度等的发展过程和状况进行价值判断的活动。而在本文中所指的是教师对学生课堂上的表现，尤其是发言的情况要做出及时反馈。这样指向性更强一些，有利于学生明确自己回答问题的对错，回答方式方法是否需要改进，以及如何改进。只有教师有的放矢地进行评价，学生才能清晰明确地改正错误，修补不足，回答问题才会更有"底气"，师生间思想的火花进行碰撞，课堂的氛围才会更热烈，更有实效。

5. 鼓励学生积极思考的态度

孔子说："学而不思则罔，思而不学则殆。"当今的课堂不缺乏轰轰烈烈地师生对话，缺乏的是学生深入地思考。我深感问题的严重性，没有思考的学习是机械的，低效的，是无意义的。该怎样培养学生的思考能力、理解能力呢？苏霍姆林斯基说要"教会所有的儿童在阅读的同时应该能够思考，在思考的时候能够阅读。""这样中学生到了中年级和高年级才能顺利地学习和发展智力。"我们经常说要发展学生智力的最近区域，其实借助小组合作等方式鼓励学生们之间激发他们的智力发展最近区。通过学生间互相激发，培养积极思考的态度，形成自己的观点还需要有表达的途径，发言畅谈自己的看法就成了顺理成章的事情了。

我们现代教育观点，鼓励学生能动自主地学习。学生在课堂上乐于发言，学会表达自己的观点应该说是一个非常明显的标志。希望通过教师有效手段的调节，能够在真正意义上帮助学生们调动积极发言，掌握课堂的话语权，成为课堂上真正的主人。

小学阶段习作教学"四步法"初探

长春市绿园区民主小学 李丽

【摘要】《义务教育语文课程标准》指出:"写作是运用语言文字进行表达和交流的重要方式,是认识世界、认识自我、进行创造性表述的过程。写作能力是语文素养的综合体现。"可见,习作教学一直是各阶段语文教学重点内容之一。教师通过习作教学,可以培养学生的文字表达能力,语言组织能力等。但同时,习作教学也是难点问题。学生不感兴趣,为写作文而写作文的现象时有发生。那究竟怎样做,才能培养小学生的写作能力呢?本文就小学阶段习作教学的有效教学,提出一些建议。

【关键词】习作教学;有效;对策

一、小学阶段习作教学的现状分析

《义务教育语文课程标准》指出:"写作是运用语言文字进行表达和交流的重要方式,是认识世界、认识自我、进行创造性表述的过程。写作能力是语文素养的综合体现。"可见习作教学一直是各阶段语文教学重点内容之一。但令教育者感到困难的是无论什么内容的习作教学,学生面临的问题无外乎是对题目不理解,不知从何下手,不知如何调整顺序,内容如何填充。很多学生都对写作文产生厌烦心理。教师也不喜欢上习作课。往往上课就是给范文,模仿写。或者更有直接者就是抄写范文。这就背离了习作教学的真正意义。

而就我个人而言,通过相关课题研究在习作教学时主张调整教学方式帮助学生从被动接受到主动尝试习作练习,也就是本文提到的"四步法"教学。

二、习作教学"四步法"的实践

第一步:尝试质疑

我们应该指导学生学会质疑。《礼记·学记》中说:"善问者,如攻坚木,先其易者,后其节目。"没有发现就没有创新,也没有激发学生的创作的动力。如《不拘形式的说写见闻》学生对命题作文已经很熟悉了，但对"不拘形式"的理解有千差万别，鼓励学生提出自己的疑问，在课堂上与学生们一起交流解决。把习作的"题眼"理解清楚，显而易见可以降低撰写习作内容的困难程度。不仅是对题目的质疑，也可以对写作内容，发表自己的看法。一千个读者眼中就有一千个哈姆雷特。每个人对一篇习作要求的理解是不同的。敢于发表自己的见解，只要不是错误消极的，我们教师都应该鼓励学生们直抒胸臆。

第二步：学会观察

我们应该培养学生长着一双善于发现的眼睛。观察力对于一个人来说是非常重要的。敏锐的观察力可以使我们避免受表面现象的迷惑，而真正地看到事物的本质和变化的趋势。我们鼓励学生学会观察就能事半功倍地开展写作练习。例如我们指导《绿色记事本》。就是利用日记的形式培养学生善于观察，善于积累，善于总结的过程。观察是有步骤的。如描写景物的习作。观察就可以从远及近，先中间后两边，先整体后局部等等很多角度来描写。具体到某一个事物，则可以考虑细节观察法。从某一个角度来深入观察。如描写小动物时，先从头部，然后是躯干、四肢，最后是尾巴。身体的颜色，生活的习性等等。

这里应注意的是现在学生的生活圈比较窄，缺乏社会实践。所以学生的观察不仅是习作内容本身的要求，也是社会实践的一部分。脱离的生活的观察是不真实的，也违背的习作教学"写生活"的本意。

第三步：合作交流

这里的交流是教师与小组成员、小组与小组等之间的交流。互通有无，积极采纳其他人的合理想法。小组合作的方式为学生提供了讨论的空间和时间。鼓励学生把自己疑问和观察的结果带到课堂上，碰撞智慧的火花。抓住习作究竟要写什么的主线，明晰还要添加的内容。

在交流的过程中，组员们还要学会倾听。在其他成员在发表意见的时候，就是对自己的提醒和启发。善于倾听的学生往往都很会学习。教师应指导学生学会听成员的发言。例如：他的哪句话对你有帮助，记录下来。你想对其他人提什么意见和建议，想清楚，尽量简单说明白。

集体的智慧是无穷的。有时我们本以为黔驴技穷，谁又想到柳暗花明。在成员你一言我一语中，一篇习作的思路很快就理顺清楚。

第四步：归纳总结

这是对一篇习作的归纳整理之后列提纲的一个过程。把自己要说什么，究竟应该怎样说都理顺清楚。抓住重点列出提纲。说起来容易但做起来还是有难度的。在这里我向大家推荐的是思维导图式列提纲法。把自己想到的几条主线都列出来；然后自由填充各部分的辅助内容；根据小组成员的发言补充完善；最后形成自己的习作提纲。

总结也是创作的过程。学生运用自己的想象和感悟，重组语言进行作文。可以让学生尝到创作的成功和喜悦；树立写作的信心。学生可以根据习作的要求，自行取舍，完成作品。

习作教学的方法不是唯一的。我们应该根据学生的特点和需要灵活机动地开展教学活动。培养学生写作兴趣，注重积累写作素材，掌握写作技巧。这对于提升学生的写作能力是至关重要的。

【参考文献】

[1] 张孔义, 方龙云. 语文教育科研导论 [M]. 杭州：浙江大学出版社.

[2] 王芳. 美国加利福尼亚州小学三、四年级写作标准分析 [J]. 基础教育研究, 2010（04）.

[3] 李新农. 我国小学作文教学改革问题与对策研究 [D]. 湖南师范大学, 2004.

[4] 张岩. 论小学生写作的指导策略 [D]. 长春：东北师范大学, 2010.

浅析低年级拼音教学有效策略

长春市绿园区民丰小学　李丹

【摘要】汉语拼音是小学生认识汉字的基础，对于小学生来说，学习拼音就是一个认真听和大声说的过程，汉语学习是其他学科的基础，因此对于小学低年级的学生来说拼音教学是必不可少的一个重要性环节。在现实农村小学教学过程中，大多数学生在幼儿园阶段已经接触过拼音的教学，因此本文从教师实际教学情况出发，重点分析农村小学低年级拼音教学的有效策略，以供交流和分享。

【关键词】低年级；拼音教学；有效策略

对于农村的小学生来说，学习资源受到很大的限制，学校是其获得知识的主要场所。而拼音学习的目的是更好地学习汉字，因此教师在教育教学过程中应从学生的心理角度出发，对学生进行鼓励式引导，善于从学生个性化发展的角度出发，激发学生的学习潜能。通过开展创造性的教育教学活动，使学生意识到拼音学习的重要性。在此基础上使学生逐渐掌握拼音学习的规律，收获学习知识的乐趣。

一、小学低年级拼音教学的重要性

农村小学缺乏优质的教育教学资源，拼音是学习汉字的基础，而汉字是学习其他学科的重要途径。因此在农村小学低年级的拼音教学中，教师应充分激发学生学习拼音的兴趣，在此基础上为学生创建一个高效的拼音学习课堂。汉语拼音在小学阶段属于基础性教学，对学生发展语言和智力方面有着重要的作用。因此教师应在改变教学方式方法的基础上，着重培养小学生的拼音学习能力，使之化被动学习为主动学习，以此为小学生的语文学习打下坚实的基础。

二、低年级拼音教学的策略及方法

在现实的教学过程中，教师应在现实条件允许的情况下，做到关注学生发展的基本性工作。应在对班级学生进行全面了解的基础上进行有个性的差异性教学，使学生感受到教师的关注,在自我展现中发挥创新性精神。通过对实践中低年级学生拼音教学的方式与方法进行总结,全面提升小学生的拼音学习效率。

(一)明确学生拼音的学习目标

对于教师来说,在教学过程中首先应明确自己的教学目标,这是课堂的出发点也是课堂最终要达到的目的。学生是教师教学活动的重要参与者,教师根据学生的具体特点设置出不同课堂形式,因此在拼音学习的过程中,教师首先为学生设置出一个具体的课堂学习目标,以此来明确学生的学习目的。对于低年级小学生的拼音教学来说,教学目标具有一定的侧重点,可以是重点考察小学生对拼音的识记能力,也可以是考察小学生对拼音的灵活使用能力等。

例如在学习拼音"a、o、e"的过程中,教师首先应明确学生的学习目标,使学生在掌握基本发音的基础上进行正确的拼读以及灵活的使用。通过对声音的模拟,使学生掌握拼音的阅读技巧。比如张大嘴巴读a,公鸡的叫声是o,而大白鹅的读音就是e了,通过简单的练习,使学生在熟练的基础上进行拼写,找出生活中一些常见的单音节词进行详细的解说,加深学生学习印象。

(二)趣味教学激发学习兴趣

对于小学生来说,由于年龄普遍偏小,因此对新鲜事物总是会有一种强烈的好奇心。教师在教学过程中要对学生的心理特征以及思维情绪等方面进行充分的考虑,在此基础上利用一定的教育教学手段,以此来激发学生的学习积极性。在活跃课堂的氛围的同时,提高学生的学习积极性,以此来提高教师的教学效率,保证小学生课堂拼音学习教学的有效进行。

例如在学习"b、p、m、f"的过程中,可以通过趣味性的教学来激发学生的学习兴趣。比如通过动画的形式使学生产生记忆性学习,一个小学生扶着一位老人在上坡的路上走着,从这一生活场景中就可以看出b、f以及p的教学,在山坡下面还有两个小朋友在玩捉迷藏,两个小房子连接在一起就变成了m,通过象形图画的形式加深学生的学习印象,以趣味性的教学形式提高学生的学习积极性。

(三)利用游戏活动综合学习

对于其他学科来说,汉字是学习的基本要素,而拼音是学习汉字的重中之重。拼音学习的过程可以帮助学生打下坚实的语文学习基础,同时为学习其他学科做好准备。因此利用其他学科的学习特点也可以促进小学生的拼音教学,利用信息化教学的方式,通过具体的形象色彩和声音或其他艺术性手段,提高学生学习积极性,促进学生多方面发展。

例如在进行拼音读写教学的过程中,教师可以利用游戏活动等教学手段,将课堂教学内容中的字词以游戏的形式展现在学生面前,组织学生进行小组活动,来一次精彩的比赛。在这个过程中,哪一小队猜对的多为胜利。题目不限制形式,可以是任意拼音元素，利用游戏教学使学生进行综合性学习，保证学生的课堂学习效果。

三、结论

总而言之，拼音教学对于农村低年级小学生来说是非常重要的，因此教师在教学过程中应给予足够的重视。在此基础上有效的总结小学低年级拼音的教育教学方法，以此来全面提高小学生的拼音读写能力，培养学生的良好习惯，以此来提高学生获取知识的能力。

【参考文献】

[1] 饶勇珍. 小学语文低年级童话式拼音教学初探 [J]. 福建教育学院报,2020,21（08）：79-80.

[2] 李敏. 游戏法在低年级拼音教学中的运用研究 [J]. 家长,2020（21）：103+105.

[3] 陈巧玲. 趣、准、精,拼音教学设计的色香味 [J]. 教育界,2020（28）：14-15.

运用信息技术，提高识字效率

长春市绿园区青阳小学　李华

小学语文课程标准明确提出小学生要认识 3500 个左右常用汉字，能正确工整地书写汉字，并有一定的速度。由此可见，识字教学是小学语文教学的主要任务之一。21 世纪以来随着信息技术突飞猛进的发展，多媒体已经成为现代教育教学中的一种重要手段，其集图文声像于一体，因其交互性的特点，对语文教学而言如虎添翼。

一、利用媒体，吸引注意

多媒体以其鲜明性的特点，图文并茂，声像结合的优势广泛地应用到小学语文课堂中。通过多媒体进行教学能够极大地吸引学生的注意力。例如在教学《日月潭》时，教师可以利用多媒体出示动态的画面一架富有魔力的飞机带我们从吉林来到了遥远的台湾台中日月潭的上空，一座美丽的光华岛将日月潭分成日潭和月潭两部分，接着出示动态的下雨时的日月潭的画面感受日月潭的雨天美，然后通过教师的引导作用感受晴天时的日月潭像个硬汉，景物清晰地展现在眼前。烟雾笼罩下的日月潭如住在仙境中披着纱的少女一般。配着音乐看着图片朗读《日月潭》课文。如此精美的画面、动听的音乐有效地吸引了学生的注意力，激发了学生学习生字的欲望。

二、创设情境，激发兴趣

"兴趣是最好的老师"。兴趣能使学生加深对学科的喜爱，兴趣能使被动的接受变为主动的探求，兴趣是打开学科之门的钥匙。因此在识字教学中教师应创设情境，激发学生的识字兴趣。例如在教学《棉花姑娘》一课时，出示"棉花"的图片认识棉字，知道棉花是一种植物所以棉是木字旁。棉花可以做棉被、棉衣、棉鞋，出示棉被、棉衣、棉鞋的图片。在教学"病"字时出示病的象形字，一个叫丙的人躺在病床上，病床上的两只脚就是病字旁的一点和一提。在认识"瓢"的时候可以出示葫芦一剖为二，瓢在水中漂流的视频，并配以讲解葫芦一剖为二为瓢，瓢可以用来盛水叫水瓢。在教学《拍手歌》时可以出示孔雀、锦鸡、猛虎等小动物的图片，告诉学生锦是颜色艳丽的意思，出示锦旗和锦鲤的图片加深学生对锦字的理解。在认识猛虎的猛字时可以出示老虎的声音让学生猜猜这是什么小动物等。通过多媒体创设情境能使识字教学由枯燥变得生动形象，大大提高了学生的识字效率，增强了识字效果。

三、使用音频，帮助正音

无意注意的产生和维持不是靠意志努力，而是人们不由自主地将注意力集中到自己感兴趣的事情上，聪明的教师会使用多媒体吸引学生的无意注意，让学生在潜移默化中识记汉字。在低年级进行拼音教学时，教师可以利用多媒体范读，也可以让学生多种形式地跟读。在认读带有前鼻韵母、后鼻韵母和平舌音的字时，教师可以利用多媒体帮助正音。小学高年级课文内容较长，学生难免会有不认识的字，教师可以利用多媒体播放录音，让学生给自己不认识的字加拼音，这同样也是因材施教的一种好方法。

四、运用媒体，辨析字形

皮亚杰认知理论认为儿童正处于具体运算阶段，这个时期的儿童以形象思维为主，在学习中仍然需要具体实物的支撑。形近字辨析是小学语文教学中的重点也是难点，如若在课上干巴巴地讲形近字的区别，会使学生觉得枯燥甚至产生厌烦的情绪，教学效果也不会理想。如果在教学形近字时，发挥多媒体的优势会起到事半功倍的效果。如在教学"浇"字时出示小女孩拿水壶浇花的照片，联系已有知识经验，学生自然会知道"浇"和水有关系。在教学"烧"字时出示烧火的图片，会让学生想到"烧"和火有关系。再如在教学"丛"时出示花丛、草丛、树丛的图片，能让学生很快理解丛的意思是很多事物聚集在一起。在教学"从"时出示一个小朋友跟着另一个小朋友的图片，让学生明白"从"是跟从的意思。如果学生能区别形近字的意思自然就能辨析形近字了。

五、利用游戏，巩固生字

小学生由于其年龄阶段特点，一节课 40 分钟一直集中注意力对他们而言是很难的事情，一堂课的末尾是复习巩固本堂课所学的关键时期，同时也是学生注意力不集中的一个特殊时期。在这个时候，利用游戏复习巩固一节课所学的生字是很好的选择。例如在教学《树之歌》这篇课文时，可以设计"落叶归根"的游戏，复习巩固生字宝宝，谁读对了谁就能送生字宝宝回家了。在教学《小猴子下山》这篇课文时可以设计"小猴子过河找妈妈"的游戏，读对一个生字小猴子就会跳过一块石头，生字都读对了，小猴子就能跳到河的对岸找到妈妈了。在教学《一封信》时可以设计"拆信封"的游戏，读对生字宝宝信封就能被拆开，露西的爸爸就能看到她写的信了。这样的游戏设计，会使注意力分散的孩子马上集中注意力，回归到课堂上来，并且能在快乐轻松的氛围中复习巩固所学。

六、利用白板，展现汉字

汉字是我国文化艺术的瑰宝，是中华人们全体智慧的结晶，是传承华夏文明的重要载体。书写规范，形体优美的汉字是小学语文教学的重要任务。电子白板相对于传统的黑板粉笔字而言无灰尘、清晰。为此许多教师采用白板进行书写教学。通过电子白板教师可以把每一笔清晰地展示给学生，当学生遇到不明白的地方时，教师可以反复、多次书写，在关键笔画教师可以用不同的笔增强学生的印象。在学生书写完毕后，教师可以将优秀书写作品展示给学生，学生点评，学习优秀之处。也可展示书写不工整的作品，学生点评书写不好的地方，改正自己不足之处。利用电子白板进行书写教学，不仅可以使教师教的省力，而且可以使学生学得轻松。

七、拓展阅读，整合知识

万丈高楼平地起，识字是阅读的基础，阅读来源于生活也应服务于实践。在语文教学中教师要有整体观、全局观，将识字教学与阅读结合，将课内与课外融合，让孩子把语文书读厚，让阅读充盈孩子的生活。如在教学陆游的《示儿》时，可利用多媒体展示陆游的另一首诗《题临安邸》，课外古诗的学习不仅能让学生认识更多的生字，也能更好地让学生感受诗人的"悲"，体会诗人的爱国情怀。在教学《要下雨了》这一课时，学生知道了燕子低飞、鱼游水面、蚂蚁搬家预示着要下雨了，在拓展部分教师可以出示其他一些要下雨的现象，如傍晚鸡不愿回笼子，黄鹂发出类似猫叫的声音，夜晚蜜蜂早早回巢，夏季猫头鹰日出或者黄昏时乱蹦乱跳，这样寓教于乐的教学方式，会让学生在快乐的氛围中识记更多的汉字。

综上所述，信息技术是时代发展的必然要求，是语文教学的重要媒介，是提高教学效率的有效途径。作为新时代的语文教师，我们要与时俱进，用信息化技术武装自己的头脑，将信息技术应用到课堂中去，不断优化课堂教学结构，激发学生学习兴趣，为学生提供更加生动、有效的语文课堂，同时也为学生将来更好地应用信息技术打下良好的基础。

农村小学语文阅读教学的有效性研究

吉林省长春市绿园区四季青小学校　张春妍

【摘要】在新课程改革的逐步推进下，将实现教学模式和教学理念的创新实践。在加强知识与技能传授的同时，更要重视对阅读课教学课堂的创新。语文是一门含有情感教育的课程。然而，随着我国城市化进程的加快，城乡差距拉大，儿童留守现象在我国普遍存在。由于农村家庭多为聚少离多，很难与孩子产生交流和沟通情感。在这种情况下，语文教学作为一门重情感教育的学科，需要在教学中注重对学生的情感培养，正确引导孩子们的身心健康。本文就如何在农村小学语文阅读教学的有效性研究进行了分析与探究。

【关键词】农村小学语文；阅读教学；情感教育

在农村小学中，学生由于长期缺乏良好的家庭氛围，导致在情感方面的缺失。长期在这种情况下容易产生极端心理，负面心理，不利于孩子的健康成长，更可能会演化为严重的社会问题，因此留守儿童的情感教育需要在校园内得到良好的补充。语文作为一门高度人文性的学科，能在教学课堂中通过阅读课给这些孩子们心灵上一些关怀，让孩子们在教育中感受到心理上的慰藉。因此，教师需要在教学中，发挥其传递情感的作用，充分利用语文课本，传递情感教育，培养他们健全的心理人格。

一、小学语文阅读教学中对农村学生渗透情感教育的重要性

语文学科是一种更注重情感交流的学科，阅读作为语文的重要组成部分，因此在教育中起着不可替代的作用。面对农村的学生，多数学生为留守儿童，他们缺乏家庭的良好教育，无法对一些事情有明辨是非的能力。相比有父母陪在身边的儿童，更缺乏情感的慰藉，容易在心理上，思想上形成一种偏激。因此，语文课本中的文章，包含着正能量、爱国主义、奉献精神、浪漫情怀的情愫。一篇文章就充分体现了丰富的人文情怀，留守儿童在这样的环境下熏陶有利于培养他们健康的心理人格。其次，面对这样一个庞大的群体，教师的身份起着承接的作用，教师可通过传递知识的方式将孩子们心理上的空缺填满。对于农村学生来说，小学语文阅读作为情感教育的重要载体，就要格外重视。因此，教师在教学中要渗

透健康良好的情感教育，用这种情感去弥补孩子们心理上对爱的呼唤。因而，处在小学阶段的学生在生理和心理方面尚未成熟，教师在教学时应该积极引导学生，用自己的经验和课本中的知识去引导学生的思想，让留守儿童能够在知识获取的同时心理也能健康成长，在温暖与支持的环境下长大。

二、小学语文阅读教学中对学生渗透情感教育的途径

阅读课是情感传递的最好途径，我们必须利用好这一途径。每一篇文章都有一个情感主题，只需要对其进行挖掘即可，比如在课文中讲到"慈母手中线，游子身上衣"的时候，教师可以在此基础上分析父母与孩子之间的情感，因为留守在家并不是因为不爱，而正是因为伟大的父母想要在孩子们还未长大的年龄，为他们以后的未来能过上更好的生活做准备，思念是常态，父母也会牵挂家里，要懂得去理解父母的行为。教师可在班级里，调动情绪，让每个学生讲述自己与父母经历的大事小事，一些感人的情节，让学生们感受到不同的境遇，同样的父母。也可通过写信的方式，将自己内心的情感表达出来，这样对于那些不爱表达的孩子们，给他们一个私密的空间，用最含蓄的办法表达。最后，可升华主题，对这篇课文的理解。讲述自己的一些人生经历，去激励每一个孩子，让他们身上充满斗志，从而引起他们对这种情感的共鸣，以此实现由教材中"情"到自身"情"的迁移。在课后，教师应针对课堂上，个别不爱表达的学生，课后进行心理上的鼓励，说出内心想法，慢慢走进他们的内心，并鼓励他们学会交流，任何一种交流方式都可以，也借此培养他们的自信，有利于孩子们的健康成长。

三、注重渗透情感教育和学生价值观的引导

语文是一门包含社会价值取向的学科，教师在加强知识和技能教授的同时，也要积极渗透情感教育，引导学生身心健康成长。长此以往，和谐的师生关系已经成为情感渗透的重要基础。提出学生与教师的良好关系，积极沟通互动，拉近彼此的距离。在小学教育当中，为了更好地突出小学生在学习中的主体地位，极力发挥教学风范，充分激发学生的主观能动性。给留守儿童学生思考提问的空间，让学生自主地学习知识，在学习语文知识时，教师应在一定程度上对学生进行价值的引导，让学生在课堂上学习知识的同时也从学到人生哲理，生活常识来填补缺失的那份关爱。真正实现课堂教育的效益大于课堂教育本身。由单面向多面，

积极地引导学生成为课堂的主角，在此基础上强调课堂纪律，有序地进行发言。教师在备课中要充分挖掘教材中的趣味知识点等从而扩展学生的知识面，丰富语文课堂的趣味性，让学生感知学习知识的奥妙，促进情感态度与价值观的发展，这样才能让农村小学的学生在健康的环境下成长。

在农村教育教学中，教学目标不仅仅停留在向学生传授知识，掌握知识层面，更多的是用阅读课对农村学生情感交流的引导，尤其是面对留守儿童更要注重情感交流的引导。留守儿童是一群特殊的群体，是缺乏家庭教育的群体，需要在一定程度上对他们的心理上一些慰藉。因此，教师应该在教学中注重对学生情感的渗透，以及学习能力的培养，对课本知识的挖掘让他们在学习中领悟到充满积极乐观的心态，从而树立正确的价值观。

【参考文献】

[1] 李小华. 基于提高农村小学语文教育教学的有效性的对策探析 [J]. 当代教育实践与教学研究, 2017, (9): 38.

[2] 黄治国. 农村小学语文阅读教学有效性的策略探究 [J]. 教育科学, 2016, (11): 51.

空间教学　网上情深

长春市绿园区民主小学　郭丽

【摘要】为了孩子们停课不停学，作为教者的我们要与时俱进，投入教育的变革中——进行了线上集体培训指导。我们进行网上远程培训，备课，学习相关的网络知识实现了教学信息化。我也由近三十年的老教师，变成了线上教学的"新兵"，从此我成了一名勤奋而又有耐心的学生，在空间教学中不断探索成长。

【关键词】空间教学；教学信息化；线上线下融合

"半亩方塘一鉴开，天光云影共徘徊"大自然的景物总是灵动而又变化莫测，正如远处忽明忽暗的天空，又如近处婆娑多姿的树叶，令人捉摸不透，浮想联翩。人生何不如此，昨天我们还在欢天喜地迎接新年，今天必须众志成城抗击这突来的疫情。为了孩子们停课不停学，作为教者的我们要与时俱进，投入教育的变革中——教学校长组织我们做好线上教学的准备，进行了线上集体培训指导，明确教学进度和教学方式为我们提供相应的网站。我们进行网上远程培训，备课，学习相关的网络知识实现了教学信息化。我也由近三十年的老教师，变成了线上教学的"新兵"，从此我成了一名勤奋而又有耐心的学生，在空间教学中不断探索成长。

一、深入排查，确定线上教学形式

首先做好线上教学的准备工作。根据上级要求和学生年级特点及实际情况制定每周的教学计划。小学一年级的孩子小，自制力差，所以线上的教学时间不超过 15 分钟，主要是每篇课文的精讲视频或录播。把更多的时间让孩子线下阅读、背诵和书写生字词。经过不同方式的调查，我发现本班学生家长多数有能力也具备线上学习的条件，只有一名学生特殊，和奶奶生活，没有妈妈，爸爸开出租车得出去干活维持一家生计，不能天天陪她，而且也不和她住在一起，只是偶尔回家看看她。奶奶没有智能手机，家里也没电脑无法线上学习。针对这种情况我和本班的家长委员会成员研究决定，我们实施两种教学方案。一种线上教学主要利用班级微信群和班级 QQ 群进行。一种单独进行纸质辅导有困难的学生。老师每天利用打电话的方式进行了解她的情况，并进行电话辅导，积极鼓励她的信心和勇气，告诉她老师一定帮助她，为她树立信心和勇气。

二、明确思路，完善线上教学流程

微信群主要播报：

上级部门的重要性通知；

学生每天体温检测表和打卡表（制定手机、电脑都可填写的电子工作簿）；

8：00—8：30填写完毕，老师9：00检查，9：30上报学校学生情况，做到学生防疫学习两不误；

每天学习知识点和要求；

适当地播放短小的录播课和小视频、微课，辅助孩子学习理解；

学生把当天学习的成果在微信群展示（背诵课文的视频，书写的生字的照片，做的运动操视频或者图片……）。

这里最大的问题就是学生的读写姿势有时得不到保障，特别家长不陪伴，甚至有的家长都不懂读写姿势。孩子在家就养成了不好的读写习惯。这是我从孩子们发的生字图片中发现的，写字姿势直接影响到字的运笔和结构。无论老师怎样强调读写习惯，效果都不好。于是我要求每人都必须发写字时的图片，交给家长读写正确姿势图片在家监督指导孩子。放假前我给班级同学每人买了两个握笔器，现在只要写字就必须用握笔器。把它作为强行要求，现在同学的书写好多了。

老师在微信群中检查批阅，出现问题与家长微信私聊单独指导。

如果出现共性问题，我就在微信群集中讲解指导。每周末教师要进行总结。知识上出现问题多的地方要归类指导，并用纸质发到群里让学生认真收藏并细化练习。

QQ群的作用主要是传录播课，因为有的课容量大只能在QQ里才能看。我们学区的家庭条件比较有限，利用QQ看录课是最有效最直接的方法。每天就这样进行线上教学，有的学生白天没有家长陪伴自己学不了，家长下班才能有时间学习。这样发学习反馈就要比别人晚很多，有的甚至都晚上十点了。于是我就延长他们的学习时间，他们随时发学习反馈，我就随时批阅及时矫正。虽然自己累了点，但为了让孩子们停课不停学，只有这样才能保障每一个孩子都不会掉队。第二种教学方案主要针对班级的那名特殊的学生的。我把电子教材发给孩子爸爸，让他根据微信中的学习进度给孩子复印课文，用纸质材料读课文学习，再书写。在他回家时给孩子看我发的录课视频，可以慢慢看。自己能学多少就学多少。他无法发孩子的视频和学习的成果，我也批阅不了。于是我决定等开学的那一天老师和同学一起帮助她，给她单独补课。现在小区已经解封，我决定把教材给孩子送去，减轻家长负担，孩子学起来更方便。及时给她送去关怀和安慰。

我班的家长委员会也非常支持，都决心开学大家一起帮助她。我也因拥有这么有爱心的家长团队而自豪！

三、注重融合，优化线上教学内容

随着线上学习的延长，疫情国内、国际的不断变化，特别家长不断复工，一年级孩子的线上学习有的就得推移到晚上，家长工作一天很疲惫还要管理小孩子感到很烦恼。白天学的多数是姥姥，奶奶陪的效果不好。针对这一现象，我积极做家长的心理工作，让他们复工时积极耐心做好防护，外省返长隔离到位。家长由疫情严重时担心孩子健康转变为现在最担心孩子的学习。我就和他们谈心，有时间陪伴孩子时，再让孩子线上学习。没时间时让孩子做运动，做阅读，做手工，唱歌，跳舞……做自己喜欢，有意义的活动。自己找时间完成每一天计划即可，时间不固定。随时请教老师，一定耐心解答。有困难及时和老师交流。只要认真按要求线上学习，开学老师一定从头再给孩子们讲课，一定不会耽误的。家长们由开始的抵触和担心变得积极热情起来和老师一起积极想办法功课难关。到现在的积极配合甚至有的家长还传授线上学习心得。于是我班的微信群又多了一项功能，每到周六周日学生休息没有学习任务时，就是家长互相传授抗疫，线上线下学习两不误的经验时刻了。自此我们的班级微信群空前热闹和谐。作为班主任我也是非常的欣慰。于是每到周日就是我和那名特殊学生家长交流的时刻，为了生活在疫情期间他一直在开出租车，我叮嘱他自己做好防护，调整好心态，别累坏了，孩子也要做好防护。孩子的学习让他放心，开学后我们全班一起帮助她。他也很感动，经常与我交流生活困惑。我成了开导他快乐生活的知心人。就这样我们班的家长，老师，同学真真正正形成了一个和谐的大家庭：知识的融合，方法的融合，更可贵的是学习的效果是空前的好。

四、聚焦素养，组织开展学生活动

除了孩子每天的学习，老师要开展各种线上活动对学生进行思想教育，开展了不同的活动。

（一）《争做小小宣传员》的活动

学生通过快手以及视频的方式进行防疫的宣传，从而自己也懂得了居家隔离以及很多防疫知识。

（二）进行网上升旗仪式的活动

在家长的帮助下，孩子们懂得为什么要升旗，国旗代表着什么，作为中国人，我们要爱自己的祖国。

（三）清明节来临之际，开展网上祭奠先烈的活动

让孩子们知道我们幸福生活来之不易，要牢记历史，珍惜现在幸福生活，努力学习做祖国的栋梁。

线下可以开展争做书法小明星的活动，积极开发我校书法基地校的作用，激励学生写好中国字，也是爱祖国。还有很多，如阅读古诗文，画简笔画……通过各种线上线下活动的开展，培养了孩子们的各种能力，他们的素质得到了提高。为以后的成长奠定了基础。

五、抗疫复课，线上线下相融合

随着疫情的变化，线上教学正在延长。在五月一日前，把学生的书都想办法一一发到学生手中。更好地利用教材以及各种辅助视频和课件进行线上和线下相结合的教学。具体做法是：

（一）班级成立抗疫复课小组

班级 44 人，分成四大组，分别选出四个大组长。负责管理本组的抗疫和学习情况。老师负责传达上级要求和每天学习内容。组长监督本组成员完成情况，争取当天任务家长及时在微信群发图，老师一一批阅，及时订正错误。有错误的同学，老师私聊改正，不在群里说，只有出现共性问题时，老师要在群里交流，并在每天练习后老师要及时总结。对于做得好的及时表扬，鼓励有问题的学生重新发图。

（二）四组组长成为老师和家长间的沟通桥梁

如果家长有什么问题及时和自己组长交流，组长再反馈给老师。这样能够减少很多矛盾，也给老师解决各种问题提供了时间。老师有什么新的想法可先和组长们研究。便于班级各种工作的开展。

（三）一课一练扎实线上线下教学相融合

随着时间的延续，这学期的教学新课内容即将结束。为了让孩子们很好地完成教学内容，我进行了一课一练的线上线下相结合的教学方法。到现在为止经过

一周多的实践，效果非常好。线上老师每天发一课的练习（这个练习最好是老师根据这课的基础知识进行自己出题）。家长帮忙打印或抄写，学生线下认真完成练习。当天发到群里，老师及时批阅并及时反馈。

到现在我班有两名特殊的学生不能每天发练习，我就与他私加微信，及时沟通保证每人都能完成学习任务。这种方法得到了家长的认可，每天学习效率较高。家长们从此免去了不能开学造成的心理负担。安心引导孩子学习，积极乐观防疫。

六、积极思考，做好开学前后的衔接

随着时间的推移，我们正在准备开学的工作，那么线上线下的衔接就摆在面前。争取做到统览教材，确定重点，明确知识点。要通过测试查看学生到校前的学习情况。系统整理，明确哪些知识需要课上讲解，哪些学生已经掌握，还有哪些学生没有完成。教师要分层次进行教学，以便同学们都能完成学习任务。继续开发线上教学的好资源，继续使用培养孩子们自主学习能力做到线上，线下融合。开学后要继续进行防护疫情知识的宣传，让孩子们时刻注意公共卫生的重要。总之还要防控学习两不误。

我相信，在空间教学中我会不断探索成长，病毒无情人有情，为了战胜疫情早日重返美丽的校园而不懈努力！

如何让孩子爱上阅读

长春市绿园区正阳小学　赵洪霞

问题缘起：9—11岁是儿童成长的一个关键期，处于儿童期的后期阶段，大脑发育正好处在内部结构和功能完善的关键期，在小学教育中正好处于从低向高的过渡期，生理和心理变化明显，是培养学习能力、情绪能力、意志能力和学习习惯的最佳时期。孩子已经从被动学习向主动学习转变，有了自己的想法，但辨别是非的能力还有限，社会交往经验缺乏，经常会遇到很多难以解决的问题，是不安的开始，如果不注重引导，孩子可能会因为一些小的困扰干扰了学习，逐渐对学习失去兴趣，但通过正确的教育，这种不安可以转化成对自然和社会的探索激情和求知欲望，综合能力得到快速的提高，在学习的旅途中将会实现一次具有人生意义的深刻转折，从此踏上成功的人生之路。

西汉大学者刘向说："书犹药也，善读之可以医愚。"读书开茅塞，除鄙见，得新知，增学问，广识见，养性灵。让思想在纸页间跳跃，心灵于掩卷后丰盈。如何让孩子养成阅读习惯？让阅读变成一生的财富。

一、开展多种形式班级读书活动

1. 好书漂流

学校班级的藏书有限，每月定期举办好书漂流活动，不仅扩大阅读量，而且吸引学生的阅读兴趣，还可以增进学生的友谊。班级图书角随时开放，图书管理员掌握同学们的借阅情况，这样也就了解了学生的阅读情况。

2. 相约图书馆

图书馆安静的环境，会使孩子沉浸在书中，各种图书也扩大孩子阅读视野。每月定期1—2次到图书馆待上两个小时，身心完全浸淫在书中。

3. 清晨书声

每周二、四的早自修，为规定阅读时间，由班级读书管理员组织，可朗读所教的课文，可翻阅课外读物，也可以以"名人名言""书海拾贝""我最喜欢的""好书推荐"等小板块，向同学们介绍自己看过的新书、好书或好文章，交流自己在读书活动中的心得体会，形成良好的班级读书氛围。

4. 成立家庭阅读小组

现在是信息社会，充分利用平台。班级 45 人成立九个阅读小组，由组长确定阅读内容，每个小组成员每周上传两次朗读音频到微信群。手机 APP 下载校内外，班级所有成员在群里，可以交流读书体会，去图书馆，读书照片，习作等。

5. 课前二分钟

每天的语文课利用课前的二分钟背出一首古诗，每周从语文课中挤出一节课作为阅读指导课，可进行阅读交流、新书介绍和读法指导等。

6. 阅读百万富翁

为了鼓励学生阅读积极性，每学期规定共同阅读 5 本书，每月进行阅读汇报，评出阅读明星，规定书目阅读完可以自我选读书目，学期评出阅读富翁，旨在让学生养成读书习惯，成为真正的精神富翁。

这样活动开展，孩子们爱上阅读。我班王子轩同学，原来看个漫画书都静不下心来，可是在一次班级图书漂流时，他选了《鲁滨孙漂流记》，每天有时间我都问看到哪了？过了一周，问他看完没？"看完了。""那咱们在班级交流一下。"他迟疑地说："再等等，我再看看。"这一等，又过了一周，他说可以了，我说你看了几遍？"5 遍，我有信心交流了。"这就是我要的结果，爱上阅读。喜欢阅读，让文字深植于心，滋养心灵。

孩子们愿意用文字交流，从他们的字里行间的文字如跳动的精灵，又如烂漫的花朵，带给我身心的愉悦。邹依桐捧着书，轻轻地抚摸，溢在眼角眉间的笑意藏也藏不住。没想到自己的读后感变成铅字文。高晗手举着报纸腼腆地说："老师，我的作文发表了。"当听到其他老师说："你班孩子语言表达太强了！……"我心里其实比他们还要高兴，他们渐入佳境，他们知道了文字的魅力。

二、与孩子共读

1. 一起徜徉文学海洋

每一次的晨读、课前诵读、读书体会我都和孩子一同参与，我们从《三字经》《百家姓》《小学古诗必背 70 首》《唐宋诗词》《毛泽东诗词》，要求学生背诵的，我首先背诵下来，我还和学生比赛背诵，比赛阅读，激发孩子阅读热情及深度阅读。在语文课本中涉及的名家作品，都鼓励学生读一读这位作家的作品。当我教《哈尔威船长》时，特意提到雨果，他是英国的莎士比亚，介绍了他的作品，一下课，就有个孩子告诉我，我要读《悲惨世界》。我的内心是如此震惊，看来孩子在一步步走进文学的海洋。

2. 塑造书香班集体

"木秀于林，风必摧之。"万木竞秀，无惧风雨。让所有的孩子爱上阅读，在阅读中塑造自己的气质，通过参加了长春市书香班集体的评选，既鼓舞孩子的读书热情，又让孩子享受读书的快乐。同时以书香班级做依托，让孩子逐渐形成集体阅读的氛围，我和孩子们一起体验的过程，让我们一起享受阅读的快乐。

3. 不竭的源泉

宋朝理学家朱熹说："问渠哪得清如许，为有源头活水来。"我要给予学生的是永远不停息的学习热情。我的进步也是孩子们的进步不竭动力。常更常新，让阅读成为一种生活习惯，每天不读上两页，就是缺失，书成为我们之间最好的交流者，我一直努力着。和孩子们一起来一次伟大的精神旅行和文明传承！

三、生活中的阅读

1. 假期是给养

假期对于孩子们来说，是可以撒着欢地跑，可以可劲儿地跳，但是在跑跳的时候让他们有一个不一样活动，书里的，生活中的去找一找。假期有的学生走进图书馆、书店，让书来充实自己，让大自然陶冶自己，让多彩的活动丰富自己。每个学生把假期活动制作美篇，上传到班级群里，供大家欣赏、借鉴。

2. 实践活动是读书第二份土壤

父母是孩子的第一任老师，孩子的进步离不开家长的培养，所以充分利用好假期的实践活动契机。暑假带全班学生与家长走进汽车厂，了解我可爱的家乡，激发学生建设家乡的兴趣。活动过后，家长与孩子共同写感言，写收获，然后我制作美篇《风从车城来》，让孩子感受到生活在这样一座城市的自豪。

3. 假期兴趣小分队

志趣、爱好等比较相同的同学组成兴趣小组，通过户外探险，少年童子军，我是小记者，我是小书虫等，加强同学间的合作、交流、分享，再把参加活动的感受以小组合作的形式整理出来，供同学参阅。

4. 亲子共读，为孩子树立良好的阅读榜样

美国读书协会前主席鲁斯格雷沃斯先生说："现在，在一些家庭中有一种怪现象：父母喜欢看书，却往往等到孩子上床入睡之后才坐下来看，结果，孩子竟一直不知道自己的爸爸妈妈也喜欢看书。真可惜！"对此，专家们认为，在家里，

父母应尽可能多地和孩子在一起看书，做孩子的阅读榜样。同时，家长还可经常与孩子在一起交流读书的方法和心得，鼓励孩子把书中的故事情节或具体内容复述出来，把自己的看法和观点讲出来，然后大家一起分析、讨论。如果经常这样做，孩子的阅读兴趣就可能变得更加浓郁，孩子的阅读水平也将逐步提高。

我不期望彻底改变什么，只是希望在我的不断努力下，曾经有幸在这样的班集体生活过，曾经有这样一位老师引领我如何读书，做我的学生是幸福的！

浅谈纠正学生上课注意力不集中的策略

长春市绿园区青阳小学　　沈晓红

我从教已有三十多年,接触了很多学生,在教学工作中我发现课堂上总会有一些学生不能集中注意力听课,或搞小动作,或发呆,或东张西望……如果我直接点名提醒或批评学生,该生只能短暂有所改变,效果并不好,于是我开始思考纠正这一现象的方法,通过多年的摸索,有了点滴体会,下面我将针对纠正学生上课注意力不集中这一现象浅谈几点应对策略。

一、多与学生沟通

古人云:"亲其师,信其道;尊其师,奉其教。"只有师生关系和谐,学生愿意亲近老师,才能心悦诚服地接受老师的教育。许多上课开小差的学生都有一定的原因,只有多和学生沟通,了解他们的真实情况,再加以有针对性的帮助和教育,往往会彻底改变学生上课不注意听讲的习惯。如我现在任教的班级有名叫李博文的学生,他在上课时手总是不停地动,一会把文具盒里的文具都拿出来摆在书桌上玩,一会儿撕纸条,一会儿拽前座同学的头发、衣服。一堂课真正听课的时间不超过十五分钟,这还是在我不停地关注下做到的。这名学生很可爱,我平时很喜欢他,他和我也很亲近。课下我和他交流为什么上课总动?他说:"老师,我也想好好听课,我特别喜欢上语文课,可我就是管不住自己。"接下来我又和他的家长取得联系,询问他在家里的情况,他妈妈说他在家里也坐不住板凳,有时还幻听幻觉。我提醒家长立刻带孩子去医院检查。后来医院诊断该生患有多动症和焦虑症,正处于初发期,经过将近半年的治疗,该生痊愈了,从此他上课能全神贯注地听讲了。

二、多付出关爱

"一切最好的教育方法,一切最好的教育艺术,都产生于教育者对学生无比热爱的炙热心灵中。"面对性格迥异的学生,教师只有心存爱,付出爱,把学生当成自己的孩子，给他们尊重与理解，真正走进学生内心，有了爱生情，才会有向师心，学生对老师有了信任感，才会朝着老师期望的方向发展。我任教的班级中有名叫王佳威的学生，他是南方人，父亲和哥哥在外打工，常年不在家，收废品的母亲经常打骂他，由于语言不通，家里也没有人能辅导他，他学习非常吃力，上课经常发呆，对学习没有兴趣。我通过课下和他交流，了解了他的情况，就在班里号召全班同学帮助他。学习上一对一帮扶，有的学生利用课间时间教他拼音和生字；有的学生在午休时边和他做游戏边教他背古诗；同桌或前后座的同学看见他有不会做的题会耐心给他讲解。我在课堂上也会抓住一切机会表扬他，鼓励他，课下也经常和他谈心，帮他疏通心理障碍。渐渐的该生对学习有了兴趣，上课时频频举手发言，成绩也有了明显的提高。

三、趣味教学，激发学生学习兴趣

圣人孔子早在两千多年前就曾说过："知之者不如好之者，好之者不如乐之者。"兴趣是学习的情感动力，是求知欲的源泉，因此调动学生的学习积极性是避免学生上课注意力不集中的很关键的方法。为了把开小差的学生吸引到课堂，我经常把他们的名字带入教学中，使语文课堂变得有趣味，使学生们能在愉快的氛围中学习语文知识。如语文课中经常会有主人公或历史人物，每到这时我便会把他们的名字换成上课注意力不集中的学生的名字，把他们编入课文或故事中，把该生带入故事情节，该生会很快集中精力听课。在讲练习题的课堂上，不注意听课的人会很多，我会根据他们当时的状态编成练习题。如我看到一名学生在向窗外看，就编成一个被字句：某同学被窗外树上的喜鹊吸引了。再让这位同学把这句话变成把字句。走溜神的学生会立刻进入学习状态，其他学生也会纷纷提高兴趣，举一反三，编出更多的题，课堂气氛瞬间活跃起来，学生们在愉快的氛围中掌握了知识，提高了教学效果。

总之，学生上课注意力不集中，存在很多原因，教师如果能够针对不同的学生实行不同的教育策略，最终都能促使学生有所改变。

对未来教师的思考

长春市绿园区雷锋小学　尹丽敏

"工欲善其事，必先利其器"。感谢师培，让我远赴厦门，参加教师培训。作为来自春城的远客，我以饱满的热情，空杯的心态投入到了这难能可贵的学习当中。芳草如茵，棕榈参天的厦门可谓是：处处胜景，处处花园。金碧辉煌，美轮美奂。专家的讲座又仿佛是一剂"兴奋剂"，开阔视野，耳目一新，真是收获多多。"授人以鱼，不如授人以渔，不如授人以欲！"这次学习开启了我对未来教育的美好期待。

首先，专家教授们那眉宇间积淀着的深厚智慧和底蕴，言语间流露着的身经百战、高屋建瓴的理念和经验，让我学到了很多做人、做事、做教育的方法和道理，反思自我，我谈谈对未来教师的思考，早树目标，早提高。

一、改变学与教的互动方式

道可道，非常道。智能教室与现代化课堂，师生之间的网络交流，更让我感慨叹息自己的无能为力！随着大数据、人工智能的应用和发展，双创时代的到来，世界发生了翻天覆地的变化。那是一个我们绝大多数人还没准备好尚未意识到，甚至还不能理解，也无法想象的未来。那么，作为教师，该如何应对？反思自己，在探寻专家的理念中，我深刻地感觉到：以前变化是生活的一部分，现在变化成了生活的本身。宏观是我们必须接受的，微观才是我们可以有所作为的。教育的目的不是改变世界，教育的目的是改变自己，改变自己的心灵。我要力争做学生锤炼品格的引路人，做学生学习知识的引路人，做学生创新思维的引路人，做学生奉献祖国的引路人，所以，我要提高学习，并做好终身学习的准备。如今的学生是数字原住民一代，一出生就面临着一个无所不在的网络世界，数字化生存是他们从小就开始的生存方式。他们无时无刻不在使用信息技术进行交流和互动。他们的阅读方式与习惯正在发生着深刻的改变。过去学生是学习的旁观者，现在学生是学习的参与者和建构者，新的学习方式层出不穷。知识性的教学将会被互联网所代替，教师的业务重心将发生转移，成为学生的引导者，服务者，帮助者，知心朋友等。从个体工作到群体协作。我们要一路学习前行，一路思考前行，一路创造前行。陈教授的"育人三温"也给我留下了印象深刻,即带着温度、温情、温暖落地前行。一路上,有声有色的工作,有滋有味的生活,有情有义的交往。

二、投入人影响人的互进氛围

学而不思则罔,思而不学则殆。放眼眺望,创新无处不在。我相信大家都目不暇接。各行各业在发展的道路上谱写着有哲理的信条,发人深省的故事,鲜活生动的案例,林林总总,让我如沐春风,犹如醍醐灌顶,豁然开朗。教育的日常也应该踏上诠释做人、做事、做学问的征程。细细品味,教育就是人影响人的过程。教师是教育的链接中最有影响力的人。不论是爱的传递,还是具体、细小与琐碎的生活片段,都要表现出正能量的风范:不能文章小而不规范;不以孩童小而不教之;不以世事而弃研修;不以家事烦而怠育人!在这样的情怀里,我的心灵得以净化,人格得以升华。能扩大学生的需要,采取多种方法去满足他,就是教育的成功。大家的语文教学观是"教文育人",更多的是对执着于教育事业、孜孜不倦、严谨勤奋、潜心钻研、尽心尽责的那种热爱工作,热爱生活的高品位的生命形式;作为一名小学老师,大家在用自己低起点培养学生大成功的经历,慰藉着和指引着苦恼困惑的心灵,也鼓舞和振奋了不甘落后、锐意进取的祖国花朵。正是因为教师闪光的人格魅力,才令人震撼!让人感染!"积极的人像太阳,照到哪里哪里亮。"资源共享的时代,我们都毫无保留地把自己在教学中的经验、体会拿出来与大家分享,大家共情、共赏、共进,让我们每一个人都深深感觉到教学技艺无止境,教学创意无极限,是教育人的博达风范。

习总书记对教师寄予厚望,鼓励教师做有理想信念,有道德情操,有扎实学识,有仁爱之心的四有老师。我深刻的领悟到"教育皆智慧"。我坚持传授和育人相统一,坚持言传和身教相统一,坚持潜心问道和关注社会相统一,坚持学术自由和学术规范相统一。通过教育,给未来创造一种新的文化,一种健康向善向上的文化,一种幸福的能力,让一种新生态的教育令社会因之改变。

三、开发育与研的补充途径

教而不研则浅,研而不教则空。好的课堂应是有生成感、推进感的课堂,教师不仅仅准备给学生什么样的挑战,还要看学生能提升什么,突破什么?我们要使课堂变成思维的舞蹈者。教学科研化，教师学者化。专家老师的那种"吟安一个字，捻断数茎须"的执着、探究精神，深深打动了我。基于此，作为一名教师，我要不断修炼身心，提升自我。如修炼自己的声音，让他引人入胜；修炼自己的语言，让他妙趣横生；修炼自己的眼睛，让他传神丰富；修炼自己的表情，让他神采飞扬；修炼自己的行为，让他规范专业；修炼自己的学识，让他犹如泉涌；修炼自己的脾气，让他讨人喜爱；修炼自己的个性，让他鲜明唯美；修炼自己的心灵，让他平和美丽；修炼自己的气质，让他超凡脱俗；修炼自己的灵魂，让他崇尚圣洁；修炼自己的人生，让他阳光幸福。科研必定为我们带来这一席丰盛的精神大餐，有学者说过："语文是字词句篇，是听说读写；是生活中的艺术，是艺术中的生活"；是"月上柳梢头"，是"清泉石上流"；是李清照的"人比黄花瘦"，是苏东坡的"千里共婵娟"；是余光中的乡愁，是李太白的杯中酒；是珠落玉盘的琵琶，是高山流水的琴瑟……热爱语文教学的我们，更应徜徉于语文教研这条博大的河流中，汲取丰富的营养，收获教育的快乐！同时我们也把掌声送给我们自己，有如海洋的胸怀，对教育的付出，对学生的热爱，对自我的反思和总结，一切的一切在教育生活中顺理成章、水到渠成，为我们取得了科研真经，真正得以提升！

"教而不思则茫，思而不言则空。""我们要以科研的目光审视我们的教学，以教研的目光改造我们的教学。""要铸品牌,亮特色,就需要四级联动,协同推进。"我知道课题研究成果是科学发现和知识创造的结果，是反映研究者对于现有知识水平的贡献，也是评判科研活动成效和质量的主要依据。但是以工作研究代替课题研究必然会降低教育科研课题成果的理论反思水平和知识创新水平，所以，必须从自身的教学经验走起，从点滴小事积累经验，从教育的客观讲起，真正领悟到为人师应该具备的心怀和情操。

四、缓解职业倦怠与压力

职业倦怠是一种极端的压力症状，一般是指人们在紧张繁忙的工作中受环境，情感等因素影响，有无法解而导致身心不适、情感封闭的亚健康状态。它主要表现为情绪疲劳，容易累，容易冲动，容易被诱惑，或者是态度玩世不恭，消磨人生，自我价值感低，看不起自己等等情绪。教师们因为面对不谙世事的孩子，所以事无巨细，琐碎繁忙。一直把自己放在系统之中。焦点就是工作，角色偏执，状态就是工作投入大，焦虑，完美，享受度低，对家庭功能破坏性大，家人有较多的焦虑、强迫体验。其实，压力就像啄木鸟，可以帮助我们发现性格中的那块短板，脆弱，创伤，恐惧、依赖、过度担心，不安全等现象。身体是内心需求，最忠实的体现者，身体是应对压力的主战场。压力恰恰是我们对所在意的事物的反应，是我们的价值感所在。压力帮助我们发现自身抗压力体系的薄弱环节，潜在的决堤口，也恰恰由此可以看到自己的不完美的一面。我现在才知道物质依恋：烟，酒，赌，购物等成瘾性活动，婚外情，玩世不恭的态度，嗜睡等都是没有减压效果的行为。而那些有减压效果的活动，如提升自己的能力行为以及和谐自己的交际网络，才是有意身心健康的减压行为。大家都有过这样的共鸣：人的两种天生的抗压方式是寻找依靠一个信任的人，获得安慰。或者是视觉、听觉、嗅觉、味觉、触觉动作等多感觉输入，淡化压力紧张感。比如影视对视觉的刺激，听听音乐，清香的果实，美食，按摩运动等等。对比那些令人身心舒畅的事，我决定，每天得完成六件事：锻炼，休闲，玩耍，人际连接，冥想，专注。修炼自己的身体，提升心里精神的灵性。

爱的本质是接纳各种情绪，焕发本真的成长，否则将孩子们将带着各种不完整长大。作为教师，要明确：人生的规律是可以认识的，是可掌握的，所以善于观察学生的需求，及时呼应，做学生可信任的内心力量，就可以回应他的紧张与恐惧。我们有时难以关心爱护他人，源自于有时我们也难以做到爱护自己。可以说压力拉近彼此的联结，彼此靠近；压力变恐惧为挑战，压力变无助为希望；压力变自我关注为更宏大目标服务；压力化孤独为人性的理解。所以投入压力是展现意志，走出压力是展现亲密。我也要尽力帮助学生克服成长的障碍，成全他拥有美好的生活，使他们获得走向幸福的能力。

培训只是一个手段，一个开端。对于培训给我的清泉，我要让它细水长流。此次学习给我补了元气、添了灵气、去了娇气、焕发出无限生机。思考背后，我感到更多的是责任，是压力，真正感到教育是充满智慧的事业，深刻意识到自己所肩负的责任。今后我会学以致用，结合我校的实际情况，让培训的硕果在教育事业发展中大放光彩！

【参考文献】

伍新春，张军.教师职业倦怠预防——师生心理成长丛书[M].北京：中国轻工业出版社，2008.10.

如何在语文课堂教学中强化语言运用

长春市绿园区四季青小学　崔金蕊

【摘要】课堂教学是教育教学中普遍使用的一种手段，它是教师给学生传授知识和技能的全过程。其中教师课堂教学语言是影响学生学习效果的关键因素。而语文教师的课堂教学语言同其他学科的教学语言相比较，语文课堂教学语言具有艺术性。所以语文教师更应该重视课堂教师语言的提升，从而提高语文教学的质量。

【关键词】语文课堂；教学语言；语言运用

当今社会，各种新生事物被广泛应用于教学中，多媒体教学成为教师青睐的教学手段。但是，教师课堂教学的语言在整个教学活动中仍然起着举足轻重的作用。然而，有的教师在课堂上使用教学语言的过程中存在很多问题，要么是一直提问，要么就是教学语言的单一，毫无艺术性可言。在这样的情况下对语文课堂教学语言进行探究，就显得尤为重要，它不仅对于教学、学生和教师意义重大而且也有利于培养全面发展的人才、社会的发展和进步。

一、强化课堂教学语言的培养意识

王向阳曾说："教师教学的语言艺术是经过教师千锤百炼，多方积累和反思才凝结成的智慧与灵魂的闪光点。"所以语文课堂教学语言需要教师艰辛地努力和不断的学习，并且需要语文教师在思想上高度重视。教师要用语言去引导学生思考，要在耐心听完学生的发言后给予评价意见；在课堂教学中饱含激情的语言更能引起学生的共鸣，教师要对学生进行恰当的鼓励，使学生勇于表达。所以语文教师要加强课堂教学语言的培养意识。语文教师的课堂教学语言不会自然而然地就得到提升，即使通过了专门的培训，如果缺乏课堂教师语言的自觉培养意识，也很难在课堂中灵活地进行语言运用。只有教师产生了培养意识，并且不断努力，才有可能成为一名优秀的语文老师。

二、提升课堂教学评价语言的运用

（一）评价语言要准确

教师的课堂评价语言的准确运用能激发起学生学习的兴趣。因此教师课堂的评价语言要恰当，不能一味地表扬，也要对错误进行评价。在语文课堂教学过程中，教师的评价语言要结合实际情况，善于把握时机，恰当地指出学生的不当之处。不是只有赞美性的评价可以使学生信服，准确的批评性评价恰恰会起到事半功倍的效果，对学生的课堂表现以和蔼亲切的语气给予准确的评价，既能使学生欣然接受，又能使教师树立威信。

（二）评价语言要具有引导性

教师评价学生时，对于学生的优点，要加以鼓励，对于存在的问题，要及时引导学生获得正确的价值取向，明确今后努力的方向。比如有的学生由于紧张而语塞或时，教师要鼓励："别紧张，再想想，你一定能说好！"引导学生分析课文主题时，可以这样评价："你说得前半部分很有逻辑，但再仔细思考下，结尾处作者这样写的目的何在。"这样的评价，既肯定了学生的能力，又指出思考的方向，使学生通过引导更容易给出正确的答案。

（三）评价语言要丰富

在课堂教学中，丰富的评价语言会使学生充满学习的动力。如果评价太过单一，都以"很好"或"真不错"的评价语言，就会失去评价的意义。例如，学生见解独到时，不要用"你很棒"这样简单的语言，这样学生会觉得有些敷衍，可以改成"你的想法很独特，能看出来你是个爱思考的人"。在学生朗读过后不要只评价"你读得真好"，会显得不花心思，可评价道"你读得很有感情，如果注意一下字音就更好了"等。所以教师在评价语言上要做到丰富生动，调动学生学习的积极性，活跃课堂气氛。

（四）评价语言要机智巧妙

苏霍姆林斯基说："教师的语言素养在极大程度上决定着学生在课堂上脑力劳动的效率。"有的教师虽然认真备课，生动地讲课，但学生不怎么喜欢听课，其中很重要的一个原因就是教师只重视了语言的科学性和规范性，却忽视了它的艺术性。幽默的课堂评价语言会为课堂增添色彩，使课堂氛围吸引到学生的注意力，不仅可以增进师生感情，还使课堂充满着妙趣。

三、合理掌握课堂教学的提问技巧

（一）提问语言要有目的性

教师在提问时指向要明确。如果教师的提问产生歧义，就会让学生一头雾水，不知如何思考和回答。问题一定要围绕教学目标进行设计，避免无效问题给学生理解课文带来干扰。只有教师和学生都了解了问题的意思，才能使教学活动有效地进行。因此，教师的设问要有目的性，不要含糊不清，使学生在理解问题的基础上进行思考，从而给出答案。这样才能使学生有针对性地作答，使每个问题都发挥作用。

（二）提问语言要有层次性

"善问者如攻坚木，先其易者，后其节目，及其久也，相说以解。"（《礼记·学记》）这句话是说，善于提问的教师，好像砍坚硬的木头一样，先从柔软的部分攻伐，然后再砍伐坚硬的部分，时间久了，学生自然会欣然接受，理解各个问题并做出准确的回答。所以教师的提问要结合学生的实际情况，让每个学生都能够在问题的思考和回答的过程中提升自己。使学生既不因为问题过难而望而却步，也不因为问题过于简单而使学生骄傲。这样循序渐进地提问，让每位学生都能够在问题中锻炼自己。

（三）提问语言要有时效性

孔子云："不愤不启，不悱不发。"就是说，不到他努力想弄明白而不得的程度不要去开导他，不到他心里明白却不能完善表达出来的程度不要去启发他。在提问时要把握时机，太早发问，会造成学生紧张和茫然；太晚发问，学生不需要思考就能对答，这样会浪费时间，使问题失去自身的意义。应该在学生高度集中时，正沉浸在课文的情境中时发问，因为教师在学生急于想知道答案时提出问题，最容易使学生产生积极的学习动力，随之带动一系列问题的解决，达到提问效果的最大化。

四、结束语

总之，教师在课堂教学中要把自己丰富的情感蕴涵到语言运用中，它是一个循序渐进的过程，需要一步一个脚印来落实。我们教师要利用语言的艺术性来感染学生，激发学生把自己的情感投入到文章中去，能深刻体会到作者所思和所想。所以教师要不断强化自己的课堂评价语言和课堂提问语言的运用，使语言运用在语言实践过程中很好地实现。

【参考文献】

[1] 荣维东.语文教学原理与策略[M].重庆：西南师范大学出版社，2014.07.

[2] 张蕾.浅谈教师教学语言艺术的重要性[J].科技视界，2014.02.

[3] 刘仁增.以语言应用为核心的阅读教学新视野[J].课程·教材·教法，2009.11.

关于有效教学理论的研究

长春市绿园区四季青小学　修永萍

【摘要】有效教学是一种教育理念，它的价值取向是学生的进步与发展；有效教学是一种教学愿望，它期望教学有成效；有效教学也是指引教师教学，评价教师教学效果的一种标志，它引领教师专业成长。实施有效教学需要教师拥有有效地教学理念，掌握有效地教学策略来引导学生的有效学习，教师的教学活动要有效果，有效率，有效益。

【关键词】有效教学；教学策略

一、基本概念

有效教学理论是教育学的一个重要分支。它既是一门理论科学，也是一门应用科学；它既要研究教学的现象、问题，揭示教学的一般规律，也要研究利用和遵循规律解决教学实际问题的方法策略和技术。它既是描述性的理论，也是一种处方性和规范性的理论。

二、相互关系

有效教学理论与学习理论。学习理论是教育学的一门分支学科，它是指描述或说明人和动物学习的性质、过程和影响学习的各种因素的学说。有效教学理论是在某种意义上的约定俗成的通例，它阐明有关最有效地获得知识与技能的方法规则。从规范性和处方性角度考虑，有效教学理论关心的是促进学习而不是描述学习。具体地说，有效教学理论主要研究"怎样教"的问题；学习理论主要是在描述和说明"学习是怎样发生的，以及学习开始后会发生一些什么情况"的问题。

（一）大教学小课程

苏联、中国教学是上位概念，课程是包含于其中的，只是教学的一个部分，从而有效教学理论包含课程理论。课程是教学内容的代名词，属于教学的一部分；

课程也往往被具体化为教学计划、教学大纲和教科书三部分，课程理论主要研究教学内容的设计、编制和改革。

（二）大课程小教学

北美课程涵盖的范围要宽于教学，教学只不过是课程的一个组成部分而已。教学只是课程的实施与设计，有效教学理论只是课程理论的一个组成部分。

三、理论形成

有效教学理论的形成：有效教学理论的形成经历了漫长的历史阶段，从教学经验总结，到教学思想成熟再到有效教学理论的形成。这一进程是人们对教学实践活动认识不断深化、不断丰富和不断系统的过程，其中系统化是有效教学理论形成的标志。

四、发展脉络

《学记》是最早论述有效教学理论的专著。在西方教育文献中，最早使用"教学论"一词的是德国教育家拉特克（W.Ratke，1571—1635）和捷克教育家夸美纽斯，他们用的词是"Didactica"，并将其解释为"教学的艺术"。赫尔巴特在1806年出版了《普通教育学》。这里的教育学是"Padagogik"，英语是"Pedagogy"，源于希腊语中的"教仆（Pedagogue）"一词，它主要指教学方法和学生管理两方面。教育性教学是赫尔巴特教育学的核心，他第一个明确提出这一概念，把道德教育与学科知识教学统一在同一个教学过程中，并提出了著名的教学形式阶段理论，即清楚、联想、系统和方法。

（一）第一阶段，"明了"

第一阶段，"明了"（clearness，也译作"清楚"）。在明了阶段，儿童的观念活动处于静态的钻研状态，对学习的内容逐个地进行深入的学习；主要的任务是明了各种知识。这就要求把所学的内容加以分解，逐个地提出，使学生能清楚地、明确地看到各个事物。据此，教师应采用清晰简明的讲解和直观示范等的叙述教学法，使学生注意力集中并兴趣盎然的开始学习新教材（即书本知识），对新教材的内容产生探求钻研的意向。

（二）第二阶段，"联合"

第二阶段，"联合"（association，也译作"联想"）。学生在前面获得了许多个别的但彼此有联系的观念以后,"必然地要向上发展,进入普遍的领域",形成各种形式的概念。在联合阶段,儿童的观念处于动态钻研的状况;"从一个专心活动进展到另一个专心活动,这就把各种表象联想起来了。"此时,教学的主要任务是建立新旧观念的联系,并在新旧观念的联系中继续深入学习新教材。在这一阶段,学生在心理上的表现是"期待",因此宜采用师生间无拘无束、风趣多变的交谈,运用分析法,加速儿童新旧观念的接通,组合成高水平的未知的新观念。

(三)第三阶段,"系统"

第三阶段,"系统"(system)。各种新旧观念的组合,只有当进入到更大范围的联合时,才真正上升到"普遍领域"。在系统阶段,儿童的观念处于静态理解的状况,以看到许多事物的关系,"它把每个个别事物看成是这种关系的一个成分,并处在恰当的位置上。……不清楚各个事物也就没有系统、没有次序、没有关系。因为关系不存在于混合体中,所以只存在于既分开而又重新联合的各部分之中。"这一阶段教学的任务,就是引导学生在新旧观念结合的基础上,获得结论、规则、定义和规律性的知识。这时学生的心理活动是"探究",而教师则应重点采取综合法,指导学生找到所学知识内部的系统联系和确切的定义。

(四)第四阶段,"方法"

第四阶段,"方法"(method)。在方法阶段,学生的观念处于动态的理解阶段;通过实际的练习,使已获得的系统知识得到运用,从而使观念体系得以不断形成、不断充实、不断完善。学生应该融会贯通所学的知识,能在各种条件下根据实际的需要而重新组合知识、解决实际问题。学生在这个阶段的心理活动表现为"行动",教师就应让学生通过习题、独立作业和按照教师的指示改正作业的错误等练习,运用所学的知识。

五、掌握有效教学理论

背景及代表人物:

主要代表人物:(美)布鲁姆(BenjaminS.Bloom)。

进入20世纪40年代以后,美国一些教育家提出要在传授知识的基础上重视发展学生运用知识解决问题的能力,在此基础上,布鲁姆所在的芝加哥大学开始了教学改革。布鲁姆从考试改革入手,改革考试的要求和方法,进而改变教学的目的和方法。在工作和研究中,他对教学目标予以了极大的关注,无论是考试改革还是教学改革，重要的是确定教学目标。评价的作用又在于了解学生达到教学目标的程度。1956年，他出版了《教育目标分类学·认知领域》，成为教育评价方面的第一本影响极大地著作。他坚信有效的教学始于准确的知道希望达到的目标是什么。

布鲁姆在20世纪60年代末开始，对改进教学过程与方法发挥学生的学习主动性和学习能力，全面提高教学质量，进行了深入研究，提出了一套完整的"掌握学习"理论。这是他的有效教学理论的核心观点。

掌握学习的基本思想是只要提供恰当的材料和进行教学的同时，给学生充分的学习时间和恰当的帮助，那么几乎所有的学生都能达到掌握规定的目标。这种教学策略的思想核心是：许许多多的学术之所以没有取得良好的学习成绩，其原因不在于智力方面，而在于未能得到适合于他们不同特点所需要的教学帮助和学习时间。

为了促进掌握学习，布鲁姆又提出评价的新概念："诊断性评价""形成性评价""终结性评价"。其目的在于全面地、最大限度地开拓和促进每个学生的发展潜力，使所有学生竭尽全力地进行学习，最终达到目的。

布鲁姆的"教育目标分类学"、教学评价理论和"掌握学习"教学策略是他有效教学理论的主要内容，三种思想密切联系，促使其核心教育思想的实现。

（一）布鲁姆有效教学理论

1. 教育目标

布鲁姆的"教育目标分类学"是历史上第一部系统的"教育目标分类学"，是个开创，开辟了教育理论的新领域，开阔了人们观察教育的视野，为教育理论和实践增添了一种新的理论工具。其意义还在于冲击了以往课程、设计教学中偏重认知，只强调认知领域中低级心理过程的观念，提出认知领域中的高级心理过程以及情感领域、动作技能领域一整套教育目标体系，使教育目标分类更加完善起来。另外该理论促成了标准参照测验和教育评价的实现，促成了新的教学模式——"掌握学习"的产生，使教学质量得到大范围的提高。

布鲁姆的"教育目标分类学"的缺点也是显而易见的，过于烦琐、在有些科目中不易进行明确分类、"超越性"并非可以囊括所有学科。此外，教学目标分类过于细微，势必僵化，限制学生创造性思维的发展。

2. 评价理论

布鲁姆的教学评价理论有利于教学任务的实现，为"掌握学习"提供了理论依据。具体表现在：首先，布鲁姆把教学评价和教学目标紧密地联系起来。其次，布鲁姆的教学评价理论，特别是重视形成性评价的作用，对"掌握学习"教学的提出并得以实施具有重要意义。

3."掌握学习"的优点

首先，布鲁姆的"掌握学习"理论具有民主主义思想。其次，"掌握学习"教学既汲取了传统教学的合理因素，又对传统教育进行了改革。

4."掌握学习"的缺点

第一，对教材结构和内容的要求对教师提出了更高的要求。

第二，教学过程中采用多种教学方法和手段增加了教师的负担。

第三，个别差异始终存在，对成绩好的学生未必适用。

第四，适用学科的范围有限。

（二）有效教学理论的内涵

有效教学指教师遵循教学活动的客观规律，以尽少的时间、精力和物力投入，实现教学目标和学生的个性培养与全面发展，取得尽可能多的教学效果。

教学的有效性包括如下三重意蕴：

1.有效果——指对教学活动结果与预期教学目标的吻合程度。

2.有效率——即以少量的投入换得较多的回报，教学效率 = 有效教学时间/实际教学时间。

3.有效益——指教学活动的收益、教学活动价值的实现，具体是指教学目标与特定社会和个人的教育需求是否吻合及吻合的程度。

（三）有效教学的特征

有效教学是为了提高教师的工作效益、强化过程评价和目标管理的一种现代教学理念。学生只要取得了自己应有的"进步和发展"，就应当认定是"有效教学"的体现。

有效教学的基本特征有：

1.关注全体学生

每位教师要树立"双全"意识，既要确立"为了学生发展"的思想，又要树立"全人"的理念。学生的发展是"全人"的发展，而不是某一方面或某一学科的发展，所以教师不要过高地估计自己所教学科的价值，要把学科价值定位在一个完整的人的全面发展上。

2.关注教学效益

教学效益不同于生产效益，它不取决于教师花最少的时间教最多的内容，而取决于在单位时间内学生的学习结果与学习过程的进展情况。有效教学旗帜鲜明地反对缺乏效益的"奉献"，因为这种意义上的"奉献"其实是在耽误学生的进步与发展。

3. 关注测性量化

每节课的教学目标要尽可能明确与具体，只有目标具体，措施才具有针对性，也便于检验教师的教学效益。有效教学主张科学地将定量与定性、过程与结果结合起来，全面地评价学生的学习成绩和老师的工作实绩。

4. 实施反思教学

有效教学迫切地需要老师自觉养成反思与总结的好习惯，做到天天反思、堂堂反思，不断地追问"自己的教学有效吗？""有没有比我更有效的教学？"因此，没有反思性教学就没有有效教学。

5. 有效教学核心

学生参与包括行为参与、认知参与和情感参与三个方面。学生的情感参与和认知参与成正比。

由于学生的广泛参与使得其自身在学习过程中不断得到启发，激励从而优化知识结构，乃至有所发现、有所创造。

6. 有效教学策略

有效教学需要教师掌握有关的策略性知识，以便自己面对具体的情景做出策略和选择。譬如：课程开发的基本功、教学策划与设计的基本功、了解学生和与学生沟通的基本功，帮助和指导学生进行"意义构建"的基本功等等。

（四）"反思意识"与"教学设计"

到19世纪末和20世纪初，出现了一些心理学学说，各自以这样或那样的观点探讨了教学与发展的关系问题。维果茨基概括了当时一些著名心理学家提出的原理以及在教育界广泛流传的观念，指出在教学与发展的关系方面有三种观点。他写道："第一种，也是至今在我们这里最为流行的观点，是把教学与发展看作两种互不依赖的过程。教学，似乎是架设在成熟上面的，教学被理解为纯粹从外部利用发展过程中所出现的可能性"。持第二种观点的作者们"把教学与发展混为一谈，把两种过程等同起来"（詹姆斯、桑代克）。第三种理论（考夫卡等人）把上述两种观点结合起来，但是又以某种全新的东西补充它们，"教学不仅可以跟在发展的后面走，不仅可以和发展齐步并进，而且可以走在发展的前面，推动发展前进，并在它里面引起新的构成物。"维果茨基在对儿童的智力发展进行实验研究的过程中发现，通常儿童具有两种水平的发展，一种是儿童现有的发展水平，它表现为儿童现在就能够独立完成教师或成人所提出的智力任务。另一种是所谓的"最近发展区"，即指那些尚处于形成状态、刚刚在成熟的过程并正在进行的发展水平，这一水平表现为：儿童还不能独立地解决智力任务，但在教师的启发、帮助下，在集体活动中，通过模仿，经过一番努力，就能够解决某些智力任务。

新课程继承和吸收了传统发展性教学思想内涵，同时提出了独特的发展观。发展就其内涵而言，指的是知识、技能，过程、方法与情感、态度、价值观三维目标的整合。即相对于人的发展这一总目标，任一维度的目标都不能脱离整体而单独优质服务，缺失任一维度都无法实现真正意义上的发展。其中，"知识和技能目标只有在学习者的积极反思、大胆批判和实践运用的履历过程中，才能实现经验性的意义建构；情感态度和价值观目标只有伴随着学习者对学科知识技能的反思、批判与运用，才能得到提升；而过程与方法，只有学习者以积极的情感态度和价值观为动力，以知识和技能目标为适用对象，才能体现它本身存在的价值"。总之，人的发展是三维目标的整合，缺乏任一维度，都会使发展受损，但这并不意味着三维对人的发展的贡献是等值的。

因而，着眼于人的发展的教学要根据各学科的特殊性和学生原有基础有所侧重。就教学而言，一方面要注重挖掘学科教材中蕴涵的知识、技能、过程、方法，情感、态度与价值观（静态、凝固、共性）；另一方面要注重开发课堂教学中生成的知识、技能，过程、方法，情感、态度与价值观（动态、流动、个性）。

根据上述，笔者认为，教学要促进学生发展必须处理好以下几对关系：

最近发展区与现有发展区的关系。学生发展的过程就是不断把最近发展区转化为现有发展区的过程，即把未知转化为已知、把不会转化为会、把不能转化为能的过程。教学走在发展的前面就是要求教学要不断地创造、生成最近发展区，并把最近发展区转化为新的现有发展区，从而促进两种发展水平的良性循环。

一般发展与特殊发展的关系。每门学科的教学都应坚持以人为本，遵循教学的发展性规律和教育性规律，在促进学生一般发展特别是智慧发展和品德发展上下功夫。同时每门学科的教学都要反映学科的特色，挖掘和体现学科特有的内涵，完成本学科教学的独特任务。一般发展和特殊发展都要立足于新课程的三维目标，在实现三维目标中求得统一。

共同发展与差异发展的关系。共同发展是共性的要求，指的是每个学生都必须具备的基础和达到的水准，这是教学的首要任务。差异发展是个性的体现，指的是学生在共同基础上的多样化的发展。它包括两个方面的内容：一是学生的发展潜力、速度和水平方面的差异；二是指学生的兴趣、爱好、特长方面的差异。实现学生在共同基础上的个性化发展是教学的核心任务。

从知识论的角度讲，知识论是教学论最重要的理论基础，任何教学理论都是基于一定的知识论，有效教学论以有效知识论为基础，教学的有效性取决于教学的有效知识量。

这个问题实际上也就是什么样的知识是有效的知识的问题。对此，我们要在理论上明确两个基本问题：第一，知识的育人价值是什么，它表明知识在客观上所内含的价值和意义；第二，有效知识观的内涵是什么，它表明我们在主观上如何去挖掘和实现知识的价值和意义。

（五）有效的知识观

什么样的知识设计和教学最能体现知识的育人价值，因而能够最大限度地促进学生的发展？有效教学要秉承以下知识观。

1. 注重思维过程的知识观

把知识看成是认识的结果和经验的系统，抑或是认识的过程和求知的方法，这是传统静态知识观与现代动态知识观的对立。就知识本身而言，它是思维的产物、智慧的结晶，知识在内容上包含着深刻的思维和丰富的智慧，而在形式上却是简单、呆板、现成的结论和现成的论证。传授知识绝不意味着仅仅展现教材上现成结论和现成论证在形式上的汇聚，而应重在揭示隐含在其中的精彩又独特的思维过程，并引导学生的思维深入到知识的发现或再发现的过程中去，唯其如此，学生才能真正理解和掌握知识，并把教材上的智慧转化为自己的智慧，这样的知识教学也就具备了发展的功能。缺乏思维过程的教学只是一种走捷径的教学，把形成结论的生动过程变成了单调刻板的条文背诵，就从源头上剥离了知识与智力的内在联系，这种教学就从根本上丧失了发展的功能。

2. 注重开放和建构的知识观

传统教学把知识看成是稳定的、客观的和普遍性的，是正确反映了事物的本质属性或事物与事物的本质联系，它不涉及主体的兴趣、情感、态度、意志和价值观等，因而是放之四海而皆准的客观规律和普遍真理。因此，在师生的眼里，教材上所写的东西理所当然地都有着不可置疑的正确性，教学就是准确无误地把课本上的知识传递给学生，学生的学习就是理解、接受和掌握知识，这也就是为什么我们的学生很少提问的原因。建构主义知识观认为，所有的知识都是一种"暂时的"理论，都是一种对现在问题的"猜测性解释"，其中"混杂着我们的错误、我们的偏见、我们的梦想、我们的希望"，都是有待于进一步检验和反驳的，或者说是向进一步的检验和反驳开放的。因此，知识不可避免地具有主观性、价值性和情境性，根本就不存在所谓的超时空的普遍真理，也没有永恒的规律和纯粹客观的知识，有的只是暂时的、相对的真理和相对的规律。"知识始终有待于再考察、再检验、再证实。"只有当学生真正认识和理解了知识的有限性、条件性和相对性，形成一种开放和建构的知识观时，他们才能够大胆采取批判性、反思性和探究性的方式进行学习，这种学习才会从根本上促进学生的发展，特别是学生创新能力的发展。

3. 注重意义和德性的知识观

在传统认识论的视野和框架里，人与知识被定位为是一种认识关系和反映关系，即知识是人认识和反映的对象，其中，人是一个认识性存在，而知识则是一种被认识性存在，两者的关系是外在的。后现代知识观则强调人与知识的存在关系和意义关系，即知识对于人的意义。"这种意义关系应该比认识关系更基本、更深层、更具包容性。首先，它不排斥学习者对课程知识的认识，但这种认识更强调生成性、体验性、文化性，强调学习者对知识的个人心理意义的建构。其次，更为重要的是，它强调课程知识对学习者的精神意义，强调知识的价值不仅仅在于提高认识、发展能力，更应使学习者感受到生命的充实性和意义性，能够对个体有意义的生活给予滋养、护持。""在这里，知识与人的关系完全是一种非功利的关系，人无须为功利的目的而服从知识；人主要是出于对生活意义的追寻或为了意义世界的充实而与知识交往，学习知识不以'占有知识'为目的，而以个体精神的成长为目的。"强调知识的意义性意味着要真正地确立以人为本的教育观，把对人性、人情和生命的关注、关爱、关切贯穿和体现在知识教育的全过程。从课程角度讲，要强调知识与人的具体关系，努力从学生的经验、生活、兴趣、爱好和个性化出发去选择、加深和拓宽课程资源和教学内容，使知识走进学生的心灵；从学生学习角度讲，要尊重学生的自主性、探索性，释放学生的心智、思维，激发学生的能动性、创造性，从而变认知的困苦为求索的乐趣，变学习的负累为生命的享受。知识具有德性价值，"教学永远具有教育性"，教师不仅要充分挖掘和展示知识中的各种道德因素，还要积极关注和引导学生在知识学习活动中的各种道德表现和道德发展，从而使知识学习过程成为学生一种高尚的道德生活和丰富的人生体验，这样，学科知识增长的过程同时也就成为人格的健全与发展过程，伴随着学科知识的获得，学生变得越来越有爱心，越来越有同情心，越来越有责任感，越来越有教养。

总之，从学生的角度讲，只有学生真正理解并能灵活运用的知识才是有效的知识，只有能够促进学生智慧和人格发展的知识才是有效的知识，而基于有效知识的教学才是有效的教学。

【参考文献】

[1] 张建伟. 知识的建构 [J]. 教育理论与实践, 1999（7）.

[2] 邵瑞珍. 教育心理学 [M]. 上海：上海教育出版社，1988.6.

[3] 张春兴. 教育心理学 [M]. 杭州：浙江教育出版社，1998.9.

春风化雨，润育有"声"
——小学语文线上教学经验偶得

长春市第八十七中学小学部　孙笑

2020年是不寻常的，猝然而至的新冠病毒改变了我们的生活，也彻底改变了我们传统的课堂形式，我们所有教师在"离校不离教，停课不停学"的要求下，以一台电脑，一片赤诚，开启了我们的线上教学。

我们87中的学校文化为"润"，我们习惯地称之为"润文化"，"润文化"主张的教育是对生命个体春风化雨的熏陶，"润育九年，涵养一生"。在这个特殊的时期，我们所有工作合理有序、稳步向前，通过网络为每一个孩子开启一场声音的教育，让孩子们在家一样聆听教育的声音。

一、团队协同，整合资源

在二月上旬，我校积极筹措线上教学工作，利用腾讯会议对全校四百多名教师进行线上教学技术培训，与此同时，绿园区进修学校也组织线上培训，教研员解析教材、指导操作，开展线上经验交流等，给予一线教师有力的支持。从2月24日正式上课至今，我们的线上教学已有十五周的时间。我校的线上教学遵循"学校统筹，一年一策；因材施教，注重达成"的原则，采取视频分享、微课答疑、直播上课相结合的方式，加大教研力度，加快教研频次，从开始的诸多不适，到现在已渐入佳境。

我校语文组打破单篇课文教学内容形式，以培养学生语文素养为目标，整合全本教材内容，同时又融合市、区教研要求及名师课程，设计出符合学生学情的教学内容，先积累本册古诗词，再指导学生进行生字词的书写练习，最后共学篇章习作。（出示集体备课）教师们微信研讨教学成为日常，组织语文活动，网络集中备课、研磨教法……我们的课堂日渐成熟。

二、课前互动，激发学趣

良好的开端是成功的一半。为了激发孩子的学习兴趣，课前情感互动是最好的方法。课前15分钟开启班级QQ群直播间，形式多样地进行课前活动。

1. 主播带"货"，精彩纷呈

为了吸引学生主动参与学习，设立"我是小主播"栏目，把课前调试设备的15分钟交给小主播，每天更换主播，主播的内容丰富多彩，有的直播科学小实验，有的直播手工制作，有的直播智能玩具，有的直播游戏，有的直播好书推荐……直播间里小主播各显神通，评论区里学生积极互动。利用QQ群投票功能每周进行一次最佳主播评选，为最佳主播颁奖。（播放颁奖视频）通过"我是主播"栏目，学生的思考力在一次次直播中不断提升。

2. 教师出镜，缩短距离

教师连麦学生花式聊天，聊读书、聊学习、聊生活、聊趣事、趣闻，甚至可以把自己养的宠物抱给孩子们看看……在聊天的过程中尤其关注那些特殊的孩子，你发现他一进入直播间，就主动打招呼，与之连麦，表扬他的学习优点，再指出问题，给出建议，提出希望，课前群聊缩短了师生间心灵的距离，亲其师，信其道，情感交互为"空中课堂"学习奠定了良好的基础。

3. 播放影音，带入课堂

音乐是世界上最美妙的语言，播放一些孩子们喜欢的歌曲：《下山》《最好的未来》《左手右手》《你笑起来真好看》……播放《诗词大会》；播放课文朗读视频，让孩子跟着一起朗读课文，就像孩子在学校里晨读一样；播放手指操或简单的韵律操，让孩子们跟着律动……课前为孩子营造一个积极的向上的学习空间和氛围非常必要。

课前情感互动的形式有很多，只要能调动学生的学习积极性，激发学生的学习兴趣，我们都可以大胆尝试。

三、课上互动，利教益学

（一）预学

1. 学生线下自学

对于10岁左右的孩子来讲，集中注意力的时间较短，将不同类型的知识点分层次划分，学生可以通过自主学习完成的放在线下，学习有困难的知识点放到课上集中解决，有针对性的设计学习单是行之有效的方法。

2. 教师课上检查

直播课上，教师可用连麦问答，评论区作答，小程序检测的方式检查学生的预学情况。

（二）共学

1. 精准把握课堂教学重点，运用多种功能灵活互动

（1）交互使用，活跃课堂。

在线上教学中，我们要充分使用直播间的三大功能：分享功能，评论功能和发言申请功能。这三种功能在教学中同时使用，可以随时切换，将自己的PPT，视频短片和屏幕分享给学生，指导学生看屏幕的同时，在评论区进行互动，调动学生的学习积极性。例如：在讲授《白桦》时，通过朗读把握诗歌的内容和情感是教学重点，为了突破重点，教学中开启了发言申请功能，请同学进行朗读。连麦的同学在朗读，其他的同学使用评论功能进行了互动，对学生的朗读进行了评价。在评论区中，有的同学鼓起了掌，有的同学献上了鲜花，有的同学打出了赞扬的话语……这极大地鼓舞了朗读的同学。评论功能不仅可以用于情感互动、评价，在教学中还可以进行问题的讨论，学生可以将自己的观点和想法打在评论区里，学生的思想火花碰撞，往往会有意想不到的收获。申请功能除了可以语音，还可以视频。在指导生字书写时，我们可以利用视频功能，学生将自己的书写作品通过视频投射在屏幕上，师生可以共同来观赏，教师针对孩子们在书写中出现的问题进行及时的指导，学生的书写状况及时地得到了反馈。

（2）关注学生，随时互动。

在"空中课堂"为了避免学生神游，可以随时提问或使用表情包与学生情感互动，如：讲到某一问题时，教师可以提问同学作答，或者讲解完问某某同学如果听懂了请露出笑脸，如若未懂报个哭脸，学生是否在线认真听讲一个表情见分晓。这样的方法很多，在评论区打数字，打"OK"的手势，拥抱一下孩子，给个赞……总之，在"空中课堂"利用表情包能够实现师生情感的沟通和教学效果反馈。

2. 双师并行，双管齐下

现在由于网络资源丰富，名师的视频课、微课，比比皆是，我们可以精选一些简短的教学视频，在课上和学生一同观看，有针对性地指导学生研学问题，点燃课堂。

四、作业布置，学生反馈

（一）内容多样

1. 作业单式

（唐宋八大家研究）线上教学的作业布置，可以根据本课的教学内容设计一张作业单，将本课需要学生掌握的重点和难点都包含在作业单中，利用QQ群的作业功能，把作业单以表格的形式发给学生，学生根据作业单的内容完成作业，拍照上传，教师利用语音和文字进行批改反馈，可以实现一对一个性化指导。

2. 语音式

除了布置文字类的作业，我们也可以选择语音类作业，如：朗读课文、背诵短诗，背诵课文等，让学生提交语音。

3. 开放式

开放式的作业在线上教学中也是必不可少的，例如：我眼中的春天，就可以让学生寻找身边的春天，拍照和录制小视频上传到QQ群，学生之间可以互相欣赏评论；也可以布置读书作业，让学生制作读书卡，拍摄读书短视频，分享读书乐趣，推荐喜爱的书，上传语音或视频……这样的作业形式极大地激发了学生的学习兴趣，学生不仅仅学到了知识，而且感受到了学习的乐趣，养成良好的学习习惯，会终身受益。

4. 竞赛式

为了激发学生的学习热情，利用群投票功能，进行作业评比展示。学生在投票的过程中，观看了其他同学的优秀作业，能促进彼此学习，互学共进中在空中课堂不断成长。

（二）伙伴互助

作业除了教师批改评价外，还可以在微信群或QQ群成立若干学习小组，每组由3到5名同学组成，并为小组起个响亮的名字，学生互助学习。每个小组长负责作业检查和督促，提出建议，取长补短，互相学习，还可以把作业设置成所有人可见，全班同学交流评价，这样孩子们互相帮助、互相温暖、互相信任，共同成长。

（三）教师答疑

教师利用QQ群随时答疑，教师耐心的回复，让学生的问题得到及时的解决。特殊时期我们除了完成正常教学工作之外，还开展了丰富多彩的学科活动，

"不能忘却"主题征文活动、"朗读者"第八期也在线上以视频形式与大家见面、世界读书日读书征集令、"一起读书吧"也将以音频形式与孩子们见面,每学期一次的书法考级也即将拉开帷幕。我们的有声课程——"润之心"德育课程,还被《中国教育报》报道。

"空中课堂"让我从跌跌撞撞中一路走来,渐行渐珍惜,渐教渐热爱。"空中课堂"让孩子们在泪目的疫情中且学且温暖,且学且快乐。润育九年,涵养一生。春风化雨,润育有声。

浅谈如何提高小学语文教学质量

长春市绿园区同心小学　王春凤

【摘要】 优秀的教学质量是所有教师最为关注的问题，这也渐渐成为教育的主旨。在现代教育体系和教育科技飞速发展的今天，教学质量却未能达到预期的标准，无法适应快速改革中的教育体系，无法满足教师乃至人们对教学质量的标准。现如今，小学语文教师将目光更多的关注到了提高语文教学质量上，此文便是通过自身的教学经验，浅谈了如何提高小学语文教学质量。

【关键词】 提高；小学语文；教学质量

一、更新教育教学观念

随着新课程改革的深入，小学语文教要确立四个教育理念：第一是学生是所有教育活动的主体；第二是坚持以人为本，因材施教，将每个学生的特点分析出来，从而确定教学重点；第三是学生与教师互助互学的关系，着重培养学生自主思考和创意思维；第四是增加实践活动，培养在实践中创新、创新中学习的学习观念。教师要积极追随新课程改革的步伐，以自身情况为基础来提高小学语文的教学质量，并付出实际行动，摒弃一纸空谈。要想提高教学质量，其根本在于教师的资历问题。高资历的教师，大部分能够依靠自身教育教学的经验，教出更高水平的学生来，而水平欠佳的教师，则很少有出类拔萃的学生涌现出来。所以说，好学生必然需要好的教师的培育。教师们的教育教学理念要随着现代教育体系和新课程改革而更新，教师的整体素质制约着教学质量，教学质量又制约着学生的素质。小学语文一年级教材，也是新的教育教学理念所致，假如小学语文教师们在教育教学活动中没有随之更新自己的教学理念，就很难追随新课程改革的浪潮，当然也不会和新教材的教学理念相匹配，也就很难达到提高教学质量的要求。因而作为教师就要不断进修、学习，树立全新的教育教学理念，用新的教育教学理念来实施教学活动，同时增强自身素质、修养，积极加入到进修、学习的队伍中，充实自己，提升自己。

二、扎实语文学科基础

小学语文是学生将来学习所有学科的最为基础的部分，学生们在小学语文的学习实践过程中要学会最基础的发音和识字。我国传统的教育教学方法就是让学生们不用思考，死记硬背下来即可。虽然快速高效，但也让学生们失去了学习的兴趣，因此很多教师开始思考，想尽各种方法来调动学生们的积极性和学习兴趣，也更加重视起对学生们的文化熏陶和人文渲染。作为语文教师的我们，就是要用学生的眼光来观察、探索这个世界，要能够学会学生们的思维方式，要关注到学生们的内心世界，更要关爱学生的成长和深入到学生们的生活之中，言传身教，耳濡目染地提高学生的审美情趣和思想素质，使学生的个性能够充分地发挥出来，与此同时，学会做人的道理。在小学语文教育教学过程当中，教师们要根据学生们已有的生活经验，将要学习的知识与已有的生活经验相结合，把难懂的内容简单化。语文学科的主旨是感悟生活，朗读与背诵就是学生感悟生活的来源之一，因此，教师要让学生们将所学习的经典作品——背诵，从而达到提高学生们语文素养的目的，这将会使学生们受益终身。

三、提升课堂的教育教学质量

课堂的教学活动是教育教学的重要部分，教师们要充分利用好课上宝贵的40分钟，首先要加强课堂上的纪律管理，纪律有序才能有效地提升课堂教育教学的质量。学生们在课堂上也要严格遵循课堂纪律，试想一个非常混乱的课堂如何能够提升课堂教育教学质量。当然，学生们可以表达自己的想法，当学生们想表达自己的独到见解时，可以适当地打断教师的教学活动，这不算是妨碍教学，可一旦教师打断了学生这种表达自己想法的行为，又会让学生失去表达想法的兴趣，严重打击了学生的学习积极性。课堂应该是个轻松的学习环境，也应是一个学生可以各抒己见的，能够有所想，有所悟的场所，但这些都要以一个良好的课堂纪律为前提。

四、学生学习习惯的养成

小学是学生学习的开端，而学习习惯就凸显得尤为重要。我国现代教育家叶圣陶先生曾指出："什么是教育？一句话，就是要养成良好的学习习惯。"作为教育工作者的我们，应该最先思考的就是如何培养学生的学习习惯，一个有良好学习习惯的学生，对学生的学习，生活乃至以后的工作都会进行得十分顺利。古人云："予人以鱼，不如授人以渔。"学习习惯一旦养成，将会使学生受益匪浅。那么，我们要如何帮助学生养成良好的学习习惯呢？第一，让学生们从小打下基础，持之以恒。教师们要从细微的小处着手，从小开始培养，在教学活动中，就有许多的小细节，例如：握笔、坐姿、上课的习惯等。习惯不是一朝一夕就形成的，而是要经过反复的纠正，坚持才能形成的。它需要强化、渗透，渐渐的学生的习惯就形成了；第二，激发学生的兴趣，兴趣是学生学习的动力，有了兴趣学习才能事半功倍，学生积极主动，才能开展教育教学工作。有了兴趣，习惯才能很快养成；第三，学生要对自己充满信心，经常对学生说些鼓励性的话语，是对学生自信心最大的鼓舞；第四，学生要养成自觉完成作业的习惯，据调查，很多学生作业会出现错误的主要原因是因为粗心，还有很多学生是没看清楚题目就作答，这些不良的习惯就在一定程度上影响了学生的思维发展；第五，让学生养成不懂就问的好习惯。"不耻下问"是中华民族的传统，学生要积极正面地面对所有的困惑，好奇是人类求知的本能，不懂就问的习惯一旦养成，对未来发展大有裨益。学生的学习习惯一旦养成，教师的教学工作就能够十分轻松地完成，例如：让学生养成预习、复习、书写规范、作业认真完成的习惯。总而言之，教师一定要加强对学生的良好的学习习惯的培养。

五、备课是教育教学的保障

"师者，传道授业解惑者也。"小学语文教师在教学活动前要做好充分的准备——备课。为了教学活动的顺利开展，教师要提前设定教学场景，尽力营造出轻松愉快的课堂氛围，还要有活泼生动的学习内容和灵活多变的教学方法，以应变课堂上即将出现的各种突发情况。在备课中，不免要加之多媒体教学的应用，可以大大增加学生的学习效率。另外，运用现代化多媒体教学也是新课程改革的一个重要表现，也可以使教学活动更加生动有趣，也能使教师的整体素质得到提高。教师按照教学内容会提出问题让学生回答，在得到教师的鼓励后，会增加学生的积极性，激发学习兴趣，也能够提升学生的专注力，从而很好地提高课堂效率。教师要适时改变自己的教学理念，坚持以人为本，以学生为主体，从而使学生的素质全面提高；教师还要放下身段，让学生感到亲切感，能够更好地融入教师的整个教学活动；教师更要充分发挥自己与学生之间的相互关系，让自己完全投入到教学活动中去，通过自己的教学经验，帮助学生找到适合自己的学习方法，最终提高教育教学的质量。

教育本就不是一蹴而就的,它需要正确的教育教学理念,明确的教学思想,严谨的教学态度。小学语文是所有学科学习的基础,是学生学习的根基,如何更高效地提高小学语文的教学质量,不仅是一个教师一所学校的责任与义务,它是全体教育工作者始终都要认真探索的问题。在新课程改革中,在未来的教育教学实践中,我们的教师队伍终会寻得答案,真正地提高教学质量,使每位学生都能有所提升,有所收获。

【参考文献】

[1]. 叶圣陶. 叶圣陶语文教育论集 [C]. 北京:教育科学出版社,2015(2).

[2]. 周洁慧. 简简单单才是美——也谈语文教学的本质回归 [J]. 科学大众,2006(08).

[3]. 郑梦莹. 试论语文教学中如何改革教学方法提高教学效率 [J]. 黑龙江科技信息,2008(35).

[4]. 史丽娜. 小议语文教学的方法及手段 [J]. 日科苑,2010(08).

基于学科核心素养的课堂教学实践研究
——小学数学

《课堂教学实践研究》编委会 主编

图书在版编目（CIP）数据

基于学科核心素养的课堂教学实践研究.小学 /《课堂教学实践研究》编委会主编 . -- 北京：世界图书出版公司, 2021.11
ISBN 978-7-5192-9066-5

Ⅰ.①基… Ⅱ.①课… Ⅲ.①课堂教学—教学研究—小学 Ⅳ.① G622.421

中国版本图书馆 CIP 数据核字 (2021) 第 222858 号

书　　　名	基于学科核心素养的课堂教学实践研究.小学
（汉语拼音）	JI YU XUEKE HEXIN SUYANG DE KETANG JIAOXUE SHIJIAN YANJIU . XIAOXUE
主　　　编	《课堂教学实践研究》编委会
总 策 划	吴　迪
责 任 编 辑	冯晓红
装 帧 设 计	包　莹
出 版 发 行	世界图书出版公司长春有限公司
地　　　址	吉林省长春市春城大街 789 号
邮　　　编	130062
电　　　话	0431-86805559（发行）　0431-86805562（编辑）
网　　　址	http：//www.wpcdb.com.cn
邮　　　箱	DBSJ@163.com
经　　　销	各地新华书店
印　　　刷	长春新华印刷集团有限公司
开　　　本	787 mm×1092 mm　1/16
印　　　张	61
字　　　数	1230 千字
印　　　数	1—2 000
版　　　次	2021 年 11 月第 1 版　2021 年 11 月第 1 次印刷
国 际 书 号	ISBN 978-7-5192-9066-5
定　　　价	298.00 元（全五册）

版权所有　翻印必究

（如有印装错误，请与出版社联系）

丛书编委会

主　　任：王忠源
主　　编：李树军　吴　畏
副 主 编：王艳玲　高忠威　辛仁杏　李　欣
　　　　　刘　岩
编　　委：肖宇轩　李　博　史才春　褚春蕾
　　　　　周玉卓　张　键　辛　枫　李艳辉
　　　　　王煜煜　王　琳　王微微　苏丽红
　　　　　郑文春　周樱蓉

本书编委会

主　　编：王煜煜　王　琳
副 主 编：李　博　袁冬薇
编　　委：李　季　陆　瑶　司长立
　　　　　许晓越　张丽影

前言

北京师范大学林崇德教授指出："核心素养是学生在接受相应学段的教育过程中，逐步形成的适应个人终生发展和社会发展需要的必备品格与关键能力，它是关于学生知识、技能、情感、态度、价值观等多方面要求的结合体；它指向过程，关注学生在其培养过程中的体悟，而非结果导向；同时，核心素养兼具稳定性与开放性、发展性，是一个伴随终生可持续发展、与时俱进的动态优化过程，是个体能够适应未来社会、促进终生学习、实现全面发展的基本保障。"正是在这样一个大力倡导建构学生核心素养背景下，绿园区开展了基于学科核心素养的课堂教学实践研究。这是一项具有发展性意义的研究。首先，核心素养的落实在教育过程中，而学科教学是教育过程的主体。这就要求教师将教育过程具体化在关注学生的学科课程学习过程中，这有助于学生的整体发展。其次，基于核心素养的课堂教学，目标由一维的知识目标转化为三维的知识、体悟、素养一体化目标，使课堂教学工作的方向更明确。最后，这是一项着眼于学习过程的研究，更有利于学生学习能力的形成，为其今后的学习、个人终身发展提供有力的技术支持。

数学核心素养是满足学生个人全面发展所必需的核心数学知识、数学能力和情感态度价值观，是数学知识、数学能力、数学态度、数学思考的综合性表现。数学核心素养渗透在各个数学领域和各个学段的学习中。它不同于具体的数学知识（公式、定理、法则），可以通过训练短时间内获得。从教育的视角来看，数学核心素养应该强调反映数学情境、数学意义、数学建模导向和背景导向等四个方面。同时要将社会活动和社会背景引入数学课堂中，有助于发展学生的数学核心素养。

站在课堂教学的层面研究数学核心素养要基于知识特点，着眼于问题解决，鼓励学生开展探究性活动，借助直观、形象、趣味的现实情境。探索学生在学习过程中的思维路径，帮助他们形成勤于思考，善于讨论，惯于逻辑，乐于推理，勇于创新的学习品质，最终形成数学核心素养，助力于每个个体的自主发展。

长春市基础教育研究中心　李博

目录

专题一　课程标准解读 1
　　小学数学学科课程标准核心概念解读 1

专题二　学科教学建议 5
　　小学数学学科教学建议 5

专题三　教学案例 9
　　"秒的认识"教学设计 .... 丰　静　9
　　"可爱的小猫"教学设计 .... 王　琳　14
　　"比的应用"教学设计 .... 陆　瑶　17
　　"分桃子"教学设计 .... 付姗姗　19
　　"分一分"教学设计 .... 张丽影　22
　　"练习四"教学设计 .... 孙　菲　26
　　"露在外面的面"教学设计 .... 袁冬薇　29
　　"什么是周长"教学设计 .... 王煜煜　32
　　"三角形内角和"教学设计 .... 姜　静　35
　　"体积与容积"教学设计 .... 孟　楠　39
　　"搭配中的学问"教学设计 .... 孙嘉繁　42
　　"九宫图"教学设计 .... 王宏伟　46
　　"编码"教学设计 .... 许晓越　53
　　"奥运中的数学"教学设计 .... 李　季　57
　　"谁先走"教学设计 .... 司长立　60
　　"倍数与因数整理和复习"教学设计 .... 胡　波　63
　　"常见的量"教学设计 .... 朱晓平　65

专题四　探索与发展 69
　　学生学习方法的养成和训练 .... 崔淑静　69
　　关于"乘法分配律"的几点思考 .... 李　磊　72
　　模型思想在小学数学教学中的应用研究 .... 杨柏秋　74
　　探析数学思想在小学数学教学中的有效渗透 .... 牛玉威　77

标题	作者	页码
浅谈如何培养小学生仔细审题的习惯	杨忠志	80
浅谈数学知识的实践应用探究	陆威威	82
小问题，大艺术	何彦艳	85
让生活问题走进数学课堂教学，培养学生问题意识	于 丽	89
如何培养小学生的数感	李 桓	92
如何在数学中培养学生的计算能力	王振荣	95
再谈"课堂如何培养学生的质疑能力"	曹桂利	99
直观模型在低年级计算教学中的应用策略	王 晶	100
在数学教学中培养学生的创新精神	姜崇丽	101
数学绘本提升低年级数学兴趣及思维的实践研究	纪 晶	104
探析小学四年级学生计算能力的提高	刘秀颖	107
学生良好审题习惯在小学数学课堂中的培养策略	王煜煜	109
关于小学数学语言能力培养的思考与实践	程艳辉	112
小学数学分数应用题解题障碍的研究	何文丽	115
如何科学有效设计小学生数学作业	闫家瑞	119
浅谈学具在教学中的重要作用	李艳丽	124
放飞思维，看我七十二变	郭丽丽	128
小学数学自主尝试教学法	姜 静	130
小学数学高年级如何有效审题	李春燕	133
数学日记，放飞孩子思维的天空	郑 萌	136
小学教学中数学基本思想方法的渗透探析	刘晓明	137
浅谈小学数学学困生形成的原因及转化策略	杨忠志	140
小学数学教学随笔	车淑梅	142
让数学生活化，让生活数学化	伦凤杰	145
核心素养在数学课堂中的应用	郭悦朗	146
做用心的老师，上有温度的课	王 琳	149
激童趣，求创新，搭平台，促成长	王 虹	153
我的教育故事	孙 菲	155
傲雪迎风何所惧，只为桃李更芳菲	王秀梅	157
小学数学线上教学的探索与成长	伦凤杰	158
还原生本，减负提趣	张 岳	161
基于教学核心素养的小学数学教学改革	张丽影	164
列教研组建设之方程，求教师专业发展之新解	司长立	168
浅谈小学数学教学中思政教育的渗透与融合	邵化梅	172

专题一　课程标准解读

小学数学学科课程标准核心概念解读

从 2001 年公布并实施的《全日制义务教育数学课程标准（实验稿）》[以下简称《课程标准（实验稿）》]，到 2011 年 12 月颁布的《义务教育数学课程标准（2011 年版）》[以下简称《课程标准（2011 年版）》]，经历了 10 年的修订、改革历程。这 10 年既是一个探索与实践的过程，也是一个不断思考与改进的过程。《课程标准（2011 年版）》发布后，在一线教师群体中掀起了学课标、议课标的高潮。通过学习，不仅使我们重新认识了数学，重新认识了数学教材，进而重新审视和思考我们的数学教学。

《课程标准（2011 年版）》提出了 10 个核心概念，分别是：数感、符号意识、空间观念、几何直观、数据分析观念、运算能力、推理能力、模型思想、应用意识和创新意识。

1. 数感

数感是一种感悟，一种对数与数量、数量关系、运算结果估计等方面的感悟。它不像知识的传授与获取那般直接，需要长期的熏陶与积累。

培养学生的数感，要紧密结合现实生活情境和实例。比如，北师大版小学数学四年级上册《编码》一课，帮助探长破案既是学生感兴趣的学习素材，又是源于生活的学习素材，它有效沟通了数学与生活的联系。同时，学生从编码的角度，运用数表示生活中的事物，增强对数的应用意识，从而达到逐步建立数感的目的。

2. 符号意识

《课程标准（2011年版）》将"符号感"修改为了"符号意识"，我们可以在数学问题解决过程中发展学生的符号意识。比如，北师大版四年级上册第四单元《运算律》中5个运算律的内容编排，基本都是采用了观察算式、仿写算式、解释规律、表述规律和应用规律的编排结构，通过以上活动，让学生经历发现问题、提出问题、分析问题和解决问题的全过程，进而积累运用符号的活动经验，逐步提高学生的符号意识。

3. 空间观念

《课程标准（2011年版）》中并没有给出空间观念的具体内涵，无论是图形的认识，图形的运动，还是图形与位置都承载着发展学生空间观念的重要任务。

对于学生空间观念的培养是一个持续的过程，需要给学生足够的时间和空间去观察、想象、操作和分析，不断丰富学生的想象力，积累活动经验，进而发展空间观念。比如，北师大版六年级上册《观察物体》单元呈现了淘气乘船游览拍摄的一组画面，让学生按照观察的先后进行排序。对于缺乏生活经验的学生来说，解决这个问题比较困难，这时，我们可以让学生借助实物，模拟几个建筑物之间的位置去摆一摆，然后进行观察和体验，积累观察物体的直接经验，再来解决从画面间接观察物体的问题，从而提升学生的空间观念。

4. 几何直观

几何直观是《课程标准（2011年版）》新增的核心概念，主要是指"利用图形描述和分析问题。借助几何直观可以把复杂的数学问题变得简明、形象，有助于探索解决问题的思路，预测结果。几何直观可以帮助学生直观地理解数学，在整个数学学习过程中都发挥着重要作用。"

几何直观的培养离不开画图，通过画图可以将抽象的问题图形化，使数学学习过程变得直观。比如，北师大版六年级上册《分数混合运算》单元，教材正是通过直观图的方式去呈现数量关系的，从圆片图、方格图到线段图这样从直观到抽象的呈现，有利于学生积累分析、解决问题的经验。

5. 数据分析观念

《课程标准（2011年版）》将《课程标准（实验稿）》中的"统计观念"修订为"数据分析观念"，这恰好说明统计的核心就是数据分析。

培养学生数据分析观念最有效的方法是让学生经历数学分析的全过程。比如，北师大版四年级下册《数据的表示和分析》单元中设计栽蒜苗活动。首先，通过栽蒜苗这项实践活动收集实验数据；然后，通过组内交流、讨论，整理实验数据，可以是对自己所栽蒜苗每天生长高度的数据整理，也可以是对组内同学所栽蒜苗14天后高度的对比整理；接着，通过画统计图尝试去表示数据；最后，通过从统计图中获取数学信息，进一步体会数据中蕴含的信息，进而培养学生的数据分析观念。

6. 运算能力

运算能力是《课程标准（2011年版）》新增的核心概念，主要是指"能够根据法则和运算律正确地进行运算的能力。培养运算能力有助于学生理解运算的算理，寻求合理简捷的运算途径解决问题。"

学生运算能力的培养是一个长期、持续的过程，我们不仅要求学生算得快，更重要的是算得准，算得有道理。比如，在三位数乘两位数的乘法计算教学中，我们通过多种方式让学生体验算法多样化，但多种算法都蕴含一个相通的道理，就是借助点子图，将分成若干部分的点子图分别用原有的经验求出数量，再将这些部分的数量求和。学生在理解算理的基础上可以用不同的形式去进行记录，可以是横式笔算、列表计算、竖式计算等等。另外，我们还要格外重视估算。学生需要掌握一定的估算方法，在解决实际问题中积累一些估算的经验，能够对生活中的实际问题给予合理的解释。

7. 推理能力

推理在数学中有极其重要的地位，学习数学就是要学习推理。《课程标准（2011年版）》指出："推理是数学的基本思维方式，也是人们学习和生活中经常使用的思维方式。"

推理能力的发展应贯穿在整个数学的学习过程中，在解决问题的过程中，让学生经历"猜想——证明"的全过程，而培养学生的推理能力，则可以通过多样化的活动来实现。比如，北师大版四年级上册《乘法》单元中设计了《有趣的算式》一课。先让学生用计算器独立算一算 $11×11,111×111$，然后观察比较上面3道题，再根据发现的规律，尝试写出后面2道的积，最后可以尝试用计算器对计算结果进行再验证。

8. 模型思想

模型思想是《课程标准（2011年版）》新增的核心概念，它的建立是学生体会和理解数学与外部联系的基本途径。我们小学阶段两个典型的模型是"路程＝速度×时间""总价＝单价×数量"。

模型思想作为一种重要的数学思想，对于它的感悟是需要经历一个长期过程的。我们在教学中，要根据学生的年龄特点和不同学段的要求去逐步培养学生的模型思想。第一学段，我们可以引导学生经历从现实情境中抽象出数、从简单的数据收集、整理过程中，使学生会提出、解决一些简单实际问题。第二学段，我们可以通过一些具体的实际问题，引导学生分析、抽象出一般的模式表达，如用字母表示 5 个运算律等。

9. 应用意识

应用意识的培养不仅仅通过课堂教学、课后作业等教学环节，它应当贯穿整个数学教育的全过程。综合实践活动是培养学生应用意识重要的载体。北师大版四年级上册以"滴水实验"为素材，设计了层层递进的 5 个环节。首先，通过观察滴水现象，提出数学问题，明确活动任务；然后，小组讨论实验思路，确定实验步骤，完成实验方案；接着，小组合作，动手操作，收集实验数据，计算并得出结论；再在组内交流分享实验结果，借助身边熟悉的事物描述实验数据；最后，回顾实验过程，反思自我表现。通过实验全过程，引导学生独立思考，寻找解决问题的策略，积累活动经验，促进应用意识的发展。

10. 创新意识

创新意识是《课程标准（2011 年版）》新增的核心概念之一。"创新意识的培养是现代数学教育的基本任务，应体现在数学教与学的过程之中学生自己发现和提出问题是创新的基础；独立思考、学会思考是创新的核心；归纳概括得到猜想和规律，并加以验证，是创新的重要方法。"

培养学生的创新意识，应该从鼓励学生大胆质疑开始。教师要营造民主、和谐的学习氛围，让学生敢于发现并提出问题，敢于表达自己的观点，并能与他人交流互动，敢于坚持自己的意见并给予合理的解释。

核心概念是一类课程内容的核心，是学生学习数学的目标，也是数学教学中的关键，它有利于我们把握课程内容的线索和层次，进而在教学中去培养和发展学生的数学素养。

专题二 学科教学建议

小学数学学科教学建议

以深化落实课堂教学改革为宗旨,以全面提高教育教学质量和课堂教学效益为目标,构建科学有效的小学数学课堂教学模式,逐渐改善学生的学习方式,使学生受到良好的数学教育,从而全面提高学生的数学素养,特提出绿园区小学数学学科教学建议如下:

· 研读《课程标准》,明确教学目标

《课程标准(2011版)》,在基本理念、课程目标、核心概念、课程内容、实施建议等方面都发生了变化,更加重视学生能力的培养和素养的提高。在原有"双基"的基础上,明确提出了"基本思想"和"基本活动经验",要求学生在获得必要的数学知识和技能之外,还要感悟数学的基本思想,积累丰富的数学思维活动和实践活动的经验。同时要求教师也要与时俱进,领会先进的教育理念,转变自身的教学观念和方式,明确教学的目标和方向,为进一步提高教学质量打下扎实的基础。

· 挖掘教材内涵,把握课程内容

教材是最基本也是最重要的教学资源,它是教学之本。课堂教学应该立足于教材,我们教师要仔细研究教材,才能更好地使用教材。好多老师往往只关注教材要求学生掌握的知识，而忽略了课程内容背后所隐藏的数学思想、思维方式与思维品质等。教师备课时，要多思考：编者的意图是什么？主情境图的教育价值何在？对于某个知识点，我该采取什么样的教学方法？学生的知识起点是什么？他们学习过程中可能遇到哪些困难……先厘清"教什么"，再研究"怎么教"，对教材有了整体把握，教学内容才更有深度。

·把脉课堂教学，突出教学重点

课堂是教学的主阵地，是提高学生学习能力、实践操作能力和思维创新能力的主要场所。课堂实施要充分体现学生的主体地位，教学时间分配要合理，重点要突出。一般情况下，可以在前 20~25 分钟完成主要的教学任务，确保学生有 10 分钟左右的集中巩固练习时间，5 分钟左右梳理、反思、消化所学内容的时间。

·注重过程体验，提升数学素养

数学教师不能只给学生结论性的东西，而要让学生自己通过动手、动口、动脑，主动探索、经历知识的形成过程，从模仿型学习向创造型学习发展，在体验中掌握并理解数学，从而培养和发展学生的数学素养。

借助我们现在使用的北师大版教材，从"数与代数""图形与几何""统计与概率""综合与实践"四个不同领域，简单梳理一下大致的教学模式。北师大版教材按照"情境+问题串"的方式编排，主要采用了"问题情境—建立模型—解释与应用"的基本叙述模式。

（一）数与代数

在"数与代数"的教学中，应帮助学生建立数感和符号意识，发展运算能力，树立模型思想。依托教材呈现给学生大量丰富的现实背景，从学生已有的经验为出发点，关注学生的学习兴趣和自信心、知识的形成过程、学生探究和运用数学能力。"数与代数"的教学的基本结构为：

（1）创设情境，激发兴趣。根据教学目标、教学内容，联系学生的生活实际或已有经验进行巧妙设计，使学生体会到生活中处处有数学，激发学生的学习情绪和学习兴趣，增强学习和应用数学的信心，进而发展学生的抽象思维。

（2）自主探究，合作交流。充分调动学生的积极性、主动性和创造性，组织学生参与游戏、谈话、操作、合作等数学活动，在独学、互学、群学中体会解决问题的策略的多样性，让学生在交流中获得新的信息，构建新的知识，从而提高学生的思维能力。

（3）巩固运用，拓展延伸。设计内容贴近学生生活实际、形式多样、题量适中，有尝试性、趣味性、层次性、综合性的练习，在练习中加深对新知识的理解，从而巩固新知识，形成技能。使学生获得数学活动经验，提高学习效益。

（4）总结提升，自我评价。教师引导全班同学总结概括所学、所思，进行自我反思与评价。

（二）图形与几何

"图形与几何"的学习，以发展学生的空间观念、几何直观和推理能力为核心。直观与推理是"图形与几何"学习中的两个重要方面。"图形与几何"是让学生通过学习，获得必需的知识和必要的技能，以发展空间观念，为认识周围的客观世界作好铺垫。"图形与几何"教学的基本结构为：

（1）生活情境导入。现实生活是学生学会解决数学问题的最佳场所。几何图形都能在生活中找到它的原形，让学生通过观察并抽象出几何图形来，在学生的头脑中建立表象，这样更易于学生理解和掌握几何图形。

（2）操作探究发现。操作探究是图形与几何教学中最重要的环节。让学生在拼一拼、叠一叠、折一折、量一量、剪一剪、画一画、移一移的过程中，通过眼睛、耳朵、手指等多种感官的协同合作及其他同学的相互配合去发现几何形体的特征，把由观察获得的初步的感性认识推向深入，完成由具体形象思维到抽象逻辑思维的过渡。这一阶段的主要任务是通过操作去发现规律，并在发现的过程中学会合作、体会学习的乐趣。

（3）回归生活应用。主要是用刚学到的知识和发现的规律去解释一些生活现象，解决一些生活中的实际问题，在解决问题的过程中，让学生掌握所学的知识，形成数学技能，培养并发展他们良好的思维品质。

（4）自我反思评价。引导学生回忆总结，厘清知识的来龙去脉，让他们反思自己学得怎样？质疑还有什么不明白的地方？帮助他们认识自我、肯定自我、接纳自我，激励他们更好地学好数学知识。

（三）统计与概率

"统计与概率"主要研究现实生活中的数据和客观世界中的随机现象，统计的核心是数据分析。发展学生的数据分析观念，需要让他们经历统计的全过程，通过对数据收集、描述和分析以及对事件发生可能性的刻画，来帮助人们做出合理的推断和预测。"统计与概率"教学的基本结构为：

（1）创设问题情境，激发参与意识，引导进入统计概率课程。统计的内容具有非常丰富的现实背景，教材中通过选择现实情境中的数据，使学生理解所学内容的实际意义，进而激发学生参与的热情。

（2）自主合作探究，让学生体验、验证，进行统计概率试验。学生在收集、整理和描述数据活动的过程中，探索以简单而直观的形式描述数据的策略。

（3）进行实践应用，解决生活中统计、概率的问题。教材将学习的重点落在会看图表、会分析图表中的数据并进行必要的推断上，鼓励学生根据统计数据获取尽可能多的信息，并对信息进行整理、分析，体会统计的作用。

（四）综合与实践

在"综合与实践"教学中，要突出实践应用趣味性、层次性、实践性、开放性、综合性的特点。发展数学思维能力，培养综合运用所学知识解决问题的能力。教材中以"数学好玩"单元呈现"综合与实践"领域内容。"综合与实践"教学的基本结构为：

（1）以问题为载体，明确活动任务。教材中多以创设生活情境或观察生活现象的形式，提出要讨论的问题，明确活动的任务。

（2）讨论实验思路，确定实验步骤，形成实验方案。一般采用小组合作的方式，针对活动任务讨论确定实验步骤，需要收集哪些数据及如何收集实验数据，并对组内成员进行合理分工。

（3）小组分工合作，动手实验，收集数据。按照设计方案，分组进行实验，记录实验数据，填写实验报告单，并在组内交流发现，积累动手实验的活动经验。

（4）交流分享实验结果。教师可以引导学生从四个方面进行交流反思：一是结合实验数据的发现；二是回顾实验中用到的知识和方法；三是梳理实验中遇到的问题和解决的策略；四是通过实验引发的思考。

（5）进行自我评价，反思过程，提升改进。引导学生在活动结束后对活动中自己的表现进行有效的评价。总结自己的进步，反思自己的不足，思考如何改进，同时要注意向他人学习好的经验。

·重视方法指导，培养良好习惯

结合数学教学培养学生良好的学习习惯，包括认真书写、仔细检查、积极思考、大胆质疑、主动反思等，重视数学思维方法和学习方法的指导，逐步培养学生终身学习的能力。

·关注个体差异，提高教学质量

差异性的体现是教学过程必然会呈现出来的特征，这就要求我们做好培优补差的工作。根据学生的个体差异，实施分层教学。课后辅导，可以采用优生辅导差生，明确追赶目标，树立学好数学的信心。以此促进各层次学生全面进步，从而大面积、大幅度提高教育教学质量。

专题三　教学案例

"秒的认识"教学设计
长春市绿园区教师进修学校　丰　静

教学内容:
新世纪小学数学(北师大版)二下第七单元。

教学目标:
1. 认识时间单位"秒",知道 1 分 =60 秒。
2. 感受时间单位"分""秒",初步建立 1 分、1 秒的时间观念。
3. 让学生体验数学与生活的密切联系,培养学生珍惜时间的良好品质。

教学重点与难点: 初步建立"秒"的时间观念。

教具准备:
课件、秒表。"注意切换屏幕"。

学具准备:
各种钟表。

教学过程:
课前:(同学们,我们是第一次在外校的舞台上上课,好好看一看我们的四周)今天这节课同学们都带来了各式各样的钟表,你们的钟表真漂亮,钟面上有许多的数学奥秘,我们以前研究过什么知识?看来同学掌握知识很扎实。上课前老师有个要求：让看钟面的时候你就好好看，仔细看。在做其他活动的时候，你就让它静静地在旁边，别打扰咱们好吗？有了这些经验你们今天一定会表现得更出色。现在是几时、几分，我们开始上课。

一、创境激趣，自然导入

同学们，中国百年的奥运之梦刚刚以无与伦比的精彩圆梦北京，让我们跟随2008人的击缶方阵，再一次体会开幕式那令人震撼的一幕。（出示课件，生随着画面一起倒计时）。刚才屏幕上的数字代表什么？你知道这倒计时用的是什么时间单位吗？（板书）对，生活中计量很短的时间常用到比分更小的单位——秒。

（1）你在哪些地方还见到过秒？（跑步比赛，电脑上、电视的广告、大的十字路口，红绿灯旁显示屏上的数字在显示还有多少秒就变灯）

{同学们真是很善于观察生活}

（教师根据学生的回答展示课件动态画面）

（2）神州火箭发射倒计时。

{在激动时刻即将到来的时候，常用到秒}（课件）神舟宇宙飞船，一次次在成功的浩瀚太空中刻下了中国人的印记。又一个金秋来临。神舟七号即将遨游太空。

（3）春节联合会倒计时。

人们用倒计时的方式，等待新年钟声敲响的那一刻。

师：（课件出示组合图）生活中这么多地方用到秒。今天这节课我们就来认识"秒"。板书：秒的认识。

二、自主探究，活动感悟

（一）观察钟表，发现规律

下面我们小组合作，请大家听好要求：先观察自己手中的钟表，找到有关秒的知识，再把你们的发现跟小组成员说一说，一会看哪个小组介绍的最好。{轻、自然——先——再——快、高昂}（师巡视，生汇报）

（1）认识一秒。

师：哪个小组愿意先发言？

生：我发现钟面上有3根针，走的最快的针就是秒针。（我来补充）

师：对，秒针就是秒的脚步，都看到了吗？指一指你自己钟表中的秒针。

师：孩子们再说说其他的发现。

生：用耳朵来听一听。钟表滴答一声经过的时间是一秒。（两次嗒嗒声之间的间隔就是1秒）

{你发现的太好了，能再大声地告诉给同学们吗}

闭上眼睛，用电子钟表的同学可以和其他同学一起或者看一看。你们听到了吗？谁能模仿一下。

师：1秒钟在钟面上怎样表示？（小组发言）

生1：秒针走一小格是1秒钟。

生2：我带的是电子钟，这一栏的数字在增加，增加1的时间就是1秒。（投影）

师：能让全班同学都看一看吗？读出这个时间。秒的脚步匆匆，一刻不停。

生3：这儿有两个小圆点在闪动，每闪动一下的间隔时间就是一秒。

师：你观察的真仔细。谁还想补充？

师：在钟面上就是这样计量用秒做单位的时间的。

生3：我的钟表上是一个小老鼠在往前跳，跳一小格的时间就是一秒。

师：同学们都介绍了自己各式各样的钟表，让人大开眼界。老师这儿也有一块表——秒表，你们认识它吗？知道秒表的用途吗？

生：秒表可以用来记录赛跑的时间。

师：谁能试着说一说秒表怎样读？

生：5秒13，（后面是比1秒更短的时间）

（2）认识几秒。

师：下面我们重点来看机械钟面。

（课件出示秒针走一小格）看到什么了板书：（我的火车从哪开）秒针走1小格是1秒。

那考考你们秒针从数字12走到数字1经过了多少秒？为什么？从3走到6呢？秒针从数字几走到数字几是10秒呢？（12—2、1—3等。多找几个人说）{你说的太棒了，让我们给他热烈的掌声}，下面老师有个更难的问题：秒针从数字12走到数字6多2小格，经过了多少秒？你是怎么知道的？

生1：秒针走半圈是30秒，再加上两小格是32秒。

生2：6×5+2=32。

师：真聪明，数比较长的时间知道先关注大格再加上小格。那秒针接着怎么又回到12？共经过了多少秒？

（3）发现"分"和"秒"的关系。

同学们学得真好，我们放松一下吧，老师请大家欣赏一段刘欢的歌曲（播放奥运主题曲"我和你"1分钟）边听边观察钟面上分针和秒针的变化，看用了多长时间？你有什么发现？

{你是怎样知道的？谁还有其他发现，用手势提示，让学生说完整话}秒针走一大圈是多少秒？分针走一小格是1分，这说明了什么？｛这是对秒的认识中的一个最重要的发现，老师把它记录下来｝板书：1分=60秒。刚才开幕倒计时中的60秒也就是——1分钟。

（二）看书小结，答疑解难

1. 孩子们发现了这么多关于时间的知识，这些内容在书中60页，请同学们打开书看一看。

生：我画了这节课的重点，是……

生：我还看到商店有各式各样的钟表；我对于……还不太明白。

2. 完成课本63页第一题。对的举手，看来同学们认识的不错。

机动：那说说你们每天的睡眠时间，知道不同的人睡眠的标准时间吗？（5～12岁的孩子每天的睡眠时间应该在10～11个小时，青少年每天睡8～9个小时比较合适。）要养成早睡早起的良好习惯。

（三）活动体会，游戏估时

1. 体会1秒。

你现在真正认识秒了吗？短短的1秒钟，弹指一瞬间。

2. 游戏估时。

游戏：比一比谁能当最准确的小闹钟。（课件）不看钟面，听到开始就估计10秒，如果你认为10秒到了，就高举起手并睁开眼睛看大屏幕的钟面是几秒，看看你估得准不准。有信心当诚实的小闹钟吗？好，坐直坐正，可以轻轻闭上眼睛，注意力集中到前额，准备估时，开始！

哪位同学举起手时正好是10秒，虽然第一次当小闹钟，你们还真准，有什么好办法吗？（交流估计方法，师：你的节奏掌握得很好。不快也不慢。他是这样估的，还有别的方法吗？）

你估计的是几秒？比10秒……你呢？（没有关系，你们课后可以经常练习。）

3. 体会几秒。

老师发现同学们的时间观念越来越强了，如果给你1分钟你能做什么？想一想？（踢毽子、画画、走步、写数、拍球、算题、读文章、计脉搏等）（你准备做什么？还没想好？时间会很快溜走哦）（课件计时，汇报）

1分钟好好利用可以做许多有益的事情。（分秒必争）你想想1秒钟你能做什么呢？（其实1秒钟就在我们一眨眼、一喘气、一翻书间过去了）

三、巩固拓展，总结升华

1. 扩充信息，巩固提高。

老师这儿还有一些信息（课件视频）：

（1）跳水运动员 1 秒钟可完成整个空中动作过程。
（2）火车每秒行 55 米。随着科技的发展还经常提速。
（3）飞机 1 秒约行 250 米，这才叫一眨眼就不见了。
（4）月亮绕地球运行每秒约 8000 米。
（5）声音 1 秒钟能传 340 米。
（6）光 1 秒钟能走 30 万千米。
北京奥运会中国代表团位居金牌榜首位。

师：这是第 18 块金牌，女子 200 米蝶泳决赛，刘子歌以 2 分 04 秒 18 的成绩夺得金牌并打破世界纪录。体育健儿用汗水实现了历史性的突破。原记录提高了 1 秒 22。

同学们知道了这些信息，你有什么感受？（生答）1 秒虽短，但充分用好它却能做很多有价值的事情，能改写历史，能创造奇迹，我们应珍惜每一分，每一秒。

2. 全课总结，延伸升华。

同学们的收获真不少，愿我们都能像今天这样做时间的主人。今天回家后能把你的这些收获和感悟，写一篇数学日记，作为给时间的信吗？

师：古往今来人们对时间的感悟总是特别深，总会用一些词句来形容它，你们都知道哪些？

（课件配乐）师生共颂：光阴似箭、争分夺秒；时间是由分秒积成的，善于利用零星时间的人，才会做出更大的成绩来。（华罗庚）

板书设计：

秒的认识
秒针走 1 小格就是 1 秒
1 分 =60 秒

评析：

1. 创设情境、激发兴趣。

老师利用学生熟悉的北京奥运会倒计时，火箭发射倒计时，新年联欢晚会等场景，使学生直观认识生活中"秒"的存在，帮助学生认识抽象的时间概念。通过让学生参与倒计时的活动，使学生初步感受"1 秒"的长短，同时激发学生学习的兴趣。

2. 给学生足够的探究时间，增大探究空间。

老师设计了同桌互相说一说自己有哪些有关秒的知识这一环节，通过同桌交流的方式，学生们发现了"钟面上最长的是秒针"，在整个探究过程中，问题是开放的，目标是明确的，思维是发散的，操作是自由的，学生始终是主动的。这样，学生在自主探究的过程中真正理解和掌握了数学知识、数学思想和方法。

同时，在这一过程中所获得的数学活动经验有助于学生的进一步学习。

3. 注重学生对知识的体验、感受的过程。

老师让学生通过看秒针走动，猜测1秒钟你可能会做些什么，亲自试验一下，体验"秒"的实际意义。最后通过多种形式的活动，让学生脱离钟面的辅助作用进行再体验从而形成初步的1分、1秒的观念，是学生体验到数学的价值。

"可爱的小猫"教学设计

长春市绿园区教师进修学校　王　琳

【课题】

可爱的小猫。

【教材版本】

北师大版。

【年级】

六年级。

【课型】

新授课。

【目标设定】

1. 经历将"小猫乐乐"在方格纸上利用"数对"放大的探索过程，通过"填一填""画一画"等活动，体会用"数对"的变化进行图形的放大与缩小的方法，积累数学活动经验。

2. 在活动中体验图形的多种变化，感受在方格纸上利用"数对"进行图形的放大与缩小的趣味性，激发数学兴趣。

【重点难点】

掌握用有序数对表示图中的点的方法，并能应用数对中数的扩大或缩小，完成图像的放大或缩小。

【教学准备】

多媒体课件、实物展台、学案。

【教材分析】

"可爱的小猫"是北师大版小学数学六年级下册的一节综合实践活动课，教科书设计了"可爱的小猫"的有趣的探究活动，利用表示"小猫乐乐"轮廓的点的数对的变化进行图形的放大与缩小，在比较中感受表示轮廓的点的数对的两个数都乘相同的数，变化后的图形与原来的图形才像。此活动的本质是"在直角坐标系背景下体会图形的放大与缩小"（如放大、缩小、拉宽、拉长等），体会图形变化的多样性。

【教学过程】

一、谈话，复习导入

前置板书：可爱的小猫
师：我们学过哪些有关数对的知识？
（确定位置，正比例图像）
根据学生的回答，追问：你在班级的位置可以用哪个数对表示？
板书：（横轴数，纵轴数）
师：这节课我们跟随小猫家族，继续研究有关数对的知识。

二、提出问题，自主学习

（学习单前置）师：结合学习单，谁来说说你用哪些数对表示小猫乐乐的轮廓点？
指生汇报，教师针对位于轴上的点做指导。

三、合作探究，发现规律

1. 同桌互学
师：对比观察书上表格中表示乐乐、天天轮廓的点的数对，同桌互相说说你有什么发现。
（同桌交流发现，指生汇报）
教师结合学生的汇报，课件圈画演示学生的发现。
师：如果王老师用数对 (x, y) 表示乐乐的轮廓点，那么天天的轮廓点可以怎样表示？
教师根据学生的汇报板书：(x, y)，$(2x, y)$。
2. 学生独立思考，小组合作学习
师：根据刚才的学习过程，独立观察表示晶晶、欢欢轮廓点的数对，并与组内同学说说你的发现。

[生汇报发现的规律，师根据汇报，完成板书：$(x, 2y)$ $(2x, 2y)$]

师：猜一猜，哪只小猫最像乐乐？（生自由说）根据表格中的数据，在教材57页的方格纸上画一画，验证你的猜想是否正确。

3. 对比发现，总结提升

师：观察最像的两只小猫的轮廓点的数对，你有什么发现？

（引导学生回答：数对中2个数字同时扩大相同的倍数或对应线段成比例）

师：与乐乐相比，天天、晶晶又发生了什么样的形变？与表示它们轮廓点的数对有什么关系？

引导学生总结。

师小结：通过以上的探究活动，我们不难发现：想在方格纸上改变图案的形状，可以通过改变图案轮廓点的数对实现。

四、自我评价，总结提升

1. 梳理知识，自我评价

师：孩子们，这节课，我们用学过的数对知识解决了小猫家族遇到的数学问题，谁愿意谈谈你有什么收获？

2. 全课总结

师：其实数对除了可以表示位置，使图案变形，在生活中还有许多其他的应用，同学们可以搜集这方面的资料完成一篇数学日记或一张数学手抄报。

【板书设计】

可爱的小猫

乐乐　天天　欢欢　晶晶

(x, y) $(2x, y)$ $(x, 2y)$ $(2x, 2y)$

拉宽　拉长　放大

评析：

王老师《可爱的小猫》这节课，有以下亮点：

1. 充分利用表示"小猫天天、晶晶、欢欢"轮廓点的数对的变化，进行图形放大与缩小，在比较的基础上，发现表示轮廓的点的数对的两个数都乘相同的数，变化后的图形与原来的图形才像（实际上就是与原来的图形相似）。使学生在这样有探究活动中放大、缩小、拉宽、拉长等变化情况，从而体会了图形变化的多样性和有趣性。

2.活动的内容趣味性强、好玩，有利于学生的创造性思维的发展，而且学生在"确定位置"学习时已经有了用"数对"表示特定的点的知识经验，有利于学生参与活动、体会图形的放大与缩小。

能够充分发挥学生的学习主动性，激发学生的探究欲望与合作意识。

"比的应用"教学设计

春光小学　陆　瑶

教学内容：

书74页比的应用。

教学目标：

1.能运用比的意义解决按照一定的比进行分配的实际问题，进一步体会比的实际意义。

2.经历运用所学知识解决实际生活中一些简单问题的过程，掌握按一定的比分配的问题的解答方法。让学生通过观察、操作，经历与他人交流各自解题策略的过程，体验策略的多样性，并选择合适的方法。

3.使学生在探索未知、寻求成果的过程中品味学习的乐趣。

教学重点：

通过观察、操作，经历与他人交流各自解题策略的过程，体验策略的多样性，并选择合适的方法。

教学准备：

课件、表格。

教学过程：

一、创设情境，引入新课

师：秋季是丰收的季节，农民伯伯采摘了一些橘子送给幼儿园的小朋友。（出示情境图）

师：从图中你知道了什么数学信息？

【学习成果预设：学生能找出幼儿园有两个班，一个班20人，一个班30人，要分一筐橘子。】

师：这一筐橘子怎样分才合理？

【学习预设：学生会有多种分法，如一人一个，两个班平均分，按3：2分……】

师追问：3∶2是什么意思？怎样分是按3∶2分的？（板书：3∶2）

师：看来比不仅能表示蜂蜜水的甜度，苹果的价格，还可以帮我们解决分配问题，这节课咱们就一起探索比在生活中的应用。

二、合作学习，探究新知

师：现在咱就按3∶2把这一大筐橘子分一分，看谁分得既合理又快，把每次分得结果记录在表格中。

学生独立完成。

【学习预设：有的小组从小数开始按顺序分，有的小组从小数跳跃着分……】

师：分好后小组内说一说你是怎样分的，推选一个讲给大家听。

学生汇报。

师：在这次分的过程中，你发现了什么？（无论怎么分都是按3∶2分的）

【总结：不管哪种分法，都体现了按3∶2分的含义。】

出示情境图有140个橘子。

师：这筐橘子一共有140个，按3∶2分每班应分到多少个？用你喜欢的方法试着解决这个问题。

学生独立完成。

【学习预设：学生能用画图的方式，算术的方法，也许还会想到方程。】

师：把你的方法讲给小组成员，从中推选出最佳方案。

学生汇报（列表、算术、分数乘法、方程）。（板书）

看书质疑。

师：这节课我们共同研究了比的应用，从书中找到你的方法了吗？（如果哪种没展示就请学生说说）

指名小结：这节课我们用比的知识解决什么问题？

【学习预设：用比解决了分配的问题。】

三、练习

1. 一个足球的表面是由32块黑色五边形和白色六边形皮球围成的，黑色皮和白色皮块的比是3∶5。两种颜色的皮块各有多少块？

2. 一座水库按2∶3放养鲢鱼和鲤鱼，一共可以放养25000尾。其中鲢鱼和鲤鱼各应放养多少尾？

3. 学校图书馆新进了450本图书，按4∶5分给四年级和五年级，应该怎么分？

4. 一种什锦糖是由奶糖、水果糖和酥糖按2∶4∶3混合成的，要配制这样的什锦糖450千克，三种糖各需多少千克？

板书设计：

比的应用

3 ∶ 2

30 ∶ 20

54 ∶ 36

评析：

1. 问题导读，导入新课。

陆老师创设了分配橘子的问题情境。通过分配橘子的操作，说明在我们日常生活和工农业生产中，常常要把一个数量按照一定的比来进行分配，由此导入新课——"按比例分配"。这样安排导入有利于学生把握知识的发展变化与延伸，从而激发学生学习兴趣。

2. 把握新旧知识和连接点。

在导入新课后，陆老师设计了摩拳擦掌练一练的环节，通过练习复习比和分数关系，把握新旧知识和连接点，为分散难点起着积极的迁移作用，而且还及时进行总结。

3. 问题引领，自主探究。

《数学课程标准》提出："数学教学应该是从学生的生活经验和已有知识背景出发，向他们提供充分从事数学活动和交流的机会。要运用学生关注和感兴趣的实例作为认识的背景，激发学生的求知欲，使得学生感受到数学就在自己的身边，与现实世界密切联系。"在提出探究的问题后，陆老师要求学生摘录重要的数学信息，并提出了一系列具有启发学生思考的问题，引导学生有条理地思考问题，自主探究，并找到解决问题的不同方法。在一种无声的语言中，学生学会了思考问题的方法，找到了解决问题的策略。

"分桃子"教学设计

长春市第八十七中学小学部　付姗姗

教学目标：

1. 探索用竖式出发解决问题，习得解决实际问题的能力。

2. 探索并掌握用竖式计算两位数除以一位数的计算方法。

3. 经历平均分物的过程，体会平均分物过程与竖式计算过程的联系。
教学重点：
竖式计算的书写格式和计算过程。
教学难点：
理解除法竖式中的每一步算理。
教学准备：
课件，小棒，学习单。
教学过程：

一、创设故事情境，激情导入

话说一天孙悟空在花果山闲逛，看见两只小猴子因为一个桃子争得不可开交，心想，这好办，拔出一根毫毛一变。看！他变出了什么？
生1：桃子。
生2：一堆桃子。
生3：6筐零8个桃子。
生4：68个桃子。
通过创设这样的情境让学生经历获取信息——发现问题——提出问题的过程，为后面解决问题打好基础。

二、直观操作，自主探索算理

师：要把这些桃子分给两只猴子，应该怎么分比较公平？你能列出数学算式吗？
生1：每只分34个。
生2：平均分。
师：每只猴子分到多少个？让我们来分一分算一算吧。
师：请同学们根据屏幕上的学习指南用小棒代替桃子分分看。谁愿意给大家读一读学习指南。
学习指南：
1. 先自己动手分一分，试着用算式表示分的过程，把算式写在学习单上。
2. 在小组内交流自己的分法和算式，说清楚先分哪一部分，再分哪一部分。
3. 交流汇报，把你的分法和算式说给大家听。
师：哪一小组同学愿意来汇报，说一说你们分的方法。

生1：我先分6筐，每只猴子分3筐，再分8个，每只猴子分4个，这样每只猴子就分34个桃子。

说说你的算式。

生2：我先分60，每只分30个，再分8个，每只分4个，每只猴子最后分34个。

师：说说你的算式。

生3：我先分整筐的，第一筐给第一只猴子，第二筐给第二只猴子，八个桃子一个一个分。

师：你用怎样的算式表示你分的过程？

师：除了用刚才的算式表示分物过程，我们前面学过用竖式计算除法，你能试着用竖式计算这道题吗？

师：把你的竖式写在学习单上，在你小组内和同学说一说竖式每一步的意思。

师：谁愿意把你的竖式展示给同学们，并说出每一步的意思。

生1：68除以2，先用6除以2等于3，再用8除以2。

在这一环节中，我通过设置学习指南及学习单引导学生借助小棒这一直观模型自主探索分物过程，小组内交流分的方法。在交流中要求学生做到：

1. 说清楚先分哪一部分，再分哪一部分。

2. 结合具体分桃子的过程，引导学生用算式表示分物的过程，并把算式写在学习单上。

通过这样的设计使学生进一步将每一步的计算和具体的分物过程对应，帮助学生理解计算算理和方法。

三、合作互助，总结竖式算法

根据刚才的口算过程，鼓励学生尝试用竖式计算，展示不同算法。

在这一环节中，学生通过小组合作交流计算过程进一步体会除法竖式计算的顺序及写法。

四、交流分享，巩固提升

师：孙悟空刚要分桃子，又来了一只猴子，把68个桃子平均分给3只猴子，每只分多少个？还剩几个？

师：你能用刚才竖式计算的方法算一算吗？

在学习单上写出你的计算过程。

师：谁愿意展示你的计算方法？每一步计算表示什么意思？

师：谁愿意再说一次？

师：这两位同学讲的真不错！

借助这一情境，解决有余数的除法竖式计算过程。让学生进一步说清每一步计算含义，特别是余数表示什么。

五、练习巩固

师：同学们，老师还想请大家帮我一个忙，你们愿意吗？帮助幼儿园的小朋友分积木。

通过练一练的第一题、第二题，帮助学生进一步巩固除法竖式计算的方法。

六、回顾总结

这节课你有什么收获？

评析：

付老师上了一节有价值、有味道、有营养的课。有价值主要体现在课的伊始，能够创设情境，激发兴趣，让学生经历了获取信息——发现问题——提出问题——解决问题的全过程。有味道主要体现在直观操作，探索算理的环节上，让学生明白了两位数除以一位数的算理，品尝到浓浓的数学味。有营养主要体现在数形结合，寻求本质这部分，这是给学生一种数学思想，这种思想将给学生无限力量，去解决其他相关的计算方面的问题。这节课的理念正符合吴正宪老师的观点："让儿童在好吃中享受有营养的数学学习。"

"分一分"教学设计

民主小学　张丽影

教学目标：

1. 结合具体情境，让学生经历探究怎么样表示"一半"的过程，体会分数产生的必要性，会读写分数。
2. 通过折纸活动，创造分数的过程，进一步体验分数的意义。
3. 感受分数与实际生活的密切联系。
4. 培养学生的合作意识，学会与人合作。

教学重难点：

理解分数的意义，能表示简单的分数。
教具学具准备：
正方形、长方形、圆、彩笔等。
教学过程：

一、创设情境，导入新课

挖掘潜能。

师：今天老师和大家初次见面，我们先来做一个互动游戏增进一下对彼此的了解，看看谁和我配合最默契！游戏规则：我来出题，你用拍手来解答，有问题吗？请听题：

师：老师这有4个苹果，平均分给2位同学，请你用手势告诉我，每人分到几个苹果？（生迅速做出反应。）

师：正确。那老师如果有2个苹果，也平均分给这2位同学，请你用掌声告诉我们，每人分到几个苹果？（生拍一下手掌。）

师：现在只有一个苹果了，还要平均分给2个同学，每人分到几个苹果呢？

师：同学们怎么不用拍手来回答了呢？

生：因为拍手不能表示半个苹果。

师：那这一个苹果你是怎样分的呢？

生：从中间切开，每人分到这个苹果的一半。

二、新授

活动一

1.（1）师：既然拍手无法表示"半个"，你想用什么样的方式来表示半个苹果呢？请把你的答案写在纸上，也可以发挥你的想象，大胆创造表示"一半"的方法，看谁的方法多。

（2）请全班的学生在练习本上画或写，再请4个同学上台用自己的方式画或写表示"一半"的符号。

（3）根据学生画、写的情况，全班同学发表自己的看法。

2.学生动手创作，教师让学生展示说出自己的想法。

3.在这些方法中同学们观察思考用哪种办法表示一半更直观更简单呢？（分数1/2）

（这就是这节课我们认识的新朋友，揭示课题：师板书认识分数）

师：同学们太有思想了，如果你们再早出生几千年，有可能发明的这种方法也会被后人所沿用，世界上也会又多了好多位数学家。大家现在也不要气馁，只要坚持钻研和创造，同样会成为新时代更出色数学家，老师相信你们！

【评析：教师此处的设计充分将一半和1/2统一起来，挖掘了孩子已有知识储备。】

活动二

4.展示分的过程。

师：现在就有1个苹果，我要分啦！同学们仔细观察（故意将刀子向外偏一些）如果老师把这两半苹果分给这节课表现最好的两位同学，你们同意吗？

生：（激动）不同意。

师：为什么？

生：没有平均分。

【评析：培养学生注意观察和置疑的习惯，更重要的是感知"平均分"。】

师：请一名同学来分苹果（重新分苹果，展示）

师：（故作神秘）这一半苹果用1/2表示，那另一半呢？

生：（抢答）1/2。

活动三

师：（总结）这一半苹果可以用1/2表示，另一半也可以用1/2表示。其实啊，生活中还有很多事物的"一半"都可以用1/2表示，请大家拿出你手中的学具找一找它的二分之一

【评析：在此处体会1/2不仅可以表示半个苹果，还可以表示许多事物的"一半"。】

生汇报：怎样找到手中学具的二分之一的

师：看来同学们通过努力钻研动手实践很轻松地就找到物体的一半，也就是二分之一，老师这还给大家准备了一些图片你能找到他们的二分之一吗？请大家动手涂一涂画一画！

师：能不能说一说你是怎样图得又对又快的！

生：找出它们的对称轴！

师：你真是太聪明了！我觉得此处应该有掌声。我们刚刚学过轴对称图形，你就能够学以致用找到了解决问题的最佳途径，这才是学习数学目的和乐趣所在！

师：电脑演示答案，质疑不同的涂法！

【评：注重了学习方法的培养。】

5.师：请同学们观察，前四种图形为什么突出的都是二分之一，形状却各不相同呢？

师：平均分的方式不同，所以形状不同，或者是说这个图形的对称轴不同（生说自己找对称轴的方法和原因）

师：我们把一个事物平均分成了2份，这两份中的1份就是它的1/2。（边说边演示）

活动四

6. 师：刚才同学们把这一个苹果平均分成了2份，每人分到一半也就是两份中的一份，我们用分数1/2表示，那你能把这苹果分给4名同学吗？请同学到前面来分一分。（那分到一块的用分数怎样表示？2块呢？3块呢？）

师：那如果把这个苹果平均分给8位同学呢？

活动五

7. 师：那你能利用手中的学具找到其他的分数吗？（动手操作发现生活中的分数）（找到后填涂完毕后粘贴在黑板上）

8. 师：大家找到了这么多的分数，你还知道哪些分数？

生：3/6、8/8、2/10，师板书

师：能不能说完？

生：不能。

师：看来分数是无穷无尽的。现在我们以3/4为例，你能通过观察这些分数说一说它是由几部分组成的吗？

生：3部分。

师：有谁知道他们的名称吗？

生：4叫分母，3叫分子，中间的横线叫分数线。

生：3/4。

像1/2、1/4、2/4……这样的数，我们把它们都叫作分数。

分数也有自己各部分的名称，你想知道吗？

3……分子（取的份数）

——……分数线（平均分）

4……分母（平均分的总份数）

读作：四分之三。

写法：先写分数线，然后写分母，最后写分子。

师：阿拉伯数字产生以后，分数就演变成"3 4"。后来人们觉得这样的表示用意和我们学过的整数弄混了，人们就想出了用一个表示分数最大特点的——平均分这种方式来区分它们。于是在它们中间加上了一条象征平均分，也是分数的重要标志的分数线，演变成了我们现在的分数。那我们的祖先这么有智慧，都发明了分数，你能骄傲地读一读它吗？谁能来试一试？（3个学生分别读四分之三，一个比一个骄傲）

师：孩子们，知道吗？欧洲使用这样的表示方式，要比我们中国晚1400年呢！古代人的聪明才智真让我佩服。

三、合作交流，巩固新知

练一练 1

师：同学们真能干，这么快就认识了分数。看来靠自己动手认识分数，大家掌握得很好，现在我们来看屏幕。

按分数把下面各图形涂上颜色（任意选择四个图形完成）。

练一练 2

师：这是一道判断题，请你仔细阅读，他们说的对吗？错在哪里呢？

1．拓展。

找一找生活中用分数表示的事物。

2．小结。

通过本节课的学习我们有哪些收获？

四、创新提升

金蛋晋级
基础卡
提升卡
创新卡

评析：

1．为学生提供动手操作时间和空间，独立思考与合作交流的素材，充分以活动为主线，以学生为主体，让学生在体验中主动构建新知。如："涂一涂""说一说""练一练""想一想"等几个环节，让学生自己动手操作，不仅激发了兴趣，更主要的是让学生在活动中有所体验，在体验中理解数学。

2．将练习贯穿在每个环节中，讲练结合，注重每个知识点的充分理解。调动学生多种感官认识分数，遵循儿童认知规律。

3．充分应用了直观教学，降低了认知的难度。

"练习四"教学设计

长春市绿园区红民小学　孙　菲

教学目标：

1.进一步巩固三位数加减法的计算，提高学生的计算能力。

2. 掌握验算的方法，培养学生良好的学习习惯。

3. 运用所学知识解决简单的实际问题，逐步提高学生提出问题并解决问题的能力。

重点难点：

进一步提高学生计算的熟练程度，培养学生思维的灵活性。

教学准备：

课件。

教学过程：

一、趣味数学，思维训练

小朋友们总是希望羊能战胜狼，所以我们规定了一种运算，用符号＊表示：

羊＊羊＝羊　羊＊狼＝羊　狼＊羊＝羊　狼＊狼＝狼

这个运算的含义是羊和羊在一起是羊，狼和狼在一起是狼，但是由于羊能战胜狼，当狼和羊在一起时，狼被羊赶走而只剩下羊。

聪明的你能验证一下下面的式子对不对吗？

狼＊狼＊羊＊羊＊狼＝羊

从左到右计算：狼和狼在一起是狼，狼和羊在一起是羊，羊和羊在一起是羊，羊和狼在一起还是羊。经验证得出上面的式子是对的。

二、情境导入，引入正题

（一）问题情境

本单元的学习结束了，你们有哪些收获呢？学习收获有很多，那学习的效果到底如何，我们通过检验才能知道。

（二）自主探究

1. 下面是阳光鞋店的售鞋情况。看图提出问题，并解答。

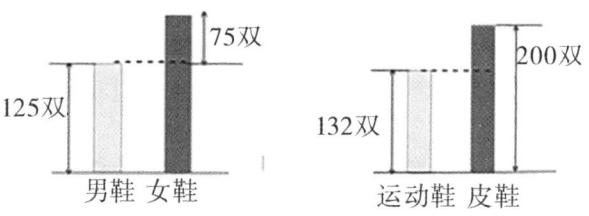

（设计目的：在具体解决问题的情境中，引导学生复习学过的计算方法，如口算、笔算，同时体会数学的应用价值。）

2．做一个玩具自行车用去186厘米铁丝。（1）估一估，剩下的铁丝还够再做一个同样的玩具吗？（2）剩下的铁丝长多少厘米？

（设计目的：估算的多种方法。）

3．在方块里填上合适的数，使竖式成立。

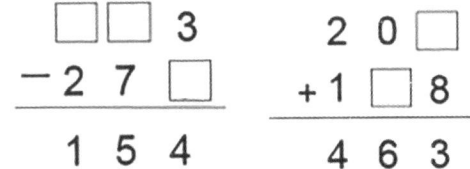

（设计目的：思维拓展训练，同时强调验算的重要性。）

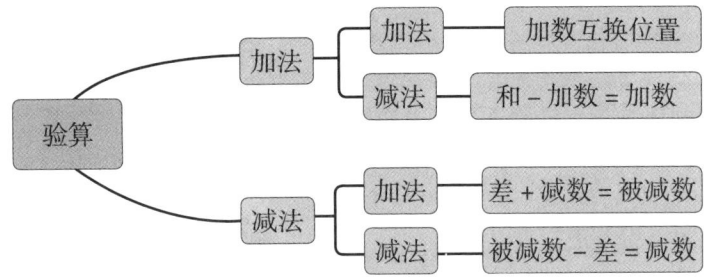

三、总结提升

对今天的学习，你们有什么体会？

评析：

孙老师所执教的练习课，是很多老师做公开课不会选的课型。因为这样的课很可能会上成一节枯燥、无趣的课，而练习课是使学生掌握知识、形成技能、发展智力的重要手段。孙老师迎难而上，使得这节课有"三新"。

第一"新"，新材——将"练习四"教材的内容进行了整理和重组，问题设计有梯度、类型全。

第二"新"，新意——将狼和羊的思维训练作为课的开始，开启头脑风暴，让练习更有趣、有意思。

第三"新"，新知——练习绝不是知识点的简单重复，而是通过练习发现知识的生长点，枝繁叶茂。

28

"露在外面的面"教学设计

87中小学部 袁冬薇

学情分析：

1. 大多数的学生能够结合实物准确描述出长方体和正方体的特征，大多数的学生都能说出正方体有六个完全相同的面，大多数的学生能根据生活中的实际情况求出长方体、正方体的表面积。

2. 通过对长方体、正方体展开与折叠的操作，加深了学生对长方体、正方体的认识。但是根据平面图去判定是否是正方体的展开图时，仅有超过半数的学生能准确判断。而且在测试的过程中，有一些同学自己动手做出测试卷中的图形样子，然后通过动手操作来帮助自己判断。可见，操作是提高学生空间观念的有效载体，我们在教学中要给学生创造动手操作的空间，以促进学生空间观念的进一步发展。

教学内容分析：

"露在外面的面"是第二单元长方体（一）中继"长方体的认识""展开与折叠""长方体的表面积"之后的第四节，它是在学生学习了长方体正方体特征、观察物体的方法、正方体表面积计算及找规律等内容之后进行的，旨在让学生在观察、操作、分析等活动中，有序地观察露在外面的面的数量，会求露在外面的面的面积，并经历探索规律的过程，同时渗透相关的数学思想方法。

教学目标：

1. 经历探索的过程，在操作、观察、分析等活动中，综合运用有关知识，解决露在外面的面的数量问题，并会求露在外面的面的面积。

2. 能做到有序、多角度去观察，并在经历中发现规律。

3. 在操作与交流中，体会归纳、替换的思想方法，进一步发展空间观念。

教学难点分析：

1. 使学生感受到长方体和正方体的表面积与生活的密切联系，培养学习数学的良好兴趣。

2. 能够准确地计算出多个长方体和正方体堆放时露在外面的表面积。

教学课时：

一课时。

教学过程：

一、谈话引入，运用方法

1. 师：请看大屏幕，这是一组立体图形，看谁能最先看出：它是由几个小正

方体组成的？（有8个小正方体）

师：能说一说你是怎么看的吗？

2.师：看来仅有观察还是不够的，还要在观察基础上加入合理的推想，把你视线所及看不到的在脑海中想到，才会得出正确结论。这节课，我们就继续用观察和推想这两种方法来探索"露在外面的面"。（板书课题）

二、操作体验，探索新知

1.师（请看大屏幕）：一个小正方体放在墙角，有几个面露在外面？哪几个？

2.师：继续看大屏幕，这有几个小正方体？

（学生可能回答：有4个小正方体）

师：它有几个面露在外面？你怎么想的？

师追问：不是有四个小正方体吗？你怎么只数了三个？

师生一起按照上面、左面和右面的顺序数露在外面的面。

师：他是这么数的，谁和他的想法不一样？

师：谁听清了，他是怎么数的？

师：现在我们来比较一下这两种方法，它们有什么不同？

（第一种方法是按小正方体的个数一个一个数的；第二种方法是从不同方向看的，先看上面，再看前面、右面）

师（边演示边总结）：第一种是逐一观察每一个小正方体，把他们露出来的面的数量分别数出来，然后再相加；第二种是分别从露出来的三个方向看，正面、上面、侧面，从不同方向数出露在外面的面的个数，然后相加。不论用哪种方法，只要按一定的顺序去观察，就不会重复，也不会遗漏了。

师：现在，请你从正面、上面和侧面观察这组立体图形，看到的是哪个平面图形？

3.学生操作。

师：这四个小正方体一起放在墙角，除了我们看到的这种摆法外，还可以怎么摆？小组同学先摆一摆，再数一数露在外的面有多少个，看你能有什么发现。

4.交流：你们小组是怎么摆的？露在外面的面有多少个？有什么发现？

学生可能摆出如下几种情况：

师：看着这些立体图形和它们露在外面的面数，你们发现了什么？

师（结合板书）小结：都是用4个小正方体来摆，但由于摆的方式不同，露在外面的面数也不同；即使露在外面的面数相同了，摆法还是不同。

现在我们算一算，不同摆法中，露在外面的面的面积是多少，已知正方体棱长10厘米，从黑板上的立体图形中选一个你自己喜欢的摆法，快算一算吧。

学生汇报。

5. 师：上课前，我们观察过这组立体图形，现在请你再看一看，它露在外面的小正方形有多少个？

师：你是怎么看的？

师：他能有序地进行观察，前、后、左、右、上，还发现了相对的面露出来的小正方形的个数是一样多的：左右一样多，前后一样多。可真了不起！

师：如果每个小正方体的棱长是5厘米，那它露在外面的面积是多少平方厘米？

三、合作探索，发现规律

师：刚才我们用4个小正方体随意摆在一起，露在外面的面数有所不同。现在我们用8个小正方体，按一定的方式有规律地摆，露在外面的面数会怎样变化呢？

1. 出示合作提示。

①小组同学商量、选择一种方式，之后按照这种方式有规律地摆（如横着摆、竖着摆……）。

②先由一个小正方体摆起，记下露在外面的面数；再逐个增加小正方体，并依次记录露在外面的小正方形的面数。

③边记录数据边观察，并把你们的发现写下来。

师：你看懂提示了吗？

2. 小组合作探索，并填写记录单。

3. 全班交流。

师：哪个小组愿意到前面来边说边演示，介绍一下你们小组是怎么做的，并说说你们的发现。

四、课堂练习

1. 学生做第5题，教师让学生用正方体拼成一个长方体，长方体的表面积与正方体的表面积之和是否相等？

2. 学生做第6题，教师让学生观察教室墙壁，注意除去门窗和黑板的面积。

五、谈收获

愉快的一节课结束了，我们在游戏中收获了数学知识，孩子们表现特别棒，老师相信，通过你们的努力，会在学习数学的道路上越走越远。

评析：

"露在外面的面"这节课要求学生在观察、操作、找规律等活动中，综合运用正方体的相关知识，发展空间观念，经历探索规律的过程，激发主动探索的欲望。在这节课的教学中，袁老师侧重了教学的活动化，把课程目标由"关注知识结果"转向"关注学生活动"，教学过程也由"给出知识"转向"引进活动"，让学生在人人参与的操作活动中学会思考，在活动中学会质疑、解思，体现了建构数学思想的全过程，使学生的思维得到了真正的发展，从而达到了预计的教学目标。

1. 注重了学生观察能力的培养，从不同角度、有序进行观察，掌握多种观察方法，并为学生发现露在外面的面数规律打下基础，同时也发展了学生的空间观念。

2. 让学生动手操作，给了学生一个自主操作的空间，同时也给了学生思维开放的空间，让他们的思维不仅停留在操作的层面上，还要在操作中有所发现——同样4个小正方体，堆放在墙角，摆法不同，露在外面的面数也就不同。

3. 袁老师对教材把握得很好，深入研究了本节课的精髓所在，有意识引导学生掌握本课重点、突破难点，将学生的思维进一步推向深处发展。

"什么是周长"教学设计

长春市绿园区教师进修学校　王煜煜

教学内容：

北师大版小学数学三年级上册第五单元第44、45页"什么是周长"。

教学目标：

1. 结合具体事物或图形，通过观察、操作等活动，认识周长。

2. 能测量并计算三角形、平行四边形、梯形等图形的周长。

3. 能结合具体情境，感知周长与实际生活的密切联系。

教学重点：

结合具体实物，通过观察、亲身体验等活动，引导学生在具体情境中理解周长的含义。

教学难点：

能测量并计算简单图形的周长。

教学准备：

1. 教师准备多媒体课件。

2. 学生准备细绳、直尺、彩笔。

教学过程:

一、激趣导入

蚂蚁王要举行一场昆虫运动会,今天老师就给你们请来了几位准备参加赛跑的运动员,你们想看看它们是谁吗?(课件依次出现)出示树叶运动场和赛跑规则。这几位小运动员是第一次参加运动会,它们不知道在运动场上该怎样运动,蚂蚁王想请同学们帮帮忙。

二、感知一周

1. 请同学们在树叶运动场上画一画,昆虫们怎样运动才符合比赛规则。
2. 请几名学生汇报是怎样画的。是从哪里出发,又在哪里停下来的?
3. 播放三只小虫子的学习情况,通过路线对比,让学生判断并感受一周。(板书:起点、边线、一周)
4. 两只小瓢虫还没学会,请同学们再来教教它们吧。
出示枫叶的叶子。(几名学生汇报)师指出他们的起点不一样,却都指出了树叶的一周。其实,无论起点在哪儿,只要是沿着树叶的边线绕一圈,重新又回到了起点,都是树叶的一周。
5. 小朋友,不仅树叶的表面有一周,许许多多物体的表面都有一周,请在你的身边找一找吧!摸一摸课桌面的一周,摸一摸你文具盒表面的一周。摸一摸你橡皮表面的一周……(板书:物体表面一周)
6. 物体表面有一周,那么图形有一周吗?出示书45页练一练1,你能用彩笔描出下面图形的一周吗?(学生展示描一周的过程)师总结:图形也有一周。(板书:图形一周)
7. 出示习题,你能找出下面图形的一周吗?

三、认识周长

1. 小裁判:(课件出示2只虫子比赛的情景)
这个比赛公平吗?为什么?
2. 揭示周长的概念:物体表面一周的长度就是它们的周长。
3. 结合实际再次明确周长的概念:如树叶表面一周的长度就是树叶的周长。黑板面一周的长度就是黑板面的周长。桌面一周的长度就是桌面的周长……

4. 量一量，理解周长的意义。

请同学们帮助 3 只昆虫解决问题。（课件出示三角形、长方形、梯形）这些图形的周长谁更长呢？怎么才能知道呢？（学生测量，汇报测量的方法和测量的结果）

5. 实践活动：帮蚂蚁王测量树叶的周长。

汇报并总结方法。

四、提高练习

刚才我们在活动中掌握了许多本领，蚂蚁王想知道我们同学谁的本领大，它给我们出了道难题，有信心解决吗？

师出示第 45 页 3.（1）瓢虫要围着这两个图形各爬一周，爬的长度一样吗？

（生讨论、汇报）（师课件演示）

通过这道题，你有什么收获吗？

两个图形不一样，周长有可能一样。

五、课堂总结

谁愿意跟老师同学们说一说，通过今天这节课，你增长了哪些本领。

希望同学们做个有心人，用你今天的收获解决生活中的问题吧。

六、板书设计

什么是周长

边线物体表面

起点·⬭——一周的长度

一周就是它们的周长。

评析：

1. 联系生活实际学数学。

本节课以学生熟知的生活素材为载体。新课开始又创设了小蚂蚁绕树叶的边缘爬一周的情境，找身边物体的周长等活动，从多角度让学生建立"一周"的空间概念。能够结合儿童的认知特点、兴趣爱好、心理特征等，设计了密切联系儿童生活的教学内容，使学生体会到数学源于生活，生活中处处有数学。

创设"自主、合作、探究"的学习方法。

2. 生判断，师总结的学习氛围。

教学方式真正改变了传统教学中由教师提问题，指名个别学生回答，教师牵着学生走的现象。为学生提供了自主学习的广阔空间，充分尊重学生学习的主体地位。新课伊始创设各种情境，不但为学生提供了独立思考的机会，也提供了合作交流的机会，让他们在合作交流的活动中互相学习，培养合作意识与探究能力。

3. 突出了过程与方法的指导。

"不仅重结果，更要重过程"是课程标准的又一新理念。我在引入"周长"这一概念时，没有过早地给出什么是周长，而是让学生通过眼、口、手、脑多种感官参与活动，逐步认识"周长"的含义。每个知识点的学习都是让学生亲自去参与，亲自去体验，亲自去经历，充分体验了知识的形成过程。

"三角形内角和"教学设计

绿园区长青小学　姜　静

教学目标：

1. 通过量、剪、拼、折等直观操作活动，探索并发现三角形内角和等于180度，发展动手操作、观察比较的能力。
2. 能运用三角形内角和的性质解决一些简单的实际问题。
3. 在亲历探索发现的过程中，体验数学思考与探究的乐趣，培养学习数学的兴趣。

教学重难点：

重点：经历三角形内角和的探究过程，并归纳总结出规律。

难点：体验三角形的内角和是180度。

教学准备：

教学课件、课前每人准备6个三角形（锐角三角形、直角三角形和钝角三角形各一式两份）、量角器、三角板、彩笔等。

教学过程：

一、导入

同学们，通过前几天的学习，我们和三角形已经成为好朋友，可是今天这些好朋友不知为什么突然吵了起来，你们想不想去看看？（想）请看大屏幕。（课件）

二、新课

师：你知道他们之间发生了一件什么事吗？

生：他们在争论谁的内角和大。（板书）

师：那什么是内角？

师：为了帮助区分，我们可以把三角形的三个内角做上标记，读作1、2、3。

师：什么是内角和？

生：三个内角的度数和就是内角和。

师：到底谁的内角和大呢？这节课我们就分小组研究它。

师：请看小组合作要求，谁能来读一下。

1. 小组内先互相说一说解决的方法。
2. 小组内成员要选择不同的三角形进行探究。
3. 探究出结果再互相说一说。

师：老师还给每个小组准备了学具袋。就让我们一起动手吧！

师：同学们都探究出结果了，请坐好，现在就把你们探究的方法和结果与大家作个交流吧！

1. 量一量。

师：谁先来说说。

师：你们组，用什么方法探究的，（量）那就派个代表来说一说，你们得出的结论是什么？

师：还有哪一组也用了量一量的方法，你们的结论是：180度。解决误差。

师：为什么他的结论和大家的不一样呢？（量错了）其实由于测量工具和测量经验的局限，我们在测量过程中可能会产生误差，这位同学就是在测量过程中产生了误差。

师：现在我们用量一量的方法，可以得出三角形内角和等于180度。

师：哪一组探究的方法与他们不同呢？

2. 拼一拼。

师：你们是用什么方法（拼一拼），到前面演示下。

师：三人汇报。

师：（插语）你拼的是什么角（平角），顶角在哪？

两条边呢？是平角吗？用直尺来验证一下。

师：真的是平角，那么你的结论是什么呢？

三角形的内角和等于180度。

师：（第二位）这位同学你能边演示边完整地把拼的过程说一下吗？

师：（第三位）你拼的是什么角？也拼成了平角吗？

师：大家看，通过他们拼一拼的方法，我们得出一个什么结论？

师：除了量一量，拼一拼，你们还有别的方法吗？

3. 折一折。

师：（插语）你们组用的是什么方法（折的方法），上来给同学们演示一下你们的探究过程。

生：完整演示。

师：（插在学生汇报的中间问）三个角的顶点对齐形成了什么角？（平角，证明了锐角三角形内角和等于180度）

师：其他两种三角形也可以这样折成平角吗？把它放在幻灯上给我们看看。

师：真的是平角，你能得出什么结论？

生：三角形的内角和等于180度。

师：其实拼一拼、折一折这两种方法是有一定难度和技巧的，你们能想到这两种方法真不简单，老师也做了一个课件给大家演示一下（课件演示）。

师：同学们通过你们的汇报和老师的演示，我们得到了一个什么结论？

生：三角形的内角和等于180度。

师：谁还能说一说。

师：谁还能说。

三、小结

师：我们研究三角形内角和，都能用量一量、拼一拼、折一折得出一个相同的结论——

生：三角形的内角和等于180度。（板书）

师：也就是说只要是三角形，它的内角和就一定是（180度）。

师：真了不起，在这么短的时间内探究出这样的结论，在很久以前数学家也证明了三角形的内角和等于180度，这个知识我们到中学以后还要学习。

师：有了这个结论你们能解决三角形的争吵吗？

生：你们别吵了，三角形的内角和都是180度。

师：你们已经帮助三角形解决了它们问题，相信下面这些问题，你们也一定能解决。

四、尝试练习

师：老师这还有一个问题，大家看。（教师出示不同的三角形，问三角形内角和多少度？ 1.一个大大的角。2.一个小小的角。3.再拿两个三角形拼成一个大三角形。4.把一个三角形剪成两个三角形问其中的一个。5.再把 4 题的两个三角形拼成一个四边形）

师：通过刚才这几个题，你们得出一个什么结论？

生：三角形无论大小、形状怎样，它们的内角和都等于 180 度。四边形的内角和是 360 度。

师：同学们的知识迁移能力可真强，那么，是不是所有的四边形内角和都是 360 度呢？我们课下自己验证一下。

五、巩固练习

师：再看这道题，请同学们默读，并把答案写在答题卡上。（课件算一算）

师：做好的同学看过来。（教师拿 3 个学生的答题卡，放在幻灯演示）

师：这是哪位同学做的，你来介绍一下你是怎样做的呢？（生 1 连减）

师：这是谁的呢？你自己来介绍一下？（生 2 减去和）汇报，你用不同的方法也得出了答案。

师：从这个列式上，你们发现什么不完整的地方了吗？这是谁的，你来说说。发现错误能及时改正，你进步一定很快。

师：第二题判一判。

第三题猜一猜。

师：同学完成的这么好，老师奖励你们一个游戏。你们可以任意想三个角的度数，只要内角和相加是 180 度，电脑就可以帮你画出来，在没有画之前你可以先想一想你要画的三角形长什么样？

师：老师先来一个 90 度、45 度、45 度。

六、总结

同学们玩够了吗？可是下课的时间到了，谈谈你的感受和收获吧？

师：今天我们不仅知道了三角形的内角和等于180度，而且还学会了量一量、拼一拼、折一折的探究方法，希望同学们把这个知识用在以后的学习中。

板书：

三角形内角和

方　法　
量一量
拼一拼 ｝三角形的内角和等于180度
折一折　　　　　（结论）

评析：

姜老师的这节"三角形内角和"在整个教学设计上，充分体现"以学生发展为本"教育理念，将教学思路拟定为"有趣的情境激趣设疑导入——自学猜想——验证（自主探究）——展示交流——反馈训练——小结"，努力构建探索型的高效课堂教学模式。

具体体现在以下几点：

1. 善用情境激趣设疑导入。

教学艺术不在于传授知识，而在于唤醒、激发和鼓励。刚开始上课，老师让学生观察两个三角形，到底哪个三角形的内角和大呢？这样，在很短的时间内最大限度地激发学生探究数学的愿望和兴趣，而且也很自然地揭示了课题。

2. 巧用猜想。

学生有了探索的愿望和兴趣，可是不能没有目标地去探索，那样只会事倍功半，甚至没有结果，这时老师出示了学习提示，使后边的探索和验证活动有了明确的目标。

3. 善用验证。（自主探索）

学生形成统一的猜想：即三角形的内角和等于180度后，不但让每个学生自主参与验证活动，而且使学生在经历观察、操作、分析、推理和想象活动过程中解决问题，发展空间观念和论证推理能力。

本节课充分体现：以学生发展为本，以学生为主体，思维为主线的思想；充分关注学生的自主探究与合作交流，知识技能得于落实和发展。

"体积与容积"教学设计

长春市绿园区同心小学　孟　楠

教学内容：

北师大版小学数学五年级下册第四单元 P36—P37 "体积与容积"。

教材分析：

《体积与容积》是在学生认识了长方体、正方体的特点，以及它们的展开图，理解了长方体、正方体表面积的意义和计算方法的基础上来开展学习的。体积与容积是比较抽象的概念，教材重视让学生在充分理解图形语言的基础上，通过具体的实验活动，了解体积和容积的实际意义，初步建立体积和容积的概念。

"物体所占空间的大小叫作物体的体积"这一概念的关键词是"空间"。在教学中，除了要注意学生的生活经验和动手实验相结合外，还要注意使学生理解物体会占据一定的空间（它是三维的），物体所占的空间是有大有小的。

"容器所能容纳物体的体积叫作容器的容积"，这一概念的关键词是"容纳"。学生建立了体积概念以后，理解容积也将会变得轻松一些。因此，在教学过程中我将抓住这两个关键词来引导学生去探索。

教学目标：

1. 知识与技能：通过具体的实验活动，了解体积和容积的实际意义，初步理解体积和容积的概念。

2. 过程与方法：在课件演示、实际操作和小组交流中，感受物体体积的大小、发展空间观念。

3. 情感、态度与价值观：体验生活中处处有数学，培养学生合作精神，激发学生学数学、爱数学的情感。

教学重点：

通过具体的活动，初步理解体积和容积的概念。

教学难点：

理解体积和容积的联系和区别。

教具、学具准备：

多媒体课件、烧杯、橡皮泥、土豆、紫薯。

教学过程：

一、创设情境，激发兴趣

1. 准备两个一样的纸杯，先将1号纸杯倒满水，再将1号纸杯的水倒入2号纸杯。水溢出来了，猜猜为什么？

2. 提出问题：为什么水会溢出？

3. 根据学生回答，点明关键词——占地方，即物体所占"空间"，揭示课题：体积与容积。

4. 说一说，在教室里哪些物体占了空间。当学生举例说到老师和学生时，教师在这个时候强调一下，老师占的空间大，你占的空间小。（让学生感知空间的大小）

5. 说一说，你们小组的土豆和紫薯，哪个空间大？哪个空间小？

二、探究问题，感悟知识

1. 通过实验，来验证自己的想法。
2. 学生通过动手实验，进一步感知物体所占空间。
3. 汇报小组的实验结果。
物体所占空间的大小，叫作物体的体积。
4. 课件出示 P37 第一题。说一说橡皮泥的形状改变，体积有什么变化？实验证明自己的想法。
说明同一物体，形状改变，体积不变。
5. 课件出示 P37 第二题。

三、指导活动，拓展延伸

1. 出示装满小米的瓶子，装满面粉的杯子，装满水的瓶子。
2. 能够承装别的事物的器皿叫作容器。
3. 装在器皿里的物体也是有体积的，我们就把器皿里物体的体积叫作容器的容积。
容器所容纳物体的体积，叫作容器的容积。
4. 一个装满石头的容器，一个装了半杯水的杯子，石头的体积和水的体积是不是就是容器的容积？
说明：一定要装满，即"容纳"。
5. 比较容积与体积的区别：
容积与体积有什么区别？又有什么联系？

四、应用知识，培养能力

1. 往一个杯子里倒满饮料，（　　）的体积就是（　　）的容积。
①杯子　②饮料
2. 运动员领奖台所占空间的大小，就是这个领奖台的（　　）。
①体积　②容积
3. 一个长方体的玻璃缸，它的容积（　　）它的体积。
①大于　②等于　③小于

今天这节课我们学习了什么内容？你有什么收获？对体积和容积的知识，你还想知道什么？

评析：

1. 充分借助实物，多次在操作、比较中逐步感受和完善对体积与容积的概念理解。如：土豆与红薯——感受物体所占空间；用橡皮泥——体会形状改变，体积大小不变，说明物体的体积跟形状无关。

2. 接着通过比较两个物体的大小，在观察、操作、比较等活动中，促进学生对体积概念的理解。借助实验操作把抽象的概念形象化了。让学生观察"水面升高了"，来体验红薯"占有一定的空间"，接着观察土豆放入后，两个量杯"水面高度不一样"，来体验"它们所占空间大小不一样"，使"物体所占空间的大小"变得可观察、可感受了。使得学生对物体体积的感受逐渐丰满、立体起来，归纳出体积的意义。

3. 在容积概念的教学环节中，首先是让学生认识容器，再设计了比较石头在两个杯子中水位的变化，激活了学生的思维，增强了学生探索的欲望。通过实验，学生对容积的定义由不理解到理解，得出容积的意义。

"搭配中的学问"教学设计
87中小学部　孙嘉繁

教学目标：

1. 结合"搭配食物"等现实情境，探索并掌握简单的搭配方法，能用适当的方式表示各种搭配方法。
2. 在尝试、展示、交流过程中，逐步学会按一定的顺序思考和解决问题。
3. 在探索用不同方式表示搭配方法的过程中，初步培养符号意识。

教学重点：

联系实际，通过"搭配食物"等现实情境，训练学生有序思考的能力，掌握搭配的方法。

教学难点：

初步学会解决最简单、最基本的排列组合问题，并且进一步体验解决问题策略的多样化。

教学准备：

课件，学习单，每人一个信封。

教学过程：

一、谈话导入

师：同学们，你们喜欢魔术吗？老师想告诉你们一个小秘密，我不仅是一个数学老师，我还是一个大魔法师。

师：看谁坐得最精神，我就邀请他成为我的小助手。（找出一名同学）（教师双手合十）

师：（教师悄悄地告诉他一句话，什么神奇的语言都可以）你吹口气，看看会有什么神奇的事情发生？（拿翻页笔，指向屏幕）

师：看，这里！（屏幕出现搭配的小视频）

师：我厉害吗？

生：厉害。

师：通过本节课的学习你就会像我一样厉害。

二、创设情境，探究新知

去能量馆。

师：（魔术手势）现在我把视频中的服装请到了 PPT 上（无序出示 2 个不同的上衣和 3 条裙子），你猜一猜它有几种搭配方法？

生1：3 种。

生2：6 种。

生3：9 种。

师：这是大家的猜测，下面就请你们拿出小学具摆一摆，看看到底有多少种搭配方法？

师：学具呢？孩子们，老师有点粗心了（注意语气），忘记把学具给你们变出来了。

师：嘘！我们闭上眼睛（双手合十）变！看看你们桌子的侧面。

在摆之前，我们先来看一下学习指南！（找一名同学读一下）

学习指南：①摆一摆。自己动手操作，摆一摆一共有几种搭配方法？②说一说。把摆的结果和同桌说一说。

生：动手操作。教师下去巡视，全面了解活动情况，及时抽取样本。

（一个个去看，蹲下身去指导，倾听。）

师：举头望明月，生：低头思故乡。

师：谁能到前面摆一摆你所有的搭配方法？

找一名同学到黑板前面摆，学生边摆边汇报。根据学生口述，教师进行连线。

师：他搭配的方法好吗？好在哪里？

生：有顺序/有规律。

师小结：我们发现只要按照一定的顺序，就会将搭配的方法找全，做到不重复，不遗漏。

师：现在大家跟老师一起来数一数。

从上衣出发，唰！1个3（手势伸出三个手指头），从衬衫出发，唰！2个3。（边说边板书3,3）。一共有多少种呢？预设1：3+3=6。

师：如果换个角度呢？可以从……

生：裙子出发。

师：（手势）唰，1个2，唰，2个2，唰，3个2，共有6种方法。预设1：2+2+2=6。

师：有没有更简洁的算式来表达呢？抽取出 $3×2=6$，$2×3=6$。

追问：你知道3、2分别代表什么含义么？

预设1：生（答错）：3代表3个裙子，2代表2件上衣。

师：应该是1件上衣配3种裙子，有2个上衣。

师：如果我现在再增加一件上衣呢？生：9种。

师：再增加一件上衣呢？生：12种。

师：那你能用算式表达一下吗？生：$3×4=12$（种）

师：看来同学们已经很好地掌握了我们的搭配方法。

师：根据我们刚才的搭配，你不用图片，能不能记录得更简洁让大家一目了然呢？

学生动手操作，呈现多种画法。

抽取3个样本。学生进行汇报。（学会倾听，你才会有收获）

师：（投影展示）来和大家来分享一下你的搭配方法。

学生到前面进行分享。

孩子们，这样的学具在我们的生活中不可能时时都有，我教你一个小魔法，让他时时都在你的身边，帮助你学习。

师：可以将上衣换成什么图形呢？

（准备多个图形，如三角形、长方形等图形，字母，数字等，学生说哪个就变出哪个图形出来）

师：除了图形，你还想用什么来代替呢？

生：数字、字母。

师：这是老师班同学画的一幅图，你能读懂她的意思吗？

生：12代表上衣，3、4、5代表裙子。

师：你们真是爱钻研的学生们，你们能够用图形、符号代替学具，这是一个非常好的学习方法，是我们解决问题很好的小妙招！

师：孩子们，前面已经积攒了魔力，现在我们就来试一试能否打开这个神奇的宝箱？

师：这个宝箱安装了密码锁。在宝箱旁边给出了一条线索，（密码锁是一个两位数，个位上的数是2、6、7、9中的一个，十位数字是5、8中的一个）

师：我们现在应该怎么做呢？

生：把所有密码都找出来，一个一个试。

师：总共有多少种搭配方法呢？

生：8种。（按顺序说）52、56、57、59、82、86、87、89。

师：看，这位同学听得多认真，它一定会成为一个优秀的魔术师。

（PPT出示带有数字的这6把钥匙，一个一个去试。试到第三把成功打开藏宝箱）

通过同学们的共同努力，我们成功地将密码锁打开。

师：这节课，我们学习的就是搭配中的学问。（贴板书）

同学们，你们开心吗？只要你高兴地做一件事情，就会有所收获，乐在其中。这节课我们就上到这里。

评析：

孙老师的《搭配中的学问》这节课，主要突出了以下几个特点：

1.遵循学生的认知规律，由易到难，层层递进，具有极强的层次性。

本节课从学生非常熟悉的服装搭配问题入手，激发学生对问题探究的兴趣。在探究时，遵循低年级学生的年龄特点，从简单问题入手，逐步加深难度，从看到摆到画最后到发现规律，层层递进。

2. 创设了有趣的教学情境，拉近了数学与生活的联系。

《课标》明确指出"使学生感受数学与生活的密切联系，从学生已有的生活经验出发，让学生亲历数学的过程。"上课伊始，以学生熟悉的情境导入，先让学生帮助搭配，最后联系生活实际引入数字的搭配，让学生充分感受到生活中处处有数学，体会数学与生活的紧密联系，达到了预设的教学目标。

3. 在操作中感悟，培养学生的动手实践能力。

数学教学中的"教与学"要以"做"为中心，在操作中感悟数学，体会数学。本节课教学中老师注重通过学生亲自实践探索，发现规律，总结方法。由于组合知识的抽象性，所以在教学中通过让学生动手摆一摆、连一连、说一说，在行动中感受排列组合的思想方法。

"九宫图"教学设计

第八十七中学小学部　王宏伟

益智器具：

九宫图

执教年级：

四年级第二学期

教学设计：

一、教学设计思路

玩——解——思——融

（一）益智器具分析

九宫图游戏对人们的思维锻炼有着极大的作用，从古时起人们便意识到九宫的教育意义。千百年来影响巨大，在文学、影视中都曾出现过。已经延伸成一种数字艺术，九宫格最早叫"洛书"，现在也叫"幻方"。

九宫图就是把 1~9 九个数字填到三行三列的田字形棋盘中，使其每一横竖斜之和都相等，在探究九个格子里数字摆放的复杂过程中，能够在很大程度上培养学生的推理能力、逆向思维。

（二）学情分析

总体来看，四年级学生学习习惯良好，学习积极性高，能较好地完成学习任务，已经初步有了独立思考的能力，掌握了一些基本的思考方法，能够提出问题，分析问题，解决问题，并且手、眼、脑的协调能力较为熟练。中年级学生对待新鲜事物仍然充满了好奇心，对解决问题也有足够的耐心和自信心。

（三）教学资源分析

PPT、Excel多媒体课件、九宫图益智器具。

二、教学目标

器具操作目标：
1. 认识并了解九宫图的游戏规则。
2. 引导学生探究九宫图的填法，掌握基本破解技巧。

思维训练目标：
1. 通过引导学生探究九宫图的填法，训练学生推理、观察、有条理地思考问题的能力，培养学生有序、全面思考问题的意识。
2. 培养学生的探究精神，使学生充分体验并感受到思维的魅力。

三、教学要点

教学重点：
1. 体会九宫格内中心位置数的确定是完成游戏的关键一步，在游戏中体验逻辑思维展开能力向推理能力的重要性。
2. 培养学生的观察能力、动手能力和规则意识。使学生在探索学习的过程中体验到成功的乐趣。

教学难点：
让学生知道九宫格还可以有更有趣的玩法。

四、教学流程

玩——解——思——融

创设问题情境　操作体验活动　总结提炼策略　应用拓展延伸

五、教学过程

教学环节	教学过程			
	教师活动	学生活动	环节意图	思维表现
①创设情境	1.师：孩子们喜欢玩游戏吗？ 师：王老师也特别喜欢玩游戏，今天我给大家带来了一款非常好玩的益智器具，它叫作——九宫图。（板书九宫图） 师：它是非常古的一款数学游戏。后来被传到了国外，把它变成了这个样子，还给它起了个新名字——幻方。 2.师：同学们想不想看看它的实物长什么样子？ 师：轻轻地打开它的盖子瞧一瞧吧。 师：你发现它的里面都有些什么？ 师：还看到了什么？ 师：这个空格就叫作宫，它有九个空格，所以叫作九宫图。有十个数字，九个空怎么办？其实最初的九宫图是没有零的，所以我们可以先把零放在一边。	生：喜欢。 生：轻轻地打开它的盖子瞧一瞧。 生1：有10个数字。 生2：有9个洞。 生：让每一行每一列每条斜线上的数和相等。也就是这样的每一行的和都是相同的，有三组和相同了。	对于益智器具，学生很喜欢，所以，上课时教师便以聊天的形式，激发学生的兴趣，调动了学生的积极性，为下面的教学活动做好了充分的准备。	学生喜欢玩游戏，兴趣浓厚，参与的积极性非常高。 学生对于"九宫图"的游戏有了一个非常明确的目标。 第一次操作，学生会根据已有的思维方式，尝试设计游戏规则。

48

①创设情境	师：同学们看到这样的一个游戏器具，你能不能制定一个游戏规则呢？ 师：同学们听明白了吗？ 可不简单，同学们敢不敢独立挑战一下？ 如果你成功了，请盖好，不要告诉其他人，开始。 板书（九宫图）巡视。	这样的每一列的和也是相同的，又有三组，而且斜线上也叫对角线上三个数的和也要一样。 要这样八组的和是相同的。	学生自己制定了游戏规则的，激发了学生的好奇心和好胜心，促使学生全身心地投入到学习中去。	九宫图。 尝试失败后，努力寻求解决问题的方法，正是有了问题，学生才有了主动探究的欲望。
②操作体验	老师刚才在巡视的过程中发现成功的还是少数。那同学们有什么问题呢？ 如果我知道什么信息我就能摆好了， 对于这些问题，哪一个是最关键的？我们要先去研究它。 师：同学们认为呢？ 师：请同桌研究一下，如何能解决一组和是多少？	生：我知道每一组的和就好了，请你说一说。 生：如果我知道它中心的数是多少就好了。 还有吗？如果我知道每一个数是多少就好了。 生：我的八组怎么也不能对上好的。 生：这一行的和最关键。 生：中间数最关键。 生：每一行的和最关键。 生：1~9的和应该是三组的和。	"学而不思则罔，思而不学则殆"，学生的思维活动总是由问题开始的，只有大量的操作失败经验，才能让学生感知到盲目的尝试是不可取的，进而开始深入思考，寻找解决问题的突破口。	问题激发了学生的兴趣和操作欲望，有方向性的去思考问题，使尝试思维转化为具体思维，使思维更有了指向性。

② 操作体验	师：很好，那我可以用计算机快速地算出来这九个数字的和，那如果没有计算机，我们怎样算比较快？ 那还有其他的办法吗？ 好的！高斯也用过同样的办法去解决一个等差数列求和的问题。 那其实它还有一个名字就叫作幻和。通过同学们积极的动脑思考，我们求出了幻和，接下来我们来研究——中心数，那这个中心数我们如何才能得到呀？ 你认为会是多少？能证明吗？ 那只是我们的猜测。那我们要去验证一下。 那我们得去验证其他的数字，是不是也可以？ 同学们想选几去试一试？	生：我们可以用凑十法，我们在一年级已经学习过了，而且经常会用到。 生1：用等差数列的方法。 生2：有中间数×项数。 生：那求出来了9个数字的和是45。这样子，再把它平均分成三份，就可以得到一组数字的和了。 生：我猜测是5。 生：我们知道了这个中心数横着用过了一次，竖着用过了一次，斜着还用了两次。 那中心数再加上另外的两个数字，应该是等于15的，最少应该有这样的四个算式。	培养学生观察后思考，通过分享交流，教师加以点拨，让学生感受到九宫格每个格子的作用。思维从混沌到清晰，从而启发学生智慧的火花。	根据规则要求，学生边操作边思考，培养学生良好的思维习惯。通过分享交流，充分发展学生的观察、思考与语言的表达能力。

② 操作体验	那同学们猜一猜，6应该在什么位置呢？ 并在大家的共同研究与努力下，发现我们可以先去找到它的幻和，然后确定它的中心数，然后再去找其他数字。真是不错的策略	我们拿六去验证一下，它可以是1+8,2+7,4+5。他只能用三次，所以我们可以暂且认为5是在中间的。 生：动手操作尝试，并完成幻方。	课堂教学是课堂思维活动的教学。在学生思维处于混沌的时候，给学生拼建了一个探究的支架。在游戏尝试中，经历思维分析的过程。活跃了学生的思维，提高了学生的能力。	学生信心十足地进行第二次操作。 全体学生品尝到了胜利的喜悦。
③ 总结提炼策略	那同学们能找找规律的？ 有了这些新的发现，我们再去填幻方可就简单多了。 看看幻方当中还有哪些有意思的事？介绍杨辉法、罗波法。	生：介绍发现规律，黄金二角、角的位置是偶数、8种图的关系。	借助学生分享挑战的过程，引领学生回顾操作方法，理顺操作思路，明晰思维、准确表达。培养学生归纳总结的能力。让学生习得"带得走的知识"，提升思考力，促进学生"核心素养"的提升。	启发学生回顾刚刚拼摆的过程和策略，积极组织语言表达。 学生通过交流分享，知道了这8种方法之间的联系与区别，发现了九宫图的奥妙之处。

④应用拓展延伸	同学们想不想去尝试一下？可是这个时候，老师就要加大难度了，请你把1到9放到背面，请你把1到9翻过来，看看它的背面。对，有这样的九个图形，我们可以用图形去做一个九宫图，看看你能办到吗？请动手。完成之后，应该得到了这样的一幅图。那像这里面的第一组三个图形，老师可以组成这样的一个小正方形，你能用其他组拼一拼试一试吗？请打开手中的信封。当你已经摆好了，可以举手向其他同学展示一下。发现这八条线都可以摆成这样条正方形，那我们就用把这样的一个幻方和几何图形联系在了一起，是不是非常的有意思？	学生动手操作。 学生汇报： 1组可以完成。 2组可以完成。 3组可以完成。 4组可以完成。 5组可以完成。 6组可以完成。 7组可以完成。 8组可以完成。	针对小学生的心理特点，利用竞赛的形式强化解决问题的技巧，学生的积极性被充分调动起来，通过小组合作，使学生获得积极的情感体验，从而产生浓厚的兴趣和需要。学生的学习活动变成一个生动活泼的、自主展示的过程。	学生对九宫格新的研究充满了期待，充满了自信，活跃思维，兴趣更浓，激起了自我提升，自我发展的信念。

(图)	九宫格。 幻和 15。 中心数 5。		

评析：

王老师执教的《九宫图》一课，设计思路清晰，层层推进，步步深入，始终以实践探究为主导模式，启发学生的思维，本节课可谓是与"思考"相伴的探索之旅。首先，学生初次操作九宫图，尝试失败。然后观察分析九宫图，智慧翻板算和，最后再用九宫图第二次操作验证。整个破解过程，学生通过感知、观察、尝试、反复操作器具等自主探究活动，破解器具难题。孔子说："玩索而有得。"智慧流淌在学生指尖，学生在把玩中，手巧心灵，头脑聪慧。学生沉浸在探究与发现中！

"编码"教学设计

长春市绿园区绿园小学 许晓越

【内容分析】

我执教的是北师大版四年级上册数学好玩中的一课——《编码》。意在鼓励学生从编码的角度，运用"数"表示日常生活中的一些事物，强化学生对"数"的应用意识，更加深刻地理解"数"的意义，逐步建立数感，同时能体会到"数"的简洁性以及应用的广泛性。

【学情分析】

我根据课前对班级学生的调查，发现学生对身份证及其数字代表的意义知道的甚少，缺少兴趣。为了激发学生探究新事物的欲望，掌握学习新知识的方法，培养学生的推理能力，我特意以柯南动漫人物为背景驱动孩子完成任务的动力。

【教学目标】

1. 结合具体的问题情境，了解编码的广泛应用，进一步体会"数"在日常生活中的作用，感受数学的文化价值。

2. 通过观察、比较、猜测来探索数字在编码中所表示的具体含义，体验编码中的一些规则和方法，会运用数描述某些事物的特征，进一步理解数的意义，逐步建立数感。

3.在利用编码解决问题的过程中，激发学生的数学探究欲望，发展学生的推理能力。

【教学重点】
1.知道数字在编码中表示的具体含义；
2.用数描述事物特征，解决生活中的问题。

【教学难点】
能够经过探索寻找到编码中的一些规则和方法，发展推理能力。

【教学准备】
教师：微课、课件、身份证号、二维码。
学生：收集自己的身份证号、语文书、数学书。

【教学过程】

一、任务驱动，激情引趣

师：记得上学期你们用自己的智慧，通过柯南的推理考核，成为一名合格的侦探。今日柯南又带给大家一个重大案件，你们敢接受任务吗？
生：敢！
师：请看案件的视频资料。（教师播放微课）

二、个性思考，思维碰撞

师：问题来了，怎么才能判断谁是犯罪嫌疑人呢？
生：可能和身份证号有关，有可能与银行卡号有关。
师：身份证号和银行卡号都是编码。（导入课题：编码）小小的编码就能解决问题，是不是太神奇啦，你们能猜到几号是犯罪嫌疑人，并且说出理由。
生：2、3、5号是犯罪嫌疑人，因为他们的身份证中的编号有1972，它表示年份。
师：你在身份证中还能得到其他的信息吗？
生：还有我知道年份后面是出生月和日。
师：你可以指出年月日分别在第几位吗？你是怎么知道的？当然，我还是通过看书来学习和解决问题，请同学们自学数学书91页，然后把你知道的在小组内说一说。（出示学习指南，关键是带着问题去思考）

三、集中展示，智慧生长

师：（课件出示身份证号）请你先回答第一个问题，身份证号有几位？找任意学生检查学习效果。

生：身份证共有18位。

师：每位上的数字表示什么意思？

生：前两位表示省，接着表示市，第4、5位表示区。

生：接着的表示出生的年份、出生月、出生日。

生：第15、16、17位表示顺序码，最后一位表示校验码。

师：为了记忆方便，我可以分类来记忆，你打算分几类？

生：我认为分为八类。

生：我认为分为四类。（学生边总结，教师边板书）

师：（课件出示）班级两名学生的身份证，判断男女，快速说出出生年月日和年龄。

生：猜出男女和出生日期。

生：我知道这个身份证是张嫒涵的，因为她告诉过我。

师：关于身份证编码，你还有不明白的问题吗？（如：省、市、区代码、顺序码、校验码等）

生：校验码是什么意思？

师：它是根据前17位计算而来，有时结果如果是10，就用罗马数字X来表示。

师：哈哈，看来我们的讨论离本案有点远，现在锁定的3个人物中，到底几号是真正的犯罪嫌疑人呢？说出你的依据。

生：看银行的卡号编码。

师：我们共同学习一下，课件出示银行编码，共计16位，主要分成3个区域，前六位为银行标识代码，后九位是发卡银行自定义代码，最后一位是校验码。你明白银行卡编码代表的意义了吗？

生：这回我们能找到嫌疑犯啦。

师：这是柯南给咱们提供的发卡银行的标识代码，你有什么新发现？

生：知道嫌疑犯是甲银行的，所以判定5号是嫌疑犯。

师：恭喜你们破案成功。

四、归纳创新，自我提升

师：我会把你们的答案发到柯南的邮箱。让他知道你们有多智慧。

师：其实，编码在生活中应用极为广泛，你知道哪些地方也用到编码啦？

生：学籍、学号、军事情报、电话号、邮政编码、车牌号、房间号等。

师：播放视频《暗算》中发电报的情景。

五、自我实践，总结真知

师：我出示两张编码，师生一起按照事先规定的规则和方法，来猜数字代表的汉字。然后，根据屏幕显示的规则编码：前三位是语文书的页码，接着两位为第几行，最后两位是从左往右第几个字，7位编码为一个字，规定时间为2分钟。

生：学生自己尝试编码的乐趣。

师：请同学分享编码，大家共同猜猜是哪个字或词句？

生：我的编码是……你猜到了吗？

师：小小的编码，意义无穷，大到国际战争机密，小到同学的学号，都离不开它，感兴趣的同学可以探索一下其他的编码秘密。

【板书设计】

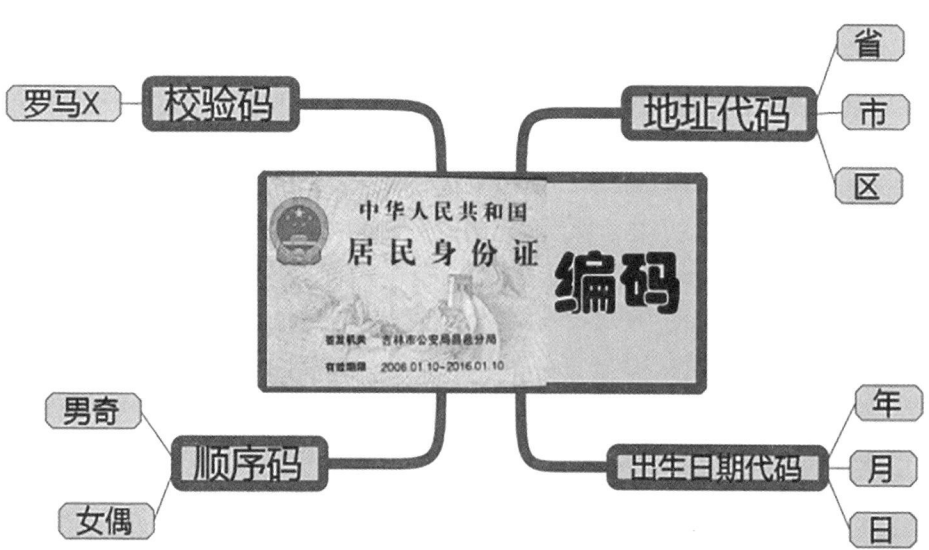

评析：

1. 精心设计，环环相扣。

许老师是通过"创设情境：案发现场遗留的证物来导入新课——讨论交流、探索身份证编码规律——联系实际，拓展运用"的环节展开有效教学的。在讨论交流、探索身份证编码规律，让孩子们进一步了解了身份证号码的科学性和唯一性。

2. 让学生深刻感悟到数学来源于生活。

通过对与身份证中数字编码的探索，体会到数学与现实生活的密切联系，让学生学有用的数学，并学会用数学去解决生活中的实际问题，帮助学生形成知识的整体性。体现了新课标提出的"人人学有价值的数学"教学新理念。

3. 注重实践与应用，体验一种编码的思想。

教师在教学中让学生体会到编码的科学性、合理性。通过自己编码等活动，让学生充分体验并认识到数学的简洁美，将这种编码的意识深深地植入学生的心中。

"奥运中的数学"教学设计

双龙小学　李　季

【起点】

学生在本学期已经学习了"小数加减法"和"小数乘除法"的知识，本节课以"奥运会"为主题，引导学生综合利用所学的知识，解决有关的数学问题。根据教材的难易度分析，我估计学生最熟悉的运动员是刘翔，学生也比较容易接受。因此我以"孙杨夺得世界冠军"导入，充分利用有关素材，开展数学活动。

【终点】

通过"奥运中的数学"一课，不仅要使学生能综合运用小数运算、观察物体等知识解决实际问题，使学生体会到数学的价值，渗透爱国教育，教育学生从小强身健体。

【过程与方法】

抓住"奥运中的数学"这一主题，创设情境，以情导航，引导学生参与算一算、猜一猜、论一论等教学活动。在学法指导上，我采取迁移、点拨、渗透、对比、反馈等多种指导方法，让学生自学、问题让学生提出，规律让学生发现，疑难让学生研讨，评价让学生参与。这既符合了新课程的教育理念，也体现了本课的特点。

【教学内容】

北师大版小学数学四年级下册第79页~第80页。

【教学目标】

①知识与能力目标：培养学生初步的应用意识和解决问题的能力。

②过程与方法目标：了解奥运会知识，体验学习乐趣，总结学习方法，学生从而达到愿学、乐学、会学、善学的境界。

③情感态度与价值观目标：引导学生全情投入，体验奥运文化内涵，发现奥运会特有的数学价值，渗透爱国教育，教育学生从小积极强身健体。

【教学重点、难点】

重点：运用知识解决奥运会比赛项目的数学问题，提高计算能力。

难点：灵活解决问题和位置的猜测。

【教学准备】多媒体课件等。

【教学过程】

一、由《奔跑吧，兄弟》音乐导入，激发学生兴趣

1. 综合运用，提升基础。

由奥运冠军孙杨引入新知。

出示前三名运动员的决赛成绩。

由孙杨参加的游泳比赛成绩，引出如何根据情境进行比较。

提问：你们根据这三名运动员的成绩能判断冲刺瞬间三人的位置关系吗？

引导学生展开讨论，达成共识：原来相差的时间越少，相差的距离就越短；相差的时间越多，相差的距离就越长。

依照上面的引导，学生会推导出第二幅图才是正确的冲刺画面。

【设计意图】根据三名运动员的决赛成绩，能自由提出问题并解决问题，培养学生解决问题的能力。懂得将数的大小关系与图的分析联系起来，让学生体会到：相差的时间越少，实际相差的距离越近，反之，相差越远。

2. 加深感情，巩固提高。

出示刘翔 2012 年伦敦奥运会 110 米栏比赛的决赛冲刺照片。

（1）让学生利用已学的知识去发现信息。

（2）出示刘翔与其他两人的时间差，让学生去判断。（数据与图片矛盾）

3. 巧用教材，拓展思维。

师：奥运金牌的取得，极大地鼓舞了中国运动员的士气，让我们再次穿越，去看看 2008 年奥运会中很有优势的跳水比赛。

出示情景图。

（1）学生阅读所给的信息。

（2）学生自己提出问题：秦凯落后何冲多少分？

生讨论，说明自己的看法。

（3）根据最后一跳的成绩，判断谁获得冠军。

师：孩子们，让我们再次穿越，去看 2012 年伦敦奥运会。我们现在所处的是射击比赛场地，你们所看到的是我国选手郭文珺参加射击比赛的决赛场景。当郭文珺打出第一枪时，中外记者纷纷从不同角度对她进行拍照。

出示课件，让学生辨认这四幅图片分别是哪个记者拍摄的？

学生观察、思考，汇报自己的想法。

4. 利用知识，解决问题。

师：现以比赛已经打完了前 7 枪，郭文珺比格贝维拉落后 0.2 环，只剩下 3 环就知道冠军属于谁了，当时所有人都为郭文珺捏了一把汗。最后三枪，两位射手的成绩究竟是怎样呢？让我们先来看一下她们第 8 枪和第 9 枪的成绩。

课件出示：

选手	第 8 枪成绩	第 9 枪成绩
郭文珺	9.8	10.4
格贝维拉	10.4	10.1

（1）问题 1：算一算目前谁获得第一名，谁获得第二名？

生动脑思考，独立计算。

（2）问题 2：第 10 环格贝维拉的成绩是 8.8 环，郭文珺至少需要打多少环才能获得冠军？

（3）问题 3：作为一名中国人，你们希望郭文珺能打出多少环？最希望她能打出多少环？

生自由说。

播放视频验证。

二、憧憬未来，迈向 2016

出示 2004 年、2008 年、2012 年奥运会金牌榜，让学生预测中国会取得多少枚金牌？

生自由说。

师总结：大家都希望中国能获得第一名。那就让我们共同期待，期待 2016，相信在巴西里约，中国运动健儿能取得优异的成绩。最后让我们共同努力，学好数学知识，像中国健儿一样为国争光！

【板书】

奥运中的数学

距离相差时间相差

跳水：
秦凯落后何冲多少分？
32.45+7.65=40.1（分）
谁获得冠军？
100.7-96.9=3.8（分）
32.45+3.8=36.25（分）
98-96.9=1.1（分）
7.65-1.1=6.55（分）

射击：
谁第一名？谁第二名？
（10.4+10.1+0.2）-（9.8+10.4）=0.5（环）
郭文珺至少要打出多少环才能获得冠军？
8.8+0.5+0.1=9.4（环）

评析：

李老师执教的《奥运中的数学》这节课，让我想起史宁中教授的话："用数学的眼光观察世界，用数学的思维思考世界，用数学的语言表达世界。"奥运会世界瞩目，奥运冠军世人敬仰。李老师就从孩子们熟悉的游泳冠军孙杨入题，开启思维难度比较大的问题大比拼。学生要有超强的观察力、高强度的思考力、凝练的总结力，从而总结："原来相差的时间越少，相差的距离就越短；相差的时间越多，相差的距离就越长。"至此灵动的思维没有停止，跳水、射击比赛项目将孩子的智慧火花再次点燃，课止意未尽，学生还沉浸在课堂的争论氛围中，这是一节有深度思考、用数学解决生活中实际问题的好课。

"谁先走"教学设计

长春市第87中学小学部　司长立

教学目标：

1. 知识与技能：根据生活经验和试验数据，判断简单的游戏规则的公平性。能设计对双方都公平的游戏规则。

2. 过程与方法：通过游戏活动，体验事件发生的可能性和游戏规则的公平性，进一步体会不确定现象的特点。

3. 情感态度价值观：通过创设教学情境，让学生参与活动，在活动中获得直观感受。

教学重点：

1. 体验、分析、判断规则的公平性，设计公平的游戏规则。

2. 在不公平游戏中讨论对双方及多方都公平的游戏规则。
教学难点：
让学生在游戏活动中体验事件发生的可能性和游戏规则的公平性。
教具准备：
骰子红、白色乒乓球。
教学过程：

一、创设情境，揭示课题

师：今天，咱们班里有两名同学遇到了一个难题，想要大家帮他们解决一下，你们愿意吗？（愿意）

看大屏幕。（大胖和小胖，他们俩怒目相视，到底为了什么呢？接着往下看）

师：大胖和小胖在下棋，他们都想先走，为此争执不下。为了公平起见你能替他们想个办法，决定谁先走吗？（板书课题）

二、体验探究，合作交流

活动一：掷骰子，体验游戏公平性。
生1：用抛硬币的方法：正面大胖先下，反面小胖先下。
生2：用猜拳的方法：石头、剪子、布谁赢谁先下。
生3：抽签：用纸条做两个签，谁抽到"先"就先走，抽到"后"的就后走。
生4：用掷骰子的方法：谁的点数大，谁先走。
生5：摸球：盒子里放一黄一白两个球，谁摸到红球谁先走。
师：大家想了这么多的办法真了不起，那我们就用掷骰子的方法来决定谁先走好吗？（好）
师：看老师提出的规则："点数大于3，大胖先走；点数小于3，小胖先走。"（不公平）
生：因为一个骰子有6个面，点数大于3有4、5、6三种可能，点数小于3只有1、2两种可能，对小胖不公平。
师：大家觉得他说的有道理吗？那你们能修改老师的游戏规则使游戏公平吗？
生：点数大于3，大胖先走；点数小于或等于3，小胖先走。
师：那就按大家制定的规则我们来掷骰子。（出示长方体骰子）

生：不行！1、2、3 所在的是小面，4、5、6 所在的是大面。掷骰子时大面朝上的可能性大。对小胖还是不公平！

师：那怎么办？（换成正方体骰子）

换成正方体骰子，规则不变，大家认可的情况下掷骰子，决定谁先走。

总结：做游戏时，只有在输赢可能性相等的情况下，游戏才是公平的。

活动二：抛瓶盖

师：9月23日李玉刚在长春举办演唱会，老师只有两张门票，我是带大胖去还是带小胖去呢？我有一个好办法，我来抛瓶盖，盖面朝上大胖去，盖面朝下小胖去。这个方法好吗？

学生意见不统一。

小组实验，出示实验要求。

通过实验数据来分析是否公平，并尝试解释原因。

这个办法不行，你能换个更好的办法吗？

三、玩游戏，并分析游戏的公平性

刚才我们都是看大胖和小胖在玩游戏，接下来我们全班一起来玩游戏好吗？（好）

1. 摸球游戏：男生、女生各找 3 名，来进行摸球比赛；摸到橘黄色球，则男生加 1 分；摸到白色球，则为女生加 1 分。
2. 幸运转盘：如果转到哪个颜色，那个颜色的代表队将每人获得 1 分当家币。
3. 男生女生对对碰。
4. 角色大考验。
5. 幸运之星。

四、总结：今天你有哪些收获

五、板书设计

　　　　　　　　　　　谁先走

　　　抛硬币

　　　掷骰子　　　　可能性相等游戏才公平

　　　抽签

　　　猜拳

评析：

首先，充分发挥学生的主体作用，让他们成为学习的主人。

司老师设计的生动有趣的游戏和活动，让学生充分参与到活动的全过程，让他们真实地玩游戏，感受游戏规则的必要性；发现游戏公平原则的重要性；主动寻找选择操作的公平方法；确定公平的游戏规则。让学生充分进行活动。组织的活动由浅入深，逐步加深学生的体验，从课堂上来看，孩子们的参与度高，课堂氛围好。

其次，培养小组团队意识，让他们经历搜集、整理、分析数据过程。

在研究"抛瓶盖"是否公平这一问题上，孩子们各抒己见，不能达成共识，于是，让学生小组合作，亲自从事试验，组内学生通过收集试验数据、分析试验结果，并且以表格的形式呈现，由小组填表后全班汇总，进而得出实验结论。这一过程，培养了孩子团队的合作意识，同时也让学生在活动中体会：真知来源于实践，要用事实来说话。试验起到了验证的作用，并且加以总结：这是一种很好的学习方法。既教会学生知识，又教会学生学习方法。

最后，通过生动有趣的游戏，感受数学的魅力，体会数学的价值。

在课堂练习中，设计了五个有趣的生活游戏，如"摸球游戏，幸运大转盘、幸运之星……"让全体学生都兴趣盎然地参与到活动中来，都会设计公平的游戏规则，让学生感受学有所用，感受数学的价值，数学从生活中来，到生活中去。学生自己通过操作，分析数据得出结论，让学生经历猜想到验证猜想的思维过程，培养学生科学的思想方法，并让这种思想方法伴随其成长的全过程。

"倍数与因数整理和复习"教学设计

正阳小学　胡　波

复习目标：

1.使学生牢固地掌握因数和倍数的有关概念，明确概念之间的区别与联系。

2.使学生初步学会分类整理的方法，感受事物是相互联系的，掌握一定的学习方法。

3.培养学生分析、判断、推理、概括的能力，使学生养成合作学习和勇于探索的良好品质。

复习重点：

明确概念之间的区别和联系。

复习难点：

在整理中构建"因数和倍数"的知识网络。

复习过程：

一、情境创设、导入复习

师：同学们好，在上课之前，我想送大家一句话，师手指大屏幕（请齐读）：温故而知新。谁知道这句话是什么意思？

预设：①对学过的知识要抓紧时间复习，才有利于后面的学习。②教我们学习方法。

师：是的，对所学的知识进行及时的复习、掌握一定的学习方法是非常重要的，能提高学习效率，做到事半功倍。今天我们就一起进行倍数与因数的整理与复习。（板书课题：倍数与因数整理和复习）齐读课题。

二、回忆整理、交流探索

1. 回忆一下我们都学习哪些知识。

倍数与因数的意义、关系。（举例说明）

明确0的特殊性。

2、5的倍数特征，既是2的倍数，又是5的倍数的数的特征。

奇数和偶数的意义。

3的倍数特征，同时是2、3的倍数特征、同时是3和5的倍数特征、同时是2、3、5的倍数特征。

找因数。（列乘法算式或除法算式找因数）

因数的表示方法可以是列举法也可以是集合法。

找质数。

质数、合数的概念，质数只有两个因数，合数有三个或三个以上的因数。1既不是质数也不是合数。

利用思维导图进行复习。

2. 小组交流讨论将手中的知识导图不完整的或落下的知识点补充完整。

3. 小组依次汇报，欣赏大家的思维导图。

4. 教师补充知识点遗漏之处。

运用思维导图来厘清知识脉络。

5. 补充知识的延伸。（8的倍数特征，4的倍数特征，9的倍数特征）

三、自主检测、巩固应用

通过同学们的共同努力，咱们弄清了倍数和因数等概念之间的联系，建立了一个比较科学的知识网络。下面我们来进行一次以"倍数与因数"为主题的知识大比拼，大家有没有信心！

四、反思小结、自主评价

通过这节课的学习，你有什么收获？
板书设计
    1. 倍数与因数的意义
    2. 2、5 的倍数特征   思维导图
    3. 3 的倍数特征
    4. 找因数
    5. 找质数

评析：

胡老师通过"因数与倍数→合数与质数→偶数与奇数"这些琐碎的知识点形成一条系统的知识链，使原来分散的学习知识得以梳理，由数学的知识点串成知识线，由知识线构成知识网络图，从而帮助学生完善头脑中的数学认识结构，形成知识体系。

练习题型设计新颖，有一定趣味，使学生不再感到数学复习课的单调与枯燥。在复习因数和倍数时，充分发挥学生学习主动性，判断一个数是否是 2 的倍数（或 5 的倍数）的好办法。补充其他数的倍数特征，充分利用课堂时间，在建构知识网络结构的过程中，以学生为主体，让学生展开组内交流和全班交流，适时给予点拨，引导学生深层次的思考。

"常见的量"教学设计

绿园区民主小学 朱晓平

【教学目标】

1. 在经历自主梳理常用计量单位的过程中，进一步弄清各种量的计量单位及

进率，明确它们之间的联系和区别，构建系统的知识网络，提高自主复习的能力。

2. 在生活化的复习应用活动中，进一步培养学生运用所学知识解决实际问题的能力，感受数学与生活的密切联系。

【教学重、难点】

分清各计量单位间的联系和区别，掌握各计量单位间的进率。

学会归纳整理知识的方法。

【教学过程】

一、创设情境，导入复习

师：同学们，今天老师给大家带来了一篇由"小马虎"王明同学写的数学日记。请看大屏幕。（请一名同学读日记）

今天早上从睡梦中醒来已经七点钟了，我立刻从床上爬起来，马上穿衣、洗脸、刷牙，不知不觉中已经过了20小时。该吃饭了，我端起一杯牛奶一饮而尽，又吃了200千克面包，一个煎鸡蛋。吃过早餐，我从抽屉里拿了100分钱冲出了门，因为今天是同学的生日，要买生日礼物呢！

师：你们笑什么？

师：同学们观察得真仔细，我们学习数学就应该细心、认真、一丝不苟。其实在我们日常生产、生活和科学研究中，经常要接触到各种量，并且进行各种量的计量。今天我们就一起复习：常见的量。（板书课题：常见的量）

二、回顾整理，建构网络

师：我们学过哪些量？它们各有哪些计量单位？小组同学共同分类整理。

（一）复习提示

①有哪些计量单位？是计量什么用的？

②常用单位有哪些？进率各是多少？

③有什么好的记忆方法？

（二）汇报交流

1. 长度。

（1）我们学过哪些长度单位？（千米、米、分米、厘米、毫米）

（2）它们之间的进率。

2. 面积。

（1）我们学过哪些面积单位？（平方千米、公顷、平方米、平方分米、平方厘米、平方毫米）

（2）它们之间的进率。

3. 体积、容积。

（1）体积单位有：立方米、立方分米、立方厘米。

（2）容积单位有：升、毫升。

（3）它们之间的进率。

4. 质量。

（1）质量单位：吨、千克、克。

（2）进率：1 吨 =1000 千克，1 千克 =1000 克。

5. 时间单位。

（1）时间单位：世纪、年、月、日、时、分、秒。

（2）进率：1 世纪 =100 年，1 年 =12 个月，1 年 =365 天 (闰年 366 天)。

有 31 日的月份是：1，3，5，7，8，10，12。

有 30 天的月份是：4，6，9，11。

平年的二月有 28 日。闰年的二月有 29 日。

怎样判断某一年是闰年还是平年？

（年份能被 4 整除的是闰年，不能被 4 整除的是平年，整百数年份能被 400 整除的才是闰年，如 1900 年虽能被 4 整除，但不是闰年）

教师补充：季度、旬。

每月分三旬：上旬（1 至 10 日）；中旬（11 至 20 日）；下旬（21 日至月底）。

（3）大小月的辨别：

歌诀：一、三、五、七、八、十、腊（十二月），三十一天总不差；

四、六、九、冬（十一月）三十整，只有二月二十八。

6. 人民币单位。

（1）人民币单位：元、角、分。

（2）进率：1 元 =10 角，1 角 =10 分。

7. 有什么好的方法记忆这些常见两个单位之间的进率？（课件——出示方法）

8. 找出并订正小马虎日记中的错误。

三、练习

四、回顾总结

今天我们主要复习什么知识？你们有什么新的收获？

板书设计：

常见的量

长度单位：千米　　米　　分米　　厘米　　毫米
面积单位：平方千米　公顷　平方米　平方分米　平方厘米
体积单位：立方米　　立方分米　　立方厘米
　　　　　　　　　　　　↑　　　　　　↑
容积单位：　　　　　　　升　　　　　毫升
质量单位：吨　　千克　　克
时间单位：世纪　年　月　日　时　分　秒
人民币单位：元　角　分

评析：

朱老师所执教的《常见的量》这节课，是一次对复习课有效性的挑战，更是一次对学生深度思考的训练。华罗庚说过："但凡读书，都需要经过两个过程，第一个过程由薄到厚，第二个过程由厚到薄。"课上巧妙地通过一则数学日记，引发学生对小学"常见的量"的知识回顾、构建框架、寻找联系、形成体系、纠错正念的层层递进，使学生形成了构建知识网络的思维模式。让学生把零散的知识串成了一条链，不管摘取哪个知识点，都能得心应手地解决问题。这样不仅改变了老师和学生"日复一日，课复一课"的倦怠，还增强了学生的兴趣、思维、动力的生长。

专题四 探索与发展

学生学习方法的养成和训练

绿园区春阳小学 崔淑静

《学会生存》一书中指出:"未来的文盲,不再是不识字的人,而是没有学会怎样学习的人。"科学的学习方法是学生掌握知识的向导,是发展智能的金钥匙,是提高学习效率的有力工具。作为一名教师,在教学活动中,在向学生传授知识的同时,我们应加强对学生进行学习方法的指导。下面说一说我在数学教学中的几点做法:

一、培养学生良好的"听、说、读、写"的学习习惯

(一)会听

数学教学中指导学生听课,首先,我从培养学生的数学兴趣入手来集中学生的注意力,激活他原有的认知结构,专心听讲;其次,指导学生会听我的话,主要应注意听老师每一节课开始所讲的教学内容、重点和学习要求,注意听老师在讲解例题时关键部分的提示和处理,注意听老师对概念要点的剖析和概念体系的

串连,注意听老师每节课的小结和对某些较难习题的提示;再次,指导学生会听同学的话,要能听出同学发言中的优点与存在的问题。

（二）会说

语言是思维的外壳,引导学生运用语言,展示自己的思维过程,是培养学生学会学习的重要措施,也是实现教学有效调控的主要方法。首先启发学生说思路,说思维过程。课堂上我让每个学生都有说自己想法的机会,可以让学生根据某一问题独自小声说、同桌之间练习说、四人小组互相说等等,通过说,训练思维方法。其次,引导学生用简明、准确、规范的数学用语,完整地回答问题,在引导学生观察、分析、推理、判断后,启发学生用自己的话总结、概括出定义、法则或公式,使感性认识上升为理性认识。

（三）会读

这里的读是指阅读数学课本,我主要是指导学生从各个方面去深入理解课本内容:①读标题。要求学生细细体会标题,能提纲挈领地抓住教材的主要内容。②读例题。在预习时我要求学生带着问题读例题,并初步领会解题方法。③读插图。我指导学生认真阅读课本上的插图,使学生更具体、更形象、更准确地理解文字的内容。④读算式。我要求学生准确地读出算式,弄清算式的意义。⑤读结语。要求学生对教材的结语逐字逐句地理解分析,以便准确地把握。

（四）会写

数学教学中对学生写的指导,一是要指导学生学会做学习笔记;二是要指导学生将数学语言转化为数学符号,数学符号是数学语言的重要表现形式,它不仅简洁美观,而且便于记忆和使用;三是熟练掌握数学中常用的书写格式;四是会作图,作图包括根据条件作图,解题时将文字语言转化为直观图形。

二、指导学生掌握"看、思、做、记"的学习方法

（一）引导观察,优化"看"

主要是培养学生观察能力和观察习惯。首先,使学生选准观察点,进行有目的的观察;其次,培养学生观察的兴趣和好奇心;再次,教给学生观察的方法,引导学生根据观察的目的和任务,选择合理的方式按一定的顺序去观察。与此同时,还要让学生初步学会做观察记录。

（二）诱导生变,优化"思"

我着力于以下四点:一是从学生思维的"最近发展区"入手引导学生积极主动地思考;二是善于变式思考。那是数学的一大特点,对于某一个问题,改变结论,

结论将如何,改变结论,条件又将如何,在变中求活,在变中找方法;三是比较归纳,将数学知识系统化;四是我在教学过程中,善于暴露思维过程,留下一定的思维时间和空间,让学生"思在知识的转折点,思在问题的疑难处,思在矛盾的解决上,思在真理的探求中"。这样,就能使学生学会并掌握基本的数学思想方法,达到启思悟理,融会贯通。

(三)指导操作,优化"做"

数学知识的一个显著特点就是严密的逻辑性和高度的抽象性,在教学中,我重视学生动手操作能力的培养。指导学生学会操作,首先要求操作要围绕教学目标进行,动手操作只是一种手段,不能与目的本末倒置;其次要指导操作过程,明确程序,不能把操作活动看作是一般的随意的动手活动,需要有目的、有计划地指导;再次要求操作要同观察、思维、语言表达有机结合,这样才能促进感知有效地转化为内部的智力活动,更好地理解知识,构建良好的认识结构。

(四)启导方法,优化"记"

要想学好数学,对老师所讲的概念、定理、公式、法则、重要结论、解题规律都必须记住。因此,在数学教学中我结合教学内容向学生传授记忆的方法。①理解记忆法。很多数学知识,光靠死记硬背不容易记住。如果让学生在理解的基础上记忆,就不容易忘记了。②分类记忆法。许多数学知识之间往往有着密切的内在联系,如果我们对它们进行恰当的分类,就可以形成一个知识网,记住了一个就记住了一类。③比较记忆法。对于一些容易混淆的概念,可以通过比较弄清它们的联系与区别,把两个概念组成一对进行记忆,也不容易忘记。

三、训练学生形成"会质疑、好想象、多角度思考、善应用"的学习品质

(一)训练学生质疑问难的学习品质

学起于思,思源于疑。质疑就是要善于寻找事物产生的原因,探求事物发展的规律。①通过对学生质疑问难的指导,提高学生质疑问难的能力。如我让学生学会从数学知识的联系和对比中提出问题,特别是对于易于混淆的内容提出问题;从数学知识的实际应用上提出问题,思考是否符合实际和是不是最佳解法等。②要关注各个层次的学生,尽量提供学生质疑问难的机会,每节课,都应留出时间让学生质疑问难。③还要调动学生质疑问难的积极性,使学生有质疑问难的愿望。④要讲究释疑的方式,做到学生自己能释疑的绝不相帮,对于学生自己有潜力释疑的,要组织他们积极讨论、争辩、翻书阅读、查找资料……想方设法找到解决问题的途径和方法。

（二）训练学生丰富想象的学习品质

想象是对过去经验和已有记忆表象的加工改造，构成新意象或观念的心理过程。如天文学家由鸟的飞行想到了人的飞行，发明了飞行器；由牛顿的万有引力提出了宇宙"黑洞"之假说。数学学科的想象虽非如此美妙，但数学教师应抓住数学学科的特点，挖掘教材中的想象素材，引导学生运用直觉想、跳出框框想、触类旁通想、举一反三想、四面八方想等方式，启发学生想象。

（三）训练学生多角度思考的学习品质

多角度思考，有利于培养和发展学生的求异思维、发散思维、逆向思维等优异的数学思维品质。学生优异的思维品质，有赖于教师在平时教学中持之以恒地培养。例如，在教学中常用一题多解、一题多问训练学生思维的发散性；常用一题多变训练学生思维的变通性；采用难题巧解训练学生思维的独特性；运用多题归一训练学生思维的求同性；运用多解择优训练学生思维的批判性等。

（四）训练学生善于应用的学习品质

数学是一门应用性很强的学科，数学的应用也已渗透到社会的方方面面。但在实际的课堂教学中，很少讲知识的来源和实际运用，学生的应用意识淡薄。因此要把教学内容尽可能地与现实生活建立起密切联系，这既有利于学生更加明确数学学习的目的和意义，也有利于增强学生将数学知识应用到生活实际中去的意识，还可以提高学生运用所学知识解决实际生活中问题的能力，让学生更深刻地体会到数学巨大的应用价值和数学的力量。如：怎样测算你家到学校的路程，如何计算操场的面积，怎样计算你家每个月应付的水电费，怎样计算你家存款的利息。

知识关乎事物，智慧关乎人生；知识只能看到一块石头就是一块石头，一粒沙子就是一粒沙子，智慧却能在一块石头里看到风景，在一粒沙子里发现灵魂。因此，我们不应该只教给学生一时有用的东西，而更应该教给学生一生有用的东西。

关于"乘法分配律"的几点思考

长春市绿园区合心小学　李　磊

乘法的运算律一共有三个：交换律、结合律和分配律，乘法分配律由于同时涉及乘法和加法两种运算，其形式、结构更为复杂，历来都是学生学习的难点之一。怎样才能更好地掌握乘法分配律，熟练地运用分配律进行计算，也一直是我在教学这一内容时一直在思考的问题，今天就和大家谈几点自己的想法。

一、明确意义，建立模型

数学知识的学习应该是一种理性思维的学习，而不是文本知识的记忆，从学生对乘法分配律的理解和应用情况来看，很多错误的根源在于没有真正理解其数学内涵和内在逻辑，而仅仅只是从外在的形式上记住了相关的结论。所以初涉乘法分配律，要使学生理解和掌握，关键是真正理解乘法分配律的意义。

乘法分配律其实可以简单地理解成买面包的问题：每个面包2元钱，第一次买3个，第二次买4个，一共需要多少钱？其实无论是用3个面包的钱数加上4个面包的钱数，还是先算出买了7个面包，再算总钱数，最后都是在求7个面包多少钱。我们可以列出等式3×2+4×2=(3+4)×2。学生可以明确左边算式的含义是3个2加上4个2实际就是求7个2的和，右边也是求7个2的和，所以左右两边相等。通过生活中的实际例子，理解乘法分配律的意义就是求几个相同加数的和，只不过我们可以把几个相同的加数分成几部分来求，即把整体分成几部分的和也就是"分"，也可以先求一共有几个相同的加数再求和，即把几部分合并成一个整体也就是"配"。由此推导出乘法分配律的字母模型a×c+b×c=(a+b)×c，这里面的c就是相同的加数，a和b就是相同加数的个数，乘法分配律就是一个"分"与"合"的过程。当孩子们真正理解了模型的含义，对于运用乘法分配律进行计算才能更得心应手。

二、通过对比，分类掌握

学习乘法分配律的主要目的是为了使计算更加简便，那么哪些类型的算式可以利用乘法分配律进行简算，这就需要我们在教学中交给学生计算的技巧。乘法分配律，无非就是正向的分配和反向的提取，所以通过整理，我把能用乘法分配律进行简算的算式分成四种类型。

（一）直接分配

这类题目就是直接根据乘法分配律的模型进行计算，我们也可以把它推广到三个数或者更多的数的和或者差与一个相乘。

例如：25×（40+4） （80+8）×125

（400+40+4）×25 (800+80-8)×125

在计算这样的题时，让学生先明确括号外面的数就是相同的乘数，括号里面的每个数都是乘数的个数，看好运算符号准确进行计算。

（二）先拆分再分配

这类题目的特点是两个数相乘，其中一个乘数接近整百或整千数，就可以把这个数先拆分成整百整千数加几或者减几，再与另一个乘数相乘，就把原算式变成了 (a+b)×c 或者 (a–b)×c 的形式，这样就可以直接进行分配了。

例如：25×99 102×36 4286×1002 999×35

（三）直接提取相同乘数

这类题目的特点就是两个乘法算式相加，乘法算式中具有相同的乘数，也就是乘法分配律模型中 a×c+b×c 的形式，这样就可以直接把相同的乘数提出来，把相同乘数的个数写在括号里，用加号或者减号连接，最后把两部分用乘号连起来，也就是一个"合"的过程。

例如：47×88+53×88 128×55–28×55

（四）先乘1再提取

这类题目的特点就是一个乘法算式加一个数或者减一个数，加或减的这个数又是前面乘法算式的一个乘数。

例如：99×38+38

根据经验，我们知道能提取相同的乘数必须是两个乘法算式的和或者差，而且要有相同的乘数，但这个算式中38虽然出现了两次但只有一个乘法算式，看似并不符合乘法分配律的特点，但我们可以先理解一下这个算式的含义：99个38加上1个38，所以就可以把原式写成99×38+38×1。这里运用了"一个数同1相乘仍得原数"这一原理，使新旧知识得以联系，恰当运用，提高解题能力。

总之，要让学生真正掌握好乘法分配律，就是让学生要抓住内在不变的"理"来理解外在不变的"形"。只有让学生准确地理解规律的"实质"，才能牢固地掌握规律的"外形"，学习在"变"中寻找"不变"的方法，这样的教学才是扎实和有效的，才是深刻和持久的，才真正发挥了教学内容的教育价值。

模型思想在小学数学教学中的应用研究

长春市绿园区青阳小学　杨柏秋

一、相关概念的界定

（一）模型与数学模型

1. 模型

模型意为规范、原型。它可分为实物模型和符号模型两类。实物模型是具有直观性的实物，它仿制或缩略了实物的形状结构，数量关系等特征。符号模型也可称作形式模型，是一种以图像、符号等进行表示的关系结构，它将现实进行简化和抽象化。总体而言，模型抽象化表示了实体的特征，所以它具有中介的作用，我们可以通过对模型的研究，深入了解实体的本质，从而更好地进行分析。

2. 数学模型

对于数学模型的概念理解，可以分为广义与狭义两种。广义上而言，一切数学的内容都可以被称之为数学模型，它包括了一切数学上的概念、理论体系以及方程公式等等。从狭义上来说，数学模型是一种结构，且能够反映具体事物的系统或者某些特定的问题。关于此概念的理解还可以参考《数学的理论与实践》以及徐利治老师的《数学方法论选讲》，徐老师曾在书中对数学模型做出过明确解读。而在小学阶段，乃至全部义务教育阶段，大多采取的是狭义理解。小学数学教学也涉及了众多的数学模型，例如方程、函数、图标、各类公式、性质定理等等。

（二）模型思想和数学建模

1. 模型思想

模型思想是一种基本的数学思想，是在抽象与简化具体的数学问题后建立数学模型，并利用该模型解决相关问题的意识观念。模型思想是本文的核心内容，合理利用模型思想，有助于让数学走出书本，贴近生活，解决现实问题。故模型思想是义务教育阶段学生所要拥有的基本数学素养之一。

2. 数学建模

数学建模，通俗来说，也就是建立数学模型的过程。现实世界中的问题在经过抽象和简化后，可以转化为数学问题，我们由此建立相关的数学模型，并得出数学结果。之后对数学结果进行检验，若不合乎实际，则返回修改，若合乎实际，则该结果可用。但需注意的是，在小学数学教学中模型思想的应用并不完全等同于数学建模，应当根据具体问题进行具体分析。

二、模型思想在小学数学教学中的应用

模型思想在小学数学教学中的应用过程大致分为两个部分。第一部分是进行提问。提问可以是由老师展开也可由学生自己探索发现，但要求尽量在真实情境中开展，例如用由图钉钉起的四根木条组成木框，并将木框在长方形和平行四边形的变换中让学生思考面积的变化问题。第二部分是进行猜测。让学生猜测在提问环节所提出问题的答案，此时老师不应轻易否定猜测结果，而是利用道具进行

引导。此外应用过程还应注意以下两点。

1. 基于表象，揭露问题实质

在小学数学教学过程中。教师们要让学生通过各种现象积累到大量表象，然后对表象进行分析与感知，从而发现其中隐藏的本质。在归纳整理的过程中让学生接受并深刻了解所要教授的数学概念、定理等理论知识，只有这样才能对相关知识的重点和关键点有一个清楚的认识。同样的，这也要求教师要善于运用数学建模思想，方能达到目的。

2. 优化模型，辅助知识教学

伴随着教育改革的发展，对教学方式的要求也越来越高，数学建模也就愈发显示出至关重要的地位。但是，想要将数学建模的作用更好地发挥出来，就要对其进行优化，以适应相应的教学任务要求。能够熟练使用模型思想进行教学的教师，可以不借助辅助工具，而将知识融入到课程环节中。不仅加深教师对模型思想的理解，而且锻炼学生的知识理解能力和应用能力。

三、在小学数学教学中培养模型思想的策略

（一）转化为实际问题

模型构建的基础是现实生活和实际问题，在教学过程中，构建与数学问题相对应的现实情境，然后以生活原型引导学生解决问题时使用数学建模的方法。如：通过物品的平均分发，来实现乘除法的计算。

（二）扩展模型的应用

数学建模的精髓即是在旧模型的基础上开展扩展应用，该能力也是数学素养的基本体现。新知识是逐级构建而成的，体现在数学模型的应用上就是数学概念、法则与关系的层层变化。当面对复杂问题的时候，教师要引领学生利用旧有的模型，进行从复杂模型到简单模型的转换，从而达到以不变应万变的效果。例如：生产某件商品时的商品总量、生产时间、生产效率是三个概念，使用模型后则是：商品总量÷生产效率＝生产时间。

（三）让学生全程参与构建模型

设置一个实际问题的情境，只是数学建模的开始。之后还需要对从具体到抽象的过程有一个准确把握并有效实施。这样才算作成功的模型构建。例如：间距一定，两端都要栽的前提下，百米内能栽树多少的问题。对于这个问题，就可以先找关键，从关键处入手从而发现规律，利用规律，可以比较轻松地解决问题。而寻找规律的过程中就离不开学生的推理。全程参与建模过程，即是运用归纳的

思想，在从简单问题向复杂问题过渡的过程中寻找规律。

四、结束语

在教育理念不断更新的当下，模型思想在小学数学教学中起着不可替代的作用。数学建模教学为学生学习数学提供了一个学习与运用的环境，在这个环境中，学生提取信息、提出问题、解决问题的能力大幅提高。然而模型思想在小学数学教学中的应用还非常不成熟，需要相关专家学者及教师们的共同努力，对其不断发展并完善，才能让模型思想在小学数学教学中发挥越来越大的作用。

探析数学思想在小学数学教学中的有效渗透
吉林省长春市绿园区双丰小学校　牛玉威

【摘要】小学数学教学中，数学教师的重要培养任务就是训练学生的数学思想。新课标改革以来，从国家规定层面，政策要求教师不单单是知识性传授，也要传授学生发展的能力。我们通过思想方式的培养，将数学文化融入教学，来影响学生的情感、态度、价值观。因此，笔者通过结合当下小学数学教学实际，探索数学思想在小学数学教学中的结合渗透。

【关键词】小学数学；教学策略；数学思想；数学文化。

文化自信称为学科学习的重要理论支撑，如何将文化融入教学，将思想融入教学，成为重要的时代命题。将数学文化渗透到教学上，有利于培养学生多层次思想，而在小学的数学教学中，我们也应该顺应学生生理与心理的全面发展，在此过程中，培养学生数学思想，同时提升学生数学文化能力。

一、小学数学教学中数学思想渗透的必要性

素质教育，不要求单纯的死记硬背，重在理解与思考，文化渗透已经是当下教育发展的重点部分。数学是数字化、符号化、公式化的学科，但同时与我们的实际生活密切相关。在新课程标准改革的大浪下，教师的教学方法、教学设备、教学思想都在随着时代进展不断发展，教师观念也在不断发展。我们不再是传统式教学，为学生灌输知识，单方面输出，完全不注重培养学生的思想能力。从某种层度而言，

我们既要培养学生的学习能力，也应该渗透数学思想，培养学生的思想方式。[1]现代化的教学观念，一流的师资，培养能力与思想良好的学生，从文化上影响学生思想。

二、小学数学教学中数学文化培养的现状

（一）小学数学教学中数学文化培养的特点

小学生通过学习数学的主要目的，就是通过课堂中学到的方法将其应用于现实生活中，解决实际问题。数学从本质上来说仍然是科学类，而小学数学的目的也就是从逻辑思想、空间几何思想等方面培养学生。在我们的实际学习过程中，教师不应该只局限于公式与理论。如何使学生在小学阶段能够掌握公式和定律，能够将其运用于实际生活中。培养学生数学思想，从思想层面解决这种问题。我们的教师应该使我们的小学数学教学具有引导性、启发性、拓展性的特点。

（二）小学数学教学中数学文化培养的现实情况

由于应试教育对于广大中国学子的重要影响，学生处于小学阶段就有了升学与应试的压力，缺乏数学文化的培养与熏陶。在我们的小学数学教学中，也应该让学生产生对数学的兴趣。从根本上、思想上做出改变，培养学生的数学思想，才是培养学生的未来。

三、小学数学教学中数学文化的结合策略

（一）数学文化的重要性

当第三次工业革命将要到来，计算机、人工智能、互联网、物联网所引起信息与生活的重大变革，推动着人们全面而辩证地认识数学的本质问题。人们的精神世界成为重要命题。数学科学与计算机科学的联系，数学成为科学技术的基础，在未来的社会发展中起着越来越重要的作用。人工智能型、大数据分析型人才将重点培养，而数学文化一定程度决定数学未来发展走向。

（二）引导学生在课堂上感悟、在生活中实践，渗透数学文化

在小学数学教学的过程中，我们的教学策略可以分为两大步骤，"在课堂中感悟"与"在生活中实践"。兴趣作为学生最好的老师，我们在课堂教学中引导学生，使学生感受数学的魅力。不仅仅局限于书本上，枯燥的课本内容和公式知识，多和实践联系。让学生觉得数学和实际生活相联系，让学生在课堂上感悟，培养学生的数学思想，将数学文化渗透到学生学习与生活中。[2]

（三）注重思想方式，让学生学会思考

小学的数学教学，其实具有较多问题。不论是教学内容上，还是教学方法上。如何培养小学学生的思考方式，渗透数学文化，培养学生的数学思想，加强数学文化建设，让学生学会思考。我们应该鼓励学生大胆假设、大胆实践、大胆论证，通过不断的质疑锻炼自己的思想能力。从数学史、数学问题，提升至数学文化。[3]

（四）重视课外实践

广大教师也应该使学生广泛涉猎课外知识，接触教材中没有的知识，拓展自己的知识面，培养自己的思想方式和思想能力。课外实践可以拓展学生的视野，在生活中学习，在生活中实践。学生具有充分的学习兴趣时，在生活中培养学生的小学数学素养。在生活中学习、在实践中学习，注重课外实践，注重数学在生活中的应用，培养学生的实际运用能力与实践操作能力。[4]

（五）教学中的具体设计

以人教版义务教育课程标准实验教科书《小学数学》六年级上册第四章中圆周率的部分，通过了解圆周率的探索过程，渗透数学教学。

下列为具体设计教学过程：

师：同学们，这节课我们进入新的章节——圆。我们知道，在测量过程中，误差是不可避免的。当今生产生活水平的日益改善，古人的智慧也不断展现，我国数学家又用新方法研究。（播放课件，介绍割圆术）在这幅图中有哪些图形？

生：圆。（教师点击课件，呈现出一个六边形）

师：那我们再看，这是一个什么图形？

生：六边形。

师：细心看看，你可以得出什么结论？

生：边长和半径相等。

师：正六边形的周长是半径的几倍？

生：6倍。

师：正六边形的周长是直径的几倍？比值是几？

生：3倍，比值是3。

师：注意观察。（把圆平均分成12份、24份、48份……一直这样分下去）同学们你们有什么思考？正多边形的周长和直径的比会怎么样呢？

生：当均分发越多越接近。圆的周长和直径的比值。

师：对。（课件呈现刘徽的头像和祖冲之的头像，讲解数学历史。）了解圆周率的探索过程。

在这个过程中，我们可以从具体教学中，体现数学思想。

结论：

只有让学生主动去学习，主动去创造，注重思想培养与文化熏陶。在小学的数学教学中，通过教师在教学中渗透数学文化，培养学生思想能力。在当代学校教育中，数学是我国在校学生学习时间最长的科学知识，因为它是所有科学的基础。[5]数学文化成为当今时代的重要命题，而如何去结合当今教育水平、教师水平、教学水平等各方面考量，注重数学文化在小学数学教学中的渗透。

【参考文献】

[1] 李连仓.数学思想在小学数学教学中的渗透[J].内蒙古教育，2019(04)：P125-126.

[2] 于丽萍.数学思想方法在小学数学教学中的渗透探析[J].读与写(教育教学刊)，2019，16(03)：P152.

[3] 张振华.探析数学思想在小学数学教学中的有效渗透[J].才智，2019(12)：P136.

[4] 何春燕.数学思想方法在小学高年级数学教学中的渗透[J/OL].学周刊，2019(16)：P100[2019-05-19].https：//doi.org/10.16657/j.cnki.issn1673-9132.2019.16.089.

[5] 曾秀琼.如何有效的在小学数学教学中渗透数学思想[A]//教育理论研究(第七辑)[C].重庆市鼎耘文化传播有限公司，2019：P1.

浅谈如何培养小学生仔细审题的习惯

长春市绿园区红民小学　　杨忠志

在长期的小学数学教学中，每位工作在教育一线的教师都会碰到这样的情况：感觉学生课堂上学的很认真，学习热情也很高，可是学生在完成作业和试卷时，往往就会出现会做的题目做错了，只要让他们重新把题目要求再认真读一读，他们都能自己把出现的错误改正过来。老师们也常说太粗心了。其实这不是粗心的问题，也不是学生缺少必要的知识，而是缺乏仔细审题的习惯和审题技能。

从学生看到题目到动笔解题之间有一个非常重要的过程，这个过程便是审题，审题是解决问题的基础和先导。审题能力是一种获取信息、分析信息、处理信息的能力，它需要以一定的知识水平为基础，更需要有良好的读题习惯、有效的思考方法为保证。小学生审题能力的高低强弱，直接影响到解题过程的正确与否。在多年的数学教学工作中我发现学生普遍存在着理解题意的能力较差、审题不清的问题，我力图通过培养学生仔细审题的习惯来解决这一方面的问题。

一、教会学生细心审题的方法

很多学生作题急于求成，读题时，缺乏耐心、细心，经常会用眼睛扫一遍，就急于动笔了。读题时不能对题目进行正确、全面的观察，往往被一些表面现象所吸引，如题目图中艳丽的色彩、可爱的图像等。遇到长的题目更不能完整地把它读完，断章取义，遇到不认识的字时，随便猜测，而不去认真地朗读思考。然后，凭借着已有解题经验或大概的印象开始做题，就会出现错误。

我在平时的教学过程中要求学生在读题目要求时放慢速度，出声轻读、用手指读，能帮助他们不漏字、不添字，读懂意思，每题至少连读两遍。特别是低年级的学生，因年龄较小，理解能力相对较差，要求在读题时用手指指着所读的部分，手眼合一，做到：眼到、口到、心到。不论教学时间多么紧张，只要是做课堂练习题，都要求学生至少读题目两遍，甚至多遍，清楚理解题意再进行解答，减少学生的失误。长此以往，绝大部分学生已经养成了细心读题的好习惯，能将要求逐字逐句地过目、过指、过口、过心。现在学生因题目要求没有看清楚而造成错误的比以前已明显减少。

二、培养学生弄清题意的习惯

小学中低年级学生的理解能力相对较差，对于题目要求的文字或图中隐含的条件等都不能正确理解，造成原则性的错误。针对这样的现象，我要求学生在读题目时，针对重点词语和关键句子画浪线、画重点号、画圈等做记号，标识出其中的一些重点词句，并能在此处仔细品味、认真思考，从中发现文字背后的含义，使其对题目进行全面而准确地感知。特别是一些从没见过的新题型，学生都能通过这样的方法读懂题意，解决了一些数学问题。

三、养成逆向思维的思考习惯

所谓逆向思维，即从顺向思维的对立面对问题进行分析与解决，培养逆向思维的能力不仅能够在思考时另辟蹊径，还能获得解决问题的最佳途径与方法，使复杂的问题简单化，提高办事效率，此外，还能开发人的脑力，使思维得到拓展。

在解决小学数学问题时常常会给出多个条件，学生对如何运用这些条件来解决问题存在困惑。引导学生学会逆向思维，从问题结论出发去寻求需要的条件，直到追溯问题提出的条件为止，得到一条清晰的解题思路，这就是分析法。在教学中我尝试着将逆向思维的方法介绍给学生，让学生养成根据问题来寻找条件的习惯，用来过滤多余的条件，从而在最短时间内找到解决问题的最终方法。

四、平时强化训练，及时鼓励

在教给学生审题方法的基础上，教师要对学生进行严格的审题训练并及时鼓励，以培养他们认真审题的习惯和提高审题的能力。在平时教学中，对于善于运用关键词、分析法并解答正确的学生，给予作业或考试卷上加分的方法来激励。正是基于多种形式，多渠道对学生仔细审题习惯的指导和培养，我所教的学生审题能力及解题的准确率大大提高。

总之，良好的审题习惯的培养对学生的学习和学生的一生，都有着重大的意义。学生仔细审题能力的培养是一个长期的任务，它几乎无捷径可走，只有在学生自己反复的练习，教师细心、耐心的指导下逐步养成。

浅谈数学知识的实践应用探究

绿园区跃进小学校　陆威威

新课程标准对数学课程的重要理念是贴近学生的实际，有利于学生的体验与理解、思考与探索。数学知识的学习根本是学生能够把学到的数学知识应用到日常生活中，即数学知识不仅仅是思维的体现也是综合能力的考验。俗话说得好"学好数理化，走遍全天下"这话一点都不假。一个数学基础扎实的人，他的逻辑思维也不会差，适应学习和社会的速度也会很快。因此不断挖掘数学知识的深度和广度，就成为探寻数学实践应用的坚实保障。

一、提倡一题多解，探寻思维广度

一题多解就是在问题解决过程中，鼓励学生勤思考，多尝试，用自己的办法解决问题，而后再集中对各种方法进行汇报、交流。首先，在这个学习过程中，学生的独立思考过程充分，学生在过程中获得了自己对问题的解决方法，即锻炼了学生的主动学习和探究能力，也拓宽了思维，挖掘了数学知识的深化；其次，在学生各自的方法交流及汇报过程中，学生一起分享对方法的比较、分析、理解，从中获得了一题的多种解题方法，开发了学生思维从多个角度思考问题，打破固有的思维方式和习惯，学生思维的广度得到了提升；最后，在一题多解的教学中，作为教师要注重选择素材，利于学生获得多样的解题方法。这就要求教师要最大限度地激发学生的智力资源，使学生的思维得到最大程度的拓展。例如：在教学二年级上《秋游》这课时，让学生根据情境图收集数学信息，尝试独立解决两队都上船，船上还有多少个空位？学生展示，方法一：90-45-25=20（个）。两队依次上船，上船一队每人一个座位船上的座位就一次减少45和25个，最后剩下几个人船上就有多少个空位；方法二：90-（45+25）=20（个）。两队都上船先求出两队的总人数，再算出船的承载量比两队人数相差值，就是船上还有多少个空位。不要求统一只要学生能理解方法也可以不唯一。值得大家注意的是现在的数学课堂学生独立思考的时间越来越少，老师为了一节课的进度会找会的孩子发言直接说出结果，久而久之大多数孩子就会思维变得懒惰，不愿意再深入思考。

二、着眼一题多变，带动思维的发展

一题多变是把题目中的已知条件或所求问题进行变通。学生在解决问题过程中，思考的入手点、应用的知识、采用的技巧，要根据条件的变化而不断发生变化，从多方面寻找解决问题的新角度、新方法。例如：在进行高年级分数应用题教学时，一题多变的重要性更能体现出来，教师先在黑板上随便板书2个条件：桌子45张，椅子40把，然后启发学生根据这两个已知条件，在学习的分数乘除法应用的基础上，可以提哪些数学问题？学生会列举：（1）桌子是椅子的几倍？（2）桌子是椅子的几分之几？（3）桌子比椅子多几分之几？（4）椅子是桌子的几分之几？（5）椅子比桌子少几分之几？通过这样的一题多变，为学生从不同方向去观察问题、思考问题，尝试用不同方法去解决问题提供了可操作的丰富的材料。突破了学生的思维定式，获得更广阔的发展，对学生而言非常有价值。

三、追根溯源，发展思维的深度

数学是一门逻辑性很强的科目。要善于思考多问"为什么"，才能真正掌握数学的内在规律。著名华裔科学家李政道先生在国内的多次演讲中曾经提出"学习不应是'学答'，而是'学问'，即首先学生得先'学会问'"。这就要求首先要提出有价值的问题，激趣导入，教之于渔。例如在讲解约数和倍数时，学生可能会问：两者为什么是相互依存的关系？为什么两者研究的范围不考虑0？今天认识的倍数与之前学习的倍数有什么区别？一段时间的训练后孩子就会主动提问了；其次围绕教学重难点，循序渐进，教之于法。例如在讲解"分数的意义"

这一内容时，因为学生首次接触单位"1"，想了解它的意义。但因为单位"1"比较抽象不容易理解，所以学生们提的问题多数都是关于单位"1"。正因为学生的质疑，教师更应围绕本课的教学重难点去设计教学过程；接着鼓励大胆提问，畅所欲言，教之于方。例如，在教学"角的初步认识"时，教师制作了简单的教具（用两根硬纸板和一个磁扣做成教学的模型），让学生手动转动其中的一个硬纸板，随着两边的张口不断地变化，适当地暂停活动，让学生看着所组成的图形认识锐角、直角、钝角等知识。同时在掌握这3种角的基础上提问"旋转其中的一边，当两边重合时是什么角""旋转其中的一边，如两边变成一条直线""如果在旋转时按不同方向也可以形成这些角吗"为以后学生的学习奠定基础；最后课堂互相交流，广开言路，教之于道。例如在教学"星星合唱队"这课时，通过让学生观察新学期开学本班人数的变化，发现班级人数要么多要么少引出学校合唱队这一主题情境图；学生在仔细观察收集数学信息并与同学分享，教师再领同学深入理解收集到的数学信息如"星星合唱队里有9人毕业"相当于星星合唱队里有9人离开也就是少了9人，"又新加入15人"合唱队的人数增加了15人也就是多了15人，让学生和老师交流带动生生交流。总之真正理解数学不仅要弄懂数学知识间的内涵和外延，还要了解数学内容中引入的必要性等。做题时让学生要多探寻"为什么"，不断地交流，不能做完就了事，还要知道是怎么做的、为什么这样做、还可以怎么做，一道题的分析方法、解法在其他问题中是否考虑过等。只有多问才不会停留在知识的表面和肤浅的理解上，真正把握知识的本质，才能发展学生的思维深度。

四、掌握知识的系统性，拓展思维的广度

数学知识之间有着千丝万缕的内在联系，无论各部分知识在各自的发展过程中的纵向联系，还是各部分之间的横向联系都真实存在。善于寻找数学知识之间的联系，不仅有利于学生从系统的高度上思考问题，把握问题的实质，而且把知识放在系统中学习，方便记忆，便于理解，最重要的是，能把知识进行归类、梳理、综合，并在练习中不断寻找规律，培养了思维的深刻性。例如：在进行长度单位换算这一知识时，低年级学生掌握了他们之间的进率可以用整数来解答，到了中年级我们一样的内容就可以用分数来解答，而到了高年级我们又可以用小数来解答，虽然应用的算理一样，却体现出不同年级数与代数的不同要求和提升。

总之，数学是一门思维的科学，思维能力是数学学科能力的核心，又有研究与发现数学的思维品质以及深刻性和广阔性为基础。因此，数学教师在教学过程中利用数学之间的知识这一载体，创造机会提高学生的思维能力，打开学生的智慧之门十分重要，让学生感受数学学习不难，但学好数学不易。为了学生能爱上数学，喜欢用数学的思维认识学习，了解社会，让我们一起不断地研究数学吧！

小问题，大艺术
——小学数学课堂提问的技巧

长春市绿园区正阳小学校　何彦艳

【摘要】课堂提问，是一门艺术。在我们的数学教学中，每一环节都涉及到提问题，因此，我们教师要仔细斟酌提问的层次，运用各种不同的提问策略，激发学生高层次的思维过程，使我们的教学比以往更符合"以学生发展为本"的理念。如何在问题的引发上下功夫，以便唤起学生心理上的学习动机，形成学习数学的心理指向等问题是本文主要阐述的内容。

【关键词】提问标新立异；认知规律；思维特点；善于激疑。

在教学实践中怎样提高教学效果，达到教学目的，如何在问题的引发上下功夫，以便唤起学生心理上的学习动机，形成学习数学的心理指向等问题，已成为当今讨论的热门话题。特别是新课程标准中的理念要求"我们的教学应该让学生全身心投入学习，学生必须成为主动的学习者，不仅要应用已有的知识，更要经历新知识和日渐增加的困难情境的挑战。教学方法应该让学生关注学习过程，而不仅是接受传授给他们现成的知识"。这更要求我们要注意提高提问的技巧。然而课堂上提出的问题，随着学生的需求和思考在不断地变化着，怎样的提问才"合理恰当"效果最好呢？

一、课前的复习提问（要标新立异）

这种提问一是为了督促学生及时复习巩固知识，二是为学习新知识打基础，也是调动课堂气氛的关键环节。在这种提问中，对于同一个问题，可以从不同的侧面，不同的角度提出，切入的角度不同，效果往往就大不一样，这就要求提问者对提出的问题要新颖、有创意。如在检查数学定义、定理的掌握提问中，"什么叫平行四边形？它的判定标准是什么？"这种提问仅采用了一般化、概念化的套路，很难集中学生的注意力并引起兴趣。若采用这样的方式我感觉效果较好："有一个四边形，它的两组对边分别平行，你能说出它叫什么四边形吗？若一组对边平行且相等呢？一组对边平行而另一组对边相等呢？你还可以根据这个四边形的什么条件说它是平行四边形？"这种提问不仅要对概念判定有深刻的理解，而且还要学会灵活运用，同时也激活了学生的思维，使学生能积极动脑思考并会分析解决问题。

二、新课的引入提问（要符合学生的认识规律和思维特点）

这种提问主要是为引入新授知识而设计的提问。通过提问激发学生的想象力和创造力，特别是对那些缺乏独创精神的学生，可刺激他们进行创造性地进行思考。通过对问题的回答及老师的引导，学生在脑海中迅速地检索与问题有关的知识，对这些材料进行综合分析得出新的结论，有利于能力的培养。在这种提问中，我们提出的问题切记：

一要符合学生的认识规律，要从简单的贴近学生生活的实例提出问题，设置悬念，既能化难为易，又使学生倍感亲切；既能激发学生参与热情，又能使学生投入到探求新知识的活动中；使学生充分展示自己的才华，不断体验解决问题的愉悦。如在讲梯形面积计算时，有的老师是通过三角形和平行四边形面积公式而推导出梯形的面积公式的，我在此基础上，又加了贴近学生生活的情境，让学生主动投入到新课中来。

【案例】老师家一面梯形（等腰梯形）镜子不小心打破了，我想重新配一块，同学们帮我想想，我得了解哪些情况才能配一块合适的镜子。

生：要知道它是什么样的梯形？
生：要知道这面镜子有多大？
生：要知道它的上底、下底和高各是多少？
生：要到市场打听镜面的价钱？
……

哪些事儿我们已经能够利用工具解决？
哪些事儿目前我们还不能解决？

要知道镜面的大小，也就是梯形的面积，这是我们目前还没掌握的。这样吧，咱们先来解决梯形的面积计算这个问题，再去配备镜子。

这样的提问设计，能更大激发学生参与热情，使他们积极投入到探究新知识的活动中来。

二要适合小学生的思维特点。他们大多数都比较好动，思维比较活跃，因此你引出问题时最根本的一条就是要善于"诱"。从而点拨学生的思维，使学生变学为思，以诱达思，体现以学生发展为本的理念。

三、对新知识的理解提问（要善于激疑）

这类提问一般用于新授知识之后，是对新知识与技能的检查，了解学生是否理解了教学内容。而在教学中常有一些内容，学生似乎一看就懂了，自觉无疑，而实质上有疑，教师在浅处设问，于无疑处设疑，引导学生讨论教材，可以收到较好的效果。

【案例1】将"平行线"定义，学生并不难理解，让学生提出不懂的问题显然是不可能的。这种情况下，有的老师为了让学生记住，让他们背或齐诵，我认为这样效果并不好。我认为不妨这样问学生"平行线的定义中，为什么要有'在同一平面内'这一限制呢？"来激发学生的疑问。

【案例2】在讲0不能做除数时，举例 $5÷0=$？在这里设疑，学生产生了疑点，必定进行深入思考，得出结论：$0×$？都不等于5，从而真正理解0不能做除数的知识，为将来打下扎实的基础，否则产生的隐患对将来的学习很不利。

因此教师在进行这一环节提问时，要深挖教材，善于激疑，同时还要培养学生质疑的兴趣，教给学生质疑的方法，使他们自觉地在学中问，在问中学。从而真正地理解和掌握知识，为将来灵活应用知识解决问题打下良好的基础。

四、运用知识的提问（要由浅入深、由易到难、合理分配、人人参与）

这类提问一般都是在掌握知识之后进行的提问，教师首先建立一个问题情境，让学生运用新获得的知识和回忆过去所学的知识来解决新的问题。对于这一阶段的提问，教师事先要精心设计，仔细推敲。我认为应从以下几点做好（仅供参考）：

1. 不但要考虑问题与教学内容的关系，还要考虑学生的接受能力。因为，对某一问题教师认为是简明、清晰的，而对于学生来说，由于受基本知识和理解能力的限制，就可能难以理解，因此，要由易到难、由浅入深、连贯地、逐步地设计问题。

2. 不但要考虑概念是否准确，还要考虑问题的措辞是否恰当；经常有这样的事情发生：①提出的问题，由于措辞不确切，概念混乱，很难使学生弄清题意，使学生难以做出正确的回答。②有时在提问后，为了帮助学生理解重新措辞加以说明。在这里要注意，过多地改变提问的措辞，不但不能帮助学生理解，可能会引起学生思想上的混乱，反而更不利。

3. 在提问时，不但要掌握好适当的时机，还要注意必要的语速和停顿，使学生做好接受问题和回答问题的思想准备。事先可用诸如："好，让我们仔细考虑这样一个问题"或"请你给下边这个问题一个详细的答案"等说法，然后停顿几秒钟（根据问题的难易程度决定，停顿时间的长短也为学生提供了一定的信息），使学生做好接受问题的准备，以便让他们对问题进行思考。对于那些难度较大的问题应仔细缓慢地叙述，使学生对问题有一个清晰的印象。

4. 在提问后，教师要会控制学生的回答，使问题得到一个合理的分配。为了调动每位学生的积极性，让他们主动参与教学过程，教师要对提出的问题进行合理的分配。首先要仔细观察谁愿意参与活动，谁对参与活动不感兴趣，对于这样的人要调动他们的积极性；其次，对于不善于表达思想的学生要给予锻炼的机会；对于学习不好的学生给他们设计一些较简单的问题让其回答，不断地给予鼓励和帮助，使他们慢慢地赶上来；最后要关注坐在教室后面和两边的学生，这些区域的学生易被老师忽略。

5. 对提出的问题根据学生的反映情况应及时地给予引导，不要出现僵硬化的状态。也就是我们常说的教师的评价能力。

五、小结的提问（要有一定的指向性，并善于诱导启发）

这种提问经常应用于一节课的结尾，是对这节课学到的知识和技能进行及时的系统化、巩固和运用，使新知识有效地纳入学生原有的认知结构中。在进行这方面提问时，必须要有一定指向性，不要太片面或太过笼统地提问，太片面了，不利于把知识系统化，太过笼统，学生又不知从何说起。

如我们在听课时，很多老师为了体现重视发挥学生的主体作用，往往这样小结："通过这节课的学习，你都有哪些收获？"没有一定的指向性，新旧知识那么多，你从何说起？有的学生被叫起后虽然说了，但又与你想要的答案有很大的差距，或者同学说的都是课题和板书，很浪费时间（小结时往往剩的时间很少）。若带有一定的指向性并及时予以诱导，效果就不一样了。

如对《梯形的面积计算》这一节课小结时，我紧紧围绕新课伊始创设的情境，再给学生提供梯形镜面的上底、下底、高的长度以及每平方米镜子的价钱，计算出买这块镜子需要准备多少钱。接着提问：假如再遇到一个不会计算面积的图形，你打算如何探求它的面积计算方法？这样，不仅培养了学生的归纳、总结能力，而且也能够利用数学知识解决生活中的实际问题。

总之，在我们的数学教学中，每一环节都涉及到提问题，因此，我们教师要仔细斟酌提问的层次，运用各种不同的提问策略，激发学生高层次的思维过程，使我们的教学比以往更利于以学生为本的理念发展。查尔斯·狄嘉默说:"提问是最能够表现教学精致艺术的方法。通过提问可以使想法更清晰生动、迅速激发想象、刺激思维、诱发行动。"

让生活问题走进数学课堂教学,培养学生问题意识

长春市绿园区正阳小学校　于　丽

【摘要】新课改的进一步落实对于小学数学教学影响颇深,尤其强调与实际生活相结合,基于这一理念,数学教学应回归生活,通过让生活问题走进数学课堂来激发学生对数学学习的兴趣、培养学生的问题意识,继而对学生的联想能力和应用能力产生积极的促进作用,本文以此为核心展开详细讨论。

【关键词】生活问题;小学数学;问题意识。

作为基础教育阶段极其重要的一门学科,数学对于学生的逻辑思维能力、知识整合能力以及解决实际问题的能力都有不可替代的推动力,考虑到小学阶段学生的实际年龄和心理特点,必须采取合理的方式进行教学。数学知识虽然较为理性和严谨,但也是来源于实际生活,因此数学能力的高低可以从解决生活实践问题的有效性进行反映,有鉴于此,将生活问题引入数学课堂是目前教育教学的新方向。

一、为什么要培养学生的问题意识

对于小学生而言,正处于进行知识体系构建和思维引导的最佳时期,这一时期最重要的就是培养学生的求知欲,使学生敢于挑战、敢于创新,从而提升数学能力。这就好比原始时期的人们在得知地球是圆的后会展开专门的研究去验证它是否真实,小学生也需要这种从问题中寻找答案的意识和能力,所以教师必须通过合适的方法,利用问题来启动学生的思维,鼓励他们主动探究并不断创新突破,这样既能提升其独立思考的能力,又能帮助学生以科学的思维和良好的学习习惯来解决问题,从而全面提升综合能力。

受传统教育影响,大部分小学生对教师怀有一定的敬畏和胆怯,表现在课堂上就是很少有学生会主动向教师提问,而这恰恰是阻碍学生产生并发展问题意识的关键。学生缺乏问题意识一般有以下几点原因:第一,担心自己所提问题过于浅显得不到教师重视,反而会被批评教育;第二,担心向教师提问会引起其他学

生的注视和嘲笑，也就是对自身以及所提问题的不自信；第三，成绩较差的学生已经失去了对数学学习的兴趣，根本不考虑提问题或与教师交流。可以看出，小学生基本上对于提问具有很大的不自信和质疑，这种质疑来源于问题本身不具有合理性与实际意义，这也对学生的数学学习造成了很大的认知障碍。有鉴于此，最有效的解决办法就是发挥数学的生活性，通过让生活问题走进数学课堂来培养学生的问题意识。

二、怎样通过让生活问题走进数学课堂来培养学生的问题意识

（一）在课堂上创设生活问题情境，激发学生学习兴趣

小学阶段的数学学习，其主要内容大多集中在基本概念的掌握、简单运算能力的培养等方面，考虑到小学生在这一阶段不具备较好的理解能力，因此在教学方式上要做出大胆创新，通过激发学生学习兴趣来调动学生的注意力，从而提高听课效率。而想要实现这一目标，最好的方法就是构建一个与学生的实际生活环境相似的氛围，来消除学生对于数学课堂的不适应与隔阂感，使学生全身心地投入到数学学习中。一般来说，教师可以在小学数学教学课堂上创设合理的生活问题情境，使教学内容更加形象化和具体化，这样既能使学生的注意力高度集中，又能引起学生的情感共鸣，从而自然地激发出学生对于数学学习的欲望。以北师大版小学数学一年级《认识图形》一课为例，教师可以通过构建家庭场景来吸引学生注意力，利用家庭中学生较为熟练的家具来展开提问，比如："每个人家里都有家具，大家能说出几个？每个家具是怎样的形状呢？"学生会联想到长方形的冰箱、圆形的杯子等，教师接着引导："大家试着用折纸来表现你所认识的图形。"学生此时通过动手实践来尝试得出问题答案，在此过程中不断加深对图形的概念理解与变化掌握，从而建立起以解决生活问题为目的的学习思路。

（二）在课堂上设置生活化游戏，促进学生敢于提问

数学与其他学科相比过于严谨和复杂，缺少感性和轻松，这样容易使学生为了完成学习目标而陷入对公式、法则等的死记硬背，并且在长期持续性的枯燥学习中逐渐丧失学习激情和问题意识，从而导致学习效率愈发下滑，更不用考虑在数学学科取得多大的成就以及在数学领域中有怎样的创新和发展。针对这一问题，教师可以在课堂上设置生活化游戏，通过组织丰富多样且极具乐趣的游戏来为学生提供一个宽松、舒适的学习环境，帮助学生突破学习上的难关并有效提高学习效率。以北师大版小学数学四年级《确定位置》一课为例，教师可以通过游戏"拍手操"进行教学导入，给学生奠定前、后、上、下等位置的基本概念。具体地实施过程是：教师带领学生跟着自己的动作做游戏，分别利用上拍、下拍、前拍、

后拍等动作并配上口语解释，使学生在模仿过程中形成对位置的基本认知。接着，教师进行更进一步引导："同学们，刚才大家已经掌握了基本的位置概念和位置表达词语，接着以教师为观察对象，试着利用教师里的人和物来表达位置。"学生一般会想到："老师，你在我前面，我在你后面"等浅显的表达，教师要给予肯定并引导学生拓展到不同人和不同方位上，使其彻底掌握不同参照系下的位置变化。如此一来，通过生活化的游戏不仅使学生加深对数学学习内容的理解，更促进了学生大胆与教师互动交流，无形中培养了学生敢于提问的能力。

（三）在课下提出生活问题，引导学生发现数学问题

在小学数学课堂上经常发现这种现象：学生要么提出千奇百怪的问题，要么干脆能不发言就不发言，而且往往前者的数学成绩要明显好于后者，究其原因，就在于前者具备很强的好奇心，在好奇心的驱动下使得求知欲不断增强，继而通过不停地提问来积累大量知识，从而提高学习成绩。因此，教师应把培养学生提问能力当作教学重点，而学生能否具备提问能力就在于问题本身是否符合学生的认知范畴，也即是否与实际生活相联系。考虑到这一点，教师应在课堂教学之外，通过课下提出生活问题来引导学生从实际生活中发现、寻找数学问题，逐渐地开发自己的大脑。举例来说，教师要求学生利用课下时间观察教室里的书桌板凳长度和宽度是多少，并且计算其真实面积，接着思考面积的大小与长和宽分别有什么联系。通过这种循序渐进的方式，使学生在固定的生活场景内养成发现数学问题的习惯，并连带着激发起主动探究的意图，从而在发现问题的过程中不断把课本知识和实际生活相联系，理解数学的本质。

（四）在课后布置生活化作业，培养学生用数学知识解决生活问题

虽然说教材是教师教学的立足点，但由于小学数学教材内容过于偏重对理论知识点讲解，而缺少与现实生活的结合，致使学生不具备一定的实际应用能力。因此，教师应在把握教材内容的前提下，充分挖掘生活中的教学资源，引导学生养成良好的学习态度并帮助其建立完整的数学知识体系。具体来说，就是在课后环节布置相关练习作业，通过结合学生的实际生活经验来减轻学生学习压力，从而在学生完成生活化作业的同时掌握用数学知识解决生活问题的能力。以北师大版小学数学一年级《加减法》一课为例，教师结合教材与学生实际生活，在课后布置生活化作业，比如："爸爸让你带着10元钱去超市买盐，盐的单价是4元，你买了两包后超市老板应找给你多少钱？"学生在完成这样的生活化作业时有效增强了自己解决实际问题的能力，从而全面提高了数学意识和综合能力。

总结：

小学数学最大的特点就是与实际生活联系紧密，因此教室可从此入手开展教学活动，通过课上的创设生活情境和生活化游戏、课下的提出生活化问题以及课后布置的生活化作业来全方位地培养学生的问题意识，从而有效提高学生的学习效率。

【参考文献】

[1] 仇凤勤. 巧用生活资源打造精彩课堂 [J]. 小学教学参考，2014(32).

[2] 赖培源. 多观察、敢质疑、善提问——浅谈学生问题意识的培养 [J]. 福建教育学院学报，2016(12).

[3] 莫正秋. 如何在小学数学课堂教学中培养学生的问题意识 [J]. 读与写（教育教学刊），2016(03).

如何培养小学生的数感

绿园区春光小学校　李　桓

所谓数学素养，就是在人的先天生理的基础上，受后天环境、数学教育的影响，通过个体自身的实践和认识活动，所得到的数学知识、技能、能力、观念和品质的素养。它是在长期的数学学习中逐步内化而成的。它包括数学知识技能、数学意识、解决问题能力、数学信息交流、创新意识等。青少年是全能型人才的后备军，也是祖国的未来，担负着历史赋予的神圣使命。教育青少年努力学习科学文化知识，打下坚实基础，尤其是从小培养他们的数学素养是他们能否成为全面发展的人的关键之一。

《数学课程标准》明确提出数学教育要面向全体学生，实现"人人学有价值的数学；人人都能获得必需的数学；不同的人在数学上得到不同的发展"这三大理念，强调数学课程的基础性、普及性和发展性，这是数学教育多年来指导思想的突破与革新。也就是说，当前我们要在这种理念的指导下实现数学教育的总体目标，全面提高学生的基础知识和基本技能，大力培养学生学习数学的情感态度和数学能力，把新课标理念转化成一个个具体的教学目标，逐一落实在数学教学活动中。下面我就结合自己的教学实践，谈一谈自己的一些做法和体会。

数感是一个人数学素养的重要成分，所谓"数感"，是指学生对"数"的敏锐、精确、丰富的感知和领悟。数感的建立水平是学生个体数学素养水平的重要标志。《数学课程标准》中指出要通过数学活动，发展学生的数感。

一、创设生活情境，启蒙数感

著名数学家华罗庚曾一针见血地指出："人们对数学产生枯燥无味、神秘难测的印象，原因之一是数学教学脱离实际。"可见，生活是数学的源泉，数学学习离开了生活，将会寸步难行，而"数感"更不是通过传授而能得到培养的。为此，我们在数学教学中必须紧密联系学生的生活实际，充分挖掘学生的生活资源，将抽象的数学建立在学生生动、丰富的生活背景上，让学生自己去感悟、探究，用数学的眼光去观察、认识周围的事物，用数学语言来表达与交流。从中提高学生对数的敏锐程度，形成对数的良好直觉，启蒙学生的数感。

例如在一年级"认数"的教学过程中，教师可以创设一个富有童趣的情境："同学们还记得在幼儿园上活动课时的情景吗？大家一起去玩滑梯，去荡秋千，去骑木马……"学生对幼儿园生活的美好回忆渐渐被唤醒了，这时教师适时运用多媒体出示一个欢快、温馨的幼儿园活动的画面："大家愿意和老师一起来数数这个幼儿园里的活动器械吗？"于是，小学生们开始兴趣盎然地数数：1 只滑梯，2 个秋千，3 只木马……从而经历了一个从日常生活中抽象出数的过程，理解了数的意义。又如，教学质量单位时，让学生到市场进行"今天我买菜活动"，看一看，称一称，估一估各种瓜果、蔬菜的重量等，开展丰富的活动，让学生充分体验数感。可见，情境教学是培养学生数感的基础，如果较好地利用和创设情境，体验和感受数学的实际意义，学生不但较容易将知识与生活经验建构起来，获得丰富的表象和富有生命力的数学知识，而且让学生充分感受到数学无处不在，使学生的数感意识得以萌芽。

二、引导认真观察，建立数感

数学是一种运用思维的学科，观察是思维的触角，是学生认识事物的基础，观察是形成和发展数学知识的基本方法之一。为此，在教学中，教师要引导学生围绕目标有序、认真、多角度、全方位的观察，可引导学生观察画面，发现数学问题；观察规律，发现数学问题；也可引导学生用数来表达和交流观察到的信息……通过一系列的观察活动帮助学生学习数学知识，建立数感、发展数感。比如在新课程各年级"数的认识"教学中，要注重让学生联系实际先观察再说一说。如：观察一张纸多厚，再观察 10 张、30 张、50 张有多厚，然后拿出一沓（1000 张）纸，让他们观察有多厚。又如在教学"0 的认识"时，教师引导学生联系生活实际说出在哪些地方见过"0"。这方面，学生有着丰富的生活经验，说出诸如"在体育比赛的比分上见过 0""在温度表上见过 0""电话上有 0""我的直尺上有 0"……学生直观体会"0"除了表示没有以外，在温度表上、方向图上表示分界点；在直尺上表示起点；在日历上表示日期；在电话、车牌上与其他数字一起组成号码……这些都是学生身边的事，学生很容易理解和接受。这样，学生在观察中不但体会了数的含义，而且初步建立相应的数感。

三、构建活动平台,发展数感

皮亚杰说,活动是儿童发展的杠杆。通过实践操作,可以让学生体会到"数"就在身边,感受到"数"的趣味和作用,对数产生亲切感。因此,在课堂教学中,教师应向学生提供充分从事数学活动的平台,始终把儿童的活动作为主体发展的基础与载体,提供开阔的活动时空,让学生有合作交流、积极思考、操作等活动空间,使学生的数感真正得到发展。

如教学 100 以内数的认识时,设计一个让儿童数 100 根小棒的游戏,看谁数得又快又好的活动。数的结果就会出现这样的情况:逐一地数;分组数;10 根 10 根地数。数完后老师提出问题:通过今天的数数,你发现了什么?数感强的学生会说出:我发现 10 根 10 根地数比较快一些,还不容易出错。此时,教师应紧紧抓住学生的这种对计数原则的感悟进行发掘整理,让学生讨论为什么 10 根 10 根地数不容易出错?然后告诉学生,在数数的时候我们给满 10 根的数找一个位置,让数满 10 根的数都放在这个位置上,现在我们给这个位置取个名字——"十位"。儿童从逐一地计数到分群计数是对数的认识的飞跃,发展了学生的数感。

四、加强估算教学,优化数感

估算本身是数感的一个重要方面,也反映人对实际情境中数和数量及其大小范围的理解和把握水平,同样在日常生活中有重要的使用价值。因此,加强估算,可以培养学生的估计意识和估算能力,提高计算准确率,优化、巩固学生的数感。首先,教师要善于抓住各种时机,创造性地开发教材内容,让学生在探索中学会一些基本的估算方法,并说明自己估计的合理性。在这过程中要培养学生的估算方法,养成良好的估算习惯。其次,应用估算。如计算 7.98×5.1,先让学生估算,可以看作 8×5,所以积一定在 40 左右,然后再笔算;如遇到工程问题"筑路队要修一条公路,甲队独修要 60 天,乙队独修要 40 天,两队合修要多少天?"可以要求学生很快地确定大概时间,再进行计算,以提高计算的准确率。这样的估算,是学生在笔算中具有的相应的感觉,体会和经验积累的基础上进行的,它对数感十分有利。又如学校开展"保护环境,爱护地球"活动,为增加说服力,教师可以这样设计问题,要求学生估算解答。"全国的小学生如果每人每天浪费一小张纸,一年全国小学生要浪费多少吨纸?要用多少辆卡车运输?"这道题里的小学生数,一小张纸有多大多重,一辆卡车能运几吨等数据都必须做出合理的估计,并在此基础上进行估算。这样的活动既培养了学生的人文素养,又提高了学生的估算能力，对数留下了全面深刻的印象，优化了对数的感受性。

五、解决实际问题，提升数感

我们知道，数学源于生活，更要高于生活。因此，数学教学应从现实的、有趣的或与学生已有知识相联系的素材出发引导学生提出问题，引发讨论，在解决问题的过程中去了解新知识，形成新技能，反过来解决原先的问题，在综合运用数学知识解决问题的过程中使学生的数感得到发展。如，教学"有余数的除法"后，让学生解决"全班43人去划船，每条船限坐6人，至少需要几条船？怎样乘船合理？"的问题，学生通过思考、计算，不难得出需要8条船。教师可以让学生说说可以怎样乘船，学生的方案有 6×7+1、6×6+4+3、6×5+4×2+5、6×3+5×5 等。在交流思维的过程中，学生会发现找到答案的方法并非只有一种，答案也并非只是一个，知道如何选择合理的方案。通过解决实际生活中的问题，学生知道了计算的意义和如何运用计算的结果，学会如何选择适当的算法解决问题，学会对结果的合理性做出解释，并在此基础上形成自己解决问题的基本策略，提升数感。

如何在数学中培养学生的计算能力
绿园区春光小学校　王振荣

随着科学技术的发展，计算器、计算机等先进计算工具已日渐在人们的生活中普及，严重影响了人们对口算和笔算的认识，越来越多的人认为传统的计算不需要了，只要会使用计算器和计算机就行了。正是由于这种错误思想的影响，许多学生，甚至部分教师产生了对计算的重要性认识不足，近几年，教过高年级的老师，都发现到了五六年级，还有少数学生不会计算100以内的加减法，不会背诵乘法口诀，那他怎么能计算呢？其实小学数学计算能力不仅是小学数学重要的教学内容，而且是小学数学"双基"的重要组成部分，何况是继续学习数学和其他自然学科的基础，因此，培养和提高数学计算能力势在必行。结合我个人的教学实践，我认为要从以下几个方面来提高学生的计算能力。

一、落实基础

要想提高学生的计算能力，绝不是一朝一夕的事情，俗话说"冰冻三尺，非一日之寒"。要提高学生的计算能力，必须从小抓起，也就是说，我们必须从小学一年级开始，狠抓学生的计算。

所以，所有任小学低年级的数学教师，要认真阅读新课程标准，把握新课标对低学段学生提出的具体目标，在课堂教学中逐一落实，只有这样，才能有效地提高学生的计算能力，并为学生今后的学习打下良好的基础。

二、充分加强口算能力的训练

学生的计算，一般来说，都是从口算开始。所谓的口算，实质就是心算。对于低学段的学生来说，口算所占的比例相当大。如小学一年级20以内的加减法和表内乘除法，都是运用的口算。口算是笔算的基础，只有学会了口算，才能顺利地学会笔算，如：计算35＋47，笔算时，每位上的数相加，都用的是口算。

培养学生的口算能力是一个漫长的、循序渐进的过程，不要希望学生在短期内学会口算，新课标对不同学段的口算有着不同的要求，如新课标对第一学段口算的具体目标是：能熟练地计算20以内的加减法和表内乘除法，会计算百以内的加减法。所以，教师在数学教学中，一直要进行口算方面的训练。现在，有的教师在低年级重视口算，而到了高年级，就淡化了口算，这样做是不可取的。低年级有低年级的口算要求，高年级有高年级的口算要求，口算不只是低年级的教学任务，要把口算贯穿在各个学段的教学中。我在数学课堂教学中，几乎每节课，都有口算的训练，一般是用五分钟左右的时间，并且针对学生的具体情况及不同的教学内容，设计不同的训练重点，认真加以落实。只有坚持长期不懈地努力，才能逐步提高学生的口算能力。

三、培养学生良好的计算习惯

养成良好的计算习惯，是提高学生计算能力切实有效的办法。结合我个人的教学实践，我认为教师要帮助学生养成以下良好计算习惯：

（一）"一看、二想、三计算"的认真计算习惯

计算是一件非常严肃认真的事情，来不得半点马虎，但恰恰有许多学生没有这一良好习惯，拿到一道计算题，没有看清数字，没有弄清楚运算顺序，就算起来了，那能不出错吗？例如：有位学生在计算4－4÷4这样一道简单的计算题时，由于马虎，结果算成了0。如果在计算时，只要仔细一点，很容易看出这道题的

计算顺序是先算除，再算减，正确结果是 3。难道是这个学生不会计算吗？不是，完全是不认真造成的。所以，在计算中，教师一定要注意培养学生一丝不苟的习惯。

（二）善于打草稿的习惯

学生在计算时，不喜爱打草稿，是一个普遍存在的现象。老师布置了作业，有的口算，有的在书上、桌子上或者其他地方，写上一两个竖式，算是打草稿，有的干脆观望，等待别人的结果，这些都是不良的计算习惯。书上要做的和老师要求做的计算题，必定有一定的计算目的，或是有一定的难度，除去有少数学生能够直接口算出结果以外，大多数学生恐怕没有这个能力。教师要求学生找出专门的草稿纸，认认真真地打草稿计算，教师要走下讲台，督促学生落实，久而久之学生才会养成这一良好习惯。

（三）认真检查的习惯

一道题初步计算完了，不能算计算完全结束了，学生在计算中，难免出现这样或那样的错误，这就要求学生进行仔细的检查。比如，数字看错了没有，运算顺序错了没有，写错了没有等，有的还可以进行检验和验算，看结果是否正确。

四、在教学中注重培养学生的计算能力

（一）重算理和法则过程教学

算理和法则是计算的依据。正确的运算必须建筑在透彻地理解算理的基础上，学生的头脑中算理清楚，法则记得牢固，做四则计算题时，就可以有条不紊地进行。如何讲清算理呢？如我在分数加法教学中，先引导学生讲述算理，概括法则，如讲同分母分数加法三分之一加三分之二时，可以这样进行：先用图表示：然后提问这两个分数的分数单位各是多少？各有几个这样的单位？结合图形观察后回答：1 个分数单位加 2 个分数单位等于多少？通过计算这个题，你能初步概括出同分母分数加法的法则吗？（引导学生用自己的语言叙述，这时，学生的叙述可能是不完整的）。并让学生再思考：怎样计算？并说明理由。通过计算以上两个题，你能概括出同分母分数加减法的法则吗？在这个基础上再出示结语：同分母分数相加减，把分子相加减，分母不变。这样教学，既使学生搞清了算理，又使学生掌握了法则，为学习异分母分数加减法也打下了基础。计算法则是计算方法的程序化和规则化，不懂算理，光靠机械训练也能掌握，但无法适应千变万化的具体情况，更谈不上灵活运用。因此必须处理好算理和算法之间的关系，引导学生循"理"入"法"，以"理"驭"法"，并通过智力活动，促进计算技能的形成。如学生不理解数的数位概念，就不能理解笔算要数位对齐的道理；不理解小数的

基本性质，就不能把除数是小数的除法，转化为除数是整数的除法来计算；不知道四则运算的意义，就很难讲清计算法则。使学生正确理解数和四则运算的有关概念，又是掌握四则计算法则的前提，因此教学中必须讲清数和数的计算知识。在平常教学时，四则运算的意义，可以注意让学生在计算题解的过程中逐步形成和深化。计算法则是学生正确进行四则运算的依据，可以注意通过典型例题，讲清计算的步骤和方法。运算定律和性质，是讲清计算法则和简便算法的基础，可以通过具体式题的计算，引导学生进行观察、比较、分析，找出共同特征，然后加以归纳，使学生认识定律、性质的实际意义。特别要重视在学生理解的基础上，使他们学会应用运算定律、性质，使一些计算简便的方法，不断提高学生的计算能力。

（二）有效的练习是提高计算能力的重要手段

为了促使学生熟练掌握计算的技能技巧，形成计算能力，加强练习是必要的，但是练习要注意科学性，讲究实效，练习设计应注意以下几点：

突出法则重点练：一般用于讲解课后的课堂练习，如：9+4=9+1+3=13；130-40=100-40+30=90；又如：9+7=16，见9想9和1组成10，7去掉1给了9得16；又如：140-50=140-40-10=90，进行这样的一看、二想、三说的互补法训练，使学生眼、脑、口并用，大大促进了学生创造思维能力。容易混淆的对比练：通过对比，不仅巩固了基础知识，而且培养了学生的观察力和注意力。经常出错反复练：根据学生平时计算中的错误随时登记，分析归类，有针对性地反复练，可起到事半功倍的作用。多种类型综合练：为了使学生牢固地掌握计算法则，可以把相似类型的基本题综合在一道混合式题中，使法则在分辨中得到巩固。启发学生思考，创造性地练：设计一些题目，启发学生选择最佳算法，怎样简便就怎样算。直接按法则计算此类题，比较繁难，如果认真观察思考，一旦发现其中的奥妙，就可以化难为易，同时可以发展学生的创造力。

（三）重视基本口算笔算练习

学生掌握计算能力，要经历一个懂、会、熟、活的过程。讲清数和数的计算知识，无疑是十分必要的，但这还只解决了一个"懂"的问题，而要使学生真正学会计算方法，逐步达到计算熟练，方法灵活、合理的要求，还要经过严格的训练。在平常教学中必须重视基本口算、笔算的练习。

多年的实践，使我深深体会到培养和提高学生计算能力是一项细致的长期的教学工作，计算能力的培养，有许多做法，我这里也仅仅是列举几点，无法穷尽。不同年级、不同班级在具体教学时，应"教无定法"。当然了，凡基本技能的形成，都需要"曲不离口，拳不离手"，水滴石穿，非一日之功。坚持天天训练，才能奏效。

再谈"课堂如何培养学生的质疑能力"

长春市绿园区春阳小学　曹桂利

我曾经读过一篇教育文章"生态课堂需要学生质疑",感触颇深,下面结合我的实际课堂教学和点滴经验谈谈我的感受。

古人云:"学起于思,思源于疑。"质疑是探索知识,发现问题的开始。因此,在数学教学中我们要将培养学生的质疑能力作为一项重要的教学任务。

一、营造轻松气氛,让学生敢于质疑

当学生在提问题时,教师要用信任的目光注视他,以示教师对于他提出的问题很重视,要消除学生害怕说错而被教师或同学讥笑的恐惧心理,若学生提出的问题与教学内容相差甚远,教师要给予积极的鼓励,赞扬他敢于提问的勇气。例如,我在课堂上板书时,经常会故意出现一些错误,学生指出时,我适当地给予表扬,同时也鼓励学生和老师一起"进步"。学生就会积极思考勇敢提出各种问题,对问题进行主动的探索。

二、精心创设,让学生善于质疑

在教学中,教师要有意识地设置矛盾,利用学生的"好奇"心理,培养学生质疑的主动性。创设疑惑情景,目的在于诱导学生积极提问,以利于通过讨论解决问题。如:在教学"平行四边形的面积"时,我让学生先猜一猜平行四边形的面积计算公式,学生很自信地说:"两条邻边相乘。"我接着问:"你们能对自己的猜想进行验证吗?"学生通过在书上数格子的方法发现不对。问题出在哪呢?疑问萌发起学生求知的欲望,他们跃跃欲试,开始探求新知识。

学生对在困惑中获得的知识会理解得更透,印象更深。因此,我在教学中抓住一个"巧"字,掌握一个"活"字,根据具体情况,积极创设情境,学生就乐于将自己的疑惑提出来。另外,在教学设计中还要对学生的质疑有充分的考虑,做到心中有数、"案"中有人。给学生的质疑创造良好的机会,提供充足的时空。

三、培养思考习惯，使学生好问

在教学中要充分保证学生有说的机会，指导学生运用已有的数学知识对面临的问题作较深层次的思考，通过分析和比较，就能将问题转化，提出优化解答过程的新问题。

比如在"异分母分数大小的比较"的教学中，如果让学生充分思考为什么要先通分再比较大小，学生将会提出"能不能化成同分子来比较分数的大小？"由此可见，只要指导学生对问题多作思考，学生就能创造性地提出更深刻的问题来。除此之外，教师还应该教给学生提问方法，使其善于提问。

四、重视创见，使学生释问

教师应以学生质疑为突破口，从而调动起学生学习的积极性，培养学生观察、思维、语言和动手能力，将所学知识转变为一种能力，如：在教学"圆的认识"时，用一段贴近生活、学生喜欢的动画片引入课题，激起学生深厚的兴趣，学生提出了不少问题：为什么生活中汽车车轮是圆的？而车轮轴又在圆的中心呢？教师启发学生联系生活，带着这些实际问题去学习、去探究、去寻找答案。

综上所述，我认为教师在高效课堂教学实践中，应通过各种形式，采用多种手段，让学生想问、敢问、好问、会问，使学生由被动质疑转变为主动质疑，鼓励他们迸发思维的火花，敢于超越教材，敢于超越教师。要适时点拨，让学生在质疑探究中获得成功的快乐！

直观模型在低年级计算教学中的应用策略
正阳小学　王　晶

计算，是小学数学教学的重点，在整个六年的数学学习中，占有极其重要的地位。计算速度的快慢，决定着完成题目的数量；计算的准确率，决定着成绩的高低，而快慢与准确率对学生未来的学习起着至关重要的作用。然而，计算教学在数学教学领域中，属于枯燥的教学，没有太多的"花样"，要明白算理，还要会计算方法，同时要伴着一定量的机械训练。要达到如此多的目的，直观模型在低年级的教学中就显得尤为重要。为此，我们以北师大版一下数学《图书馆》一课的教学为例，谈一谈直观模型在低年级计算教学中的应用策略。

低年级的学生以直观感受为主，抽象思维能力相对较弱。而直观模型正处在从具体到抽象的过渡阶段，对发展学生的抽象能力，有着很大的帮助。低年级的直观模型，我个人理解，其实就是直观材料，即小棒、计数器、数直线，还有摆圆片、长方形、三角形等等，这些与小棒的道理是一样的。让学生先通过对直观模型的理解，再转化为抽象数字的计算，逐步理解算理，掌握计算方法，体会算法多样化，提高学生计算的准确性与速度。在直观模型的帮助下，培养学生的口语表达能力。下面，我结合《图书馆》这节课来说一说，直观模型的应用策略。

策略一：利用学生熟悉的小棒模型，把新问题转化为已有知识来解决。

学生通过对情境图的观察，获得数学信息，并能提出用加法解决的数学问题。《童话世界》和《丛林世界》共有多少本？列出算式 28+4，借助摆小棒，体会凑 10 的思想。①可以先把零散的小棒加起来，是 12 根，将 10 根捆一捆，与 2 个整捆的合在一起，就是 32 根。②也可以从零散的 4 根中，拿出 2 根，与 2 捆零 8 根凑成 3 捆，再加上另外的 2 根，就是 32 根。摆的过程即是口算两位数加一位数进位加法的算理，这样就把新问题用已有的知识解决掉。

策略二：利用计数器，体会十进制计数法，明白竖式计算方法的算理。

28+4，先在计时器十位上拨 2 颗珠，再在个位上拨 8 颗珠。加 4，这个 4 应该在哪一位上拨？这是一个重点。因为，8 在个位上，表示 8 个一，4 表示 4 个一，他们都表示几个一，要把表示意义相同的数加在一起，（教学中的相同数位对齐）所以，应该在个位上拨 4，这时个位"满十"了，那么个位上的 10 颗珠要换成十位上的 1 颗珠。即"满十进一"，体现十进制计数法，厘清了竖式计算的顺序与方法。

策略三：固化直观模型，抽象出数字计算。

策略一和策略二都是对算理的理解，利用此契机让学生选择另外一道数学问题，组内边摆边说，巩固直观模型在大脑中的表象，进一步捋顺思维。最后脱离开直观模型，抽象到独立计算数字加法，并说出计算的过程。

总之，低年级的数学计算教学，离不开直观模型，如何利用好直观模型，如何选用最佳的策略，还有待于我们认真思考、认真琢磨。

在数学教学中培养学生的创新精神

绿园区民丰小学　姜崇丽

培养学生的创新精神，有利于学生的终身学习与发展。现代社会需要充分发挥每个人的主体性和创造性，因此，数学课程特别重视对学生个性与创新精神的培养，采取多种方式，使学生思维的流畅性、灵活性和独特性得到发展，最大限度地开发学生的创造潜能，并重视实践能力的培养，使学生具有将创新观念转化为具体成果的能力。

我在小学数学课教学中注重对学生创新精神的培养。课堂教学中，充分发挥学生的主体能力作用，让他们主动地参与自主发展，为学生创造时空条件，让他们动起来，大胆提问，敢于想象，激情创意，勇于实践，既开发了智力，又活跃了思维，激发情趣，使创新精神得到培养。在培养学生创新精神方面，我在教学中重视以下四点：

一、重视训练学生的创新思维

创新思维是创造能力乃至整个创新活动的实质与核心，而整个创新过程就是创新思维激发和发展的过程。因此培养创新思维至关重要，生活贵在创新。数学教育就是要培养学生的创造才能，促进学生其他方面综合性的创造才能的发展。因此在教学过程中一定要充分发挥学生的想象力、创造力。如：《认识小数》一课，其教学目的是通过观察了解，让学生能够认识万以内数。课堂上我先引导学生观察理解小数，之后，带领学生一起研究，学生能够很有兴趣地说出小数的含义。

总之，整堂课学生都在思考、探索的氛围中学习，把对学习的兴趣淋漓尽致地表现了出来。

二、重视培养学生的形象思维能力

形象思维与逻辑思维一样，是人类的一种重要的思维能力，而且被认为是与人的创造能力有着密切关系的一种思维方式。形象思维，顾名思义，主要是依凭形象进行的思维，它不像逻辑思维是依据概念和形式逻辑进行的思维。一个人的形象思维能力与其形象的储存有关，一个形象思维能力强的人肯定是一个形象储存丰富的人。形象思维是艺术活动，尤其是数学活动中基本思维方式之一，所以数学课程不仅能帮助学生有效地丰富形象储存，而且能训练学生形象思维的能力。

在上《加与减》教学过程中，我注意了让学生不断地观察和想象，并且进行了多方构思和尝试，提高"因物赋形，因势造型"的能力。培养学生对数学活动的兴趣。在创作活动中，由直觉思维所产生的想法，往往推动人们求证，成为创造发明的先导。教师要给学生一个创造设想问题的空间，鼓励学生凭灵感和机智去想问题并勇于实践。在实践教学过程中还会出现意想不到的各种各样的问题，有时学生感到很为难，这时，教师可引导学生对问题进行分析、讨论，学生在活跃的思维中，在积极创造活动中，体验到自己的价值。这样，学生的形象思维得以发挥，学生的创造力得以发展。

三、重视营造一个轻松自由的创造环境

创新能力是只有在自由自在的氛围中才能得以孕育、诞生的，没有宽松的环境，学生就没有自主性，而没有自主性就不可能有创新行为，因此，要在教学中营造一个轻松、自由的创造氛围。

在上《观察物体》一课时，不同形状的物体，分别从正面、侧面、上面看，看到的形状有可能是相同的，也有可能是不同的。充分激发学生的想象欲望，这样学生跃跃欲试，放开想象的缰绳，在想象的空间无拘无束地翱翔。所以说，教师要营造氛围，创设情境。

四、重视培养创新能力和技能训练相结合

教师如何才能既重视和保护学生鲜活的创新能力，我认为应该将创新能力培养和技能训练完美统一起来，不是说重视学生的个性，培养创新能力，学生在创作时就不需要教师的辅导了，我们不能从一个极端走向另一个极端，适当的技能训练是必要的，能使学生更好地进行创作，是培养学生创新能力的基础。在教学中，应把创新能力的培养放在重要位置，辅之以必要的技能训练，否则，学生的头脑中有那么多新奇的创意。记得在上《周长》一课时，学生的思维特别活跃，但效果却不理想。从这一课，加深我对这一观点的认识。

在教学中激发学生的创新精神是和培养学生的技能训练紧密联系的。任何富有创新的思维要加以深化、发展、必定要通过不断的探索、实践，才能得以成功或提高。那么，如何在教学中激发学生的创新精神和培养学生的技能训练呢？

（一）首先，要帮助学生改变原有的单纯接受式的学习方式

在开展有效地接受学习的同时，要培养学生通过自主参与学习活动，获得亲身体验，逐步形成一种在日常学习与生活中喜爱质疑、乐于探究、努力求知的心理倾向，激发探索和创新的积极欲望。

（二）要培养学生发现问题和提出问题的能力

剔除解决问题的设想能力，收集资料的能力，分析资料和得出结论的能力，以及表述思想和交流成果的能力。

（三）要激活学生已有的知识储存

尝试相关知识的综合运用。在综合运用的各种知识中，触类旁通产生新的思想。

（四）要培养学生不断追求的进取精神

严谨的科学态度、克服困难的意志品质，同时，也要鼓励学生大胆想象，这对于培养学生的创新精神也是非常必要的。

总之，教育的宗旨是创新人才的培养，而人是知识创新与发展的生命之源。诚如法国教育学家斯普朗格所言："教育的最终目的，不是传授已有的东西，而是把人的创造力量诱导出来，将生命感、价值感唤醒，直到精神生活运动的根。"数学学科应该充分利用自己的学科特点，大力培养学生创新能力，为学生今后的发展打下良好的基础。

数学绘本提升低年级数学兴趣及思维的实践研究

87中南校　纪　晶

【摘要】认识钟表，是为学习时间打下良好的基础。让孩子认识钟表，加强时间观念，懂得爱惜时间是很有必要的。结合日常生活理解时钟的用途，发展幼儿的逻辑思维能力。教育孩子珍惜时间，养成按时作息的好习惯。学习钟表，就是培养孩子进行时间管理的基础。而学会时间管理，孩子将受益一生。

数学学习对从幼儿园刚入学的孩子而言，是一个巨大的挑战，孩子很难一下子适应抽象枯燥的数学学习。绘本教学是低年段儿童在幼儿教育过渡到小学数学教育的一个平台，它以形象的图画展现给学生，这样不仅能提升数学课堂教学的趣味性，还能让知识变得鲜活，有助于学生理解。

【关键词】低年级数学；数学绘本；实践研究。

数学是思维的体操，数学绘本从生活中故事讲起，通过设置问题有效开启思维的大门，有效刺激神经元，让大脑更强大，更聪明。在绘本当中，我们现在越来越强调通过绘本去发展儿童多种多样的能力，比方说创造力、想象力、思维力。具体到数学思维能力方面，我们需要先看看数学思维包括什么，或者对于未来儿童的数学学习来说，哪几种能力是对儿童来说非常重要的。

一、数学绘本丰富了学生数学阅读的素材

（一）丰富优美的图画，勾起阅读的欲望

绘本阅读在国外一直是一种非常受重视的阅读方式。近年来，我国儿童文学

专家也一直在呼吁儿童阅读绘本，认为绘本是"人生的第一本书"。数学绘本以其鲜艳的色彩和天真烂漫的画面，很快就会吸引学生的注意，激起他们的阅读欲望。因此，他们受到大多数孩子的欢迎和喜爱。如果能将数学绘本广泛应用于早期数学阅读教育中，培养学生的阅读兴趣，帮助他们理解图片与文本的关系，就能为以后的阅读活动打下良好的基础。

（二）言简意赅的文字，降低阅读的难度

由于小学低年级学生的读写能力不大，他们在阅读上受到较多的限制。作为一种以图片为主，以文字语言为辅的阅读材料，其语言简洁易懂，符合这一阶段儿童的读书特点。儿童的阅读特点深受儿童喜爱，被世界公认为最适合低年级学生阅读的读物。

（三）生动有趣的故事，激发阅读的兴趣

数学绘本是一本动听的故事书。它抓住了孩子们天生喜欢听故事的特点，用生动的故事展现数学知识。当数学知识出现在与学生生活有关的事物的背景中，不仅牢牢地吸引了学生的注意力，而且让他们意识到原来的生活中有许多有用而有趣的数学，从而对数学产生了浓厚的兴趣。生动有趣的故事很好地激发了学生的数学阅读兴趣。

二、数学绘本阅读中影响数学思维的几个方面

（一）问题解决的能力

我们都知道问题解决能力包括提出问题、分析问题、解决问题等等。在绘本阅读当中，我们现在更加强调儿童自主阅读。自主阅读第一点就是我们要让儿童学会自己提出问题。

（二）推理的能力

绘本当中对儿童推理能力的培养是贯穿于他在绘本每一页内容的理解上的。在带领孩子们读绘本的时候经常会进行提问，并且是一连串的提问。孩子们解决问题的过程是一种根据前面的内容进行后面内容的整理和分析，其实这就是一种推理。

（三）符号意识

大家都知道符号能力对于数学的学习很重要。数学中有各种各样的符号，比如加减号、等号等等。这种符号意识其实在我们的绘本阅读当中也有。绘本阅读还包括各种各样的符号阅读，比方说，在马路上认识交通标志，认识各种各样的气象标志，这都是认识符号；再比方说，了解我们文字的演变，知道它们原来是什么样子的，现在是什么样子的。所以对于儿童符号意识的培养在绘本阅读当中

是一直都存在的。在小学数学的学习过程中，也请同学们进行过符号的创造，甚至进行过单位的创造，这也是符号意识的培养。孩子们在使用单位的过程中记忆更深刻。

· 数感

每本绘本都有页码，孩子会自主观察这本书一共有多少页，还可以将书翻到第几页等等的行为，这就是在培养孩子的数感。仔细观察绘本，左边的页面都是偶数页，右边的页面都是奇数页，这也是可以培养孩子数感及体会数字之间关系的认识，所以这样的一种能力都是蕴藏在绘本当中。

· 空间观念

绘本的翻阅是有顺序的，我可以从左往右翻，也可以从右往左翻。因为现在书的装订方式有很多种，有很多中不同的翻阅顺序，有的还是从下往上翻。孩子们可以按照怎样顺序翻，从哪里往哪里翻，这都是空间观念；当画面当中的一个角色在什么样的位置，这也是空间观念。所以只要你有意识地培养儿童的数学思维能力，在提问当中适当地渗透，可以达到这种数学思维能力潜移默化的培养和发展。

· 几何直观

有一些绘本在读完后可以做一张表来呈现情节的发展顺序，或者根据角色、时间等通过画表来体现，这都是在数学当中很重要的一些学习的内容。自制图书也有几何直观，用长方形的纸做图书，用正方形的纸做图书，长方形是横着做还是竖着做，这都是涉及到几何直观的问题。

· 应用和创新意识

我们在绘本当中会让小朋友进行故事表演，进行角色扮演，会自编故事、自制图书等等，所有的方面，它其实是一种应用的意识或者说创新的意识。所以通过绘本发展孩子的数学思维，在你绘本阅读的每一次当中其实已经在做了。

三、结语

数学绘本是一种感动人心、温暖人心、灵活思维、将数学与生活有效地联系起来的图画。让我们一起成为儿童阅读旅途上的璀璨之光，照亮儿童数学阅读的广阔天空，与孩子们一起感受阅读的快乐，让他们在数学阅读般温暖、智慧的光芒中走近数学绘本。

【参考文献】

[1] 武艳艳. 数学绘本如何引入低年级数学教学初探 [J/OL]. 新教育时代电子杂志（教师版），2018.

[2] 王锋，刘鹏远，李兵.新军事变革形势下军队院校教材建设的思考[J].教育现代化，2017.

[3] 石丹.阅读，让数学诗情画意——初探小学低年级数学绘本教学[J].读与写，2018.

[4] 游华.读绘本，学数学[J].幼儿教育研究，2015.

[5] 郑红.关注韵律活动中幼儿的情感体验——以中班韵律活动"去美食街的小老鼠"为例[J].幼儿教育研究，2015.

[6] 郑桂英.激发识字兴趣，提高识字效率[J].中外交流，2017.

[7] 吴素丹.关于小学英语绘本阅读教学的几点思考[J].中外交流，2017.

[8] 刘熹.领略数学日记的魅力——结合课题开展，浅谈小学数学日记的运用[J].赤子，2018.

探析小学四年级学生计算能力的提高

长春市绿园区同心小学　刘秀颖

【摘要】小学是一个学生的根基，是学生培养能力的重要阶段，对中国小学生的计算能力的培养关系到他们以后是否能在数学及相关领域取得好的成就。本篇论文以小学四年级学生为例，通过对数学教学现状的分析、提高学生计算能力的方法和策略的探究及提高学生计算能力的影响来说明如何正确提高学生的计算能力，培养他们的计算思维和数学思维，使他们更加具有优势。

【关键词】小学；四年级学生；计算能力；提高方法。

一个人的计算能力要从小学开始培养，而学生在四年级继续提高计算能力是一个巩固计算思维和数学思维的过程，也是养成良好的学习习惯的关键阶段，在学生的成长道路中，起着难以替代的作用。本篇论文结合前人的研究，从数学教学课堂现状、提高学生计算能力的方法和提高学生计算能力的影响的三个方面来有效率地提高小学四年级学生的计算能力，促使学生在以后的人生道路中更加具有竞争力与影响力。

一、数学教学课堂的现状

（一）固定的教学模式与方式

大多数的中国小学的课堂教学模式都是老师根据教学大纲然后按照课本内容去讲，从最基础的计算方式进阶到困难的计算方式，学生只能被动地跟着老师的思路去听课、去思考。在课下，学生都是靠练习题来巩固知识，而这种记忆方式是不牢固的。当学生做练习题有问题时，他们大多数是不会主动询问老师，而是会等待老师讲到相关的知识点，这样便降低了学生的学习效率。

（二）忽视对学生计算思维的着重培养

小学的数学教学课堂都是先讲解基础的计算方法，然后通过一个个的例题来让学生掌握这些基础的计算方法，从来没有老师对某节课的计算方法加以延展，然后通过举一反三的方法来让学生去了解和学习更多的计算方法，这些便导致了学生的思维模式固定化以及计算能力的降低。

（三）学生的数学基础比较薄弱

学习基础是一个学生取得好成绩的基本因素，小学四年级的学生虽然掌握了一定的计算基础，但是因为年龄、性格等原因，会使他们对这些基础知识掌握得不是很牢固，比如对计算法则和公式理解不到位，这会使他们在学习中比较吃力，也会影响到学习的效率和学生对数学的兴趣。

二、提高学生的计算能力的方法

（一）发散学生的思维，培养数学思维模式

老师发挥在课堂上的引导作用，在讲解完基础计算方法后通过对计算方法的展开讲解来吸引学生的注意力。可以根据四年级学生的特点来设置游戏，比如分组计算游戏，每个小组轮流出题，然后由其他小组进行抢答计算，还可以通过举一反三和互动问答的方式来发散学生的思维，提高他们的计算能力。

（二）激发学生对计算的兴趣

兴趣因素在一个人的学习生活中占了很大的比重，所以激发学生对计算的兴趣是至关重要的。在学生的小学学习过程中，激发他们的学习兴趣的重任便落到了老师的身上。老师应该寓乐于教，在讲解计算方法时可以借助一些实体教具，也可以通过小游戏的方式来进行计算接龙，这样使学生更加明白计算的方法，也能激发他们的计算兴趣和培养动手操作能力。

（三）有计划地教学，培养学生良好的计算习惯

小学四年级的学生的计算习惯还没有完全建立起来，在计算过程中会因为不仔细、走神等原因导致计算结果错误，所以老师在课堂上应该多多规范学生的计算过程，也可以敦促学生在计算出结果后进行验算，查看结果是否一致，这样可以促使他们更加细心，不要因为马虎而算错简单的计算题。

三、提高学生计算能力的影响

（一）有利于学生数学思维模式的培养

对学生计算能力的提高，可以让学生在数学、物理等学科领域更加具有优势，对一些计算题使用口算和笔算，往往能够节省出更多时间来攻克更加困难的题或者用来检查试卷。数学思维模式不同于别的思维模式，它是一种对数学和模型的架构角度的模式，具有数学思维模式的学生能够更加容易做出别的同学不会的题目，从而提高自己的考试分数，以此增加自己的竞争力。

（二）有利于建立和谐良好的师生关系

老师在课堂上发挥引领的作用，并通过游戏、实体教具和多媒体技术来教导学生，加强与学生之间的互动，这都有利于增加学生对老师的好感度，学生更愿意听老师讲课，能够主动在课下询问问题，并且愿意按照老师的要求去做，也能够更快地改掉学习中的坏习惯，提高学习效率。

（三）有利于学生养成良好的学习习惯

一个良好的学习习惯是要从小培养的，老师对小学四年级学生的严格要求，能够让他们扎实学习的基础，也能够让他们改掉粗心、马虎等等坏习惯，还能减少他们在计算过程中对计算工具的依赖，真正做到口算与笔算的结合，促进计算能力的提升，进而养成良好的学习习惯。

对于小学四年级的学生来说，他们已经掌握了一定的计算基础，所以进一步提高他们的计算能力是一件非常重要的事情，关系到他们以后所从事的工作。在今后的教学工作中，我会继续通过发散学生的思维、培养学生的兴趣和养成学生良好的计算习惯等方法来促使他们提高计算能力，培养他们的数学思维，使他们在以后的人生道路上可以更加顺遂。

学生良好审题习惯在小学数学课堂中的培养策略
长春市绿园区教师进修学校　王煜煜

【摘要】学生在解答数学问题时，要想提升解决准确性，首先需要审好题。但是，就目前小学阶段学生的审题情况而言，有一部分学生并没有养成良好的审题习惯，导致在做题过程中频繁出现错误。基于此，本文对如何在小学数学教学中培养学生良好的审题习惯进行探究，希望可以为提升小学阶段学生审题能力提供一定帮助。

【关键词】小学教学;数学学科;审题习惯;培养策略。

良好的审题习惯不仅是学生学习知识、提升学科能力,以及提升自身综合素质的基本前提,同时,良好的审题习惯也能够促使学生的学习积极性和主动性得到有效激发,帮助学生找到有效学习的方法,进而使得学生的学习成绩和效率得到提升,是学生终身受益的好习惯。基于此,也就需要数学教师能够意识到这一点,从以下几方面着手,在实际教学中对学生的良好审题习惯进行培养。

一、传授学生正确的审题技巧

关于如何在小学数学教学中培养学生良好的审题习惯,首先需要数学教师能够对学生讲述审题的重要性,并传授学生正确的审题技巧;最后,在日常教学中,逐步对学生进行引导,使其逐渐将审题作为学习习惯。

基于此,在日常教学中,数学教师在布置完某道数学题时,要让学生认认真真读几遍数学问题,具体分为以下几步:其一,在对问题进行第一遍审读时,不增减内容,弄清楚数学题里面的已知条件和问题,使其对数学题有一个初步了解;其二,进行第二遍审读时,要对数学题进行逐字逐句推敲,尤其是"多""少""比"等字前后联系题干的真实意义,进而使其明白题意,能够弄清数学题所要考查的知识点;其三,进行第三遍审读时,要找到题干中的重点,并厘清解题方法和步骤。

通过以上方式,学生在反复锻炼的基础上,不但做题速度有所提升,同时解决问题的准确性也明显提高。

二、强化知识点教学力度

在对学生进行小学数学教学的过程中,为了能够对学生良好的审题习惯进行有效培养,数学教师不仅要将正确的审题技巧传授给学生,同时还需要对知识点教学力度进行强化,以此帮助学生巩固审题基础。基于此,数学教师应该在培养学生审题习惯的过程中,帮助学生进行知识点积累,使学生能够真正地理解和把握数学问题中的重点,同时也利于学生知识运用能力的提升[1]。

例如,在对学生进行小学数学北师大版四年级下册《买菜》这节内容教学时,数学教师应该与学生前面所学知识进行对应,对于计算试题,数学教师可从整数加减开始导入,帮助学生在审题过程中掌握正确解题方法,能够在审题时自动将小数加减法进化成整数加减法进行计算，并能够准确掌握小数进退位，在计算结束后标好小数点。通过对学生审题能力的强化，不仅能够帮助学生巩固知识点，促使学生对知识网络进行不断完善，同时也利于学生培养良好审题习惯，能够将更多精力投入到正确解题方向上，有效提升学生的解题准确性。

三、结合具体习题强化训练

要想在小学数学教学中培养学生的审题习惯，还需要数学教师能够结合具体习题，强化训练，使其能够掌握更多的数学题目类型，能够将审题技巧真正地运用到各类试题中，进而有效提升审题效率，推动学生全面发展。

例如，在对学生进行小学数学北师大版六年级上册《生活中的比》这节内容教学时，由于学生初次接触"比"这一知识点，而且其概念也较为抽象，所以解决相关试题时，不知道如何入手，这时数学教师就可以结合具体习题，帮助学生加深对所学知识点的了解，并使其审题习惯得到一定培养。首先，数学教师应该引导学生对"比""分数""除法"这三个知识点进行对比，在对比的过程中学生会发现三者的共同点；其次，数学教师根据学生所发现的共同点，引导学生在审题时，利用类似审题方式进行审题。通过这种方式，学生不仅能够更好地掌握"比"的相关内容，同时也能够提升自身的解决速度，在日后做题的过程中，再遇到相似问题时，能够快速进行审题，并从中找到解题关键，最终使其学习效率及成绩得到显著提升[2]。

四、布置作业要"少而精"

虽然现在"素质教育"已深入人心，要求减轻学生学习压力，但是所谓"熟能生巧"，作为巩固学生基础知识的作业，依然需要数学教师能够重视，遵守"少而精"的布置原则。

另外，作业的有效布置对培养学生良好审题习惯也十分重要，可以从学生的认知特点着手，多布置一些学生容易出错的题目，以此激发学生的思维，使学生能够注重题目表面及潜在的条件，有效提升学生的做题准确率。同时，也可以让学生"择题而作"，促使学生根据自身的问题，有选择地做题，进而促使其逐步形成良好的审题习惯。

五、引导学生建立错审题库

通过对学生错题进行分析发现，有一部分学生是由于审题不够谨慎所致。基于此，为了提升学生的数学学习效率及成绩，就需要对学生的良好审题习惯进行培养，可引导学生建立错审题库，帮助学生了解自己的犯错频率，使其能够重视审题问题。

例如，在对学生进行小学数学北师大版五年级下册《分数除法》这节内容教学时，数学教师可借助现代信息技术，对学生开展具有针对性的审题训练，在加深学生对所学知识的了解和掌握基础上，促使学生能够对其进行科学运用。如限时训练，让学生在规定时间内完成多种类型的计算题。最后，对于出现错误的问题，教师可让学生进行自我分析，对审题步骤进行确定，并将错审问题记录下来，定期进行回顾，当不再循环出现某一错审问题时，可将其从记录本中划掉；将新出现的问题补充到上面。久而久之，学生会发现自己的错审问题越来越少，已经逐步养成正确的审题习惯[3]。

在对小学阶段的学生进行数学教学的过程中，采取有效措施对学生的认真审题习惯进行培养，不但能够提升学生的数学学习能力以及学习效率，同时也利于学生数学核心素养的培养和提升。因此，在实际教学中，数学教师需要重视学生审题习惯的培养，要传授学生正确的审题方法，并引导学生根据自身认知特点形成属于自己的审题习惯，进而为学生进行后续数学学习及其他学科学习奠定良好基础。

【参考文献】

[1] 刘岩岩. 基于核心素养下小学数学审题、解题能力的培养策略探讨[J]. 试题与研究，2020(24):P106.

[2] 邹群艳. 一年级学生数学审题习惯培养和方法训练案例分析[J]. 科学咨询（科技·管理），2020(03):P181.

[3] 张倩. 试论新课程下小学生数学审题思维能力的培养路径[J]. 中国校外教育，2020(02):32-48.

关于小学数学语言能力培养的思考与实践
长春市绿园区教师进修学校　程艳辉

【摘要】在新课改不断深化的背景下，小学数学教学不但要向学生传授基本的数学知识,还要培养学生的学习能力,促进学生数学综合素养的提升。其中,在小学数学教学中培养学生的语言能力是非常重要的教学目标。本文首先分析了小学数学教学在培养学生语言能力时存在的问题,然后针对如何在小学数学教学中培养学生的语言能力提出了几点策略。

【关键词】小学数学;语言能力;培养;实践。

在目前的小学数学教学中,由于受到多种因素的影响,课堂教学的现状并不乐观。教师在教学时更加注重对学生数学知识的传授,却忽视了对学生语言能力的培养,这对培养学生的综合能力是十分不利的。因此,小学数学教师应该在教学中采用有效的教学手段培养学生的语言能力,从而促进小学数学教学质量的提高。

一、小学数学教学培养学生语言能力时存在的问题

在目前的小学数学教学中,教师受传统教学观念的影响较深。有一些教师在课堂上处于绝对的领导地位,在学生眼中,他们就是权威,学生习惯于等教师向他们灌输知识,即使心中有疑问也不敢轻易向教师表达出来。有一些教师不能接受学生在课堂上出错,如果学生犯错,教师可能就会批评学生,易使学生在内心产生一种抗拒的心理,而不敢表达自己的真实想法。还有一些学生性格比较内向,或者数学基础薄弱,在数学课堂上他们不知该如何表达[1]。在课堂教学中,教师整堂课都在进行知识点的讲解,与学生之间的互动很少,而学生则处于被动接受知识的地位。在这种教学模式下,小学数学课堂会呈现出枯燥、无趣的状态,会影响学生的学习积极性,并且学生的语言能力得不到有效的锻炼。

二、小学数学教学中培养学生语言能力的策略

1. 提供规范的语言环境

小学生正处在善于模仿的年纪,因此数学教师的教学语言对学生的数学语言学习会产生不可忽视的影响。在数学课堂中,教师所使用的语言应该符合逻辑、简洁而准确,便于为学生营造出规范而精确的语言环境,可以潜移默化地教导学生对数学语言的学习。在小学数学教学中,很多数学概念都具有一定的抽象性,教师为了让学生更好地理解这些概念的内涵,往往会采用学生可以接受的语言方式来讲解。这样的方式虽然易于帮助学生理解数学知识,但是不够精准或规范的数学语言可能会对培养学生的数学语言能力产生不利因素[2]。因此,在小学数学教学中,教师应该秉持着不断提高自身语言能力的学习精神,不能因为担心学生的不理解而不使用规范的数学语言来交流,也不能忽视学生的理解能力而一味地向学生灌输知识点,而是应该在学生能理解的前提下用数学语言进行师生间的交流,从而有效地培养学生的语言能力。

2. 进行严格有序的训练

在小学数学教学中,教师为了培养学生的语言能力,还应该带领学生进行严

格有序的训练。首先，教师对学生进行语言能力训练时应该遵循循序渐进的原则，在学生学习数学的过程中，不同的年级对学生语言能力的要求也是不同的，教师在培养学生的语言能力时应该充分考虑小学生的年龄特点和心理特点。比如，对于一年级的学生来说，他们接触数学学科的时间还很短，教师在与学生交流时可以更多地采用偏日常语言；在学生升入中高年级以后，教师在与学生交流时所使用的语言要更具有一定的准确性和专业性。另外，在学习具体的数学知识时，教师可以尽量引导学生用一句完整的数学语言来表达，使学生的语言具有一定的规范性，然后再逐渐提升训练的难度，让学生的数学能力得到逐步的提升。其次，教师要引导学生多说多练，巩固对所学知识的理解。小学数学教师在课堂中应该为学生营造一种和谐、平等的课堂学习氛围，与学生交流时，态度要和蔼，语气要和缓，有效地拉近教师和学生之间的距离。当学生在课堂上发言以后，教师应该给予学生积极肯定的评价，使学生获得一定的成就感和满足感，从而有效地提升学生的自信心，激发学生的表达欲望。在课堂教学中，教师应该采用更为丰富多彩的教学方式来增加课堂教学的趣味性，为学生创设合适的课堂教学情境，激发学生的探究欲望和参与意识，从而有效地提升学生的交流能力和表达能力。

3. 重视数学文本的阅读

在小学数学教学中，教师还应当重视数学文本的阅读。小学数学教材中所使用的语言都是很准确的，学生通过阅读数学文本能够感受到数学语言的规范性和准确性，加深对数学概念的理解。指导学生阅读数学文本的方式很多[3]，教师可以让学生在课前对所学的知识进行预习，也可以在课堂中引导学生阅读；既可以不出声地默读，也可以大声地朗读；可以是全体学生齐读，也可以是学生独立阅读。通过多种多样的阅读方式，能够更好地激发学生的阅读热情，促进学生数学语言能力的提升。

总而言之，在小学数学教学中，培养学生的语言能力是非常重要的教学目标，有利于提高学生的数学综合素养。因此，小学数学教师应该在教学观念和教学方式上进行创新，加强对培养学生数学语言能力的重视程度。教师应该为学生提供规范的语言环境，对学生进行严格有序的训练，加强对数学文本阅读的重视，激发学生的表达欲望，为学生营造良好的课堂教学氛围，通过循序渐进的方式锻炼学生的数学语言能力，促进小学数学教学质量的提高。

【参考文献】

[1] 李小芹. 有序思维促生长——小学低段学生数学有序思维能力培养的实践与思考[J]. 小学教学研究, 2018(05): 23-24.

[2] 倪树君. 基于核心素养的小学数学学生创新实践能力培养途径思考[J]. 数学学习与研究, 2018(02): 90+92.

[3] 范新林, 丁建忠. 小学数学运用能力培养的思考与实践[J]. 湖州师范学院

学报,2001(S1): 127-128+130.

小学数学分数应用题解题障碍的研究

长春市绿园区四间小学 何文丽

【摘要】应用数学一直是小学数学教学中的重点、难点,而分数应用题更是如此。小学生还处于学习生涯的起步阶段,学生对于问题的分析能力和解答能力还需要进一步提升。数学知识具有抽象化的特点,学生在对分数应用题进行解答时会存在一些障碍,小学生不能正确地掌握和分析分数应用题的题意,导致学生对于分数应用题的解答效率和准确率受到严重影响。本文就是对小学数学分数应用题解题障碍进行深入研究,希望对相关教育人员能够有所启示。

【关键词】小学数学;分数应用题;解题障碍;教学质量。

课程教学改革不断深入,对于小学数学教学也提出了很多新的要求,在教学活动开展过程中不仅需要注重学生知识的传授,还需要注重学生素质的培养。分数应用题在学生眼中具有很高的难度性,在解答的过程中存在很多的障碍,消减了学生对于数学知识的学习兴趣,使得学生失去了数学课程的学习信心。因此,对于小学数学分数应用题解题障碍进行研究是具有现实意义的,下面就对相关内容进行详细阐述。

一、小学生分数应用题的学习现状

数优生和数困生在对分数应用题的学习兴趣、学习信心和解题毅力等方面存在着差异,较数优生而言,数困生显得缺乏学习兴趣,学习信心不足,解题的毅力也不够坚定。

二、小学数学分数应用题解题障碍

(一)阅读理解方面的障碍

由于应用题的题目内容涉及较广,小学生的知识面较窄,题目中有时涉及较为专业的词汇且过于简洁,导致学生不能很好地对题目内容进行理解。如百分比、超产等。

（二）解题模式干扰

小学数学教师在教学活动开展的过程中，需要明确学生对于问题的分析能力和解答能力还应该进一步提升。受到这种不良因素的影响，使得学生掌握一种解题思路之后，在以后对应用题进行解答的过程也会惯性地应用这一思路对相关题型进行解答。但是如果题型发生适当的改动，小学生就会感觉无从下手，不知所措。所以，很多学生在对分数应用题进行解答的过程中，都是应用死板的解题模式对分数应用题进行解答，不能做到举一反三，在实际解答过程中总是会出现一些失误，对于解题的准确性造成了不良影响。

（三）多余条件的干扰

小学生在对分数应用题进行解答的过程中，也会受到多余条件的影响。具体的阐述就是学生在解题的过程中，总是会因为分数应用题存在众多已知条件，导致学生的思维混乱。这些已知条件中有很多是分数应用题解答的关键，有很多不仅对分数应用题解答没有任何益处，对于学生的思维还会造成误导，导致学生不能明确分数应用题的解题重点。

（四）分数应用题叙述形式干扰

在分数应用题的题干中，一些已知条件会采用多元化的叙述形式，为的是考查学生的逻辑性思维能力。经常会应用倒叙，或者是插叙的叙述方式对已知条件进行陈述，对于逻辑性思维较差的学生必定会造成很多的迷惑。还需要注重的是，若是分数应用题题干中已知数量之间存在的关系过于复杂时，学生解题会存在很大的难度性，不能严格地清理众多数量之间存在的关系，不能清楚地理解题目的要求[1]。

（五）计算操作方面的障碍

现今社会越来越信息化，计算机不断更新换代，人们越来越依赖计算机，旧式的计算方式已被削弱，小学的数学教育中口述计算等也被教师忽视，因此，学生在对分数应用题的解题上更加困难，学生无法对分数顺利地进行计算。

（六）教师教学方式存在误区

教师对六年级学生进行题海战术，且学生升学压力较大，学生只是为了完成老师布置的任务，学生变成了做题机器，教师在这一阶段对学生的知识灌输较少，学生并不能理解解题方式，何况是灵活地运用所学知识。教学失去了应有的目的。

三、小学分数应用题解题障碍的原因分析

导致小学生分数应用题解答障碍产生的原因众多，追溯其根本原因就是学生对于数学知识的积累不够，对于教师所讲述的教学内容没有深入的了解。具体表

现为：学生在对分数应用题进行解答的过程中，不能应用以往具有的知识结构快速地建立数学模型。这也表明教师在教学实践中，必须要注重学生数学思维能力的培养，从而促进学生的全面发展。一些小学生没有养成正确的解题习惯，在分数应用题解答的过程中，过分地相信自己，在分数应用题解答完成后不能自行进行检验。还有就是学生阅读分析能力较差，学生在读题的过程中，总是不能正确地掌握题意，不能厘清解题思路，导致解题障碍产生。

四、解决小学分数应用题解题障碍的策略

（一）提升教学质量

提升小学数学教学质量，是解决小学分数应用题解题障碍的重要基础。小学数学教师在教学实践中，需要强化分数知识教学成效，为学生解答分数应用题奠定良好基础，让学生对于数学知识有更深层次的理解。例如，在分数教学中教师需要让学生掌握分数加法、减法、乘法、除法多项运算法则，并且注重学生实践能力的培养，使得学生可以将学习的数学知识转变为自身的能力。教师需要注重学生逻辑思维能力的培养，正确的对学生进行引导。教师需要帮助学生养成正确的解题习惯，让学生能够细致化地读题，在演算纸上清晰地进行演算，在分数应用题解答完成后能够自行进行检验，保障分数应用题解答质量。

（二）强化学生的审题能力

审题是学生解答分数应用题的关键，学生只有通过解题才能找寻题干中存在的关键点，才能厘清正确的解题思路。所以，小学数学教师在教学实践中，需要强化学生审题能力的培养。在对分数应用题进行解答的过程中，教师需要引导学生找寻题干中存在的关键数量，找寻数量之间存在的关系，让学生可以正确地列出数量之间的关系式。例如：老师在下班回家的路上一共买了三十个水果，其中五分之二是苹果，剩下的都是橘子，那么老师买了多少个橘子？在分数应用题进行解答的过程中，需要明确题目中"其中"二字的意思，学生需要明确其中苹果的数量为多少，应用水果的总体数量减去苹果的数量，最终得到的就是橘子的数量[2]。

（三）拓展学生知识面

家长为了培养学生的特长，导致学生缺乏对社会信息的认知较少，小学生的知识面较窄主要是因为缺少对课外书籍的阅读，因此，教师需要鼓励学生多阅读有意义的课外书籍，可介绍些符合学生年龄的书籍，尽量精简，且具有较强的趣味性，能吸引学生去阅读。也可对题目中出现的术语对学生进行讲解，不仅拓展了他们的知识面，而且帮助学生更好地理解题目。

(四)培养学生的计算能力

教师应培养学生的计算能力,纠正他们不正确的认知,虽然计算机技术被广泛使用,但是自身的计算能力却不可缺少,学生能熟练运用计算技巧,可有效提高学生的解题能力。

(五)培养学生的发散性思维

在小学数学教学实践中,数学教师需要注重学生发散性思维的培养,让学生懂得举一反三。所以,教师在分数应用题教学中,要引导学生应用多种方法进行解题,从而培养学生的发散性思维,促进学生的综合发展。例如:学校修建了一栋高层教学楼,现阶段已经修完了九层,目前,修建的层数是修建总层数的三分之一,那么,学校还需要修建多少层才能完工。教师需要引导学生应用多种解题方法进行解答,在教学活动开展的过程中,教师可以先对学生讲解该分数应用题的一种解题方法,然后,可以让学生以小组的形式进行讨论,积极地寻找多种解题方法。通过小组讨论学生可以更多地进行交流和沟通,并且与教师实现良好的互动,这样的教学模式不仅有利于培养学生的发散性思维,还能提升学生的学习兴趣,增强学生对于数学课程的喜爱程度,促进学生的全面发展[3]。

(六)教师需改善教学方式

由于小学生没有较高的认知水平,因此,对于较为抽象的文字等不能很好地理解。教师需要结合学生自身的学习水平,采取正确、合理的方式进行教学,针对学生的学习难点,对学生进行有效的知识灌输,让学生能真正掌握解题技巧[4]。

五、结语

分数应用题教学是小学数学教学中的重点、难点,学生对分数应用题在进行解答的过程中存在着很多的障碍,导致学生解题的准确性受到影响。数学教师需要不断地加强研究力度,对于障碍产生的原因进行深入分析,应用有效的对策进行改善,提升学生的解题能力。提升数学教学质量,强化学生审题能力,注重学生发散思维的培养,促进学生的全面发展。

【参考文献】

[1] 钱有平. 浅谈小学数学分数应用题教学 [J]. 教育实践与研究,2013[6]:11.

[2] 张强. 浅谈小学分数应用题的解法 [J]. 学周刊,2012[1]:7.

[3] 戴国瑞. 浅谈小学分数应用题教学 [J]. 教育教学论坛,2013[19]:33.

[4] 李小娟. 小学数学分数应用题解题障碍的研究 [J]. 西南大学,2012[1]:56.

专题四 探索与发展

如何科学有效设计小学生数学作业

长春市绿园区四间小学　闫家瑞

【摘要】小学数学是小学课程的重要组成部分，在数学教学中，作业是学生进行学习最基本的活动形式，它不仅是教学过程的一个环节，而且是课程与教学的一种组织方式。它对于培养学生独立学习的能力和习惯，发展学生的智力和创造才能具有重要意义，为此，我们应多设计一些科学性的家庭作业，来培养学生良好的学习习惯。

【关键词】小学生；数学作业；科学设计。

对于"小学生作业的科学设计及其评价研究"这个课题的研究，在我们课题组里，已经尝试研究两年多了。作业的科学设计与实施是减轻学生负担，激发学生学习积极性，提高教学效率的最优举措；也是实施素质教育，培养学生创新精神和实践能力的重要途径。

作为新课程改革形势下的今天，我在教学中运用新课程的理念，设计了多种具有层次性、实践性、多样性、趣味性的作业。从学生实际出发，关注学生身心的健康成长，让更多的学生，有更多的机会去体验成功的喜悦，去感受成长的乐趣。

一、设计基础性作业，培养学生基本能力和解题技巧

计算贯穿于小学数学的始终，培养学生正确、熟练、合理、灵活的计算能力，是小学生数学教学的一项重要任务，可相应培养学生思维的敏捷性、灵活性、独创性等良好思维品质。另一方面，培养学生的思维能力同学习计算方法、掌握解题方法一样，必须通过练习。而且思维与解题过程是密切联系着的。培养思维能力的最有效办法是通过解题的练习来实现。因此设计好练习题就成为能否促进学生思维能力发展的重要一环。计算和练习教学对于培养学生思维能力起着重要的促进作用。

每天我都布置五道口算和五道计算题，完成作业时间控制在10~15分钟。这样，不仅教师考查了学生的掌握情况，同时学生还巩固了当天所学，每天一练每个学生能认真完成。现在所教班级是三年级，95%学生计算的准确率达到100%，这也是学好数学的首要条件和基础。

二、设计趣味性作业，培养学生学习兴趣和自主能力

教育心理学家认为：兴趣是心理活动的倾向，是学习的内在动机，是开发智

力的钥匙,教育心理学家还认为:"学习是处于被动状态,依赖性强,还是主动积极、独立性、创造性强,它在较大程度上决定了学习的成败。新课程标准也指出:"从学生熟悉的生活情境与童话世界出发,选择学生身边的、感兴趣的事物,以激发学生学习的兴趣与动机……"为了唤起学生的学习兴趣,练习设计要激发学生的兴趣,注重题目的趣味性,使学生在愉快中练习,寓练于乐,增强兴趣使之产生一种内部的需求感,自觉主动完成作业。

如学完《10以内加减法》可以设计学生与家长"凑十"游戏。又如《20以内的退位减法》《乘法口诀》后,可以设计"对口令"的游戏,让学生与学生之间、学生与家长之间玩。再比如学完《可能性》后,可以设计如"猜球""猜硬币"等游戏作业,课后相互之间玩一玩。比如学完《分类、认识物体》后,可布置孩子通过"找一找""数一数""比一比""拼一拼""拆一拆"等趣味性的活动。

再如,学完北师大版"圆的认识(二)"一节后我布置了一个作业:请你从长方形、正方形、等边三角形和圆这四种图形中选出一种图形,和如图的圆组成一幅图,使它只有两条对称轴。请画出组成的图形和两条对称轴。这是同学们交上来的作业,这样既有效地完成了作业任务,又培养了学生学习兴趣和动机。

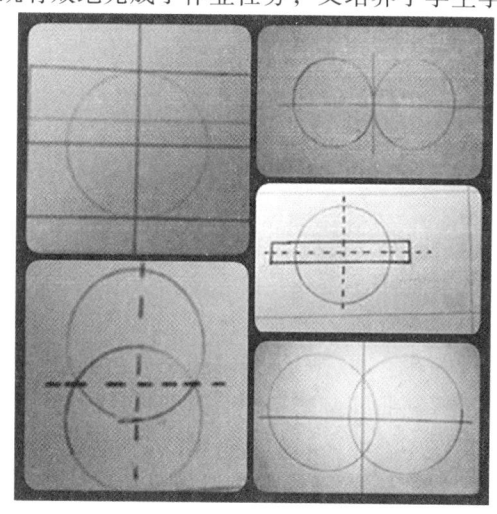

三、设计特色性作业,培养学生自主能力和数学素养

小学阶段对一个小学生来说,能力比知识更重要,方法比结论更重要。数学课堂不能满足于教给学生知识,更应致力于全面提高学生的数学素养。一次科学的数学作业让所有的学生都能在做数学特色作业的过程中展现自己的智慧、张扬自己的个性、体会做作业的快乐!我校坚持数学特色作业——万花筒,就是为了让学生更深切地感受到数学来源于生活,应用于生活,每周布置一次数学万花筒

作业。例如：在教学北师大版三年级上册《买文具》和《结余多少钱》之后，可以布置学生购物体验以及乘法在社会实践中的应用。又如制作数学手抄报，等等。另外，我校各个楼层设立兴趣数学角，每周会有一道数学趣味题让学生去挑战。例如：六年级数学角每周一题。将1~9这九个自然数分别填入左下图中的九个○内，使三角形每边上的四数之和都等于20，且有一个顶点○内的数字为1。

二年级：一辆自行车有两个轮子，一辆三轮车有三个轮子，车棚里放着自行车和三轮车共8辆，一共有19个轮子，那么自行车（ ）辆，三轮车（ ）辆。

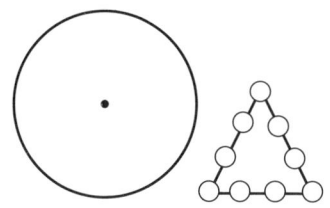

四、设计开放性作业，培养学生思维能力和创造精神

泰戈尔说过："不能把河水限制在一些规定好的河道里。"现实生活的问题往往存在于比较复杂的、信息不完备的现实情境之中，它的解决不仅需要学生具有发现问题、分析问题的能力，而且需要学生具有发散性的思维和创新的能力。为此，在设计作业时，要与现实性和挑战性相结合，设计以激发学生的创新思维为目的的开放性的作业，使学生真正成为一个创新者。如：学习了"百分数应用题"后，可设计这样的题目：一个家庭去某地旅游，甲旅行社的收费标准是：如果买3张全票，则其余人按半价优惠；乙旅行社的收费标准是：家庭旅游算团体票，按原价的80%优惠，这两家旅行社的原价均为每人1000元。（1）如果你家去，你准备选择哪家旅行社呢？（2）看到这些信息后，你对其他家庭去旅游有什么建议呢？

然而一题多解是培养学生创新能力的一种有效途径和方法。在学生作业布置中加一道一题多解的习题，会激发学生解题兴趣，是更好培养学生创新能力的科学而有效的途径。

一题多解，就是启发和引导学生从不同角度、不同思路，运用不同的方法和不同的运算过程，解答同一道数学问题。在小学阶段把新知变旧知寻找最近认识发现区，将复杂问题变为简单问题，学会一题多变，触类旁通，进而悟出解题规律，并经一题多变，拓展知识，归纳出曲折的反复的不断深化的一题多变导学悟学训练课程设计模型，使学生真正"学会学习"。

例如：在教学北师大版五年级下册《平均数的再认识》一课后，布置的一道作业：小丽做跳绳练习，第一次跳了67下，第二次跳了76下。她要想三次平均成绩达到80下，第三次至少要跳多少下？

班上大多数同学这样列式：80×3－67－76=97（下），三次的平均成绩达到80下，总成绩是80×3，分别减去第一次再减去第二次跳绳个数就是第三次至少要跳的个数，列式简洁明了。

有几名同学这样列式：80×3－（67+76）=97（下），三次的平均成绩达到80下，总成绩是80×3，减去第一次与第二次跳绳的总数就是第三次至少要跳的个数，列的算式正确。

班上程志远同学有与众不同的方法：（80－67）+（80－76）=17（下），再用80+17=97（下），即先求出两次跳绳都没有达到平均数80下的个数，要想达到平均80下，没完成的个数都要在第三次完成。多么有思想的答案！在全班给予了表扬。

又如在教学鸡兔同笼问题时：有若干只鸡兔同在一个笼子里，从上面数，有37个头，从下面数，有100只脚。问笼中各有几只鸡和兔？

【解法1】假设全是鸡：2×37=74（只）。

鸡脚比总脚数少：100－74=26（只）。

兔：26÷(4－2)=13（只）。

鸡：37－13=24（只）。

答：笼中有鸡24只，有兔13只。

【解法2】假设鸡和兔子都抬起一只脚，笼中站立的脚：100－37=63（只）。然后再抬起一只脚，这时候鸡两只脚都抬起来就摔倒了，只剩下用两只脚站立的兔子，站立脚：63－37=26（只）。

兔：26÷2=13（只）。

鸡：37－13=24（只）。

答：笼中有鸡24只，有兔13只。

【解法3】：假设全是兔：4×37=148（只）。如果假设全是兔，那么兔脚比总数多：148－100=48（只）。

鸡：48÷（4－2）=24（只）。

兔：37－24=13（只）。

答：笼中有鸡24只，有兔13只。

再如：在教学北师大版五年级下册《长方体的表面积》一课后出示作业"有两个完全相同的长方体恰好拼成了一个正方体，正方体的表面积是30平方厘米。如果把这两个长方体改拼成一个大长方体，那么大长方体的表面积是多少？"

【分析1】因为正方体有6个相等的面，所以每个面的面积是30÷6=5平方厘米，拼成一个大长方体要减少一个面的面积，同时增加两个面的面积，由此可求大长方体的表面积：

【解法1】30–30÷6+30÷6×2=30–5+10=35（平方厘米），或30+30÷6×（2–1）=30+5=35（平方厘米）。

【分析2】因为拼成大长方体后，表面积先减少一个面的面积，同时又增加两个面的面积，实际上增加了一个面的面积。

【解法2】30+30÷6=30+5=35（平方厘米）。

【分析3】因为原来正方体的表面积是6个小正方形面积的和，拼成大长方体的表面积是7个小正方形面积的和，所以可先求每个小正方形的面积，再求7个小正方形的面积。

【解法3】30÷6×（6+1）=30÷6×7=35（平方厘米）。

答：大长方体的表面积是35平方厘米。

通过作业一题多解，使学生不满足仅仅得出一道题的答案，而去追求更独特、更快捷的解题方法。学生在感悟中，通过一题多解的掌握和运用，培养学生的创新思维。

五、设计实践性作业，培养学生动手能力和实践技能

小学生的思维往往处于具体运算阶段，还不具备完全依靠推理等纯抽象的方法获取知识的能力，对于学习一些抽象的规律性的数学知识，教师应借助必要的实践性操作活动。比如在学完《长方体和正方体的表面积、体积》后，让学生动手做一个长方体或正方体的物体。去动手量一量生活中具体的长方体物体的长、宽、高或正方体物体的棱长，然后算一算它们的表面积和体积。

总之，本次研究发现，新的作业设计使学生的自主性得到了尊重，保护了学生的自信心和自尊心，调动了学生学习的主动性和积极性。学习有余力的学生再也不为简单重复的作业浪费时间，可以集中精力做自己喜欢的难题，学习兴趣大为提高；学习困难的学生抄袭作业的现象基本杜绝，绝大部分可以通过作业使知识得到巩固，并且能主动做难度较大的题。当然，这么多形式的数学作业设计不可能每项面面俱到，每个教师可以结合自己班的实际情况选取其中的几项进行操作。科学的数学作业为孩子们提供了展示的舞台，分享着收获的喜悦，更多的孩子投入到爱学数学、乐学数学、会学数学、想学数学的行动中来。设计形式多样的数学作业，目的只有一个，那就是焕发学生学习数学的热情，让学生感受到数学学习的多彩，享受到数学学习的快乐！

【参考文献】

[1]《数学课程标准》（实验稿），北京师范大学出版社。

[2] 叶彩凤，2014 年 6 月《小学数学"一题多解"的探究》。

浅谈学具在教学中的重要作用

长春市绿园区开元小学　李艳丽

学具，是指学生在学习过程中使用的可以具体操作的直观材料。小学数学教学中使用的学具很多。学具和教具不同，学具是由学生亲自动手操作。学生可以在自己的活动中感知各种数学概念和数量关系。而教具只是教师演示材料，学生不能亲自进行活动。因此在许多问题的学习中，使用学具要优于仅仅使用教具。

科学研究表明，学生在操作学具的过程中，能使大脑的某些富有创造性区域激发起来，促使大脑思维的发展。由于操作学具是在课堂上进行的，教师必须实现充分考虑到学生操作时可能出现的各种情况，以及行之有效的指导方法，这就有利于师生对问题的研究。学生操作学具进行交流各自发表见解，更能促使学生牢固掌握知识、完善知识结构、激发学生的表现欲和学习动机。

学生操作学具过程中，蕴含思维过程。我在低年级数学教学中，重视让学生实际操作，也就是在教师的组织和指导下，让学生对预先准备好的彩色木条以及其他材料进行实际运用，并配合其他方法，使学生自己动手、动脑获取知识，从而建立准确的概念，发现规律，掌握数学方法。这不但有利于发展抽象思维，也培养了创造性思维。

一、建立准确的概念

在概念教学中恰当运用学具，为学生提供一个动手操作、亲自实践的机会，使学生手、眼、脑并用，多种感官参加活动，从更多的角度去观察和认识客观事物。通过学生亲自活动所获得的感性知识要比其他方式建立的感性知识更直观，更形象，能积累较丰富的感性材料，有助于形成稳定的表象，为建立清晰、准确的概念打下基础。

如：计数单位"十"的教学，教师借助学生课前准备好的小棒做数数练习。先让学生拿出小棒，一根一根地数，以巩固计数单位"十"，再让学生拿出整捆小棒让他们想一想怎样发现技巧，比一比，看谁数的最快。数完后分别叫数的快慢有差异同学汇报自己的方法。教师启发同学思考：这两种数数的方法哪种好？

好在哪？为什么好？从而使学生明白用"十"做单位数数有时很方便。为了让学生加深理解计数单位"十"可以安排一些练习，如取出22根小棒，怎样数得更快？动手数一数。有的学生自然会想到十根一捆，一捆一捆地数，再加2，这样比较快，而且不易出错。通过讨论使学生懂得了为什么用"十"作计数单位，而且自觉地用"十"做单位计数，准确地建立了计数单位"十"的概念。

二、在操作中发现规律

数学中有关规律和计算法则的教学，传统的教法多是教师演示直观教具，学生观察思考，最后归纳法则。这样，学生眼看手不动，注意力和兴趣都难以持久。我在教学中常引导学生通过操作学具去发现计算法则。这不仅使学生学得主动，也培养了他们去探索新知识的能力。如：笔算两位数加两位数的进位加法教学，教师出示例题：34+28，列成竖式，要学生依照已学过的加法法则（不进位加）。操作学具（数学彩条，白色彩条表示1，橙色彩条表示10）。学生在摆的过程中遇到了困难：白色彩条超过了十个，即两个个位数相加的和超过10，这在不进位加法计算时未曾见过。怎么办？这时教师引导学生思考：能不能用橙色彩条替换白色彩条呢？学生受到启发，迅速移动彩条，把10根白色彩条换成一根橙色条，再跟原来的3根和2根合在一起：6根橙色彩条与2根白色彩条。显而易见，这样的操作程序符合笔算进位加法的思维程序，也体现了笔算进位加法的计算法则。接着教师让学生阅读课本例题的示意图加以印证。教师提示：图上为什么把个位上的8个黑圆和2个白圆用虚线框起来，又用箭头指向十位上的虚线圆？这和我们摆学具的哪个步骤相似、说明了什么道理？学生很容易概括出笔算进位加法法则。对于笔算退位减法和一位数乘两位数的乘法法则和相应的除法法则，都是让学生操作学具而发现和总结出法则的。

三、理解数量关系

学生操作学具分析应用题能全面地具体地感知数量之间的关系，形成深刻的表象，有助于理解数量关系。

如：简单应用题中的"求比一个数多几的数"问题，其数量关系比较隐蔽，采用教师讲解或单纯演示教具学生难以准确掌握。教学时教师先让学生做准备题的练习以强化"同样多"的概念。学习例题时，教师抓住"红花比黄花多3朵"设计一系列问题：红花和黄花相比，谁多？红花可分成哪两部分？要想求"红花有多少朵"该怎样计算？这样自然地把"求比一个数多几的数"与"求和"沟通起来。接下来，让学生用实物相比较。这样与教师用课本和实物图演示比较，可以变静态感知为动态感知，变部分感知为整体感知，为突破教学难点奠定了基础。

四、发展抽象思维

发展思维能力是数学教学中的一项重要任务，低年级概括能力差，想象比较片面、模糊逐步向完整、正确方向发展。想象具有模仿简单再现的特点。随着年龄的增长，到中高年级，他们对具体形象的依赖性会越来越小，创造想象开始发展起来。但他们的抽象逻辑思维在很大程度上仍是直接与感性经验相联系的，具有很大成分的直观性。低年级学生不能直接观察到事物特征的情况，对一些概念进行概括会很困难。在传统教学中不重视学生动手操作，而现代教学重视学生亲自操作，重视"通过学具操作活动来训练抽象思维技能"。

如：乘法口诀的教学，必须建立在乘法意义的基础上。因此教师首先边演示边引导学生操作，得出"连加算式""乘法算式""乘法意义"三栏。再引导学生从"意义中抽出口诀"。这虽然经历了直观的演示，形象语言的描述，及时抽象概括，然而小学生抽象思维能力差，光靠这些，仍不能达到预期的目的。因此，在学生获得概念之后，我又采取以下方式进行练习：

教师摆彩条，学生说意义和口诀；

教师说算式，学生摆彩条，说口诀；

教师说算式，学生说口诀并说出乘积。

通过以上实际操作，使学生真正掌握了口诀，对口诀的来龙去脉理解得就形象，更深刻了，对口诀的掌握也更加准确、牢固。抽象思维能力也得到进一步的发展。

五、培养创造性思维

培养学生的创造性思维是现代教学论十分强调的问题。在教学中使用学具对于培养学生创造思维能力也是一个有效的方法。

例如：在操作彩色木条的同一种摆法中。可以从不同角度说出几种数量关系。观察下面一组彩条，可以写出下面几个算式：

2	3
5	

$$2+3=5$$
$$3+2=5$$
$$5-2=3$$
$$5-3=2$$

一种摆法可以说出几种数量关系，借此编出多种应用题培养思维的灵活性。

8			
2	2	2	2

8 里面包含 4 个 2　　　　　　　　$8÷2=4$

2 的 4 倍是 8　　　　　　　　　　$2×4=8$

8 是 2 的 4 倍　　　　　　　　　　$8÷2=4$

4 个 2 是 8　　　　　　　　　　　$2×4=8$

从上述事例看出，学生在操作学具过程中，思维特别活跃，数量关系揭示的有深度、有广度，分析比较透彻，并能表现出许多独创性的方法。这是多年教学中从未发现过的，可见操作学具，能开阔学生思路，启迪学生的思维，有利于培养学生创造性思维。

通过教学实践使我懂得：小学数学教学充分运用直观教具和学具的根本目的是引导儿童去操作观察分析，从生动的形象思维逐步走向抽象思维。使用学具是完成教学任务的一种手段，不要把操作学具弄成无休止、无要求的游戏。不要为操作而操作，而应以教学原则为指导，使操作收到应有的效果。实际操作应依据教学目的、任务和学生心理发展水平做到适当、适时、灵活。每次操作学具应明确目的、方法和步骤，使学生操作有目标、有依据。这要根据教材内容和学生年龄特点，结合班级实际，采用适当学具，并以此为突破点，使他们由感性阶段上升理性阶段。此外，还建立良好的操作常规，使学生养成按步骤要求认真准备学具。专心领会导语，并养成动脑思考、细心操作等良好习惯。

教育是美丽的风景，而这种美丽只有学生和教师共同创造的，为了这种美丽五彩缤纷，为了生活更绚丽，只有在困难面前调整好心态，选择好方法，把握好尺度，才会有教与学的和谐。

放飞思维，看我七十二变

绿园小学南校区　郭丽丽

在传统的教学中，教师为了教学方便，统一教学进度，往往在不知不觉中限制了学生的思维。数学课标中提出"使不同的人在数学上得到不同的发展"这一理念。怎样更好地尊重每一个孩子，给予他们更多的信任，让他们的思维也能够像小鸟一样，大胆地飞起来呢？于是，我尝试了很多的办法。

一、放慢节奏，让学生拾起思维的信心

叶澜认为，新课程理念下的课堂应该是充满"生命活力"的课堂，是关注"人"的发展的课堂。课堂的主角是学生，所以我们在教学的时候要充分考虑到学生的特点，进行有针对性的教学。

数学课堂就好比是思维的运动场，这个运动场不是要比谁更快，而是要让更多的孩子愿意进入到这个运动场中来，所以我们就要放慢节奏，把主动权还给学生，让每个孩子都能进得来，跟得上。这样学生才会慢慢地拾起信心，他们才会有愿意上数学课的意愿。

放慢节奏，学生才会有思考的时间，才会有思辨的自信。

二、放开内容，让学生的思维"扬帆起航"

我们经常说要灵活、创造性地使用教材。新课标中也指出：课堂教学中，除了创设一定的情境和构建民主平等的教学氛围外，更重要的是挖掘教材潜力，在教学内容上做文章。因此在教学中，我们要大胆改革，在知识点不变的前提下，对教学内容进行重组，为学生提供开放的教学内容，让学生的思维不受局限，营造出"天高任鸟飞"的思维环境。

例如在教学《统计》时，规范的统计图是用涂颜色的方法制作的。我觉得这样过于单调，而且感觉学生的思维被框住了，于是，在学生第一次接触统计图时，我没有把思维局限在"涂颜色"这种方法上，而是倡导"思维无禁区"，让学生用自己喜欢的方法来表示。也正因为这句话，才有了学生五花八门的作品。

如果没有重组教学内容，只让学生去涂色，偌大的一个数学课堂里，也许是多了几分"安静"，可是在不经意间，我们又丢失了什么呢？——是学生张扬的

个性？抑或是学生精彩的创意？

三、放开过程，让学生的思维"展翅高飞"

苏霍姆林斯基说过："人的内心有一种根深蒂固的需要——总感到自己是发现者、研究者、探寻者。在儿童的精神世界中，这种需求特别强烈。"所以开放教学过程，努力使学生的潜能得到充分挖掘，思维得到充分的发展。

（一）让学生学会猜想——验证

猜想，会让学生感觉到自己是发现者，而验证则让学生觉得自己是探究者和探寻者。在教学中，我们要鼓励学生大胆猜测，培养学生"猜想——验证"的数学思考方法。

我在教学《神奇的莫比乌斯带》时，让学生猜一猜，普通的圆环沿中线剪开后变成了两个和原来一样的圆环，莫比乌斯带沿着中线剪开后会变成什么样呢？学生纷纷猜测，变成两个莫比乌斯带，变成普通的圆环，变成一个更大的……在让学生进行大胆猜测后，我随即问学生，怎么才知道哪个对呢？学生们异口同声地说——验证。操作后，学生脸上露出了不同的表情：有的在纳闷，为什么没有断开呢？也有的在为自己的正确猜想而欣喜若狂。

（二）让学生在合作探究中，实现思维的发展

思维能力是一切能力之源，教师的任务是培养学生的思维能力。而思维又是从动作开始的，切断了动作与思维的联系，思维就得不到发展。因此，教师要根据教学内容，让学生们动起来，手动、嘴动、心动，思维自然而然地就跟着动起来了。

例如在《圆的周长》中，在解决圆的周长与直径的关系时，我让学生们准备了3个大小不同的圆，以小组的形式分别测量出它们的直径和周长，然后计算3个圆的周长与直径的商，这个过程中，学生们为了保证结果的准确性，几个人合作进行测量、记录、计算、分析结果、得出结论，这一系列的过程就是学生思维运转的过程。

这样的放开教学过程，不仅让不同程度的学生感受得到学习数学的乐趣，更让所有学生的思维插上了想象的翅膀，让他们从此以后可以勇敢地去想。

四、放开手脚，让学生的思维处在"风口浪尖"上

恩格斯说过："最好的学习是从差错中学习。"而在我们的实际教学中教师往往害怕学生出错。教师通常认为在需要克服困难的地方是学生容易犯错误的地

方，因此，常常在学生犯错误之前就提醒学生加以注意，甚至直接给学生正确的示范。实际上，学生的错误是必然的，有差错，才有真正的学习。它是通向更高理解水平所必需的中间阶梯。教师应该意识到，如果让学生在活动中对不同的事物进行探索和尝试，学生可能会获得更深的理解和更多的认识。所以在学生尝试、探索的过程中要允许他们犯错误。

例如在教学同分母分数加减法时，我让学生自己解决，并想办法解释这样算的道理。

我将不同的方法（包括错例）展示在黑板上：这些方法你都能看懂吗？小组内说说你们是怎么想的。学生这时的思维处于"风口浪尖"上，时时会冲出去，从而将学习的内容更为深化。

学生在互动中澄清了错误认识，并发现无论是在一幅图上加还是两幅图合在一起加，无论把一幅图作为"1"，还是把一个群体作为"1"，算理都是一样的。

在这一点上，我们就应该学习化应龙老师的"化错教学"。把课堂教学中的差错化为教学资源，相机融入后续的教学中，"化腐朽为神奇"，变"事故"为"故事"。不妨就让我们的课堂"事故"多一点，"故事"多一些吧！

五、放开练习，让学生的思维"驶向远方"

例如在学完6的乘法口诀后的习题，老师要求学生在小组内玩石头、剪子、布的游戏。要求：赢一次得6分，输一次得0分，在规定的时间内看看谁是胜利者。学生出现了赢9次、10次，甚至更多，那么要算一共得了几分，用口诀计算已然不行，这就激起了学生思维的冲突。而事实也反映出学生思维的触角已涉及到"乘法分配律"的运用（$6×6+1×6=42$），通过这种开放性的练习，不仅增加了学习的趣味性，更让学生们的思维驶向更远的地方。

总之，教学是一门艺术，艺术是无止境的。要让我们的学生学中有思，思中有悟。给学生插上想象的翅膀，放飞学生的思维，让学生在课堂上尽情地展示他们七十二般本领吧！

小学数学自主尝试教学法

绿园区长青小学　姜　静

数学老师可能都体会到，在日常生活中部分学生说"我不喜欢数学""数学课好烦哦！"如何化解学生厌学问题，让学生爱上数学？我们教研组通过两年时间研究总结出了自主尝试教学法。

一、反复听课、研讨

首先我组成了听课小组,对我校数学科的每一位教师进行听课,通过听课我们发现确实存在很多问题,我们决定对听过的数学教师的课进行研讨,找出40分钟内有效环节和无效环节,磋商解决问题的办法,通过研讨学年组长提出能不能找出一种数学的教学模式,这种模式不仅提高学生的教学质量,还能充分地培养学生能力和学习的积极主动性。这时我们想到了邱教授的"尝试教学法"。这种教学法在教学中做到了知识的构建、知识的运用。在老师的引导下,由学生先行尝试解决,再由师生共同归纳讲解。但这种教学法在某些环节没有系统的解释,应用起来非常难,于是我们数学组决定根据我校的教师风格和学生的学习能力开始研究我们自己的"小学数学自主尝试教学法",我们决定做到,一是"先行自主尝试",即一开始就把学生推到学习的主体位置上,把学习的主动权切实还给学生,让学生在尝试中切实体验到自己是学习的主人,满足亲自"试一试"并获得成功的心理需求;二是在"先行自主尝试"过程中,让学生依赖心理逐渐被"我能尝试成功"心理所克服,取而代之的是自主与自信。"尝试"中了解、"尝试"中发现、"尝试"中学会学习。但如何在教学中一开始就把学生推到主体地位,我们决定先进行有效的激情导入。

二、尝试题的设计

通过上面的研究探讨我们发现,课堂上孩子的积极性确实提高了,但我们也发现有一小部分学生由于理解能力差和知识底子薄,课堂上总有一部分知识理解的不好。于是我们就决定在新知识后加了一个尝试练习,在尝试练习中尽量找学习有困难的学生来板演,发现问题及时纠正,再小结,最后巩固练习。

三、提升总结"自主尝试教学"如何运用

(一)情境导入或复习引入

在小学时,学生总感觉到数学太枯燥、太单调、太抽象,与现实生活联系不多,学习时提不起兴趣,体会不到学数学的乐趣,总觉得学数学"无用"。虽然现在的教科书在情境上有些改动,但这些情境有的不适合我们农村小学,三年级《笔

算乘法》是学生搬新家买家具的情境，农村的孩子家里不可能搬新家就添置家具，这时就需要创造性地使用教材，变换情境如森林的小动物给我们带来了问题，你们愿意帮它们解决吗？再如商中间带零笔算除法，就可以设计：同学们都爱看《西游记》吗？有一天孙悟空找来一个大西瓜，馋嘴的猪八戒立刻就想吃，孙悟空拦住了他说："想吃西瓜得答对一道题，404个西瓜被我们4个人分，每人有几个？"八戒说："11个。"他说的对吗？这些情境通过一系列有趣的、富有挑战性的问题，来培养学生敢于面对挑战、更好地参与课堂。

（二）提出问题

同学们可以根据教者引入时提供的情境，来提出问题。也可以由教者提出问题，引出新课，进行尝试教学。

（三）用尝试教学学习新课

如教学《整数乘法计算定律推广到小数》时，就可以让同学们先举例写出几道运用整数乘法运算定律计算的题，再把这几道题点上小数点，让同学们计算左右两边是否相等，并让同学们进行举例尝试、验证、讨论，是否整数的运算定律运用到小数中。当同学通过尝试验证得出整数乘法运算定律可以运用到小数中，再把例题当作练习题出现，同学做完再引导总结计算方法，这样就可以提高学生参与课堂的能力，体会到成功的喜悦。

（四）试探练习

一般采用几个学生板演，全班学生同时练的方式进行检查学生对新知识的掌握情况，特别要了解后进生的情况。这里我们一定要选一些学习有困难的学生进行板演，不要怕他出问题，出现的问题都是学生这节课没有消化理解的地方。那么我们借助这次集中反馈，通过板演评讲，教师可以重点补充讲解，解决中差生学习新知识存在的问题。这一步可以说"进行新课"的延续，又为下一步学生课堂独立作业扫除障碍。

（五）课学小结

这里主要总结学生在这节课中易错的地方。

（六）巩固练习

这里要求教师必须提前做练习题，这里提前做练习题并不是怀疑教师掌握知识的能力，而是让教师知道这节知识都会出现什么题型，习题延伸程度，再筛选进行巩固练习。这样学生对此知识的障碍就都扫清了。

大量的教学实践证明小学数学非常适合用此方法，方法掌握得当，结合实际，灵活运用，能获得较好的教学效果，有利于培养学生的探索精神和自学能力，有利于提高课堂教学效率，有利于中差生的提高，有利于减轻学生课外作业负担。

小学数学高年级如何有效审题

绿园小学 李春燕

俄国教育家乌申斯基说得好："良好的习惯是人在他的神经系统中所储存的资本。这个资本不断增值，而人在其整个一生中，就享受着它的利息。"每个人都有许多习惯，这些习惯在成长时逐步养成，有好的也有坏的，一个具有敏锐观察力的人甚至能从一个细小的习惯揣测出人内在的性格和品质。在提倡"终生学习"的今天，养成良好的学习习惯会使学生终身受益。我作为一名数学教师，"如何在小学阶段培养学生良好的数学学习习惯"成了我思考最多的问题。在多年的教学工作中我发现学生普遍存在着理解题意的能力较差、审题不清的问题，为此我做了一些调查和研究，力图通过培养学生仔细审题的学习习惯来解决这方面的问题。培养学生审题能力，这对于学生克服数学学习的困难，打开数学思维的大门具有重要的现实意义。

上学期一开始，我对学生展开了数学审题能力的调查问卷，从中发现了学生的种种情况，在每次作业、考试中，我们总会遗憾地发现，许多学生解题错误的原因是没有看清题目，没有读懂题目的意思。只要教师再把题目读一读，或者让学生再重新做一次，他们就会做对了。于是，我们在分析错题原因时，往往会给这些学生戴上粗心、马虎的帽子。深入分析，是不是粗心、马虎惹的祸呢？

其实，在粗心、马虎的背后暴露的正是学生审题能力的薄弱。从学生看到题目到动笔解题之间有一个非常重要的过程，这个过程便是审题。审题是解决问题的基础和先导。审题能力是获取信息、分析信息、处理信息的能力，它需要以一定的知识水平为基础，更需要有良好的读题习惯、有效的思考方法为保证。我们要寻找高年级学生数学审题方面有哪些障碍，努力找出解决这些障碍的策略，让每位学生在学习数学时都切实地感到愉快，不断地体验学习的快乐。通过观察总结发现学生出错原因如下：

一、粗心大意引起结果出错——重视非智力因素的培养

例：① 17−5.59+4.41=17−(5.59+4.41)=17−10=7。

②小明家去年种果树100棵，比前年多植10%，比前年多植多少棵？

100×10%=11(棵)，答：比前年多植11棵。

上面两题是学生经常出错的典型案例。究其原因：在题①中，学生不是没有掌握加减法计算法则，而是仅凭直觉，一眼看出5.59与4.41可以凑十，于是动起笔来一挥而就；在题②中，由于条件与问题都不复杂，文字又很简单，学生思

想放松，审题流于形式，跟着感觉走，导致列式与结果出错也就不奇怪了。

上述情况的出现，与学生审题时缺乏细心、耐心是有密切关系的，这就给我们一个启示：在引导学生数学审题过程中，要十分重视非智力因素的培养。在审题中，要教育引导学生自始至终细心推敲，耐心思考。解题时要有自信，但不能过于轻信自己的经验与直觉；尽管题目文字极其简单，但我们审题时思维却丝毫不能简单化，从而提高思维的深刻性与批判性，养成认真审题的良好习惯。

二、意志薄弱引起畏惧心理——注重学生心理素质的锤炼

例：△比○多12，○去掉20个和□同样多，△和原来的○哪个多？多多少？这是低年级的数学题，当我把它作为测试题给学生做时，在时间宽裕的情况下，居然还有一些同学不愿问津，选择放弃。究其原因：小学生年龄小，克服难题的意志比较薄弱，当他审题时看到繁多的问题与抽象的条件时，就产生了心理畏惧，认为这道题肯定难，要不怎么一两遍都看不明白呢？心情立即紧张起来，再也不愿把题目多看一遍，更谈不上条件与问题的关系分析了。针对这一情况，我注重对学生进行解题心理素质的训练，引导学生以极大的耐心审题，以特别的细心判断，化抽象为具体，来解答所求问题。

三、事理不清引起算理错误——增加生活数学知识的积累

例：小明家住在10楼，他每走一层楼需40秒，那么她从1楼到10楼共需多少秒？这是一道与生活密切相关的"植树问题"类的应用题。如果学生阅历不够丰富，解此类问题时，很可能失之毫厘，谬之千里。不少学生都10×40=400。

帮助学生找出题目中隐含的条件，弄清事理与算理，有助于克服学生解题时的心理障碍，提高解题能力。由此及彼，我们注意引导学生处处留心与数学有关的生活常识，丰富并积累生活中的数学知识，举一反三，触类旁通：登上五楼，实际一共只需登9个楼层之间的楼梯；把一根管子锯成4段，实际只需锯三次；钟敲10下，实际一声与一声的间隔只有9次。……随着对生活中数学算理的感知，以及这些知识的积累，为学生开阔视野，开拓思路，正确审题，分析与解答应用题打下了良好的基础。

四、手段单一引起思路狭窄——学会用线段图启发思路

例：商店里运来苹果、梨和橘子共 500 箱。苹果是梨的 3 倍，橘子是梨的 2 倍。求苹果、梨、橘子各多少箱？有些学生在审题中习惯于从问题与条件中苦苦寻找联系，探索思路，却从不愿意借用线段图进行审题分析，认为用画线段图费时费事。这种单一的审题手段，势必引起思路狭窄，在碰到上面这样的题目时，这些学生就出现了审题障碍。我们只有把握各种审题手段，才能打开解题思路，并指导这些学生学会用好线段图，分析解答应用题。

五、迁移障碍引起思路中断——把握课题类化的规律

例：修一条路，甲修需要 18 天，乙修需要 15 天，甲队工作效率比乙队快百分之几？这条题目中具体的路程是未知的，只给出两队的工作时间，却要比较工作效率。许多学生认为条件不完备，思维陷入困境，思路难以为继。其实，如果学生在审题过程中能从"工程问题"这一思路去思考，问题就迎刃而解了。求出数学问题的过程就是应用知识的过程，这个过程要求学生把抽象的知识与具体事物统一起来，这就是进行课题类化。而这种类化首先体现在审题阶段。把握知识迁移和课题类化的规律，我们就可以化难为易，化繁为简，化抽象为具体。既然"路程÷时间＝工作效率"，本题中隐含的抽象的工作总量"1"分别除以甲、乙的工作时间，也可以得到甲、乙的工作效率，在此基础上，再求比一个数多百分之几的百分数的应用题，再也不是难事了。

六、心理习惯引起思维定式——学习领会转化的思想方法

例：一根绳长 176 米，第一次用去 68 米，第二次用去 75 米，这根绳比原来短了多少米？学生在审题过程中就犯下错误，多数同学都是因为心理习惯，思维定式造成的。受"是条件都得用上"的思维定式影响，不少同学做成了 176-68-75=33(米)。为将学生这次出现的错误经历转化为他们认知方面的财富，我引导学生从问题出发，进行转化思考："这根绳为什么会短？""能否把比原来短的米数"换种说法？当学生悟出"比原来短的米数"就是"用去的米数"后，我再让学生举一反三，诸如："比原来少多少钱"就是指"用去了多少钱"，以加深理解。最后，我启发学生对"一根绳长 176 米"这一多余的条件进行再认识，消除思维定式带来的负面影响。这样，学生在学习领会转化的思想方法中有了新的理解和

认识。

在日常的课堂教学中，我在宝贵的 40 分钟里挤出时间，不论教学时间多么紧张，只要是做课堂练习题，都要求学生先指读题目要求两遍，再提笔答题。这样坚持了一年的时间，绝大部分学生已经养成了指读的好习惯，能将要求逐字逐句地过目、过指、过口、过心。现在学生因题目要求没有看清楚而造成的差错较开学之初已明显减少。学生们虽然在理解题意方面仍存在着较大的障碍，但是与原来相比已经有了很大的进步，这全都得益于良好的读题时圈画的习惯。特别是一些从没见过的新题型，约有一半的学生能通过这样的方法读懂题意。学生所接触的题相对简单，但是在许多解决生活实际问题的题中仍会遇到这样的困惑。所以，在教学中我试着将逆向思维的方法介绍给学生，引导学生培养根据问题找条件的思考习惯，用来过滤冗余的内容，从而在最短时间内形成解题思路。

数学日记，放飞孩子思维的天空

长春市绿园区春阳小学　郑　萌

数学日记，我认为就是让学生以数学学习为主要内容，用日记的形式记录课堂心得或趣事，疑问或困惑，经验总结或意见等。数学日记，既是教师了解学生的平台，又是孩子放飞思维的天空。

还记得是在孩子们三年级上学期的时候，当我把"数学日记"这几个字写在黑板上时，大家都不禁发出"啊"的声音，心想：数学怎么也能写日记？我担心他们不会写，就先示范一个简单的框架：在第一行的右边写年、月、日、星期、天气。第二行空两格写正文。内容就是当天的数学课，三言两语，把自己最想写的东西记录下来。可以是练习题和解答过程，可以是自己学会的知识点，也可以是上数学课的心情，还可以是课上的某一个活动等等，总之只要与数学有关的都可以写。

我把草稿纸收上来之后，发现孩子们写得比我想象的要好很多。多数学生写的内容很真实，当然也有个别学生不知道写什么。我就范读几篇写得好的。之后，全班基本就都会写了。我看着孩子们写的感觉很开心，因为这是他们最真实的想法。

过了一段时间，我发现有些学生的写法总是一个模式，写练习题的同学总写练习题，写心情的同学就总写心情，比如第一次一个孩子写道"上完数学课我很开心。"连续几次她都写了一样的话。究竟是什么原因导致写法如此的一致？是为了写日记而编日记？还是每节数学课真的都很开心？还是没有兴趣应付了事？还是……后来我发现，并不是孩子们没有兴趣，而是思路太窄，就只会写一种模式的数学日记。为此我范读更多优秀的数学日记，以打开学生的写作思路。

让孩子们明白数学日记就是来源于生活的数学问题,让孩子们写出心里最想说的话。

针对以上现象,还有一种解决策略,就是关注课堂上的生成资源。一次我在演示天平的时候,说:"你可以把老师的操作过程记录到你的数学日记中。只有认真观察的同学才能写的最详细。咱们看看谁写得最好!"说完孩子们的注意力就集中到我这里了。这样可以帮助孩子捕捉更多可以写的素材,丰富头脑。

要写好数学日记,教师的批改和评语也很重要。可以有效地激发学生的兴趣。也可以把优秀的数学日记贴在教室的墙壁上,供全班学生学习,同时也是对写得好的学生的一种认可。后来,孩子们都很喜欢写数学日记了。有的孩子成绩一般,但数学日记写得很好,也能得到我的肯定。我想他们是想通过写好数学日记这个途径得到对自己的关注吧。

经过一个学期的练习,数学日记已经写得越来越好,内容也丰富了很多。有些学生写的字数明显增多,已经不再是我起初要求的"三言两语"。我把A4纸平均分成4份,每份都印成笔记本的格,期末的时候绝大多数学生都能写满一页纸。我把一个班的数学日记按内容订成小册子,外面再包上各种色彩的纸,就成了一本本精美的小书。在班级里我给同学们展示出来,告诉孩子们这么美丽的作品是咱们班每个同学一起努力的见证。

三年级下学期,学校开展导学案教学法。学案的最后一个环节就是说说自己在课堂上的收获。没想到孩子们说得都非常好。我想可能是通过上学期写数学日记,总结、概括的能力得到提高的结果吧。

到了四年级上学期,有一次月考没考好,我就让孩子们写卷面分析。结果卷面分析写得非常好,有的孩子改正了错题;有的孩子表表决心;有的孩子反思了自己一个月的行为;还有的孩子写了一些想法……看完这篇篇满满的卷面分析,我把这些稿纸装订保存,因为我知道里面记录的都是孩子们的心里话。

数学日记伴着孩子们成长,我不禁感慨道:数学日记让数学生活化,拓展了学生的数学眼界,培养了他们运用数学的意识,增强了学生运用知识解决实际问题的能力。同时也体现了教师在关注课程生成、引领教与学的转换、创造教育机会、处理突发事件等方面的"教育智慧"和"教育经验"。

小学教学中数学基本思想方法的渗透探析
绿园区四季青小学　刘晓明

【摘要】本文通过小学教学实际教学案例,简要介绍三种小学数学基本思想方法的渗透途径,旨在提高当前小学数学教学水平,使学生掌握数学中基本的思想与方法，体现出小学数学教学的灵魂，从而促进学生未来发展。

【关键词】小学数学；思想方法；教学。

小学数学新课标指出，小学数学教师需要在教学中渗透各种数学思想，并将其形成系统化的培养模式，从而加强学生的数学思维能力。因此，数学教师应正确认识数学思想于教学的重要性，转变以往重视基础知识的教学模式，通过渗透数学思想与方法，引导学生探究数学知识，培养小学生数学探究能力、创新能力，使学生形成数学知识体系，激发学生的数学学习兴趣[1]。

一、小学教学中渗透数学统计思想方法

统计思想无论在生活还是在工作之中应用都十分广泛，因此，当前小学教材之中加入了统计相关内容，以期帮助学生树立正确的统计观念，使学生具备良好的统计素养，因此，小学数学教师应加强统计思想在教学中的渗透，帮助学生了解统计相关知识，掌握统计技能，并能够在生活中熟练应用统计技巧解决实际问题[2]。在小学数学教学之中，教师可根据教学内容，结合学生的认知能力，开展统计相关教学实践活动，在活动中培养学生统计能力。在统计教学实践活动设计时，教师应添加一些生活化及趣味化因素，从而激发学生的活动参与兴趣，使学生积极主动地加入到统计教学实践活动之中，进一步凸显活动的实际效果[3]。例如，在"条形统计图"教学之中，教师可为学生布置统计教学实践活动，要求学生了解过去一年中家庭用电数量及费用，以月为单位建立条形统计图表。同时，为保障活动的顺利进行，数学教师可与学生家长取得联系，要求家长帮助学生获取家庭用电相关信息，并为学生制作统计图表提供必要的帮助。在课堂教学之中，数学教师可针对学生的调查和图表制作结果加以点评，鼓励并肯定学生在教学实践活动中取得的成果，帮助学生树立学习信心。另外，教师还应针对学生活动加以总结，引导学生了解统计的重要性，并升华教学主旨，帮助学生形成节水、节电的环保意识。

二、小学教学中渗透数学转化思想方法

转化是众多数学思想重要类别之一，转化方法及思想多体现于新旧知识的转化，学生在面对尚未学习的数学知识时，转化以往的旧知识，从而推理出新知识特点、概念及功能[4]。上述过程是数学逻辑性和线性特征的关键体现，也是学生自主学习的主要方式，因此，转化思想成为小学阶段数学教学中重点培养的方向，教师在教学过程之中，需转变以往的教学观念，不要直接阐述数学知识的形成过

程及具体内容,而是充分渗透转化思想,引导学生自主开展探究活动,从而获得新的数学知识。在这一过程中,学生建立起新旧知识点之间的连接,促使学生形成转化概念,帮助学生理顺数学知识点之间的脉络,有助于学生形成全面的数学知识体系。例如,在"平行四边形面积"教学之中,教师传统教学往往直接写出平行四边形面积公式,并为学生展示公式推导过程,在学生理解后进行课堂练习。此种小学数学教学模式不利于学生转化思想的形成,影响了学生未来的数学学习效果。鉴于此,教师可要求学生自主开展平行四边形面积计算活动,教师通过多媒体设备演示一个平行四边形,沿平行四边形的高剪切,将剪切部分翻转,并拼在图形的另一端。此时,该平行四边形转化为一个矩形,而矩形的面积学生已经学过,能够轻易计算出其面积。随即教师再绘制一个平行四边形,要求学生通过图形的转化,求出其面积。通过这样的教学形式,不断强化和引导学生建立转化思想,从而通过旧知识获得新的数学知识,这一过程充分体现了数学的转化思想,是学生数学思维能力培养的重要方式。

三、小学教学中渗透数学数形结合思想

数形结合思想是将数学中的代数与几何知识体系相互转变,形成数与形相辅相成的逻辑思维模式。众所周知,数具有逻辑性和抽象性,便于计算与整合;而形具有直观性和形象性,便于观察和理解。鉴于此,根据数学知识实际情况结合数与形,从而帮助学生更好地了解数学知识,掌握数学技能[5]。小学数形结合思想可采取如下三种方式加以渗透。其一,以数化形。将抽象的数形象化表达出来,有助于抽象思维能力水平较低的小学生理解和掌握,是小学低年级数学教学的主要形式。诸如,小学低年级认识数字、学习加、减、乘、除基本法则时,教师通过形象化的教具开展教学,这一模式就是运用以数化形的思想加以讲解,从而帮助学生建立对数字和运算法则形象化的认识。其二,以形化数。几何是小学数学知识体系中的重点,学生在掌握及理解几何知识上极易产生偏差,从而影响学生的学习自信心,而采用以形化数的理念开展教学活动,帮助学生认识到几何图形中的数学概念,从而便于学生进行计算。诸如,在进行图形面积和周长计算时,将其图形周长和面积计算规律总结成为公式,这一形式就是以形化数的主要显示方式,有助于学生了解图形周长和面积的计算,使学生对图形产生新的认识。其三,形数互变。形数互变的难度较高,一般多应用于小学高年级数学教学之中,诸如在鸡兔同笼教学中,教师可采用形数互变的方式,合理运用画图法进行数与形的相互转换,通过图形引导学生分析鸡、兔数量之间的关系,再进行计算,进而降低鸡兔同笼教学难度,帮助学生形成数与图相互转换的习惯。

综上所述,小学数学知识体系中所蕴含的思想和方法较多,仅仅举出常见的

几种数学思想和模型，在小学数学教学中合理渗透数学思想和方法，培养学生的数学思维能力，使学生数学学习及解题水平得以提升，进而帮助学生形成良好的数学素养，有助于学生未来的数学学习。

【参考文献】

［1］叶芷.小学教学中数学基本思想方法的渗透初探［J］.课程教育研究（新教师教学），2016（33）：75.

［2］曾维德.数学基本思想方法在低年级教学中的有效互动渗透［J］.新课程。小学，2017（2）：81.

［3］马雪华.浅谈小学数学课堂教学策略［J］.读写算——素质教育论坛，2015（21）：64.65.

［4］姜丹.小学数学教学中渗透数学思想方法的实践与思考［J］.中国校外教育（中旬刊），2015（4）：76.

［5］陶真立.小学数学基本思想方法的渗透［J］.科普童话.新课堂（上），2015（11）：47.

浅谈小学数学学困生形成的原因及转化策略

长春市绿园区红民小学　杨忠志

学困生的转化问题是每位老师经常关注、探讨的一个热点话题，也是让老师最为头疼的问题。在数学教学中如何有效帮助学困生摆脱学困是每个教育工作者都必须面临的一项艰巨任务。在数学教学过程中，我们不能放弃学困生，更不能排斥他们，应尊重他们，培养他们学习数学的兴趣，给予他们更多的赏识和关爱，纠正他们的不良习惯，让每个孩子都爱上数学，学会数学，真正做到"人人学有价值的数学，人人都能获得不同的数学，不同的人在数学上都有不同的发展"，是我们教育工作者义不容辞的责任。下面结合自己的教学实践，对小学数学学困生形成的原因和转化谈谈自己的点滴认识。

一、小学数学学困生形成的原因

（一）学生自身原因

一是学困生学习目标不明确，态度不端正，数学成绩不理想，缺乏积极进取的精神。在数学课堂上自控能力差，无法专心听老师讲课，爱搞小动作，对老师提出的问题，不动脑思考。布置的练习、作业拖拉，甚至不做。二是学困生学习数学的学习习惯差，缺乏积极思考的毅力，只听不练，对数学知识只停留在一知半解，似懂非懂，不求甚解。

（二）家庭原因

学困生的家庭多数是单亲家庭，父母离异，家庭不完整，给学生心理造成了障碍；父母长期忙于自己的生意和事业，无暇照顾孩子的日常学习，把孩子的学习完全交给老人代为看管。由于老年人的文化水平有限，教育观念的落后，管理方式的不合理以及疼爱有余、严厉不足，给予孩子学习上的帮助并不多，更谈不上有效辅导。因此，一些学习自觉性、自制力差的孩子就会由拖拉作业到不做作业，很快沦为学困生。

（三）学校原因

学校对学困生的重视、教育及关心程度不够，教育方式不当；主要体现在教师方面，在教学过程中，老师把更多的精力放在那些优秀的学生身上，而学困生在班级中表现不被老师重视，缺乏情感沟通，缺少鼓励与表扬，对待这部分学生缺乏爱心和耐心；久而久之，学困生对数学老师也就产生了抵触情绪，失去了对数学的学习兴趣。

二、小学数学学困生的转化策略

（一）激发学困生的学习兴趣

让学困生认识到数学是一门重要的工具学科，是学习其他学科的重要基础，让他们从内心认识到学习数学的重要性，变被动学为主动学。在教学时，教师要抓住课堂，优化课堂结构，创设良好的教学环境，激发学生的学习兴趣，让他们积极地参与到课堂活动中来，给他们创造说和做的机会，教会他们学习数学的基本方法，帮助他们逐渐走出学习数学的困境，积极主动地解决数学学习中遇到的困难，成为数学学习活动的主人，从而感受到数学学习的乐趣。

（二）建立融洽的师生关系

师生之间的人际关系交往表现在师生心灵上、情感上的融洽，这种心灵的交往可促使师生产生相互感知、相互理解、相互信任和相互吸引的互动效益。想让学生亲其师信其道，教师必须放下架子，晓之以理，动之以情，以平等、尊重、信任、友好、关怀的态度对待他们，做学生的良师益友。比如说，老师私下可以采取比较随意的方式跟学困生进行沟通交流，态度要平易近人、和蔼可亲。当他们感受到老师对自己的一片爱心和殷切期望时，他们才会信任你。

（三）利用赏识教育增强信心

赏识教育的创造者周弘曾说："不是好孩子需要赏识，而是赏识使他们变得越来越好；不是坏孩子需要抱怨，而是抱怨使他们变得越来越坏。"赏识导致成功，抱怨导致失败。学困生正是需要这样的机会受到赏识。作为教师，要用放大镜寻找他们身上的闪光点，及时给予肯定和激励，帮助他们在学习中建立自信。点燃他们学习数学的热情。教学中一个赞赏的目光或一句贴心的话可能就会改变学生一生的命运。因此，让我们用赏识教育培养学困生的自信心，带他们走出心理的困境。

（四）用爱心启迪学困生的心灵

"没有爱，就没有教育。"教师的爱应该是一种广博而宏大的爱，是面向全体学生的爱，是学生在最困惑最无助的时候给予他们信任、尊重和关怀。对待学困生，我们每一个善解人意的微笑，一句鼓励，一个表扬，都会像一股甘甜的清泉，流入孩子的心田，成为打开他们心灵的钥匙。这样不仅能拉近老师与学生的距离，还加深了老师与学生之间的感情，让学困生对自己充满信心。

（五）加强家校联系，促进学困生成长

家庭教育对学生成长影响很大，家庭环境好坏影响着学生的成长。我们教师要加强与家长的沟通，找出学困生存在的问题，改变他们的不良习惯。学困生基础差，数学学习兴趣不浓，他们没有体验到学习给他们带来的喜悦和乐趣，这就需要我们老师和家长的疏导，培养他们的自信心。让他们感受到家长、老师的理解和关心，从而无形中激起他们学习的欲望。

总之，数学学困生的转化工作是一项长期、复杂而又艰巨的教育工作，不可能一蹴而就。只要我们坚持用发展变化的眼光看待学困生，以满腔的热情投入到转变学困生的工作去，对他们付出爱心、耐心和信心，并不断地探索行之有效的转变策略，就一定会有所突破，让学困生走出困境。

【参考文献】

[1] 杨达莉. 小学数学学困生形成的原因及对策的研究[J]. 教育教学论坛，2014（25）：162-163.

小学数学教学随笔

绿园区四间小学　车淑梅

小学数学课程改革实施过程中，一边实践，一边成长，不断地吸收了新的教学理念。体验了一个学期的数学教学，我颇有感触。在新课程的标准下，学生需要在自主探究中体验"再创造"，在实践操作中体验"做数学"，在合作交流中体验"说数学"，在联系生活中体验"用数学"。学生体验学习，是用心去感悟的过程，在体验中思考、创造，有利于培养创新精神和实践潜力，提高学生的数学素养。而传统的数学教学是学生被动吸收、机械记忆、反复练习、强化储存的过程，没有主体的体验。《数学课程标准》指出，数学教学务必注意从学生身边的生活情境和学生感兴趣的事物出发，为他们带来参与的机会，使他们体会到数学就在身边。因此数学教学教师应从生活实际出发，把数学资料与"数学现实"活动联系起来，让学生亲自体验生活情境里的数学问题，感受数学源于生活，生活中处处有数学，体会数学与生活的密切关系；从而激发学生不断寻找数学问题，不断求异创新，不断解决生活中的实际问题。

一、在生活中寻找数学

一提"数学"二字，人们总是认为数学最贴近我们的就是计算，却忽略了数学起始于我们的生活，与我们的生活有着密切的联系。因此，作为一名21世纪的数学教师，要自觉地关注学生的生活，密切知识与学生生活的联系，帮助他们接触实际，了解生活，明白生活中充满了数学，数学就在身边。真切地感受到了周围处处有数学，数学就在我们中间，体会到数学源于生活，学数学就是为了解决生活中的问题。这样不仅仅激起了学生从小爱数学、学数学、用数学的情感，而且使低年级的学生养成自觉把所学知识应用于实际生活的意识。

二、创设生活情境来学习数学

既然数学源于生活，那么我们的数学教学就应联系生活、贴近生活。这样才能拉近学生与数学知识之间的距离，使之产生亲切感，诱发学生的内在知识潜能。作为教师要设计更多的情境，为学生带来观察、操作、实践及小组合作、交流的机会，使他们增强学习数学的主动性，发展求异思维，培养实事求是的科学态度和勇于探索、创新的精神。

（一）透过熟悉的生活情境引入教学

心理学研究证明，当学习资料和学生熟悉的生活情境越来越贴近，学生自觉接纳知识的程度越高。根据这一点，教师在教学中采用从学生熟悉的生活情境引入新课的方法。从学生生活实际入手导入新课，不仅仅让学生感受到数学无处不在，而且也增强了学生理解和应用数学的信心，同时又强有力地激发了学生的兴趣，调动其学习的用心性。

（二）创设生活情境激发学生的学习兴趣

生活是思维的源泉，生活中处处有数学。如果联系学生的日常生活与学习，从学生熟悉的景与物、人与事、学习与生活中带来观察和操作的机会，使他们体会到数学就在身边，感受到学习数学的乐趣与作用，对数学产生亲切感。我在教学中，注意联系学生的生活实际创设一些情境。

（三）不断向学生渗透应用数学的意识

向学生渗透应用数学的意识要从小做起。如一年级下册数学教材"位置"一课，除了教室中的"位置"外，还能够想到什么地方有"位置"题，这样能够使学生联想到影院、列车、书架等生活中与"位置"有关的问题。这些看来不算难的资料，如果不多加那么一两句话，学生就可能不会联想到生活中还有那么多的数学资料，也可能当到一张火车票时，不会有数学应用的意识，当然就不明白利用火车票去寻找自己的"位置"。相反，如果一个小学生（7岁左右）有了这种意识，当和父母一齐乘车时，就会高高兴兴地手拿车票帮助父母找"位置"。能够看出，学生从小学会用数学的眼光来看待周围的事物，增强应用数学的意识是多么的重要。

三、指导学生运用数学知识来理解生活世界

数学来源于生活，又服务于生活。将数学问题生活化，有利于缩短数学与生活的距离，既满足了学生学习和理解数学知识的需要，又让学生体会数学的价值，培养数学兴趣。因此，在教学中，我们要尽可能地让学生带着数学问题接触生活实际，指导学生用数学的眼光看问题，用数学的头脑想问题，加深学生对生活中数学问题的理解。让学生把数学知识与生活实际紧密联系起来，学会用数学的眼光去看生活问题，用数学的知识和头脑去想生活中的现象。不但使学生加深对数学知识的理解，而且能让学生感受数学知识在现实生活中的应用，培养学生的应用意识。

四、用数学知识解决日常生活中的问题

数学源于现实并用于现实，运用数学知识解决日常生活和工作中的实际问题是学习数学的归宿。人人要学习有用的数学，教学中务必充分利用学生已有的生活经验，重视挖掘教材与生活实际有联系的因素。教师要随时引导学生把所学知识应用到生活的实际中去，从而体验到所学知识的好处和作用。使学生深刻地认识到数学对于我们的生活有多么重要，学数学的价值有多么大，从而激发了他们学好数学的强烈欲望。

学生从活动中不仅仅理解、掌握了数学知识,而且能观察生活中存在的数学问题,并加以解决。在解决中又会出现一些小问题,再开动脑筋加以完善解决,从而获得应用的技能。

总之,当学生对某一学科知识发生兴趣的时候,他就会用心主动、情绪愉快地去学习。这样学生的理解深刻,才能记得更牢。学习就会更灵活,教师的教学工作也能取得事半功倍的效果。要让数学与生活"亲密接触",我们的数学教学务必由书本数学走向生活数学,生活与数学密切联系起来,只有加强数学知识与学生生活实际之间的联系,促使数学从生活中来,到生活中去,体验到生活中到处都是数学,运用数学知识能较好地解决生活实际问题,从而增强学习的动力,产生用心的数学情感,使运用数学知识成为每个学生的本领。

让数学生活化,让生活数学化
——小学数学课堂教学随笔

长春市绿园区春阳小学　伦凤杰

教育家陶行知先生说:生活教育是给生活以教育,用生活来教育,为生活的向上向前的需要而教育。面对 21 世纪的小学数学,我们的理念是"人人学有用的数学,有用的数学应为人人所学"。

所以,《小学数学课程标准》更多地强调学生用数学的眼光从生活中捕捉数学问题,主动地运用数学知识分析生活现象,自主地解决生活中的实际问题。因此,在数学教学中应重视学生的生活体验,把数学教学与学生的生活体验相联系,把数学问题与生活情境相结合,让数学生活化,让生活数学化。

一、创设生活情境,激发探索欲望

在数学教学中可根据学生的年龄特点和生活体验,科学、有效地创造生活情境,让学生在熟悉的数学生活情境中愉快地探究问题,找到解决问题的规律。如在教学"看一看(一)"这节课导入的时候,我直接给学生出示了一个汽车模型,让表现好的学生站在不同的位置用老师的手机给汽车模型拍照。然后把照片展示在电子白板上让全部学生观察,这样学生就能感受到站在不同的位置观察物体,看到的结果也不一样。在导入中创设情境,使课堂教学更接近现实生活,使学生身临其境,体验自己生活中存在的数学知识,加深理解教材所学的内容,从而培养学生从实际生活中提出数学问题解决数学问题的能力,同时激发学生进一步学习的欲望。

二、感受生活数学，让数学生活化

数学来源于生活，新教材更体现这一点。在数学课堂教学中，教师应有意识而且有必要地还原数学知识的生活背景，把书本上的知识放在生活中来学习，让数学问题生活化。在教学"三角形的认识"时可设计这样的一个问题：怎样做才能帮助淘气把倾斜的椅子修好。利用学生日常生活中经常遇到的问题激发学生探索问题的兴趣，学生回答出钉上一根木条形成三角形，从而总结出三角形具有稳定性的特性。

三、探究生活问题，让生活数学化

在数学教学中，把数学知识与生活、学习、活动有机地结合起来，通过收集资料、动手操作、合作讨论等活动，让学生真正感受到数学在生活中无处不在，获得探索数学的体验，提高利用数学解决实际问题的能力，让生活数学化。如，教学"包装中的学问"一课时，我们可指导学生以小组合作为形式制作长方体形状的包装纸盒，利用已学过的长方体的表面展开图的知识、美术知识、语言知识、生产常识对长方体和它的表面进行探究，同时想办法解决怎样对四盒一样的磁带进行包装最省包装纸，提高运用所学知识解决实际问题的能力，以此激发了学生探求新知的欲望，切实体会数学与生活的密切联系，建立学好数学的信心。

总之，数学教学应该将课堂与生活紧密联系起来，体现数学来源于生活，寓于生活，用于生活，引导学生把数学知识运用到学生的生活实际中去体验感受，使学生充分认识到数学来源于生活又是解决生活问题的基本工具，达到数学课堂教学生活化的目的，同时让数学真正成为孩子们眼中看得见、摸得着、用得上的一门学科，而不再是枯燥乏味的数字游戏。

核心素养在数学课堂中的应用
——北师大版小学数学四年级上册"确定位置"教学随笔
长春市绿园区雷锋小学校　郭悦朗

在教学"确定位置"一课时，我感受颇深。我带着如何在教学中培养学生核心素养这个问题展开教研。"聚焦核心素养"，虽然已经在我们的教学理念中形成了初步的概念，但是我好像从来没仔细剖析过。我想从现在开始，认真思考如何在教学中培养学生的核心素养！下面我将从教材、目标、学情、教法学法、教学流程五个方面谈谈感受！

一、深入挖掘，理解教材

"确定位置"是北师大版小学数学四年级上册第五单元"方向与位置"中的。本课从教材编排上，体现了数学源于生活又运用于生活的特点。在第一学段"空间与图形"领域中，学生已经认识了东、南、西、北、东南、东北、西南、西北等八个方向，并能用这些词语描绘物体所在的方向；也会看简单的路线图。本课是学生空间观念的新发展阶段。具体包括理性思维、批判质疑、勇于探究等基本要点。

二、结合教材，透析目标

1. 知识与技能目标：理解数对的意义，能在方格纸上用数对确定位置。
2. 过程与方法目标：经历用数对表示位置的过程。形成符号感和抽象思维能力。
3. 情感态度价值观：积极参与数学学习，感受数学与生活的联系。

三、聚焦素养，深研学情

我所教学的学生学习积极性高，勤于动脑，基础知识掌握比较牢固，有敢于质疑和乐于释疑的习惯，自主求知的欲望和能力都比较强。但在创新能力、概括、思维等方面存在不足，尤其是形象思维向抽象思维过渡的这个阶段，更是一个难点。由此，在这节课当中，我打算用形象的方格纸来转换抽象的坐标，学生通过体验这个过程，逐步激发他们抽象思维的形成。

四、依据学情，巧用教法学法

教无定法，贵在得法。在教学中我采用了调查法、情境教学法，以及合作探究的学习策略。课前，我对20名学生进行了抽样前测，从"你坐在教室的什么位置，你还能用其他更简单的什么方法表示你的位置"等几个问题对学生已有经验进行调查，准确把握教学起点。课中，让学生充分、自由地展开交流，自主探究揭开数对的神奇面纱!

五、落实目标,顺畅教学流程

美国教育学家杜威先生说过这样一句话:"你可以将一匹马牵到河边,但是你绝不可能按着马头让它饮水。"这句话也道出了数学教学的灵魂在于主动探究。为此,我从:"问"让学生自己提;"法"让学生自己探;"题"让学生自己解;"情"让学生自己抒等四个方面设计教学过程。

(一)创设情境,激发兴趣

学生兴趣越浓,他的观察就越仔细;离他们的生活越贴近,他们的感知、思维、联想等学习活动就越有成效。所以在上课伊始,我就直接引用他们最为熟悉的"升国旗"场景吸引他们的注意力,激发他们探究问题的欲望。此时老师问:"仔细观察,你能用数学的语言描述国旗这一点的位置吗?"由此,揭示课题并板书《确定位置》。

目前为止,培养学生核心素养比较成功的336课堂模式的三大板块是:预习、展示、反馈。所以在"探索新知,营造空间"这一环节中,我结合情境,巧妙设题。

(二)探索新知,营造空间

预习交流,明确目标。检查学生预习情况,激发学生生活经验的表达。课件出示书中的主题图,让学生用自己的语言说说淘气的位置。学生会出现不同的表述方法。教师提醒:请你按照从左往右,从前往后的顺序进行说明。

导放结合,授人以渔。知道从左往右、从前往后的观察顺序,学生们就能比较正确地描述淘气的位置。淘气坐在第2组这条竖线和第4排这条横线的交叉点上,同时教师就直接用数对的方式做好记录(2,4)接着,学生继续思考:数对所表示的意义(此时进行小组讨论)。然后汇报:括号中左边的数字代表第几列,右边的数字代表第几行;哪个数字表示纵线的位置,哪个数字表示横线的位置?

分组合作,展现提升。最后总结提升:什么是数对。这样设计是希望在知识的形成过程中,由学生自己去发现和总结规律,突破教学重点。

回扣悬疑,穿插巩固。借助方格纸认识坐标。学生初步感受坐标形成的过程,从具体到抽象,建立数学模型,有效突破了教学难点。接着师生互动,请你用数对的方法说出笑笑的位置。这时学生们就能很轻松地说出:笑笑的位置可以表示为——数对(1,1)。让学生用数对的方法表示出国旗的位置,数对(3,6)。

(三)达标测评,求异创新

我通过展示数对发明者——法国数学家"笛卡尔"的史料介绍,鼓励同学们做生活中的有心人,做一个爱思考的人。

然后，做一个知识拓展——发现数对在现实生活中的应用：通过介绍地球仪上的经纬线，可以确定地球上任何一点的正确位置。以此来拓展学生的知识视野，感受到数学的应用价值，从而实现了把"小课堂"变成"大课堂"的现实，促进学生的发展！课的尾声，对学生进行达标测评。

板书设计，我采用提纲挈领式，帮助学生建构数对概念。

这节课，我初步是这样一个想法，待授课之后，再依据学生表现和生成的问题，做进一步的分析与改进。

做用心的老师，上有温度的课

长春市绿园区教师进修学校　王　琳

庚子年初，一场突如其来的疫情席卷了华夏大地，在万千学子本应踏着晨曦、沐浴暖阳，在教室里朗朗读书，在操场上欢乐嬉戏时，整座城市仿佛被新冠肺炎疫情按下了暂停键，盼望的新学期迟迟没有到来。特殊时期，我们迎来了特殊的授课形式——线上授课。对于习惯了在教室里与孩子们面对面教学的我来说，线上教学是一次全新的挑战，但也是一次难得的机遇，是一个培养孩子自主学习、学会学习的契机。

转眼开展线上教学已经整整三个月的时间了，通过一路尝试与摸索，简单分享几点自己的做法与体会：

一、选择合适的小程序辅助教学

由于所在学校没有硬性要求采用直播的形式授课，所以我选择了在班级微信群中发布相关视频链接的形式开展教学，同时运用一些小程序加以辅助。小程序是基于微信的一种不需要下载安装的云端程序，我们分享发布或是学生扫码识别就可以进入，极易操作。我线上教学期间常用的主要有以下几个小程序：

（一）秒应

秒应是一款提供接龙、打卡、签到、投票等活动的小程序。我用秒应小程序主要做两件事情，一是为了不过多占用班级微信群资源，当学生按老师要求看完新课内容并完成练习后，可以输入自己的姓名和学号进行签到示意，当班级有30~35名同学完成自学任务后，我们再继续进行后续的学习。二是课后用它与学生做"巧算24点"的互动，学生可以根据题目内容，计算、输入自己的答案，同时可以通过"去看结果"查看其他同学的解题方法，当检查出错误或教师指出错误时，可以通过"修改或删除"重新提交自己的答案。

（二）日常抽签工具

日常抽签工具小程序的主要功能是创建、参与抽签及查看抽签结果等。由于线上教学一节课的时长有限，不可能让每个孩子针对每个问题都充分表达自己的想法，所以我选择了这个抽签工具，只有抽到"恭喜你，请回答"的学生才有机会表达自己的想法。"日常抽签工具"的引入，既避免了学生刷屏，又有效地维持了课堂秩序，同时满足了学生的好奇心，多数在线下不愿意举手回答问题的学生也纷纷争抢难得的回答问题机会。

（三）问卷星

问卷星是一款专业的设计在线问卷调查、在线考试的小程序。我主要用问卷星来做两件事，一是发布调查问卷，为了了解学生第一周线上数学学习的情况，更好地组织安排日后的教学，我采用问卷星小程序设计了一次匿名的调查问卷，将生成的海报发布到班级微信群，学生们扫码进入小程序就可以参与调查。它的好处是可以直观查看数据结果，以便我分析问题、改进教学。二是设计在线考试，我们可以根据教学内容在问卷星小程序中设计试卷，选取常用的填空、选择、简答等题型，可预设答案和分析说明，这样当学生提交试卷后，即时就能查看到自己的成绩、错题以及班级排名，老师也能第一时间得到反馈，可以查看每个学生的错题，也可以从图表中查看班级数据并导出 Excel 表格，这时候再去反馈讲解会更有针对性，同时也节省了教师批阅试卷的时间。

（四）老师收作业

老师收作业这个小程序是线上教学后期才开始采用的，由于家长们陆续复工，由组长的家长每天收齐作业后再传给老师时间总是不及时，也给家长在工作之余增添了负担，所以选择了"老师收作业"这个小程序。老师可以设置作业的形式，如图片、视频、语音等，把每天的作业发布到班级群后，学生可以自主提交，学生之间不能看到彼此的答案，教师批阅作业后，学生可通过小程序查阅到自己的作业反馈，反馈的形式也有圈画、文字、语音等，同时节省班级群的空间资源。教师还可以对未及时上交作业的学生进行催交，对于有错误需要改正的同学进行复制名单提醒，实用性非常强。

二、让学生在课内外动起来

线上教学缺乏互动性，这是多数教师实践后的真切感受，相比传统教学，我们难以掌握学生是否跟上老师的教学节奏，我们无法通过课堂提问或是观看学生的表情去对我们的教学进行及时调整。于是，我设计了一些活动去调动学生的学习热情。

（一）课上语音互动

这是在班级群里使用最多的互动方式，课前提问，练习题的汇报等多数采用语音互动的方式，这样检验学生知识掌握的同时也训练了组织语言和表达的能力，但由于课堂时长有限，很多孩子的发言不能及时在课上听完，造成反馈不及时，占用班级资源也较多。

（二）课上图文互动

由于数学课有它的独特性，画图、列式计算等方式是特有的数学语言，所以有的孩子会以发图、打字等方式在课堂上与老师、同学进行互动。当然，有的学生具备一定的信息技术水平，他还会采用编辑图片等方式直观与班级同学进行课上互动。

（三）课后小组互动

我们全班43人分成了7个学习小组，有些问题、游戏等可以利用课后时间在学习小组内进行互动。比如，在学习小数的意义时，我们在小组内进行了测量一个物体表面的长宽并改写成以米为单位的小数的活动；学习了小数比较大小后，我们在小组内进行了我说你猜的猜数游戏；学习了小数乘法后，我们又在小组内互相出题设计小组的计算作业。其实，在学习小组内生生互助，用孩子之间的沟通弥补了老师不能一对一辅导、家长辅导不到位等问题；另外，我会不定期给作业完成快、书写工整、计算准确的小组分别下发表扬信，学习小组之间良性的竞争也会促进全班共同成长和进步。

（四）巧算24点，让思维动起来

每天下课前，我都会用"秒应"小程序布置一道一题多解的巧算24点题目，利用下午统一的答疑时间在班级微信群里梳理、补充大家的答案，对思考出最多方法的孩子给予表扬，学生和家长对这样的数学活动都表现出了浓厚的兴趣，当然也适时发散了孩子的思维。

（五）人人都是小老师，录制微视频分享学习成果

在单元学习结束后，学生可以自主选择本单元的1道习题通过录微课的形式讲解。这种新颖的形式调动了学生参与的热情，虽然是以选做的形式布置给学生的，但几乎每次都有80%以上的学生提交分享。我会认真观看每位学生的视频后进行逐一点评，并通过制作美篇总结学生作业情况。在这样的活动中，学生的表达能力得到了锻炼，同时收获了自信心的提升。

三、将数学绘本阅读引入课堂

孩子们都阅读过绘本，但之前并没有学生接触过数学绘本，借助新世纪小学的数学阅读课，我初次在线上教学中引入了数学绘本。数学绘本是由文字、图画、故事、数学知识这四要素构成的，以学生感兴趣的事物为素材吸引学生的注意，并把数学知识以故事的方式打造成一条完整、有趣的知识串。至今，我们一共上了8节数学阅读课。通过数学阅读课，培养了学生的阅读能力，提高了学生学习数学的兴趣，同时也帮助学生积累了丰富的数学活动经验。所以，在我做调查问卷的过程中，所有参与调查的学生都表示非常喜欢数学阅读课，建议以后多上数学阅读课。

四、悉心批改辅导，彰显教育温度

作业批改是教师检查学生学情的重要途径，对教师的教学和学生的进步都具有重要的意义。我主要采用以下几种方式进行作业批改和辅导：

（一）图片圈画，文字标注

多数作业我会让学生拍照发到小组或班级群里，然后利用微信中图片的编辑功能，运用符号打√或画横线，需要提示的错误编辑文字，计算准确、书写工整的作业另外加上动画表情给予鼓励。

（二）评优分享，榜样示范

每天课前都会针对前一天的作业加以总结，对完成质量高的优秀作业在班级群或朋友圈进行展示，号召全班学生向榜样学习，共同提高进步。一个月以来，班级的作业书写、计算准确率均有不同程度的提高。

（三）及时反馈，多样讲评

每天下午3：00~4：00是学校统一规定的作业讲评时间，如果作业整体完成较好，我会直接编辑文字总结，同时上传作业答案图片，在班级群中简洁明了地反馈。如果作业中题目较难或是多数学生共性的问题，我会在班级群中语音讲解或是用手机录制视频进行作业讲评，学生根据自己的实际问题可反复点播观看，个性化强，辅导效果较好。

（四）一对一连线辅导法

利用课后时间，针对班级中的随班就读学生或是其他在做练习、作业中遇到困难的学生运用微信进行一对一辅导。鼓励学生不会的题要单独问老师，并单独给老师讲解自己的解题思路，老师再一对一进行指导，争取不让一个学生掉队。

乌云遮不住升起的太阳，疫情挡不住春天的来临。线上教学是这个新学期与众不同的打开方式，相信若干年后，这段"疫""网"情深的日子对于我和我的学生都将是一段难忘且挥之不去的记忆……期待疫情早日结束，能够重回三尺讲台，继续做用心的老师，上有温度的数学课。

激童趣，求创新，搭平台，促成长
春晖小学　王　虹

一场突如其来的疫情，打乱了所有人的工作、生活的节奏，广大学生的学习方式也受到了巨大的影响，非常时期，我们开启了线上教学的模式，做到"停课不停学，离校不离师"，利用钉钉平台对学生进行网络授课和答疑。我们把整个线上学习分为线上视频微课学习和线上集中答疑讲解两部分。在线上教学过程中，我力求做到激童趣，求创新，搭平台，促成长，让每个学生都能爱上这个不一样的课堂！

一、前期准备——细心

网上授课模式对于每位老师来说都非常的新颖，但是要想让网络授课和实际的课堂教学得到一样的效果，则是对每位老师的一种挑战。所以为了更好地在疫情期间完成自己的本职工作，为了使自己的学生在非常时期能够有所收获，在前期我必须做好充分的准备。我们的空中课堂分为微课和答疑两部分，线上答疑则应用钉钉软件完成。为了更好地达到教学效果，在微课的制作和钉钉软件的使用上都需要我们去进一步的学习，前期学校进行了相关软件操作的培训，可是怎样能结合自己的实际情况灵活运用才是探索的重点。微课制作的软件有很多，自己前期通过尝试对比，筛选出适合自己又易操作的软件，进行反复的摸索练习，争取达到熟练操作。在钉钉平台的使用上同样需要反复摸索，在探寻钉钉的使用上，家里的每个人都充当了我的"学生"，我尝试用直播和视频会议的形式与我特殊的"学生"交流，通过测试发现直播相对顺畅，但是看不到每个学生的听课状态，视频会议的形式可以看到学生，但是对于网络速度的要求极高，结合实际综合考虑最后选定直播，同时反复摸索各项功能，做出实际操作过程中可能出现问题的预案，争取做到无障碍教学。

二、微课制作——精心

网络授课非常重要的一部分就是微课的制作。在微课制作上我必须做到：

1. 精心取舍教学内容，突出教学重点。每节课的内容我们都会通过线上集体备课进行研讨，怎样可以在10分钟内使本课的教学重点突出，把教学难点突破都是我们研讨的重点。

2. 以学生为中心，注重线上教学的可操作性。由于我所执教的是一年级，对于怎样设计微课能够方便学生线上操作尤为重要。在微课制作时，我们会设计醒目的暂停键便于学生操作，同时也为学生创设了充足的时间去思考。

3. 激发学习兴趣，添加生动的动画资源。在微课的制作上我会运用动画创设情境，从而提高学生学习的积极性，由于线上教学，教师没办法进行实际的演示操作，所以可以借用动画来完成，使教学难点简单化。同时利用丰富多彩的画面，促使学生更多地用感官去体验。

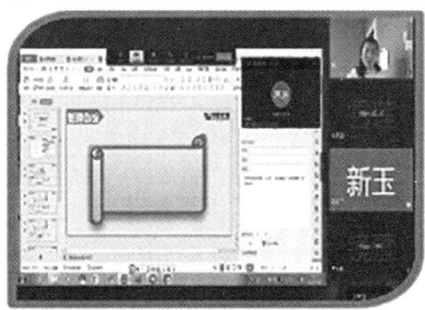

三、答疑反馈——耐心

答疑活动前提是教师通过对学生任务单的批改，把集中问题在钉钉直播平台进行集中讲解答疑。由于线上答疑的时间有限，个别学生出现的非共性问题就需要老师在批改时给予解决，所以线上可以借助软件的圈画功能进行批改，同时通过语音对学生出现的问题进行指导，借助评语给予学生更多鼓励，通过多种评价方式让学生感受到老师就在身边。

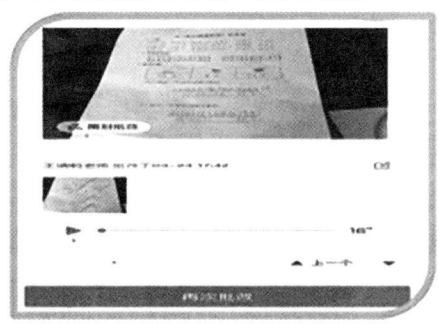
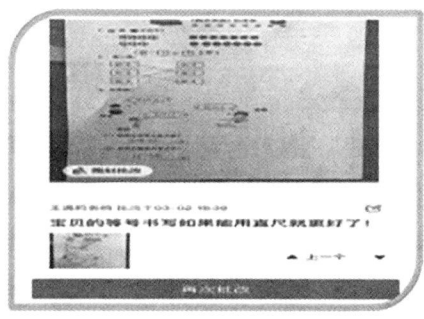

线上答疑分为集中答疑、单独解疑、展示分享三部分。集中答疑根据学生的任务单共性问题给予讲解，并进行拓展。线上教学由于没有黑板进行板演讲解，所以我应用了红烛教鞭软件进行同步标注讲解。单独解疑环节中，学生如果还有问题，教师可以利用连麦功能进行一对一解答，同时为了更好地调动学生参与答疑的积极性，答疑环节还开展了"争做小讲师"的活动，为学生提供展示自己的平台。

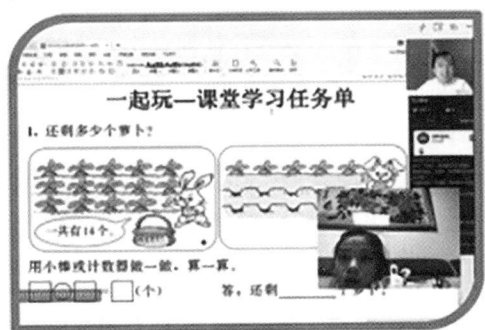 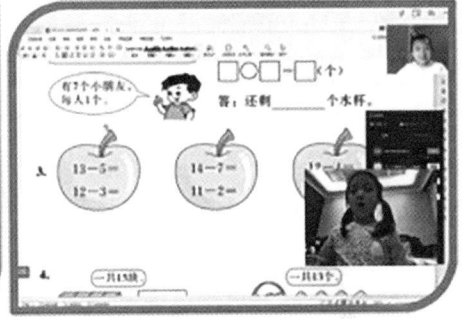

通过以上网络教学的开展，自己也总结了一些经验：1. 教师必须熟练操作教学中可用到的软件。2. 结合学情设计相应课件。3. 教学中必须做到耐心解答，深入追踪，及时订正。这些只是自己的一些经验，在以后的教学中我会继续摸索，争取打造一个不一样的精彩课堂。

我的教育故事
——追梦平凡
长春市绿园区红民小学　孙　菲

我是一名平凡的人民教师，在一个平凡的岗位上，教育着这些平凡的孩子。但我有一个不平凡的梦，希望在这不平凡的沃土上，种下这一颗颗希望的种子，等他们长大了，成为不平凡的参天大树，为这个盛世续写更加不平凡的篇章。

作为教师中的一位新人，我的故事很少，四年的教龄或许都在不断学习经验，不断思考方法中度过。在这些平凡的日子里，我从刚刚步入社会的彷徨，到如今蹒跚学步般的渐渐成长。其中注定令我终生难忘的一定是2019年末新冠肺炎疫情期间的教学经历了。在疫情期间，为贯彻落实上级部门及校领导关于疫情期间教学的要求，确保疫情期间"离校不离教、停课不停学"，最大限度降低疫情对教学工作的影响。作为班主任的我，一方面充分利用短视频、群组社交软件等信息化手段。在班级内组织线上教学活动，改课堂教学为线上教学，改校园学习为居家学习，为班级每一位学生建立线上教学档案，记录学生每天学习状态及作业完成情况，确保线上教学方案与内容全面、充实、简练，确保线上教学方法有效,确保教学任务完全落实;另一方面还积极地与学生家长沟通,为学生及学生家长做一些力所能及的心理辅导,避免由于学生长期在家所导致的家庭问题出现。

记得在网课期间,班级里有个平时学习中上程度的男生,在经过半个月左右的网上学习后,经常不能按时完成老师布置的学习内容以及习题。于是我单独联系了孩子,希望他可以说说最近在学习和生活上遇到了哪些困难,可是男孩却一直沉默不语。这让我心急如焚,因为教师的责任告诉我,不能让任何一个孩子掉队。由于网课的特殊性,没有平时在校期间面对面的交流,再加上孩子寒假后对于学校、对于老师产生了一定程度的陌生感,良好的沟通成为解决问题的关键。于是我一方面通过与孩子聊聊他的兴趣爱好以及生活情况,缓解了我们之间暂时的陌生感;另一方面通过与孩子家长的耐心沟通了解孩子近期在家的学习和生活情况。经过不断的努力及沟通,我了解到由于孩子的父母每天要外出工作,孩子一个人在家无人看管,养成了散漫懒惰的习惯,并且越来越内向不爱说话。找到问题的原因,就可以找到办法解决。成长阶段的孩子,如果没有养成良好的行为规范,将对其一生产生不可逆的影响,尤其是在这个特殊时期,老师和家长更应加倍关心孩子的成长。一味地训斥孩子,反倒会激发起孩子的叛逆心,适得其反。于是我每天抽出一定的时间,和孩子聊一聊当天的趣事,并不断引导、鼓励孩子养成良好的行为习惯。同时和孩子的家长也形成定期沟通机制,劝导学生家长在不影响工作的前提下,对于孩子应付出更多的关心和陪伴。一转眼三个多月的网课结束了,当返校的第一天我看到这名男生自信的笑容,我知道我的努力得到了收获。总结这几个月的线上教学过程,不但增进了我与学生和家长的了解,更为我开启了新的教学思路。线上教学不仅仅是应对这次疫情的临时方案,在高速发展的当今社会,信息流不断增加,在一些无法进行课堂授课的情况下,这一教学方式也有可能将逐步得到推广,因此,这次线上教学的授课经验也是弥足珍贵的,它给予了我诸多有益的启示,这也成为我逐梦路上又一坚实基石。

在我这四年的教学生活中,平凡占据了大段的篇幅,但我依然不断追寻着我的梦想,那就是要为我的每一位学生负责任,要引导我的每一位学生,教会他们在今后的生命中如何成为知识海洋中一名优秀的舵手。是的,这就是我的梦想,我相信我们青年人要敢于有梦、勇于追梦、勤于圆梦。何为"敢于有梦"?作为从零开始的青年人,我们没有扬帆远航的魄力;没有统筹规划的手笔,但梦想始于实践、伟大源自平凡。何为"勇于追梦"?时代变迁,社会也飞速进步,新兴事物频生,我们青年人要勇于创新、勇于学习。利用我们所学的现代文化知识,更好地生活和工作。"勇"也体现在不怕犯错、勇于实践方面。青年人工作经验不足，实践中难免有不妥之处，但我们应勇于追梦，虚心学习，在工作中不怕批评与指责。在实践中成长，在错误中成熟，勇于追求属于我们自己的梦想。何为"勤于圆梦"？关键在"勤"，核心在"圆"。勤于学习、勤于倾听、勤于思考、勤于锻炼，多做事做好事，不怕艰辛不怕烦琐。梦想来自于伟大而平凡的实践，滴水无数则成海，木立于重也成钢。

正如习近平总书记所说，伟大出自平凡。把每一项平凡工作做好，就是不平凡。正是千万平凡人直面工作生活中的困难、勇于奋斗拼搏圆梦的精神，才汇聚成我们这个时代的奋进之光。我愿做这个时代平凡的追梦人。

傲雪迎风何所惧，只为桃李更芳菲
——2020年"停课不停学"线上教学经验交流
长春市绿园区春阳小学　王秀梅

2020年春节，一场突如其来的疫情冲击了我们每个人的生活。看着一位位白衣天使的请愿书，不顾生命危险冲到抗疫一线的行动使我深深为之感动。作为一名普通的小学教师，虽然不能像医生一样冲锋在一线治病救人，为国家分忧，但是我可以在自己的教育本职工作上，尽心尽力讲好每一节课，完成教学任务，让家长朋友们看到老师的努力，给党的教育事业献上自己的绵薄之力。

2月中旬，学校接到上级部门下发的有关停课不停学的通知，李明睿校长利用课余时间制定了新学期的教学计划并下发通知到每一位老师，我认真领会了停课不停学的精神，充分利用各种教学资源，上好每一节课，并学习实践到自己的教学中。

2月24日上午，绿园区所有四年级数学教师统一参加了由教研员组织的集体备课，下午我就和同学们上了一节新课，鉴于我们班的家长文化程度不一，小学四年级孩子比较小的特点，我主要采用家长和孩子都比较熟悉的微信进行授课，先让孩子们看中央教育电视台的新课视频，然后我再结合教学内容录制一些微课小视频在微信上播放。我承担的是四年级两个班总计90位孩子的学习任务，每班45人，我把他们分成了4个小组，每组11~12名同学，选出一名小组长，每班有1个大的学习群，四个小组群，一个小组长群，所以每个班各有6个微信群。大群的主要任务是老师发视频，留作业，讲要求；每个小组群的任务是上传作业，答疑；小组长群的任务是每天汇报作业完成情况，把老师的通知下发到自己的群里。经过一段时间的摸索，已经形成了一套完整的学习体系，共录制视频300多分钟，批改作业几百份，得到了家长和同学们的一致认可。

在线上学习的过程中，也发生了令我感动的事。郑涵月同学的家长第一次批改本组的作业，把每个人的优点错误都总结了一个表格；第二次批改本组作业的时候批改过后给每人写了一首诗；第三次批改本组作业的时候批改过后给每位同学写了一副对联……王子睿王子萱同学在河南老家过年，因为疫情的原因回不了长春，手里没有书也没有练习册，我就指导他们下载电子书，把每天的作业都给他们拍下来发到微信里，这么多天的学习，孩子一点也没有落下，学习的劲头还很足……王禹涵同学平时学习不是特别好，上课注意力不集中，我就单独和他视频联系，反复督促，再加上家长的配合，学习比在学校上学的时候有了很大的进步……

经过我和孩子们的一起努力，本学期期末数学成绩一点也不比在校学习差。正如微信学习群的名字"我们一起成长"一样，我也在不断地尝试和努力，和孩子们一起成长，争取把线上教学和线下教学有机地结合在一起，在今后的教育教学活动中更上一层楼！

小学数学线上教学的探索与成长

长春市绿园区春阳小学　　伦凤杰

2020年的春天如期而至，一场突如其来的疫情虽然打乱了我们正常的生活节奏，但它仍然阻挡不了万物生长的脚步，这个春天依旧充满了美好和希望。为了实现教育局"离校不离教，停课不停学"的基本目标，我校决定在延期开学期间进行线上教学。这看似老师的工作轻松很多，但对于这种"空中课堂"教学方式特别是对于我这种网络不敏感的人而言，不得不说这是对我的一次挑战，开启了一项新技能的学习。

一、班级建群，学生分组

凡事预则立，不预则废。我首选了和学生以及家长沟通交流都比较便捷的微信，在我校规定的2月24日开学的前一天，以班级为单位建立了微信群，通过家长接龙回复做到所有学生都已进入学习群，保证了所有孩子都能享受我的数学课堂。

随后我从班级中选出五位平时学习比较自律、家长比较负责的学习组长，每位组长分管5~6名组员，便于帮助老师监督检查组员每天的学习情况，同时组长的学习热情对本组组员也可以起到一个很好的带动和辐射作用。

二、挖掘资源，择优选取

结合开学前一周绿园区进修学校组织的网络备课，我认真研究教材，学习如何指导学生线上学习，怎样与学生互动，怎样进行网上作业的批改，熟悉平台软件的用法，充分搜集线上教学的各种优质资源，通过对比，我择优选取了新世纪小学数学同步微课作为学生学习新课的讲解。一切准备就绪，决不打无准备之战。

三、师生互动，当堂验收

为了充分体现学生学习的主体性，我在每节课8：00准时开始前出示学习清单（学习清单中包括每天学生的学习内容，达成目标，完成练习，测试题目），让学生明确学习目标，从而带着任务去学习。学生看完十分钟左右的微课之后，按照学习清单逐项完成，并在群里提交个人的学习成果，我根据每一个学生的完成情况逐一进行互动答疑，帮助学生纠正和改错，同时根据课堂小测试随堂检测，对于没有问题的孩子及时给予表扬和鼓励。这样的隔空课堂，学生身边虽然没有老师，但老师却一直都在每一个学生身边，其实我和学生之间真的并不遥远。

根据课程内容的不同，我还会给学生适时地准备一些重要的知识点，在课上分享给学生，帮助他们理解和掌握新课内容，同时强调重点，分散难点。

四、课后作业，周周测试

对于课后作业，我充分发挥组长带领小组学习的优势，别看他们年龄小，眼睛可是一点儿也不含糊，就连单位漏写都能给同学们找出来，而且一点也不吝啬他们之间的互相表扬与鼓励，这就是孩子们的真善美。这样的做法学生们既学到了书本知识，又培养了他们的集体荣誉感和凝聚力，更因为作业的展示，学生的书写更规范工整了，这何乐而不为呢！

另外，每周四或周五我都要根据一周的学习内容进行一次知识小结和测试，用以督促和检验学生一周的学习成果，同时根据检测结果确定下周的学习进度，或者对于学习内容适时调整，争取达到最好的学习效果。

五、笔记分享，家长反馈

通过几周"空中课堂"，我发现，学生的学习时间和学习方式自由性比较强，微课可以反复播放，学习群里互动的学习信息学生共享，不受时间和空间的限制，所以三年级的小学生竟有时间也会整理出学习笔记，这对于学生不仅是一个学习的积累，更是好的学习习惯的养成。

再来看看我们这些家长朋友对线上教学的看法。三年四班于智阳妈妈这样说："疫情期间，我们不能到校学习，但是我们辛勤的老师早已经为我们准备好了一切，她们选择在家备课教学，只为不让我们被疫情干扰成绩。在数学网课，老师不辞辛苦，为我们准备手写测试卷，通过检测发现孩子们的不足，发现问题及时解决问题，让孩子们当堂学习当堂消化。感谢老师的良苦用心，期待疫情结束，孩子们早日回到课堂。"三年三班楚子萱妈妈这样回复："孩子可以灵活掌握学习知识点，在播放网课的过程中难以理解的内容还可以多次循环播放，不但对学习巩固有了较大帮助，而且孩子们能有更多的时间记好笔记。在数学课中，老师对每一个知识点都讲解非常仔细，并对每个单元的知识点进行归纳总结，有利于孩子掌握新知识。"这充分表达了家长对线上教学的肯定与认可。

六、感悟成长，心暖花开

线上教学，我由身处教室手拿粉笔到坐在家里面对手机和电脑，虽然有诸多的不一样，但其实我作为教师传授知识的角色并没有变，认真的态度没有变，最重要的是爱学生的情感始终不变。

今天，虽然我们已经回到了阔别多日的教室，回到了早已熟悉的课堂，但线上教学仍然历历在目。不忘初心，方得始终。无论我身处何处，在虚拟的网络中还是真实的校园里，我都愿意踏踏实实，从小事做起，爱教育，爱学生，让学生成为更好的自己,让我也成为更好的自己。

值得思考与探讨的课题:如何才能把线上教学作为孩子们学习的辅助手段,更好地融入到线下教学中,最大限度地提高教学质量。

还原生本,减负提趣
——基于核心素养的小学数学生本课堂的构建
解放大路学校小学部 张 岳

【摘要】在倡导素质教育的大背景下,在小学数学教学中既要提升学生的数学学科素养,保持学生对数学的学习激情,又要突出学生的主体学习地位,充分尊重学生的具体学情,减轻学生的学习压力。这就要求教师在实际教学过程中,引导小学生用正确的思维方式思考与解决数学问题,启发小学生抓住数学本质进行独立思考与透彻感悟,从而形成运算与推理意识,提升数学创新与核心素养能力。本文基于核心素养的要求,结合小学数学实际教学情况进行优化教学环节、突出学生数学学习主体地位、巧用合作探究,强化学生数学综合思维能力、开展实践教学,提升学生数学实际应用能力这三方面的论述,希望对于生本课堂的构建提供一些依据。

【关键词】核心素养;减负提趣;生本课堂;小学数学。

教师在推行小学数学生本课堂的教学中,注意将学习的主动权交给学生,引导学生主动获取数学知识,在独立思考的基础上进行合作探究,积极将获取的知识转化为能够解决问题的应用能力,以此提升数学思维的活跃度。弱化教师在数学课堂上的作用,革新数学教育理念,改进教学方式,在小学生需要时进行点拨与引领,促使学生逐步养成自觉的数学思想意识,激励学生进行自主探究,在与同学的交流合作中发现数学学习的乐趣,提高学生的学习效率,构建和谐数学生本课堂。

一、优化教学环节,突出学生数学学习主体地位

教师可以在课前、课中、课后根据小学生的学习情况进行教学设计,合理化教学环节,引导学生进行独立自主的积极学习,帮助学生进行主动思考,拓展学生的数学思路。教师在进行教学流程时,注意引导学生养成适合自己的高效思维方式,减少不必要的思维过程,优化学生的数学学习方式,将学习过程转化为有趣的探索

过程，让数学课堂变得生动有趣。教师在布置课前预习时，可以注意深化预习层次，引导小学生步步深入进行自主预习，尤其是将课程的重难点内容进行细化，引发学生进行主动思考，寻找理解思路，打开学生的探究思维。在课堂教学中，通过游戏、情境、问题等教学方式，激发学生学习与探索的积极性，提升学生的课堂参与度，树立学生数学学习的自信心，吸引学生注意力的同时激活学生的思维潜能。教师注意设计教学环节，让学生上台进行讲解、分享，尤其是让学生表达自己独特的解题思路，优化学生思考过程，建立良好的思维习惯。课后进行数学知识的复习与巩固，突出学生的学习自主性和个性化发展，教师根据学生的学习程度布置不同的作业，引导学生对知识进行有效吸收与消化，并根据掌握程度灵活运用所学数学知识。

例如，进行五年级"组合图形的面积"课堂教学时，教师可以利用单一图形引入教学内容，为学生们创造情境进行教学，用学生学过的图形，例如三角形、正方形、长方形等平面图形让学生说出它们的面积公式。之后用一系列组合的图形，让学生们进行观察，这都是什么图形的组合，也就是将组合图形转化为已经学过的图形，分割或者添补，相加或者相减，从而列出计算面积的公式。这样学生通过对比或者比较发现面积计算方法，激发学生对图形的想象力、创造力，在头脑中进行拆分或者组合，提升学生对图形的理解力。教师通过优化教学环节，细化教学步骤，引导小学生成为数学课堂的主角，在生本课堂上将组合图形的面积的教学目标分享给学生们，首先让学生们对组合图形进行自己的理解与感悟，之后列举多种形状的图形，激发小学生的探究兴趣，让学生进行自主解决，教师在学生无法解决或者偏离主题时进行有针对性的讲解与指导，优化解决组合图形面积的计算方法。学生们进行有效地自主探究，产生积极的数学学习情感，突出数学学习的主体地位，促进学生的个性化成长。

二、巧用合作探究，强化学生数学综合思维能力

教师根据学生的真实数学情况、性格特征与思维方式进行合理分组，引导学生在教师的提问与激发下进行主动探讨，锻炼学生交往能力的同时拓展学生的学习思路与思维方式，还可以促进学生之间的互动交流，让学生养成合作探究的意识。教师可以利用信息化手段，引领学生进行有效互动，注重细微处的点拨，将数学学科核心素养进行创新，促进教学引导与数学思维的有效融合，提升学生的形象思维、发散思维和逻辑思维能力。例如，在"求小数的近似数"的学习中，教师可以列

出一些数值,让学生进行四舍五入的练习,之后引导学生自主学习,建构数学模型,进行小组的交流探讨:1.496亿千米精确到十分位、百分位要保留几位小数,大约是多少?比较十分位与百分位的保留结果,近似数1.5与1.50相等吗?区别是什么?引导学生利用学过的知识经验进行合作探究,之后互相借鉴思考的方式与解答的思维方法,在利用生活实例进行深入探讨,引导学生充分理解近似数的含义,并且在学生自主交流互动的过程中,进行思维启发,提高学生综合思维能力。

三、开展实践教学,提升学生数学实际应用能力

小学数学教师可以借助生活化情境、数学实践活动、各种数学比赛等等对学生进行数学素养的培养引导,落实生活化教学的目标,提高学生数学应用的认知水平。在实践教学过程中,教师可以引导学生对生活中的数学进行感知与体验,激发学生对数学学习的主动探究热情,优化学生的数学认知与应用能力。将抽象的数学知识生活化,有力地帮助教师提升生本课堂的教学质量,引导小学生更好地记忆与理解数学内容,加快学生数学学科素养的提升。在生活实践体验中开展数学教学活动,不仅能拓展学生的数学知识视野,还能清晰地展示生活中的数学知识,形成正确的数学应用意识,增强小学生的实践操作能力,从而引导学生解决实际生活中的数学问题,提升学生对数学知识的掌握与实际应用能力。

总而言之,在核心素养与生本理念的基础上,将小学数学学习的自主权交给学生,引导学生在自主的教学氛围中钻研、深究,养成独立创新的思维意识,形成正确适合的学习方式,减轻学生的学习负担,对数学保持积极的学习兴趣,从而有效地提高学生的数学思维能力与实践应用能力。教师可以在学科素养理念的启发下,继续突出学生的学习主体地位,对生本课堂的教学理念深入研究与探讨,根据小学生的实际学习水平,发掘更多的构建方法,做到还原生本,减负提趣,为小学数学高效课堂巩固基础。

【参考文献】

[1] 叶鸥翔.基于核心素养的小学数学生本课堂的构建思考[J].科学咨询(科技·管理),2019(16):125.

[2] 陈清奇.核心素养背景下小学数学生本课堂的构建策略[J].科学咨询,2019(20):134-135.

[3] 钱娟. 推进生本课堂，发展核心素养——例谈基于数学素养的小学数学课堂建设 [J]. 数学教学通讯，2019(25).

基于教学核心素养的小学数学教学改革

绿园区民主小学　张丽影

【摘要】小学数学教师在教学中，不能拘泥于传统的教学方式和教学理念，应充分利用现代化设备，运用丰富的教学工具，结合新奇的教学方法，将课本上的数学习题结合实际，从而提高作业的质量，让学生的各方面素质有所提高，提高学生在数学方面的能力，达到教育目的。

【关键词】数学核心素养；小学数学；教学改革。

一、小学数学核心素养的基本概述

数学核心素养的培养，能够在一定程度上提高学生的整体素质。为此，教师在教授学生的过程中，不仅要重视对知识的传授，还需要重视对其核心素养的培养。目前，小学数学核心素养已经渗透到数学课堂教学中，将数学知识与核心素养相结合，对于学生的知识的学习能够起到有利的效用。完善核心素养，不仅能够提升学生的教学质量，还可以在一定的程度上，满足社会对于教育发展的新要求。使学生掌握数学学习的本质和思想，提升学生的学习能力、教师的教学能力，实现双赢的效果。学生的阅读能力和适应社会发展需求的能力充分体现了学生的情感观念、知识和技能水平。核心素养的培养，对于提高学生能力至关重要，应当予以重视。在当今社会，核心素养是教育发展中关键因素，对于促进学生能力提升具有重要的意义。首先，核心素养的培养可以指导学生的成长，培养学生的学习能力，根据他们所学的知识帮助他们获得更多实际经验，与学习活动相结合，提升学习能力。其次，在新时代不断变化的市场环境中，可以帮助学生优化整体应对能力和创新能力，教育创新也提高了学生的人际交往能力，帮助当今社会的学生提升自我管理能力。

二、小学数学核心素养培养现状

在素质教育理念的影响下,许多教师已经认识到核心素养培养的重要性,并开始在实践中加以实施。一些教师受传统应试教育观念的影响,更多的是关注学生的考试成绩。在教学理念方面,在小学数学教学工作中,核心素养培养工作不完善,一些教师仍依赖传统教学理念,最终导致教学效果很难实现预期的教学目标。

三、核心素养指导下的小学数学教学改革策略

(一)在教学过程中积极开展活动

1. 活动中学习知识

由于小学生心理水平和认知能力的限制,他们对于数学上的抽象知识不能够完全理解和消化,教师应该让学生自主学习,在此过程中独立思考,让学生各个方面的能力都能够有所提高,教师还应该根据实际情况,积极开展一系列活动,以此来提高学生的核心素养。比如,教师在教学生学习"位置与方向"相关问题的时候,可以让学生自己去探寻方向和目的地,让学生能够真切地体会到位置方向这方面的知识。场地可以分为场内和场外。在这两个地区,里面的学生遮住眼睛,场外的学生依靠对应的方向,提示场内的学生在体育馆内寻找东西,学生在不断依靠自己的方向位置寻找所需物品的时候,能够将自己完全代入那个场景,从而真实地体会到位置和方向,以这种活动形式,学生可以更好地理解掌握位置和方向这方面的知识。

2. 让知识与生活结合

数学存在于生活的每一个角落,不仅能够提高学生的思维能力,更是解决生活实际问题的一个必要技能,教师不能仅仅依靠书本上的枯燥的知识和习题来教育学生,觉得这样就足够了,其实学生也需要知道数学知识与现实生活中的联系和相关性,这样不但可以让他们提高对数学学习的积极性,还能够让他们有效地对知识进行消化和吸收。比如,在教授一年级"分类"这方面知识的时候,教师可以先设置悬念,问问学生分类是什么,然后点明教室有点乱,需要同学们一起齐心协力去分类整理一下,可以分成小组,让他们各有各的职责,知道哪种东西需要放在哪里,笔袋各个隔层所放的东西应该是什么,并且分清楚哪些是运动类,哪些是清洁类的东西,这样学生会在七嘴八舌中慢慢体会到分类带来的乐趣和分好类

后的满足感。在此过程中,学生既学到了分类的知识,又提高了自己对学习的兴趣,大大提高了学习的效率。

（二）以启发性的问题开展高效的数学教学

在数学课上,教师要充分重视思维和探究的特点,并应注意引入新课程,提出启发性的问题或指导学生探索数学,以便学生能够完善核心素质的培养。在这种情况下,小学数学教师需要通过循序渐进的方式激发学生的潜质,提升学生自主学习的能力。教师可以提出一些有趣的问题：两个父子一起吃饭,每个人都需要一个碗,商店只提供三个碗,有什么秘诀？在这一问题的指导下,学生将积极分析依存关系,引导人们对多样性和因素的理解,使学生以全新的思考模式完成题目,在学习中发现许多与因素相关的因素,这将有助于学习,学生将提高发现、理解和解决数学问题的能力,学生还可以培养自己的独立观察和指导能力。

（三）从细节入手,激发学生问题能力

在数学教学中,要想让学生的数学素养得到有效性的培养与发展,教师就要善于从细节入手,在深入解读教材的基础上提高学生的数学能力,让学生在细节的探究中找寻数学规律。例如,在教学"认识多边形"这一数学内容的时候,教师可以利用硬纸板让学生就三角形、平行四边形、梯形这一图形展开裁剪。通过图形的裁剪,让学生进行手工拼接,在图形的演变教学中,使得学生找寻图形之间的关联,在动手探索中让学生就三角形的面积公式（$S=ab \div 2$）,平行四边形的面积公式（$S=ah$）,梯形的面积公式（$S=(a+b) \times h \div 2$）进行推导。通过对图形细节的观察,分析实现学生逻辑推理、数据分析等核心素养的培养,让学生在图形的拼接中得到数学规律的掌握。这样既可以培养学生的数学思维能力,又可以在自主探索中提升学生解决问题的能力。基于此,教师一定要落实学生数学素养的优化,在数学细节的巧妙解析中实现教师教学效率的提升。

（四）在数学教学中善于应用数形结合思想

数学思维方法是数学教学的重要内容,它能帮助学生更好地理解一些抽象知识和数学问题,新课程改革也倡导教师在课堂教学中自觉渗透数学思维方法。这种对应关系的建立可以有效激发和培养学生的抽象思维,提升学生的独立思考能力,使学生在学习的过程中形成抽象思维,也可以从生活中常见的对象中获得关于数学的相关知识,从而使学生增强数学学习能力。

（五）创设教学情境,培养学生的抽象思维

对于教学而言,是教师、学生互动的一个过程,通过有效的互动使得学生得到数学学习动力的提升，那么，在开展小学数学教学时，为让学生得到数学抽象能力的培养，教师可以通过学习氛围的创设，激发学生的自主学习兴趣，在互动中实现相互促进、共同发展的教学局面。例如，在教学"比例"这一教学时，教师可以就校园美景图进行拍摄，然后对同一张照片进行一定比例的裁剪，让学生进行观察探究，在比例的外项和内项理解中让学生想一想生活中所看到过的比例有哪些，在数学抽象知识的建立中完善学生的逻辑思维能力，从而让学生以课堂小老师的身份展开知识讲解，让学生进行评价，在互动的过程中引导学生发现自身的优点和不足之处，通过倾听互动的学习过程实现学生数学抽象能力的培养，最终达到学生数学素养能力的提升。

（六）加强数学技巧和能力训练

对于小学生而言，小学数学是打基础的重要阶段，在这一阶段中基础概念的讲解和常用技巧、能力的训练十分重要，大多数老师在教学中也是从这两个方面教学的。训练小学生提高数学运算能力，不仅可以方便日后的数学问题解决，同时还可以帮助他们提高思维运转速度，切实提高他们的数学素养。

如加、减、乘、除是小学生要求掌握的最基本的运算法则。那么在开始"乘法的初步认识"教学时，教师可以为学生出这样的一道题目：老师办公桌上有2个竹篮，现在往每个篮子里都放3个苹果，问办公桌上一共有几个苹果？

教师可以要求学生按照题目画出来形状，然后列公式计算，之后再让学生来说一下他们的想法，这时小学生们会很认真地思考这个问题，这样就在无形之中培养了孩子们对数学的兴趣。最后，老师再给出正确的解题思路，在黑板上为学生讲解答案，这时学生会紧跟着老师的讲解去思考，最终会发现加法与乘法之间的联系，这样乘法运算就可以更好地理解了。

（七）提高作业的趣味性

1. 让作业成为学生的游戏

在当前的教育情况下，教师布置的作业太过于单调枯燥，并且这些题目不能够很好地应用在生活中。因此，教师需要注意在习题方面的趣味性和实践性，以便让学生进行综合练习。就像教师在让学生学习了"统计"后，应该给学生安排一项任务：去了解商店里东西的个数和单价，并根据数据，猜猜哪些东西卖得多，哪些东西卖得少。在这个问题上，学生需要自己去到现实中进行调查，所以每个同学手里的答案是不一样的，但教师看重的并不是答案，而是学生调查问题的能力和对数据的分析能力，并让学生在实际的活动中能够充分运用调查的数据来进行分析和处理，学生在收集作业信息的过程中，与同学和教师积极交流，从而大大提高了学生的数学能力和对于数学的热情。

2.让作业生动活泼起来

数学作业中,有一个很普遍的情况就是教师教学的方式太过于现实和死板,学生在做作业时,会觉得十分的枯燥和提不起兴趣,小学生的思维很简单,喜欢可爱的、活泼的东西,并且喜欢去想象,如果在作业里,教师可以把一些词语换一下,换成更加生动、更加容易让小学生接受的词语,效果会更好。比如"小明有三块糖,小明给了小红一块,问小明还剩几块糖?"如果将这道题修饰成:"小兔有三个胡萝卜,小猪想吃胡萝卜,就找小兔要了一根,问小兔还剩几根?"就会充分调动学生的想象力,并且学生脑子里会不由自主地进行加减运算,而不是简单地去完成任务,用手指或者草稿去运算。所以,将题目生动化,想方设法提高作业的生动性,能够提高学生解决问题的效率以及完成作业的质量。

要想有效提高学生数学核心素养,就需要教师专注于实践,并长久坚持。在小学数学教学过程中,教师必须以核心素养为基础。提高核心素养和优化创新数学课堂上的教学活动,不仅要重视数学知识的教学,也要培养学生的思维素养,提高学生的学习能力,使其能够得以全面发展。

【参考文献】

[1] 陈建.针对小学数学核心素养要素构成的分析[J].教育科学(全文版),2018(2):20-24.

[2] 李星云.基于数学核心素养的小学数学教师课程体系建构[J].教育理论与实践,2017(3):33-35.

列教研组建设之方程,求教师专业发展之新解

长春市第八十七中学小学部　司长立

21世纪是一个讲究"英雄退位,团队上位"的年代,无论是阿里还是腾讯,他们之所以能够在世界的舞台叱咤风云,并不是靠马云马化腾一个人的努力能够做到的,在他们背后有一支精英团队在保驾护航。同样,一所学校的发展,单凭校长的一己之力也将寸步难行,学科团队则撑起了学校前进的风帆。那么,如何建设一支业务精湛、善于合作、敢于创新的学科团队,现结合我校数学组实际经验,谈一下自己的粗浅看法。

一、孕育和谐团队——追求人本文化价值

抓好教学团队建设,有利于促进教师的专业发展,有利于教师素质的全面提升。我们将坚定地走"学习——互助——共赢"的教研之路,建构我们教研组的文化。目前数学组刚刚大学毕业的新教师有5人,为了让数学组的新教师能够快速地成长,消除他们走上讲台的那种茫然和恐惧,我们将他们均衡分入各个学年,在组内老师的帮助下,让他们迅速站稳讲台;青年教师在有一定的资历的老师的帮带下快速成长为骨干教师;同时积极为中年教师提供发展平台,让中年教师能够依托组织,更好地展现风格与发展自我,发挥好辐射与带头作用。我们数学团队借助大学区"数学共同体"的平台,扎实、有效地开展新课程下的校本教研活动。通过"师徒结对""自我反思""同伴协助""专业扶持"等形式,促进课改理念在课堂教学中的运用,促进课堂教学有效性的提升,促进全体教师的专业发展。努力使数学教研组在和谐勤奋、团结进取的基础上焕发出新的生机与活力。

二、加强理论学习——提高教师专业素养

新一轮的基础教育课程改革,是以转变教学理念为先导,以课堂教学改革为核心,以教师素质提高为突破口,以转变教学方式为手段,以一切为了学生发展为目标的全面改革。如何让我校数学科组教师提高整体素质,适应课改形势,是摆在我们面前亟待解决的问题。为此,我们结合实际,遵循教师培训的规律和特点,采取"统一性"与"灵活性"相结合,集中培训与个人自学相结合,理论提高与实践锻炼相结合,多途径、多形式地组织教师学习现代教育教学理论,学习和掌握有效的教学策略。

(一)集中学习

为了能促进教师的专业成长,每个学期都对数学教师进行集中培训。现如今我们共同完成的培训有《"三导式"教学模式的建构》《数学单元开发的方法与策略》《数学建模的方法与途径》《学习热爱力的培养》《学业评价方式的多元化》等。

(二)自主学习

开展数学教师的"读书漂流"活动,每学期向数学老师推荐一批书目,教师自行研读,并撰写读书笔记和心得,学期末开展读书交流活动。学校还为教师订购了《新教育》《新课程标准》《数学课堂教学精选案例》等书籍,提升教师的

专业素质，把握课程改革的内涵，提高教师积极参与课改实验的自觉性及实效性。

（三）外出学习

自我学习，往往向纵深方向发展比较缓慢，于是我们还采用"走出去"的学习方式，每学期我们均组织教师到外校听课，参加各种学习与培训，学习先进的经验。曾先后组织学科组教师去华东师大，北京师范大学，浙江大学等地进修。对外出学习或参加教研活动的教师，学科组都要组织他们进行二次传导，做到"走出一个人，受益一群人"。

三、开展真实教研——促进教师专业成长

教研组是教师专业成长的基地，也是教师的专业发展的平台。课堂教学是教师必备的技能，为了能够有更大的创新和突破，每学期教研组都认真组织课堂教学的展示和交流，并以学校"润"文化为背景，开展了"润涵杯"系列活动。

（一）"润涵杯"骨干教师示范课

骨干教师是一所学校的中流砥柱，他们的思想，他们的理念决定这所学校发展的宽度和广度。通过骨干教师的示范课，既展示了骨干教师的风采，也对其他教师有一个引领的作用。

（二）"润涵杯"青年教师课堂教学大赛

青年教师为整个学科组带来了新的生机和活力，但略显青涩和稚嫩，还需打磨。我们以此次系列活动为平台，开展"青年教师说课大赛""青年教师基本功大赛""课堂教学大赛""学具制作大赛"。以赛带练，以赛助成长。

（三）立课题，促成长

任何一个优秀的团队要想稳定前行，除了团队意识，还要有科研精神。数学组定期会立一个研修课题，根据课题的操作难度，认真撰写实验方案，积累材料，总结经验。目前我们正在进行《数学课程的单元开发》这一课题，针对原有单元知识进行开发和整合，重视知识的连贯性和整体性。

（四）关注教师专业发展

认真分析每一位教师的发展优势和问题，提出切合每一个人的发展方向，制定发展的策略，定期评估，调整方向。让不同的人实现不同的发展，让每一个人的点滴进步带动整个教研组的持续发展。针对教师自我发展的愿望内需，确定1~2名青年教师重点培养，以课堂为阵地、以研究为抓手，彰显个性，逐渐形成个人特色的教学风格，着力塑造在校内重点建设学科中有影响力的特色

教师。

四、提升数学素养——回归数学本质

新课程标准指出：数学是培养公民素质的课程，以培养学生良好的数学教育为目标。所以，我们一直在为孩子埋下一颗学习"热爱力"的种子而努力着。

（一）完善"数学资源库"建设

充分利用现代化的教学手段，特别是注重网络资源的开发。让学生在自主学习活动过程中能借助计算机网络的形象生动、资源丰富、快速便捷、及时反馈等特点，拓宽知识面，提高学习的质量和效率。使以多媒体电脑和互联网络为标志的新媒体直接支持学生的学习。

（二）搞好数学活动

年级为单位，通过调查，在征集学生想法的基础上确定数学学科活动的内容、形式。如50米口算接力、数学小报制作比赛、数学谜语竞猜、最受欢迎的"跳蚤市场"等丰富多彩的数学活动，发掘数学丰富内涵，引领学生享受数学思维的乐趣、数学方法的精巧、数学思考的美妙，彰显数学的魅力。

（三）开发数学校本课程

《趣玩数学》是目前正在开发的校本课程之一，通过智趣游戏，培养孩子的思维和兴趣。《数学实践活动》是校本课程之二，根据各年级的课程内容，每学期进行设计1—2节数学实践课。如《测量操场》《涂鸦墙的粉刷》《轮胎作物成长日记》等，体会数学在实践中的应用，体会数学源于生活并服务于生活的实际。

五、规范教研组制度——加强教学常规管理

（一）做好数学组常规教学工作管理

我们坚持遵守学校的教学制度，做到真抓实抓，不松不懈。每学期、每学年根据市局教研室与学校教导处的部署，认真开展科组活动。科组建立健全一系列制度，坚持做到定期开会，定期听课，集体备课，集体活动；科组工作计划，科组会议记录，科组工作总结等各项常规工作都认真对待，使得整个科组的工作有

条不紊地开展。

（二）抓住常规教学的各环节（备课、上课、作业、辅导、检查评价等），确立规范

切实提高课堂教我们在认真落实好学校的各项奖励制度的同时，坚持做到"六认真""五结合"的活动，不断强化科组竞争上进的意识。"六认真"包括认真备课、认真上课、认真辅导、认真批改作业、认真开展教改科研活动。强调五个"相结合"——学习理论和教学实践相结合，常规学习和重点学习相结合，个人钻研和集体讨论相结合，学习和总结相结合，理论学习和课题研究相结合。做到教师教学观念与时俱进，认识到在教学中，学比教更为重要；教师在教学过程中，不断地去改革自己的课堂教学，把学生作为主体，使学生主动、积极地参与学习。教学过程中重视情感态度价值观的正确导向，促进学生整体素质的提高。

（三）落实常规检查

数学组每月进行一次常规教学检查（一般安排在月末27号），对教案、听课记录、备课小组记录、作业及测试进行认真检查并做好记录，发现问题及时反馈、及时解决。目前，务实进取、积极向上已成为我组特色之一。

"让学生学会思考，比教会学生技巧更重要"这是我们的宗旨；"天行健，君子以自强不息；地势坤，君子以厚德载物"是我们的本色；"一个人走得快，一群人走得远"是我们的灵魂！

浅谈小学数学教学中思政教育的渗透与融合

长春市绿园区同心小学　邵化梅

习近平总书记在召开学校思想政治理论课教师座谈会中强调，青少年阶段是人生的"拔节孕穗期"，最需要精心引导和栽培，小学阶段不仅是学生长身体、长知识的重要时期，更是学生思想政治品德启蒙奠基的关键时期，要引导学生形成爱党、爱国、爱社会主义，爱人民爱集体的情感，具有做社会主义建设者和接班人的美好愿望。

随着社会的进步，课程思政被提到了前所未有的高度，思想品德、语文学科可以直接通过故事或优美文章对学生进行思政教育，那充满理性的数学学科在教学中如何更好地融入思政教育，是课程改革的热点，也是当前有效实施核心素养的重要课题。

教师的一举一动，对学生就都是一种无形的教育。作为一名数学教师，如何

在数学教学中向学生渗透思想政治教育，培养学生的优秀品质，真正做到教书育人。

一、挖掘数学教材中的科学家故事，培养学生的民族责任感和自豪感

我在教学中经常以数学家的故事激励学生，陶冶学生的情操。数学家、科学家在成长和研究过程中的一个个生动的故事，往往能让学生对数学产生浓厚的兴趣。例如有一次，当学生学习有困难时，我给他们讲了数学家陈景润为了证明一个数学定理，演算的草稿纸装了几麻袋。在讲到圆周率时，我便介绍了祖冲之为世界数学文化做出的伟大贡献。数学教材中有这样一段内容："我国古代数学家刘徽利用出入相补的原理来计算平面图形的面积。出入相补的原理就是把一个图形经过分割、移补，而面积不变，来计算出它的面积。"这短短的一句话，通过老师的讲解、启发，可使学生体会到我国古代劳动人民的智慧，使学生明确学习科学知识的重要性。这些数学家的故事，往往激起学生的民族自豪感、自尊心和自信心，从而转化为学生刻苦学习的责任感和自觉性。而且数学家的研究过程还能让学生懂得：数学是一门精细缜密的学科，它的每一步操作就像在进行一次精密而富有意义的科学实验，哪怕有细小的疏漏都会导效实验的失败。所以，学数学时，应遵循科学的原则，做到不厌其烦、细致谨慎、精益求精。这样也培养了学生良好的学习态度和学习习惯。

二、用数学的神奇和美去打动学生，陶冶学生热爱祖国大好河山的情操

神奇和美的东西是孩子们最感兴趣的，而生活中的数学文化同样是神奇和美的化身。让孩子去感受生活中数学的神奇和美，更有利于激发他们学习和探究的欲望。例如，在"密铺"这节课中，我出示了小蜜蜂用正六边形密铺的蜂巢的图片，让学生感受到密铺的美。再引导学生发现生活中的密铺。孩子们都被这些自然和生活中的美感动了，他们纷纷表示：小蜜蜂都会用数学知识来解决她们的蜂房问题，我们就更应该学好数学，发现大自然的美。再如教完了"图形的变换"知识后，我让学生做数学游戏"设计镶嵌图案"，让学生从美的角度去设计美丽的镶嵌图形，然后再让学生到日常生活中去寻找美丽的镶嵌图形，让学生从这样浅显的数学知识和纷繁复杂的社会中阐述出这样深刻的做人道理，才是我们数学教学追求的终极目标。我觉得，只有让学生在美的情境中愉悦地学习数学、鉴赏数学的美、

感悟人生真谛,才能陶冶出学生高尚的情操。

三、深入研究数学教材中的德育素材,促进数学知识教育与德育教育的有机结合

在数学教材中,大部分思想教育内容并不占明显的地位,这就需要教师在实际教学中认真钻研教材,充分发掘教材中潜在的德育因素,努力促进数学知识教育与德育教育的有机结合,寓德育教育于教育教学活动的始终,达到既教书又育人的目的。例如:在学习平移时,让学生感受到平移后图案的美丽,对学生进行审美教育。通过这些使学生了解我国古代科学技术的发展水平,激发学生的爱国情怀和感悟人生真谛,从而转化为为祖国的建设事业而刻苦学习的主动性和自觉性。

四、在教学过程中教师要根据教学内容,结合数学史料对学生渗透爱国主义思想教育

原国教副主任柳斌指出:"爱国主义要作为一条红线贯穿于一系列的教育中。"数学作为小学阶段的一门基础学科,在向学生传授数学知识、发展数学能力的同时,还应担负起思想品德教育的任务。我国是四大文明古国之一,我们的祖先在长期生产实践中积累了丰富的数学知识,在理论上的每一次进步都体现了劳动人民的聪明才智,闪烁着许多数学家的智慧和光芒。教师在进行课堂教学活动时,要充分挖掘出教材中蕴含的数学史料对学生进行爱国主义的教育。例如,每本小学数学教材里都有"你知道吗?"这一栏。所写的都是我国或其他国家科学上的成就。通过向学生介绍古今数学家所取得的光辉成就以及用他们为国争光的爱国热情来激发学生的民族自豪感,从而让学生从小树立起为国家富强、为民族振兴而发奋读书、顽强拼搏、积极奉献的责任感。

五、在数学教学中渗透优秀传统文化思想,树立学生正确的人生观、世界观、价值观

在数学教学中,数学教师可以向学生补充传统文化知识。比如,介绍我国古代著名的数学专著——《九章算术》《周髀算经》等。当前,中国正在进行一场中华民族的伟大复兴,学生必须与时俱进,努力学习科学文化知识,将来为建设祖国贡献力量。这样的教育,可以使学生树立远大理想,憧憬美好未来,同时更

加明确学习的目的，热情自觉地投入到数学的知识中去。有了这样的热情和干劲，学生就会努力克服困难，努力提高学习成绩。

小学阶段的学生年纪较小，好动心较强，注意力集中时间较短，比较喜欢具有趣味性的事物，但在现有的小学教学中，部分教师虽然已经注意到思政的重要性，也尝试在自己的教学过程中渗透和融合，但由于缺乏有关经验，思政效果不明显。很多教师只是简单地采用说教式的教学，告诉学生应该怎么做，不应该怎么做，不断地强调道德素质的重要性。因此，要想更好地进行思政教育，我们就可以通过数学故事来教育学生，既可以集中学生的注意力，也可以很好地进行思政教育的渗透。

总之，在小学数学教学中加强学生思政教育，是长期任务，它不仅是提高数学教学质量的需要，而且是素质教育的需要。数学教学中德育功能渗透的根本目的在于使教学能真正为新世纪培养合格的人才服务，所以在教学中，教师要结合学生的思想实际和知识的接受能力，点点滴滴，有机渗透，耳濡目染，潜移默化，以达到德育、智育的双重教育目的。

基于学科核心素养的课堂教学实践研究
——小学道德与法治

《课堂教学实践研究》编委会　主编

图书在版编目（CIP）数据

基于学科核心素养的课堂教学实践研究.小学/《课堂教学实践研究》编委会主编.－－北京：世界图书出版公司,2021.11
ISBN 978-7-5192-9066-5

Ⅰ.①基… Ⅱ.①课… Ⅲ.①课堂教学—教学研究—小学 Ⅳ.① G622.421

中国版本图书馆 CIP 数据核字 (2021) 第 222858 号

书　　　名	基于学科核心素养的课堂教学实践研究.小学
（汉语拼音）	JI YU XUEKE HEXIN SUYANG DE KETANG JIAOXUE SHIJIAN YANJIU . XIAOXUE
主　　　编	《课堂教学实践研究》编委会
总 策 划	吴　迪
责 任 编 辑	冯晓红
装 帧 设 计	包　莹
出 版 发 行	世界图书出版公司长春有限公司
地　　　址	吉林省长春市春城大街789号
邮　　　编	130062
电　　　话	0431-86805559（发行）　0431-86805562（编辑）
网　　　址	http://www.wpcdb.com.cn
邮　　　箱	DBSJ@163.com
经　　　销	各地新华书店
印　　　刷	长春新华印刷集团有限公司
开　　　本	787 mm×1092 mm　1/16
印　　　张	61
字　　　数	1230千字
印　　　数	1—2 000
版　　　次	2021年11月第1版　2021年11月第1次印刷
国 际 书 号	ISBN 978-7-5192-9066-5
定　　　价	298.00元（全五册）

版权所有　翻印必究

（如有印装错误，请与出版社联系）

丛书编委会

主　　任：王忠源
主　　编：李树军　吴　畏
副 主 编：王艳玲　高忠威　辛仁杏　李　欣
　　　　　刘　岩
编　　委：肖宇轩　李　博　史才春　褚春蕾
　　　　　周玉卓　张　键　辛　枫　李艳辉
　　　　　王煜煜　王　琳　王微微　苏丽红
　　　　　郑文春　周樱蓉

本书编委会

主　　编：周樱蓉
副 主 编：褚春蕾　张菊新
编　　委：林秀影　闫伟华　焦玉静　张　杰
　　　　　杨丽霞　刘大壮　雷凤伟　王嘉媛
　　　　　孙　菲

前言

《道德与法治》课程是根据社会与时代发展的需要和儿童身心发展的特点而设置，旨在以正确的价值导向引导儿童更好地适应学校生活家庭生活、社会生活，形成良好的品德和行为习惯，在探究与创造富有乐趣的童年生活中，为学会生活、学会做人打下基础。

以课程标准为准则，秉承立德树人的理念，乘着课改的春风，绿园区道德与法治学科的教师们积极投身教学研究，立足本校实际，深入探究课程内涵，积极开展教研活动，并将多年的教研成果进行总结提升，汇集了《基于学科核心素养的课堂教学实践研究》系列丛书。

苏霍姆林斯基说："如果你让老师的劳动能够给老师带来乐趣，使天天上课不至于变成一种单调乏味的义务，那你就应当引导每一位教师走上从事研究这条幸福的道路上来。"正是因为绿园区教师区进修学校的引领，使更多的教师走进教学研究，并快速而幸福地成长。这本书仅收集了《道德与法治》学科教师二十几篇的教学案例和教研文章，仍有大量的优秀成果等待整理，这极大地展现了绿园区《道德与法治》学科教师在实践中的勤奋耕耘。一个个精彩的教学案例折射了老师们精彩的课堂瞬间，一篇篇教学文章彰显了老师们多年教学理论和经验。绿园区全体道法教师是务实的，以科研理论为先导，立足本校，关注学生，着眼长远，力争在教研科研中获得最有说服力和最适合学生成长的实践经验素材，以便更好地指导未来的教育教学工作。

精选的教学案例从八个部分详尽分析了课程的理念、落脚点，以及课堂上如何有的放矢地对学生进行引导和培养，以此为蓝本，探寻高效的课堂教学模式，力求我们在课堂教学中将课程目标、培养方式、知识落实融会贯通于课堂的每一个有效的设计中，实现学生在生活中发展、在发展中生活的课程追求。

教研文章的选择紧紧结合学科特点，体现区域实情，是扎扎实实在区域教学中形成的可供大家参考和借鉴的文章。以理论知识为基础，课标要求为准则，课堂实践为依据，形成校本化的教研文章，更有实效解决实际教学中的问题。希望起到引领和辐射作用，以此改变我们的教学行为，为我们以后的教育教学指引方向，以更高远的目标和更开阔的视野在教研的道路上不断追寻。

教育科研正悄悄地改变着我们教师的行为方式，改变着学生的生活状态。教育科研已真正成为一线教师实现专业成长的理想舞台，成为学生享受成长快乐的理想乐园，成为绿园区提升教育品质的理想平台。在学习与思考中质疑和创新，在实践教学中探寻有生命的教育，付诸行动，积累成果，实现成长。

苔花如米小，亦学牡丹开。这是一种精神，更是一种令人肃然起敬的生存状态。相信绿园区的思政老师们会站在新时代的起点，以"而今迈步从头越"的豪迈，在更广的领域、更深的层面开展教育教学研究和实践，厚植学生的家国情怀，培养有责任有担当的强国一代，肩负起时代赋予我们新时期教师的神圣使命，踏实工作，深入钻研，与时俱进，努力打造绿园区《道德与法治》学科区域品牌，为新时代培养能够担当民族复兴的时代新人！

褚春蕾
2020.8

目录

专题一　课程标准解读 ………………………………………… 1

小学道德与法治学科课标解读 ………………………………… 1

专题二　学科教学建议 …………………………………………… 12

绿园区小学《道德与法治》教学指导意见 ………………………… 12

专题三　教学案例 ………………………………………………… 18

《吃饭有讲究》教学设计 ……………………………… 赵金影　18
《不一样的冬天》教学设计 …………………………… 周樱蓉　22
《冬天真好玩》教学设计 ……………………………… 焦玉静　26
《玩出新花样》教学设计 ……………………………… 杨丽霞　28
《父母的爱是默默的》教学设计 ……………………… 张　杰　32
《为他班喝彩》教学设计 ……………………………… 张　杰　36
《健康看电视》教学设计 ……………………………… 杨丽霞　39
《地球"发烧"了》教学设计 …………………………… 孙　菲　45
《烟酒有危害》教学设计 ……………………………… 闫伟华　50
《古老而优美的汉字》教学设计 ……………………… 王嘉媛　54
《三大战役》教学设计 ………………………………… 张菊新　57
《法律是什么》教学设计 ……………………………… 刘大壮　60
《公民身份从何而来》教学设计 ……………………… 雷凤伟　64
《我们是场外"代表"》教学设计 ……………………… 林秀影　68

专题四　教学研讨 ·· 74

- 如何在小学道德与法治课培养学生的法治意识 ········ 闫伟华　74
- 核心素养下小学道德与法治课程的情境教学分析 ········ 焦玉静　78
- 小学《道德与法治》课堂教学对学生生活体验的应用探析 ······ 潘　茹　82
- 浅谈道德与法治学科中多媒体教学手段的应用 ········ 刘大壮　85
- 浅谈在思政课中如何对小学生渗透生命教育 ·········· 赵金影　87
- 如何提高道德与法治课堂效率 ······················ 王桂芬　89
- 村小德育回归生活实践教育研究 ···················· 陆威威　92
- 让学生在道法课堂中感受快乐 ······················ 徐　进　94
- 浅谈小学道德与法治课堂有效性教学策略 ············ 杨丽霞　96
- 让兴趣做学生最好的老师 ·························· 姜崇丽　98
- 提高道德意识　体验法治课堂 ······················ 朱孝梅　101
- 道德与法治学科教学随笔 ·························· 刘大壮　104
- 润物于无声　育人于无痕——由一堂道德与法治课引发的思考 ····· 李世秋　105
- 我的教师心路——道德与法治学科教学有感 ·········· 齐英男　108
- 任课教师是道德学习者与法律传播者 ················ 雷凤伟　110
- 问心道德　问心教学——小学道德与法治教学心得 ···· 冯秀梅　112
- 善"始"善"终" ·································· 刘艳丽　114
- 提升小学《道德与法治》教学效果新路径 ············ 周樱蓉　117

专题一　课程标准解读

专题一　课程标准解读

小学道德与法治学科课标解读

小学道德与法治课程标准继续沿用了义务教育《品德与生活课程标准》(2011年版)，其根本宗旨在于满足少年儿童思想道德成长的需要，促进小学生基本文明素质的养成。教育是以促进人的发展、激发人的潜能为根本目的的实践活动，而教材是实现这一目的的重要载体和工具。课标指出，儿童期是儿童道德发展的启蒙期，是儿童良好行为习惯、个性品质的形成期。因此，课标提出着力遵循教育规律，坚持以服务儿童道德发展为宗旨，注重教材的启蒙性、教材内容的基础性、教材风格的童趣性，培育儿童的爱心与责任心，培养儿童良好的行为习惯，发展儿童独立思考、勇于探究的个性品质，并把社会主义核心价值观转化为学生的情感认同与行为，落实党对国民教育提出的社会主义核心价值观从娃娃抓起的要求。

小学低年级阶段是儿童从幼儿生活向小学生活过渡并逐步适应学校生活的重要时期，也是儿童品德和行为习惯、生活态度、认知能力发展的重要时期。道德与法治课程根据社会与时代发展的需要和儿童身心发展的特点而设置，旨在以正确的价值观引导儿童更好地适应学校生活，形成良好的品德和行为习惯，在充满探究与创造乐趣的童年生活中，为学会生活、学会做人打下基础。

从2011年版本课程标准来看，道德与法治学科具有生活性，本课程视儿童的生活为宝贵的课程资源，是儿童生活的组成部分，是儿童在教师指导下真实体验生活、主动参与生活、创造生活的过程。课标列举了教材的四个特征：生活性特征，即遵循儿童生活的逻辑，以儿童生活中的需要和问题为出发点，以儿童的现实生活为课程内容的主要源泉，以用正确的价值观引导儿童在生活中发展、在发展中生活为课程的基本追求；活动性特征，以活动为教和学的基本形式；综合性特征，课程设计体现儿童与自然、儿童与社会、儿童与自我的内在整合，儿童的品德教育和生活教育有机结合；开放性特征。道德与法治教育应当引导儿童在体验自身生活和参与社会生活的过程中，学会热爱生活，创新生活；在服务自我、他人和集体的行动中，学会关心、学会做人；在与自然以及周围环境的互动中，主动探究，发展创新意识和实践能力。引导儿童热爱生活，学会关心，积极探究是课程的核心理念。童年是一个蕴藏着巨大发展潜力的生命阶段，珍视儿童的童年生活的价值，尊重儿童的权利。

为了更好落实课程标准，教师要做好以下几点。

（1）明确课程标准关于课程性质、特征和基本理念的部分，集中体现了本课程的指导思想和核心价值，是课程的灵魂所在。在教学中深刻地理解课程的本质，是实施课程的根本，也是保证课程质量的最重要、最基本的条件。

（2）全面把握课程目标。课程的目标是本课程的宗旨和价值导向。目标的四个方面是一个有机结合的统一体。在教学过程中应全面把握目标，始终把培养品德良好、乐于探究、热爱生活的儿童作为教学的出发点和归宿。改变追求表面的学业成果，忽视儿童的精神成长，忽视深层的态度、观念、思维方式、情绪情感发展的倾向；改变偏重道德说教、偏重形式，忽视儿童的真实体验与良好行为习惯形成的倾向；改变偏重知识灌输或技能训练，忽视儿童的好奇心与实践能力特别是创造能力发展的倾向，确保课程目标的全面实现。

（3）正确认识教师的角色和作用。在本课程中，教师是儿童学习的支持者、合作者、指导者。在教学中，教师不是单纯的知识传授者，不是"教"教科书的人，而是努力为儿童创设适宜的活动环境与条件的支持者；与儿童共同进行活动的合作者；在参与儿童活动的过程中，引导活动向正确方向发展，带领儿童向着课程目标前进的指导者。

在本课程中，教师的主导作用主要通过寓教育于活动之中来实现。儿童在教师的支持引导下，通过亲历活动去达到教育目标。

（4）把了解儿童作为教学的基础。鉴于本课程的性质和特点，教学必须以深入地了解儿童为基础。教学的每一个环节都要在了解儿童的实际生活和发展状况、掌握不同儿童的特点和各不相同的需要、了解其所处家庭和社区的状况等基础上进行。

（5）以活动为教与学的基本形式。通过引导儿童主动参与各类活动来进行教学，是本课程教学的一大特点。在本课程中，儿童获取知识的主要途径是通过活动主动地进行建构，而不是依赖教师直接传授。教学应引导儿童通过观察、调查、讨论、参观、访问、制作、种植、饲养、交流等多种方式进行学习，与环境互动、与同伴合作，来获得对自然与社会的亲身体验和感受，获得丰富的知识或经验，获得创造性和实践能力的发展。

课标要求教师不仅要向学生传授好的道德实例和现实需求的法治知识，也应和学生一起解读、分析，更要带学生走出教室，走进社会，观察、思考、感悟、实践。面对新教材，我们要多思考，多研究，做一名研究型、反思型的教师，用自己的实际行动教书育人，做一位有眼光、有底蕴、有情怀的教育者，用德浸润和温暖儿童心灵，用法呵护儿童健康快乐成长。

二年级是儿童品德和行为习惯、生活态度、认知能力发展的重要时期。道德与法治课程根据社会与时代发展的需要和儿童更好地适应学校生活，形成良好的品德和行为习惯，在充满探究与创造乐趣的童年生活中，为学会生活、学会做人打下基础。

一、课标的教育理念

第一个理念是尊重童年生活的独立价值。儿童是具有完整生命表现的人，童年是人生中具有独立价值的时期，每一个儿童都具有独立的人格和独特的存在价值。因此，童年生活不仅仅是为成年生活做准备的阶段。为了落实尊重儿童的理念，教材力求呈现一个儿童的生活世界，构建一种儿童文化，让教材富有童心和童趣。

第二个理念是回归儿童生活，实施有效德育！德育生活向生活的回归主要体现在两个层面，一是出发点上的回归，二是归宿点上的回归！也就是说要使学生在教材教学中所学得的一切能回归到他们的生活之中，用以解决生活中的问题，改变他们的生活和生活方式，提升对生活的认识、态度、价值观等。课标明确指出课程要以儿童生活为基础以三条主线和四个方面构成了课程的基本框架。三条主线为儿童与自我儿童与社会儿童与自然；四个方面为健康、安全地生活，愉快、积极地生活，负责任、有爱心地生活；动手动脑、有创意地生活。课标提出把了解儿童作为基础，掌握儿童的特点和各自不同的需求为最终目标。

第三个理念是将教材的功能定位为激活儿童的自我发展的因子，由于受传统知识理论的影响，人们往往将教材当确定的、权威的知识，因此，教材就成了学生学习记忆的对象，课程标准对于教师对教材的把控有了更高的要求。

第四个理念是重视法治精神和法治意识培养的法治教育。课程标准要求法治作为一种公民的素养要落实到平时的教学中，法律精神和法律意识的培养是第一位的，法律知识的学习是第二位的。这些内容在低年级的教学中要逐渐渗透。

二、如何更好地落实课标要求

1. 坚持以人为本的教育理念，关注儿童成长的困惑与问题。
2. 从本校学生的实际出发结合社会生活中儿童能够理解的重大事件或有意义的公益活动、科学技术的新成果、儿童感兴趣的当地的自然现象、与儿童关系密切的热点问题等开展教学活动，保持课程内容的丰富与鲜活。
3. 正确理解和应用教科书。

本课程的教科书是教师引导儿童开展活动的重要资源。在使用教材时，要避免照本宣科或生搬硬套，创造性地选择适合的内容，生成适宜的活动，提高教学的实效性。

4. 开放地组织活动。

本课程的活动应注意与家庭和社区合作，发掘和利用各层面的资源，打破封闭的、主题课堂的中心模式，通过走出去、请进来、建立校外活动基地等方式，为儿童开阔视野，向自然学习，向社会学习，向各行各业的劳动者学习。

深入了解课程标准，使教师对课标有了更深刻的了解，认识到教师要走进新课程，实现课标目标，其自身必须有先进的、与新课程相适应的教育理念。作为教师要理解新课程的目标，准确把握课程功能、课程内容、课程结构、课程实施、课程评价，把握新课程的精髓。道德与法治课的设计以心理、道德、法律和国情教育等内容为横坐标，以成长中的我、自我与他人、自我与社会为纵坐标，作为内容整合的逻辑。新的课程标准是以情感、态度、价值观目标为首，兼顾能力目标、知识目标。更加关注学生学习的过程和方法，在新课程目标下，教师自身应具备宽厚的基础知识和现代信息素质，形成多层次、多元化的知识结构；有开阔的视野，善于分析综合信息，有创新的教学模式，创新的教学方法。

总而言之，教师一定要通过学习后以最新的教育理念构建课程目标，以此实现在基础教育中实践社会主义核心价值观的目的。

三年级上册课标内容包括明确学习的意义，了解学习的途径，树立正确的学习观。体验学习的快乐，克服学习中遇到的困难，学习战胜困难的方法。树立学习的自信心，学习要多思、多问，能合理安排和利用时间养成良好的学习习惯。了解学校的空间环境和组织机构，增进对学校的归属感。了解老师工作的辛苦，体会老师对学生的爱。体会学校对自身成长的重要性，认识到自己是学校的一员，提高积极参与学校的公共生活的意识。体会生命来之不易，珍爱生命。学会基本的自护自救方法，人际交往存在的安全问题。体会父母对孩子的爱，孩子对父母的爱，加强关于家庭的社会性学习。

还要关注法治教育以融合式方式体现在三年级教材中。

法治教育是小学道德与法治课程中重要的教学内容，全套教材法治教育方式主要体现为三种类型：一是前法律教育。在中低段设计了许多关于规则和规范的教育、基本文明素养的培养、基础性的道德教育的内容。这些可称之为"前法律教育"，但这些教育有法律教育意义，能够为后续进行的严格意义上的法律教育内容奠定基础。二是融合式法律教育。教材中很多法治教育点是融合到各个年段相关的主题教育之中的，采用分散嵌入的方式对学生进行法治教育。三是直接的法律教育。三年级上册体现融合式法治教育的共两课，第6课我们的学校更美好和第8课安全记心上，涉及《义务教育法》和《道路交通安全法》。

三年级下册课标内容包括了解自己的特点，发扬自己的优势，有自信心，理解做人要诚实守信，学习做有诚信的人，懂得感恩和基本的权益常识，学会欣赏，宽容和尊重他人。懂得邻里生活中要讲道德、守规则，与邻里要和睦相处。正确辨认区域地图上的简单图例、方向和比例尺，了解本地区的自然环境和经济特点及其与人们的生活关系，体验公共设施给人们生活带来的便利，自觉遵守公共秩序，注意公共安全，体会社会对老年人和残疾人等弱势人群的关怀。了解本地区交通情况，知道有关的交通知识，自觉遵守交通法规。了解我国的交通发展状况，感受交通在人们生活中的重要作用，关注交通存在的问题。知道现在通信的种类和方式，体会现代传媒，尤其是网络与人民的生活的关系。

三年级的教学内容都是通过精心设计各种活动，让学生去理解、去体检，而且能够尽量联系学生的实际生活，这一点是教材编写上的一个很大的突破。课程改革以来，三年级的教材设计取得了很大的进展，这也体现在教材注重学生自主学习合作，探究核心素养，最核心的还是要培养学生进行自主性的合作，探究学习。具体怎样培养学生进行自主性探究性的学习呢？具体措施如下：

（1）引导学生在体验中学、在探究中学。把教材中静态的学习内容转化为动态的学生活动，通过活动提升学生的生活经验，促进正确观念和行为的形成。

（2）注意联系我校学生实际，灵活使用教材，实现班本化教学。

①以教学目标为先导，重组教材，设计有效的学习活动，使教师由课程执行者转化为课程开发者。

②注重开发学生身边的、熟悉的课程资源来丰富教学内容。提高教学的针对性和实效性。

③尽量从儿童熟悉的生活、能感知的生活出发设计教学，引入新课学习。

（3）注重引导学生道德的自主建构。

①教师要关注学生，尽量给学生创造展示的机会。比如引导学生将自己的故事和感受讲出来；留给学生充足的说、写、画、演等时间和空间；让学生自己进行评价和学习总结。

②教师转变角色，从一个独白者变成导演，甚至对话者，参与到学生的活动中，分享自己的经验、体验，及时地对学生言行进行有效评价，使学生得到提升。

（4）注意法治教育内容的准确性与适切性的统一。

在对学生进行法治教育时，应该遵循"法理"和"教理"的统一，既要体现法治精神、理念、原则，力求法律知识的准确性，又要充分考虑并体现学生年龄特点，尽量采用情景和案例教学，学生可以理解的语言，避免过于生硬和僵化。

第一个理念是品德培养回归生活，这是课程标准对四年级的基本要求。这一理念体现在三个方面：

其一，德育目的是引导学生过一种有道德的生活。学生的生活是多样的，道德教育就是要使学生在多样的可能生活中选择一种更有价值、更具意义的生活，并通过这样的生活来涵养他们的德行。我们可以把德育教材和教师比作"蜡烛"，以此来点亮学生的生活世界，让他们看到一些平时看不到或者熟视无睹的，但却更有价值、更有意义的可能生活，并引导他们尝试过这种生活。

其二，以生活为逻辑进行整合。在德育理论中，存在着"大德育"和"小德育"的争论，但是回到学生的现实生活，我们就会发现各种教育往往是融合在一起的。比如，在购物这一生活事件中，既会涉及数学教育和法律教育，还会涉及礼仪教育、心理教育和道德教育等。因此，本教材就以生活逻辑来整合多种教育内容。比如，在四年级下册第二单元第4课《买东西的学问》一课中，整合了安全教育、礼仪教育、道德教育、法律教育等方面的内容。

其三，教材预设了关注生活、反思生活、超越生活三个教学环节。以往的德育教材预设的教学过程包括学习知识（通过故事解决"德育目标"是什么，以及为什么要遵守它）、巩固知识（通过练习，从正面和反面进一步巩固"德育目标"）、考核知识（通过考试考查学生是否掌握了"德育目标"）三个部分。在这种教学模式中，这些"德育目标"究竟是如何影响儿童生活的，并不是教学的重点。但是，在品德培养回归生活的理念下，教学过程就转变为关注生活、反思生活和超越生活三个环节。比如，在四年级上册第7课眼睛"抗议书"中，教材首先让学生认识到了过度看电视对眼睛有伤害，然后引导学生想一想过度看电视还会对我们的身体带来哪些伤害，最后教师揭示过度看电视还会对学生的心理健康有危害。教师给予学生方法的指导，帮助他们弄清如何健康地看电视，由此引导他们超越生活。

第二个理念是将教材的功能定位为激活学生的自我发展的"活性因子"。由于受传统知识论课程观的影响，人们往往将教材当作确定的、权威的知识，因此，教材就成了学生学习和记忆的对象。然而，本教材基于经验论课程观和建构主义教育理论，将教材的功能定位为激活学生自我发展的"活性因子"。如何实现这一功能呢？

其一，教材仅仅是学生学习活动所凭借的话题或范例，而不是学习和记忆的对象。因此，在教学中，要重视教材中的主持人问题、留白和省略号的设计，以此来引导学生关注生活中遇到的真实问题。

其二，努力让教材成为与学生对话的文本。要想更好地发挥教材的激活作用，就必须调适教材自身与学习者的关系，建构一种对话式的关系模型。因此，本教材将自己定位为学生的"对话者"和"同龄人"，这样教材就可以和学生顺利进行对话了。

第三个理念是重视法治精神和法治意识培养的法治教育。本教材中的法治教育是一种公民素养教育，而非法律专业教育。因此，法律精神与法律意识的培养就是第一位的，法律知识的学习则是第二位的。《青少年法治教育大纲》中也明确指出，义务教育阶段要"侧重法治意识、尊法守法行为习惯的养成教育"。基于这种定位，本教材关注学生生活和学生发展的特点，低年段的法治教育更多体现为规则教育，为今后的法治教育打好基础；中年段的法治教育则是在生活情境中渗透法律条文，并通过这些情境培养学生的法治精神和法治意识，相应地，教学也要从学生的生活情境和需求出发，从而更好地培养学生的法治精神和法治意识。比如四年上册第三单元第9课《正确认识广告》中涉及《中华人民共和国广告法》，上册第四单元第10课《我们所了解的环境污染》中，涉及了《中华人民共和国环境保护法》。四年级下册第二单元第4课《买东西的学问》中，涉及了《中华人民共和国消费者权益保护法》，四年级下册第四单元第11课《多姿多彩的民间艺术》中涉及《中华人民共和国非物质文化遗产法》。

总之，课标制定的根本目的是促进学生道德智慧的培养和提升，为教师的教学提供有价值的参考，道德智慧的核心是让学生具有良好的道德思维能力。一个有道德智慧的人对道德事件有非常强的分辨力，能处理好各种人生事务。当今的小学生从小就生活在大数据时代和多元价值观并存的时代，学生如果只掌握道德规范的"美德袋"，而对复杂的社会和大千世界没有辨别能力，就会把坏的看成好的，把好的看成坏的，分不清善恶美丑，甚至上当受骗。

道德与法治学科课程标准的制定和落实是一个循序渐进的过程，2001年国家制定《基础教育课程改革纲要（试行）》，2010年《国家中长期教育改革和发展规划纲要（2010—2020年）》提出德育为先，能力为重。2011年义务教育修订课程标准。2012年党的十八大提出立德树人的标准。党的十八届三中全会又进一步提出社会主义核心价值体系，发扬中华优秀文化。2014年3月《完善中华优秀传统文化教育指导纲要》，4月《全面深化课程改革落实立德树人根本任务的意见》，10月党的十八届四中全会把法治教育纳入国民教育体系。到2016年教育部、司法部、全国普法办制定的《青少年法治教育大纲》。这些文件精神为道德法治学科课程标准的制定具有积极深远的意义。

（1）从2011年版本修订课标来看，道德与法治学科具有思想性、人文性、实践性、综合性等特点。在课堂教学中要把道德、心理、法律、国情四大领域有机地综合在一起，做到情感态度、实践能力和知识认知三维目标的融合，活动性学习方式与其他学习方式的有机结合。

（2）从培育和践行社会主义核心价值观意见来看，我们的价值目标是富强、民主、文明、和谐。价值准则是自由、平等、公正、法制。价值行为是爱国、敬业、诚信、友善。

（3）从完善优秀传统文化教育指导纲要来看，课堂上开展以天下兴亡、匹夫有责为重点的家国情怀教育（爱国）。开展以仁爱共济、立己达人为重点的社会关爱教育（处世）。开展以正心笃志、崇德弘毅为重点的人格修养教育（修身）。

（4）从《教育部关于全面深化课程改革落实立德树人根本任务的意见》来看，坚持以立德树人为核心，加强对社会主义核心价值观、依法治国、中国优秀传统文化与创新能力等四个方面的考查。这些将贯穿于课堂教学之中。

（5）从青少年法治教育大纲来看，五六年级着重普及宪法常识，养成守法意识和行为习惯。学校设置专门课程，教学方式、多学科协同、主题教育、校园法治文化建设等方面协调发展。社会实践教育、国家机关和社会力量参与、开发利用网络资源。重视家庭美德和家庭文化的建设，建议制定家长法治教育手册等。

道德与法治是体现国家意志的意识形态的课程，强调立德树人，德法兼修，德法有机融合。从儿童生活、道德教育、法治教育出发，进行设计开发。五年级教材从六大领域出发，分别是我的健康成长，我们的学校生活，我们的社区生活，我们的国家，我们共同的世界等。帮助孩子从教室的小课堂融入社会生活的大课堂。

我的健康成长对应课程标准内容包括懂得做人要自尊、自爱，有荣誉感和知耻心。愿意反思自己的生活和行为，能够面对学习和生活中遇到的困难和问题，尝试自己解决问题，体验克服困难、取得成功的乐趣。懂得感恩和基本的礼仪常识；学会欣赏、宽容和尊重他人。了解迷恋网络和电子游戏等不良嗜好的危害，抵制不健康的生活方式。知道吸毒是违法行为，远离毒品，珍爱生命，过积极、健康的生活。

我们的学校生活对应的课程标准内容为体会同学之间真诚相待、互相帮助的友爱之情；学会和同学平等相处。知道同学之间要相互尊重，友好交往。知道自己是集体中的一员，关心集体，参加集体活动，维护集体荣誉，对自己承担的任务负责。知道班级和学校中的有关规则，并感受集体生活中规则的作用，初步形成规则意识，遵守活动规则和学校纪律。通过学校和班级等集体生活，体会民主、平等在学校生活中的现实意义。以班级生活为载体，培养集体意识、规则意识、民主意识、平等意识等等。

本课在落实课标时需要注意的问题：

（1）能力层面：以沟通技能为核心。

（2）情感态度价值观层面：学会欣赏、宽容和尊重他人。

（3）案例选择需要注意的事项。

（4）沟通方面的负面案例，分清楚问题的原因。

（5）树立平等观念，集体观念，协商观念。

（6）结合班级具体情况引导如何处理班级工作中出现的问题。

我们的国家应对课程标准内容为知道我国的地理位置、领土面积、海陆疆域、行政区划。知道台湾是我国不可分割的一部分，祖国的领土神圣不可侵犯。知道我国是一个统一的多民族国家，各民族共同创造了中华民族的历史和文化。了解不同民族的生活习惯和风土人情，理解和尊重不同民族的文化，了解我国不同地区自然环境的差异，知道并理解这些差异对人们的生产和生活方式的影响。知道我国是一个地域辽阔、有着许多名山大川和名胜古迹的国家，体验热爱国土的情感。知道我国是有几千年历史的文明古国，掌握应有的历史常识，了解中华民族对世界文明的重大贡献。珍爱我国的文化遗产。

在落实课标时需要注意的问题：

（1）分清相同主题内容，与初中地理的差异。

（2）如何在教学中突出综合课程的特点。

（3）如何在教学中突出德育课程的特点。

（4）不要上成语文课中的"说文解字"。

（5）不要上成美术课中的"书法赏析"。

（6）不要上成书法课中的"书法练习"。

（7）本课凸显德育教育，初中地理隐性德育，注重汉字背后的传统观念和思维方式。

（8）注意与初中历史课程传统科技成就的区别。

（9）注意综合课程中历史教学内容的特点。

（10）注意德育课程中历史教学内容的特点。

总之，在道德与法治学科的教学中我们要始终牢记"以德育人，以法护人"的中心思想，不断在学科教学、课标解读、教材分析等环节上努力前行，积极进取。

小学六年级上册要求建立对宪法的法律地位和权威的初步认知。了解人民代表大会制度，初步认知主要国家机构，国家主权与领土，认知国防的意义，增强民族团结意识。初步了解公民的基本权利和义务，简要认知重要民事权利，了解法律对未成年人的特定保护；初步理解权利行使规则，树立依法维权意识，树立有权利就有义务的观念，建立对校园欺凌行为的认知和防范意识。了解制定规则要遵循一定的程序，进一步树立规则意识，遵守公共生活规则。初步了解合同以及合同的履行，理解诚实守信和友善的价值与意义。

此外，本教材还关注道德与法治教育的融合及其限度的问题。对于浅层次的融合，本教材通过生活事件融合道德与法律教育，对于深层次的融合，本教材还关注法律教育背后道德精神的渗透，本册教材用了一个单元专门讲解法律对于儿童的特殊保护，让儿童认识到法律对自身的特殊保护有哪些，同时引导儿童掌握如何运用法律途径来维护自身的合法权益，这就体现了在法律教育背后渗透道德精神的原则。当然，在关注二者融合的同时，我们也要看到两种教育融合的限度。对于不能融合的主题不作机械的融合，能够融合的主题，也要区分道德教育与法律教育的层次，将道德教育定位为软性的要求和高尚的选择，而将法律教育定位为刚性的要求和底线的保障。

总体目标：以社会主义核心价值观为引领，普及法治知识，让学生养成守法意识，自觉尊法、守法；引导学生树立法治信仰，形成对社会主义法治道路的价值认同、制度认同，成为社会主义法治的忠实崇尚者、自觉遵守者、坚定捍卫者。使学生初步了解重要法治理念与原则，初步树立法治意识，养成规则意识和尊法守法的行为习惯，初步具备依法维护自身权益、参与社会生活的意识，为培育法治观念、树立法治信仰奠定基础。

六年级下册课标内容包括懂得做人要自尊，自爱，有荣誉感和知耻心，愿意反思自己的生活和行为。懂得感恩和基本的礼仪常识；学会欣赏、宽容和尊重他人。了解我国曾经发生过的地震、洪水等重大自然灾害，知道大自然有不可抗拒的一面。感受人们在灾害中团结互助的可贵精神，学习在自然灾害中自护与互助，知道中国人民解放军是保卫祖国、维护和平的重要力量，热爱中国人民解放军。比较不同国家、地区、民族的生活习俗、传统节日、服饰、建筑、饮食等状况，从不同的角度，尝试探究差异产生的原因，尊重文化的多样性。初步了解一些人类的文化遗产，激发对世界历史文化的兴趣。初步了解科学技术与人们生产、生活及社会发展的关系，认识科技要为人类造福，崇尚科学，反对迷信。初步了解全球环境恶化、人口急剧增长、资源匮乏等状况，以及各个国家和地区采取的相关对策,体会"人类只有一个地球"的含义。知道我国所加入的一些国际组织和国际公约,了解这些国际组织的作用。知道我国在国际事务中的影响日益增强。感受和平的美好,了解战争给人类带来的影响,热爱和平。

想要真正理解课程标准,这是一线教师特别关心的问题。

首先,从本班学生的生活实际出发设计教学。要想提高《道德与法治》教学的实效性,就必须满足学生实际的道德需求,解决他们遇到的道德困惑。然而,即使教材精心选择典型案例,也无法完全适应每个地区、每所学校、每个班级学生的不同需要。因此,建议教师从本班学生的生活实际出发设计教学。如何做到呢?

第一,理解教材的设计意图,并加以有效利用。教师要特别注意教材中的留白、省略号和主持人问题设计,引导本班学生关注、反思和改变自己的生活经验。

第二,合理设定教学目标,提高其精准度。比如,对于"课外阅读中的快乐"这一目标,不同的学校就有不同的侧重。对于大城市的优质学校而言,由于大部分学生都有较为丰富的阅读经历,就可以将"课外阅读中的快乐"定为目标;但是对于一些农村学校而言,这一目标可能就不太合适。因为农村学生的家中可能只有很少的课外书,甚至没有。不过,对于他们而言,一个容易被忽视的重要学习途径——玩耍则可以成为目标。

其次,注意引导学生进行自主的道德学习。由于学生的自主发展是非常重要的"核心素养",学会学习又是学生自主发展的重要支柱,因此,对于统编小学《道德与法治》课程而言,要注意引导学生进行自主的道德学习。以往我们过多地关注了教师的"教",而忽视了学生的"学"。事实上,道德教育更多不是"教"的问题,而是"学"的问题。如何做到呢?

第一,教学要从价值灌输转向价值探究。教师要善于利用教材中那些以学生为中心的活动,让他们在自主探究的基础上,自然地获得某种价值观,而不是先给学生预设一种价值,然后再让他们对其进行验证。

第二,教师要为学生创设学习情境,提供学习资源,并给予方法指导。让学生进行自主的道德学习,绝不意味着将他们放任自流,而是需要教师有计划、有目的地对其进行培养。

第三,注重课堂教学与德育活动的融合。我们不能僵硬地把道德教育范围局限于教室中的课时。它不是某时某刻的事情,而是每时每刻的事情。因此,教师要注重课堂教学与德育活动的融合。一方面,利用教材的开放性设计,将课堂教学转化为学校的日常德育活动,深化或拓展教学重点;另一方面,利用课程标准和教材的框架整合学校的日常德育活动,以此实现课堂教学与日常德育活动的良性互动。

专题二　学科教学建议

绿园区小学《道德与法治》教学指导意见

为了便于广大教师理解和把握《道德与法治》课程，切实提高我区《道德与法治》教学质量，特制定《绿园区小学道德与法治教学指导意见》，分为三个部分：学科核心素养对学科提出的要求、培育《道德与法治》学科核心素养的基本路径、提升《道德与法治》教学质量的建议。

一、学科核心素养对学科提出的要求

我国学生发展核心素养（征求意见稿）提出：社会责任、国家认同、国际理解；人文底蕴、科学精神、审美情趣；身心健康、学会学习、实践创新等九大核心素养。《道德与法治》课程体系要求我们要充分关注学生个体成长所需的必备素质和核心能力，聚焦本学科核心素养，注重学生发展核心素养的培养，真正构建《道德与法治》课堂教学的和谐生态。

（一）体现了德育学科独有的价值标准

我国的教育方针是培养"全面发展的社会主义接班人"，《道德与法治》学

科核心素养主要内容有四个方面：道德素养、公民素养、人格素养、人文素养，是"全面发展的人"的重要组成部分。"全面发展的人"离不开"四大素养"的实现，"道德素养、公民素养、人格素养、人文素养"体现了德育学科核心素养的特殊性，尽量缩小了与其他学科核心素养外延的重叠，体现了德育学科独有的价值标准、伦理规范、思维与行为方式的要求。

（二）体现了素养要素的科学性和全面性

道德素养包含的重点要素有：向善求真的情操、以礼待人的德行、道德判断与分析能力、反省与修身的习惯；公民素养包含的重点要素有：公民意识（国家意识、法治意识、公德意识、公益意识、责任意识、生态意识等），公民能力（沟通交流能力、参与能力、协调能力、批判思维能力等）；人格素养包含的重点要素有：阳光心态、乐于合群、与人和谐交往、正确的自我意识和独立意识；人文素养包含的重点要素有：文化底蕴、逻辑推理能力、思辨能力、搜集和处理信息能力、调查研究能力、实践探索与问题解决能力。

（三）体现了德育学科培养的关键能力

"道德素养、公民素养、人格素养、人文素养"是本课程的核心素养，每一种素养包含众多构成要素，要实现学科核心素养，学生必备的学科关键能力有四个部分：学习力、调适力、思辨力和行动力。

《道德与法治》课程"学习力、调适力、思辨力、行动力"是培育"道德素养、公民素养、人格素养、人文素养"的关键能力，是实现核心素养培养目标的路径。调适力是作为"人"的基本生存能力和发展能力，其目的是实现个人的健康成长和社会性的发展；思辨力帮助学生面对繁多复杂的社会信息和多元的价值理念进行判断和选择，在此过程中，学生逐步形成自己独有的信念，包含世界观、人生观、价值观。学生在自己独有的学习力的支持下，丰富文化积淀，指导自己开展社会实践，锻炼才干，培养能力。行动力的培育过程又进一步修正、调整学习力、调适力、思辨力。《道德与法治》学科"学习力、调适力、思辨力、行动力"关键能力的培养过程中，公民所必需的"心理健康、思想品德、法治意识、国家认同"素养也同步慢慢培育起来。

二、培育《道德与法治》学科核心素养的基本路径

《道德与法治》是一门综合课程，不仅为获得学科的若干知识、技能和能力，同时要指向人的精神、思想情感、思维方式、生活方式和价值观的生成与提升。学科教学要有文化意义、思维意义、价值意义及人的意义，在教学定位上，要聚焦于核心素养；在教学方法上，倡导让学引思；在法治教育教学中，帮助学生建

立规则意识；在立德树人总体目标指引下，传承优秀传统文化，让优秀文化涵育学生根基。

（一）明确以培育核心素养为目标的教学定位

核心素养时代的《道德与法治》课堂教学，应当以学生核心素养的培育为目标定位和导向。教学中要将教材内容、青少年法治教育大纲内容和学科核心素养三者有机融合，准确定位教学目标。教学过程中，要立足于每册单元主题，对课程标准、青少年法治教育大纲的相关要求和学科核心素养内容进行梳理。把向善求真、以礼待人、开朗乐观、和谐交往、人文底蕴以及公民意识、公民能力等素养融入单元教学和每一课的教学过程之中。

（二）倡导让学引思，重构深度学习方式

1. 学为中心，激励学生乐学。

《道德与法治》课程中涉及到的基础知识，如各类规则（交通、游戏、学校生活）、法律条文、历史地理知识等，教师事先了解学生的知识储备，放手让学生自主学习：自定学习目标、自选学习方法和策略、自我检测学习效果；自学、互助学、小组学、教别人学，在主动学、深度学中自主构建道德知识体系，让学习真正发生，每个孩子都做学习的主人。

2. 以引激思，鼓励学生善学。

教师引导学生发现生活中的道德与法治问题，并研究分析、尝试解决，在分析研究过程中，通过教师智慧地点拨、引导、启发、唤醒，激发学生国家意识、法治意识、责任担当意识、生态保护意识的觉悟和觉醒；在尝试解决问题的过程中，通过模拟法庭、选举大会、角色扮演等活动培养学生沟通交流能力、参与能力、协调能力等。

3. 以思求进，引导学生崇学。

教师创设问题情境，学生自我对照反思，反思优劣，提出改进目标措施，培养自省和修身的习惯；学生自主设计规划活动方案，在活动中实践体验，思辨探索，激发自我意识和独立意识；在团体交往中涵育以礼待人的德行、乐于合群、和谐交往的人格。

（三）传承优秀传统文化，学习做人道理

中共中央办公厅、国务院办公厅印发的《关于实施中华优秀传统文化传承发展工程的意见》指出：围绕立德树人根本任务，遵循学生认知规律和教育教学规律，按照一体化、分学段、有序推进的原则，把中华优秀传统文化全方位融入思想道德教育、文化知识教育、艺术体育教育、社会实践教育各环节，贯穿于教学各领域。传承传统文化的优秀基因，让其在课堂中落地生根，成为《道德与法治》课程重要教学内容之一。

1. 在阅读经典中培树价值体系。

《道德与法治》课程精选经典语录及人物故事。教学过程中，指导学生反复诵读，了解语句大意和故事主要内容，由人物故事了解中国历史精神，培养道德心和行为标准；借由经典历史故事知晓中国历史，学习为人处世智慧；由名言语录树立基本信仰，构建价值体系。尊崇"以纲为经，以人物教训为纬"的原则，在儿童最纯真善良的阶段打下人生底色。

2. 在学习礼仪中培植人格教养。

《道德与法治》课程中安排的家庭礼仪、学校礼仪、社会礼仪、祭祀礼仪等内容，教师指导学生不仅知晓怎样做，还要通过礼仪的学习培养学生的人伦观念、宇宙人生观念、懂得群体生活秩序，懂得自己民族的法度，生活才能相应于有传统文化教养的中国人。

3. 在实践活动中培修知行合一。

中华传统学问是生命的学问，知行合一，学问才有价值。教师在教学过程中，要重视学生的生活实践，使学生在课程以外和校园以外积累生活的相关经验，教师通过课内与课外、校内与校外的有效连接，通过参观、调查、访问、实践考察、欣赏、演讲等多种形式的实践活动让学生把课内学到的规则、礼仪等知识内化于心、外化于行。

（四）融入法治教育，建立规则意识

1. 以社会主义核心价值观为主线，以正面教育为主渠道。

法治教育与道德教育相结合，在课堂教学中，弘扬社会主义核心价值观，传导正确的价值导向，通过开展多种形式的活动，帮助学生理解法治的道德底线，牢固树立规则意识、诚信观念、契约精神，尊崇公序良俗，实现法治的育人功能。

2. 以宪法教育为核心，以权利义务教育为本位。

以宪法教育和公民基本权利义务教育为重点，依托教材层次递进、结构合理、螺旋上升的法治教育体系，帮助学生走近宪法、亲近宪法、了解宪法，将宪法教育贯穿始终，培养和增强学生国家观念和公民意识；通过故事、新闻链接等多种渠道了解自己的权利和义务，知晓二者之间的关系，明确自己的责任和权利，帮助学生牢固树立有权利就有义务、有权利就有责任的观念。

3. 以贴近儿童实际为基准，以提高教育效果为目的。

遵循儿童身心发展规律，贴近儿童生活实际，充分发挥课堂教学的主渠道作用，深入挖掘学科蕴含的法治教育内涵，采取实践式、体验式、参与式等教学方式，与法治事件、现实案例、常见法律问题紧密结合，注重内容的鲜活，注重学生的参与、互动、思辨，创新形式，切实提高法治教育的质量和实效。

4. 法治教育要注意准确性与适切性的统一。

在对学生进行法治教育时，应该遵循"法理"（法律精神）和"教理"（教育规律）的统一。也就是说既要体现法治精神、理念、原则，力求法律知识的准确性，又要充分考虑并体现学生的年龄特点，采用学生可以理解的语言，避免过于生硬和僵化，将"法言法语"转化为学生可接受的"童言童语"。要注意结合相关教育内容自然引出法律条文，让学生达到知法、尊法、用法。

三、提升《道德与法治》教学质量的建议

（一）加强教师培训，提升专业素养

1. 拓宽研修渠道，建立教师专业发展内在机制。

教师专业发展中心把道德与法治教师培训纳入教师培训总体规划，并提供支持和条件保障，建立、健全专业的、稳定的教师培训机制，提高教师继续教育工作的质量和水平，推动教师继续教育工作稳步和谐、有序发展，促进教师提升自我专业素养。

2. 加强专业引领，开启教师专业化发展的对话平台。

教师专业发展主体在教师自身。绿园区教师进修学校小学部利用省市名师、区内各级骨干教师的优质资源定期开展学习、论坛、讲座、读书沙龙、观课评课等活动，为教师搭建对话平台，让教师在接受、感悟、实践过程中丰富、修正个人的实践理论和专业技能，获得成长。

3. 重视校本研修，打造教师专业发展最近发展区。

针对我区实际，各学校应该充分注重道德与法治教师的校本培训工作，以省市区各级骨干为重点，大力引导专兼职教师学习新教材、领会新精神，运用科学有效的方法促进《道德与法治》课程的实施。教材反映的场景和事件更多只能体现教育的共性，不可能兼顾到所有学生的实际，必须要注重开发学生身边的、熟悉的课程资源来丰富教学内容，对教材的学习活动进行再设计，让教师在新教材的教学中获得成长，让学生在新课堂上受益终身。

（二）学习新课程标准，加强课堂教学研究

1. 让学引思，师生结盟"学习共同体"。

牢固树立相信学生、尊重学生的主体思想，学生良好道德品质的形成不能靠灌输和说教，教师要注意引导学生道德的自主建构，以达到实现学生内心的高度认同。培养学生在目标引领下"先学""自学""互学"，增强学生发现问题、分析问题、解决问题的能力，教师由"主演"变成"导演"，启发诱导，引桥标路，把时间和空间让给学生，充分保证学生的主体地位和主体作用。

2. 情理交融，注重对生命人文的关怀。

教师营造情感交融的良好氛围，把更多的"情"和"理"注入平日的课堂教学中，让学生带着信心和勇气主动投入到自主学习中，教师与学生平等对话，展开心灵沟通，在心灵的碰撞和思维的互动中，实现知识与情感的交流，学生获得心灵成长的力量。

3. 加强互动，重视教学中的倾听与反馈。

《道德与法治》的教学，不是流水式的"走过堂"，是师生心灵的一种流露和表达，慢慢欣赏、细细品味的一份情怀。教师密切关注学生的情绪、态度和价值观的变化，倾听沟通，反馈指导，在引领与关爱中走向健康成长的快车道。教材为学生学习探究留了许多空间，要注意用好教材中的省略号、问号和空白，拓展教材内容，引导学生探究。教材中的省略号是儿童思维的空间、教材中的问号是引导儿童的思维方向、教材中的留白是让儿童表达。要善于引导和启发学生思考；引导学生讲自己的故事和感受；给学生提供展示（说、写、画、演）的时间和空间，让学生自己评价和总结。

（三）开展道德实践，提升教育效果

1. 实践导航，充分注重生活化德育的施行。

无论是道德层面还是法治层面，停留于课本、课堂的教育不能形成真正富有生命活力的课程。在教学研究过程中，要大力推进校内外德育与法治实践基地的建设。让学生学有所依，在生动活泼的实践世界里提升自己、发展自己。

2. 主题创意，高度关注德育的实效性和新颖性。

教师根据教学内容精心设计主题活动，如：搜集资料式、情感体验式、主题探究式、互动交流式、社会实践式等，把课堂拓展到家庭、社区、法院、剧院等，实行跨学科多资源融合，理论连接生活，学生在丰富、立体、多元的实践活动中履行规范、锻炼才干、提升技能。

3. 总结促进，及时解决学生身上存在的道德问题。

道德与法治离不开丰富多彩的德育实践作为支撑，实践的效果既可以用来检验教育的效果，同时又能够大力推进后一阶段课程的开展。教师要联系各单元、各课题、各课时的教育重点，有效进行学习效果的点评，以鼓励引导为主，带动同学们共同收获和提高。

专题三 教学案例

《吃饭有讲究》教学设计

长春市绿园区雷锋小学 赵金影

一、教材分析

《吃饭有讲究》是人教版道德与法治一年级上册第三单元《家中的安全与健康》中的第2课,这一单元编排了《玩得真开心》《吃饭有讲究》《别伤着自己》《早睡早起》四课内容,本单元的教学意图在于提升学生家庭生活的品质,这一课主要关注的是学生在家中的饮食生活。吃得安全,吃得健康,吃得文明,吃得有礼貌、有教养,这对于学生良好饮食生活习惯的养成有着重要的意义。

二、学情分析

对于小学生来说,习惯的养成对于他们的成长非常重要。洗手是一件非常微小的生活习惯,教给了他们正确的洗手方法后,他们会更好地养成习惯。准确地说,教会孩子如何生活与教他如何学习同样重要。通过学习后,他们又会知道,原来要想把手洗得干干净净,也是有讲究的。文明的习惯是在日常生活中形成的,餐桌就是其中的重要途径。吃饭礼仪习惯决定着儿童适应社会规范、融入文明社会的顺利与否,因此需要引导孩子从小追求有文化品质的好生活。

三、教学目标

1. 知识目标：认识到饭前洗手的重要性，掌握正确的洗手方法。
2. 能力目标：通过活动，感受到做家务是自己的责任，要尊老爱幼，吃饭时有礼貌。
3. 情感态度与价值观：乐于做力所能及的事情，懂得餐桌上的基本礼仪，培养学生建立良好的用餐习惯。

四、教学重难点

教学重点：通过正确的洗手方法，养成良好的个人卫生习惯。
教学难点：在餐桌上讲究文明礼仪，从小追求高品质的生活。

五、教法学法

根据本课的教学目标及学生年龄特征，本课我主要采用情境教学法和直观演示法、合作探究法、讨论法等，使学生在玩中学，在学中玩，在轻松愉悦的课堂氛围中，主动探究，完成学习任务。

六、教学准备

课件、脸盆、毛巾、洗手液

七、教学过程

导入：同学们，一日三餐，我们每天都要吃饭，但是你们知道吗，吃饭可是有讲究的，今天我们就一起来学习第10课吃饭有讲究。（板书）

（一）小手不洗细菌多

1. 同学们，今天老师要带你们认识一位新朋友，她的名字叫鹿小二，我们和她见个面吧！

鹿小二给大家带来了一个小故事，我们一起来听一听，看看从故事中你知道了什么？（播放鹿小二不洗手的小儿歌）

2. 你们知道我们的手有多脏吗？

美国一项研究发现，每个人的双手平均携带1000万个细菌，比电梯扶手、公园的长椅脏，甚至比厨房的抹布还要脏很多倍，所以说吃饭之前一定要洗手。

3. 那么除了饭前要洗手，还有什么时候也需要洗手呢？

（在公共场所回来时要洗手，与宠物玩耍后、做完扫除工作后、吃东西前、接触钱币后……）

【设计意图】小学生并不清楚手有多脏，也不清楚洗手的必要性，此环节为如何正确洗手埋下伏笔，激发了学生学习洗手方法的欲望。

（二）我会把手洗干净

1. 但是你们会洗手吗？既然大家都会洗手，那就和你的同桌说一说演一演你是怎样洗手的吧！（1分钟）

谁能站起来说一说你是怎样洗手的？学生2-3名边说边演。

提问：请问像他们这样洗能把手洗干净吗？点评。

师：如果不能做到坚持正确洗手，就会让细菌通过手进入嘴里，最后生病。

今天，老师要教你们"六步洗手法"，只要你按照这6个步骤来洗手，你的小手就能洗得干干净净的。请看大屏幕！大家可以边看边练习（播放教师洗手的微课视频）。

播放视频：六步洗手法

第一步：掌心相对，手指并拢相互搓擦（搓手心）

第二步：手心对手背沿指缝相互搓擦，交替进行（搓手背）

第三步：掌心相对，双手交叉沿指缝相互搓擦（搓指缝）

第四步：弯曲手指各关节，在另一手掌心旋转搓擦，交替进行（搓关节）

第五步：搓洗手腕，交替进行（搓手腕）

第六步：一手握住另一手大拇指旋转搓擦，交替进行（搓拇指）

2. 同学们你们学会了吗？请大家把书打到40页（出示洗手六步法图示），伸出你的小手和老师一起慢慢来练习一下吧！（第一步搓手心第二步搓手背，第三步搓指缝，第四步搓关节，第五步搓手腕，第六步搓拇指。）

3. 同学们练习得可真认真了！现在把书合上，和你的同桌一起练习练习吧。

谁愿意到台上来表演呢？（上台表演洗手）

4. 同学们，你们学会了洗手的方法了吗？我们一起唱一首洗手歌，放松一下好不好？（播放洗手歌）

5. 吃饭时除了要洗手还要注意哪些卫生习惯呢？（板书：卫生）

（洗刷碗筷，把桌椅擦干净，不吃变质的食物、尽量不要吃剩饭剩菜、饭后要漱口、不能用手抓饭菜，不能抠鼻子……）

【设计意图】之所以如此细致地教授学生洗手的方法,是因为对洗手这一实践能力关注的人并不多,学会洗手是卫生习惯中最基础、最重要的习惯。通过这两个活动达成教育学生吃饭讲究卫生,学习正确洗手方法的教学目标。

(三) 我在餐桌上

1. 同学们鹿小二已经洗完了手,准备吃饭了,现在让我们一起去看一看吧!同学们要带着问题去观看:从鹿小二吃饭这件事,你学到了哪些餐桌上的礼仪?(播放鹿小二吃饭的视频)

师:哪位同学能说一说刚才的动画片告诉我们哪些餐桌上的礼仪呢?

(吃饭不可以出声,不可以狼吞虎咽,打喷嚏转过头去,不能剩饭……)

2. 除了这些餐桌礼仪,你们还有需要补充的吗?和你的同桌一起商量一下吧!(长辈应该先上桌,吃自己门前菜,在公共场所吃饭要用公用筷子勺子给人夹菜,不能在餐盘里挑挑拣拣,端饭时,手不可以放到碗里;吃饭时,要用筷子或勺子吃;吃完饭,要马上擦嘴……)

3. 同学们说得可真好,这些基本的餐桌礼仪我们都应该掌握,比如……出示幻灯片并讲解。当你们在餐桌上表现得很文明,得到别人的表扬时,你的心里是怎么想的?

4. 面对餐桌上的一些习惯,我们要学会辨别,对一些不良的习惯要予以抵制。接下来老师要考考你们了,看看这些小同学做的对不对,并说说为什么?(把筷子插进碗里,是大不敬的做法,因为只有在给死者上香时才会这样做,没有规矩,不成方圆,这是我们老祖宗留下来的规矩,同学们千万不能丢)(中华民族历来就是一个礼仪之邦,尊老爱幼是我们中华民族的传统美德,陪老人说说话、吃饭就是这一美德的体现,我们应该把这一美德继承下去并发扬光大。)

【设计意图】这个活动的设计达成了教育学生在餐桌上要讲礼仪的教学目标,吃得文明,吃的有教养。

(四) 我在学校吃午餐

鹿小二听说大家每天中午都在学校吃午餐,她要来学校检查大家吃午餐的情况,让我们一起看一看吧!(播放微课:学生在校吃午餐时的视频资料)

大家快说一说我们要注意些什么呢?(饭前洗手、排队取饭、不说话、吃完了把饭盒送回饭箱里面并摆放好)

设计意图:用餐的礼仪必须经过实践才能学会,也只有经过实践才能形成习惯。我结合学生在学校吃午餐,并以鹿小二要来检查大家的用餐情况,突破教学难点。

总结:同学们这节课你学会了哪些知识呢?谁能和大家分享一下?

今天我们学习了吃饭有讲究这一课,到底吃饭时有哪些讲究呢?讲究卫生习惯，讲究文明礼仪，不仅餐桌上要注意文明礼仪，其实生活中处处都有礼仪，老师希望大家都能做一个讲文明、讲卫生、懂礼貌的好学生！

八、板书设计

点评

全课创设了宽松、愉悦的生活情境，从兴趣入手，以"鹿小二"为主人公贯穿全课始终，学生参与度很高，兴趣浓厚，在一个接一个的活动中体验、感悟，他们的聪明才智、学习潜力无不凸显出来。当然还有一些需要改进之处，例如：就餐卫生习惯和礼仪有待长期培养，需要老师、学生、家长三方加强教育引导。可以加上课后调查表，这样就可以更好地约束管理孩子的习惯了。

（长春市绿园区雷锋小学教学校长　刘冬辉）

《不一样的冬天》教学设计

长春市绿园区教师进修学校　周樱蓉

一、教材分析

本课是一年级上册第四单元《天气虽冷有温暖》的第一课，主要围绕"冬天的美"让学生感受冬季的特点，其中包含了"冬天在哪里""不一样的冬天"和"冬天真好玩"等内容。让学生通过发现冬天的奇妙与美好，体验冬天户外活动的乐趣，从而更好地感受大自然的美。本课所处的授课时间正值东北地区的隆冬季节，很合时令，教师能结合生活实际引导学生发现冬天的足迹，探寻冬天的信息，感受冬天的美好以及冬天带来的欢乐。

二、学情分析

一年级的学生通过近一学期的学习，已经较好地适应了小学生活，并且具有了初步寻找信息的能力。他们大多喜爱冬季，也知道诸如会下雪，树叶落，要穿厚衣服等一些比较表面的特征，但是了解不够深入、全面。他们爱玩、好动，凡事都充满了好奇心。他们大多喜欢冬天各项有趣的活动，想亲自试一试。所以本课时重在引导学生关注生活，寻找冬天的信息，感受冬天的季节特征，从而感受冬天的好玩和大自然的美。

三、教学目标

1. 知道四季的循环往复，观察并能说出冬天的特征。
2. 理解我国各地区冬天的不同。
3. 感受冬天的美丽，体会冬天的乐趣，激发学生探索自然、热爱自然的兴趣。

四、教学重点

1. 引导学生发现冬天，感受冬天，学会在冬季玩耍，在冬季的生活中保护自己。
2. 初步理解自己的生活变化与季节的关系。

五、教学难点

1. 理解我国各地区冬天的不同，体会冬天的乐趣，能依据季节的变化调整自己的生活。
2. 养成勤于观察、乐于交流、善于讨论的好习惯，产生对大自然的喜爱与亲近感。

六、教学准备

图片、多媒体课件、微课《美丽的冬天》。

七、教学过程

（一）图片导入，了解四季的更替

1. 同学们，老师给大家带来了一组美丽的图片，让我们一起来欣赏欣赏吧！（配乐欣赏一年四季的美丽图片）
2. 你知道图片中的景色都是什么季节吗？你是怎么知道的？

小结：关于四季，《三字经》中是这么说的，我们一起读一读。

课件呈现：曰春夏，曰秋冬。此四时，运不穷。

3. 哪位小朋友可以说一说，你读懂了什么？

【设计意图】因为很多小朋友在幼儿园就已经会背诵《三字经》的内容，本环节旨在带领学生在原有背诵的基础上理解其意思,知道四季循环更替的自然现象。

过渡:冬天已经悄悄地来到了我们的身边,你在哪里发现了冬天的身影呢?这节课就让我们一起找一找冬天在哪里?(板书课题)

【设计意图】本课所处的授课时间正值东北的冬天,用这样的方式导入,可以有效结合生活实际,大大激发学生学习的兴趣。

(二)阅读童谣,寻找冬天的特征

屏幕展示童谣内容,让同学阅读童谣,并说一说从童谣中知道了什么。

预设:河水结冰,青蛙冬眠,天气寒冷……

小结:你们真是聪明的孩子,不愧是一年级的小学生了,从短短的童谣中就知道冬天的特征了。

活动一:在日历中寻找冬天

出示 2021 年的日历,引导学生观察,找到冬爷爷的身影。

小结:立冬是我国特有的农历二十四节气之一,我国民间一般认为立冬过了,就是冬天来了。过了小雪,天就又冷了一些了。等到日历里出现"大雪"的时候,那就更冷了。

【设计意图】通过看日历上的节气,引导孩子了解进入冬季的自然时间。在幼儿园时,许多孩子就会背诵二十四节气歌,通过本环节可以让一年级的小朋友对二十四节气有更深入的了解,学会关注生活。

活动二:在生活中寻找冬天

1. 前几天老师让小朋友们和爸爸妈妈一起走进大自然去寻找冬天的足迹,你们找到了吗?

预设:①动植物的变化:树上的叶子掉光了,有的动物冬眠了。②人们的变化:穿着变厚了,不爱出门了,在户外呼吸时有哈气。③街道建筑的变化:屋子的窗户结了窗花,路上结了厚厚的冰……

2. 老师结合学生的发言进行拓展,总结冬天的特征。

【设计意图】一年级的小朋友刚刚从幼儿园进入校园,观察能力还比较弱,布置前置性的观察作业,在家长的帮助下可以提高观察能力和适应社会的能力,在交流的过程中可以培养其表达能力。

3. 播放微课《美丽的冬天》。

【设计意图】结合学生的发言,适时播放冬天美景的微课,将美的音乐、美的图片、美的语言进行整合,让学生充分感受冬天的美丽,从而让学生自然而然地表达出对冬天美的感受。

律动手指操:《冬精灵》。

【设计意图】刚刚入学的一年级新生对40分钟的学习时长还不能够适应，为提升学习的专注力组织律动，为后续学习搭建一座成功的桥梁。

（三）结合诗歌，感受别样的冬天

活动一：听诗歌，感受冬天的不一样

听诗歌录音，引导学生发现"冬天的不一样"。

活动二：观地图，解密不一样的冬天

1. 出示中国地图，观察地理位置，简单讲解地理位置决定气候变化。

2. 出示长春和海南的同一天天气预报，让学生明白为什么同是冬天，气候差异如此之大？

【设计意图】通过本环节，可以让学生了解中国各地不同的冬天，体会伟大祖国的地大物博，激发学生对祖国的认同感。

3. 感受长春的四季，出示长春四季的天气预报，讲解长春四季分明，每个季节各有特点，人们要适应各季的天气，更好地生活。

【设计意图】结合本地的气候特征，让学生感受四季的特点，能够依据季节变化调整自己的生活，为后续的学习生活奠定基础。

总结：同学们，这节课我们初步感受了冬天的美丽，知道了在中国南方和北方的冬天是不一样的，其实，冬天还有很多奥秘等待我们去发现，下节课我们继续冬季探索之旅吧。

八、板书设计

第 13 课 美丽的冬天

冬天在哪里　　不一样的冬天

在大自然里　　冰天雪地
在我们的眼睛里　　温暖如春
……

《冬天真好玩》教学设计

长春市绿园区双龙小学　焦玉静

一、教学目标

1. 在欣赏与交流中,感受冬天的美。
2. 创设游戏情景,回忆好玩的游戏,通过体验与交流感受冬天真好玩。
3. 交流冬季的美食,进一步感受冬天的好玩。
4. 培养学生树立适应环境的意识,并学会注意安全,保护自己。

二、教学重点

1. 在欣赏与交流中,感受冬天的美。
2. 创设游戏情景,回忆好玩的游戏,通过体验与交流感受冬天真好玩。
3. 交流冬季的美食,进一步感受冬天的好玩。

三、教学难点

培养学生树立适应环境的意识,并学会注意安全,保护自己。

四、教学过程

活动一:美丽的景色

师:同学们,你们知道现在是什么季节吗?(冬季)

师:老师准备了一段冬天美景的视频,你们想看吗?(想)那就让我们一起欣赏,感受冬天的美吧。

【设计意图】一年级的学生热爱各种各样美丽的景物,但是要让他们仔细观察并发现它们,并不容易。因此把冬天的美景以学生喜欢的方式呈现给他们,激发学生学习和探索的兴趣。

师:同学们,视频中的景色美丽吗?

师:谁能跟大家说一说你看到了什么美景?

【设计意图】一些学生不愿意主动交流、分享，因此降低问题难度，鼓励学生表达自己的所见，体会发言的成就感，感受课堂的乐趣，促进学生身心的适应。

师：在冬天里你还欣赏过哪些美丽的景色？谁愿意跟大家分享。

【设计意图】帮助学生回顾幼儿成长中的收获，鼓励学生做出积极的回应，表达自己的所想，为下面体会冬天的好玩做情感铺垫。

活动二：好玩的活动

师：同学们，看，外面还飘着雪呢，我们一起去操场画画吧，你就是雪地里的小画家，让我们行动起来。

【设计意图】感受冬天的环境，学会适应。体验冬天游戏的快乐，调动学生学习兴趣。

师：接下来，我们一起来玩抽陀螺的游戏。

【设计意图】通过游戏进一步感受冬天的好玩。

（游戏结束后带学生回到班级）

师：同学们，在幼儿园时父母允许你们独自抽陀螺吗？

师：我们刚刚在操场上体验了抽陀螺，好玩吗？

师：老师要采访一下同学，你在玩抽陀螺的时候有哪些感受？

生1：我学好久才学会，一开始小鞭子抽不到陀螺。

生2：有时不小心会抽到自己的脚。

生3：看到陀螺不停地转，我特别开心。

生4：是李明教会我的，我要谢谢他。

师：看来参加体育活动不仅可以给我们带来乐趣，让我们体会到冬天的快乐，还让我们收获了友谊。但是在游戏中我们还是要注意安全，这样才能玩得更开心。

【设计意图】孩子在幼儿成长时，有些有危险的活动，家长不会让孩子独自参与。这个环节主要让学生亲身体验，参与到活动中来，既收获成功的快乐，又能感受到集体活动的乐趣。同时在游戏中也明白了需要注意安全，规避危险。

师：同学们除了抽陀螺，你在冬天还玩过哪些游戏？在这些游戏中你最喜欢的什么？

【设计意图】这一话题可以让学生对冬天产生更强烈的喜爱之情。在交流中教师可以适当点拨，让学生在游戏中注意安全，同时也要勇敢面对冬天带给我们的一些挑战。

课间律动，播放儿歌《可爱的小雪花》。

【设计意图】学生刚从幼儿园升到一年级，注意力集中的时间相对较短，律动可以缓解学生的疲劳。同时播放与学习内容相关的音乐和图片，更加激发学生对冬天的喜爱。

活动三：可口的美食

师：认真听，老师给你们出一个谜语，看谁能猜出来谜底。

一根金箍棒，红珠串在上，冷冷风，刺骨寒，吃它最解馋。

生：冰糖葫芦。

师：同学们在冬天里还有哪些美食呢？

生1：冬天冷，吃火锅很暖和。

生2：冬天可以冻豆包。

生3：有冻梨、冻柿子。

……

【设计意图】以猜谜语的形式导入美食，调动孩子的好奇心。小孩子对好吃的比较感兴趣，这一话题可以激发学生对美食的向往，对冬天的热爱，进一步感受冬天带给我们的乐趣。

结束语：东北的冬天丰富多彩，有美景、有游戏、有美食……让我们尽情享受，感受冬天带给我们的乐趣吧。

五、板书设计

冬天真好玩

美丽的景色
好玩的活动
可口的美食

【设计意图】板书设计应该凸显这节课的主要内容，大标题是本课的课题，"美丽的景色""好玩的活动""可口的美食"是本节课活动的主题，这样设计更加清晰、明了。

玩出新花样

长春市绿园区同心小学　杨丽霞

一、教材分析

《我们有新玩法》一课，侧重通过引导学生把常玩的游戏玩出新玩法、新花样，来引导学生过有创意的生活。本课两个主题分别有两个不同的侧重点。"玩出新花样"旨在通过现场体验，打破学生对一些游戏玩法的固有认识，鼓励学生开动脑筋，玩出新花样，从而培育他们有创意地生活的意识。然后通过变换游戏的伙伴，或变换玩具的组合，或变换游戏规则，让常玩的游戏玩出新花样。

二、学情分析

对于低年级学生来说，喜欢玩玩具是不言而喻的，但能玩的很有创意的并不多。多数学生只是把游戏当作放松或与小伙伴一起交往的方式，而不大会想到把游戏当作可以更改或者创新的项目。现代社会新型玩具越来越多，也越来越智能，但学生们好像越来越依赖玩具的设定，变得越来越不会玩。因此，借由这节课的学习，让学生学会有创意地玩，不仅可以丰富他们的娱乐生活，还可培养他们的创新意识与创造能力，是一件很有意义的事情。

三、教学目标

1. 引导学生了解跳绳的多种玩法，体验一物多玩的乐趣。
2. 引导学生改变规则，探究由废旧物品创造新玩具和新玩法，拓展学生的创新思维。

四、教学重难点

重点：学习探究简单玩具及常玩游戏的新玩法。
难点：感受新玩法、新玩具带来的快乐。

五、教法学法

教法：讨论法，演示法。
学法：小组合作探究法，迁移法。

六、教学准备

教师：ppt课件。
学生：筷子、纸杯、乒乓球和乒乓球拍。

七、教学过程

活动一：儿歌导入，揭示课题

师：同学们，让我们一起来欣赏一首儿歌《丢手绢》。《丢手绢》是我们学生课间常玩的游戏，除了它，课间我们还经常玩哪些游戏？

生：丢沙包、踢毽子、捉迷藏、跳绳……

师：你平常是怎么玩跳绳的？

生：单跳，双跳，交叉跳，倒着跳……

师：你还想知道跳绳的新玩法吗？有什么新花样？这节课，让我们一起来学习第7课《我们的新玩法》中的第一课时《玩出新花样》（板书课题：玩出新花样）

【设计意图】二年级孩子年龄比较小，由儿歌导入可以快速抓住孩子的注意力。并利用孩子的好奇心，引导学生进入课堂状态，先让孩子说一说平时玩什么游戏，说到跳绳时利用孩子已有的经验，引导学生说说跳绳的平常玩法。

活动二：找找跳绳的新花样

1. 请同学们打开课本，翻到第26页，看一看并且说一说书上的小朋友们用跳绳玩出了哪些新花样？

（把跳绳打个结，变成呼啦圈玩；两个人一组，一个人拉起跳绳的一端在地上抖一抖，就变成了一条蛇，另一个人踩到蛇尾就算赢。）

2. 出示任务：小组交流讨论：想一想怎样才能玩好这些新游戏？（玩游戏之前要细观察，找窍门，定好规则；轮流玩；要注意安全）

小结：小朋友们真聪明，不仅学会了许多跳绳的新花样，还明白了和小伙伴一起玩游戏时要守规则、懂礼让，并且注意安全的道理。

【设计意图】孩子们的印象中跳绳是用来跳的，可是这个环节超出了孩子们的想象，让孩子们意识到，通过改变游戏的规则，一个简单的跳绳也会玩出花样。并且通过这个环节让孩子们意识到，要想玩好游戏，就要遵守规则，懂得礼让，注意安全，才能玩得开心。

活动三：改变规则开心玩

师：孩子们，你们是不是觉得一个简单的跳绳可以有这么多跳法，很神奇，那老师这还有更神奇的，想了解吗？其实，跳绳的新花样还有很多！

1. 如果把玩跳绳的人换一换、增加或减少人数，又会有哪些新花样呢？（板书：变换游戏伙伴）

2. 跳绳的新花样可真多呀！欣赏图片，再欣赏花样跳绳视频。

小结：通过刚才的活动我们不仅了解了跳绳的新花样，还变换跳绳的伙伴，玩出了新花样。除了跳绳，还有哪些游戏可以玩出新花样呢？

【设计意图】孩子们刚开始只想到一个人怎么跳绳，没想到多人组合也可以跳绳，尤其是教师播放完花样跳绳的视频后，孩子们兴奋得不得了，觉得一个简单的跳绳有这么多花样，太有意思了，进一步激起孩子学习的兴趣，达到了学习的高潮。

活动四：玩具重组创新玩

1. 导语：

今天，老师给大家准备了许多玩具，瞧。（出示课件）你能动动脑，从中选一些玩具合在一起，玩出新花样吗？（板书：变换玩具组合）

2. 出示任务：小组交流讨论：怎样组合玩具，就可以玩出新花样？

（1）想一想：哪些玩具可以组合在一起玩？请在小组内说一说，取回玩具，试着在小组内玩一玩。

（2）演一演：学生代表上台展示新玩法。表现最好的小组被评为"金点子小组"。

（3）说一说：你还可以找到哪些玩具的新玩法和同学一起玩一玩？

【设计意图】一根简单的跳绳的玩法在这节课中花样百出，孩子们兴奋不已。教师趁热打铁，让孩子们感受一下生活中一些简单的东西，经过孩子们的勤思考，巧动手，重新组合成新玩具，并创造出新的玩法，让孩子们充分感受到创新带来的生活乐趣，突破本课的教学难点。

活动五、全体交流，火花碰撞（2分钟）

师：孩子们，你们玩的花样可真多呀！玩着这些自己创造的玩具，你什么感觉？

生：很高兴，很有意思，很有趣，很兴奋……

师：这就是创新带来的生活乐趣。孩子们，在我们生活中，创意无处不在，简简单单的东西，只要同学们勤动脑、多思考、巧动手（板书：勤动脑 多思考），你们就能创造出更多新玩具和新玩法，我们的生活也会变得更有意思哦。

【设计意图】本环节通过孩子们的交流，感情再次升华，让孩子们再次感受创新给生活带来的乐趣。

八、板书设计

我们有新玩法
玩出新花样

变换　　　　　　变换
游戏伙伴　　　　玩具组合
勤动脑　　　　　多思考

【设计意图】本节课的板书体现知识性和简洁性，使学生一目了然，而且突出了本节课的重点和难点学习内容。

点评

　　杨老师的《玩出新花样》这节课能够通过引导学生有创意地玩游戏、动手制作玩具活动，引导学生养成"有创意地生活"的习惯，让儿童能利用自己的聪明才智去探究或解决问题，增添生活的色彩和情趣，并在此过程中充分地展现并提升自己的智慧，享受创造带来的欢乐。整体环节清晰，重点内容突出。

　　在小组汇报学习这个环节中的设计主要体现以学生发展为本，根据学生的特点，给学生展示的平台。在学生有了充分准备的基础上进行的交流汇报过程是相互学习、加强认识、开阔视野的过程。通过交流培养了学生的倾听能力和表达能力。在教学中，我积极探究教法和学法，努力做到"四让"：目标——让学生明确；过程——让学生参与；新知——让学生发现；结论——让学生归纳，而且在学法基础上，我充分将现代信息技术与课堂教学有效整合，使教师的"教"和学生的"学"都达到了质的飞跃。

（长春市绿园区同心小学校长　王伟萍）

《父母的爱是默默的》教学设计

长春市绿园区雷锋小学　张杰

一、教材分析

　　《父母多爱我》一课是人教版三年级上册第四单元《家是最温暖的地方》中的第一课，本单元编写依据是《义务教育品德与社会课程标准（2011年版）》中"我的家庭生活"第1条"知道自己的成长离不开家庭，感受父母长辈的养育之恩，以恰当的方式表达对他们的感激、尊敬和关心。"本单元共三课，分别是《父母多爱我》《爸爸妈妈在我心中》和《家庭的记忆》。《父母多爱我》侧重讲父母对子女的爱，引导学生体会父母的爱，尝试走进父母的内心世界，加深对父母的理解，能够接纳父母对自己爱的表达方式。《爸爸妈妈在我心中》侧重讲子女对父母的爱，引导学生多了解、体贴父母，并将自己对父母的爱落实在行动中。《家庭的记忆》是引导学生了解家庭这一基本的社会单位，了解自己家庭的历史变迁，进而体会中国人重视家庭的文化传统。《父母多爱我》一课由两个板块组成。

第一板块的话题是"父母的爱是默默的",第二个板块的话题是"多一些理解"。第一个板块的话题,从父母每日为子女做的日常小事体会父母默默的爱,从父母关爱自己的感人故事中体会父母深深的爱,通过小诗使学生进一步体会父母之爱。第二个板块"多一些理解"这个话题,通过学生交流父母不能让自己理解的做法,理性分析这些做法是否藏着爱,以及哪些地方需要改进,尝试与父母谈心,学会对父母爱的方式多一些理解。

二、学情分析

三年级学生知道父母爱他们,但很多家长反映孩子习惯了长辈的呵护,一切都觉得理所当然,他们很容易忽视日常生活中父母给予的爱,对父母之爱的表达方式,有误解和不能体察的问题,这需要进行一定的引导,父母对子女的爱的形式是多样的,子女不太容易理解父母深层次的爱。同样,孩子都是爱父母的,可他们对父母的了解并不深,不清楚怎样去爱父母,教育需要引导他们用行动去爱父母,学会表达爱。

三、教学目标

1. 知道自己的成长离不开家庭,体会是父母给了自己生命,体会父母对自己的养育恩情,懂得个人的健康平安是家长呵护的结果。
2. 培养学生的观察能力、思维能力、体验能力及收集信息的能力,进而发现和理解生活中蕴含的道理。
3. 感受父母在自己成长过程中所付出的心血,萌发对父母、长辈的感激、尊重和孝敬之情,形成热爱家庭的态度和情感。

四、教学重、难点

教学重点:感受父母对自己的疼爱,唤起学生对父母由衷的爱。
教学难点:学会正确理解和接受父母的爱,并能和自己的父母正确沟通。

五、教法学法

谈话交流自主探究合作交流。

六、教学准备

搜集爸爸妈妈日常为我们做的事，写在爱心卡上，多媒体课件。

七、教学过程

导入新课

（出示"爱"字）孩子们，一起读一读这个字。世界上正是因为有了爱，才更加温暖而丰富多彩！你们爱爸爸妈妈吗？你们知道父母有多爱你们吗？只有用心体会，用心发现，你就会知道父母多爱我们。今天我们就来用心体会父母给予我们的爱！

出示课题：父母多爱我

活动一：填满"爱心树"

师：父母是这个世界上最爱我们的人，从我们出生到现在，父母每天都在为我们日夜忙碌，辛苦操劳。课前老师布置了作业，让大家记录父母每天为自己所做的事，并从中选择一件你印象深刻的事记在爱心卡片上。

1. 小组内讨论交流每天父母为我们所做的事，重复的事情画上一个小爱心。
2. 和全班同学分享你的发现和体会（哪些事情是你平时不曾注意到的？）
3. 将写满爱的爱心卡片贴到班级的爱心树上去。（看到爱心树上满是爱的温暖，你有什么样的感受或者是感悟？）

【设计意图】逐层升入，不断追问，让学生自己体悟，自己发现，才能从心底感悟到父母细致入微的爱。

教师小结：一张张卡片，一个个感人的瞬间，一件件毫不起眼的小事，凝聚了爸爸妈妈对我们浓浓的爱。他们的爱不华丽，不张扬，甚至微小到可以让人忽略，爸妈的爱是默默的。（板书：默默的）

教师小结：爸爸妈妈平时或许很少会把"爱"这个字眼挂在嘴边，也很少说"爱"我们。但其实他们在背后默默地关心着我们，为我们付出了许多许多。在这里我们一起大声说句：爸爸妈妈我爱你们！

活动二：爱在不言中

1. 阅读故事《妈妈喜欢吃鱼头》。

讨论：妈妈和外婆真的爱吃鱼头吗？她们为什么这么做？

2. 父母关爱我们的感人的事也有很多，讲给同学们听一听。

【设计意图】有小事，有感人的事，逐层深入，理解体会父母对我们深深的爱。每一个故事都是温暖的，感动得让人禁不住湿了眼眶。无论是每一件小事，还是感人的瞬间，我们都能从中懂得父母无言的爱。也许他们并不完美，也许他们也会犯错误，但他们给了你们最无私最伟大的爱，他们都是最伟大的父亲母亲！致敬你们伟大的爸爸妈妈！我们在这里再一次大声说出：爸爸妈妈我爱你们！

活动三：诗意的父爱母爱

1. 欣赏歌曲《鲁冰花》《我有一个好爸爸》。

2. 诗人孟郊写了一首伟大的诗篇来赞颂母亲：慈母手中线，游子身上衣。临行密密缝，意恐迟迟归。谁言寸草心，报得三春晖。写尽天下游子对母亲爱的表达。下面同学们欣赏小诗《妈妈的爱》。

3. 在你的眼中，爸爸的爱像什么？用诗一样的语言表达伟大的父爱母爱！

【设计意图】学会表达爱，培养学生对父母的感恩之情。

同学们这一句句最真切的话语就是最美的诗篇！普天之下，最伟大的父爱母爱就是最感人的诗行！他们最朴实的爱就在每天的琐事当中，他们最伟大的真情就藏在每一件小事当中。让我们再大声说出：爸爸妈妈我爱你们！

谁言寸草心，报得三春晖。用我们的寸草之心报答春天给予的温暖的光辉呢！就像我们怎么能报答完父母亲给予我们的爱呢！好好地爱我们的爸爸妈妈，一句贴心的话语，一个温暖的拥抱，一个快乐的眼神，行动起来吧！

八、板书设计

　　　　　　　　默默的爱无处不在
爸爸妈妈多爱我　细节之中有深爱
　　　　　　　　诗意的父爱母爱

点评

张老师的课堂教学注重思想知识的浸润和培养，从学生的认知出发，循循善诱，让学生在深入的思考中获得知识的体验。

在本节课中，张老师能始终以学生为主体，充分调动学生的情感，让学生积极参与到课堂的学习讨论中，学生真正成为课堂的主人，在新的领悟中成长。课堂结构清晰，层层递进，让学生从父母为我们做的小事到感动自己的事情，逐层深入体会父母默默的爱，再到学会表达爱，每一个活动的设计都符合学生的成长认知，让孩子的内心在老师的启发与指导下有了真正意义上的成长，突破了教学难点，实现了本课的教学目标。

（长春市绿园区雷锋小学教学校长　刘冬辉）

《为他班喝彩》教学设计

长春市绿园区雷锋小学　张杰

一、教材分析

《我们班　他们班》一课是人教版四年级上册第一单元《与班级共成长》中的第三课，本课的编写依据是《义务教育品德与社会课程标准（2011年版）》中主题三"我的学校生活"第7条"通过学校和班级等集体生活，体会民主、平等在学校生活中的现实意义"。

班级是学校的基本组织单位，班级与班级之间的交往是学校集体生活的一部分，如何进行班级间的交往是学生过集体生活必须学习的主题。然而，在现实学校生活中，班级间的关系多以"竞争"为主，同学们忽视了班级间的合作，也忽视了对其他班级的客观认识，以及对其他班级的尊重与欣赏。这种过度竞争、恶性竞争的倾向阻碍了班级间的正常交往，加剧了班级间的不良竞争，形成了班级间的隔阂，不利于建设健康、和谐、民主、平等的学校生活。因此，本课从认识学校其他班级入手，以班级间的合作与竞争为主题，旨在引导学生建立良好的班级关系，创造班级间相互尊重、相互欣赏、合作共赢的新型关系，落实构建健康、和谐、民主、平等的学校生活的课程内容。因此，引导学生正确认识竞争、处理竞争，学会友善地对待生活中的小伙伴，取长补短，共同进步是非常有必要的。

二、学情分析

四年级的学生处于从中年级向高年级的过渡期，他们经过前三年课程的学习，在对班级间的合作与竞争的认知和情感上有所发展，已形成了一些初步的合作竞争意识，对人和事物的认识逐渐摆脱形象思维的特点，初步具备抽象思维的能力。

三、教学目标

1. 认识班级之间合作的意义，要善于去发现其他班的特点和长处，用欣赏的眼光看待别的班集体。懂得要以正当方式对待班级间的竞争，能够尊重和欣赏其他班级，为别班的精彩喝彩。

2. 通过小调查、走访老师和同学、讨论、提建议、阅读启示及写倡议书等活动，培养学生动手实践能力和辨别是非的能力。

3. 培养学生群体之间正确相处的能力，增强集体意识。

四、教学重、难点

教学重点：正确认识班级合作的意义，正确对待班级间的竞争，为别班喝彩。
教学难点：正确对待班级间的竞争，为他班喝彩。

五、教法学法

启发式、小组合作探究；自主学习法及活动与探究。

六、教学准备

教师制作PPT课件及搜集资料，学生课前大调查。

七、教学过程

（一）谈话导入

班级和班级之间既有合作，也有竞争。竞争给我们带来成长和收获。班级之间有哪些竞争呢？

（二）新授

活动一：正确对待班级间的竞争

1. 说说20页前两幅图片的内容，再说说班与班之间还有哪些竞争？

（引导学生认识班级间的竞争是可以实现双赢的）

2. 班级之间有竞争是正常的，但是如果使用不正当的方式获胜，看20页下面两幅图片，说一说。

3. 在你的生活中，有类似的现象吗？这种做法可能导致什么样的不良后果？

4. 班级间的竞争必须使用正当方式，看看21页两张图片的内容，说说这些做法是否合适？

（学生展开讨论，说一说判断的理由，说说这种做法导致的后果。）

5. 了解《中华人民共和国反不正当竞争法》的内容。

【设计意图】体会良性竞争的意义，反思不正当竞争，做到以正当方式进行班级间的竞争。

活动二：为他班喝彩

每个班都有自己的特点，都有值得尊重和欣赏的地方。能够为他班喝彩，就是对他们的认可和赞赏。

1.阅读《为他人喝彩》一文回答问题。

为什么学校会给那个班发"道德风尚奖"呢？（每个班都有自己的特点，都有值得尊重和欣赏的地方。）

巴黎申办奥运会时败给了北京，为什么法国代表团还会向北京祝贺呢？

为什么全场观众给法国代表团最热烈的掌声呢？

【设计意图】帮助学生认识到不能因为竞争而忽略了对对手的肯定和欣赏。

罗丹曾说："生活中不是缺少美，而是缺少发现美的眼睛。"生命中不是缺少精彩，而是缺少为别人喝彩的掌声。为别人喝彩，就是尊重和认可对手的优点。会为别人喝彩的人，也将赢得大家的赞赏。

2.（出示歌咏比赛活动照片）上次的歌咏比赛，我们输给了别的班。下次歌咏比赛上，你会为这个班喝彩吗？为什么？

真正懂得为他班喝彩的人，不会因为班级间竞争的胜败，而忽略了欣赏别人卓越的表现。请自行选择一个对手班级，写一句为他们班喝彩的话（学生撰写为他班喝彩的话）（随机采访）你选择的对手班是哪一个？你最欣赏他们班的哪些方面？

请小组长将本组同学为其他班写的喝彩语搜集起来，下课时转交给相应班级的老师或同学。

【设计意图】帮助学生认识到不能因为竞争而忽略了对对手的肯定和欣赏。

为他班喝彩是一种智慧，因为你在欣赏他班的时候，也在不断提升和完善自我；为他班喝彩是一种美德，付出了赞美，收获了友谊与合作；为他班喝彩是一种修养，你赞赏别人的同时，也培养了自己尊重他人、欣赏他人的胸怀。请大家一起朗诵诗歌《为他人开一朵花》。

窗台上有一朵花，这个屋里就有了生气；

一棵树有一朵花，这棵树就有了神采；

一条路上开满花，这条路就充满了诗意。

那么，让我们为他人开一朵花吧，用我们真诚的喝彩！

能为别人开朵花的心是善良的心，

能为别人喝彩的人是胸怀宽广的人。

是啊——

为他人开一朵花吧，那是在为自己的生活增香！

为他们班喝一声彩吧，那是在给自己的集体添彩！

同学们，正当竞争促进成长，不当竞争会带来不良后果。为他人喝彩是对别人的尊重和认可，为他班喝彩更是对其他集体卓越表现、努力拼搏的由衷赞叹！学会喝彩，让我们班、他们班共同成长！

八、板书设计

		竞争的意义
我们班	他们班	正当的竞争方式
		为他班卓越而喝彩

点评

张老师的课堂教学思路清晰，整个教学过程以启发、对话为主，没有枯燥、乏味的说教，通过活动化的方式处理教材阅读角的内容，都是执教教师很好的教学创意。同时结合学生生活实际启发学生反思学校生活中不正当的竞争现象，引导学生树立正确的班级竞争观，有效完成了本课教学目标。在第二板块活动的设计上，如果教师能够处理得更加精细、深入，那么课堂将更为深刻和丰满。

（长春市绿园区教师进修学校教研员　周樱蓉）

《健康看电视》教学设计

长春市绿园区同心小学　杨丽霞

一、教材分析

本课是部编版《道德与法治》四年级上册第三单元"信息万花筒"的第一课。本课从电视说起，主旨在于引导学生如何正确健康地看电视。本课内容包括《神奇的"宝盒"》《眼睛的"抗议书"》，上课伊始，从学生喜爱的电视节目入手，让儿童梳理电视的意义和作用：了解信息、增长知识、开阔眼界、丰富经验、娱乐身心等，进而转入到眼睛的"抗议书"，用拟人化的方式，让学生明白过度看电视除了对眼睛有危害之外，还会造成其他的身体伤害，进而让学生了解健康看电视的重要性。

二、学情分析

对于四年级的小学生来说，随着年龄的增长，他们渴望对社会、对世界有更多的了解。

看电视是他们课余生活的一部分，也是他们获得大量信息、增长知识开阔视野较为直接的方式。但由于他们的年龄尚小，自我约束和控制能力有限，面对丰富多彩的电视节目往往容易沉迷其中，对于家长的限制和管教容易产生反感、抵触等情绪。因此，本节课要引导学生从熟悉的生活话题和情境中认识健康看电视的重要性，并能辩证地看待电视给自己生活带来的影响，学会正确、健康看电视的方法。

三、教学目标

知识与能力：

1. 引导学生体会电视对人们生活的意义和作用。
2. 知道过度看电视对身体、友情、亲情的伤害，要调整自己看电视的行为，做到健康看电视。

过程与方法：通过自身体验、推荐喜爱的电视节目、阅读感悟、情境体验、小组讨论、制订看电视的计划等活动教学，培养学生思考、感悟的能力，使学生做到健康看电视。

四、教学重点及难点

1. 重点：懂得过度看电视给身体带来的各种伤害，反思和调整自己看电视的行为。
2. 难点：反思和调整自己看电视的行为。

五、教法学法

（一）说教法

本节课贴近学生的生活实际，在解决如何正确对待懂得过度看电视给身体带来的各种伤害，反思和调整自己看电视的行为这个教学重点时，采用拟人的手法，让同学们听了眼睛的"抗议书"后，我采用讨论交流的方式来解决，并听了叶博士关于对眼睛伤害的总体说明，让学生知道看电视对身体的伤害。通过教师讲解关于"沙发里的土豆"的故事，让同学们知道过度看电视不仅对身体有伤害，同时对同学们的心理也造成伤害。最后通过小组讨论的方式让学生自主探究健康看电视的注意事项。教师出示儿歌，来总结如何健康看电视。

（二）说学法

参与学习法。正如陶行知先生所倡导的"教师充分解放学生的大脑、双手、嘴巴、眼睛"，在教学中尽可能多地制造参与机会让学生动起来、活起来，在快乐和谐、富有成就感的教学奖励中学会合作，学会学习，学会做人。

六、课前准备

学生课前搜集的资料　PPT 课件

七、教学过程

（一）谜语导入，揭示课题

1. 同学们，你们喜欢猜谜语吗？今天这节课从猜谜语开始。屏幕出示谜语：它说它的话，不和我说话，靠着厅中墙，装着全天下。（打一物）你们猜到是什么东西了吗？（电视机）

2. 你们平时看电视吗？下面老师给大家放一段视频，看看视频里有没有你看过的电视节目，如果有请说出节目的名称。

3. 除了这些电视节目你还知道哪些电视节目？一说起电视节目大家就有说不完的话题，这节课我们就从看电视说起。（板书：看电视）

【设计意图】通过猜谜语这种喜闻乐见的形式，让学生有兴趣，自然地切入到有关看电视的这一话题。

（二）活动一：神奇的"宝盒"

1. 孩子们，电视就像神奇的"宝盒"，能够变换出一个个神奇的世界。那你喜欢看什么电视节目呢？

2. 你的家人喜欢看电视吗？他们都喜欢什么电视节目呀？

过渡：这个神奇的"宝盒"已经成为每个家庭必不可少的成员，越来越多的电视节目也受到了大家的喜爱，而且老师还发现年龄不同、兴趣不同的人，所喜爱的电视节目也不同，不同的电视节目有不同的特点和乐趣呢。接下来让我们玩一个"电视节目猜猜猜"的游戏。

3. 屏幕出示游戏规则：选择你喜欢的方式，描述出你喜欢的电视节目，让大家猜一猜。（可以说关键词、模仿节目内容、说节目开场白、唱节目主题曲）

4. 教师示范：我来描述，你来猜。

（1）教师播放《新闻联播》的音乐让同学们猜。

（2）幻灯片出示：这是一档科普节目，这档节目为我们介绍各种各样的动物，通过这个节目我们可以了解动物在大自然中生存状况。《动物世界》

5. 学生描述，大家猜。

过渡语：同学们说的这些节目给我们的生活带来了很多快乐。（板书：快乐）看电视给我们仅仅带来的是快乐吗？还有哪些收获是通过看电视获得的呢？你一定有好的电视节目想推荐给大家。课前老师给大家布置了任务，完成你最喜爱的电视节目推荐卡，同学们完成了吗？赶快拿出来，在小组长的带领下，先推荐给组内的小伙伴后，我们再一起交流。

【设计意图】通过"电视节目猜猜看"这个游戏，让学生了解电视这个"神奇的宝盒"里藏着的"宝贝"是什么，让同学们了解这些电视节目给我们的生活带来了很多快乐。

（三）活动二：**电视节目我推荐**

1. 结合课前搜集的资料，组员在小组内汇报。

2. 全班汇报交流。

学生：推荐"新闻联播"节目，增长了见识，了解国家大事。

学生……

过渡语：通过交流，大家推荐的节目有所不同，都很精彩，这些好的节目让我们收获快乐，增长知识，（板书：知识）丰富经验，（板书：经验）大大丰富了我们的生活。原来在电视这个宝盒中，收藏这么多的宝贝，难怪大家都喜欢电视呢。孩子们当我们手拿遥控器，面对荧光屏，在电视这个神奇的宝盒中，寻找想要的宝贝时，你有没有想过谁最辛苦！（眼睛）你看，亮亮的眼睛都提出抗议了呢，怎么回事？让我们一起听一听。

【设计意图】通过学生课前搜集值得推荐的电视节目的资料，让学生回忆自己喜爱的电视节目的名称、频道、时间、喜爱的原因，认识到电视媒体对自己成长发挥积极的作用：了解信息、增长知识、开阔眼界、丰富经验、娱乐身心等，

（四）活动三：**健康看电视很重要**

1. 出示幻灯片，播放音频（眼睛的抗议书）。

师：你知道亮亮的眼睛为什么抗议呢？

生……

2. 你们有过长时间看电视的经历吗？长时间看电视后有什么感觉？

生……

3. 如果你的眼睛会说话，会说什么呢？

生……

4. 长时间看电视对眼睛的伤害确实大，你们听叶博士也有话要说（53 页知识窗的内容）。

师：听了叶博士的话，你知道了什么？

生……

5. 过度看电视不仅伤害我们的眼睛，对我们的身体也会造成伤害。关于这方面你又了解多少？

生……

6. 由此看来，长时间看电视的确对身体伤害很大，同时长时间看电视也能引起肥胖，这类人群有一个特别的称呼"沙发里的土豆"，他们瘫坐在沙发里，边吃零食边看电视，身体就会越来越胖。长时间沉迷电视，就会越来越不愿意与人交往，变得消极、懒散，甚至会得很多心理疾病呢。你们想成为"沙发里的土豆"吗？那为了我们的身体健康，我们应该如何合理地、健康地看电视呢？课前老师让大家搜集了这方面的资料，抓紧时间先分享给组内的小伙伴儿吧！

生：小组内汇报。

师：同学们，健康看电视应该注意什么呢？

生：看电视的时间不能超过 30 分钟，距离要适当……

师：老师把看电视需要注意的事项编成了一首儿歌，让我们一起读一下。（幻灯片出示儿歌）

健康看电视

看电视，真是好，各类节目真热闹，

眼是窗，眼是宝，保护眼睛更重要，

半小时，歇一歇，观看距离控制好，

观节目，声不吵，室内光线调节好，

看电视，要适度，科学观看很重要。

师：孩子们，我们要像儿歌唱的那样，做到适度看电视，（板书：适度）养成良好的看电视习惯，才能更好地呵护我们的眼睛和身体，保证身心的健康。（板书：健康）

【设计意图】这一环节通过倾听"眼睛抗议书"的音频，引出过度看电视不仅伤害我们的身体，也伤害学生们心理健康。通过小组课前搜集资料、小组汇报等活动，让学生了解如何适度、健康地看电视。

（五）活动四：健康看电视之小小计划

1. 孩子们，在课前的时候，老师对咱班看电视情况作了一个小调查，了解了都是哪个时间段看电视，看电视时长大概是多久，让我们一起来看一下调查结

果。（幻灯片出示）

四年二班学生看电视情况调查表

全班62人	
吃饭时间看电视	28人
写作业时间看电视	17人
周一至周五看电视时间超过两小时	19人
周六周日看电视时间超过两小时	31人
假期每天看电视超过两小时	42人

师：假期看电视也应该有节制，在假期里更应该合理地安排看电视的时间，看电视时应该看一会儿，休息一会儿。

2.通过这节课的学习，同学们对健康看电视有新的认识，那么在以后你打算怎样合理安排看电视的时间呢？老师相信你一定有了全新的计划，那就赶紧拿起笔来，在老师准备的"健康看电视之小小计划"表中写一写，填一填。

健康看电视之"小小计划"			
时间安排	看电视时间	看电视时长	注意事项
周一到周五			
周六周日			
假期			

【设计意图】通过对班级同学看电视时间的调查，了解到同学们不会合理安排看电视的时间，这一环节让同学们制定健康看电视之"小小计划"，实质上是让学生学会如何合理安排看电视的时间，做到健康看电视。

八、课堂总结

通过这节课我们了解到只有做到适当地看电视，才会让我们获得快乐、增长知识、丰富经验，希望同学们在以后都能做到健康看电视。

【设计意图】通过板书对本课内容进行一个回顾，加深对健康看电视的知识的巩固，引导学生形成正确健康看电视的观念。

九、作业

课下的时候,希望同学们做一张健康看电视宣传卡,并向身边的人宣传怎样健康看电视的知识。

十、教学板书

    健康看电视

适度 快乐 知识 经验……

【设计意图】本节课的板书我是这样设计的,非常的精简,力求体现知识性和简洁性,使学生一目了然,而且突出了本节课的重点和难点学习内容。

点评

杨丽霞老师的这节课《健康看电视》是本册第三单元"信息万花筒"的第一课。看电视这一话题非常贴近学生生活,学生有生活体验,也有话可说,所以这一课的课堂气氛从一开始就非常活跃。教学中,教师注重联系学生的生活实际,让教学面向生活,让生活走进课堂,促进课堂教学与生活实践的联系,从而实现了从"封闭"到"开放"、从"说理"到"实践"的转变。纵观整节课,活动内容丰富,形式新颖,寓教于乐,寓体验于活动,因而学生学习的积极性很高,课堂显得活跃,但也因活动内容多,时间略不够。

(长春市绿园区新营小学 林秀影)

《地球"发烧"了》教学设计

长春市绿园区红民小学 孙菲

一、教材分析

《低碳生活每一天》是统编版《道德与法治》四年级上册第四单元《让生活多一些绿色》中的第3课。本单元承接低年级认识并懂得节约日常生活中的各种资源,有保护环境的意识,学习有创意生活的基础上,进一步培养儿童绿色生活的意识和方式。本课作为本单元的最后一课,是在经历了前两课的学习之后,更加侧重于由知到行的递进发展,着重于引导学生认识气候变暖问题的严重性,反思自己的生活,减少碳排放,学会过绿色生活,并积极参与环保活动。

二、学情分析

四年级的学生处于从中年级向高年级的过渡期,他们经过前三年课程的学习,对碳排放认识较少,对其危害性认识不够,没有低碳生活的意识和行动。

三、教学目标

1. 情感态度价值观:树立正确的气候观念。
2. 能力目标:能够认识到全球变暖的危害。
3. 知识目标:了解全球变暖的危害及原因。

四、教学重难点

了解气候变暖的严重危害,明晰地球升温的根本原因。
教学准备:多媒体课件、颜色卡片、资料袋。

五、教法学法

本课我主要采用情境教学法和直观演示法指导学生使用合作探究法、讨论法、练习法等学习方法,使学生在学中玩,玩中学,于轻松愉悦的课堂氛围中,主动探究,完成学习任务。

六、教学准备

多媒体课件、颜色卡片、资料袋。

七、教学过程

(一)图片导入,直奔主题
同学们,我们先看一幅漫画。
出示地球发烧的图片:通过这幅漫画,你看出了什么?
(二)全球变暖,感知症状
学习环节1:呈现数据,了解全球气候变暖

1. 人会发烧不奇怪，地球也会发烧吗？让我们先来看一段视频吧。

播放视频：全球气温走势动画图——大家发现了什么？

小结：通过刚才的动画，我们知道地球的温度越来越高，全球变暖了，地球"发烧"了。

学习环节2：联系生活，感知全球变暖的症状

1. 地球的气候正在悄悄地发生着变化，你们感受到了吗？

出示书中88页的情境图：从这些事例中，你了解到了什么？

预设：（1）停电次数越来越多。

全球变暖，空调和风扇使用率上升，导致用电量持续上升，带来了巨大的供电压力，很多地方因此拉闸停电。

（2）高温预警次数越来越多。

在中国气象学上，气温在35℃以上就可称为"高温天气"。高温对我们的身体会有哪些影响呢？

（3）自燃现象。

气温太高，广告牌自燃。

高温天除了汽车会燃烧，你还听说过哪些自燃事件？

现在很多地方夏天连续几十天都是40℃左右的高温，假如在不久的将来，夏天连续30天都是45℃的高温，会有什么后果？

2. 你还知道哪些地球"发烧"的症状呢？

预设：（1）暖冬现象。

（2）冰川融化、海平面上升。

小结：冬天不再寒冷，夏季越来越炎热，北极海冰也在大量减少，这些都是地球"发烧"的症状。

3. 知识窗：2013年9月联合国政府间气候变化专门委员会发布的报告中指出：观测和研究证明，全球气候在变暖。1880年～2012年全球地表平均温度约上升了0.85℃。1979年～2012年北极海冰面积以每10年3.5%～4.1%的速度减少。

小结：不管是人们的体感，还是权威部门的调查研究，都证明了全球范围内的气候正在变暖，看来，我们的地球的确是"发烧"了。

（三）全球变暖，带来灾害

1. 一个人如果发烧不退，很可能会危及生命，地球如果一直不退烧的话，又会怎样呢？会对人类和环境造成哪些影响呢？

请同学们结合课前查找的资料和老师发的资料袋里的内容，进行小组合作学习（计时3分钟）。

（1）交流全球变暖的主要表现。

（2）全球变暖给人类和环境带来了哪些影响？

（3）完成任务单。

全球变暖的主要表现及影响

主要表现	对人类和环境的影响

2. 全班汇报（本环节先听学生交流，再由其他组补充，最后教师点拨提升）。

预设：海平面上升、土地荒漠化、极端天气增加、战争、疾病、生物多样性丧失。

小结：气候变暖导致全球范围内的气候混乱异常，而我们对于气候变暖所带来的危害了解的还远远不够，还有许许多多我们无法预料到的后果等待人类去面对。

（四）探寻元凶，全球低碳

学习环节1：明确元凶

1. 那到底为什么全球的气候会变暖呢？我们先看一段视频了解一下。

2. 看完视频，大家有什么感受呢？

预设：①原来都是温室气体惹的祸，都怪它让地球变得越来越热。

②也有人类的原因。

3. 我们再来看看温室气体自己是怎么说的吧。看完后，同学们对温室气体有了什么新的认识？

4. 温室气体保持了大气的温度，只有适宜的温度才能使人类和其他生命拥有良好的生存环境。那温室气体又怎么成了地球"发烧"的主要原因呢？请大家继续读一读，想一想。

小结：人类常常把温室气体的排放称为"碳排放"，过量的碳排放导致了今天全球变暖的现状，并引发了洪涝高温干旱等一系列灾害。

学习环节2：知识竞赛（举出答案相对应的颜色牌）

那么，到底是哪些活动产生了过量的温室气体呢，让我们自学书中91页的内容吧。

同学们学会了吗？敢不敢接受老师的挑战？第一届"鼠你最强"挑战赛，开始！

1. 地球变暖的因素有（　A　）

①大量排放的温室气体　②人类对树木的过度砍伐　③世界人口剧增

A ①②③　B ①②

2. 判断题：通过多种树给地球降温不可行。（ × ）

3. 我们生活中的衣食住行，方方面面都会产生温室气体，以下生活中哪些活动会产生温室气体呢？（ B ）

①空调外机等电器　②烧煤炭、燃烧矿物燃料　③用洗衣机洗衣服　④汽车尾气

A ②④　B ①②③④

有些电器在发电过程中会产生二氧化碳，再比如现在通过手机的移动数据下载视频，看电影，传邮件，都要通过基站进行数据的交换与传输，在此过程中会消耗大量电力，产生过量的碳排放，所以我们要减少电子设备以及电器的使用。

学习环节3：想一想、说一说

知识窗：2014年11月联合国政府间气候变化专门委员会发布的报告指出："温室气体"排放以及其他人为因素已成为自20世纪中期以来气候变暖的主要原因。2016年"气候经济学之父"尼古拉斯·斯特恩指出：如果全球"温室气体"排放"一切照旧"，那么到21世纪末，温度上升幅度有可能超过4℃。

如果全球温度继续升高，会给地球生态和人类生活带来什么后果呢？请结合知识窗的内容想一想。

小结：如果气温真的再升高4℃，给地球生态和人类生活带来的后果不堪设想。

（五）总结

同学们，全球气候变暖带来的洪涝干旱等灾害越来越频繁，所以给地球降温迫在眉睫。这需要我们每一个人的努力，大家课后找一找有哪些方法可以给地球降温，下堂课我们再一起交流。这节课我们先上到这里，同学们，再见。

八、板书

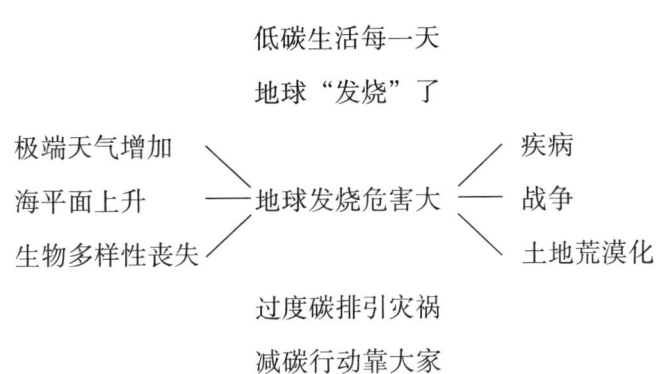

点评

孙老师执教的这节课是四年级上册第四单元第12课《低碳生活每一天》的第1课时，本课重点是让学生了解气候变暖的严重危害，明晰地球升温的根本原因。

孙老师课前作了充分的准备，课中把学生放在了主体地位，学生的探究能力、合作能力、表达能力都得到了充分的发挥。

教学活动中，孙老师尽量调动学生的多种感官刺激，全力激发学生参与活动的积极性，运用学生喜欢的视频、图片调动他们的视觉刺激，以引起学生的共鸣。

通过这节课的教学和学习，学生收获不小，不仅懂得全球变暖给人类和环境带来的影响，还懂得我们在生活的很多方面都可能产生温室气体，全球变暖与我们息息相关，给地球降温需要我们每个人的努力。

有几点建议：一是加强对课堂的把握，控制好节奏，松弛有度；二是可以引导学生学会自己归纳、总结；三是要注意克服语言的重复。

整体上看，本节课教学目标明确，教学思路清晰，能按教学设计思路实施课堂教学，逻辑性较强，达到了教学目的。

《烟酒有危害》教学设计

长春市绿园区锦程学校　闫伟华

一、教材分析

"主动拒绝烟酒"是部编版《道德与法治》五年上册中的一个主题。本单元以公共生活为主线，旨在让学生了解人类在发展物质文明的时候，必须重视精神文明建设。公共生活靠大家共同建设。教材选择的内容都比较贴近学生的生活，是他们感兴趣的话题。整个单元以新的切入角度，将行为规范的培养与文明社会的发展有机结合，让学生明白文明习惯的培养和文明素质的形成，与社会是密切相关的。以本课为例，选择的内容都是学生身边常见的，尤其以烟酒、网络更具代表性，几乎在中高年级学生中已经成为常见问题。我们所要做的就是根据这些问题制订行之有效的教学方法，达到本课的教学目标。道德与法治课的目标就是培养学生良好的行为习惯和个性品德，使遵纪守法这一理念渗透学生的内心。本课的教学目标就是学生知道烟酒危害，远离烟酒，从小养成良好的行为习惯。同时知道购买烟酒是违法行为，少年儿童要懂得用法律武器保护自己。

二、学情分析

从学生身心发展来看，五年级学生已经具备了一定的判断能力，做事能够思考、判断，但绝大多数时候是随波逐流，模仿他人。他们的内心深处往往希望别人尊重自己，看重自己，能够把自己当作成年人来对待，因此刻意去模仿成年人。吸烟喝酒便属此列。同时，社会家庭也对孩子产生了一定的影响。如影视作品，父母习惯等，潜意识中认为吸烟是时尚，喝酒是义气的表现，这样做才是真正的"男子汉"。这些都是学生接触烟酒的诱因之一。原因之二就是家庭的因素。很多家长吸烟、喝酒并经常让孩子帮助去买烟买酒。家中经常烟雾笼罩，酒气熏天，这也为学生接触烟酒提供了方便。针对上述原因，在教学中要让学生自己通过搜集、讨论、合作学习，从中认识烟酒的危害，远离烟酒。在教学中不是提出多大的口号，去帮助别人，为社会做多大贡献，而是让学生从小养成一种好的习惯，能够终身受益。同时引入法律条文，让学生了解我国法律在这方面的规定，从小培养法律意识。

三、教学目标

1. 认识到烟酒对少年儿童的危害及对社会的影响，能够正确判断生活中的"阳光"与"陷阱"。
2. 允分利用网络优势，创设自主学习合作、探究的学习氛围，让学生自主学习，掌握知识，增长技能。
3. 通过本课的学习，认识到烟酒的危害，从小养成良好的生活习惯，养成对自己生命负责的态度。
4. 了解我国在烟酒方面和儿童相关的法律法规。学会用法律武器保护自己。

四、教学重点、难点

充分考虑到学生是学习和发展的主体，在课堂教学中，让学生自己去探索，去了解，从不同方面进行分析，认识到烟酒的危害。

在教学中更注重学生的自律，培养学生分析问题、解决问题的能力。

五、教法学法

自主探究合作交流。

六、教学准备

教师自制课件。学生准备大量相关文字资料、图片资料、备用的白纸板纸、油画棒等。

七、教学过程

（一）问卷调查，直入问题

师：发放给每位同学一张调查表格，请如实填写下列内容：

问卷调查表

性别：　年龄：

你吸过烟吗？你记得第一次吸烟是多大吗？

你能经常接触到香烟吗？从哪儿接触到的？

你会自己偷偷地吸烟吗？为什么？

你对吸烟者是什么看法？

你喝过酒吗？第一次喝酒是什么感觉？

你认为喝酒是有意义的吗？（或是喝酒能体现朋友之间的"情谊"吗？）

别人请你吸烟、喝酒，你会拒绝吗？

你知道吸烟喝酒影响身体健康吗？

你知道国家在烟酒方面对少年儿童的有关规定吗？

此表不记名，只做调查了解，请各位同学如实填写，如有更多想法请写到空白处，谢谢你的合作。（此表格很简单，是我与二十多名同学在交流中得出的，比较能反映学生在烟酒方面的真实问题，具有一定的代表性。）

生：如实填写表格，并把表格上交。

（二）交流资料，认识危害

师：同学们，吸烟、喝酒已成为人们生活中习以为常的事情。然而，吸烟和过度饮酒会带给人们什么呢？请同学们观看这段科普片。

（课件内容：烟酒对少年儿童的危害、爷爷的"悔恨"）（学生观看影片）

师：从中你们了解到了什么？你还知道烟酒对我们的生活有什么影响？

生：结合书、影片及自己的所知谈烟酒的危害。（可以给学生时间，进行讨论、交流观点。）

师：结合学生回答重点指出烟酒会上瘾，不要轻易尝试。

（三）明理导行，从我做起

师：我们已经充分认识到烟酒的危害，那么我们应该怎样做呢？

生：交流、讨论。

生：介绍今后自己在烟酒方面的做法。

师：根据实际情况，适当加以点评。

师：再次发放问卷调查表，用彩色笔填3-9题。

生：读一读两次填写的内容。

（学生两次填写的内容有很大的不同，可以看出在认清了烟酒的危害后，学生已经能够正确处理烟酒的问题，形成正确的观念。）

师：思考两次的问卷内容，从中得到了什么启示？

生：只有正确地了解烟酒的危害，才能不沾烟酒，抵制不良的习惯。

（四）知法守法，保护自己

各位同学，在生活中如果发生类似事件，你会怎么办呢？

出示课件：家人聚会，爷爷让我去给他买包香烟。

学生讨论，介绍自己的做法，选择一个比较优秀的方案，说明原因。

教师引入相关的法律链接：《中华人民共和国未成年人保护法》第三十七条规定：禁止向未成年人出售烟酒。

（五）八仙过海，各显其能

师：同学们，我们已经认识到烟酒的危害，并决定不与烟酒为伍。如何让更多的人了解他们的危害，共同抵制研究呢？你有什么好办法？

生：积极向他们宣传烟酒的危害。

师：现在的时间属于你们，请开动脑筋，以各种方式向人们宣传戒烟、戒酒。

生：动手制作。

师：巡回指导。

生：展示作品。

师：给予评价。

总结全课

师：同学们，我们今后对烟酒的态度是："不吸烟，不喝酒，不帮买。"

师：老师相信每个同学都能做到。遵纪守法，保护自己，从小事开始。

（六）板书设计

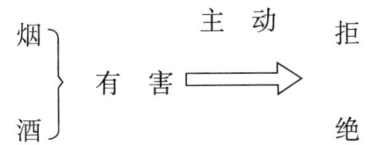

点评

《主动拒绝烟酒与毒品》这节课层次清晰，匠心独具，设计巧妙。教师语言充满童趣，使静态的教材文本演化成了生动的课堂教学。我想用几个词来评价这一堂课，即有序，有神，有色。

1. 层次设计，匠心独具——有序。

有序是指采用板块方式进行教学，板块之间的过渡紧凑自然，教学思路清晰结构合理。

2. 精心活动，绽放活力——有神。

有神，就是指课堂特别有精、气、神，不沉闷。简单来说，就是课堂教学充满活力。教师充分发挥学生的主体作用，采用多种教学形式，精心设计活动。

3. 活泼大气，寓教于乐——有色。

有色指有鲜明的教学特色。老师给我们的感觉就是活泼而不失大气，课堂上老师犹如一个大孩子融入在孩子中间，她的语言生动有趣，教态活泼大方，或引领，或参与，孩子们喜欢这样的老师，喜欢这样的课！

常言道：教学永远是遗憾的艺术，这节课存在的问题主要是学生的课前调查不够充分，因此汇报时比较含糊。原因是孩子调查收集信息的能力比较弱。下次在布置学生调查时，应该给予学生详细的方法指导，降低调查的难度，这样效果会好些。

（长春市绿园区教师进修学校　周樱蓉）

《古老而优美的汉字》教学设计

长春市绿园区哈达小学　王嘉媛

一、教学内容

部编版《道德与法治》五年级上册第八课《美丽文字　民族瑰宝》第一课时

二、教学目标

1. 了解我国语言文字的多样性。
2. 了解汉字的悠久历史和发展特点，学习欣赏独特的书法艺术。

3. 培养热爱祖国文字的情感。

三、教学重点

了解汉字的悠久历史和发展特点，学习欣赏独特的书法艺术。

四、教学难点

培养热爱祖国文字的情感。

五、教学准备

多媒体课件、学习单。

六、教学过程

（一）导入新课

1. 印度前总理尼赫鲁说过这样一句话，世界上有一个伟大的国家，她的每个字，都是一首优美的诗，一幅美丽的画。同学们知道他说的是哪个国家吗？

2. 汉字是中华民族的文化瑰宝，是一个个有着独特性格的可爱小精灵，充满着智慧和真情。在中华民族大家庭里更有种类繁多的少数民族文字，像兄弟姐妹一样紧紧团结在一起。这节课就请大家和老师一起走进中国文字，领略它独特的风采。

（二）讲授新课

活动一：了解中国文字丰富多样的特征

1. 出示我国少数民族语言地图，请学生说一说自己知道的少数民族文字。
2. 说一说：你知道纸币上藏着哪几种少数民族的文字吗？
3. 学生自主阅读教材 62 页拓展资料，了解藏文的悠久历史。
4. 出示更多种类的少数民族文字，引导学生了解少数民族同胞的爱国情感。
5. 简要介绍《中华人民共和国国家通用语言文字法》中关于"推广普通话，推行规范汉字"的规定。

活动二：体会汉字的象形特征

1. 出示结绳记事等原始记事方式的资料，学生猜一猜它们记录了什么事情。
2. 大家猜测的都不一样，说明用结绳这一类方法，很容易引起误会，于是我们聪明的祖先创造出一种更加简捷的表达方式。

3. 猜一猜：出示古汉字中的"虎""象"两个字，通过猜字游戏使学生对汉字的象形特征有初步的了解。

4. 找一找：出示用甲骨文写成的十二生肖，学生找出自己和家人的属相。

5. 同学们在预习过程中收集到了哪些古老的象形文字，这些文字背后有哪些有趣的小故事？请你和大家分享交流一下。

6. 通过同学们的描述，老师仿佛看到了一幅幅图画，几千年前人们的生活就出现在了眼前，这一个个充满趣味的汉字全都凝聚了古人智慧的力量。

7. 自主学习：学生使用学习单，写出古汉字对应的现代规范汉字。

活动三：小组学习，概括汉字的演变历程

1. 明确任务：汉字一路走来，经历了许多不同的阶段，其间都出现了哪些字体，它们又是如何演变的？请你和同学以小组为单位讨论并概括。

2. 学生小组讨论并汇报。

3. 说一说：了解了汉字漫长的演变过程，你有怎样的感受？

活动四：欣赏作品，感受书法艺术之美

1. 出示古代名家书法作品的视频资料。

2. 说一说：欣赏了这么多精彩的书法作品，哪一幅给你的印象最深？为什么？

（三）归纳总结

同学们，这节课我们在一个个汉字的引领下，穿越了时空隧道，体会到了祖先的智慧和创造力，又在一幅幅书法作品中，感受到了古人对书法艺术之美的不懈追求。希望同学们能把汉字当成自己的良师益友，传承艺术的民族精神，传播汉字的中国气派。

点评

本节课的教学目标设定非常明确，各个教学环节紧紧围绕目标展开，设计清晰、紧凑。课堂教学通过多媒体手段，设计一系列的视频、图片、游戏活动等教学形式，激发学生的学习兴趣，引发学生的思考和感悟，引导学生进行自主、合作、探究性学习。通过系列活动情境的创设，让学生在情境中感悟、探究，在活动中感受、体验，营造积极愉悦的课堂氛围，对培养学生核心素养起到了促进作用。

（长春市绿园区哈达小学教学校长　栾爽）

《三大战役》教学设计

长春市绿园区四间小学　张菊新

一、教材分析

本节课的主题思想是进行爱国主义教育和革命传统教育，学生通过对解放战争历史的学习，从而产生爱国情感，民族自豪感。培养学生自信心，树立国家主人翁的意识和责任感。本课为"夺取抗日战争和人民解放战争的胜利"这一主题内容的第 10 课，题目是根据教学需要自拟的。

二、学情分析

1. 学生对战争过程的学习是感兴趣的，但对战争发生的原因，结果和意义缺乏理性的思考。
2. 授课对象是五年级的学生，他们有独立的判断和思考能力，通过小组合作学习，在活动中了解战争，激发学生的爱国情感，从而达到德育教育的目的。

三、教学目标

1. 情感、态度与价值观：学习并树立革命先辈们英勇不屈、顽强斗争、热爱祖国的高尚品德。
2. 能力与方法：通过小组合作学习，培养学生能够进行简单的调查，探究能力，根据搜集的资料，培养学生处理和利用资料、解决问题的能力。通过汇报交流等形式，不断提高学生的表达能力。
3. 知识目标：了解三大战役发生的原因、结果和意义。

四、教学重点、难点

学生明确三大战役的名称、时间及结果；小组合作学习中，培养并提高学生解决问题的能力；学习并树立革命先辈们英勇不屈、顽强斗争、热爱祖国的高尚品德。

五、活动设计理念

本课涉及到对历史知识的学习，为了避免授课方式的单一和学生学习时产生枯燥乏味的感觉，从学生的特点和学习能力出发，采取小组合作探究这一学习模式进行课堂教学。

六、活动准备

1. 知识准备：学生观看电影《大决战》，获得并积累有关解放战争的知识经验。
2. 材料准备：本课相关课件，三大战役的历史挂图，学习卡片。师生共同搜集整理的文字、视频资料。

七、活动过程

（一）导入环节

从毛主席在开国大典上的讲话导入，明确新中国成立于1949年，回顾抗日战争历史，明确抗日战争胜利于1945年，通过问题"为什么抗日战争胜利以后四年多，新中国才成立呢？在这四年中，中华大地发生了哪些事件呢？"导入本课的学习。

【设计意图】

抗日战争、开国大典是学生们熟悉的历史事件，通过视频，把学生带入历史的情境中，导入环节不但回顾了前面学过的知识，而且通过提问，激发学生探索解放战争这段历史的兴趣。

（二）小组合作学习环节

活动内容：乘胜追击——走进三大战役

活动步骤：

1. 组员合作学习，共同阅读教材和资料。
2. 思考与练习：三大战役分别指的是什么？明确三大战役发生与结束的时间、结果及意义。
3. 小组内完成学习卡片。

温馨提示：

组内合作阅读，保持活动秩序。字迹工整填写，合作完成练习。汇报声音洪亮，组员认真倾听。

【设计意图】

本环节最大限度地减少教师的讲授；调动学生参与的积极性，发挥学生自主探究的能动性。活动中遵循以人为本的观念，给学生发展以最大的空间。根据教材提供的内容，把培养调查、探究能力、解决问题能力、学生表达能力作为教学的重点，充分体现学生学习的自主性。规律让学生自主发现，方法让学生自主寻找，思路让学生自主探究，问题让学生自主解决。

（三）小组汇报环节

组员汇报学习卡片的内容，其他小组同学给予补充。

（四）情感升华，德育教育

通过同学们的汇报，我们知道了战役的时间、结果和意义，但这胜利却是来之不易的，为了取得战争的胜利，我们付出了巨大的牺牲。

观看军事纪实片《塔山阻击战》、"攻打锦州"、"人民群众积极支援前线"、"1948年国统区购物"、"北平和平解放"等影视、图片资料，"解放战争中苹果的故事"等文字资料，激发学生的爱国情感。

【设计意图】

道德与法治是在小学中高年级开设的一门以学生生活为基础、以学生良好品德形成为核心、促进学生社会性发展的综合课程。爱国主义教育是本课重要的教学目标之一，同学们通过学习，了解并熟悉了三大战役的基本历史知识，教师利用图片、视频等资料展示三大战役中人民解放军作战的艰苦，国民党反动派的骄奢自满，通过战争惨烈场景的画面，战争中一个个动人的故事，分析出人民解放军胜利的原因，从原因出发，激发学生们学习并树立革命先辈们英勇不屈、顽强斗争、热爱祖国的高尚品德，从而达到德育教育的目的。

点评

整堂课以时政背景材料为载体，以问题探究为龙头，以思维训练为主线，给人的感觉是环环相扣，有条不紊。具体说有以下三点：

1. 做到了情境化地导入。

本课以毛主席在开国大典上的讲话为切入口，直观感受，直入主题，有效激发了学生学习的兴趣。

2. 达到了活动化地参与。

为了更好地达到课堂效果和完成教学目标，拉近学生们对这段历史的距离感，课前老师和同学们一起观看了电影《大决战》,并且师生共同搜集资料,对本课做了认真预习。小组活动中学生们顺利地完成了学习卡片,在讨论三大战役胜利的原因时,能够体会到战争的残酷和胜利的来之不易,从而激发了学生对革命先辈们的敬仰和对祖国的热爱。

3. 实现了思维化地感悟。

小组活动中学生们顺利地完成了学习卡片,在讨论三大战役胜利的原因时,能够体会到战争的残酷和胜利的来之不易,从而激发了学生对革命先辈们的敬仰和对祖国的热爱。

本节课也存在着些许不足,例如对三大战役解读不够全面,学生汇报的过程中存在的疑点没有及时解决等。

(长春市绿园区教师进修学校 周樱蓉)

《法律是什么》教学设计

长春市绿园区锦程学校 刘大壮

一、教材分析

本单元共两课,以"生活中的法律"和"最高法律——宪法"为主要内容和逻辑主线,分别从微观角度和宏观角度,现实生活和法治体系引导学生初步认识"法律"和"法治"。第一课《感受生活中的法律》引导学生通过身边熟悉的日常生活,感受法律无处不在。认识与生活紧密联系的几种法律类型,知道法律对保障正常的社会生活,维护公平正义发挥的作用。

本节课的设计由设置的情境入手,学生自由讨论提出问题,解决问题。再由问题入手,得出结论,根据得出的结论探讨社会中的问题。通过问题的讨论,培养学生自觉遵守法律,逐渐增强法律意识。理解法律具有保护和规范作用;运用学过的法律常识解决实际生活中的问题。法律规定了社会成员的权利和义务并能举出部分权利和义务;法律的定义。

二、学情分析

小学六年级对于学生来说，是人生的一个转折点，是一个很微妙的时期，也是一个很关键的时期。六年级学生能够对自己的学习情况有所了解，但学习方法和学习效率有待提高，本册教材的学习涉及到的法律常识对于学生有一定的难度，在教学中从学生的生活出发，由情境入手，用问题代入，最后学生用自己的语言去表达法律的概念，理解什么是法律，能用学到的法律常识去积极思考探索生活中的实际问题。

三、教学目标

1. 培养学生自觉遵守法律，逐渐增强法律意识。
2. 理解法律具有保护和规范作用；运用学过的法律常识解决实际生活中的问题。
3. 法律规定了社会成员的权利和义务并能举出部分权利和义务；法律的定义。

四、教学重点

理解法律规定的权利和义务。
运用学过的法律常识解决实际生活中的问题。

五、教学难点

运用学过的法律常识解决实际生活中的问题。

六、教学准备

PPT　视频资料　学习活动单

七、教学课时

1课时

八、教学设计

【教学过程】

学习环节及时间	教师指导要点	学生学习活动	评价要点
导入新课	一、情境导入： 结合情境中的惩罚措施，指导学生提出问题。	学生观看视频案例提出问题，思考问题，解决问题。	学生能否提出涉及到法律方面的问题，问题的设计是否符合学生的生活实际。
讲授新课	二、案例中的某些人为什么会受到惩罚，共性的原因是什么？ 法律是什么？ 社会 {准则} 准则 国家 三、解决问题 结合法律条文对给出的案例提出解决方案。 案例：钉子户的困惑 法律条文： 《中华人民共和国合同法》 《中华人民共和国民法通则》 《中华人民共和国土地管理法》 《中华人民共和国物权法》	学生讨论。 学生阅读教材，熟悉资料进行思考。 学生阅读法律条文。	学生能否用自己的语言表述法律的概念，能否理解法律的重要性，能否懂得权利与义务之间的关系。学生是否能够对社会问题（现象）提出自己的意见。通过解决问题是否明白公共利益与个人利益之间的关系。从而知道道德与法律的区别。
课堂小结	通过本节课的学习，我们知道法律规范着我们的行为，保护着我们的权利，协调着人们之间的关系，法律是由国家制定和颁布，具有强制力和权威性，所有社会成员都要遵守的行为规范。		
备注			

九、板书设计

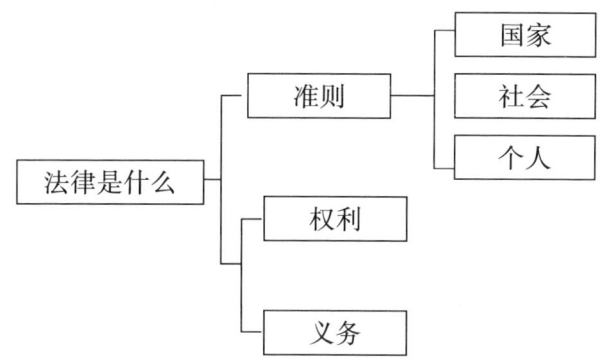

《法律是什么》合作学习单

认真听讲　和谐讨论　积极发言

（一）结合情境（案例）提出问题：

情境（案例）一：公共场所携带易燃易爆危险物品。

情境（案例）二：校园暴力。

情境（案例）三：在国旗上印制用于商业宣传的广告。

情境（案例）四："中国式"过马路。

情境（案例）五：非法雇佣童工。

（二）根据情境（案例），提出你关注的问题，每组至少一个问题。

问题（1）_____。

问题（2）_____。

问题（3）_____。

（三）结合相关的法律，对图片中出现的社会现象你有哪些想法，或者你有好的建议吗？

钉子户的"困惑"

点评

纵观全课,教者从一个小话题的层层展开,全面落实了教学目标,让学生通过鲜活的案例切身感受到了法律是为了保障所有人利益而设立的行为准则,任何人在法律面前一律平等。

在教材处理上,老师以课标为蓝图,超越教材,结合学生的生活实际,以当前社会的热点问题为内容主题进行讨论式学习。在整个教学过程中,多数时间学生都在思考、分析、讨论。在尝试解决问题,完全改变以往法律课灌输式学习方面,学生的学习兴趣和能力都有了提高。

当然,课堂教学是一门充满遗憾的艺术,本课在对学生评价上还有待加强,瑕不掩瑜,刘老师的这节课让我们感到了道德与法治课堂的一种新生机,新面貌。

(长春市绿园区锦程学校教学校长 孙丹)

《公民身份从何而来》教学设计

长春市绿园区双丰小学 雷凤伟

一、教材分析

六年级上册教材围绕着学生熟悉生活而设计,涉及《义务教育品德与社会(2011)版》中主题五"我们的国家"这一部分的课程内容,体现了《青少年法制教育大纲》小学高年级段法制教育的内容!本课教学内容来自于六年级上册第二单元《我们是公民》第3课作为起始课程,从公民这一法律概念入手,引导学生认识自己作为中国公民的身份,让学生掌握公民的内涵,厘清公民和国籍的关系,增强作为中国公民的民族荣誉感和自豪感。

二、学情分析

六年级的学生大多不懂得公民和国籍的双向联系关系,不知道不同国籍的人在公民权利和义务方面存在的差异。所以让学生知道公民和国籍的关系,并熟悉国籍的取得和丧失的方式,从而懂得珍惜自己作为中国公民的身份,培养学生的民族自豪感!

三、教学目标

1. 掌握公民的内涵，厘清公民和国籍的关系。
2. 熟悉国籍的取得和丧失的方式。
3. 培养学生的民族自豪感和荣誉感。

四、教学重难点

1. 了解公民和国籍的双向联系。
2. 引导学生珍惜自己的公民身份，培养学生的民族自豪感。

五、教法学法

讲解法谈论法。
合作交流自主探究。

六、教学准备

PPT 课件

七、教学过程

（一）导入新课（从生活入手，激发孩子的学习兴趣）

兴趣导入：孩子们，我们都是有身份的人！你知道自己是什么身份吗？（学生诧异？）其实在不同的场合，我们的身份是不同的，比如雷老师，在学校我是老师，在家里我既是妈妈又是妻子，在商场我是消费者。……那你能说说你的身份吗？

生：在学校我是学生
在家里我是孩子
在游乐场我是消费者
……

（二）公民身份从何而来（让孩子了解公民的含义，以及取得公民身份的几种途径，教育孩子珍惜自己的公民身份，培养孩子们的民族自豪感）

师：说得真好！也就是说在不同的场合我们的身份是不同的，但是，我们有

一个身份是相同的,那就是:

生:公民

师:对,我们都是中华人民共和国公民。孩子们,你们理解公民的含义吗?在你的思想意识中,公民是一个怎样的概念?

生:公民就是老百姓。

生:公民就是有中国户口的人。

生:公民就是有身份证的人。

师:同学们理解的不错,准确地说:公民就是具有或取得某国国籍,并根据该国宪法和法律规定享有权利和承担义务的人。上面说过我们都有一个共同的身份就是中国公民!因为我们都具有中国国籍!那么如何区分某人是哪国人,其实是根据他们的国籍所在地来判断的,进而确定他们的公民身份。

师:孩子们,你知道你们的国籍是怎么取得的吗?你知道国籍的取得有几种方式吗?

生:我在中国出生的,所以就可以获得中国国籍。

生:我爸爸妈妈都有中国国籍,所以我自然就可以获得中国国籍。

生:爸爸妈妈说我出生后到派出所给我落了户口,我就有中国国籍了。

生:老师,我知道国籍的取得有两种方式:一是以出生的方式取得;二是以申请加入的方式取得。

师:凡具有中华人民共和国国籍的人都是中华人民共和国公民!我们的身份与国家密切相关,标示着个人作为国家成员的资格,即具有某一国家国籍,就根据该国法律规定享有权利和承担义务。比如在新冠疫情期间,你感受到了我们作为中国公民享有哪些优于其他国家的权利?

生:国家对于确诊的新冠肺炎患者采取免费治疗政策,费用由政府承担!

生:并且免费提供生活保障。

师:劳动者在工作期间因工作原因感染新型冠状病毒肺炎,应当认定为工伤,享受工伤保险待遇。因疫情导致劳动者不能正常上班的,应给予必要的假期,不得解除劳动合同。必要情况企业应照常支付劳动报酬。

师:当然作为中国公民我们也同时应该承担一定的义务,比如疫情期间按国家规定居家天数,一旦有接触史一定要按要求隔离!

此时此刻,你是否感受到了作为一个中国公民的自豪感和优越感,一定会因为自己是中国人而感到骄傲和自豪吧!

(三)知识拓展(让学生了解我国不承认双重国籍以及外国人想取得中国国籍的条件)

● 外国人或无国籍人,愿意遵守中国的宪法和法律,并具备一定条件,可以经申请批准加入中国国籍。

●我国不承认中国公民具有双重国籍，中国公民具备法定条件的，可以经申请批准退出中国国籍。

（四）活动园：公民一词的起源（珍惜公民身份）

早在古希腊古罗马时期，就出现了公民一词，但那时公民的身份并非谁都可以取得，而是由地位尊卑决定的，妇女与奴隶不享有公民资格！这不仅让我们由衷地感觉生在现在、生在中国是我们的幸福，所以我们要好好珍惜作为中国公民的身份，为我们是中国人而感到骄傲和自豪！

（五）作业：预习下一课

八、板书设计

公民的含义：具有或取得某国国籍，并根据该国宪法和法律规定享有权利和承担义务的人。

国籍取得方式：一是以出生的方式取得；二是以申请加入的方式取得。

教学资料库

有关国籍的法律规定

《中华人民共和国宪法》

第三十三条第一款　凡具有中华人民共和国国籍的人都是中华人民共和国公民。

《中华人民共和国国籍法》

第三条　中华人民共和国不承认中国公民具有双重国籍。

第四条　父母双方或一方为中国公民，本人出生在中国，具有中国国籍。但父母双方或一方为中国公民并定居在外国，本人出生时即具有外国国籍的，不具有中国国籍。

第六条　父母无国籍或国籍不明，定居在中国，本人出生在中国，具有中国国籍。

第七条　外国人或无国籍人，愿意遵守中国宪法和法律，并具有下列条件之一的，可以经申请批准加入中国国籍：

一、中国人的近亲属；

二、定居在中国的；

三、有其他正当理由。

第八条　申请加入中国国籍获得批准的，即取得中国国籍；被批准加入中国国籍的，不得再保留外国国籍。

第九条 定居外国的中国公民，自愿加入或取得外国国籍的，即自动丧失中国国籍。

第十条 中国公民具有下列条件之一的，可以经申请批准退出中国国籍：

一、外国人的近亲属；

二、定居在外国的；

三、有其他正当理由。

第十一条 申请退出中国国籍获得批准的，即丧失中国国籍。

点评

这节课教者能够充分把握教材的学科特点、学生的年龄及认知特点来设计教学流程。教学目标明确，教学思路清晰，能充分调动学生学习的积极性，让孩子们在轻松愉悦的学习氛围中领悟知识，感受作为中国公民的幸福感和民族自豪感，引领孩子们树立正确的人生观价值观。不足之处是教者在教学过程中没有顾及到全体学生，有待加强。

（长春市绿园区双丰小学主任 孙晶）

《我们是场外"代表"》教学设计

长春市绿园区新营小学 林秀影

一、教材分析

本课教学是六年级上册第三单元第6课人大代表为人民第三个小标题内容，是建立在第1、第2课时学生已经初步了解和认识我国的人民代表大会制度的基础上。其一，公民参政议政的内容和方式。本部分内容由教材第59—60页组成。其二，小学生也可以建言献策。本部分内容由教材第55页组成。

二、学情分析

六年级学生已经掌握人大代表具有广泛的代表性、人大代表依法履职、对人民负责、受人民监督，通过模拟场外"代表"，提高学生参与社会活动的能力和合作协作的能力。

三、教学目标

1. 认识到参政议政是每个公民的权利和责任，每个公民都可以通过不同方式参与其中，了解公民建言献策、参政议政的内容和方式。
2. 从身边和生活出发，善于观察并发现问题，在力所能及的范围内积极参与社会公共生活。通过调查、搜集、整理资料，在体验中感受身为场外"代表"的责任感。
3. 进一步培养学生权利和义务的观念，增强学生主人翁意识和社会责任感。

四、教学重难点

重点：了解公民建言献策、参政议政的内容和方式。

难点：从身边和生活出发，善于观察并发现问题，在力所能及的范围内积极参与社会公共生活。

五、教法学法

教法：讨论法、讲述法、比较法
学法：合作交流法、自主探究法

六、教学准备
PPT，视频资源

七、教学过程

（一）激趣导入（2分钟）

师：各位观众，大家好，我是新华社记者小林，从全国人民代表大会现场为您发回报道。此刻，来自全国各地、各民族的人民代表们阔步通过向前，走进人民大会堂。这就是恢宏的人民大会堂，人民代表们将在这里为我们国家的建设献计献策、参政议政。同学们，老师从现场归来，想问问大家，通过上节课的学习，你知道人民代表的职责是什么吗？

生：多方调研，了解民情、社情。

生：设立接待日，接待来访民众。

生：撰写议案和建议，在人民代表大会上提交。

师：关心国家大事，不仅仅是人大代表的职责，其他公民也可以积极建言，参政议政。

本环节设计意图：创设情境，激趣导入，复习旧知，引入新课。

（二）小公民看国事、社会事，了解建言献策渠道（10分钟）

1. 活动园。

（1）请同学们认真阅读59页学习资料，思考：作为公民，我们可以对国家、社会的哪些方面提出建议呢？

学习指南：学生自读资料、进行小组讨论。

温馨提示：小组同学轮流说；注意倾听；控制好音量，小组成员能听清就行；组长到前面来发表讨论结果。

集体交流：

小组间互动评价。

生：国家重大事项我们可以参与讨论。

生：社会发展、身边问题，我们可以建言献策。

教师点评：

2. 师：出示59页"我有问题问总理"图。

师：网民参与的向总理提问活动中的问题类别，从中你有何发现？

生：这些问题关系到人民群众利益的方方面面。

3. 学习60页学习资料，思考：朱先生这位民营企业家通过哪些方式关心国家大事？

小组讨论：

（1）聚焦问题：朱先生的想法向谁反馈？

（2）朱先生为什么感到自豪，感到自己被重视？

（3）在建言献策的过程中，朱先生使用了哪些方式一步步表达自己的想法？

全班交流：

（1）聚焦问题。

生：朱先生将自己的想法向一名全国人大代表进行表达沟通。

（2）生：朱先生的部分观点被登上财经媒体，他的意见也被采纳，所以感到自豪，感到自己被重视。

（3）在建言献策的过程中，朱先生先使用了电子邮件将自己的详细想法发给全国人大代表；接着在《中华人民共和国社会保障法》草案意见征集前，他又把自己的建议通过电子邮件发给相关机构。

4. 师：除了发邮件，你还知道能通过哪些途径建言献策？

生：在政府网站留言、给人大代表写信、参加听证会……

5. 教师总结：看来，除了人大代表，其他公民也可以积极建言，参政议政。这既是公民的职责，也是公民自觉承担社会责任的体现。

本环节设计意图：本环节的教学，通过"我们可以提哪些方面的建议"到"我们能通过哪些途径建言献策"，其中还引用了第60页学习资料，通过朱先生这位民营企业家的事例引起学生共鸣。这个环节花费一定时间，从内容到方法，层层推进，这也为下一个环节做好了铺垫。

（三）小公民做"代表"，关注生活建言献策（8分钟）

师：参政议政不仅仅是成年人的事，作为小学生，我们也可以积极参与，生活中，有许多与我们关系密切的问题，我们可以通过不同方式提出来。学习第61页阅读角《全国人大常委会回函小学生立法建议》。

学生认真读《全国人大常委会回函小学生立法建议》。

本环节设计意图：本课时教学，采取模拟活动，学生在这个环节学习了《全国人大常委会回函小学生立法建议》，了解了小学生也可以参与到社会生活中，有了相关知识作铺垫，对下一个环节"小提案"模拟环节奠定了良好的基础。

（四）小公民谈所想，我是小当家（3分钟）

师：通过前两个课时的学习，我们了解了人大代表工作程序，谁能来归纳一下？

生：发现问题——找寻原因——解决办法——书写提案

师：上节课结束前，我们布置了"观察生活，撰写《提案书》的行动作业"，有不少同学，的确发现了身边存在着一些不合理的现象，也当起了小"代表"，写了提案。让我们一起交流观察到的问题。

学生小组交流《提案书》内容：（1）具体问题是什么？（2）是什么原因造成这一问题？（3）解决方案。

本环节设计意图：关注身边小事，提出合理化建议，也是学生在力所能及的范围内积极参与社会公共生活。

（五）假如我是人大代表，实践活动拓展延伸（17分钟）

1. 汇报交流。

师：同学们，现在我宣布：六（3）班第一届人民代表大会现在开始。请汇报，课前调查中发现了身边哪些不合理的现象呢？每小组选取重点想和同学们分享的问题进行汇报。

生1：学校周边有很多卖垃圾食品的摊位，同学们饮食安全没有保障。

生2：学校门口上学、放学时段交通严重堵塞。

生3：由于修地铁，校门口成为单行道，路况复杂。能否设立红绿灯？

生4：盲人道铺设不当。

生5：目前公厕数量少……

2. 小组写提案。

书写指南：

寻找原因　调查研究

解决办法　合理可行

书写提案　清晰通顺

3. 人大代表交流提案。

（1）各组代表汇报提案。

（2）师生共同评价，将审议通过的提案粘贴在黑板上。

4. 总结提升。

今天，我们模拟人大代表，观察、发现问题，并对如何解决问题提出了自己的意见和建议。希望大家以后也要做个有心人，多关心社会，关心民生，长大争当一名真正的人民代表，为人民、为社会多做贡献。

本环节设计意图：这一环节，实操会占用较长时间，只有给学生充分的讨论问题、交流《提案》、进一步修改《提案》的时间，才能让学生真正感受到"生活中许多和我们相关的问题，小学生也可以建言献策"，才能有效达成"在模拟体验活动中感受身为人民代表的责任感"和"树立关心社会问题的公民责任意识和主动参与意识"这两个目标。

八、板书设计

我们是场外"代表"

听呼声　﹜

　　　　　担责任　做主人

出主意　

发现问题　寻找原因　解决办法　书写提案

点评

本节课教学从身边和生活出发，善于观察并发现问题，在力所能及的范围内积极参与社会公共生活。通过调查、搜集、整理资料，在体验中感受身为场外"代表"的责任感，进一步培养学生权利和义务的观念，增强学生主人翁意识和社会责任感。

在教学过程中通过创设人大代表进入人民大会堂的情境，激趣导入，复习旧知，引入新课。接下来利用四个环节"小公民看国事、社会事，了解建言献策渠道""小公民做'代表'""小公民谈所想，我是小当家""假如我是人大代表，实践活动拓展延伸"，从内容到方法，层层推进，达成教学重点——了解公民建言献策、参政议政的内容和方式。

本节课，作为场外"代表"如何制作提案，反映自己身边发现的问题。在这一环节处理上教师给学生充分的讨论问题、交流《提案》、进一步修改《提案》的时间，让学生在体验中真正感受到"生活中许多和我们相关的问题，小学生也可以建言献策"，有效达成"在模拟体验活动中感受身为人民代表的责任感"和"树立关心社会问题的公民责任意识和主动参与意识"这两个目标，突破教学难点——从身边和生活出发，善于观察并发现问题，在力所能及的范围内积极参与社会公共生活。

（长春市绿园区 87 中学小学部南校区　杨丽霞）

专题四 教学研讨

如何在小学道德与法治课培养学生的法治意识

长春市绿园区锦程学校 闫伟华

一、法治课程对学生法治意识培养的重要意义

道德与法治课程是对学生的日常行为进行规范，并且对学生的思维方式进行指导的教学课程，是"以学生为主体"教学理念的实际体现。道德与法治教育课程是小学教育体系中的重要组成部分，当前素质教育强调学校要培养和加强学生的综合素质，也是德、智、体、美、劳的全面发展，道德与法治课程是培养学生思想品德和法治意识的主要课程，是在小学阶段树立起正确的人生观和价值观的关键时期的重要课程。由于小学生的法治意识相对较为薄弱，在这个时间段重视道德与法治教育，增强学生的思维价值观念等，能够从基础上培养孩子们具有良好的思维价值观念、法治意识学习并思考。

当前，我国教育事业不断发展，国家已经不断加大了对于道德法治教育的重视程度，但是小学生的道德和法治教育仍然有很大的提升空间，部分问题需要正视和解决。根据一些调查和统计分析，很多小学生并没有真正地意识到道德与法

治课程的重要性，课程的学习也并不能改善一些学生的既有的行为和价值观，很多学生在课上学习后，并没有在实际的学习生活中应用所学知识。因此，教师需要探索研究，改进教学方法，思考教学方式，增加学生们对于课程的投入感和兴趣感，并能够切实地改进学生的思维方式并建立法治意识。

二、培养小学生具有法治意识的有效途径

1. 不断丰富教学内容，优化思考教学方式。

随着信息技术的发展，教师就可以网络等多渠道获得教学资源，为学生带来更多的法治相关的视频或图片资料。在降低学生学习难度的同时，丰富课堂内容的多元性。学校可以在学生的食堂等场所设置电视，并且为学生进行固定的普法教育，让学生在潜移默化中提升自己的法治意识。

在实际的法治教学过程中，教师可以通过体验式教学的方式，让学生更加直观地对法治知识进行学习和应用。教师可以通过一些互动的教学方式开展，虚拟的情境模拟，激发学生的学习热情，让学生参与其中，通过身临其境的体验对问题进行本质的思考。教师还可以使用一些开放式探究式的教学方式。例如在讲解生活与法律时，可以通过联想和多媒体引入的方式，使得学生们对日常生活内容进行法律思考交流，如学生乘坐大巴春游、父母带孩子去医院看病都涉及哪些法律；从而让学生理解法律是大到国家、小到个人的家庭生活到处都能够体现。让学生们采访家人和亲戚的工作职业，联想一些法律。通过多媒体等展示一些场景图片，让学生们寻找法律，比如在工厂里的法律、在道路上的法律、超市内的法律、学校中的法律等，通过一系列的贴近生活的法律场景，引导学生们对于法律的认知和思考。

在讲解法律概念的时候，如法律援助，这样的词汇通常比较难以理解，教师可以通过一些提问和错误回答的内容方式，激发学生兴趣，展开内容讲解。诸如"如果弟弟被人欺负就找人教训他、如果有人偷我家果园的葡萄就去偷他们家的""如果被别人家的狗咬伤了也没办法就只能认"。通过引入以上案例，让学生们思考和回答观点是否正确。在这个互动的过程中，提出问题，比如"如果爸爸在公司被拖欠工资怎么办？"在学生们的回答和思考之后，提出法律援助的标准概念，教会学生理解人人享有权利、人人享有义务的真正含义，引导学生对前述提问做出正确的解决方式。深化学生对于法律援助概念的理解，并与生活联系。

2. 适当开展社会实践活动，打造法治意识环境。

纸上得来终觉浅，绝知此事要躬行。意识和观念的养成必须经过大脑是非判断标准这一关：如果大脑觉得这个东西符合是非判断标准，是好的，是有意义的，

大脑才会乐意接受。传统法治意识和法治观念的培养，灌输式的听，可能会忘记较多，只有实际做过，才能够深刻理解。更好地加强、巩固学生的教育成果，形成法治教育合力，需要进行教育实践辅助完成。如引导学生思考和体验，从而建立正确的法治意识。此外教师可以通过一些实践活动让学生们认识到遵纪守法的重要性，比如组织学生们过马路遵守交通规则，公共场所爱护公务、保护环境爱护野生动物等。同时要让孩子们深刻体验社会上有许多人群是弱势群体，非常需要社会的关爱和法律的保护；只有不违法犯罪，遵守交通规则，才会提升社会安全，减少交通事故等等。让学生在社会实践活动过程中深刻地建立起法治意识，深刻地体会到遵守社会规则的重要意义，即遵守社会规则不仅能给自己、他人和社会带来方便、安全与快乐，而且能让自己的生活更加幸福。通过一系列的社会实践参与，所见所闻所感，学生们才能够做到遵纪守法，多一份社会责任感，并感染身边的亲人、朋友等都来知法、守法，建立法治意识，形成法治教育合力，最终实现教育成效。

通过组织学生参加一些义工活动，敬老院慰问老人，看望特殊学校的孩子，在社区做一些卫生等服务互动，孩子们通过耳朵听、眼睛看并动脑思考、动手做等深刻体验教育活动。

3.引导发挥家庭教育特色，培养良好传统美德。

父母的言传身教和家庭环境对孩子的影响至关重要，家长的榜样示范作用和优良家风的浸润作用往往影响孩子的言行举止和成长，可见，家庭教育也是孩子们建立法治意识的一个重要阵地。在古代，人们就非常重视家风的建设，认为有的家庭就会培养出什么样的孩子。在一个家庭，如果父母经常能够保持心情愉悦地读书、看报、听新闻，不断地学习新知识，发展健康的兴趣爱好，并还乐于与孩子、家人共同分享，那么，这样的家庭中成长的孩子一定有着积极的学习态度和生活态度。家长的言传身教引领孩子养成尊敬师长的思想意识，当父母遇见教师时，总是主动地与教师亲切地问好、交流和沟通；碰到问题时，总是主动地与教师沟通，经常站在对方的角度思考问题；当学生对教师的行为有疑惑时，家长能及时地进行正能量的疏导。学生看在眼里，其尊敬师长的思想意识的养成会顺利很多，并且，这种思想意识和行为习惯会伴随终身。

在道德与法律的讲解过程中，可以联系家庭教育，进行渗透讲解。将课本中的例子展开讲解，如《中华人民共和国老年人权益保障法》中将孝道正式写入法律，规定赡养人应当履行对老年人经济上的供养、生活上照料和精神上慰藉的义务。2012年又修订增加了"老年节"说明了尊老敬老不只是传统美德，更是法定义务。这样，就将道德与法律的概念完整地诠释给了学生。让学生懂得孝敬老人一方面是道德修养，另一方面也是法律要求，具有一定的强制性。

4. 不断拓宽教学视野，培养遵纪守法意识。

在法治意识和法治观念的培养的过程中，教师通过多种教学方法和教学内容展示，不断调动学生学习的能力，形成学生自我教育的意识和能力，培养学生在生活中自愿发现并接受遵纪守法的观念，从而养成遵纪守法的良好习惯，并指导个人成长和发展。

笔者教学中通过利用课本中阅读角的故事，调动学生们对法律的学习和理解能力。例如通过讲解西汉史学家司马迁《史记》记载：刘邦反抗秦的暴政，率军攻入咸阳后，首先"与父老约，法三章耳：杀人者死，伤人及盗抵罪"，也就是刘邦与大家约法三章，禁止杀人、伤害和盗窃，否则要严厉惩罚。杀人者会被处死，伤害他人和盗窃要处以相应的惩罚。通过这个小故事给大家拓展知识，让学生知道我国是法律健全的国家，目前刑法规定了四百多种犯罪，包括盗窃罪、抢劫罪、绑架罪、贪污罪、交通肇事罪等。让学生在故事中体会法律，理解法律，并能够主动发现生活中的法律，

5. 组织学习竞赛活动，创新法律学习方式。

通过法律竞赛活动，可以使全体学生知道国有国法，家有家规，学校也有纪律。帮助学生树立法制观念，增强法律意识，掌握了与其学习、生活和健康成长息息相关的最基本的法律知识，提高对违法行为的识别能力，从小养成遵纪守法的良好习惯，学会用法律保护自身的合法权益，愉快地生活，健康地成长，做合格的中国特色社会主义的接班人。竞赛内容可以将日常所学知识进行贯穿，并采用教材中的一些题目方式。将教材中的活动园内容和方式引入竞赛范畴。如连线题，把一些日常生活行为进行场景描述，对应一些所属法律进行选择对应。如"学校门口路上墙面和电线广告属于哪种法律范畴""环境保护法""叔叔和阿姨在谈恋爱，准备结婚"涉及"婚姻法？""一家工厂向河里排放污水，导致大量鱼虾死亡""环境保护法"等等这种对应方式，一方面能够强化学生理解法律内涵；另一方面通过不同的竞赛方式，让学生理解不同领域法律知识的覆盖面和应用方向。

参考文献

［1］王雪晴. 提升小学道德与法治课堂教学有效性的策略［J］. 教育科学·引文版：177.

［2］邓春元. 新课改背景下如何创建小学道德与法治高效课堂［J］. 科普童话·新课堂（下旬刊），2017（8）：1.

核心素养下小学道德与法治课程的情境教学分析

长春市绿园区双龙小学　焦玉静

【摘要】小学阶段是学生德育塑造的关键时期。近年来，国家大力发展教育，在核心素养的要求下，尤其重视学生思想品德与道德法治方面的教育。小学道德与法治课程的开设，能够引导学生树立正确的道德观促进学生成长，但在课程中还存在着一定的问题，本文通过阐释了小学道德与法治课程开展意义，充分了解到该课程教学现状，深入分析了在该课程教学中采用情境教学意义，提出在小学道德与法治教学中采用情境教学具体措施。

【关键词】情境教学；核心素养；道德与法治；小学教育

随着国家实行教育改革，大力发展教育，对学生核心素养提出了更高的要求，小学阶段作为学生身心发展的关键时期备受关注，小学道德与法治课程的开展对于提升学生的核心素养，形成良好的道德观念，树立正确的人生观、教育观和世界观具有重要的作用。但目前的教学过程中仍存在不足，情境教学在小学道德与法治教学过程中能够提升教学质量以及学生学习积极性，引起了广泛关注。情境教学法是通过创建一个结合学生实际情况的情境，使学生身临其境地领会教师想要传递给学生的道德、法制观念，提高教学质量，调动学生积极性，本文结合小学道德与法治课程教学现状，主要介绍了情境教学在小学阶段对该课程的应用。

一、在小学开展道德与法治课程的意义及教学现状

（一）开展小学道德与法治课程的意义

在核心素养的要求下学生不能只发展知识文化水平，更应进行思想品德的培养。人的健康也不仅体现在身体健康方面，良好的道德是形成健全人格的前提，没有健全人格就不能称之为健康。当前我国大力发展教育事业，教育的关键是培养人，而对人的培养不应只着眼于对于知识层面的培养，因此我国当前的基础教育课程更加注重对道德层面的教育[1]。小学阶段是学生道德品质发展的关键时期，因此，在这个阶段开展道德与法治课程具有深远意义。

（二）小学道德与法治课程教学现状

处于小学阶段的学生比较贪玩，具有较强的好奇心，但对事物的判断能力较差，在人生观、价值观、道德观等方面基本处于空白，具有较强的可塑性。因此，在小学进行道德与法治教学具有重要意义，有助于学生的良好道德品质的形成。

由于处于小学阶段的学生存在一定的特殊性，所以小学与中学在道德与法治教学上存在一定差异，这就要求教师针对学生的实际情况结合教学要求，采用科学、合理的教学方式。

但在小学道德与法治课程实际教学过程中，教师缺乏对于道德与法治方面的教学经验，在教学实践中没有采用科学、合理、有效的适应道德与法治课程的教学方法。学生面对课本中的概念及老师枯燥的讲解，很难提升对道德与法治课程学习的积极性。

二、在小学道德与法治课程中采用情境教学意义

（一）提升学生的思维能力

在小学道德与法治教育采用情境教学的过程中，教师会在课堂中为学生创建体现各种各样道德、法治问题的情境，而且在情境中要求学生要结合实际、身历其境挖掘情境中的道德问题及相应对策，体验道德与法治课程的教学意义[2]。在情境中通过换位思考的方式来反思当自己遇到类似问题时怎样进行处理，只有学生身临其境、切身感受才能激发学生创造性思维能力，提升学生的思维敏捷程度。

（二）提升学生学习积极性

由于情境教学类似于老师带领学生们一起玩游戏，因此，教师在采用这种方式进行教学时，学生都会积极参与，学生对于情境教学中的角色扮演方面乐在其中，教师通过这种形式给学生创造了一个轻松、快乐的学习氛围[3]。使得学生对道德与法治课程的学习积极性显著提高，采取这种寓教于乐的方式轻松、愉快地达到教学目标，在教师与学生之间打开了一扇传授知识的大门。

（三）提升学生的核心素养

核心素养是指学生能够具备的、适应终身发展和社会发展需要的必备品格和关键能力。小学道德与法治课程中采用情境式教学不仅能够提升学生学习的积极性，还能对学生树立优秀品德起到关键作用，对学生团结、合作意识等方面也有积极作用，提升学生的核心素养。

三、在小学道德与法治教学中情境教学的应用

（一）身临其境，进行情感体验

小学阶段是学生心智成长的关键时期，学生极富童心，比较贪玩，加之对于道德与法治课程的印象一般，觉得该课程内容较为单一和枯燥，对道德与法治的学习没有足够的积极性和主动性。同时，处于小学阶段的学生还具有极强的主观

能动性,好奇心强,注意力很难得到有效的集中,即使有事物吸引到了学生的注意力,学生的注意力也不会长久集中于此,注意力将很快转移[4]。由于学生以及道德与法治课程的特点,导致学生在学习课程的过程中遭遇了一定的困难。这就要求教师教学过程中做到提升学生对于道德与法治这门课程的学习兴趣及积极性,使学生在课程中能够集中注意力,引导学生加强对课程学习认真程度,以此来对学生进行培养,提高学生的法治意识和道德观念。采用情境教学将在很大程度上解决学生学习积极性不高这一难题。

情境教学是在教学过程中采用多种方式完成教学目的,根据教学实际情况及需求合理创建具有情绪色彩、生动形象、符合教学内容的场景,以此来吸引学生注意力、引起学生的情感共鸣,从而帮助学生更好地理解教材,使学生的心理得到健康发展的教学方法[5]。在道德与法治的教学中可以合理运用情境教学为枯燥的课堂带来轻松的氛围,提高学生对于道德与法治课程学习的积极性,使学生从传统的被动接受知识中解脱出来,结合情境进行实际感受,体验道德与法治课程中比较难以理解的定义或观念,掌握在生活中遇到道德问题时的正确做法。

通过情感体验形式进行授课,不仅能够活跃课堂气氛,使学生能够在课堂中集中注意力、认真高效地进行学习,还能使学生参与到具体的授课过程中,引导学生积极进行发言,表达出学生自己的观点。教师更能从学生的发言中了解到学生的道德观念是否符合当前的社会环境和教育理念,以便及时对学生进行引导、教育。因此,情感体验教学方式不但能够使学生集中注意力、提高对于道德与法治课程的学习积极性,增强学生核心素养,还能增加教师与学生的互动,使师生关系融洽,教师能充分掌握学生的学习情况,及时进行指导。

(二)创建生活情境,进行角色扮演

情境教学在道德与法治这门课程的应用还可以结合实际情况与社会热点话题,通过在课堂中创建各种生活场景以及对热点问题的情境再现,使学生身临其境、感受情境的变化,根据情境的变化发表个人观点,以此来树立正确的法治意识和道德观念。例如,教师可以在课堂中创建一个学生放学回家的场景,在学生放学后大家都在有序地排队等候红绿灯,这时候马路上车辆较少,老师扮演一名闯红绿灯的路人随意横穿马路,针对这一不文明现象让学生发表观点、畅所欲言。学生发表观点后教师再给予学生一定的引导,将学生的观点做出总结,然后告诉学生正确的做法。通过这种形式,不仅能使学生在遇到相似情况时采取正确措施,还能增强学生的安全意识、道德观念及核心素养。

通过创建生活情境进行教学不仅能营造轻松、活跃的课堂气氛,教师还可以从学生的发言中了解到学生的真实想法,体现学生最真实的一面,同时还能了解到学生的道德观和价值观,在以后的教学过程中对学生及时进行引导、教育,提升学生的道德观念和法治意识[5]。小学阶段是学生道德观念和法治意识发展的重要时期,学生的道德观念还可以通过积极的引导、教育进行塑造,通过创建生活情境,进行角色扮演的教学方式对日常生活中遇到的道德问题进行情境再现,可以引导学生遇到类似情况时能够沉着冷静、采取正确方法应对,主动践行道德行为,也可以让学生树立正确的道德观念。

(三）分组教学,提升团队意识

通过随机的方式将学生进行分组,能够有效提升教师在道德与法治课程中运用情境教学的合理性。例如在分组后可以根据平时课堂表现情况在每个组内选出一个组长,以此来起到模范带头作用[6]。每个小组就是一个小集体,教师可以在情境的设立下要求学生以小组为单位参加活动,每个小组只能给出一种观点。在这种情况下,学生不仅要考虑自身的感受,更要估计小组其他成员的想法。通过团队协作的教学形式,教育学生在团队合作的过程中应该服从安排,不能以自我为中心,使同学关系更加融洽,学生的团队意识得到提升,进一步提升学生的核心素养。

(四）结合教学内容创建情境

传统的教学模式主要依靠教师进行讲解,尤其是对于道德与法治课程的教学,教师往往仅对具体概念进行阐释,学生不能理解道德的建立对自身的影响及树立正确道德观的作用[7]。对这种现象,学校应该注重对教师的培养,使教师注重对学生道德方面的教育。教师应当对传统教育方式进行创新,在道德与法治课程中积极采用情境教学方式,将教学目标融入情境中,根据教学内容创建不同的情境,提升学生的体验感,以此来提升学生学习的积极性,增强学生的核心素养。

四、结束语

小学阶段是学生发展的关键阶段,道德与法治课程的开展对于提高学生的核心素养具有深远意义,由于小学阶段的学生具有一定特殊性,所以教师在教学中需要意识到情境教学在小学道德与法治课程中的重要性,了解到情境教学对于提升学生核心素养的作用,并加以应用,通过创建情境、角色扮演、分组教学等方式进行教学。有利于提升教学质量,使学生树立正确的道德、法制观念,促使学生全面发展。

参考文献

[1]李晓东,樊庆红.面向核心素养培育的道德与法治教材:以北师大版初中《道德与法治》为例[J].今日教育,2016(10):26-27.

[2]沈莉伊.基于核心素养的道德与法治课堂教学思考:以浙教版《道德与法治》第一册教材为例[J].中小学德育,2017(1):18-20.

[3]宋其温.小学道德与法治课堂培养学生核心素养的教学有效性[A].教师教育论坛(第四辑)[C].广西写作学会教学研究专业委员会,2019:3

[4]金亚慧.对课堂教学增强学生思想道德教育实效的几点思考[J].学校党建与思想教育,2016(6).

[5]文圆.中小学德育课堂教学的思考:从赫尔巴特的道德教育思想说起[J].学园,2015(2).

[6]柳夕浪.从"素质"到"核心素养":关于"培养什么样的人"的进一步追问[J].教育科学研究,2014(3).

[7]杨铭芳.体验式学法在道德与法治教学中应用切点分析[J].小学教学参考,2019(18):70-71.

小学《道德与法治》课堂教学对学生生活体验的应用探析

长春市绿园区正阳小学校　潘茹

【摘要】对于我国的教育体系来说,小学阶段属于人生启蒙站,作用十分全面。为了体现新时期的教育要求,必须重视生活化教学。通过生活化教学带给学生深刻的知识体验和感受,这样学生才能够明白与理解如何使用小学道德与法治当中的知识点处理生活中遇到的问题。对此本文将先行叙述小学道德与法治教育的生活化思路,提出生活化教育目标、生活化教育方法、生活化教育内容以及生活化评价方式,旨在全面生活化教学,带给学生生活化的学习体验,提高教育效果。

【关键词】小学;《道德与法治》;生活体验;教学思路

前言:不论是什么学科的知识,其源头都是生活。生活化教育最大的意义就是能够让学生适应与理解生活与知识的联系。在生活化教育过程中,增强学生知识学习效果与吸收效果。教师需要做好教学内容生活化转化,用生活化教育过程、教育方法帮助学生掌握知识的特点、含义与用处。教师应立足学生实际以及学科教育目标、教育内容，体现现实化教育追求，帮助学生形成良好素养，解决学生成长需求。

一、生活化道德与法治教育必要性

小学阶段是我国教育体系最基础、最重要的环节，有着奠基的作用。儿童道德与法治教育需要找到规律，用适应性的渐进教育过程，帮助学生将知识变成自己的能力。小学阶段学生的素质教育需要体现出基础品质培养。小学教育当中的内容十分基础、十分重要，打好小学阶段基础，才能够让学生学习中从容处理后续学习。道德与法治源于生活，同时也是小学阶段十分基础的学科，是德育教育前沿阵地。道德与法治知识生活性很强。其内容来源生活，可以为学生道德与法治素养的塑造提供很多支持。正因学科存在生活化特点，所以教师平时才需要将书本内容与学生生活联系到一起，带领学生用身边的人、事消化与理解课程中学习的内容。将生活作为出发点、切入点，体现学生课堂主体地位，调动学生学习主观能动性，帮助学生学习知识，提高学生知识见解。

二、道德与法治生活化教育增强学生生活体验的方式

（一）生活化教育目标

对于教学工作来说，教学目标对于教学过程有着指引性作用，关系到教学方向、教学内容。为了生活化道德与法治教学，需要生活化教学目标。小学教育过程中，生活化说的就是将书本内容和学生生活结合在一起，以学生的情况与社会的现实作为教学目标。

当前国内小学道德与法治在教材内容方面进行了趣味性、科学性、系统性方面的调整，不过许多时候人物的形象塑造太过完美，和学生生活联系并不紧密，这会误导学生，成为教学中的重大阻碍。教师教学中有必要结合学生的实际情况制定目标，将原本刻板的内容变成学生所熟悉、适应和能够理解的内容，降低学生知识学习难度、理解难度，带给学生不一样的学习新鲜感，让学生表现出学习热情、学习积极性。

比如学习《建立良好的公共秩序》，教师不要讲解宏大的目标，不要和学生说没有秩序国际就会动乱，国家就会不安全这种学生根本无法理解和接触到的内容。教师可以和学生以角色扮演的形式，表演一些学生生活中的情境。如学生在

食堂打饭,有人插队,导致学生打饭的时候没有食物。或者学生早晨坐公交车上学,所有人都在排队,突然冲过来一批不遵守秩序的老年人、中年人,导致学生没有挤上公交车,结果迟到。这种和学生生活联系密切,经常发生的事情可以引起学生情感共鸣。此时学生对知识建立了深刻印象,并理解了秩序的重要性。教师需要用生活化的内容组织教学,开展活动,使学生养成自律意识、规则意识。

(二)生活化教学方法

面对新课标背景,如今传统教育模式显然已经不再适应我国的新课标要求,并不能支持学生完成知识的有序学习。小学道德与法治教育本就和生活联系紧密,所以教师如果与学生双向互动,往往可以获得非常好的教学效果。此时需要教师创新与改革教学,用新奇有趣的教学模式改良教学过程,优化教学效果。

情境教学法、游戏教学法都是很不错的形式。这些内容学生喜欢,平时学生也喜欢用代入角色的方法讨论一些时事热点和生活问题。教师教学中应用生活化方法,用学生喜欢的方法教学,并保持与学生的互动,严明纪律,带给学生真实的互动体验、生活体验。

(三)生活化教学内容与评价

我国教材当中的内容理论性明显,对于学生而言过于理论的内容不利于学生学习,无法保障效果。教学中,教师需要用更生活化的内容和评价,让学生可以对知识建立有效认知、深刻认知。生活化内容的设计应立足课本,但延伸出课本,保持和生活的连续性。比如《生命最宝贵》的讲解,教师就可以用生活常见安全问题作为案例,并在最后组织全班同学甚至是家长一起评价,用全过程、对话、观察等方法评价,保障评价全面性,带给学生生活化学习体验。

结语:小学阶段是教育的重要时期,小学道德与法治教育需要重视生活化体验,让学生感受到生活中的知识魅力,使学生在学习中消化知识、理解知识、转化知识,将知识变成自己的能力。

参考文献

[1]陈田圣.小学道德与法治课堂有效教学的策略探析[J].才智,2020(16):171.

[2]卞玉琴.小学道德与法治课的开放式教学[J].教学与管理,2020(08):62-64.

[3]金芝.绘本,促进小学低年级道德与法治教育[J].科学大众(科学教育),2020(03):52.

浅谈道德与法治学科中多媒体教学手段的应用

长春市绿园区锦程学校 刘大壮

在高科技发展迅猛的今天,互联网信息技术对教育界也产生了巨大的影响,因此在开展道德与法治教学的过程中,教师要摒弃传统的教学方式,充分利用高新技术里面的多媒体,以提高课堂教学效率,完成培养小学生道德与法治素养的任务。

一、多媒体在小学道德与法治课堂上的应用现状

小学道德与法治课程是小学教育的基础课程,同时也是素质教育背景下教师开展德育教育的主角场所,当前我国小学道德与法治课程教学中,其知识理论性较强,且较抽象,而小学生思维能力尚处于直观形象层面,运用传统教学模式易挫伤学生的学习兴趣,随着多媒体技术在教学领域的普遍运用,多媒体直观形象、感染力强的特点引起道德与法治课教师注意,教师通过多媒体中的视频、图片等将抽象的知识直观形象化,一定程度上吸引学生注意力,增强学生对抽象知识的理解与记忆,并提高课堂学习效率。

一些小学道德与法治课开始实施数字化教学,但存在多媒体与课程融合度不高的情况,出现镶嵌式、陈列式教学的现象,并未真正发挥多媒体的作用,严重影响课堂教学效率。这主要表现在以下几个方面。

多媒体在课堂上的应用效率不高。相关调查发现,教师对将信息技术运用到教学中有较高的认可度,认为多媒体有助于提高教学效率,对教学改革有很大的帮助。然而,多媒体虽然在小学道德与法治课上的应用率较高,但效果并不明显,主要表现在:一是多数教师虽然运用了多媒体,但更多地只体现在知识的传授上,没有凸显数字化教学的优势;二是经济发展水平不同的地区对信息技术的认识存在差异,导致多媒体的课堂应用效果不明显。

多媒体与课程教学的融合度较低。由于课堂上选取的多媒体资源和教学内容常常是为了教学而教学、为了活动而活动、为了讨论而讨论,"死拉硬配"现象比较明显。再加上一些教师虽使用多媒体展示授课题目,教学过程却以读教材为主。还有一些教师将教材知识通过多媒体呈现出来,整节课上,学生看似有活动,实则无活动。选取的故事或短片素材很好,但提问与多媒体内容有出入,教学内容并未通过多媒体给予充分展示,反而出现负面效应。例如,多媒体代替板书、

教材，内容选取缺乏针对性，简单罗列知识点等，这使得多媒体与课程教学的融合度较低。

多媒体资源和手段的运用形式单一。教师使用多媒体教学，以网络下载的故事或短片、教材内容再现等为主，仍停留在单一的电子化教学层面，没有真正使用数字化教学手段，缺乏创造性和创新性。在小学道德与法治课堂教学中，教师应充分利用多媒体的强大兼容、创新功能，将现实生活中的事例和学生的生活实际等，利用信息技术制作成图片、动画，配合声音融入课堂教学，丰富课程内容，优化教学环境。

二、多媒体与小学道德与法治教学融合策略

（一）借助多媒体探索重组和拓展教材内容

教育发展的新形势，对小学道德与法治教学提出越来越高的要求。课堂教学不应仅仅局限于教师和教材，对学生品德的培养也不能只依托教材内容，而要充分利用其他有价值的资源丰富教学内容。在教学过程中，教师可以运用信息技术，使用网络和移动终端，充分收集教学素材，丰富教学内容，让学生不仅可以学到知识，还能开阔视野，为深入理解道德与法治内容奠定基础。例如，一年级上册第一课"开开心心上学去"，主要是为了缓解一年级学生的上学焦虑，解决幼小衔接问题。

（二）利用多媒体激发学习兴趣

兴趣可以说是学生学习的一种动力，只有学生对所学知识产生浓厚的兴趣，才能把其积极性与主动性彻底激发出来，学生在充满趣味性的课堂教学中进行学习能够起到事半功倍的效果。在高科技普遍应用的今天，教师可以利用多媒体把网络上一些相关的视频或者是图片融入教学过程中，以此来提升课堂气氛变得生动并且具有趣味性，让学生在轻松愉悦的课堂上提升思维的活跃性，从而高效完成教学任务。

（三）善用多媒体激活学习思维

教师运用多媒体进行教学，可丰富教学内容。通过图像、声音等形式将实物形象化地呈现出来，给视觉、听觉双重感官的刺激，使学生更容易理解教学内容，增强理解能力和思维能力。教师可以运用以下几种形式来激活课堂：在处理教材插画时，运用多媒体呈现，动静结合，有利于学生理解课文内容；利用多媒体将音乐引入道德与法治课堂，通过音乐的感染培养学生的品格；充分尊重学生的主体地位，明确多媒体对教学的辅助作用，积极引导、鼓励学生深入思考。例如，教学《清新空气是个宝》时，教师运用多媒体展示空气的特点并询问学生对空气的认识。学生提到了空气质量的问题，于是教师为学生出示当地最近一周的空气质量表，播放有关空气污染的视频，要求学生仔细观看，总结改善空气质量的方法。学生迅速行动起来，在小组内交流探讨。教师巡视并加入讨论，从空气污染的源头入手，提出可行性措施：减少废弃物排放，植树造林，禁止焚烧秸秆，乘坐公共交通出行……多媒体不仅丰富了教学内容，还能培养学生的观察能力。上述教学教师通过设置的问题，培养了学生的思维能力，激发了学生的学习兴趣。

浅谈在思政课中如何对小学生渗透生命教育

长春市绿园区雷锋小学　赵金影

【摘要】小学生处于成长的萌芽阶段，对这个世界的大多事物充满好奇心和探索性，他们的社会阅历基本为零，严重缺乏自我保护意识，且对生命教育的意识不足，所以说生命教育对小学生来说至关重要。当今社会人性的缺失问题使得意外受害事件频频发生，这一社会焦点引起了各界人士的关注，生命教育在思想道德教育中的有效渗透已成为越来越多的思想教育者的共识。

【关键词】思想品德；小学生；渗透；生命教育

引言：最近几年来，小学生意外受害事件时有发生，生命教育作为一个新课题，特别是小学生的生命健康教育问题，得到社会各界及相关学者的广泛关切。在学校课堂中有效渗透生命教育已日益成为思想教育工作者的首要任务。作为思想品德老师，我们有义务去思考导致生命教育流程中引发问题的因素，采取有效措施以杜绝这类问题的再次产生。

一、有效渗透生命教育的必要性

（一）让学生在爱惜自己生命的同时尊重他人的生命

生命教育不仅教育年轻人珍惜生命，还激励年轻人充分理解生命的意义，积极创造生命的价值。今天的学生大多只是孩子，但自我的意识强烈，生活优越，对生活没有爱。生活教育不仅教育未成年人珍惜生命，还帮助他们了解生活的本质，理解生命的意义，创造生命的价值。本课程主要是与学生讨论如何珍惜生命，让生命的价值得到体现。让学生感受到他人的生命也是有价值的。我们必须肯定他人的价值并尊重他人的生命[1]。

（二）利于小学生身心的健全发展

生命教育是由小学生的心理和生理特征决定的。实际教育应该是多维的，不仅要教会学生知识，还要引导他们形成正确的情感价值观，特别是对于生活。小学阶段是一个人生命和心灵中最具可塑性的时期，这一时期的教育与生活观的形成直接相关。受各种因素的影响，当今青少年的生理成熟度相应提高，但很多孩子过分依赖长辈，心理成熟度严重滞后，他们对生活的理解是肤浅的。因此，必须在生命的初始阶段开展生命教育，促进他们身心的健全发展。

二、在思想品德课堂中渗透生命教育的意义

（一）实施理论与实践相结合的人文教育

人文教育是思想道德课程的一大特色。思想道德课程强调：要遵循学生学习和发展的客观规律，将课程内容与实践经验相协调，实施科学合理的教学方式。思想道德课堂的核心和生命教育内容强调人性。要进一步丰富生命教育的内容，必须注意将教材内容与生活世界联系起来。教师可以从生活中探索大量的案例和其他学习材料，让学生在课堂上体验生命的可贵性，增强小学生的自我保护意识，以及对外界事物的准确辨别性，在最短时期内取得最好的教育效果。在思想道德课上促使学生了解到生命存在的价值和意义，巩固学生与社会实践的紧密联系，从实践中探索知识的奥妙，将课堂内部知识转化为实践，构成理论与行动相结合[2]。

例如，在讲解某部分知识点时，教师可以在课堂上设定与生命教育相关的活动，鼓动学生踊跃参与，让学生把所学知识运用到活动中。在实践中让他们更加切身体会到生命只有一次，在今后的生活中更加爱惜自己的生命。

（二）创设特定教学场景，培养学生自我保护意识

在思想道德教育中，教师具备生命教育的理念，引导小学生体验生命的宝贵，激励小学生主动思考生命。为学生创设特定场景，让学生参与教育内容，引导学生体验自身所处环境，感知自己内心最深处的情感，将他们的个人品质外化。在思想道德教学课堂上，教师可以利用多媒体技术在课件中创造生动、直观的视频，让学生在教师的指导下参与到生动的例子当中，激发学生产生情感的共鸣性。

比方说，在课堂上设置活动，让学生参与其中。在活动中唤起学生内心的良知，让其意识到自己人性中最温柔的一面便是善良。多给他们讲述身边的事例，让其在认真听取教师的讲述后，把自己与身边的事物结合起来，引起他们的共鸣。

（三）营造民主且自由的氛围，发掘学生的优势

要在思想道德课堂上开展生命教育，就要营造自由、民主的教学氛围，这也是建立和谐师生关系的历程。首先，教师树立正确的观念，尊重学生之间的个体差异。师生是一个成长的共存体。教师作为学生思想导向与生活指南，应在尊重

学生思想的前提下创立民主、自由的课堂，使自身成为学生学习中的帮助者与推动者。在课堂中教师要做到一视同仁，不要随意剥夺每个学生说话的权利，特别是针对学习成绩差的学生，不能一味地打击他们的积极性，而是学会发掘他们的优点，给予他们更多的支持与赞扬，让他们发现自己的闪光点，把自身优势发挥到极致[3]。

例如，在课堂中，教师对待学习好的与学习差的学生要一视同仁，尊重每个学生的学习成果。激励他们在课堂上踊跃发言，发言较好的学生实行奖励；发言较差的要及时指出其错误并及时鼓励，重塑他们的自信心。

结语：无论是学生意外还是其他不良现象，都是一个值得社会各界广泛关注的焦点。这些事件的发生严重阻碍了小学生的健康发展，甚至对社会的稳定有着微妙的影响。作为教育工作者，我们必须特别注意确保学生身心健康的发展。现在推崇的学生生命教育已不仅仅是为了解决这类安全问题，而是把小学生的价值观和感受作为教育前提，唤醒小学生的良知，培养他们对生活的热爱，学会关爱他人，让他们懂得防患于未然。渗透小学生的生命教育，激励他们实现更高的人生价值。

参考文献

［1］丁丽，刘永红.生命教育视域下中学思想品德课教学策略探析［J］.兰州教育学院学报，2015.10.

［2］钱美亚.浅谈初中思想品德课对学生创新能力的培养［J］.科学大众（科学教育），2016（4）.

［3］沈秋连，熊小刚.初中生开展生命教育的必要性和意义性研究——以思想品德课为例［J］.中学教学，2017（12）

如何提高道德与法治课堂效率

长春市绿园区宁静小学　王桂芬

【提要】道法学科备课要掌握深浅"度"，要有"取舍"；道法课重在"辨"，而不在"讲"；练习课的课堂氛围始终保持"小跑"状态。

提高课堂效率是每位教师毕生的追求，提高了课堂效率自然就能达到提高教学质量。尤其是道法课的教学内容较多，为达成这一目标我苦心钻研，现把教学心得分享给大家，以图共勉。

一、备课要备"度"

课堂教学要把握道法学科整体内容、应知应会的知识点、本科与其他学科的联系。在本学年段应达成什么样的教学目标，学生会领悟到什么程度。要分析学情，难易适中，抓重点教学，不要面面俱到。知识领域太深学生领悟不到，甚至听不懂，反而耽误时间完不成教学任务。内容浅显易懂且与生活贴近的课不用过于讲解，要针对学生生活，结合生活实例，有所取舍地设计教学内容，这样才会更容易引起共鸣，激发学习兴趣，活跃课堂氛围，培养注意力。

二、道法学科应重视辨析

在教学与生活贴近的课时我通常这样做。

1. 画一画：

在学生自读本课内容前提示，哪些内容详读，哪些内容略读，教给学生详读略读的方法。然后边读边画出本课重点内容，培养自学能力和习惯。起初学生画得不准，两年训练后多数同学会画重点，且喜欢用这种找重点的方法学习。在自读理解的基础上加强记忆。然后教师指导学生用不同的标记整理，归纳重点。

2. 辨一辨：

教学与生活贴近的课时，道法课需要讲解的内容不多，甚至有的课无需讲解，而应注重辨析，不要在讲解上耽误时间。教师在理顺知识点时还可以用判断、选择、填空、连线等方式训练学生的辨析能力，提高学生反应速度，巩固知识点。

用生活实例训练学生的辨析能力。教师指导学生站在不同的角度想问题，培养学生说完整话，回答问题连贯、内容完整的好习惯。知识点还可以换成不同题型加以训练，这样师生互动较多，举一反三，课堂活跃，学生学习有兴趣，学习扎实。达到尖子生夯实基础，中等生能完成任务，差生也能跟得上，尤其差生要多给予一些肢体语言互动，减少溜号时间、次数，使之得到整体训练，达到整体提高。

3. 写一写：

每课重点难点要以不同问题形式反复训练，更要写一写落到笔尖上。一道题的答案不宜过多，多则生厌，少则完不成教学目标，以四五句话，约两三行字为宜，多说少写。对待写不完的同学一对一帮扶、监督，最后达到都能完成任务，对尖子生、上进生则要求多写多练。教给学生挑重点词记忆的方法,学生觉得好学好记,增加了学习兴趣。课堂上学生溜号及时提醒,要用肢体语言暗示,及时鼓励表扬或与教师互动,力争一个也不掉队。

这种快节奏,每班三到五人跟不上,需关注课下辅导。根据班级整体情况安排的内容适当调整。学习内容、学习速度以满足中等生为标准尺度,只要认真听,完全能领悟所学内容,同时提拔尖子生,照顾后进生。相比于面面俱到讲不完课,我的课堂已练得差不多了。

三、教学复习课

做练习前让学生总结出单元的内容及重点,虽然不是很准确,但习惯这种方法,慢慢地从不能到能,到回答的比较准(适用于小学中高年段),经过两年的训练,在几名同学的配合下学生能够总结出来,但不能要求回答的全面。教师适当补充或强调一些学习内容。

做练习前师生互动把要做的练习以不同形式口答或阅读一遍或两遍(可背答,可看书答,答错要看书),然后再做练习。通常情况下,一节课完成的任务,好学生只用十分钟左右完成,中等生二十分钟左右完成,剩三人五人做不完,下课把没完成的任务完成。中等生做完就可以全班一起订正答案,老师给出分值完成自批自改,或互批自改,同时教师要关注差生完成任务情况,鼓励完成任务同学要给自己点赞!增加信心。有三至五名同学做不完,通过一对一帮扶和教师指导基本完成任务。

要想做题快,要先让他会,让他觉得不难,激发他的学习兴趣和信心,而后规定时间完成。让学生有一种运动场上赛跑的感觉,你得跑,你不跑我拉你跑。一对一帮扶的同学也拉你跑。经常这样做久而久之就会提速,效率就上来了。当然一班有两个跟不上也正常。不能因为两个人耽误大家时间,只能课下帮扶或辅导。

宝剑锋从磨砺出,梅花香自苦寒来,待到这些方法能运用自如,得心应手之时,课堂不再忙乱,甚至学生自己都能有序进行课堂内容的自学,有时也让学生带领大家一起学习,老师腾出时间帮扶差生,指导尖子生,提高了学习效率,促进班级整体成绩提高,道法学科成绩稳居全区上游。

村小德育回归生活实践教育研究

长春市绿园区跃进小学校　陆威威

我校是地处偏远郊区的农村小学，学生来自周边的村屯，共302人，因流动人口较多，学生素质参差不齐，给学校教育和管理带来了很大的挑战。因此学生良好的文明礼仪、行为习惯和生活习惯的养成教育就成为我校德育教育的重中之重。现在的农村小学德育教育工作，可以说是困难与机会并存，机遇和挑战同在。近年来，我校针对学生的实际情况进行的德育实践与探索充分证明了，德育一旦脱离学生生活，便成了枯燥乏力的教条主义，就失去了育人的支点。真正的有价值的德育应当是从学生的日常生活中亲身参加、实践、体验与感悟出来的；德育的作用，应当是从学生生活实践中潜移默化地学会交往、学会求智、学会健体、学会审美、学会生活，从而使学生拥有健全的人格和健康的身心。德育就是生活，生活亦是德育。根据郊区农村学校的现状，我校在搞好全程育人、全员育人的同时，大胆尝试了德育生活化、经常化的新尝试，初步形成了行之有效的德育教育模式。

一、利用校园建设渗透德育

校园文化建设是学校内部形成的特定的文化环境与精神氛围，它的显著的特征是具有感染性。我校遵循"扬自信笑脸、做更好一点"自信教育的原则，在"信""洁""敬""诚"等多方面做好文章，把学校打造成"自信的乐园、礼节的校园、舒心的花园"，精心构建校园建设这一巨大的"德育场"。

1.学校在坚持做到让绿色常驻环境优美的同时，设置富有创意的墙体语言教育和墙体德育标语牌，加强安全意识，提高爱国情怀。

2.精心布置班级文明环境，在教室里悬挂国旗，《社会主义核心价值观》、《弟子规》等，激励学生随着大趋势的发展奋发向上、大步向前，提高教育效果。

3.创设"学习园地"和板报专栏，给学生营造一个宽松、整洁、舒适、充满人文气息的学习场所。

二、利用学科进行德育教育

课堂教学中要努力创建德育情景，引导学生走上前来，变被动学习为主动学习，达到自信教育的目的。结合语文教材的编排特点，统筹计划策划，对学生进行系列德育渗透教育。热爱祖国、热爱党、热爱社会主义、重视启蒙教育和社会主义道德品质教育，为培养"四有"的一代新人打下坚实的基础。具体策略如：低年级学生通过入学时对"升国旗""国旗""抗战小英雄"等看图教材的指导，让学生明白国旗的象征意义，教育学生要热爱祖国珍惜生活；中年级通过语文课文抗战故事、抗战英雄的教学，让学生继承艰苦朴素的传统教育，让学生感受到祖国的繁荣、强盛，增强学生的民族自豪感和自尊心；高年级组织中队会，制作手抄报等，通过零距离的接触用手去绘、用嘴去诵、用心去爱，把爱国的教育在孩子的心里扎根发芽……

三、利用各项活动渗透德育教育

我校利用不同时间方式开展形式多样、内容丰富的德育活动，加强对学生的思想品德和心理健康教育，促进学生自信、和谐发展，让德育工作充满生机和活力。如：我校充分利用"国旗下讲话"和主题大会开展文明礼仪教育活动。以活动为载体开展德育工作是我校一直以来行之有效的方法，我们力求使活动贴近学生的思想、生活，避免枯燥苍白的说教，为学生所喜闻乐见，达到了较好的教育效果。从而让学生树立遵纪守法的意识，教育学生爱惜生命，珍爱生活，塑造高尚人格……

四、社会实践渗透德育教育

我校每年都非常重视社会实践活动，充分利用地理优势开展关东文化"生在农村，感悟农村"实践活动，鼓励同学们参加实践活动，并在班队会上交流思想，发表感受，让他们体会珍惜现在的幸福生活，并通过为长辈做饭、洗衣、整理家务等形式回报长辈回报社会，让学生在实践中受到教育。

五、创新德育评价机制

我校大胆创新，改变以往的只在期末对学生进行综合评价、定性考核的机制。而是采用总结式定性评价，通过设立"三好学生""劳动之星""爱心之星""学习之星""自信之星""文明之星"等多个奖项来提高学生的积极性，并通过喜报、校讯等多种方式及时向家长反馈学生在校的情况，与家长相互配合，共同育人。真真做到了校园处处皆育人，校园时时都响应。

总之，德育源于生活，德育服务于生活。德育生活化是对学校德育教育的一种深刻反思，也是对学校德育注重实践性、务实性的一种有益探索，是广大教育工作者潜心研究的重要话题，也是学校探索德育教育的新路子。

让学生在道法课堂中感受快乐

长春市绿园区双丰小学　徐进

教育家赫尔巴特说："教育应当贯穿在学生的兴趣之中，使学生的兴趣在教学的每个阶段都能连贯地表现为注意、等待、探索和行动。"《道德与法治》学科就是从学生感兴趣的生活情境入手，让孩子们感受到学习的快乐。

一、关注道德与法治学科素养，打造个性课堂，做学生喜欢的老师

老师要想有好的课堂氛围，好的教学效果，优秀的教学成绩，前提是让学生喜欢上自己，喜欢上自己的课堂，就要精心上好自己的每一堂课，让自己的课堂充满生机和活力。在这一方面应注意以下几点：

1. 要做一名好老师，就要不断地增长自己的知识。一个教师最能吸引学生的是他的教学艺术，教师的教学艺术风格最能体现教师的个性魅力。需要教师有扎实的专业知识作后盾，所以我们要不断学习，充实自己。

2. 备好课是上好课的前提。要根据教学内容、学生实际情况，符合学生的认知水平，能大限度地激发学生学习兴趣、调动学生学习积极性。

3. 教师的语言准确规范。只有做到这一点，才能保证学生对课程的理解。教态亲切，表情丰富，有感染力，课堂的组织、调控能力要强，灵活应变，在课堂上能轻松活泼地进行授课，富有艺术性。

4. 课堂上努力关注每一个学生。在提问时，把难度比较低的问题留给不敢举手的学生，多用鼓励性的语言，让他们更多地体会到成功的喜悦，树立自信心。

5. 教师角色的转变。道法是一门人为学科，在有限的时间让学生获得更多的知识，就必须是教师的角色由知识的灌输者、守护者转变为学生学习活动的组织者、参与者、引导者。教师要以学生为本，学生可以用自己的心灵去领悟，用自己的观点去判断，用自己的语言去表达，给学生一个自己发展的舞台。课堂中，教师始终以一个合作者、伙伴、朋友引领孩子们走进课堂进行学习，始终微笑面对学生，给学生一种亲切感，拉近师生间的距离。

6. 尽力了解学生。采取多种形式，有意识和学生接触以及侧面了解，掌握学

生生活环境、学习条件、思想情况、学习情况以及个性特点、心理特点，了解他们所做、所急、所需，走进学生的心灵世界。

7. 理解、尊重学生。尊重学生的人格，对学生宽容大度，每个学生都希望自己是老师喜欢的学生，得到老师的表扬，鼓励学生勇于克服困难，激励学生努力进取。

8. 调动学生的主动性、积极性。引导学生积极参与、独立思考、自由表达、愉快合作，让学生充满求知的愉悦感，调动学生的良好情绪，让每一个学生动起来。

二、探研新教材，使教学有的放矢，老师教得好，学生学得佳

道法学科旨在引领学生在社会生活中，通过处理与自身、与他人集体、与国家和社会的关系，逐步培养起做人做事的稳定的思维方式、观念系统和行为习惯。融合了道德、心理健康、法律、国情等相关内容，促进学生道德品质、健康心理、法律意识和公民意识的进一步发展。形成乐观向上的生活态度，逐步树立正确的世界观、人生观、价值观。

1. 根据教材中每一主题灵活机动的用多种教学方法，引起学生的学习兴趣、感知、体验、领会、探究学习内容，探索学习方法，关注学科素养并让课堂教学与评价体现多元化。

2. 在教学中根据学情选用适合的板块内容，从调动学生的积极性入手，把学生需求和教学内容要求结合起来，用教学情境把内容、观点、学生问题结合起来，关注学生的发展。不必只注重教材文本，可采用贴近学生生活的案例探讨，也可尝试用音乐和视频让学生自导自演一些与教材内容相关的小品等教学方式，使学生产生共鸣，引起学生的思考，活跃气氛，积极主动学习。

3. 《道德与法治》教学内容有"近、实、难"的特点。内容主题与孩子的成长需求接近，活动设计贴近孩子成长需要，遵循孩子成长规律，教学场景设计贴近学生。所以备课中教师要有意识，教学中要有落实。

4. 新教材是以小学生的现实生活为课程内容的主要源泉，密切联系学生生活的主题活动或生活情境为主体。在教学中，可结合课堂的小故事、小品、情景研讨、社会调查、写感想等形式多样的活动，使学生更多地通过实际参与活动，动手动脑，而非仅仅依靠听讲来学习，但教师教学中讲解要注意把握度，恰当地运用资源，根据学生情况给学生预防性的教育或矫正性的教育，落实学科特点。利用多媒体、演唱、图表等各种手段辅助教学，使学生接触到的知识更立体更直观更生动。

三、不忘教科研，写下"碎片"，成就专业

我们要在平常的教学工作中善于写，将自己的想法、做法、说法大胆变成文字，这样记录的不仅仅是自己的"闪光点"，这些经过积累很有可能就是自己独有的专业成就。

心有多大，舞台就有多大。我们要怀揣着自己的梦想，对道法学科的教材不断研究，跟随最新的改革理念，成长为有涵养的道法老师。

浅谈小学道德与法治课堂有效性教学策略

长春市绿园区同心小学　杨丽霞

【摘要】小学阶段的学生处于低年龄段，对世界的认知还不完整，没有形成完整的世界观、人生观和价值观，需要老师进行引导。目前课堂中存在课堂效率低下、教学过程枯燥乏味、学生缺少兴趣等一些问题，这一系列问题都严重阻碍了道德与法治课堂教学目标的完成。基于此，本文从明确教学目标、创新教学方法、坚持以人为本这三个方面进行阐述。

【关键词】小学教育；道德与法治；策略研究

道德法治课程开设的目的是提升学生道德修养，普及法律，增加学生法律素养，促进全面发展。但目前课堂上效率较低，学生对课堂兴趣不高，老师一味地为考试而进行教学，导致了道德与法治课堂的教学目标不能有效完成。作为教师要及时注重课堂反馈，对教学方法进行创新与研讨，明确教学目标，将学生放在教学的主体位置，提升道德与法治课堂的有效性，积极响应新课程的改革，巩固落实学生的学习状况，以达到提高教学质量的目的。

一、明确教学目标

在一节课程的开始之前，教师要对这节课进行充分的准备，明确此次课堂的教学目标以及如何完成目标的方法，这样才能够提高效率。有效地进行教学，不盲目进行，节约课堂时间，提高课堂质量又能够让学生有目的地进行学习。明确教学目标也是课程标准的要求，教师在大纲的引领下，再结合学生的实际情况，制定符合学生发展的教学目标。教学目标的设定能保证课堂有计划有顺序地进行。

比如在进行《开开心心上学去》这一课程的教学过程中，学生们刚入学的第

一堂道德与法治课程，教师需要对学生进行一定的了解，也要让同学们之间更加熟悉，方便未来课程的开展。所以，我采取通过一个游戏的方式让同学们进行自我介绍。击鼓传花这个游戏比较经典，同学们比较熟悉，又非常简单，贴近小学生的游戏方式，是有利于这一堂课进行的不错选择。这一堂课的教学目标即是老师与学生之间相互熟悉，相互认识。接到花的同学的任务就是介绍自己，同时老师也可以参与到这场游戏当中，这样同学们的兴趣更加强烈，对老师也有了一定的亲切感，方便老师融入学生集体当中，也能够在愉快的游戏氛围中完成我们这节课的教学目标。因此，制定一个科学有效的教学目标，有利于课堂良好氛围的形成，有利于提高课堂效率，让学生的学习在快乐中进行，使教学达到寓教于乐的目的。

二、创新教学方法

随着时代的不断发展，课程也不断地进行改革。教育是一个国家发展的重要途径，要紧跟时代步伐，教学方式也要不断地进行创新。教师在道德与法治教学中大多采用言语讲述理论知识的方式进行，课堂容易枯燥乏味，对于小学生来说理解难度也比较大，不容易集中注意力。这需要教师创新教学方法，将理论与实际相结合，让学生们通过生活中的例子体会出课本中的知识。

比如在进行《我们在一起》这一单元的教学活动中，我们可以利用情景教学的模式来开展这一课程。让同学们学会说"我想和你们一起玩"和"请帮我一下"。可以让同学们自由结组，通过这两句话编造一个完整的故事，然后对这一故事进行上台演示，这样既能够将同学们带入情景中，又能充分发挥学生主动性，锻炼学生的表演能力和想象力，让课堂充满活泼开朗的氛围，让学生们在这种氛围中学会如何主动交朋友，与人打交道，开朗礼貌激发了学习兴趣，在玩耍中达到这节课的教学目的。在讲到《分享真快乐》这一课程时，老师可以分成两个模块进行，一是分享物品，二是分享情绪，老师让同学们准备好糖果等小零食，每个同学只能准备一种，带到课堂上来进行交换和分享，这样就能体会到自己的一种零食变成很多种的快乐，体会到分享的乐趣。或者通过讲述分享故事，比如孔融让梨等对同学们进行教育。分享情绪的课程，可以让同学们自愿举手发言，讲述自己近日生活中的一件事情，喜怒哀乐都可以，比如在考试中取得优异成绩，比如最近家里养了新的宠物，或者心爱的物品丢失了，和爸爸妈妈有一些不愉快，都可以分享给同学们，解决不掉的问题就让同学们一起集思广益，思考解决策略，这样既能够解决问题，也能够让同学们体会到分享的力量。

三、坚持以人为本

以人为本，就是将学生放在学习的主体地位，让学生在学习过程中掌握主动性。我们的教学计划要严格按照规定的程序走，但是也要照顾到学生的学习情况，不能够一味地灌输知识，不顾学生的理解吸收能力，本末倒置，使学习目标无法完成，课堂效率低下。以人为本是我们教学过程中重要的原则之一。比如，要充分利用平时的测试和模拟，通过试题来分析同学们对问题的掌握情况。哪一类的题目是学生普遍掌握较好的，就可以减少复习和提问次数，而哪一部分是学生们失分率较高的题目，就需要再进行复习，将考试作为查缺补漏的重要途径。再比如，在进行课堂教学时要时刻关注学生的学习状况和注意力是否集中，当发现学生们普遍对这一知识点兴趣不高，容易分散注意力时，就要加强提醒或者转变教学方式，比如采取提问的形式可以让同学们的注意力更加集中在课堂上。

总之，小学阶段的道德与法治课程是同学们未来人格形成、三观培养的重要途径。我们要对这一课程加以重视，创新教学方式，明确教学目标，对学生进行高效的教育，帮助学生日后成人成才，为学生日后的发展奠定良好的基础。

参考文献

[1] 王烨，叶青，小学道德与法治有效教学的策略与方法探究[J]，当代职业教育，2015（8）.

让兴趣做学生最好的老师

长春市绿园区民丰小学　姜崇丽

著名科学家杨振宁曾说过：一个人要出成果，原因之一就是要顺乎自己的兴趣，然后再结合社会的需求来发展自己的特长。有了兴趣，"苦"就不是苦，而是乐，工作就容易出成果了。

为了让学生的兴趣持续整个课堂，我在教学中将"兴趣"分为三个阶段：有趣——乐趣——固趣。

教师的责任就是要将学生的好奇心从短暂引导学生逐步过渡到积极自觉、持续时间长，甚至终身不变的过程。

学会了学习，并养成了学习的习惯，学习对于他们来说是有趣的，是一件快乐的事情，以至养成终生学习的习惯，我想这就是作为教师的我们的作用吧！因为一个人是因为有个好的习惯才成功，而不是成功后才有好习惯。

"有了兴趣苦就不是苦了，而是乐。"这句话说明的道理通俗易懂，给我很大的启发，并将其应用到我的教学中，使我的课堂教学效果有了明显的改变，从中体会到，"兴趣"是学生掌握课堂知识的保障，培养学生创造力的前提，是上好课的关键。

我们每位教师都知道从吸引学生的注意力、激发学生的兴趣入手课堂教学，但学生的兴趣并不能持续下去，因为学生被新鲜事物、现象所吸引是暂时的，不能持续整个课堂，为了让学生的兴趣持续整个课堂，我在教学中将"兴趣"分三个阶段：有趣——乐趣——固趣。

一、有趣——兴趣的第一发展阶段

有趣是兴趣发展的第一阶段，低级阶段，它往往是用某些外在的新异现象所吸引而产生的随生随灭，为了激发学生的学习兴趣，大多数教师准备各种教具、课件、创设情景教学，目的是想要学生在一个轻松的环境氛围中学习，但教师忽略了一个重要的因素，就是学生的心理环境。一次课堂上，我的导入让学生十分兴奋，有名学生禁不住借题发挥，影响了其他几名学生的学习，我就说了他，让他注意听讲，但直到下课，这名学生对后来的学习内容都不再感兴趣。课后我找学生谈了话，将问题解决了，这名学生在以后的课堂上积极参与学习。事后想想，我之所以如此准备导入，就是想将学生的好奇心一下抓住，给他们一个学习的氛围，让他们对学习感兴趣。但不论外在的环境如何，同样的教室布置，同样的实物展示，对于一个深爱学习、老师喜爱的学生，与另一位跟同学格格不入，或经常受到老师批评而深感苦恼的学生来说，会具有完全不同的效果意义，完全不同的心理感受，对于后者外在的环境是没有意义的。因此"趣"首先要从心理入手，不要抹杀他们的好奇心，让他们有个适合的心理环境。

美国心理学家吉诺特曾经说过："在经历了若干年教师工作之后，我得到了一个令人惶恐的结论：教育的成功与失败，我是决定性的因素。我一个人采用的方法和每天的情绪，是造成学习气氛和情景的主因。"这正是要倡导注意非智力因素的培养，强调人文性的原因。

二、乐趣——兴趣发展的发展阶段

乐趣是在有趣的基础上逐步发展起来形成的，是比较稳定的、持续时间较长的过程，我们要学生从始至终都保持对学习的兴趣，因为那是学生学习的动机。从有趣转到乐趣很重要，以前在上课时就忽略了这一点，当学生被新现象吸引后，不能将其好奇心保持住，并将其发展下去，考虑的只是如何将教材的内容传授下去，说到底就是没有以人为本，而是为了教教材。

在这个环节中我以解决问题为主，不论是教师提出问题还是学生自己发现的问题，要从学生的需求出发，这种需求来自学生的发现，要求老师激起学生的好奇心和问题意识。

三、固趣——兴趣发展的高级阶段

固趣是在乐趣的基础上发展起来的，积极自觉、持续时间长是其特点。如果说有趣是短时的、一种必然、不可避免的现象，那么固趣则是有意识地趋于稳定、集中的情感体验。在我采用有趣——乐趣——固趣的教学方法以后，学生在课堂上总能不断地给我惊喜。他们的思路宽了，会思考问题了，学习兴趣非常浓，这样学生才能积极主动地参与课堂学习，才谈得上主动学习。随着学生年龄的增长、年级的升高，学生间的差异显著增大，要调动并保持他们的学习兴趣，就要考虑到不同层次、不同组别的学生，给他们不同的学习内容，完成不同的作业，采用不同的学习方式，这里我采用分层教学，在材料上可以有多种形式，让学生自己发现问题找到问题的解决方法。

我想教师的责任就是要将学生的好奇心从短暂引导学生逐步过渡到积极自觉、持续时间长，甚至终身不变的过程。当学生有了发现问题、自己解决问题的习惯后，对于他们的一生都是受益的，因为学会了学习，养成了学习的习惯，学习对他们来说是有趣的，是一种快乐的事情，以至养成终身学习的习惯。我想这就是作为教师的我们真正的作用吧！因为一个人有个好的习惯才成功！而不是成功后才有了好习惯。

让兴趣做我们每个人终身的老师吧。

提高道德意识　体验法治课堂

长春市绿园区新营小学　朱孝梅

【摘要】随着我国教育事业的迅速发展，国民素养不断提高。小学阶段的道德与法治教学，是培养学生思想观念，促进学生形成正确价值观的重要教学实践。在道德与法治课堂中丰富学生的体验，加强体验式教学活动的设计与应用。让小学生从被动转为主动，从消极转为积极，才能优化道德与法治课堂的教学成果。

【关键词】小学道德与法治；体验；生活；实践

小学阶段的道德与法治课程，与其他文化课程不同。学生要通过课堂学习，了解学科知识，并将这些知识转变成为个人的思想观念和行为。通过体验式教学活动，让学生接触丰富的案例，了解个人必备的道德品质，是激活课堂氛围和提高小学生个人素养水平的重要方式。

一、关注生活，融入体验

道德与法治学科，与生活有密切的关系。在开展小学道德与法治课堂教学之前，教师要全面了解小学生的生活，了解当代小学生的道德水平和法治意识。通过学情的了解，在小学生可理解的范围内，搜集丰富的生活化教学资源。通过生活化教学资源的应用，让学生在课堂中了解更多生活现象，能够丰富个人生活体验。道德与法治学科内容来自于生活，指导生活。体验式教学活动，需要为学生提供相对真实的体验。让学生在收获价值观体验、情感体验的过程中，有生活化理念的转变。从小学生的生活实际中开发与教学内容密切相关的故事。利用生活实际，帮助学生理解学科知识，消化与认可学科知识，才能使道德与法治课堂中的教学内容转变成为小学生的道德素质，使他们在自己的个人生活中，积极利用道德与法治知识。

像在讲解"我不拖拉"这一节时，教师要引导学生了解什么是做事拖拉，了解拖拉这一不良生活习惯在生活中有哪些不良影响，并引导学生在老师和同学帮助下或家长的帮助下，认识到不拖拉的关键性。懂得珍惜自己的时间，体验抓紧时间做事的意义。通过课堂学习，探寻做事不拖拉的具体做法，并将其运用到生活中，养成良好的生活习惯。拖延症，是当代小学生普遍具有的不良生活习惯之一。在课堂教学前，教师要通过与家长互动、与学生互动的方式，了解学生们在生活中存在的拖拉行为，并将他们转变成为生活故事，利用到课堂中。在课堂导入阶段，教师可以给学生讲一个故事："小米，是一位一年级的小朋友，每周五放学是他最快乐的时光。因为周末马上来临，可以自由活动。但学校的作业需要完成，小米先享受了自由时光。直到周日晚上，才开始写作业。写不完的时候，需要周一早上很早起来完成作业，以至于周一的学习状态不佳"这样的小故事，与一年级小学生的日常行为密切相关，也是大多数小学生的生活选择。做事拖拉，会给自己平添烦恼，影响个人身体健康和情绪。用这样的方式引出拖拉现象，激活学生的思维，让他们思考生活中更多的拖拉行为，让学生逐渐意识到这是个人生活习惯的一个大问题，才能帮助学生改正。

二、优化课堂，加强体验

在小学道德与法治课堂中，通过有效的课堂活动丰富学生的课堂学习体验，也是利用体验式教学模式的重要方向。与传统的教学模式相比，体验式的课堂具有趣味性与灵活性，能够激发小学生的道德与法治知识学习兴趣。但很多教师无法在教学实践中应用这一创新模式，不知如何针对教学内容开展体验式活动，使得体验式教学模式难以在实践中落实。要深入了解体验式教学模式，关注学生的学习体验，就要关注小学生的学习兴趣，以及体验活动设计与学习目标达成之间的关系。

像在讲解"低碳生活每一天"这一节内容时，教师要引导小学生了解地球变暖会导致全球范围内的气候异常。让小学生关注环境和人类生存行为对其造成的伤害，逐步建立环保意识和环境危机意识。在课堂教学中利用体验式教学法，教师可以关注学生的自我表达欲望。通过自由演说的方式，让学生对这一学习内容的理解和看法表达出来，从而成为课堂中的主人。在课前为学生预留作业，让学生反思自己的生活。通过自我观察和观察他人的方式，正确认识人们在生活中不恰当的生活方式与行为，并思考这些行为对环境造成的危害。在课堂中，引导学生走上讲台，说一说自己通过观察发现的内容，并说一说在看到这些行为时个人的感受。这样的教学活动，能够让学生深入参与到教学主题的探讨中来，更能激发学生的课堂学习参与性。教师结合小学生的发言，对全球变暖原因进行分析，对日常生活中不恰当的生活方式进行总结，提出减少碳排放和过绿色低碳生活的具体方式。在这样的情境中，小学生更容易接受教师传递出的正确环境观念和环境保护行为，有利于学生行为的改变以及课堂体验感的提高。

三、开展实践，享受体验

开展实践活动，是丰富学生体验最直接的方式，也是让小学生融入社会生活的重要途径。道德与法治课堂中，教师要传递正确的思想观念，优化学生的个人行为，这与其他学科的教学重点目标不同。学生需要在具体的实践活动中，感知课本中所阐述的道理是否正确，感知个人行为改变之后，他人态度的转变和个人行为实施后内心体验的转变。利用体验式教学方法，组织教学实践活动，是必不可少的环节之一。

像在讲解"烟酒有危害毒品更危险"这一节内容时，教师要通过教学活动，让学生认识不健康的生活方式。远离毒品，珍爱生命，建立积极向上的生活观念。在这一节内容基础上，教师可以引导学生观看、研究实际案例的相关纪录片，冲击学生的思维，让学生意识到烟酒毒品的危害。引导学生走进戒毒所，通过专业人士的讲座，让小学生意识到烟酒毒品的惨剧已经在诸多人身上发生。意识到这些事物就存在于生活中，学会拒绝，懂得求助。让学生参与到"烟酒有危害毒品更危险"社区宣传活动中，成为拒绝烟酒与毒品的小卫士，在实践中深入感知。

综上所述，在利用体验式教学方法组织小学道德与法治课堂教学的过程中，教师要关注学生人生观的形成和各类品质的获得。通过体验式教学方式，提高学生的学习积极性，使其产生学科兴趣。利用实践活动的安排，优化课堂结构，将课本内容转变成为行为实践，促进学生健康发展。

参考文献

［1］王佩青.小学道德与法治课体验式教学的实施探讨［J］.文理导航·教育研究与实践，2020，（5）：12.

［2］叶燕平.浅谈体验式教学在小学道德与法治课的运用［J］.师道·教研，2020，（4）：191-192.

［3］曹小宇.小学道德与法治体验式教学［J］.教育，2020，（10）：61.

［4］李秀琼.小学道德与法治课体验式教学的实施策略［J］.师道·教研，2020，（2）：190-191.

道德与法治学科教学随笔

长春市绿园区锦程学校　刘大壮

在《道德与法治》这门学科任教已经十年有余,经过教学的磨炼,学科素养的提升,在教学教法上有了一些自己浅显的想法,下面谈一谈自己对这门学科的理解和认识。

《道德与法治》学科作为学生德育发展的最佳载体,自然成了培养学生核心素养的最有效手段。但是在自己的教学实践中又遇到了很多问题,有一次在课堂上,学生因为琐事和别人争吵起来,我及时予以制止,学生的矛盾暂时平息,但是下课后我刚走出教室,学生居然在走廊的正厅大打出手,而且嘴里出现了脏话,这让我非常生气,我及时把涉事的学生叫到办公室,进行了批评教育。以为这件事到此为止了,过了几天,月考测验的成绩发了下来,100分的同学里正好有一位是前几天打仗骂人的同学,我当时觉得这是对成绩天大的讽刺,简直不可思议,但是静下心来进行了反思,我们这门学科是培养人的道德情操,学生的德育发展是摆在第一位的,光靠平时试卷的测验是达不到真正目的的。所以在教学中我更多地注重学生的表现,以培养学生道德为主,成绩为辅的教学观念。

还有一次在课堂上,一个性格特别的孩子经常捣乱,不遵守纪律,我一开始以批评为主,不懂得循循善诱地去教导,每次上课都忐忑不安,生怕他出什么差错,但是有一天我发现他和别人打赌赢了,露出了久违的笑声,是那么的可爱,那么的纯真。我开始思考在课堂上也和他打赌,关于纪律方面,学习方面,一开始他很排斥,于是我就把目标要求降得很低,让他能够达到,比如面朝黑板坐住两分钟,听到课堂问题举手就可以,不需要回答,然后把目标逐渐调高,当他达到要求后我会给予积极的评价和肯定。偶尔还会有物质上的奖励。这样一个学期下来,他已经有非常大的进步了。

通过这些课堂事例,我觉得教育应该从学生的兴趣入手,做到润物无声,一堂课并不意味着能改变学生什么,但是教师的言行举止对于学生的成长是潜移默化的,通过和学生的打赌,不但解决了孩子课上存在的问题,而且培养了诚信的习惯。道德与法治学科的评价应该是多元化的,用多种方法对学生德育的不同内容进行评价,而不是一张单一的试卷去解决问题。侧重点从总结性评价向阶段性、过程性评价去迁移。扩大评价内容的范畴,认知能力评价和行为能力评价之外,还应该扩大到学生的情感方面,也就是情感能力评价。三维一体的模式才能对教师起到规范引领作用,更好地完成课堂教学任务,达到理想的教学目标。

这门学科对于学生德育的培养，人生观、价值观的形成非常重要，对我来说要把它教好，教透，也非常的不容易，需要更多的积累和沉淀，在以后的教学实践中我会不断地充实自己，按照学生的实际去制定教学目标，让道德与法治这门学科真正成为学生喜欢的学科。

润物于无声　育人于无痕
——由一堂道德与法治课引发的思考

长春市绿园区春阳小学　李世秋

记得在教学"网络游戏的是与非"一课时，上课铃声响过后，我发现有一名男生正在书桌下面全神贯注地玩手机游戏，还吸引了周围几个同学的眼球。我走到他身边，拿过他的手机说"正好借我用用吧"，那男孩面色大窘，以为我一定会严肃地批评他。

我意识到这正是教学中很好的一个契机，马上创设出问题情境，"电子游戏很好玩，那么这节课我们就一起来讨论一下网络游戏的是与非"。一石激起千层浪，学生们议论纷纷，课堂气氛一下子活跃起来。有的说出自己玩过什么游戏，有什么体验；有的说玩游戏时间过长对身体造成的各种伤害；有的说迷恋网络游戏容易上瘾，浪费时间，耽误学习……学生们争先恐后地回答，我不失时机地说："沉迷网络游戏危害这么大，那我们该如何拒绝网络游戏的强大诱惑呢？"

一波未平，一波又起，学生回答踊跃，思维开阔。有人提议要控制自己，限定玩的时间和次数，可以一周玩一次；有人建议可以玩一些益智类的小游戏，娱乐一下就行了；有人主张不是非玩不可，可以去游泳，打篮球，到图书馆里看书，在小区里同小伙伴一起做游戏……学生交流互动，我顺势引导："同学们的好办法可真多，原来不玩网络游戏，可以有这么多更有意义的事情可以做啊，我们可以把注意力从网络游戏中转移出来啊！"

对于这一热点话题，大家讨论得热火朝天，听到同学们的发言，那个男孩也情不自禁地参与其中，他坦诚地说："老师，我是下课玩的，玩得入迷没听到上课铃声，这两天我有点玩上瘾了，就把手机带到学校来了，现在我知道了玩网络游戏的危害大，那我可以少玩、不玩，做别的事去。"

我们身处网络时代，在纷繁复杂的网络新世界里，如何趋利避害，是时代所产生的新问题。小学生处在这一时代的洪流中，更是缺乏明辨是非和评价客观事物的能力，很容易被迷惑。而教师作为学生道德成长的引路人，要把握好道德与法治这一学科的育人特点，通过教学活动，引导学生客观公正地看待网络游戏，辨析是非，提高学生的认知力、判断力，减少网络游戏的消极影响。

德育归根结底是"学德"，当前提出的培养学生的核心素养，其中就包括对学生道德品质的培养。那么，在教学中如何把鲜明的价值观一点一滴地自然渗透到学生的思想意识当中，使学生乐于接受，并获得道德发展呢？这个问题引起我的深入思考，下面说说我的体会。

一、教师的角色意识要转变

当前，教育随着时代的发展在不断地进步，不同的时代，教育所面临的问题不同，学生的特点也不同，所以教师也要与时俱进，紧随教育发展的新形势，转变传统的角色意识，更新自己的教学理念。在道德与法治学科中，教师的角色定位应由知识的传授者向学生学习活动的引导者转变。

爱因斯坦说过："用专业知识教育人是不够的。通过专业教育，它可以成为一种有用的机器，但不能成为一个和谐发展的人。使学生对价值有新的理解，并产生强烈的感情，那是最基本的。"当前，中国学生发展核心素养是以培养"全面发展的人"为核心，教育的根本目的是育人，以人为本，促进人的发展。我想，在教学中从学生的角度出发，以学生为主体，促进学生的和谐发展，正是践行了这一朴素而本真的教育理念。

在课堂教学中，我发现教师的教已不再是核心，不再是枯燥而又生硬地向学生传播道德知识和道德规范，也不再是自上而下的刻板说教，而是从"教"转变到"学"，从学出发，以学为主，更加关注学生的心灵。毕竟人有情感，有独立的思考与认知，而不是可以按键操控的机器。比如，强迫学生不玩网络游戏，结果是越不让玩就越要玩，尤其是对那些逆反心理强的孩子。因为教师刻意的教育行为会明确地向学生传达出教育目的，当学生发现教师的教育意图，就等于发现自己成了被说教的对象，他们会本能地对这种刻意的教产生抵触情绪，即使说教所说的道理全都是对的，也容易招致学生的反感和抵抗，这是教的反力的作用。例如，在以往的教学中向学生讲友善，讲勤俭，即使老师把道理讲得头头是道，这些观念也没有真正走进学生的心里。

所以，在教学中教师应尽力去摆脱说教风格，切不可刻意而为，而是要将教育目的潜藏在教学活动中，将价值说教转向价值探究。教师的角色也不再是单纯的知识传授者和道德观念的灌输者，而是一个充满爱心，能与学生平等对话交流的引路人。

另外，对学生核心素养的培养，其中在学会学习方面强调要注重学生自主性的合作探索学习。我认为学生对道德的学习和对知识的学习是不同的，它不是一个传授和接受的过程，而是一个师生之间的互动互融的过程。譬如说教学"感受生活中的法律""说话要算数"等内容，都是在师生之间、学生之间的彼此对话、交流互动、相互感染的过程中进行的，学生感同身受，从而培养了他们的情感价值观。

因此，在课堂教学中，教师更要注重发挥学生学习的自主性，激发起学生主动学习的热情和探究的兴趣，让学生在充分探究的过程中，自然而然地体会或理解观点，水到渠成地得出某种价值观，做出正确的价值判断，并会进一步在生活中实践这些道德判断，从而对学生的人生产生意义深远的影响。而在这一教学过程中，教师"无为而为"，不教而教，师生互动，教师的角色是学生学习活动的组织者和指导者。

二、教学的过程和方法要灵活

在教学活动中，我认为只有采取多样灵活的教学方式，才能吸引学生，才能使学生获得乐趣，获得发展。下面说说我是怎样做的：

1. 教学内容要关注儿童生活与成长。课堂上，我注意选取儿童可感可思的生活事件，或共同关注的热点话题，让学生有话可说，能够敞开心扉地表达。例如，教学"健康看电视""正确看待广告"等内容，是学生关注的热点话题，我采用了焦点访谈的教学形式，学生的讨论滔滔不绝，我从中引导着他们的生活观念、价值取向，传递着正能量，促进学生的身心健康成长。

2. 教学思路要灵活。在教学实践中，一方面，我注重从学情出发，多了解学生的道德需求，再针对不同的学习内容，采取不同的教学思路。另一方面，我注意多从"引"上下功夫，找准教学切入点，比如，抓住学生在某个主题上的困惑点或兴奋点，因势利导，适时给予点拨、指引。通过语言的渗透，点燃学生思维的火花，让学生在教师的启发下积极思考，自主探究，并产生进一步学习的渴望。

3. 教学活动要努力做到多样性和有效性。通过开展丰富多样的课堂活动，如角色扮演、讨论交流、利用多媒体教学等形式，使学生身临其境，兴趣浓厚，主动参与，在具体的教学情境中得到体验。我乘机再恰到好处地引导学生思考其面对的道德问题，使他们不知不觉地去感悟自己所获得的道德观念，并从中获得情感认同和思想认同，恰似"润物细无声"地影响着学生价值观的形成。

这是我在道德与法治学科教学实践中的所思所感。行走在教学之路上，我上下求索，且行且思。教育的根本任务是"立德树人"，德育为先，以人为本。那么，对于学生品德的培养和道德成长的引领，应是潜移默化的熏陶、浸润，如春风化雨般滋润着学生的心田。润物于无声、育人于无痕才是教育的最高境界。

参考文献

（1）谭维智.不教的教育学——"互联网+"时代教育学的颠覆性创新.教育研究，2016年，第2期：P37.49.

（2）高德胜.以学习活动为核心建构小学〈道德与法治〉教材.中国教育学刊，2018年，第1期：P1.8.

我的教师心路
——道德与法治学科教学有感

长春市绿园区雷锋小学　齐英男

作为一名教师，特别是作为一名道德与法治学科教师，就要相比其他教师更要甘于奉献，淡泊名利，安贫乐道，时刻不忘职责，一心想着事业。"捧着一颗心来，不带半棵草去"已作为我的座右铭。为了我所热爱的教育事业，更为了我所热爱的道德与法治学科事业，也为了我心中的那份爱，不断激励着我在人生的道路上艰苦跋涉。有人说："如果一个教师把热爱教育和热爱学生结合起来，他就是一个完美的教师。"由此看来，"德"是赋予人类灵魂的基石，道德的培养和提高，不管是对教师自身还是对学生都是尤为重要的。我很荣幸地成为一名光荣的道德与法治老师，这门学科不同于知识技能学科，像语文、数学、英语等等……所谓的考试学科，它是能使我们的心灵得以净化和升华的一门学科。让学生在这个课程中感受爱，学会爱，认识自己，认识他人，培养良好的道德品质，这是一个人内在的一种修养与自我成长。所以，道德与法治学科对任课教师的要求是相当高的，只有热爱学生，才能去关心他们的成长，才能去教书育人，才能尊重学生人格、引导学生成才。谁爱孩子，孩子就爱他，只有爱孩子的人，他才能教育孩子，教师应用自己博大的爱去温暖每一位学生。每一个孩子都是可爱的，虽然他们有的可能学习成绩差强人意，但他是劳动中的能手，是他主动送生病的同学回家，谁能说他不是个好孩子呢？虽然书本知识的灌输是很重要的，但是给学生营造一个宽松的学习环境，鼓励学生人格健康成长，在个性张扬的发展上，是同样不容忽视的。而这些正是道德与法治学科在平时的教学中潜移默化的去滋养学生心灵的结果。

"乐群爱生"是教师职业道德大厦之基石，古今中外都无一例外地要求为人师者必须具有对学生赤诚的热爱，对教育事业俯首甘为孺子牛的情怀。具有这样

的师德之魂，就会塑造新时代的新型师德标兵。我们选择了自己的职业，就标志着我们选择了"爱的奉献"，我们对学生理解、尊重与教导帮助，这就是赋予爱心。因为我们的职业是一个触及儿童心灵的职业，我们劳动的付出是在这个基础上见成效的，不论是丰收学业还是完善人格，"乐群爱生"都是不可或缺的前提。正如苏联的捷尔任斯基说过的："谁不爱孩子，谁就无法教育好他。"正所谓予人玫瑰手有余香。

教师不仅自我约束能力强，社会对教师的认可度也越来越高，中华民族自古尊师重教，并将这一传统视为社会文明进步之基石。教师不仅是授业的经师更要作传道的人师，其道德操守行为举止，向来受到严格的约束。所以我们本身要育人先育己，不但要具备渊博学识，还要品德高尚，行为端庄，温柔智慧，爱心呵护，做表率树榜样。所谓"为人师表"学生就会"亲其师而信其道"。这便是"师道尊严"。社会重视教育尊重教师，首先是由于德高身正，严于自律，所以教师必须打铁需本身过硬，修身养德，致知力行，方能做好教育工作，赢得社会尊重，这其实正是对道德与法治教师的双重认可。

生活实践也证明了，修养好自己的师德不单指我们要追求真理，诲人不倦，为人师表，乐群爱生，也要求我们正确灵活地搞好同事、家长、朋友、学生的关系；调节好家庭、孩子与职业的关系，在师德中体现出智慧、仁德与慈祥恩惠，折射师德的艺术魅力！为更好地教育下一代拓出良好的开端。为此，我们学校也开展了道德与法治讲座，这个活动也更好地促进了教师与学生的共同进步与品质的升华。

在我从教的二十年教学生涯中，道德与法治学科我从教了十八年，在师德的修养方面我以"中华传统师德"与"中小学教师职业道德规范"为行为准绳，不管遇到什么困难，我都要知难而进，时刻牢记我是一名道德与法治教师，只为传授给孩子们一个坚强的性格！从日常身边点滴小事做起，对差生没有埋怨和指责，只有耐心引导帮助，饥渴冷暖地呵护与言行思想校正。让他们有高尚阳光的思想，渊博的学识和健康的体魄，这才能培养出全面发展的高素质人才。二十年的教学生活，使我深深地体会：一句恰当的表扬、一个亲切的微笑、一个欣赏的眼神、一个关心的动作，对好孩子来说是锦上添花，对那些需要支持和鼓励的差生来说，则是雪中送炭。这就是爱的教育，也就是师德的真正内涵，也是我们道法人教书育人的基本法则。

总之，作为一名道德与法治教师的我愿把自己毕生的爱心，都奉献给我所热爱的纯真的孩子们，把全部的精力，都倾注在我最热爱的教育事业，特别是我所钟爱的道德与法治学科，这就是我作为一名普通的小学人民教师对道德与法治学科的诠释与理解。我会为这光辉的航标——"为做一名合格优秀的道德与法治学科教师"而不懈追求，努力奋斗！

任课教师是道德学习者与法律传播者

长春市绿园区双丰小学　雷凤伟

2019年，由于身体原因，我从班主任的岗位下来开始担任六年级的《道德与法治》教学。教学之初，我也如同其他老师和学生的看法一样，觉得《道德与法治》就是一个"小科"，然而当我深入了解教材后我才发现这一学科的重要性以及其他学科无法取代与比拟的重要意义！它承担着培育小学生以道德为核心的基本文明素质的任务。而良好的道德品质又是小学生基本文明素质的核心，如果这一核心缺失了，小学生的其他文明素质的发展就失去了根本的价值导向。当我认识到了这一学科的重要意义，便开始了我在教学道路上的不断求索。

其实，在教道德与法治之前，我也几乎是一个法盲，总觉得法律离我很遥远，只要我不违法乱纪，不触碰法律的底线就足够了。可是在我担任道法教师后，我才深刻认识到教师自身就是重要的"课程资源"，教师只有不断作为道德学习者，不断完善自我，提升自己的道德与法治水平，才能更好地解读教材，提升教学效果！

一、教师如何成为道德学习者

1. 一方面作为道德与法治学习者，教师应有充分的道德与法治的学习动机，有提升自己道德水平的意愿，知道促进儿童的道德成长与自身道德发展的重要意义。

"智育不好出次品，体育不好出废品，德育不好出危险品"这句话告诉我们一个人没有好的品质，他将给社会和他人带来危害！前一段时间在网络上看到一个报道，一个大连13岁男孩蔡某某强奸未遂杀害10岁女孩，将其抛尸，女孩身中7刀；广州一位14岁男孩长期遭受校园暴力，最后被同学殴打致死。面对校园霸凌，如何帮助孩子保护自己？

这一个个血淋淋的事件不得不让我们反思，在这些恶性事件的背后，是否存在着道德与法治教育的缺失！六年级道德与法治教材上册安排了法律知识的专项学习！关于《中华人民共和国宪法》《中华人民共和国刑法》《中华人民共和国未成年人保护法》等一系列的法律知识，在教学过程中，对于和孩子们同一认知的我（法律与我无关，我虽然不懂法，但我也不会犯法）首先开始深入学习法律知识，从宪法，到义务教育法，到民法，到未成年人保护法……越学就越发让我感觉到学习法律的重要意义，让法律根植于心，早早植于孩子的内心，让他们从小树立法治观念，懂得依法办事，用法律维护自己的权利，那我们的国家和社会未来将会大大减少犯罪行为，更大地保障社会的安定团结，国家的民主富强，这看似轻松，但却是利国利民的大事！也大大地激发了我的学习和教学热情！我和孩子们共同学习宪法，让他们了解宪法是我国的根本大法，是制定一切法律的根本和依据；让他们知道道德与法律如同鸟之双翼，车之两轮缺一不可。让他们知道他们享有九年义务教育的权利，让他们知道我们国家有特殊为他们设立的未成年人保护法……在学习和讨论中，我们不但学到了法律知识，更感受到了祖国的安定团结、民主富强的大好局面需要我们每一个人维护，我们能生活在这样一个国家应该感到骄傲和自豪。

2. 另一方面作为道德学习者，教师应该具有特殊的精神气质。这些气质包括以下几点：

（1）教师具有自省的习惯，愿意不断省察自己的教育生活。

（2）教师追求自己的教育幸福，把学生的道德成长视为自己教育幸福的题中之意。

（3）教师具有一颗爱智、求真的心，能够独立思考教材内容，不满足于简单地灌输和告知学生教材内容，能把教学引向理性的深处，真正启蒙学生的理性思维。如：

①别人欺负你了该怎么办？

②爸爸喝完酒要酒驾你该怎么和爸爸说？

③如果你被别人家的狗咬了会怎么办？

一系列问题的抛出，让孩子们在讨论思考中明确，在道德与法治的指引和保护下，我们如何维护自己的合法权益。

（4）教师要严肃对待学生的灵魂成长，不轻视灵魂之事、道德之事，不因学生年幼无知而将严肃的道德之事变成娱乐之事，使学生能够严肃对待自己的道德成长。

（5）教师要知道学生道德成长的重要性！

二、教师如何成为法律的传播者

一名教师教授一群孩子，一个孩子面对一个小家，几个小家组成一个大家！法律知识就如同星星之火，播种在教师，点燃在娃娃，燎原在大家！教师的职责不仅仅局限于让孩子知法懂法,更要让这种星星之火去照亮每个家庭,让他们成为家庭社会的法律小宣传员,确立宣传日,走向家庭,走向社区,进行法律宣传。

星星之火可以燎原,我愿成为默默的助燃者,让道德与法治的星星之火在孩子们手中代代相传,让法律与道德之光点亮中华大地,呈现异彩纷呈的美好祥和景象。

问心道德　问心教学
——小学道德与法治教学心得

长春市绿园区春光小学　冯秀梅

从事26年的主科教育生涯由于一场大病改变了我的教学内容,由原来的主科教学转变成副科教学(教小学低年级道德与法治)。我的内心波澜起伏、心里犹如打翻五味瓶一样不是滋味。"副科教学不受重视、孩子们不会认真对待、挨班走被忽视……"种种原因都使我不愿接受这份工作。

带着不情愿走进课堂,介绍我自己以及讲的是道德与法治课,孩子们带着疑惑的眼神和好奇的问题向我发问……却被孩子们一张张天真稚嫩的脸庞和求知的眼神所打动,孩子们是健康的、快乐的、天真无邪的,我要把道德与法治知识教给孩子们,让他们成为健康的社会人、帮助孩子们学会做人、学会做事,更快乐地成长!慢慢地我爱上了这门课,孩子们也爱上道德与法治课。每当我走进教室,孩子们都是欢呼雀跃,脸上洋溢着灿烂的笑容。

《道德与法治》是日常生活和社会的基本方面之一。可以将其定义为遵循良好和正确的生活原则的道德教育,它向我们展示了正确而公正的生活方式:诚实,公正,合法,宽容,慷慨,分享爱与关怀。儿童是我们国家的社会基础。作为老师和影响者,必须注意赋予孩子的道德训练和基本素质。《道德与法治》教育不仅仅帮助学生个人树立正确的是非观,促进学生心理健康,同时它也为社会的和谐与凝聚力做出贡献。

教授《道德与法治》已有五个年头,在教学中我深深地体会到:

一、心中充满爱

鲁迅先生曾说过"教育根植于爱",首先要爱你所教的课程,内心不要有主科、副科之分。热爱你所教的科目才能认真备好课、上好课，才能不会应付每节课。第二要爱你的学生，和孩子们成为忘年交。只有相互爱、相互喜欢，学生才愿意学习这堂课，才会把学到的知识运用到生活中去。教育工作者和父母都承认，孩子天生是一张白纸，需要成年人的照顾和指导，直到他们长大。更具体地说，道德不是与生俱来的，是培养出来的，儿童从父母，监护人和环境中学习对与错，懂得如何在社会中和谐生活，这便离不开学校的教育和老师的帮助。

二、生活充满情

关注学生当下的活动，帮助学生养成良好的生活习惯和学习习惯，帮助学生形成积极的观念，为学生今后的生活奠定基础。

平日里，不但课堂上对学生进行道德与法治知识教育，而且在课余时间我也注意去观察他们的行为，只要发现了某个学生有不当的行为就及时进行帮助、改正，而不是一味地批评和教育。重要的是将他们视为平等的人，对他们表现出信任和耐心，并使他们有信心说出自己真实的想法，进而从心理层面进行帮助。

三、学法多样化

《道德与法制》教育课程不仅仅是一门理论课，它更多的是一门实践课程。

首先，老师自身要成为榜样，作为学生儿童时期为数不多的亲密成年人，我必须要用自己的举止为学生树立道德模范的标准。确保我时刻做正确的事，并以最高的道德标准约束自己。公平判断，诚实守信，分享，承担责任，并让学生看到我如何在课堂内外遵守这些原则。其次，积极与学生讨论并乐于分享是将道德与法治带入课堂的最直接方式。虽然大多数时候我们对学生均抱有信心，假定他们在任何时候都会做正确、道德的事，但是，不能让这种假设使我们忽视在课堂上可以进行教学的机会。要积极寻找那些可能引起道德问题或与法治问题相关内容，与学生公开分享如何做正确判断，并让他们参与讨论。这既可以增强他们关于道德与法治的内容知识，又可以从讨论中更好地了解他们的性格，从而进行针对性的关注和帮助。当然，讨论的方式可以是多种多样的：小小的演讲，故事会，辩论等都可以达到理想的课堂呈现。

四、课外延伸

将课程延伸到课外，延伸到学生的家庭和生活中去。这门课程是与学生生活联系最为紧密的一门课程，它并不受地点和人员的限制，道德和法治教育必须在学校和家庭中同时进行。老师并不是对学生道德培养唯一起到作用的人，父母在其教育中起到更为重要的作用。因此，作为任课老师要主动与父母交谈，共同关注学生课内与课外的表现。每个学期也可以安排一到两个学生与家长共同完成课后活动，比如帮助身边的人，参加一项公益活动，或者向父母讲述课上老师分享的故事等，引导学生将课堂内容践行到生活当中，学会奉献、包容和感恩，使他们能够更好地融入社会并在未来创造出更好的社会。

现在我要自豪地说："我是道德与法治老师。"今后，关注学生的健康成长，关注学生学会生活、学会做人仍将是未来教育工作的重点。我将进一步重视道德与法治教育工作，自己更加全面、更加熟练地掌握各种有关知识，尽心尽职做好育人教育工作。

今后在实际教学中，我要认真、细致地解读教材，让课程结合实际生活，让孩子们爱上《道德与法治》这一门课，帮助孩子们更好地理解自己，理解社会和人际关系。真正做到"好的课堂应该是让学生课前有一种期待，课中有一种满足，课后有一种留恋"。我将无愧于自己、无愧于学生，问心道德、问心教学！

善"始"善"终"

长春市绿园区新营小学　刘艳丽

人们常说，良好的开端是成功的一半，课堂导入举足轻重。对于道德与法治学科来说，更是如此。一个合适的导入对课堂教学的作用相当重要。同样，课堂小结是课堂教学的尾声，也是一节课的重要组成部分，起到"画龙点睛"的作用。只有灵活多变的课堂小结才能有效地提高课堂教学的实效性。从教近四十年，教过的科目有语文、数学、音乐、社会、民族、品德与生活、品德与社会即现在正在教授的道德与法治。讲授的课时正如银河里的星星，数也数不清。正常的备、上、批、辅、考不说，精心地设计课前导语、板书设计及课后小结也是课堂教学不可或缺的关键环节。而在这些星星里，有两颗星一直闪烁在脑海，这就是我教学实践中的两个点，自己认为这两个点还值得完味，现在展现出来，愿与同仁们共享。

一、结合生活实际，导入新课，顺其自然地带学生走进教材

2018年新春伊始，我接手了四年级的道德与法治课程。这个年段我在他们二

年级的时候教过他们。时隔一年半,怎样拉近我和同学们的关系。针对第一课时"土地养育着我们" 我做如下课前导入。

课前程序完成之后,我说:"很长时间没见,你们还好吧!"

大家齐声回答:"好'"。

"怎么个好法?"

学生纷纷回答自己的变化。

"吃得好吗?"

学生说"好"。

"吃了什么?"

学生踊跃发言。

我把学生的回答写在黑板上:面包、饺子、苹果、香蕉、元宵、鸡肉、鱼……回答特别踊跃。

把这些食物分成两类:

主食:面包、饺子、面条、米饭、粽子……

副食:鸡肉、鱼、虾、猪肉、羊肉……

"这些东西来自哪里?"

学生回答。

教师小结:这些食物来自土地。这就是这节课我们要学习的《土地养育着我们》。(板书课题)

愉快的导入,使我和同学们的关系更加亲近,也使课堂授课内容达到了预想的结果。

反思这节课的导入,我认为,导入在教学中至关重要。合适、巧妙地导入,可激发学生的学习兴趣,激发学生的积极性,正所谓磨刀不误砍柴工。

二、课堂小结提炼主题,妙笔生花,让学生感受美正蕴含在大自然中

俗话说:编筐编篓,重在收口;描龙绘凤,重在点睛。如果只有新颖的导入,没有高度凝练的总结,本课也可谓纸上谈兵,乏味无穷。一堂课的结尾就如一篇文章的结尾一样,有"卒章显志""画龙点睛"的作用。因此,掌握和运用好优秀的课堂结尾艺术十分重要。在教学实践中,我非常注重课堂小结的艺术,培养学生概括知识要点,抓住学习本质的能力,让学生最终知之以理,晓之以理。对教材内容有一个高度的认识。

2003年,我担任学校工会主席,并兼任六年级道德与法治课程。虽然是兼职,我仍然在教学中不断钻研,把每一节课上成精品课。

六年级下册第二单元《地球——我们的家园》。我是这样设计的教学过程：

师：在茫茫宇宙中有一颗孕育生命的蓝色星球，那就是我们可爱的家园——地球。你们通过读文、看列表回答：在宇宙中除地球外，我们还能否找到适合人类生存的星球？

学生通过列表回答，月球、火星上的温度、氧气、水源等都不适合人类居住。

师：这说明什么？

生：说明在宇宙中除了地球再没有适合人类居住的地方，所以说地球是我们唯一的生命家园。

这篇文章语言优美，内容生动，配图通俗易懂，是篇难得的环境保护教育的佳篇。在文章讲解中，我努力营造氛围，促进学生参与；让学生借助配图理解课文内容；通过分角色品读感受地球的魅力；低沉语气诵读"环境问题敲响了警钟"让学生感受环境问题的严重性；学生齐声朗读体会保护环境是我们共同的责任。由教师的情感带动学生的情感，用自己的率真、坦诚、热情去感染学生，打动学生。整节课由始至终学生的情感都处于亢奋状态。

在完成第一、二课时：我是这样设计的教学板书：

```
                   生存家园    月球、火星等不适合居住
                   和谐相处    提供环境
地球——我们的家园              充足的食物
                   敲响警钟    人口增长、需求增加
                   共同责任    生命共同体
```

最后教师小结：人与自然是生命共同体。人类对大自然的伤害最终会危及人类自身，这是无法抗拒的规律。为了保护地球家园，我们要从我做起、从现在做起，保护人类赖以生存的地球。让天更蓝、山更绿、水更清。边小结边完成板书（如下）：

```
                   生存家园    月球、火星等不适合居住
                   和谐相处    提供环境
地球——我们的家园              充足的食物
                   敲响警钟    人口增长、需求增加
                   共同责任    生命共同体
                   天更蓝 山更绿、水更清
```

板书与小结完美结合，达到预设的课堂效果，让学生回味无穷。

在今后的教学中，我将继续探讨课堂导入、课后小结的技巧，加强课堂教学手段的实施。真正做到"有始有终"，尽自己最大的努力力争上好每一节课，全面提升课堂教学的实效性。

提升小学《道德与法治》教学效果新路径

长春市绿园区进修学校　周樱蓉

【摘要】《道德与法治》课程内容的教学目标重点在于对学生们思想道德和行为方式的规范化培养和教育。无论是道德还是法治，都是学生们处于日常生活中需要了解和遵守的重要内容。对此，教师可以结合教材内容对学生们实施生活化教学，使其能够更好地理解该学科在生活中的作用和价值，以期达到良好的教学效果。

【关键词】　生活化理念；道德与法治；教学策略

引言

道德是用于约束学生们的行为方式，而法治则是用于规范学生们的行为方式，这两个概念对于学生们的未来成长均有着重大的影响，对此教师应在教学活动中不断地渗透生活化理念，使生活和教学内容进行有机融合，从而提高教学质量。接下来，笔者将以《道德与法治》学科为例，从教学氛围、教学内容以及课后作业等角度对生活化教学进行详细的阐述，旨在为相关教育者提供参考。

一、氛围生活化

为学生们营造一个良好的学习氛围是提高学生们在课堂上学习积极性的重要路径。对于《道德与法治》这一学科而言，教师可以在课堂上为学生们营造与学生们日常生活息息相关的生活情境来激发学生们的学习兴趣，使其能够将生活实际与所学知识进行紧密联系，强化教学效果[1]。

例如，教师在讲解《我爱家乡的山和水》这一课程内容时，教师可以先利用多媒体设备为学生们播放不同地区美景的视频资料，引起学生们的兴致，在此基础上组织学生们以小组的方式对自己所在家乡的著名风景名胜进行探讨，让学生们有充分的时间向组内其他同学展示自己家乡的美丽风景。小组讨论后，教师可以为学生们创设生活中常见的旅游情境，小组可派代表在旅游情境中扮演导游的角色带领学生们领略家乡的美好山水。通过这种方式不仅可以拉近学生们与教材内容的距离，同时也能促进其积极参与道德与法治课程内容的学习。

再例如，教师在讲解《我们在公共场合》这一单元内容时，也可以为学生们创设相应的生活情境。教师可以随机给学生们创设一个固定场所的生活情境，然后引导学生们围绕该生活情境对应当自觉遵守的行为准则进行积极发言。如设定学校的生活情境，学生们可踊跃表达自己的观点，在学校中应不乱扔垃圾、在教室中保持安静、上学下学排队出入等等。教师还可设定医院的生活情境，学生们则可以表述时刻保持安静、排队挂号、保持自身卫生、礼貌待人等行为准则。诸如此类，合理地设置生活化的课堂情境有利于促进学生们更好地融入课堂学习中。

二、内容生活化

比之其他教材内容，《道德与法治》学科的教材内容更偏向生活化，而教师恰好可利用该特征来促进课堂教学的有效性。为了避免教学内容过于枯燥，教师可以将教材内容与生活实际相联系，通过生活中某一常见现象作为契机对教材中的知识点进行讨论，这样可使得教材中的语言文字更具真实性，从而更好地引起学生们的认可和共鸣。使得教学效率得以提高[2]。

例如，教师在讲解《生命最宝贵》这一课程内容时，教师可以以"讲述在自己成长过程中所遇到的对生命最具威胁的经历"为主题组织学生们在小组内进行讨论，在听别人对危险事故及其所产生的严重后果进行讲解时，不仅可以提高学生们的探究欲望，同时也可为其他学生做警醒。在了解危险事故的后果后，学生们在内心对于这些危险事情的产生原因会加深记忆，从内心会对该类危险事情进行排斥，从而达到预期理想的教学效果。

再例如，教师在讲解《古代科技 耀我中华》课程内容时，可在课前让学生们每人准备一个日常生活中常见的且与古代科技相关的现象或故事，然后在课堂上可以随机抽取几名学生进行讲述。这样既可以拓宽学生们的眼界，同时还可以激发学生们对于《道德与法治》课程内容的探索欲望，并将这些古代科技小故事作为科学启蒙的奠基石。

三、作业生活化

作业生活化也是促进《道德与法治》课程在学生们日常生活中渗透的重要路径。与其他学科的题海战术作业内容不同，该学科的作业布置重点在于学生们的理解而非练习，因此教师应注重作业的生活化，使其能够在完成作业的过程中理解生活的价值，从而达到提升自我的基本目标。

例如，教师在讲解《爸爸妈妈在我心中》这一课程时，可向学生们布置如下作业：在家中为父母做一件微不足道的小事。当学生们完成这项特殊的作业之后，教师可以在后续的课堂中引导学生们针对这些小事发表自己的看法和感受。如为父母洗脚、为父母做菜、为父母捏肩等等，我们常说"生活即教育"，引导学生们在生活实践中理解和体会教材内容中枯燥的文字，是教师强化教学效果的一种特殊且有效的方式。

四、结束语

在《道德与法治》学科中，教师应充分挖掘日常生活中与教材内容相关的内容素材，并将其合理地应用在教学活动中，以此来激发学生们在课堂上的积极性，营造积极乐观的学习氛围，使得学生们能够将教材知识与生活实际相联系，做到知行合一。提高学生的道德素养，强化其法治意识，提高其责任心，这便是该学科教师的最终教育目标。

参考文献

［1］任美娟.基于生活化理念的小学道德与法治教学研究［J］.新课程研究，2020（05）:43-44.

［2］任海燕.浅谈小学道德与法治教学的生活化策略［J］.中国校外教育，2019（27）:125.

基于学科核心素养的课堂教学实践研究
——小学英语

《课堂教学实践研究》编委会 主编

世界图书出版公司

图书在版编目（CIP）数据

基于学科核心素养的课堂教学实践研究. 小学 /《课堂教学实践研究》编委会主编. -- 北京：世界图书出版公司, 2021.11
　ISBN 978-7-5192-9066-5

Ⅰ.①基… Ⅱ.①课… Ⅲ.①课堂教学—教学研究—小学 Ⅳ.① G622.421

中国版本图书馆 CIP 数据核字 (2021) 第 222858 号

书　　　名	基于学科核心素养的课堂教学实践研究. 小学
（汉语拼音）	JI YU XUEKE HEXIN SUYANG DE KETANG JIAOXUE SHIJIAN YANJIU . XIAOXUE
主　　　编	《课堂教学实践研究》编委会
总 策 划	吴　迪
责 任 编 辑	冯晓红
装 帧 设 计	包　莹
出 版 发 行	世界图书出版公司长春有限公司
地　　　址	吉林省长春市春城大街 789 号
邮　　　编	130062
电　　　话	0431-86805559（发行）　0431-86805562（编辑）
网　　　址	http://www.wpcdb.com.cn
邮　　　箱	DBSJ@163.com
经　　　销	各地新华书店
印　　　刷	长春新华印刷集团有限公司
开　　　本	787 mm×1092 mm　1/16
印　　　张	61
字　　　数	1230 千字
印　　　数	1—2 000
版　　　次	2021 年 11 月第 1 版　2021 年 11 月第 1 次印刷
国 际 书 号	ISBN 978-7-5192-9066-5
定　　　价	298.00 元（全五册）

版权所有　翻印必究

（如有印装错误，请与出版社联系）

丛书编委会

主　　任：王忠源
主　　编：李树军　吴　畏
副 主 编：王艳玲　高忠威　辛仁杏　李　欣
　　　　　刘　岩
编　　委：肖宇轩　李　博　史才春　褚春蕾
　　　　　周玉卓　张　键　辛　枫　李艳辉
　　　　　王煜煜　王　琳　王微微　苏丽红
　　　　　郑文春　周樱蓉

本书编委会

主　　编：王微微　苏丽红
副 主 编：史才春　吕彦林
编　　委：董晓莉　刘鹤宇　刘　丹
　　　　　李　蕾　马　丽　石　爽
　　　　　宋　爽　宋欣航　王伟萍
　　　　　徐　楠　张春艳

前言

学科育人　润物无声

一年好景君须记，正是橙黄橘绿时。秋风送爽，告别炎炎夏日，风中传来远方田野收获的气息，带着对暑期生活的美好回忆，怀着对新学年的无限憧憬，英语教师们又将开始了奋斗的征程。

在这个秋天，又有无数的英语学习者走出校园，却回到课堂，他们将站上讲台，拿起粉笔，加入我们的教师队伍，他们将和老师们一起做好准备，以敬业务实的精神，开拓进取。

在新学期到来之际，《基于学科核心素养的课堂教学实践研究》一书呈现在我们面前。它是绿园区英语教师多年教学经验的归纳与总结，也是他们对以往教学、教研的反思，更充满了对未来英语教育、教学的展望。

本书具有学科专业水准，具有学科表达方式，具有学科教研特征，也具有学科教研实践和学科教学案例，它是具有学科教学智慧的一个完整的学科报告。这是我看到的最难忘的、质量最高的专业研究书籍之一。

本书对英语课标进行了精准的解读，对学科教学给出了多方精彩建议，体现了英语团队研究水准。通过案例告诉我们，如何在行动的过程中打造队伍，如何让我们的教学、教研充满智慧。

当前，小学外语教学还存在着许多不足。如何提高课堂实效，如何渗透给学生第二语言国家的文化，如何让语言"活"起来？这就要求教师要站在学生地位，引领教学思路；体验学习途径，设计教学思路；强调实践和运用，拓展教学思路。

时钟滴答，光阴似箭。正如习近平总书记所说，我们生活的世界充满希望，也充满挑战。我们不能因现实复杂而放弃梦想，不能因理想遥远而放弃追求。作为教育者，我们要惜时如金，不忘初心，牢记使命，用新理念指导新时代的新实践，在教育改革和发展中实现中国梦！

长春市基础教育研究中心　史才春
2020 年 8 月 28 日

目录

专题一　课程标准解读……………………………………… 1
小学英语学科课程标准解读 …………………………………… 1

专题二　学科教学建议 …………………………………… 8
小学英语学科教学建议 ………………………………………… 8
1—6年学年学业标准 …………………………………………… 10

专题三　教学案例……………………………………………28
优秀教学案例及评析……………………………………………28
词汇教学课型概述 ……………………………………… 石　爽　28
四年级上册 Unit 3 Are you happy？ 教学设计 ……… 石　爽　39
二年级上册 Module 5 Unit 1 Can I have an ice cream? 教学设计 … 董梦格　44
英语二年级下册 Unit 6 They're zebras 教学设计 …… 石　爽　50
英语四年级上册 Unit 9 At home 教学设计 …………… 刘　丹　57
对话教学课型概述 ……………………………………… 宋　爽　61
英语四年级下册 Children's Day 教学设计 …………… 宋　爽　62
英语五年级上册 Unit 11 Water 教学设计 …………… 刘鹤宇　67
英语五年级下册 Unit 11 Chinese Festival 教学设计 … 关英慧　73
写作教学课型概述 ……………………………………… 徐　楠　76
英语五年级上册 Unit 5 Friends 教学设计 …………… 徐　楠　79
英语五年级上册 Unit 11 Water 第三课时 Writing 教学设计 … 宋欣航　84
英语六年级上册 Unit 12 The earth 教学设计 ………… 李　蕾　91

获奖教学设计汇编……………………………………………95
英语一年级上册 Module 8 Unit 1 How many？ 教学设计 … 王微微　95
英语五年级上册 Unit 5 Friends 教学设计 …………… 苏丽红　99
英语四年级下册 Module 9 Unit 2 Kangaroos live in Australia
教学设计 ………………………………………………… 董晓莉　102

英语四年级下册 Module 8 Unit 2 It's in the north of China
教学设计 ························ 王　亮　105
英语六年级下册 Unit 10　Great storybooks Period 3　A writing lesson
My favourite story 教学设计 ··············· 李玥瑶　112
英语四年级上册 Module 6 Unit 1 It didn't become gold 教学设计 ··· 张　楠　116
英语五年级上册 Unit 8 Alice in wonderland 教学设计 ······· 马　丽　124
英语三年级下册 Module 3 Unit 1 Will you take your ball tomorrow？
教学设计 ························ 吴　娜　129
英语一年级下册 Module 2 Unit 6 I like juice 教学设计 ······· 付欣欣　133
英语五年级上册 Module 2 Unit 4 Grandparents 教学设计 ······ 张旭曦　138
三年级下册 Module 4 Unit 12　Three little pigs 教学设计 ····· 张春艳　141
英语二年级上册 I don't like ginger 教学设计 ··········· 吴东琳　144
英语五年级上册 Unit 6　Family life 教学设计 ··········· 宋　桐　147
英语五年级下册 Unit 9 Seeing the doctor 教学设计 ········ 刘宇修　150

专题四　探索与发展 ···························· 155

加强学科组建设，打造学习型团队 ············· 王微微　155
聚焦核心素养 呈现精准课堂 ················ 苏丽红　158
在学习中前行，在合作中发展 ················ 王伟萍　161
关注自身成长，成就孩子的未来 ··············· 刘鹤宇　164
语篇衔接理论在英语完形填空题教学中的应用研究 ······· 李　蕾　168
小学英语微课教学的问题及策略探究 ············· 王　杨　171
思维导图在小学英语教学中的优势与不足 ··········· 张旭曦　176
小学英语游戏化教学探析 ·················· 董梦格　179
小班化英语教学的探索 ··················· 李惠杰　183
任务型教学在英语课堂中的运用 ··············· 苏丽红　187
搭建适宜平台，消灭英语课堂的"看客" ··········· 孙丽男　189
自然拼读在字母教学中的实践 ················ 宋欣航　192
如何激发和保持小学生在英语学习中的兴趣 ·········· 白　波　195
信息化环境下小学生英语学习力的培养探究 ·········· 王　亮　199

爱可以点燃希望	张春艳	203
如何有效地进行小学英语词汇教学	宋爽 李芹芹	205
核心素养在英语课堂教学中的策略	徐薇	211
"Chant"在小学英语教学中的研究与应用	杨研研	214
浅谈小学赏识教育	刘丹	218
如何发挥游戏教学在英语课堂中的作用	付欣欣	220
如何根据场景设计提高小学生英语语感能力	卢珊	224
用情境式教学发展学生英语学科素养	马丽	228
浅谈如何在小学英语学科教学中渗透生命教育理念	董晓莉	233
新课程下英语教学方法刍议	滕红	236
自然拼读法在小学英语教学中的应用	王晓宇	239
浅谈小学英语毕业总复习的有效策略	柳玉今	243
论英语教学设计中的审美意境	魏丽丽	246
小学英语单元整体教学设计的实践与思考	王微微	249
针对学生个体差异确定有效教学策略	杨晓涵	253
提升小学生英语口语能力的教学	马龙丽	257

专题一　课程标准解读

小学英语学科课程标准解读

一、课程性质

义务教育阶段的英语课程具有工具性和人文性双重性质。就工具性而言，英语课程承担培养学生基本英语素养和发展学生思维能力的任务，即学生通过英语课程掌握基本的英语语言知识，发展基本的英语听说读写技能，初步形成用英语与他人交流的能力，进一步促进思维能力的发展，为今后继续学习英语和用英语学习其他相关科学文化知识奠定基础。

就人文性而言，英语课程承担着提高学生综合人文素养的任务，即学生通过英语课程能够开阔视野，丰富生活经历，形成跨文化意识，增强爱国主义精神，发展创新能力，形成良好的品格和正确的人生观与价值观。工具性和人文性统一的英语课程有利于为学生的终身发展奠定基础。

二、课程的基本理念

（一）注重素质教育，体现语言学习对学生发展的价值

义务教育阶段英语课程的主要目的是为学生发展综合语言运用能力打基础，

为他们继续学习英语和未来发展创造有利条件。语言既是交流的工具，也是思维的工具。学习一门外语能够促进人的心智发展，有助于学生认识世界的多样性，在体验中外文化的异同中形成跨文化意识，增进国际理解，弘扬爱国主义精神，形成社会责任感和创新意识，提高人文素养。

（二）面向全体学生，关注语言学习者的不同特点和个体差异

义务教育是全民教育的重要组成部分，义务教育阶段的英语课程应面向全体学生，体现以学生为主体的思想，在教学目标、教学内容、教学过程、教学评价和教学资源的利用与开发等方面都应考虑全体学生的发展需求。英语课程应成为学生在教师的指导下构建知识、发展技能、拓展视野、活跃思维、展现个性的过程。由于学生在年龄、性格、认知方式、生活环境等方面存在差异，他们具有不同的学习需求和学习特点。只有最大限度地满足个体需求才有可能获得最大化的整体教学效益。

（三）整体设计目标，充分考虑语言学习的渐进性和持续性

英语学习具有明显的渐进性和持续性特点。语言学习持续时间长，而且需要逐渐积累。《义务教育英语课程标准》（以下简称《标准》）和与之相衔接的《普通高中英语课程标准》将基础教育阶段英语课程的目标设为九个级别，旨在体现小学、初中和高中各学段课程的有机衔接和各学段学生英语语言能力循序渐进的发展特点，保证英语课程的整体性、渐进性和持续性。英语课程应按照学生的语言水平及相应的等级要求组织教学和评价活动。

（四）强调学习过程，重视语言学习的实践性和应用性

现代外语教育注重语言学习的过程，强调语言学习的实践性，主张学生在语境中接触、体验和理解真实语言，并在此基础上学习和运用语言。英语课程提倡采用既强调语言学习过程又有利于提高学生学习成效的语言教学途径和方法，尽可能多地为学生创造在真实语境中运用语言的机会。鼓励学生在教师的指导下，通过体验、实践、参与、探究和合作等方式，发现语言规律，逐步掌握语言知识和技能，不断调整情感态度，形成有效的学习策略，发展自主学习能力。

（五）优化评价方式，着重评价学生的综合语言运用能力

英语课程评价体系要有利于促进学生综合语言运用能力的发展，要通过采用多元优化的评价方式，评价学生综合语言运用能力的发展水平，并通过评价激发学生的学习兴趣，促进学生的自主学习能力、思维能力、跨文化意识和健康人格的发展。评价体系应包括形成性评价和终结性评价。日常教学中的评价以形成性评价为主，关注学生在学习过程中的表现和进步；终结性评价着重考查学生的综合语言运用能力，包括语言技能、语言知识、情感态度、学习策略和文化意识等方面。

（六）丰富课程资源，拓展英语学习渠道

语言学习需要大量的输入。丰富多样的课程资源对英语学习尤其重要。英语课程应根据教和学的需求，提供贴近学生、贴近生活、贴近时代的英语学习资源。创造性地利用和开发现实生活中鲜活的英语学习资源，积极利用音像、广播、电视、书报杂志、网络信息等，拓展学生学习和运用英语的渠道。

三、课程标准解读

《标准》对英语课程的性质的重新界定告诉我们要学习英语，中国要开设英语课程的原因是新中国成立至今，各方面都取得了显著的成绩，尤其是改革开放以来，我们中国新的"四大发明"走向世界，"一带一路"建设彰显让世界共享中国改革开放成果的包容性态度，世界各国也感受到了中国力量，但是我国还是发展中国家，我们在很多方面还需要向别人先进国家学习。

英语能成为世界通用语言主要是在人类近代自然科学技术方面，许多先进发明创造和尖端科学技术来自英、美等英语国家的科学家，他们用英语写成的科研报告和资料以及发行的英文学术期刊必然受到世界各国科学家和科技人员的青睐，为了获取英、美的先进科学技术，或参加国际学术交流，非英语国家的大批科学家和科技人员不得不下苦功学习英语，英语成为世界通用语言便理所当然了。

我们中国人尤其重视教育，全国的小学生从小学三年级开始学习英语教材，甚至一些幼儿园也开设有英语课程。我们学习英语的目的非常明确，为了学习其他国家的先进科学技术，来建设伟大的祖国，让祖国更加强大，更为自己能过上更好的生活，见识世界更多精彩的事物。

学习英语不只是为了升学、获得资格证书、谋职或晋升。英语课程的工具性和人文性双重属性告诉我们不管是否使用外语，学习外语都是有意义的。学习外语不仅可以（可能）获得一种交流工具，而且能够促进人的全面发展。

英语课程的总体设计思路是：以科学发展观和先进的外语课程理念为指导，立足国情，综合考虑我国英语教育的发展现状，从义务教育阶段起，建立一个以学生发展为本、系统而持续渐进的英语课程体系。借鉴了国际上通用的分级方式，力求体现不同年龄段学生的学习需求和认知特点设置分级课程目标，使英语课程具有整体性、灵活性和开放性。

在九级目标体系中，一至五级为义务教育阶段的目标要求。其中，二级为 6 年级结束时应达到的基本要求，五级为 9 年级结束时应达到的基本要求。六至九级为普通高中的目标要求。 在义务教育阶段，从 3 年级开设英语课程的学校，4

年级应完成一级目标，6年级完成二级目标。课时安排应尽量体现短时高频的原则，保证每周三四次教学活动，周课时总时间80—90分钟。7—9年级分别完成三、四、五级目标，周课时按照国家课程计划执行。

各地教学研究部门应加强对教学的分类分层指导和评价，帮助学校因地制宜地落实本地课程实施方案，并注意做好学段之间的协调和衔接，尤其要做好小学与初中阶段的平稳过渡，促进地区英语教育的均衡发展。

（一）关于课程目标

1. 总目标

义务教育阶段英语课程的总体目标是：通过英语学习使学生形成初步的综合语言运用能力，促进心智发展，提高综合人文素养。综合语言运用能力的形成建立在语言技能、语言知识、情感态度、学习策略和文化意识等方面整体发展的基础之上。语言技能和语言知识是综合语言运用能力的基础；文化意识有利于正确地理解语言和得体地使用语言；有效的学习策略有利于提高学习效率和发展自主学习能力；积极的情感态度有利于促进主动学习和持续发展。这五个方面相辅相成，共同促进学生综合语言运用能力的形成与发展。

2. 总目标解读

（1）情感态度目标解读

语言是人类重要的交际工具。青少年学习外语，很大程度是学习如何使用外语。既然是使用外语，自然离不开人际交往与情感态度。两者的关系是密切的，交往就会涉及情感态度，而情感态度也需要借助语言去表达。情感态度直接影响着语言的学习结果。积极向上的情感态度、开朗的性格有利于学生积极参加各种语言学习活动。坚强的意志和较强的自信心也有利于学生克服学习过程中遇到的困难。反之，过度的焦虑、胆怯、沮丧等一些情绪就会大大影响学生的心理状态，再好的教师、教材、学习方法也无济于事，导致较差的学习结果。从人的发展来看，情感态度又是学生全面发展的一个重要方面。它应该渗透于各个学科的教育教学活动中，而不仅仅是某一学科的教学活动之中。

（2）学习策略目标解读

《义务教育英语课程标准》（以下简称《标准》）指出："……有效的学习策略有利于提高学习效率和发展自主学习能力。"发展有效的学习策略是英语课程的重要目标之一。学习策略它是学习方法和学习的调节与控制的有机体。它区别于学习方法，学习策略是一种有意识的心理活动，在掌握了学习方法之后，对其加以完善管理，如记笔记是一种学习方法，而学生自己根据自己的学习任务，选择什么时间、什么方式去记就是一种策略。学习策略离不开学习方法，但又不同于简单的学习方法。《标准》将学习策略分为：认知策略、调控策略、交际策略和资源策略。

（3）文化意识目标解读

文化意识目标包含两部分内容，即培养学生跨文化意识和跨文化交际能力。不同的国家有其不同的历史地理、风土人情、传统习俗、生活方式、行为规范、文学艺术、价值观念等。所以不同的语言也有其丰富的文化内涵。培养学生跨文化意识是一个潜移默化的过程，需要多种渠道、各种方法来让学生了解中外文化的异同，逐步增强学生对文化的理解力，为跨文化交流作准备。

文化意识是跨文化交际能力的重要基础和保证。只有具有了一定的文化意识才能在跨文化交际中根据不同的话题，在不同的场所、文化背景下使用得体的语言。培养学生跨文化交际能力是英语教学的重要任务和目标之一。在教学中我们要遵循实用性原则和循序渐进的原则。

（二）关于分级标准

将实验稿中的"内容标准"改为"分级标准"；

分级标准是总目标和分级目标的进一步细化；

按五个方面描述各级别的标准；

分级标准是递进和涵盖关系，高级别自动涵盖低级别的要求。

分级目标框架

	一级	二级	三级	四级	五级
语言技能	P	P	P	P	P
语言知识		P			P
情感态度		P			P
学习策略		P			P
文化意识		P			P

2011版课程标准没有对每个方面都按1—5级来逐级描述。这样做有三方面的原因：第一，有些目标没必要列出每一级的要求；第二，从技术的角度，对每个方面的目标都逐一列出有难度，比如情感、文化、策略很难界定。第三，语言知识可以细化，但考虑到教材编写和课堂的灵活性，没有细化。

注意体会分级标准中的关键术语：

"能"体现"能用英语做事情"的基本理念；

知道、了解、理解；

正确、恰当、适当；

学习、学会。

具体目标的调整：

1. 一级语言技能的"听做"要求中，将让学生能"根据指令做手工"的要求改为："做动作"；因为各地教学资源和条件不同，要求学生"根据指令做手工"不具有可操作性。（降）

一级语言技能的"玩演"要求中，将"能用英语做游戏并在游戏中用英语进行简单的交际"改为"能在教师的指导下用英语做游戏并在游戏中进行简单的交际"。（降）

将二级语言技能的"玩演"要求"能表演英文歌曲及简单的童话剧，如《小红帽》等"改为"能表演简单的英语短剧"。（表述准确性）

在一级语言技能的"读写"要求中，增加"能模仿范例写句子"的要求；（升）

将二级目标描述中的"说"的要求中的"语调达意"改为"语调基本达意"；（降）

在二级目标描述中的"说"的要求中增加"能就日常生活话题作简短叙述"；（升）

将二级目标中"说"的要求"能在教师的帮助下讲述简单的小故事"改为"能在教师的帮助和图片的提示下描述或讲述简单的小故事"；（降）

将二级目标中"写"的要求"能模仿范例写句子"修改为"能根据图片、词语或例句的提示，写出简短的描述"。（升）

减少一级和二级语言技能中要求学生能唱的歌曲歌谣的数量，从原来的一级和二级能够分别会唱15—20首和30—40首英文歌曲和歌谣减为能够学唱10—15首和15—30首英文歌曲和歌谣。（降）

将三级目标中"说"的要求"能在教师的指导下参与简单的游戏和角色扮演活动"改为"能在教师的指导下进行简单的交流"；（表述准确性）

将三级目标中"读"的要求"能理解简短的书面指令，并根据要求进行学习活动"改为"能理解并执行有关学习活动的简短书面指令"；（表述准确性）

将原二级目标中对"语音"的要求从"知道字母名称的读音"改为"正确读出26个英文字母"；从强调语音知识转为语音能力。

明确了小学阶段对语法的要求："理解以下语法项目的表意功能并能在特定语境中运用"：

1. 名词的单复数形式；

2. 主要人称代词和形容词性物主代词；

3. 一般现在时，现在进行时，一般过去时，一般将来时等时态；

4. 表示时间、地点和位置的常用介词；

5. 简单句的基本形式。

以前的要求没有明确小学还是初中，使得一些小学教师不清楚语法到底需要学习哪些内容，结果是增加了教学的难度、教材的难度和考试的难度。

在二级目标描述中对"语言功能"的要求进一步明确为"理解和运用表示问候、告别、感谢、邀请、致歉、介绍、喜好、建议、祝愿、情感、请求等交际功能的基本表达形式。"为小学教学更明确了需要学习的语言功能的内容。便于教材编写、教师教学和评价测试。

将二级目标"话题"要求中的"植物"内容删除，文字也做了相应调整："理解和表达有关下列话题的简单信息：个人情况、家庭与朋友、身体与健康、学校与日常生活、文体活动、节假日、饮食、服装、季节与天气、颜色、动物、数量、时间等相关意念内容。"

调整并重新描述五级目标描述中对"语法"的要求：

1. 理解附录"语法项目表"中所列语法项目并能在特定语境中使用（后同原课标）；

2. 了解常用语言形式的基本结构和常用表意功能；

3. 在实际运用中体会和领悟语言形式的表意功能；

4. 理解并运用恰当的语言形式描述人和物；描述具体事件和具体行为的发生、发展过程；描述时间、地点及方位；比较人、物体及事物等。

在二级"情感态度"的目标描述中，增加"遇到困难时能大胆求助，主动求助，勇于克服这时学生心智发展的一方面"。

在二级"基本策略"的目标描述中，增加"在课堂交流中，注意倾听，积极思考"。

在二级"文化意识"的目标描述中，增加"在学习和日常交际中，能初步注意到中外文化异同"。

在五级"文化意识"的目标描述中，增加"了解英语国家的人际交往习俗"；并将"加深对中国文化的理解"改为"关注中外文化异同，加深对中国文化的理解"。

专题二　学科教学建议

小学英语学科教学建议

一、关于课程理念落实的建议

深刻领会《标准（2011年版）》中倡导的课程理念的实质即在发展学生综合语言运用能力的过程中，培养学生良好的道德品质和社会适应能力，提升整体国民素质，促进科技创新和跨文化人才的培养。也就是说英语课程不再是单纯的工具性课程，而是具有工具性和人文性双重性质的课程。

修订稿强调了语言学习的渐进性和持续性，更符合语言学习的规律。

二、关于教材处理与有效达成教学目标的建议

进一步明确目标，结合实际教学需要，创造性地使用教材。就小学英语教学而言，修订稿（2011年版）在对原有语言知识、语言技能、情感态度、学习策略、文化意识目标微调的基础上，在技能教学参考中，对各项技能教学的目的、技能

要求以及主要活动都给予了分级描述，还明确了小学阶段语法教学的内容与要求，列出了小学阶段应掌握的基本词汇，教师应打破过分依赖教材的倾向，正确处理课标、教材、学情、环境四者之间的关系，正确理解完成教学目标的科学含义，"用教材教，而不是一味地教教材"，要善于扩展教材资料，在实际教学中，搭建适合学生"最近发展区"的"脚手架"，创造性地完成教学任务。

三、关于有效指导学生学习策略的建议

总体原则是：加强对学生学习策略的指导，提高学生自主学习能力。新课程改革背景下，教师首先要善于学习，熟悉外语教学的最新教学成果，掌握外语教学的有效策略，重视外语教学的方法引导。因地制宜地使用"交际教学法""听说教学法""情境教学法""任务型教学法"等国内外教学方法与策略。以词汇教学存在的问题为例：主要有重均衡用力，轻主次分明；重孤立讲解词义，轻创设语境；重词汇的字面意义，轻词汇的文化内涵。教师可采用以下方法与策略进行教学：利用直观教具教单词；利用音形结合、构词法教单词；通过句型或上下文来教单词；利用情景教单词；通过歌曲、谚语、成语、格言、绕口令、习语、说唱、诗歌、笑话、谜语等辅助词汇教学；用框架结构图来复习、归纳词汇；利用旧知识猜测词义。

四、关于教学方法多样科学化的建议

总体原则是：增强理论学习，采用多种途径开展教学。

课标对于一线老师而言，不仅是理念的引领，也是方法的指导，老师们看了后知道做什么、怎么做。如实施建议中对教学和评价都给出了具体的、符合实际的建议，同时评价方式与方法的举例非常详尽，不仅列举了各项技能不同级别的评价方案，还有对评价方案的评析，对老师们在教学中的评价操作具有很强的指导性。再如修订稿中的课堂教学用语更具体、更符合实际教学需要，语言也更具有时代气息。

新课程标准在"教学建议"部分指出：在教学中，教师应当坚持以学生为本，面向全体学生，关注个体差异，优化课堂教学，提高教学效率，为学生继续学习奠定基础。

1. 面向全体学生。教师应充分了解所有学生的语言能力和发展要求，选择适

当的教学方式和方法,把握学习难度,调动所有学生的积极性,使他们保持学习英语的信心,体验学习英语的乐趣,获得学习英语的成功感受,并使他们在各个阶段的学习中不断进步。

2. 尊重个体差异。教师应充分了解学生不同的学习经历、学习水平和学习风格,尊重学生个性,充分利用学生的不同潜能,因材施教,为学生提供多样化的发展空间。对学生在学习过程中出现的问题应给予有针对性的指导。

3. 优化课堂教学。教师应努力营造和谐的课堂教学气氛,合理安排教学内容和步骤,组织多种形式的课堂互动,鼓励学生通过观察、体验、探究、合作等方式学习和运用英语,尽可能多地为他们创造语言实践机会,引导他们学会自主学习。对学生学习过程中出现的语言错误采取宽容的态度,选择恰当的时机和灵活的方法妥善处理语言实践中出现的错误。

4. 强调打好基础。教师应根据学生的实际情况,确立有利于逐步提高学生的基本语言素养和基本学习能力的教学目标。特别是在小学阶段,教师尤其需要注意培养学生积极的学习态度、浓厚的学习兴趣和良好的学习习惯。

一节课是否做到以学生为本,面向全体学生,关注个体差异,优化课堂教学,提高教学效率,为学生继续学习奠定基础。可以从教师、学生两个方面来衡量。

1-6年学年学业标准

一、一年级学业标准

(一)评价内容

基础教育阶段英语课程的总体目标是培养学生的综合语言运用能力。综合语言运用能力的形成建立在学生语言技能、语言知识、情感态度、学习策略和文化意识等素养整体发展的基础上,语言技能和语言知识是语言综合运用能力的基础,文化意识是得体运用语言的保证,情感态度是影响学生学习和发展的重要因素,学习策略是提高学习效率、发展自主学习能力的保证这五个方面共同促进综合语言运用能力的形成。

(二)评价标准

1. 评价总体描述

对英语有好奇心,喜欢听他人说英语;

能根据教师的简单指令做动作、做游戏、做事情(如涂颜色、连线);

能做简单的角色扮演;

能唱简单的英文歌曲,说简单的英语歌谣;
能交流简单的个人信息,表达简单的情感和感觉;
对英语学习中接触的外国文化习俗感兴趣。
2. 技能达标描述

技能		标准描述
语言技能	听做	1. 能根据听到的词语识别或指认图片或实物; 2. 能听懂课堂简短的指令并做出相应的反应; 3. 能根据指令做事情,如:指图片、涂颜色、画图、做动作、做手工等。
	说唱	1. 能根据录音模仿说英语; 2. 能相互致以简单的问候; 3. 能相互交流简单的个人信息,如:姓名、年龄等; 4. 能表达简单的情感和感觉,如:喜欢和不喜欢; 5. 能够根据表演猜测意思、说词语; 6. 能唱英语儿童歌曲 5 首,会说 5 chants; 7. 能根据图、文说出单词或短句。
	玩演	1. 能在教师的指导下用英语做游戏并在游戏中用英语进行简单的交际; 2. 能做简单的角色表演。
	读写	1. 能看图识字; 2. 能在指认物体的前提下认读所学词语。
	视听	能看懂语言简单的英语动画片或程度相当的英语教学节目,课堂视听时间每学年不少于 10 小时(平均每周 20—25 分钟)。
语言知识	语音	1. 正确读出 26 个英文字母; 2. 知道错误的发音会影响交际; 3. 语音清楚,语调自然。
	词汇	1. 了解单词是由字母构成的; 2. 学习(能够听、说、认读)有关话题范围的 85 个单词和词组(详见课本 Words and Expressions in Each Module)。

语言知识	语法	1. 代词（新标准1a）； 2. 动词be（新标准1b）。
	功能	了解问候、告别、感谢、介绍等交际功能的基本表达形式。
	话题	能理解和表达有关下列话题的简单信息：数字、颜色、个人情况、家庭、学校、朋友、动植物、文体活动。
情感态度		1. 有兴趣听英语、说英语、背歌谣、唱歌曲、做游戏等； 2. 乐于模仿，敢于开口，积极参与，主动请教。
学习策略		1. 积极与他人合作，共同完成学习任务； 2. 主动向老师或同学请教； 3. 对所学习内容能主动练习和实践； 4. 在学习中集中注意力； 5. 积极运用所学英语进行表达和交流； 6. 注意观察生活或媒体中使用的简单英语。
文化意识		1. 知道英语中最简单的称谓语、问候语和告别语； 2. 对一般的赞扬、请求等做出适当的反应。

二、二年级学业标准

（一）评价内容

基础教育阶段英语课程的总体目标是培养学生的综合语言运用能力。综合语言运用能力的形成建立在学生语言技能、语言知识、情感态度、学习策略和文化意识等素养整体发展的基础上，语言技能和语言知识是语言综合运用能力的基础，文化意识是得体运用语言的保证，情感态度是影响学生学习和发展的重要因素，学习策略是提高学习效率、发展自主学习能力的保证，这五个方面共同促进综合语言运用能力的形成。

（二）评价标准

1. 评价总体描述

对英语有好奇心，喜欢听他人说英语；

能根据教师的简单指令做动作、做游戏、做事情（如涂颜色、连线）；

能做简单的角色扮演；

能唱简单的英文歌曲，说简单的英语歌谣；
能交流简单的个人信息，表达简单的情感和感觉；
能书写字母；
对英语学习中接触的外国文化习俗感兴趣。

2. 技能达标描述

技能		标准描述
语言技能	听做	1. 能根据听到的词语识别或指认图片或实物； 2. 能听懂课堂简短的指令并做出相应的反应； 3. 能根据指令做事情，如：指图片、涂颜色、画图、做动作、做手工等； 4. 能在图片和动作的提示下听懂简单的小故事并做出反应； 5. 能听懂课堂活动中简单的提问。
	说唱	1. 能根据录音模仿说英语； 2. 能相互致以简单的问候；能相互交流简单的个人信息； 3. 能表达简单的情感和感觉，如：喜欢和不喜欢； 4. 能够根据表演猜测意思、说词语； 5. 能说唱教材中的 3 首歌谣；一首诗和 4 chants； 6. 能根据图、文说出单词或短句。
	玩演	1. 能在教师的指导下用英语做游戏并在游戏中用英语进行简单的交际； 2. 能做简单的角色表演。
	读写	1. 能看图识字； 2. 能在指认物体的前提下认读所学词语； 3. 能在图片的帮助下读懂简单的小故事； 4. 能够正确书写字母； 5. 能辨认并写出教参每个单元学习任务所列句型中的词汇。
	视听	能看懂语言简单的英语动画片或程度相当的英语教学节目，课堂视听时间每学年不少于 10 小时（平均每周 20—25 分钟）。
语言知识	语音	1. 知道字母名称的读音； 2. 语音清楚，语调自然； 3. 知道错误的发音会影响交际。

语言知识	词汇	1. 了解单词是由字母构成的； 2. 学习（能够听、说、认读）有关话题范围的85个单词习惯用语（部分单词能写出，详见课本 Words and Expressions in Each Module）。
	语法	1. 一般现在时的初步认知（新标准2a）； 2. 现在进行时的初步认知（新标准2b）。
	功能	了解问候、告别、感谢、介绍等交际功能的基本表达形式。
	话题	能理解和表达有关下列话题的简单信息：数字、颜色、个人情况、家庭、学校、朋友、动植物、文体活动、时间、服装、节日等。
情感态度		1. 有兴趣听英语、说英语、背歌谣、唱歌曲、做游戏等； 2. 乐于模仿，敢于开口，积极参与，主动请教。
学习策略		1. 积极与他人合作，共同完成学习任务； 2. 主动向老师或同学请教； 3. 对所学习内容能主动练习和实践； 4. 在学习中集中注意力； 5. 积极运用所学英语进行表达和交流； 6. 注意观察生活或媒体中使用的简单英语； 7. 在词语与相应事物之间建立联想。
文化意识		1. 知道英语中最简单的称谓语、问候语和告别语； 2. 对一般的赞扬、请求等做出适当的反应； 3. 了解英语国家中重要的节假日。

三、三年级学业标准

（一）评价内容

基础教育阶段英语课程的总体目标是培养学生的综合语言运用能力。综合语言运用能力的形成建立在学生语言技能、语言知识、情感态度、学习策略和文化意识等素养整体发展的基础上，语言技能和语言知识是语言综合运用能力的基础，文化意识是得体运用语言的保证，情感态度是影响学生学习和发展的重要因素，学习策略是提高学习效率、发展自主学习能力的保证，这五个方面共同促进综合语言运用能力的形成。

（二）评价标准

1. 评价总体描述

对英语有好奇心，喜欢听他人说英语；

能根据教师的简单指令做动作、做游戏、做事情（如涂颜色、连线）；

能做简单的角色扮演；

能唱简单的英文歌曲，说简单的英语歌谣；

能在图片的帮助下听懂和读懂简单的小故事；

能交流简单的个人信息，表达简单的情感和感觉；

能书写字母和单词；

对英语学习中接触的外国文化习俗感兴趣。

2. 技能达标描述

技能		标准描述
语言技能	听	1. 能在图片、图像、手势的帮助下，听懂简单的话语或录音材料； 2. 能听懂简单的配图小故事；
	听	3. 能听懂课堂活动中简单的提问； 4. 能听懂常用指令和要求并做出适当反应。
	说	1. 能在口头表达中做到发音清楚、语调达意； 2. 能就所熟悉的个人和家庭情况进行简短对话； 3. 能运用一些最常用的日常套语（如问候、告别、致谢、致歉等）； 4. 能在教师的帮助下讲述简单的小故事。
	读	1. 能认读所学词语； 2. 能根据拼读的规律，读出简单的单词； 3. 能读懂教材中简短的要求或指令； 4. 能看懂贺卡等所表达的简单信息； 5. 能借助图片读懂简单的故事或小短文，并养成按意群阅读的习惯； 6. 能正确朗读所学故事或短文。

语言技能	写	1. 能模仿范例写句子； 2. 能写出简单的问候语； 3. 能根据要求为图片、实物等写出简短的标题或描述； 4. 能基本正确地使用大小写字母和标点符号； 5. 能写出教参每个单元学习任务所列句型中的词汇。
	玩演视听	1. 能按要求用简单的英语做游戏； 2. 能在教师的帮助下表演小故事或童话剧； 3. 能表演歌谣或简单的诗歌； 4. 能演唱英文歌曲。
语言知识	语音	1. 知道错误的发音会影响交际； 2. 知道字母名称的读音； 3. 了解简单的拼读规律； 4. 了解单词有重音； 5. 语音清楚，语调自然。
	词汇	学习有关本级话题范围 10 个模块中的 84 个单词、词组或短语（详见课本 Words and Expressions in Each Module）。
	语法	1. 知道名词有单复数形式； 2. 知道主要人称代词的区别； 3. 了解表示时间、地点和位置的介词； 4. 了解英语简单句的基本形式和表意功能； 5. 知道 be 动词在不同情况下会有形式上的变化（牛津 3a）； 6. like, have 用法（牛津 3b）； 7. 现在进行时综合运用（新标准 3a）； 8. 一般将来时、动词 be 的一般过去时（新标准 3b）。
	功能	了解问候、告别、感谢、致歉、介绍、请求等交际功能的基本表达形式。
	话题	能理解和表达有关下列话题的简单信息：数字、颜色、时间、天气、食品、服装、玩具、动植物、身体、个人情况、家庭、学校、朋友、文体活动、节日等。

情感态度	1. 有兴趣听英语、说英语、背歌谣、唱歌曲、讲故事、做游戏等； 2. 乐于模仿，敢于开口，积极参与，主动请教。
学习策略	1. 积极与他人合作，共同完成学习任务； 2. 主动向老师或同学请教； 3. 制订简单的英语学习计划； 4. 对所学习内容能主动练习和实践； 5. 在词语与相应事物之间建立联想； 6. 在学习中集中注意力； 7. 尝试阅读英语故事及其他英语课外读物； 8. 积极运用所学英语进行表达和交流； 9. 注意观察生活或媒体中使用的简单英语。
文化意识	1. 知道英语中最简单的称谓语、问候语和告别语； 2. 对一般的赞扬、请求等做出适当的反应； 3. 知道国际上最重要的文娱和体育活动； 4. 知道英语国家中最常见的饮料和食品的名称； 5. 知道主要英语国家的首都和国旗； 6. 了解世界上主要国家的重要标志物，如：英国的大本钟等； 7. 了解英语国家中重要的节假日。

四、四年级学业标准

（一）评价内容

听懂、会说、认读、阅读、书写及综合运用语言的能力。

（二）评价标准

1. 评价总体描述

能听懂简单的话语或录音材料；

能听懂简单的配图小故事；

能听懂课堂活动中常用指令和要求并做出适当反应，能听懂简单的提问；

能在口头表达中做到发音清楚、语调达意；

能围绕所学主题进行简短对话；

能运用一些最常用的日常套语（如问候、告别、致谢、致歉等）；

能认读所学词语；

能根据拼读的规律，读出简单的单词；

能读懂教材中简短的要求或指令；

能借助图片读懂简单的故事或小短文，并养成按意群阅读的习惯；

能正确朗读所学故事或短文；

能模仿范例写句子；能默写重点功能句；

能基本正确地使用大小写字母和标点符号；

能表演歌谣或简单的诗歌。

2. 技能达标描述

技能		标准描述
语言技能	听	1. 能在图片、图像、手势的帮助下，听懂简单的话语或录音材料； 2. 能听懂简单的配图小故事； 3. 能听懂课堂活动中简单的提问； 4. 能听懂常用指令和要求并做出适当反应。
	说	1. 能在口头表达中做到发音清楚、语调达意； 2. 能就所熟悉的个人和家庭情况进行简短对话； 3. 能运用一些最常用的日常用语（如问候、告别、致谢、致歉等）； 4. 能在教师的帮助和图片的提示下描述或讲述简单的小故事。
	读	1. 能认读所学词语； 2. 能根据拼读的规律，读出简单的单词； 3. 能读懂教材中简短的要求或指令； 4. 能看懂贺卡等所表达的简单信息； 5. 能借助图片读懂简单的故事或小短文，并养成按意群阅读的习惯； 6. 能正确朗读所学故事或短文。
	写	1. 能模仿范例写句子； 2. 能写出简单的问候语和祝福语； 3. 能根据要求为图片、实物等写出简短的标题或描述； 4. 能基本正确地使用大小写字母和标点符号； 5. 能写出教参每个单元学习任务所列句型中的词汇。

语言技能	玩演视听	1. 能按要求用简单的英语做游戏； 2. 能在教师的帮助下表演小故事或童话剧； 3. 能表演歌谣或简单的诗歌； 4. 能演唱英文歌曲； 5. 能看懂程度相当的英语动画片和英语教学节目，课堂视听时间每学年不少于10小时（平均每周20—25分钟）。
语言知识	语音	1. 了解有关语音的知识； 2. 总结字母或字母组合在单词中常发的音。
	词汇	四会词汇或短语46个，三会词汇或短语43个，二会词汇或短语30个，共计119个。
	语法	1. 学习使用祈使句； 2. 复习巩固一般现在时（描述事物）； 3. 学习方位介词和短语 far from, near to in（to）the ... of 的用法； 4. 学习 How, Whose 引导的特殊疑问句； 5. can, there be 的用法（牛津 4a）； 第三人称单数（does）的用法（牛津 4b）； 6. 一般过去时的用法（新标准 4a）； 7. 一般将来时的用法（新标准 4b）。
	功能	了解问候、介绍、告别、请求、邀请、感谢、致歉、情感、喜好、建议、祝愿等交际功能的基本表达形式。
	话题	能理解、表达和运用有关下列话题的语言表达形式：个人情况、家庭与朋友、身体与健康、学校与日常生活、文体活动、节假日、饮食、服装、季节与天气、颜色、动物等。

情感态度	1. 有兴趣听英语、说英语、背歌谣、唱歌曲、讲故事、做游戏等； 2. 乐于模仿，敢于开口，积极参与，主动请教； 3. 培养诚实守信的意识； 4. 培养能够对不文明或不安全的行为进行劝阻或提醒，以及在危险的地方培养学生的自我保护的意识； 5. 培养热爱地球、热爱大自然、热爱环境的意识； 6. 培养了解外国文化的兴趣； 7. 培养热爱实践、乐于动手的意识； 8. 通过对母亲节的了解，加深对母亲的理解与尊重。
学习策略	1. 积极与他人合作，共同完成学习任务； 2. 对所学习内容能主动练习和实践； 3. 在词语与相应事物之间建立联想； 4. 遇到问题主动向老师或同学请教； 5. 在学习中集中注意力； 6. 尝试阅读英语故事及其他英语课外读物； 7. 积极运用所学英语进行表达和交流； 8. 注意观察生活或媒体中使用的简单英语； 9. 能够对所学语言知识及语法规律进行归纳，并会结合实际情况灵活运用。
文化意识	1. 对一般的赞扬、请求等做出适当的反应； 2. 了解著名的英语小谚语或小故事； 3. 了解常见的几种东西方乐器； 4. 了解英语国家中重要的节假日，如母亲节的来历； 5. 了解太阳系主要行星的英文名字； 6. 了解美国的大城市和著名景点； 7. 了解澳大利亚的标志性动物等； 8. 了解如何写英文的明信片。

五、五年级学业标准

（一）评价内容

听懂、会说、认读、阅读、写作及综合运用语言的能力。

（二）评价标准

1. 评价总体描述

能听懂简单的话语或录音材料；

能听懂简单的配图小故事；

能听懂课堂活动中常用指令和要求并做出适当反应，能听懂简单的提问；

能在口头表达中做到发音清楚、语调达意；

能围绕所学主题进行简短对话；

能运用一些最常用的日常套语（如问候、告别、致谢、致歉等）；

能认读所学词语；

能根据拼读的规律，读出简单的单词；

能读懂教材中简短的要求或指令；

能借助图片读懂简单的故事或小短文，并养成按意群阅读的习惯；

能正确朗读所学故事或短文；

能模仿范例写句子；能默写重点功能句；

能基本正确地使用大小写字母和标点符号；

能表演歌谣或简单的诗歌，能演唱简单的英文歌曲。

2. 技能达标描述

技能		标准描述
语言技能	听	1. 能在图片、图像、手势的帮助下，听懂简单的话语或录音材料； 2. 能听懂简单的配图小故事； 3. 能听懂课堂活动中简单的提问； 4. 能听懂常用指令和要求并做出适当反应。
	说	1. 能在口头表达中做到发音清楚、语调达意； 2. 能就所熟悉的个人和家庭情况进行简短对话； 3. 能运用一些最常用的日常用语（如问候、告别、致谢、致歉等）； 4. 能在教师的帮助和图片的提示下描述或讲述简单的小故事。
	读	1. 能认读所学词语； 2. 能根据拼读的规律，读出简单的单词； 3. 能读懂教材中简短的要求或指令； 4. 能看懂贺卡等所表达的简单信息；

语言技能	读	5. 能借助图片读懂简单的故事或小短文，并养成按意群阅读的习惯； 6. 能正确朗读所学故事或短文。
	写	1. 能模仿范例写句子； 2. 能写出简单的问候语； 3. 能根据要求为图片、实物等写出简短的标题或描述； 4. 能基本正确地使用大小写字母和标点符号； 5. 能写出教参每个单元学习任务所列句型中的词汇。
	玩演视听	1. 能按要求用简单的英语做游戏； 2. 能在教师的帮助下表演小故事或小短剧； 3. 能表演歌谣或简单的诗歌； 4. 能演唱英文歌曲； 5. 能看懂程度相当的英语动画片和英语教学节目，课堂视听时间每学年不少于10个小时（平均每周20—25分钟）。
语言知识	语音	1. 了解有关语音的知识； 2. 了解简单的拼读规律； 3. 总结字母或字母组合在单词中常发的音； 4. 了解英语语音包括连读、节奏、停顿、语调等现象，考查学生对节奏的把握。
	词汇	四会词汇或短语85个，三会词汇或短语34个，二会词汇或短语11个，共计130个。
	语法	1. 复习一般现在时； 2. 复习、学习关于时间的词及表达法； 3. 复习祈使句； 4. 学习人称代词及宾格形式； 5. 复习名词单复数的规则及不规则变化； 6. 复习疑问副词在不同时态句子中的用法； 7. 学习现在进行时；并学习 will 和 be going to 表示将来的用法； 8. 情态动词 must 的用法（牛津5a）； 9. 学习一般将来时；情态动词 should 的用法（牛津5b）。

语言知识	功能	了解问候、介绍、告别、请求、邀请、感谢、致歉、情感、喜好、建议、祝愿等交际功能的基本表达形式。
	话题	能理解、表达和运用有关下列话题的语言表达形式：个人情况、家庭与朋友、身体与健康、学校与日常生活、文体活动、节假日、饮食、服装、季节与天气、颜色、动物等。
情感态度		1. 培养学习英语的兴趣，使其感受在快乐中学习英语的情感体验； 2. 乐于模仿，敢于开口，积极参与，主动请教； 3. 乐于接受和了解异国文化； 4. 培养与别人交流、交往的意识； 5. 形成热爱动物，热爱大自然，热爱我们周围环境的意识； 6. 形成同学间应该善于发现对方的优点，并学会鼓励其他同学的意识。
学习策略		1. 对所学内容能主动练习和实践，在词语与相应事物之间建立联想； 2. 积极与他人合作，共同完成学习任务； 3. 主动向老师或同学请教对所学内容能主动练习和实践； 4. 学习新知识后，与原有知识进行对比，找规律，发现不同，自己小结； 5. 通过语音规律学习新单词； 6. 在学习中能够集中注意力，并运用所学知识； 7. 能够对所学语言知识及语法规律进行归纳，并会结合实际情况灵活运用； 8. 制订简单的计划。
文化意识		1. 简单了解英美国家的职业情况； 2. 简单了解英式食物及饮食习惯； 3. 简单了解英国的博物馆； 4. 简单了解英国的天气与季节； 5. 简单了解英国的商业情况，英国人的购物习惯等； 6. 简单了解英国的古迹"巨石阵"； 7. 简单了解英国的移动电话、学校里的电脑使用情况； 8. 简单了解风筝文化及风筝在西方国家的情况； 9. 简单了解英国剧院情况，简单了解一下西班牙、澳大利亚； 10. 简单了解英国重要的节假日情况。

六、六年级学业标准

（一）评价内容

听、说、读、写的技能以及这四种技能的综合运用能力。

（二）评价标准

1. 评价总体描述

能在图片、图像、手势的帮助下，听懂与课本难度相当的对话、短文或其他录音材料；

能听懂简单的配图小故事；

能听懂课堂活动中的简单提问；

能听懂常用指令和要求并做出反应；

能在口头表达中做到发音清楚、语调达意；

能够模仿说 Listen and repeat 中的短文；

能够就所熟悉的个人和家庭情况进行简短对话；

能运用一些最常用的日常套语（如问候、告别、致歉、致谢等）；

能够培养学生主动提问的意识，并能做出相应的回答；

能在教师帮助下讲述简单的小故事；

能够根据拼读的规律，认读所学单词，并掌握部分字母组合的发音；

能正确朗读所学课文并回答问题；能读懂与所学课文难度相当的语篇；

能借助图片、词汇表阅读小故事或短文，并养成按意群阅读的习惯；

能读懂教材中的简短的要求或指令；

能够模仿范例写句子，正确使用大小写和标点符号；能写出简单的问候语；

默写练习以句子为主，帮助学生在巩固的基础上掌握单词或短语的功能；

能够根据要求为图片、实物写出简短的标题或描述；

能够根据图片或阅读材料回答问题（书写）；

能够尝试写短文、信件、电子邮件等各种文体；

能根据课堂所学适当做笔记，将知识进行归纳梳理。

2. 技能达标描述

技能		标准描述
语言技能	听	1. 能在图片、图像、手势的帮助下，听懂简单的话语或录音材料； 2. 能听懂简单的配图小故事； 3. 能听懂课堂活动中简单的提问； 4. 能听懂常用指令和要求并做出适当反应。

语言技能	说	1. 能在口头表达中做到发音清楚、语调达意； 2. 能就所熟悉的个人和家庭情况进行简短对话； 3. 能运用一些最常用的日常用语（如问候、告别、致谢、致歉等）； 4. 能在教师的帮助下讲述简单的小故事。
	读	1. 能认读所学词语； 2. 能根据拼读的规律，读出简单的单词； 3. 能读懂教材中简短的要求或指令； 4. 能看懂贺卡等所表达的简单信息； 5. 能借助图片读懂简单的故事或小短文，并养成按意群阅读的习惯； 6. 能正确朗读所学故事或短文。
	写	1. 能模仿范例写句子； 2. 能写出简单的问候语和祝福语； 3. 能根据要求为图片、实物等写出简短的标题或描述； 4. 能基本正确地使用大小写字母和标点符号； 5. 能写出教参每个单元学习任务所列句型中的词汇。
	玩演视听	1. 能按要求用简单的英语做游戏； 2. 能在教师的帮助下表演小故事或小短剧； 3. 能表演歌谣或简单的诗歌； 4. 能演唱英文歌曲； 5. 能看懂程度相当的英语动画片和英语教学节目，课堂视听时间每学年不少于10个小时（平均每周20—25分钟）。
语言知识	语音	1. 了解语音的重要性及语音的相关知识； 2. 了解简单的拼读规律并能总结字母或字母组合在单词中的发音； 3. 了解英语语音包括连读、节奏、停顿、语调等现象，考查学生对节奏的把握。
	词汇	四会词汇或短语95个，三会词汇或短语35个，二会词汇或短语17个，共计147个。

语言知识	语法	1. 知道名词有单复数形式； 2. 知道主要人称代词的区别； 3. 知道动词在不同情况下会有形式上的变化； 4. 了解表示时间、地点和位置的介词； 5. 了解英语简单句的基本形式和表意功能； 6. 复习巩固 why 引导的特殊疑问句、情态动词 can 及祈使句的运用。 7. 了解以一般现在时为主的时态综合运用（新标准 6a）； 了解以一般过去时为主的时态综合运用（新标准 6b）以及现在进行时、一般将来时四个基本时态的应用。
	功能	了解问候、介绍、告别、请求、邀请、感谢、致歉、情感、喜好、建议、祝愿等交际功能的基本表达形式。
	话题	能理解、表达和运用有关下列话题的语言表达形式：个人情况、家庭与朋友、身体与健康、学校与日常生活、文体活动、节假日、饮食、服装、季节与天气、颜色、动物等。
情感态度		1. 有兴趣听英语、说英语、背歌谣、唱歌曲、讲故事、做游戏等； 2. 乐于模仿，敢于开口，积极参与，主动请教； 3. 培养学生热爱生活的美好情感； 4. 按时做事情，不提前、不延后； 5. 鼓励学生认真学习、在文本、情境中体会英语时态的不同； 6. 乐于接触和了解异国文化； 7. 乐于结交新朋友，敢于积极表达自己的意愿； 8. 接受礼物时要表示感谢，学会与他人分享礼物与快乐； 9. 中国科技发展、进步，做中国人自豪； 10. 从小树立自强不息的意志品质； 11. 与小伙伴团结互助； 12. 体会毕业前依依惜别的情感。
学习策略		1. 积极与他人合作，共同完成学习任务； 2. 对所学习内容能主动复习、练习和实践； 3. 在词语与相应事物之间建立联想； 4. 主动向老师或同学请教； 5. 制订简单的英语学习计划；

学习策略	6. 在学习中集中注意力； 7. 尝试阅读英语故事及其他英语课外读物； 8. 积极运用所学英语进行表达和交流； 9. 注意观察生活或媒体中使用的简单英语； 10. 能够对所学语言知识及语法规律进行归纳，并会结合实际情况灵活运用； 11. 能初步使用简单的英汉词典。
文化意识	1. 知道英语中简单的称谓语、问候语和告别语； 2. 对一般的赞扬、请求、帮助、建议等做出适当的反应； 3. 了解东西方食文化的差异； 4. 乐于了解异国文化，积极参与活动，主动请教他人； 5. 有条理地描述事情的发展过程及心理活动； 6. 了解英语国家中人们庆祝生日的习俗； 7. 了解其他国家科技发展的情况； 8. 阅读励志人物相关故事及著作； 9. 知道错误的发音会影响交际； 10. 了解中外学校的不同，中文成为一种重要的语言，很多外国人在学习。

专题三 教学案例

优秀教学案例及评析

词汇教学课型概述

长春市第八十七中学小学部 石 爽

词汇教学是小学英语教学的重要组成部分。合理利用思维导图能够帮助学生理解记忆词汇，使学生进行高质量学习。同时，小学阶段是培养学生想象力和创造力的关键期，思维导图作为思维的工具，能够帮助学生拓展思维的联想性，为今后继续学习英语和用英语学习其他相关科学文化知识奠定基础。

一、特点优势

（一）将思维可视化

说到思维，那是摸不着，看不见的。老师怎么知道学生是怎么想的呢？老师又不是他们肚里的虫。但是老师通过听学生描述他们的思维导图，就能知道他们是怎么想的、怎样建构知识的、还存在哪些问题，及时地帮助他们查缺补漏。

（二）调动左右脑协同工作

传统的学习方法侧重于左脑学习，右脑处于闲置状态。思维导图运用左脑的抽象思维能力来分析词汇之间的内在联系，右脑进行图画、想象和创新等感性思维活动，真正实现全脑开发。

（三）提升注意力

在描述思维导图的时候，学生都特别投入，因为每张思维导图都不相同，他们想知道别人画了什么，代表什么意思。就像看电视剧，总惦记接下来发生什么事了，一集接一集，根本停不下来。

（四）促使学生主动学习

英语在小学属于"小科"，家长不像对语文、数学那样重视。家长通常让孩子先把语文、数学作业写完，如果孩子困了，就对孩子说："太晚了，快睡觉吧，不用写英语作业了，我明天和老师请假。"所以，让学生热爱英语、主动学习英语尤为重要，思维导图成为有效载体——有一个学生半夜三更给老师发微信，问老鼠的复数是 mouses 还是 mice，说他正画思维导图呢；学生在练习描述思维导图时，都把手举得高高的提问并且主动地练习。

（五）增强对英语的感性认识

单词写出来，它只是符号，但是用思维导图绘制出来，它就是一个小故事。

一名学生在绘制 weather 的思维导图时，用很多雨点表示 rainy，写出关键词 cold，又画了一把雨伞。他这样描述道：It's rainy. It's cold. An umbrella for you. An umbrella for me. 最后两句在教材中 Learn the letters 部分出现过，他迁移到了这里。看着他的思维导图，听着他的描述，我们仿佛看见了：在一个寒冷的雨天，这个小同学要出门了，他给了自己一把伞，给了妈妈一把伞。

（六）利用思维导图可以突破词汇教学的瓶颈，实现三个目标

1. 个体建构

每个学生都能够根据自己的已有经验、认知能力构建知识，进行个性化学习，进行高质量学习。以下四张关于交通工具的思维导图，为同一年级的学生所绘制，

却反映出不同的思维过程和特点。

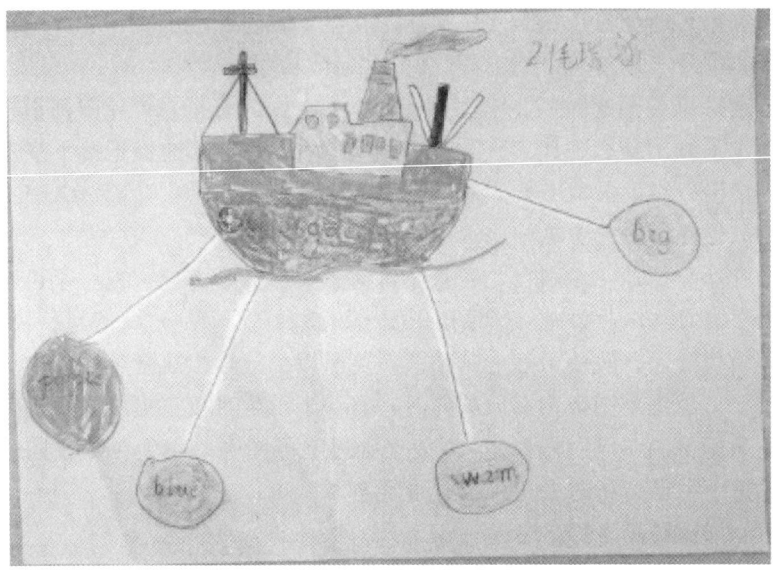

毛瑞涵只画了一条轮船，写出四个关键词：big, swim, blue 和 people。她是这样描述的：This is a ship. It's big. It can swim. It's blue. People are on a ship. 最后一句，她是由学过的：We are on a ship. 建构起来的。

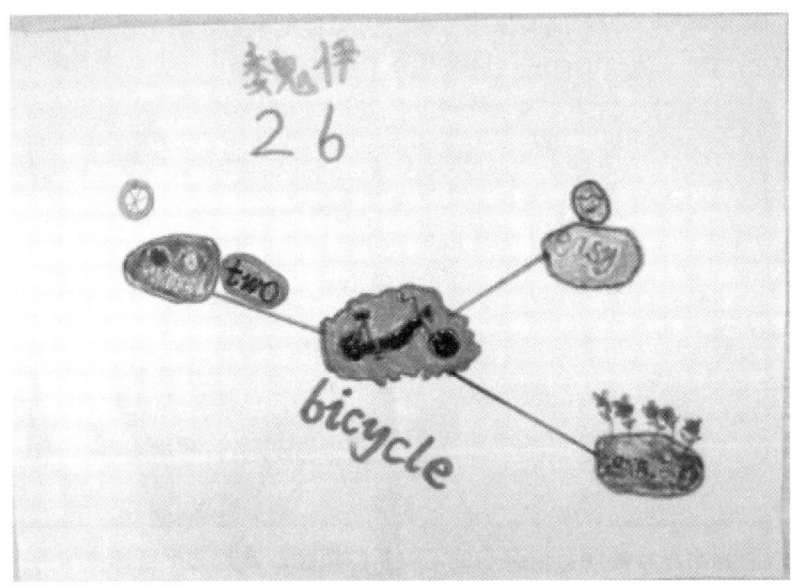

魏伊画的是一辆自行车，写出了五个关键词并配有图片：bicycle, two, wheel（旁边画了轮子），easy（旁边画了一张笑脸，意思是容易学会，很开心）和 harmless

（旁边画了盛开的花朵，意思是自行车不污染环境）。她是这样描述的：This is a bicycle. The bicycle has two wheels. It's easy. It's harmless. 其中，The bicycle has two wheels. 一句，是由学过的：The kangaroo has a big bag. 建构起来的。

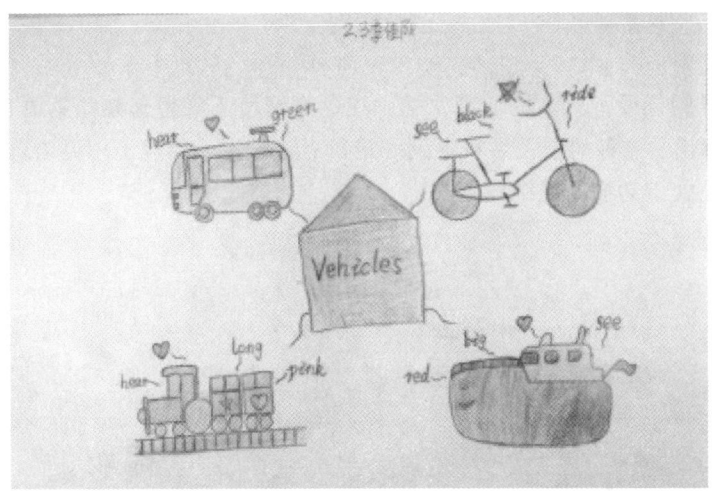

李佳阳以 vehicles 为中心词，发散出四种交通工具，每种交通工具又发散出四五个关键词，心表示喜欢，心上打个 × 表示不喜欢。她是这样描述的：Boop... Boop... I can hear a bus（本单元的核心句型）. I like the bus. It's green. I can see a bicycle. It's black. I don't like the bicycle. I can ride a bicycle. Choo... Choo... I can hear a train. I like the train. It's long. It's pink. I can see a ship. I like the ship. It's big. It's red.

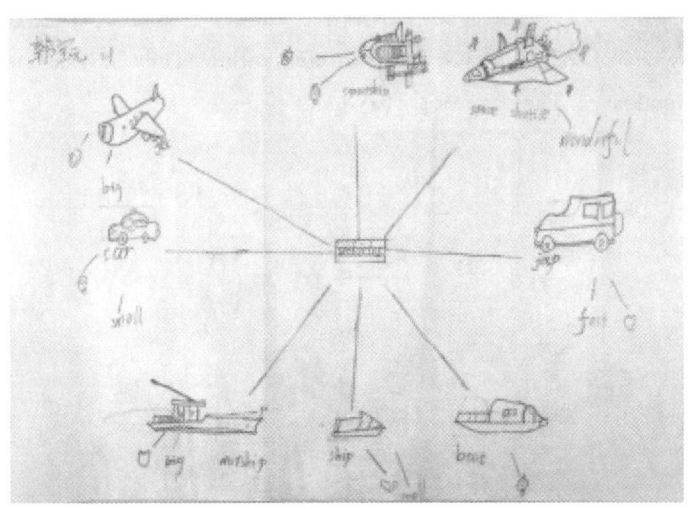

韩宝元的思维导图没有颜色，但是线条细致。大家已经猜到了——他是男生，之前的三名学生都是女生。他也是 以 vehicles 为中心词，发散出八种交通工具，

31

有 spaceship, space shuttle, jeep, boat, ship, warship, car, jet。每种交通工具又发散出两三个关键词，眼睛表示看见，耳朵表示听见，心碎表示不喜欢。他说："老师，这些单词都是我在网上找的。"而且他会读，拼写也是正确的。真的是：热爱所在，无坚不摧。

2. 情境对应

思维导图创设了一定的情境，学生在这个情境下联想起某些英语表达，然后开始语言输出。这种对应关系积累到一定量后，学生就养成了用英语思维的习惯。

以下是关于动物的思维导图。

刘炯含画的是两只长颈鹿站在草地里、绿叶下。她是这样描述的：They're giraffes. They're big and tall. They're brown and yellow. They have a long long neck. They like green leaves. They can run. They can't swim.

田秦冉用各种图形、符号来表示关键词：太极（They're black and white.）、箭头指向大圆（They're big.）、鸟打×（They can't fly.）、箭头指向高树（They're tall.）、心和干草（They like hay.）、水花打√（They can swim.）、milk（They can produce milk.）。

孙铭泽把老鼠画活了。他就是半夜发微信问老鼠复数的小孩。他是这样描述的：They're mice. They're small. They're blue and green. They don't like（×表示）cats. They like corn. They can run fast. They can't fly.

3. 升级板书

传统板书是线性的，只呈现学习的重难点，不能体现知识间的联系。而思维导图能让学生生动、直观地了解所学内容。

太阳从东方升起的时候，是 morning，由 morning 这个单词联想到核心句型 Good morning, Mum. 当太阳转向西边的时候是 afternoon，太阳落山的时候是 evening，星星、月亮出来的时候是 night。morning，afternoon，evening，night 的意义一目了然。

这个板书体现 I am 和 You are 的搭配，以及反义词和对应词的搭配。I am a girl. You are a boy. I am small. You are big.

通过对比两个简笔画，反映出 young 和 old 的含义、she 和 he 的用法。

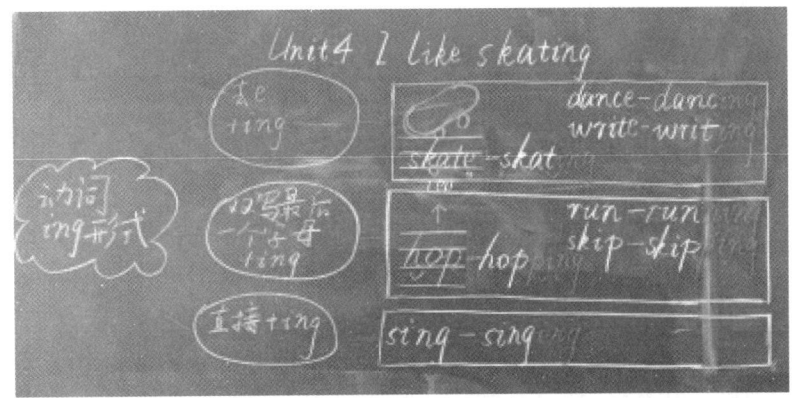

教师先板书核心词汇 skate 和 hop，然后板书学生从课文里找到的动词 ing 形式——原形和 ing 形式对应着写，最后让学生观察规律，总结出动词 ing 形式的三种变化规则。

二、环节步骤

下面我以沪教 2011 课标版三年级上册第五单元 My family 第一课时为例，阐述在小学英语词汇教学中如何有效运用思维导图。

（一）教材解读

教材中 Listen and say 部分呈现了本单元的核心句型和对别人称赞的应答。Look and learn 部分以家谱的形式呈现出本单元的核心词汇和家庭成员的姓名，但是我们并没有涉及姓名的问题，因为 Say and act 部分介绍了家庭成员的姓名，Culture corner 介绍了中英文姓名的差异，这三部分连接紧密，所以我把它划分到了第二课时。本节课的教学目标为：学生能看懂家谱、会绘制简单的家谱、能从特征、喜好、能力等方面介绍家人。我利用思维导图帮助学生建构英语句式，将新旧知识有机地结合在一起，以活动驱动，旨在促进学生积极表达，提高其综合语言的运用能力。

（二）教学步骤

1. 在课前热身的时候，学生们通过唱一首关于小熊一家人的歌曲 Three bears, 融入了家的氛围之中。然后看图说单词、看图拼写单词（自然拼读法书空）、介绍自己的朋友，来复习和本节课相关的词汇和句型。

2. 播放一系列温馨的图片，配上动感的英文歌曲 Mama said, 引发学生对亲情的美好回忆，引出 My family 课题。

3. 同伴合作学习词汇，利用自然拼读法，在练习本上拼写单词，并口头造句。教师提问学生读这些单词，考查自学情况，为接下来的词汇学习提供依据。

4. 教师指着黑板上的家谱框架，逐步引出 Peter 的家人。利用思维导图帮助学生建构句式：学生在图片和符号的提示下进行语言输出，培养学生英语思维的能力。所用到的单词和短语贴近学生生活实际，他们有话可说，同时也是学生的容易点，以此来强化理解记忆。

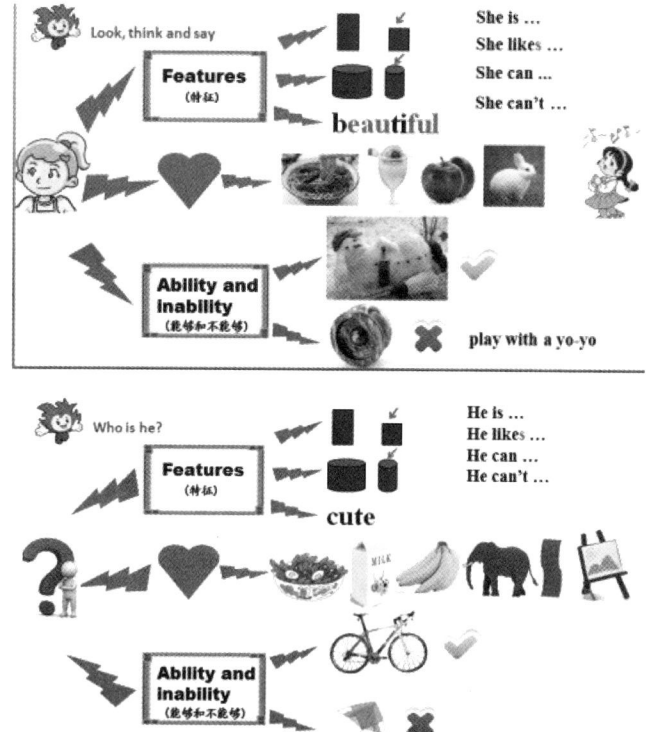

第一个思维导图是发散的，由 my sister 展开联想。而第二个思维导图是聚合

的，从对人物的描述中推测是 Peter 的哪个家人。两种不同的呈现方式，既能激发学生的学习兴趣，又能发展学生的思维能力。

5. 黑板上呈现出完整的 Peter 的家谱以后，学生继续完成王媛媛和 Kitty 的家谱，探讨：为什么填 me 而不填人名（Wang Yuanyuan / Kitty）？

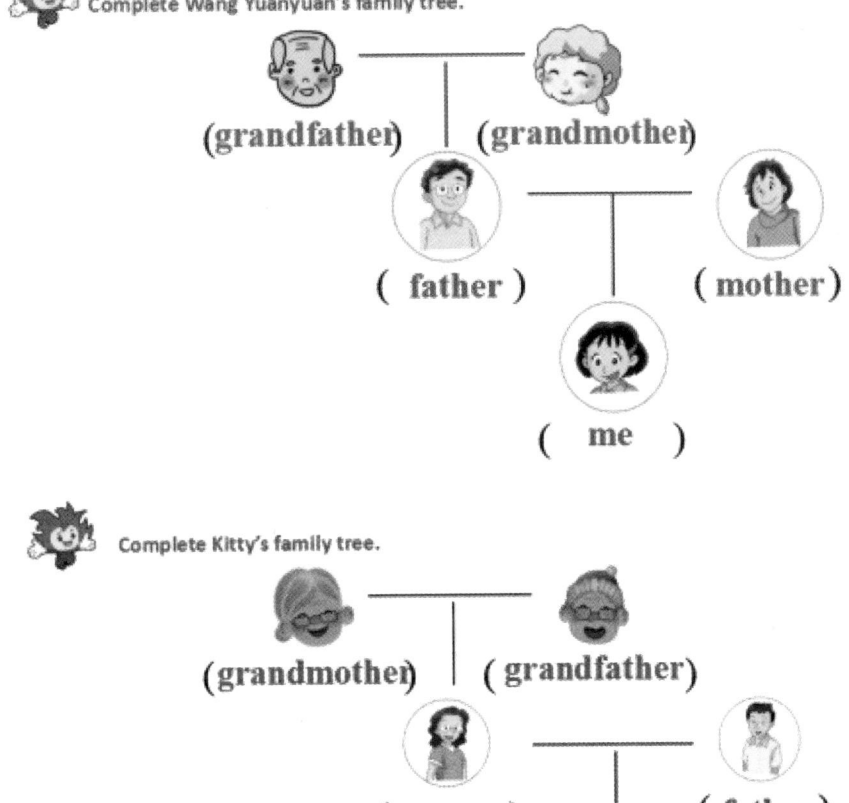

6. 学生展示自己的家谱，介绍家人，灵活运用所学进行表达，在交际中，理解、内化所学。

7. 文本学习——Listen and say 部分。先看视频动画，整体感知语言；再听音指读，熟悉教材内容，增强认读能力；最后进行情境表演。

8. 知识是载体，核心是素养。学习本课后，学生应该更懂得感恩父母，有责任担当。他们通过看关于家的公益广告，体会父母的艰辛和自己应承担的责任，说出 family 是由 father and mother I love you 的首字母组成的，达到德育的目的。

三、教学策略

（一）看透学生

学生是教育的主体，也是学习的主人。在小学英语词汇教学中应用思维导图，教师首先要对学生了如指掌，了解他们的认知特点、知识基础、生活经验、关注点，以及正在形成和发展的知识与能力有哪些，把握他们的最近发展区，把学生作为重要的资源，用他们的知识和经验去补充、丰富教学内容。

（二）吃透教材

教师要钻研教材，理解板块之间、单元之间、上下册之间、学年之间教材的编写意图，在语言技能、语言知识、情感态度、学习策略、文化意识五个方面的纵向联系和横向联系。这样有利于建立起新旧知识之间的联系，将当前的新知识纳入再现的知识体系之中去，从而解决这个新问题。只有对教材内容熟记于心，才能抓住重点、点面结合、精准施策。

（三）摸透规律

教师需要结合模块的、关联记忆的模式，整理一些有高度组织性的词语，引导学生在可视化思维导图中加深对知识内涵的理解。此外，教师还可以针对兴趣保持、语言输出能力提升、阅读等方面分析，运用思维导图模式，提高教学质量，发展学生的综合语言运用能力。

四年级上册 Unit 3 Are you happy？教学设计

长春市第八十七中学小学部　石　爽

【导语】

本节课由词到句到语篇逐步展开，学生在螺旋式上升的学习过程中，理解、内化所学词汇，并尝试运用所学语言进行交流，真正实现了"用英语做事情"，使得各个层次的学生都得到发展。学生以思维导图为载体，建构知识，输出语言，促进逻辑思维的发展。

一、研究内容

沪教 2011 课标版四年级上册 Unit 3 Are you happy？ 第一课时
Listen and say Look and learn Culture corner

二、教学目标

（一）知识与技能

1. 能正确拼写 happy, sad, tired, hungry, full, thirsty。
2. 能基于 Listen and say 进行情景对话。
3. 能借助思维导图，用所学词汇讲故事。

（二）过程与方法

利用思维导图帮助学生建构英语句式，将新旧知识有机地结合在一起，以活动驱动，旨在促进学生积极表达，提高其综合语言的运用能力。

（三）情感、态度与价值观

能正确表达自己的感觉；学会关心、理解别人的感觉，并能根据别人的情绪和感觉做出适当的回应。

三、教学重、难点

重点：掌握本课的核心词汇和句型。
难点：灵活运用所学词汇和句型进行表达。

四、教学准备

课件、卡片、点读机。

五、教学过程

（一）热身

学生们通过唱歌曲 If you are happy，融入快乐的氛围之中。

（二）复习

1. 同桌问答

S1: Are you Kitty ?
S2: Yes, I am. / No, I'm not.
S3: Would you like some … ?
S4: Sure. I like … / No, thanks. I don't like …

2. 谈论同学

My classmate
This is my classmate. His/Her name is _____. He/She is _____. He/She can _____ but he/she cannot _____.

【复习和本课相关的单词和句型，回忆深化旧知识，了解学生原有经验，并利用旧知识来学习新知识。】

（三）导入

播放一系列快乐的图片，配上动感的英文歌曲。学生回答：How are they？引出 Are you happy？ 课题。

（四）同伴预学单词

1. 同桌用自然拼读法在练习本上拼写单词。

2. 造句子。

3. 教师叫单个学生读单词，考查自学情况，为接下来的词汇学习提供依据。

（五）新课呈现

1. 呈现图片，引出句型：Are you sad？ Yes, I am. / No, I'm not.

2. 同桌两人问答，操练句型。

3. 逐步建构思维导图，建立起核心词汇之间的联系——She is sad. Because she is tired. She is thirty. She would like some water. She is hungry. She would like some cakes. Now she is full. She is happy.

（六）理解运用

学生描述自己的思维导图。

【学生在教师的启发下，以思维导图为载体，建构知识，输出语言，促进逻辑思维的发展。】

（七）学习文本

1. 看书中 Listen and say 部分的视频动画，然后回答问题：How is Ben？ Why？

【整体感知语言。】

2. Culture corner。

3. 听音指读，使学生熟悉教材内容，增强认读能力。

4. 情景对话。

（八）德育渗透

Happy is the man who learns from the misfortunes of others.

吸取他人教训，自己才会走运。

（九）课堂达成测验

| cool | bad | sad | at | yes |

A: Hello, Alice. How are you?
B: I'm _____. I can't ride my bike. It's broken.
A: I'm sorry. It's too _____. Are you happy, Joe?
C: _____, I am. Look _____ my new robot.
A: It's so _____!
B: It's super!
C: Let's play together.

Learning guide

1. **Complete the conversation by yourself.**
   独立完成对话。

2. **Circle the words you can't understand.**
   圈出生词。

3. **Discuss your problems with your neighbour.**
   和同桌讨论你所遇到的问题。

（十）作业

练习描述思维导图。

（十一）板书设计

专家点评

词汇是语言交流的基础，语言能力的培养与提升、语言知识的有效应用，都离不开词汇的积累。教师应在教学过程中调动学生学习词汇的主动性，引导学生发现语言学习规律，在一定的语境中理解内化所学词汇。将思维导图与词汇教学结合起来，突破了传统的教学模式。教师根据学生已有知识设计学习环境、学习资源和学习活动，利用活动改善学生的思维和知识，使学习真正发生。

词汇学习一般需要与之相匹配的语境，本节课一共有六个单词。"如果为单个单词分别创设情境，这些小情境会使原本不复杂的内容因为过多的活动变得烦琐而凌乱，而且零碎的语境之间也会缺乏内在联系。它们所承载的词汇意义在学生头脑中留下的必然是杂乱的印象，会干扰学生对最基本的语言结构的掌握，不利于学生对词汇进行群体式的自我建构。"（钱希洁，2009）为了在众多词汇之间建立一种联系，将它们联成一体，促进词汇个体之间的正迁移，教师在充分解读教材的基础上，将这些词汇融入一个小故事，利用课件上的思维导图做支架，引导学生根据已有的知识和生活实际进行语言输出，以活动学习新知。

从认知心理学的角度来看，运用思维导图来组织词汇教学，使得教学活动既有单一的思维过程，又可以通过实践、参与、探究和合作等方式，使学生在学习过程中产生较高级的复合型思维活动，进而提升学生筛选、甄选和归纳信息的能力。学生认知加工层次越深，教学效果就会越好。在这种状态下，学生不再是机械地、被动地去记句子和单词，而是在教师的引导下，积极地对关键信息进行加工、分析和整理，把单词及其相互关系以类似人脑储存知识的结构排列，使繁杂、零散、易忘的英语词汇知识在人脑中更直观化、网络化和逻辑化。这一过程不仅有助于学生形成自己独特的认知模式和认知结构，而且经过自己发现而组织起来的信息在语言运用过程中往往是最易检索的，也是记忆最深刻的。本节词汇课具有趣味性、灵活性、直观性、关联性特点。思维导图本身就是一幅幅色彩丰富、形状多变的图画，其色彩与图形的多变性无形中就会吸引小学生的注意力，与单纯绘画不同的是：学生在制作思维导图的过程中始终紧紧围绕中心主题，在这条隐性主线的引导下发挥联想，使大脑整个的思维过程变得可视化。学生在色彩与图形的刺激下，把枯燥乏味的英语词汇学习转变成生动有趣的绘画过程。这种"寓教于乐"的教学形式显然有助于唤起他们对英语学习的兴趣，发展自主学习能力，形成有效的词汇学习策略。

总之，在小学英语教学实践中，综合运用直观、简易、有趣的思维导图，能为学生学习新知识提供既形象直观又符合思维规律的认知框架，使学生看到新旧知识之间的联系，并找到同化、吸收当前新知识的固着点，促进了新旧知识结构的整合。在应用思维导图教学的过程中，学生始终处于主体地位。学生充分发挥主观能动性，对所学内容进行意义建构，并用所学解决实际问题。思维导图让学生真正自主学习，拓宽了思维的广度，学会多角度、多维度地看待问题、研究问题，从而促进了发散思维和创新能力的培养。

评课教师：长春市绿园区教师进修学校 王微微

二年级上册 Module 5 Unit 1 Can I have an ice cream? 教学设计

长春市第八十七中学小学部　董梦格

【导语】

本节课是让学生能用 Can I ... ? 来询问可不可以吃某种东西或做某事，并用 Yes, you can./No you can't. 来根据具体情境完成简单对话。通过学习本节课的故事内容，进行句型操练培养学生们的规则意识。

一、研究内容

外研社小学新标准（一年级起点）三年级下册 Module 5 Unit 1 Can I have an ice cream？第一课时。

1.Listen, point and find "can, can't".

2.Listen and say.

3.Practise.

二、教学目标

1. 知识目标：能认读、运用单词 drink, shop, thanks

2. 能力目标：能用 Can I ...？来询问可不可以吃、喝某种东西或做某事。并用 Yes , you can. / No, you can't. 来根据具体情境完成简单对话。

3. 情感目标：通过学习故事内容，进行句型操练培养学生的规则意识。

三、教学重、难点

重点：会用 Can I...？来请求获得允许，并用 Yes, you can./No, you can't. 回答。

难点：能用 Can I ...？Yes, you can. / No, you can't. 来根据具体语境完成简单对话。用 I 来提问时，主语变为 you 来回答。

四、教学准备

课件、单词卡片、水果。

五、教学过程

（一）热身

Have a chant.

Walk, walk. I can walk.
Jump, jump. I can jump.
Run, run. I can run.
Sing, sing. I can sing.
Dance, dance. I can dance.

【设计意图】选择一首朗朗上口的歌谣，帮助学生快速融入课堂氛围。同时将所学过的动词，进行有效的复习。

（二）复习

Let students try to make some sentences.

A: Can you run fast? B: Yes, you can.

A: What can you see? B: I can see a cake.

...

【设计意图】复习学过的单词和句型，回忆深化旧知识，了解学生原有经验并利用旧知识来学习新知识。

（三）导入

猜物品游戏：

T：Look，I have a banana. Do you want it? If you want it, please say:"Can I have..., please?"

【设计意图】游戏热身，依次用香蕉、苹果、冰淇淋实物让学生练习，在师生热身对话中提前渗透并使用即将要学习的句型，为后面的学习做铺垫。

（四）新课呈现

当同学猜出冰淇淋时，老师说：No ice cream, sorry. But today let's share a story. Can I have an ice cream?

【设计意图】板书课题并强调 Can 和 I 的连读。

（五）学习文本

1. 播放 Listen, point and find "can,can't." 视频

让学生回答 "What's the matter with Amy?"

S: Amy is ill.

2. 再听一遍，在学习单中圈出 "Can I...？"，随后进行师生问答。

【设计意图】在回答问题过程中，老师讲解 drink，shop 的词义时，启发学生发散思维想想还有哪些其他种类的商店，说的同时予以鼓励。

3. 听音指读课文，使学生熟悉教材内容并增强认读能力。
4. 老师带领学生根据黑板上的思维导图，完整地复述课文。

【设计意图】学生以思维导图为载体，建构知识，输出语言，促进逻辑思维的发展。

（六）课堂达成，情景表演

利用餐厅朋友间讨论点餐时的场景让孩子们一次操练本节课的重点句型，并了解多吃健康食物的重要性。

A: Can I have _____, please?
B: Yes, you can. / No, you can't.

（七）德育渗透

Healthy food can make us taller and stronger.

（八）提升训练

让学生自由发挥创设真实情境，运用所学语句新旧知识结合，进行对话练习。进一步理解 Can I... 的用法。最后请学生以教室为场景用所学句型进行讨论。

（九）本课总结

老师带领学生根据本课思维导图，总结本课所学内容：

Today we learned three words : drink, shop, thanks and a new sentence. Can I ... ?

We can answer: Yes.../No...

（十）作业

制定一份班级公约。

Homework

（十一）板书设计

专家点评

本课内容是外研社，小学新标准三年级上册 Module 5 Unit 1 Can I have an ice cream？第一课时。本节课的教学内容是让学生能用 Can I ...？来询问可不可以吃某种东西或做某事。并用 Yes, you can./ No you can't. 来根据具体情境完成简单对话。通过学习本节课的故事内容，进行句型操练培养学生的规则意识。

《新课标》强调小学英语教学的首要目的是要激发小学生学习英语的兴趣，最大限度地发挥学生的潜在能力，使学生积极主动地参与学习的全过程，将学习变成学生自觉、自愿高兴的事，让学生做学习的主人。使学生在学习过程中发展综合语言运用能力，增强实践能力，培养创新精神。

本节课采用"活动型与任务型相结合的"教学方式，采用多样化的教学手段，将听、说、玩、演、唱融于一体，激发学生的学习兴趣，调动学生们学习英语的主动性。

一、创设情境，巩固训练

在复习环节，让孩子们以对话形式操练以前所学语句，为本节课最后的情景对话环节做准备。

二、关注兴趣，巧妙导入

本节课选择孩子们喜欢的猜谜游戏热身，拿实物让学生练习，在师生热身对话中提前渗透并使用即将要学习的句型，为后面的学习做铺垫提高学生们的学习兴趣，营造轻松的教学氛围。

三、激活思维，循序渐进

在新授的过程中利用学习单，培养学生的自主学习能力。在回答问题过程中，引领学生逐渐完善思维导图，形成本节课的知识框架。并在讲解新词 drink, shop 的词义时启发学生利用所学过的单词 juice, milk, water 来体会 drink 的词义，发散思维想一想还有哪些其他种类的商店，说的同时予以鼓励。

四、操练提升，新旧结合

纵观整个教学过程，内容由浅入深，首先利用餐厅朋友间讨论点餐时的场景让孩子们一次操练本节课的重点句型，并了解多吃健康食物的重要性。随后再增加难度，让孩子们自由发挥创设真实情境，运用所学语句新旧知识结合，进行对话练习。进一步理解 Can I... 的用法。最后请学生以教室为场景用所学句型进行讨论，完成一个英文版的班级公约。

五、注重评价，激发孩子们学习热情

在本节课中采用了口头和评价表评价两种方式，调动学生的学习兴趣，学生在得到老师的表扬时会获得成功感，从而积极地参与了整个教学过程，课堂整体氛围积极主动，学生学习有增量与生成，各层次学生均有收获，课堂达成率高。

总之，这节课下来，有意义即扎实，有效率即充实，在课堂中有教师和学生真实的、情感的、智慧的、思维和能力的投入，有互动的过程，气氛相当活跃。在整个教学过程中，既有资源的生成，又有过程状态生成，是一节丰实的课且教学目标明确，教材处理恰当，教学方法科学，教学过程合理，整个教学过程清晰严谨、环环相扣且过渡自然，时间分配合理，是一节高效的课堂。

评课教师：长春市绿园区教师进修学校　苏丽红

英语二年级下册 Unit 6 They're zebras 教学设计

长春市第八十七中学小学部　石　爽

【导语】

动物是学生喜闻乐见的话题之一。教材创设游览动物园的情境，贴近学生生活，学生有话可说。我利用思维导图帮助学生建构英语句式，将新旧知识有机地结合在一起，以活动驱动，旨在促进学生积极表达，提高其综合语言的运用能力。

一、研究内容

沪教 2011 课标版二年级下册 Unit 6 They're zebras 第一课时 Let's talk, Let's learn。

二、教学目标

（一）知识与技能

1. 能正确读出 elephants, zebras, giraffes, snakes。
2. 能正确运用句型 They're _____s. They're ... 描述动物。
3. 在语境中了解 friendly, leaves 的含义。
4. 能听出话语中的核心词汇。
5. 能从大小、颜色、特征、食物、能力方面描述一种动物。

（二）过程与方法

1. 通过学习 elephants, giraffes, snakes 和 zebras，了解可数名词复数的发音规律。
2. 利用思维导图建构英语句式，帮助学生表达，提高其综合语言的运用能力。

（三）情感、态度与价值观

1. 有兴趣了解关于动物的常识。
2. 养成联系旧知识以探究新知识的思维习惯。
3. 在小组活动中，积极参与，乐于合作。

三、教学重、难点

1. 能正确读出 elephants, zebras, giraffes, snakes。
2. 能正确运用句型 They're _____s. They're ... 描述动物。
3. 在活动中发展学生的综合语言运用能力。

四、教学准备

课件、图片、点读机。

五、教学过程

（一）复习

Describe one of these animals.

【回忆深化旧知识，了解学生原有经验，并利用旧知识来学习新知识。】

（二）同伴预学单词

同伴合作学习词汇，利用自然拼读法，在练习本上拼写单词，并口头造句。教师提问学生读这些单词，考查自学情况，为接下来的词汇学习提供依据。

（三）新课呈现

1. T: What can you see in the picture?

S: I can see a zebra.

教师 板书单词 zebra。

T: Change! What are they?

S: They're zebras.

【增强趣味性，引出单词 zebras 及句型 They're zebras.】

2. T: Look at the blackboard. Look at this word—zebras.

教师在 zebra 词尾板书 s，强调 s 发音，领读两遍。

3. T: Read it.

T: Who can make a sentence with zebras?

【操练单词，考查达成。】

4. T:（point to the card）They're zebras.

板书句子，然后大小声领读两遍。

5. T: Read it.

【操练句型，考查达成。】

6. T: Who can complete this sentence?

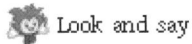

They're zebras.
They're big (sizes).
They're black and white (colour).
They're cute (features). 特征
They like grass (food). 食物
They can run fast.
They can't climb a tree.

请学生逐一补全句子。

【帮助学生以主语 they 从大小、颜色、特征、食物、能力方面描述一种动物，为语言输出做准备。】

7.T: They can run fast. They can't climb a tree.

教师一边做动作一边领读一遍，学生一边做动作一边跟读。

8.T: Look at the picture. What are they？

S: They're elephants.

T: Look at the blackboard. Look at this word—elephants.

教师板书单词，强调 ts 发音，领读两遍。

9.T: Read it.

【操练单词，考查达成。】

10.T: Let's describe elephants according to the mind map.

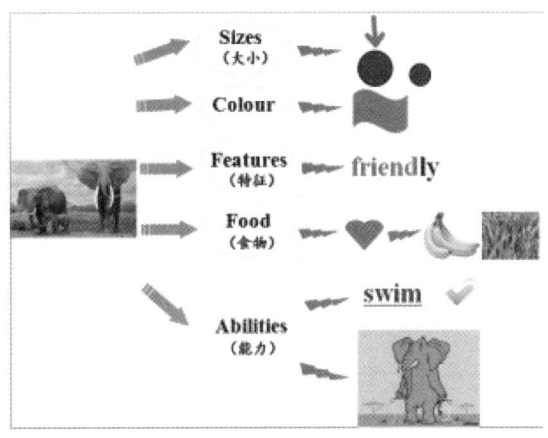

【利用思维导图建构英语句式，发展综合语言运用能力。】

53

11.T: Look at this word—friendly.

教师板书单词 friend，学生读出并说出词义；教师继续写出词尾 ly，请学生猜测词义。领读两遍。

【引导学生由名词 friend 推测形容词 friendly 的词义，建立起新旧知识之间的联系，便于学生理解和记忆。】

12.T: Who can talk about features？

S: They're friendly.

13.Yes. Elephants can swim. Let's watch a video.

【为学生创造生动的信息化学习环境，提高学生学习的效果。】

14. T: Guess a kind of animal according to the mind map.

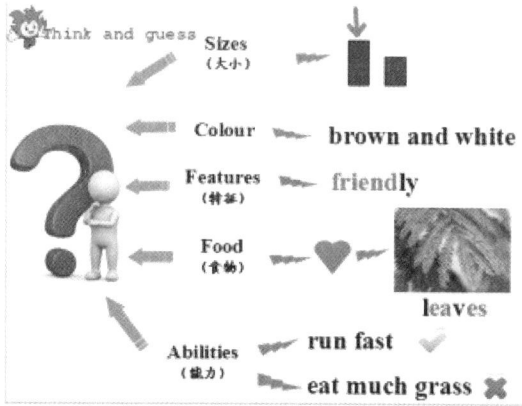

请学生逐一进行描述。

【利用思维导图建构英语句式，引导学生通过判断、推理去解答问题，发展其推理思维。】

15. T: Look at this word—leaves.

教师板书单词 leaves，师生互动，利用自然拼读法拼读单词，领读两遍。

16. T: Who can talk about food？

S: They like leaves.

17. T: Can you read this phrase—eat much grass？

教师一边做动作一边领读一遍，学生一边做动作一边跟读。

18. T: Who can talk about abilities？

S: They can't eat much grass.

19. T: What are they？

S: They're giraffes.

T: Look at the blackboard. Look at this word—giraffes.

教师板书单词，强调 s 发音，领读两遍。

20. T: Read it.

教师分别叫两名学生读单词。

【操练单词，考查达成。】

21. T: Look at the picture. What are they？

S: They're snakes.

T: Look at the blackboard. Look at this word—snakes.

教师板书单词，强调 s 发音，领读两遍。

22. T: Read it.

教师分别叫两名学生读单词。

【操练单词，考查达成。】

23. T: Who can describe the snakes？

学生根据图片描述蛇。

【运用句型。】

（四）理解运用

T: Take out your mind map. Improve it and then describe it to your neighbour.

T: Describe your mind map. Who volunteers？

学生利用思维导图建构英语句式，内化所学。

【培养学生举一反三的能力，发展综合语言运用能力。】

（五）交流展示

1. T: Watch the video.

【整体感知 Let's talk 部分内容。】

2. T: Listen and repeat.

学生听点读机，指读课文。

3. T: Let's act it out. Who is willing to cooperate with me？

师生配合表演。

【为学生做示范。】

4. T: Act it out. You have 3 minutes to prepare.

5. T: Act it out. Which group volunteers？

（六）文化意识

T: Look at this idiom. Read it. What does it mean？

It's raining cats and dogs.
倾盆大雨

扩展与学生身边的日常生活密切相关并能激发学生学习兴趣的文化知识。
【接触和了解英语国家文化。】

(七) 作业

Review what you learned in your learning paper.
【复习巩固所学。】

六、板书设计

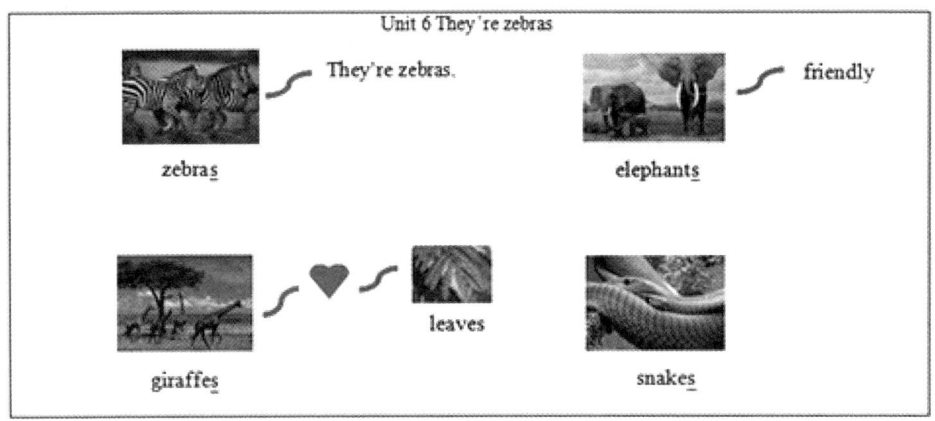

专家点评

一、激发兴趣,创建活跃课堂

这节课很多内容能够从英语课程标准出发,激发和培养学生学习英语的兴趣,根据学生的心理年龄和性格特点,孩子们在愉悦的氛围中走进课堂,和老师一起学习英语。

(一) 形象的直观图片

小学生处于直观形象思维能力的阶段,教师在英语教学中出示与教学有关的图片,让学生通过直观的图片学会进行英语表达。本课我们看到了丰富多彩的图片,例如,zebras, elephants, giraffes, leaves, snakes, 使用这些直观的图片,学生们会觉得这些词汇在生活中是无处不在的,而这些英语单词表达出来也是很有趣的。对于小学生而言,这样的方式不仅让学生感到英语来源于生活,也可以带动学生的学习热情和积极性。

（二）多种教学手段的使用

小学英语教学中有很多教学方法，比如导入法，交际法，游戏教学法，情景教学法，动作教学法，活动教学法，合作学习法等等。在这节课中，我们仿佛在享受美味的自助餐，内容丰富，形式多样。在游戏中，孩子们快乐地学习；在教师创设的情景中，孩子们尽情地想象；在小组活动中，孩子们大量的使用英语，积极参与，乐于合作。

二、以旧代新，搭建新知桥梁

本课在复习环节处理得非常巧妙。通过图片，展示了很多学生们学过的单词，例如 hen, duck, pig, lion, snake, panda, monkey, lion 。在练习中，学生们谈到了这些动物的名称、颜色、食物、喜好等等。在这个复习环节中，学生的英语输出量很大，回忆深化旧知识。教师了解学生原有经验，并利用旧知识来学习新知识。

三、梯度教学，使用思维导图

思维导图在英语学科中的使用是很广泛的。例如词汇教学，阅读教学，语法讲解和复习课等等。它通过简单明了的思路，由浅入深，从易到难，是小学生很喜欢的一种方式。本课通过思维导图的形式，展开了有关动物的一些话题，例如，size, colour, feature, food, activity, 请学生逐一进行描述，利用思维导图建构英语句式，发展综合语言运用能力。引导学生通过判断、推理去解答问题，发展其推理思维。

思维导图也是核心素养的一个方面，它鼓励孩子去独立思考，大胆的尝试创新。例如本课的话题，教师引导学生在小组合作中，一起来分享各自的思维导图，在互动中，学生们会谈到不同的内容，语言丰富，学生们综合运用语言，发展了想象力和思维力。

评课教师：长春市第八十七中学小学部　刘丹

英语四年级上册 Unit 9 At home 教学设计

长春市第八十七中学小学部　刘　丹

【导语】

本课是沪教版小学英语四年级上册 Unit 9 At home 第一课时的内容，谈论与表示物体位置的相关话题，学习本单元的核心词汇和句型。在小学英语课堂上创设英语学习的气氛，采用形式多样的教学模式和操练形式，能更好地吸引学生的注意力，达到教学的最佳效果。

一、研究内容

沪教版小学英语四年级上册 Unit 9 At home 第一课时。

二、教学目标

（一）知识与技能

1. 在语境中初步感知理解核心词汇：

need ,where, in, box, give, on, lunch, under, beside。

2. 在语境中初步运用句型表述物品的摆放位置：

Where is it ?　　　It's ...

Where are they ?　　They're ...

（二）过程与方法

1. 通过学习核心词汇和句型，使学生能够综合运用语言。

2. 思维导图的使用，帮助学生归纳总结知识。

（三）情感、态度与价值观

1. 在小组活动中，积极参与，乐于合作。

2. 我们应做自己力所能及的事情，帮助家人分担家务。

三、教学重难点

重点：正确运用本单元的核心词汇和句型。

难点：灵活运用所学词汇和句型进行表达，恰当地运用单复数形式。

四、教学准备

课件、图片。

五、教学过程

（一）热身环节

Sing an English song.

【营造英语学习气氛。】

（二）复习链接

Read the words：bed ,table, chair, box.

【复习有关物品的单词。】

（三）导入话题

Look at the picture, ask a question: What is it ?

【设置悬念，导入情境。】

（四）新课呈现

1. Look at the pictures. Listen to the teacher and read new words.

【改善口语表达能力。】

2. Speak new words.

【运用多种教学手段讲解单词：图片，卡片，猜谜语。】

3. Make sentences with new words.

【引导学生综合运用语言。】

4. A game: What are they ? Pass the words.

【通过游戏，活跃课堂气氛。】

5. Let students make a dialogue in English.

Where is it ?   It's ...

Where are they ?   They're ...

【巩固复习。】

6. Groupwork:

Discuss with your partners. Read and act.

【培养小组合作的能力。】

7. Practice.

a. Fill in the blanks.

b. Ask and answer.

【问题的难度有梯度，引导学生综合运用语言。】

（五）知识拓展

where's =where is

where're=where are

【扩大学生学习知识的广度。】

（六）德育渗透

We should do our best to help our family.

我们应做自己力所能及的事情，帮助家人分担家务。

【对学生情感教育的渗透。】

（七）作业巩固

1. 听音跟读本课的课文。

2. 完成有关方位单词的思维导图，并用英语来描述。

【复习巩固所学。】

六、板书设计

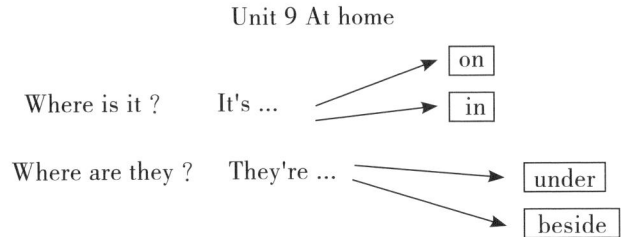

专家点评

本课采用形式多样的教学模式和操练形式，能更好地吸引学生的注意力，达到教学的最佳效果。本节课一个突出的特点是采用了任务型的教学方式，形式多样的语言贯穿于始终，使学生在体验、实践、参与、合作与交流中习得语言。具体表现在：

一、游戏的设置符合学生的心理特点

本课设置的内容符合学生的心理特点，以激发学习英语兴趣出发，让学生们在快乐的氛围中学习。

二、培养学生的自主学习能力

运用多种教学方法，调动学生的学习积极性，使学生主动参与到课堂中来。

三、注重小组合作的学习

每个小组都发挥各自的力量，团结合作，共同商量，提高了学习质量。

四、教学内容重、难点突出

本课的教学内容重、难点突出。教师注重基础知识的同时，难点部分的内容也很有针对性。

五、思维导图的运用

使用这个教学手段，便于激发学生学习的兴趣，归纳总结知识。

在小学英语课堂上创设英语学习的气氛，把课堂还给孩子，鼓励他们大胆地表达。为学生提供充分表达、质疑、讨论问题的机会，让学生们在说说、玩玩、做做中去感悟语言。

评课教师：长春市第八十七中学小学部　石　爽

对话教学课型概述

长春市绿园区绿园小学南校　宋　爽

一、对话课的特点

对话是语言交流的一种方式，即用口头语言来表达思想或信息。在小学英语教学中，对话教学能够培养学生口头表达能力和交际能力，在对话教学的过程中，可以帮助学生温故知新，在旧知识的基础上构建新知，从而达到学以致用的目的。

二、对话课的目标

对话教学以培养学生的听说能力为主要目标；培养学生在对话中理解并掌握语言知识；是学生能够灵活运用所学的句型、日常用语来进行口语交际。

三、对话课的课堂环节

（一）Preparation 复习、热身

热身环节的目的是温故而知新。通过对旧知识的复习为本节课的教学有效地服务。在此环节教师可以通过歌曲、TPR、Free talk 以及游戏的方式吸引学生的注意力，引导学生进行旧知识的复习和新知识的引入。

（二）Presentation 新知呈现

在对话教学中，新知呈现这一环节尤为重要。在该环节中，要让学生充分感

知语言的意义和用法。能达到"先听说——再理解——后运用"。因此在此环节中，教师要遵循先易后难的原则进行教学，同时尽量创设相对真实的情境，增加学生进行语言实践的真实感。教师可以利用实物，围绕实物开展对话；通过图片、多媒体等方式进行情境的创设。

（三）Practice 操练巩固

在新知呈现后，教师要帮助学生及时进行巩固，这样才能更有效地掌握本节课的学习内容。在操练的过程中，教师可以采用学生跟读的方式进行个别操练、整体操练、小组操练，也可以根据学生掌握的情况进行替换练习。操练的形式很多，可以进行听音答题、角色表演、游戏和编创歌谣的方式进行。

（四）Production 拓展应用

拓展运用是检验学生是否真正掌握所学知识、能否正确运用所学知识进行真实交际。它是对话教学的重要构成部分，在这一环节，教师应基于教材设计符合学生生活实际的任务，让学生运用所学的对话和自身实际情况进行创编对话。以此培养学生的语言综合运用能力，发展学生思维品质，提高学生的核心素养。

（五）Homework 家庭作业

在对话教学中，作业布置不应过于死板，应给与学生更广阔的想象和交流空间。

四、对话课的教学策略

在对话课教学中，教师要明确对话课的教学目标，教学重难点。根据对话内容的重点、难点创设情景，为学生提供操练语言的机会，让学生会读、会说新句型并进行真实的交际。对话课教学具有针对性、灵活性和过渡性。所以教师在进行对话教学时，要依据教学内容和教学对象针对性地进行分析，设计灵活的授课方案，根据学生课堂生成情况进行有效的选择。同时，对话教学中要注意循序渐进，由易到难。

英语四年级下册 Children's Day 教学设计

长春市绿园区绿园小学南校　宋　爽

【导语】

本课以对话形式呈现儿童节可以去哪里、做什么，通过情景创设将问题抛给学生，引发学生的思考。在学习过程中，利用合作学习的方式使学生积极参与到学习中来，增强学生学习的主动性和培养学生的合作精神。在教学中，帮助学生感知各国儿童节不同的文化风俗，感知国家文化之间的差异。通过本课的学习，培养学生的探究能力、合作意识、语言综合运用能力，发展学生思维品质，提高学生的核心素养。

一、研究内容

牛津英语沪教 2011 课标版四年级下册 Unit 11 Children's Day 第一课时 Look and learn, Listen and say。

二、教学目标

1. 理解并掌握对话内容。
2. 通过对话学习，学生能将本课的句型应用到日常生活的交流中。

三、教学重点

1. 知识目标：掌握词汇 zoo, cinema, museum, 掌握词组 see animals, see a film, see models, 熟悉常用表达 I can go to... I can see... I am...（happy/wonderful）。
2. 语言技能目标：能运用 I can... 的结构及简单的动词谈论儿童节能去哪？儿童节能做什么事情？
3. 情感目标：培养学生自主学习的主动性和合作精神，激发学生学习兴趣，感知中外文化的差异性。

四、教学难点

让学生从听、说、读、写四个方面掌握课文内容并能够用三两句描述儿童节所做的事。

五、教学准备

课件、图片、学案。

六、教学过程

1.Warming up（热身）

播放音乐，让学生通过音乐的情景和歌曲内容，把本节课的主题儿童节引出。

（通过歌曲引入本课，帮助学生尽快融入趣味英语课堂。）

2. Revision（复习）

通过小猪佩奇如何过生日的视频，让学生复习学过的词汇。如：ride a bike/fly a kite/sing /dance 等等，为本节课的内容做铺垫。

3.Lead-in（导入）

根据小猪佩奇儿童节的 party，引出 party 一词，并让学生说一说"What can you do in the party？"使学生思维发散，动脑思考。同时根据问题"What does Alice do in the party"引出课文。

4.Text-learning（课文学习）

Step 1：听录音，把课文图片排序——出示四张课文的图片，让学生听音排序。

Step 2：请学生打开课本，再次播放录音，请学生跟读。

Step 3：让学生自己读课文找出问题。

What does Alice do in the morning？

Where does Alice go in the afternoon？

让学生找出问题的答案，并引出词汇学习的第一个词 zoo。

I can go to the zoo with my＿＿＿＿（friends/parents）on Children's Day.

I can see＿＿＿＿in the＿＿＿.

They are＿＿＿＿.（cute/strong）

通过问题让学生进行操练，掌握词汇，并学会表达。

通过小猪佩奇的主线，过渡到词汇 cinema 和 museum 的学习，并在学习 museum 时，强调发音，拓展 The British Museum / The louvre Museum / The Palace Museum。

（通过听音排序的方式，使学生对课文内容进行初步感知；通过问题的回答来解决课文中的重难点。本环节通过 where—what—who 来进行描述本部分学习内容。没有汉语的解释，但学生完全可以跟着老师的思维导图一环扣一环理解大意，为下一步的课文理解和学习做铺垫。）

Step 4: 小组内合作，完成任务单。

根据思维导图进行合作学习活动。

① Stick [choose（选择）one place to stick].

② Write（Finish the task on the paper）.

③ Introduce（Show your opinions）.

（任务单的完成是对学习内容的巩固和拓展，通过任务单的完成情况，教师可以初步掌握学生的理解情况。同时，在合作学习过程中，师生共同寻找难点进一步巩固，完善本课的学习。）

Step 5: Practice 文化拓展。

播放各国家儿童节的视频，让学生感知国家文化之间的差异，并送给孩子们节日的祝福。

（本环节通过学生欣赏视频，让学生初步感知各国儿童节不同的文化风俗。）

5.Homework（作业）

学生向家长或朋友描述儿童节的活动。

（课后作业的设计，巩固了本节课的重难点，打牢英语基础，加强口语练习。）

6.Blackboard Design（板书设计）

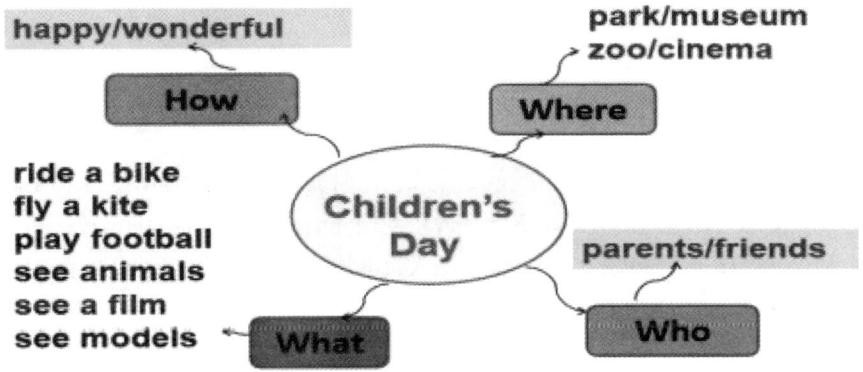

七、教学反思

本节课在设计时，我通过对教材单元各部分目的、关联性、学生背景知识等方面综合考虑，决定采用思维导图的形式，借助导图来整理信息，发展学生的归纳和演绎思维。同时，在文本分析时，觉得本课文本内容相对单薄，因此，对文本内容进行了加工和扩充，并把孩子们喜欢的小猪佩奇引到本课来，帮助学生梳理知识的同时，增强儿童生活的真实性。

（一）本节课我比较满意的几个地方

1.课文学习。一节好课应该基于教材、高于教材并回归教材。脱离教材的课，上的再好也不算好。所以，我在教学中，利用佩奇的儿童节活动，巧妙地把课文学习进行了安排，并通过听、读、初步掌握文本信息的基础上锻炼学生理解能力。

2. 文化拓展。让学生欣赏各国家儿童节的视频。在教学中，我发现这一部分是学生最感兴趣的，无论英语基础好坏，学生都能通过视频直观地感知各国儿童节不同的文化风俗，感知国家文化之间的差异，并在音乐和老师的祝福中进一步感受六一儿童节的幸福和快乐。

（二）本节课我认为不足的地方

1. 备课要纵向备课。在最初设计导入这部分，我就忽略了这一点。最初设计的是通过唱月份的歌曲并出示6月1日的日历，导入本课。但后来发现月份这一单元学生还没有学到，所以果断进行了修改。因此在授课前应对本课前后的内容多做了解，进行整体把握。

2. 在教学中，由于语速过快，导致在课堂开始阶段，学生不能完全理解课堂指令。在课堂中，我就及时进行了反思，放慢语速。但还是没达到理想的程度。课后，我就一直在思考问题的原因。发现主要原因是自己的肢体语言少。所以，适当地利用肢体语言，能增加学生对知识的理解。这是我以后需要不断学习和改进的。

专家点评

宋爽老师在本节课的教学中，教学思路清晰，教学任务完成较好，能够充分体现"合作、探究、互动、评价"的教学模式，同时在教学中，能够以学生为主体，通过思维导图和合作学习的方式培养学生的自主探究能力和团结协作的精神，并能在教学中利用多媒体进行辅助教学，使学生融入教学情境，为学习知识做了很好的铺垫。

一、本节课的教学亮点

1. 恰当利用多媒体

通过儿童节的歌曲引入本课，简单明了，直入主题，并通过学生喜欢的小猪佩奇如何过儿童节的视频，让学生复习学过的词汇。如：ride a bike, fly a kite, sing, dance 等等，为本节课的内容做铺垫。

2. 利用思维导图进行小组合作学习

根据构建的思维导图进行合作学习活动，这一环节是对学习内容的巩固，也是教师对学生掌握情况的初步检查，在合作学习过程中，寻找难点进一步巩固，寻找易错点，完善本课的学习。小组活动注重了学生学习的主体性和学生的全体参与，做到了关注每个学生。

3. 教师专业素质较强并极具亲和力

教师自始至终以丰富的情感及饱满的热情带动学生，调动学生积极参与活动，展示自我，树立信心，使课堂气氛活跃，学生会争先恐后地参与互动，使课堂活跃而不乱，有序而不肃，环节紧凑。学生通过教师的启发，自主学习，大脑也处于紧张、兴奋的状态，充分发挥了学生的创造性及思维性。

4. 培养学生创新思维，关注每个学生

本节课通过给学生创设情景，让学生自主思考并解决问题，遵循了培养学生核心素养的教学理念。让学生发挥想象，培养学生的创新思维。让学生在快乐的课堂活动中，运用语言知识，体验成功的快乐，并给不同层次的学生展示的机会。

二、本节课的不足

该教师教学设计的思路比较清晰，课堂节奏把握很好，在课堂教学中，能调动学生的学习兴趣，增强课堂的学习氛围，引导学生积极参与，大胆发表自己的意见。但在现代化教学中，还应注意充分发挥教师的肢体语言等情感艺术作用，以更好地提高课堂教学质量。

评课教师：长春市绿园区雷锋小学（原绿园小学南校）　刘冬辉

英语五年级上册 Unit 11 Water 教学设计

长春市第八十七中学小学部　刘鹤宇

【导语】

教材以对话形式呈现水的来源与用途，通过情景创设将问题抛给学生，引发学生的思考，利用自学、同桌讨论、小组合作等方式进行学习，最终利用思维导图将本课知识提炼出来、串联在一起，发散学生的思维以篇章形式介绍自己了解到的水，以此培养学生的自主学习能力，探究能力、小组合作意识、语言综合运用能力，发展学生思维品质，提高学生的核心素养。

一、研究内容

牛津英语沪教 2011 课标版五年级上册 Unit 11 Water 第一课时 Look and learn, Listen and say。

二、教学目标

1.能在语境中正确运用本节课的核心词汇：use, useful, farmer, clothes, put out fires, grow crops。

能用 We use water to... 介绍水的用途。

2. 培养学生综合语言运用能力。

培养学生的思维品质和合作意识。

3. 了解水和人类的密切关系，意识到节约用水的重要性。

三、教学重点

词汇：use, useful, farmer, clothes, put out fires, grow crops。

句型：Water comes from ...　We use water to ...

四、教学难点

句型 We use water to wash our hands 中 to 与动词词组搭配使用。

五、教学准备

课件、图片、点读机。

六、教学过程

1.Warm up

Sing a song.

（一首欢快的英文歌曲，为学生创设英语学习氛围，将学生快速带入英语学习中来。）

2.Guide

Show some pictures about water.

T: What are the pictures about？

S1: They are about water.

（出示学生生活中常见、常用的关于水的图片并导出本单元的话题）

3.New lesson

Step1:

T: I have a bottle of water. What colour is it?

Ss: It has no colour.

T: Smell it. Does it have smell?

Ss: No.

T: So water has no smell.

Taste it. Does it have taste?

Ss: No. Water has no taste.

（拿一瓶矿泉水，让孩子们亲自看、闻、尝，调动学生的感官去认识水的特点，并学会用英语表达，激发学生的学习热情。）

T: Where can you see water?

S1: I see water in the sea.

S2: ...

T: But where does water come from? You'll have 1 minute to discuss with your neighbor.

S1: Water comes from ...

S2: Water comes from ...

（将问题"水来自哪里？"抛给学生并引发学生思考，发展学生思维品质，然后再呈现水的来源，拓展学生的视野。）

T: You know we use water every day. What's the meaning of use?

（学习 use, useful，并拓展学习 care — careful, help — helpful, hope — hopeful, cheer — cheerful, peace — peaceful 高年级要有意识地将常见的语法知识呈现给学生，使学生将相关知识归纳整理，为今后进一步的学习做好铺垫。）

Step2:

T: Now Ms Guo and her students are talking about water. Let's read and finish the task.

（学生自己读课文画出不会的生词，然后小组学习课文。培养学生自主学习能力。）

Then solve the new words.

（板书呈现学生不会的词汇并学习。）

Step3:

Listen and imitate, then read the dialogue in different roles.

（听音模仿，然后分角色朗读课文。）

Step4:

Complete the sentence of page75.

（根据课文内容完成 75 页句子。）

Step5:

T: We use water to grow crops, put out fires. We use water to wash clothes and vegetables. We can use water to do many things. What else ?   Now talk about how do we use water with the members of your groups.

（小组讨论水还有哪些用途，发散学生思维，培养学生的思维品质。）

Step6:

T: Today we learn so much about water. Now please introduce water with my mind map.

（利用思维导图帮助学生构建思维，介绍自己了解到的水。）

Step7:

T: We can use water to do many things. Water can also generate electricity.

（呈现水发电的过程动画，使学生了解是如何发电的。）

T: So water is very useful. And water is the source of life. We should cherish life, save water.

（情感教育，水是生命之源，我们要珍爱生命、节约用水。）

4.Homework

Draw your mind map about water and introduce it to your parents.

（画思维导图并向父母介绍你了解到的水，将学习延伸到课后。）

5.Blackboard Design

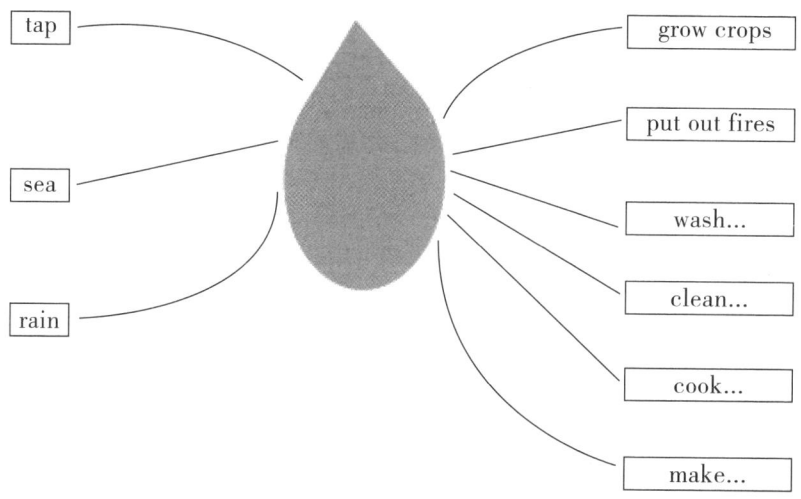

专家点评

一、"导"得自然

教师用英文歌曲开场,营造快乐的学习氛围,使学生乐于进入英语课堂。通过出示常用的有关水的图片,联系学生生活中常见的现象,导出本单元的话题,整个教学过程发生得十分自然。

二、"教"得创意

教师拿一瓶矿泉水来吸引学生的注意,让学生亲自看、闻、尝,调动感官去认识水的特点并学会用英语表达,激发学生的学习热情。将问题"水来自哪里?Where does water come from ?"抛给学生并引发学生思考,发展学生思维品质,通过呈现水的来源图片,拓宽学生的视野。学习 use, useful, 并拓展学习 care — careful, help — helpful, hope — hopeful, peace — peaceful, 在高年级阶段有意识地将常见的语法知识呈现给学生,使学生将相关知识归纳整理,为今后进一步的学习做好铺垫。让学生自己读课文画出不会的生词,然后小组学习课文,培养学生的自主学习能力和合作能力。通过让学生教生词的形式,培养学生的表现力和表达能力。听音模仿,培养学生的语感和提高学生的听力水平。分角色朗读既巩固了学习内容,又培养了学生的朗读能力和合作意识。通过小组讨论水的其他用途,培养学生的发散思维能力。利用思维导图构建思维,介绍自己了解到的水的相关知识,通过介绍导图分享知识,拓宽各自的知识容量。呈现水发电过程的动画,使学生了解发电的过程,了解到科技人才的能力,感受到祖国的伟大。最后对学生进行情感教育,水是生命之源,我们要节约用水,珍爱生命。

三、"用"得得当

教师合理的利用一瓶矿泉水,使"教"与"练"紧密地联系在一起,这既激发了学生的学习兴趣,保证了教学活动顺利进行,又练习和巩固了所学知识。书本教材运用得当,让学生练习完"说"后,又利用教材,让学生听音、跟读课本上的对话,既矫正了发音,又练习了听力,一举两得。

四、"学"得愉快

在这堂课中,学生的反应状态是很好的。在学的过程中,通过教师的引领,学生和教师有比较默契的配合。在分角色朗读的环节中,全班学生都能够说起来,动起来,这说明学生的学习状态不错,课堂气氛活跃。最好的课堂就是学生笑着走进来,笑着走出去。

五、"练"得到位

各个环节都有它的存在的意义。教师给很多学生练习"听、说、读、写"的机会。

在课堂练习、小组讨论、课文听力、思维导图、观看动画的环节中，教师从不同程度上训练了学生的综合语言运用能力。

六 "收"得有趣

在总结所学知识时，教师利用板书上的思维导图呈现，让学生构建自己的思维导图，既增加了趣味性，又巩固了所学内容，培养了学生的发散思维能力。

本节课中的三大亮点：

一、教学过程丰富，教学形式多样化。

新授过程丰富而有效。刘老师在教授新词时。采用了几种方式：

1. 直观出示一瓶矿泉水，让学生看到、尝到；

2. 出示图片，让学生练习生活实际，学习单词；

3. 以词带词，利用学过的单词学习新词，让学生乐于学习。

这看似简单的方式，每个环节都是紧紧相扣，让学生充满学习热情，激发了学习的积极性。

二、师生、生生的情感交流达到了最佳的状态，实现了多项互动。

课堂上教师总是面带微笑，非常具有亲和力，耐心启发，循循善诱。教师自始至终以饱满的热情和丰富的情感打动学生，让学生都参与活动，通过活动去充分领略成功的喜悦，过程十分流畅。学生们也充分体会教师的设计意图，大脑处于紧张、兴奋的状态，积极参与，思维的思维性和创造性都得到较好发挥。

三、教学活动有效，注重对学生各方面的培养。

课堂中注重情境教学，设计了各种贴近学生生活的教学情境。教学过程层层递进，回旋提升，充分考虑到学生的个性特点，让教与学更加有效。执教教师从一开始的自己画生词，到学生讲授生词，再到听音跟读课文，再到分角色朗读课文，最后进行情境对话，生动活泼不缺乏严谨。教师与学生双边活动配合默契而和谐。总之课堂教学设计环节紧凑，除了常规的课堂教学和常见的英文歌曲，师生问候，小组活动外，教师更多地把时间集中在对学生综合能力的训练上。

追求快乐、互动、有效的英语课堂，在快乐的情境中学英语，讲英语，给学生创造一个良好的语言环境，让学生乐讲、好讲，一直是英语教学的理想课堂。因为快乐的教学，让师生和谐互动，因为互动，让教学变得有效而直接。教师将教学内容和生活实际联系到了一起，真正将英语课程标准中提出的"激发学生学习英语的兴趣，使学生树立信心，形成一种综合的语言运用能力"这一理念落到实处。

评课教师：长春市第八十七中学小学部　徐　楠

英语五年级下册 Unit 11 Chinese Festival 教学设计

长春市绿园区迎宾路小学　关英慧

【导语】

本篇文章围绕春节的时间、天气、食物以及活动等方面展开的，本单元仅在话题和词汇上拓展，基本没有新的语言点，主要目的是帮助学生复习已经学过的句型，了解旧句型在新语境的运用，并了解一些中国传统节日的英文表达。激发学生对传统节日的喜爱以及爱国之情。

一、研究内容

牛津英语沪教 2011 课标版五年级下册 Unit 11 Chinese Festivals 第一课时 Look and learn, Listen and say。

二、教学目标

1. 能在语境中正确运用本节课的核心词汇：festival, call, red packets, fireworks.

能熟练掌握句型：The Spring Festival comes in January or February every year. They often eat fish and dumplings.

2. 培养学生综合语言运用能力。

3. 激发学生对传统节日的喜爱以及爱国之情。

三、教学重点

词汇：festival, call, red packets, fireworks.

句型：The Spring Festival comes in January or February every year.

They often eat fish and dumplings.

四、教学难点

1. 能在语境中运用本课的核心词汇和句型。

2. 通过学习 Listen and say 中关于春节的短文,帮助学生学习关于中国传统节日的生词,让学生综合运用已学语言谈论中国的传统节日。

五、教学准备

幻灯片、红包、单词贴、自制课件等。

六、教学过程

Step Ⅰ: Warm up and revision(热身与复习)

1.Sing a song .(一首有关新年的英文歌曲,为学生创设英语学习氛围,将学生快速带入英语学习中来。)

2.Free talk(What's the date ? How many months in one year ?)

Step Ⅱ: Presentation and practice(呈现新语言知识和练习)

Review (month)复习月份

Lead in.

T: Which month do you like best ? Why ?

Ss: I like ... Because ...

T: Guess which month do I like best ?

Ss: ...

T: I like January and February. because there is an important festival in these two months. Guess what is it ?

New word: important Festival.

T shows the ppt :The Spring Festival is an important festival.

Let students talk about the western festival.

(让学生猜测老师最喜欢的月份来导入本课主题。)

Step Ⅲ: Post-task activities

Make a mind map :Talk about the Spring Festival(通过情景对话讲解本课生词。)

Time: January or February,

Food: dumplings, fish ...（讲解为什么过年吃饺子和鱼。）

Weather: cold in Changchun

Activities: visit theirs relatives, get red packets, light firecrackers, watch fireworks, stick couplets, watch Spring Festival Gala.（通过实物教学讲解红包、烟花、爆竹、对联。利用思维导图帮助学生构建思维，用英文介绍春节。）

Step Ⅳ: Writing（Talk about the Spring Festival）

The Spring Festival comes in _____（month）. It is usually_____（weather）in Changchun. At the Spring Festival, we visit_____. I often get_____with money in them. We eat_____（food）. We _____at night.

（以 Spring Festival 为主题，利用今天课上学习的生词，让学生们完成一篇介绍中国春节的小作文。通过小作文的完成情况来检测学生对本课生词的掌握程度。）

Step Ⅴ: Homework

1. Complete teacher's mind map.（完成教师的思维导图，将其他传统节日加进来。）

2. Talk about Spring Festival with your friends and your parents.（与父母和朋友谈论春节。）

Step Ⅵ: Blackboard Design

Unit 11 Chinese Festivals

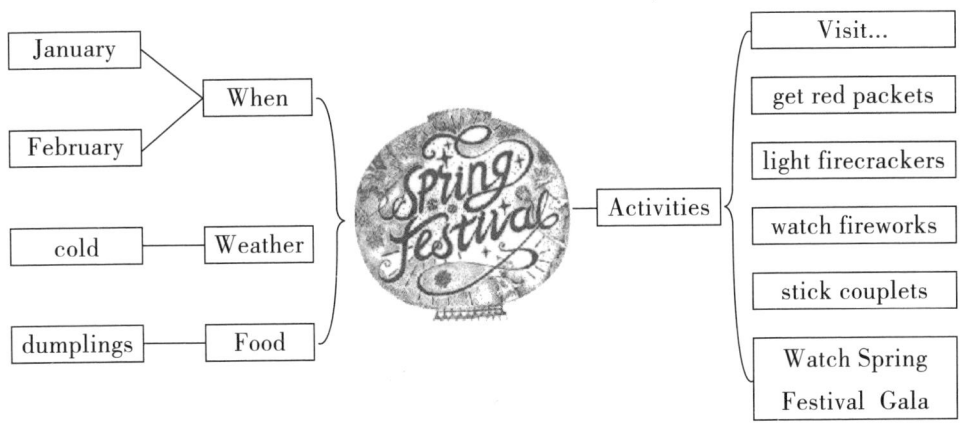

专家点评

优点：

课前英文歌曲 New year 热身，激发了学生对英语以及本课学习的兴趣，教师通过带领学生复习月份导入本课主题——春节，促使学生积极主动地进入学习状态，教师在新授过程中用红包、春联等实物引出新词教学，自然有效。教师借助思维导图，围绕春节的时间、天气、食物和活动等，将四个没有太多联系的内容联系到一起，提高了学生的学习效率。整篇文章教师引导学生借助思维导图，围绕节日的时间、食物、天气和活动等方面，提炼出来脉络，使描述性文字通过层次清晰的线条和色彩变得不再枯燥，有效降低学生阅读理解的困难。通过思维导图引导学生分析篇章，并尝试借助思维导图复述或者背诵课文，而并不是用机械记忆的方法背诵课文，从而提高了学生学习效率。关联线的使用帮助学生厘清课文不同内容之间的关系，以更好地理解文章内涵。思维导图就像一张结构清晰的地图，讲课文内容层层深入，让学生将问题一一解决。教师使用思维导图进行英语课文整体教学，将课文内容完整化呈现，不同颜色的线条分支刺激视觉系统的同时，也在积极影响学生的记忆能力，不仅节省学生背课文的时间，也在无形之中提高了学生的课堂学习效率。教师通过思维导图引导学生分析篇章，并尝试借助思维导图复述或者背诵课文，而并不是用机械记忆的方法背诵课文，从而提高了学生学习效率。最后以欣赏一组传统节日的视频来结尾，激发了学生对传统节日的喜爱以及爱国之情，情感得以升华。

缺点：

教学评价形式单一，没能更好地调动学生学习的积极性，关老师在授课过程中很注意形成性评价，比如发给贴画、奖品等，但是评价要有一定的梯度，建议在下课前对那些发言积极、口语出色、进步较大的学生进行表扬，给予不同的奖励，激发学生的荣誉感和学好英语的自信心。在整个教学过程中，还应更加大胆地放手让学生自主学习，这样也可以让学生有更多的时间来谈论更多的中国传统节日，真正做到学以致用。整堂课放手给学生的时间太少。传授新课时，一问一答都是以"教师为主，个别学生回答"为主，关注学生的面不够。如果还能增加一些生生对话、小组活动，可以给少数性格内向腼腆的学生提供更多口语操练的机会。

评课教师：长春市绿园区迎宾路小学教学校长　冯丽娟

写作教学课型概述

长春市第八十七中学小学部　徐　楠

英语写作是一种创造性的学习过程，对语言表达的正确性、内容的逻辑性和结构的条理性有更高的要求。通过启动知识信息储存、构思立意、谋篇布局、遣词造句等过程完成语言的综合运用。写作作为语言输出形式之一,是一项重要的表达技能,是听、说、读、写四种语用能力中重要的组成部分。写作能力的培养是小学阶段英语学习的重要任务之一,同时也是小学英语教学中的重点和难点。

一、小学英语写作课的特点

小学英语写作课,根据不同年级学生的认知水平,紧扣《英语课程标准》中的分级目标,对不同年级的学生提出了具体的书面表达要求,注重语言的交际性、实用性和多样性,考查学生语言的综合运用能力和创新思维。首先,写作话题立足于教材,以单元及模块话题为基础,结合教材中的课文和故事,突出单元语法重点,考查学生在不同情境中的语言交际运用能力。其次,小学英语写作涉及的话题包括:兴趣爱好、家人亲友、工作职业、校园生活、节日假日、饮食医疗、服饰购物、动物自然等等,话题实用性强,贴近学生的现实生活。再次,写作训练和考查的形式多样,根据表格填空,看图写句子,故事续写,范文仿写,根据提示词写作,命题或半命题作文等等,丰富多样的形式,具有梯度的任务,使学生的写作能力得到更加全面的提升。

二、小学英语写作课的目标

《英语课程标准(2011年版)》依据不同年龄段学生的认知水平和学习需求,将整个基础教育阶段的英语课程,按照能力水平分为九个级别,小学四年级应完成一级目标,小学六年级完成二级目标。《英语课程标准》中就"写"提出了明确的分级目标,一级:能正确书写字母和单词;能模仿范例写词句。二级:能基本正确地使用大小写字母和标点符号;能写出简单的问候语和祝福语;能根据图片、词语或例句的提示,写出简短的词句。小学英语写作课,学生能够积累单词短语和句型,科学运用写作的方法技巧,养成良好的写作习惯,丰富学生的文化和情感体验,促进学生的思维和认知发展,全方位地发展英语核心素养,即语言能力、文化品格、思维品质、学习能力,从而提升学生的综合语言运用能力。

三、小学英语写作课的环节和步骤

(一)立足教材

阅读是写作的基础,小学英语教材中的文章,语言规范,结构完整,文笔流畅,具有一定的示范作用。教师的听说课、阅读课是重要的语言输入，为学生写作打下坚实的语言输出基础。

（二）复习导入

在听读课和阅读课中积累的词汇、短语、句型、语法知识以及常用表达，通过复习，引导学生进入英语语言环境，激活学生的英语思维。导入写作课话题，引导学生围绕话题展开联想，激发学生的创作热情，为后续的写作做好语言铺垫。

（三）语料积累

确定好写作话题，在教师的引导下，学生积累写作语料，确定写作框架，更加精确和清晰地选取与话题相关的词汇、短语及句型。

（四）课堂试写

课堂上，教师给予学生充分的写作时间，学生根据提示，以写作模板为基础，结合自身实际情况，围绕话题，进行个性化创作。

（五）指导评价

根据作文的内容、结构、语法使用等方面，学生之间可以进行相互点评，师生共同分析和欣赏，教师进行专业指导和多元化评价，通过分享习作中的点睛之笔，学生们取长补短，见贤思齐。

（六）修改作文

经过讨论，师生互评，结合教师的指导建议，学生对于写作的内容、结构以及写作方法有了更深层次的认识，根据学生的自身情况，修改作文，完善写作内容。

四、小学英语写作课的策略

（一）教师教学策略

1. 多种形式，激发写作兴趣

在日常教学中，教师可采取多种方法激发学生的写作兴趣：话题生活化，有意识将课本内容向学生的实际生活延伸。利用多媒体，创设生动直观趣味性强的英语情景。由浅入深，科学合理的梯度性任务，激发学生的写作热情。

2. 循序渐进，培养写作能力

小学英语教材为学生提供了丰富的写作素材，教师应立足教材，深挖课本，循序渐进积累写作词汇、短语、句型、语法以及常用语。通过大量的听说读练习，由易到难，逐步递进，从写一句话到写好多句话。利用思维导图、黄金模板、范文仿写等方法，梳理清晰的写作结构，渗透正确的写作方法，循序渐进地培养学生的写作能力。

3. 多元评价，树立写作信心

评价是写作教学的重要环节，师生共评、小组互评、学生自评、教师评价等方式，根据写作内容、写作结构、语言表达和思维方式等不同方面进行评价，活跃课堂气氛，激活学生思维，鼓励全体学生积极参与写作学习，在相互借鉴和互相欣赏中，树立写作信心。

4. 规范训练，养成写作习惯

通过规范的写作训练，学生写作前，注重语料积累，写作时注重审题，语句连贯，书写工整，写作后能够积极检查，从而养成良好的写作习惯。

（二）学生学习策略

写作课教师以学生为中心，通过小组合作、头脑风暴等方式，将课堂还给学生，让学生以主体身份参与学习活动。运用自主学习，学生发现问题，提出问题并解决问题。通过小组合作，学生积极思考，相互借鉴，共同完成学习任务。在老师的引导下，温故知新，将新旧知识有机结合。借助思维导图，将知识进行分析归纳和总结。在课堂交流中，认真倾听，积极思考，总结写作方法，熟悉写作技巧，完成从模仿到创造的学习过程。借助教材与多媒体，提升自身的观察力、想象力以及创新能力，从而全方位地培养写作能力。

英语五年级上册 Unit 5 Friends 教学设计

长春市第八十七中学小学部　徐　楠

【导语】

本节课以阅读课为基础，围绕围绕 Friends 话题，结合与 both 相关的句型构建思维导图，将新旧知识有效串联，温故知新。通过师生问答、自主学习、同桌讨论、小组合作等方式，进行语料积累，完成语言输出，完成从模仿到创造的过程。多种形式，激发学生写作兴趣；循序渐进，培养写作能力；多元评价，树立写作信心；规范训练，培养写作习惯。借助思维导图，培养学生的观察力、想象力以及创新能力，从而全方位地提高学生的写作能力和核心素养。

一、研究内容

牛津英语沪教 2011 课标版五年级上册 Unit 5 Friends 第二课时 Listen and say, Think and write。

二、教学目标

（一）知识与技能

在具体语境中运用核心句型：We both like... 描述自己与朋友的共同点。在板书的提示下，提炼并复述课文的要点。如：We both like sport. I like playing table tennis. She likes playing volleyball.

结合思维导图，完成学习单相应的写作任务。

（二）过程与方法

运用图片和多媒体进行句型的巩固。描述思维导图，结合 both 的相关句型，介绍自己与朋友的共同点。借助板书和思维导图，完成学习单写作任务。

（三）情感、态度与价值观

养成温故知新的思维习惯。引导学生了解自己的朋友，珍惜朋友间的友谊。

三、教学重点

运用核心句型：We both like... 描述自己与朋友的共同点。结合思维导图，完成学习单相应的写作任务。

四、教学难点

both 相关句型 如：We are both...We can both... 的实际应用。结合思维导图，完成学习单相应的写作任务。

五、教学准备

课件、图片、单词卡片、磁力贴、学习单。

六、教学过程

（一）Warming Up: Sing a song

（设计意图：活跃课堂气氛，激发学生英语学习兴趣和热情，使学生迅速进入英语情景。)

（二）Greeting

（三）Review

1.Make a dialogue with your partner

（S1: Who's your good friend？ S2:____ is my good friend./____and____are my good friends.）

2.Make sentences according to the pictures

（We both like animals.I like_____.He/She likes _____.

We both like sport.I like_____ing.He/She likes _____ing.）

（设计意图：围绕单元核心话题"Friends"，复习巩固核心句型，为语言输出积累语料。）

（四）Presentation

1.Watch the video and answer the question

（Question：Who is Kitty's friend？）

2.Read the passage and circle the new words

（cross，carry，heavy，each other...）

3.Ask and answer the questions

（a heavy box, a heavy bag）

4.Point the books and follow the video

（设计意图：视频导入，帮助学生整体感知课文，体验真实情景，调动学生的视觉、听觉和记忆力来参与语言活动。自主学习，互帮互学，培养学生独立思考能力，提高团队写作能力，将课堂还给学生，提高学生的学习热情。指书跟读，培养学生良好的学习习惯，充分熟悉了解课文内容和结构，注重"听""说""读"的基础能力培养，为英语写作打下坚实的基础。）

（五）Practice

1.Discuss the questions with neighbours

（T/F 判断 We are both students. We are in the different classes.

What do they both like？ Alice likes...Kitty likes...）

2.Show the answers on the blackboard

3.Retell the story according to the blackboard.

（设计意图：通过师生问答、小组讨论、头脑风暴等形式，进行语言运用，问题层次分明，在充分巩固和操练句型的基础上，引导学生总结句型，提升学生归纳总结能力。板书呈现，构建清晰的写作结构，从而有效地帮助学生积累语料。）

（六）Extension

1.Introduce the mind map of the teacher's friend to the students

2.Improve the mind map and introduce it to neighbours

3.Show the mind map to the class

（设计意图：结合五年级学生认知水平，将英语写作教学和思维导图有机结合。围绕中心话题"friends"，温故知新，将新旧知识有效融合，极大程度地丰富了写作素材，拓宽学生的写作思路，训练了学生的思维品质，使学生能够围绕某一个中心话题，分类别分层次进行思考，并有效整合语言，使写作更加有层次性和逻辑性。写作话题延伸，进一步鼓励学生发挥自己的想象力和创造力，与实际情况相结合，促进学生语言生成。提高语言运用的真实性，也为完成写作任务做好铺垫。）

（七）Writing

1.Choose one task in the learning paper

（Task A: I have a good friend. Her /His name's _____. We're in the _____class. We both like _____. I like _____. She /He likes _____. We both love _____. I have a _____ and she/he has a _____。We are good _____.

Task B：_____ is my good friend. We both like _____. I like _____. He/ She likes _____. We both like _____. I like _____. He / She likes _____.

Task C: 根据提示词：same, both, like, likes, each other, sport, animals, food, fruit, music 完成写作。）

2.Share the writings to the class

3.Correct the writings

（设计意图：在有效语言输入的基础上，进行有梯度的语言输出训练。由关键词书写、短语句子书写再到篇章书写，层层递进，使不同程度的学生能较好地完成写作任务，夯实基础的同时，注重学生语言综合运用能力的培养。）

（八）Homework

1.Read the passage on Page 30

2.Introduce the mind map to partners

（设计意图：学以致用，巩固基础，将任务延伸到课外，培养学生持续学习英语的兴趣。）

七、板书设计

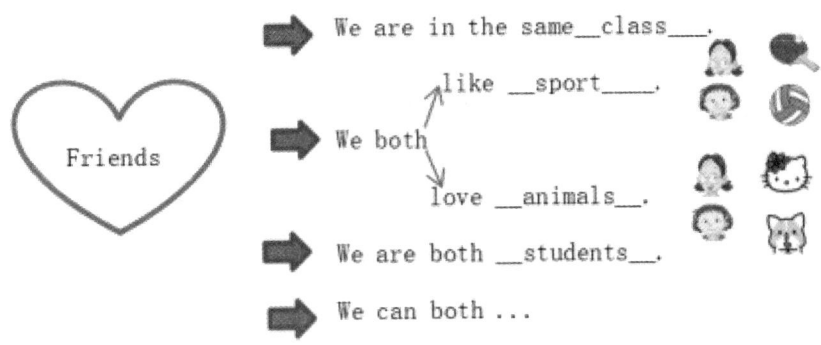

专家点评

徐楠老师执教的内容是：沪教版英语五年级上册第五单元 Friends，基于思维导图的写作教学。

写作一直是小学高年级教学的重点和难点。词汇方面，学生词汇量匮乏，掌握不够牢固。语法方面，人称、时态、名词单复数的使用常常出现错误。表达方面，句型单一或受汉语思维影响，造成表达不通顺等问题。基于以上问题，本节课，徐楠老师尝试借助思维导图进行写作教学，有效突破难点，亮点突出，围绕英语学科核心素养的四个维度展开，即语言能力、文化品格、思维品质、学习能力。

语言能力方面，本节课复习导入，问题贴近学生实际生活，围绕单元核心话题"Friends"，复习巩固核心句型，为语言输出积累语料，动物和运动相关的精美图片激发学生的学习兴趣和表达热情。通过师生问答、小组讨论、头脑风暴以及同桌对话等形式，进行语言运用，使学生熟悉 both 相关的语法和句型。板书利用思维导图，层次分明，引导学生总结句型，提升学生归纳总结能力。积累语料的同时渗透了英语的写作技巧，由听、说、读的能力过渡到"写"，提高学生语言综合运用能力。

文化品格方面，本节课教师注重语言工具性的同时，也将文化熏陶融入课堂教学。中华民族自古以来就是礼仪之邦，注重朋友，珍视友情。本节课的情感态度价值观目标就包括：了解自己的朋友，珍惜朋友间的友谊，弘扬中华民族传统美德。围绕 Friends 话题，利用 both 相关句型，介绍自己与朋友的异同点，学习英文知识的同时，也增进了与朋友间的了解与友情。

思维品质方面，本节课教师按照学习活动的次序，根据小学五年级学生的认知水平，将英语写作教学和思维导图有机结合，层次清晰，层层递进，有效整合本节课的写作信息，帮助学生搭建清晰的写作结构。培养学生的归纳总结能力，发展学生的发散思维与创新思维，使写作内容充满个性化和创造力。

学习能力方面，本节课教师以学生为中心，将课堂还给学生，让学生以主体身份参与学习活动。教师设定教学目标，管理教学资源，循序渐进地引导学生。学生自己发现问题，与他人讨论问题，最后解决问题，自主思考，寻求多元答案。培养学生团队合作精神和创新思维能力，同时也提高了学生自主学习的积极性。

本节课亮点：

首先，徐楠老师借助思维导图为学生提供写作框架。围绕 Friends 话题，结合与 both 相关的句型构建思维导图，使课文结构和重点一目了然，学生能够在充分解读课文的基础上，储备写作的关键词，积累写作的重点句型，熟悉写作结构，为语言输出打下基础。

其次，徐楠老师通过思维导图拓展学生的创造性思维。思维导图帮助学生进行记忆链接，将以往知识有效串联，温故知新，充分打开学生的写作思路，使写作充满个性化，学生完成从"模仿"到"创造"的过程。通过学习单梯度任务，使不同程度的学生都能得到充分的训练。

课堂建议：学生受本课 Friends 话题和 both 句型影响，对于朋友的外貌特征描述涉及较少。同时课堂应进行多元化的评价，从而更好地激发学生的写作热情。总体来说，本节课教学目标明确，教学思路清晰，活动形式多样，三维目标具体，师生关系和谐，训练方法高效，是一节具有一定创新性的英语写作课。

评课教师：长春市第八十七中学小学部　刘鹤宇

英语五年级上册 Unit 11 Water 第三课时 Writing 教学设计

长春市第八十七中学小学部　宋欣航

【导语】

本课选自沪教 2011 课标版，五年级上册第四模块第十一单元，Water（水）。本模块是围绕自然界风、水、火展开的一系列探讨。本单元主要讲述的是水的来源以及水的用途。本课是本单元的第三课时，主要是综合运用本单元的知识点，通过 Water is useful, Water is fun, Water is shortage 三个方面，引领孩子进一步探讨水的用途，欣赏水的文化，了解水资源短缺的现象，循序渐进地为孩子们积累语料，总结写作技巧，让孩子们分层次地书写关于水的小短文，提升孩子们的写作技能，同时对孩子进行情感教育，让孩子们知道水的重要性，我们应该节约用水。

一、研究内容

牛津英语沪教 2011 课标版五年级上册 Unit 11 Water 第三课时 拓展 Writing。

二、教学目标

1. 通过 at home, at school, at work 三个方面进一步探讨水的用途，练习短文第一段的书写。
2. 通过水滴画、泼水节等让同学们了解水的文化。
3. 通过水资源短缺的介绍，进一步进行感情的升华，提倡节约用水，保护水资源。
4. 总结写作技巧，分层次书写关于水的小短文。

三、教学重点

通过 at home, at school, at work 三个方面进一步探讨水的用途，练习短文第一段的书写，提升学生的写作技能。

四、教学难点

use 第三人称单数的用法。

五、教学准备

课件。

六、教学过程

（一）Warm up

Sing a song.

（一首欢快的英文歌曲，为学生创设英语学习氛围，将学生快速带入英语学习中来。）

（二）Revision

Make up dialogues. "How do we use water？ We use water to..."

（复习本单元的重点句型，同时将同学们引入谈论水的用途的情境中来。）

（三）New lesson

Step1：Water is useful

1. at home.

T: I know you use water like this. How do your family use water at home？

How does your mother use water？

S1: She uses water to wash vegetables.

...

（Uses的发音为本节课的难点，利用大小声等游戏来领孩子们操练，突破难点。）

T: What about your father？ How does your father use water？

S1: He uses water to wash clothes.

...

T: Maybe you have a small sister or big sister. How does your sister use water？

S1: She uses water to wash hands.

...

T: Maybe you have a pet at home, a cat, a dog or a turtle. How does it use water？

S1: It uses water to wash hands.

...

T: Now two students make up a dialogue like this: "How does your father/sister/pet use water？ He/She/It uses water to..."

（进一步引导学生谈论在家，家人们如何用水。）

2. at school.

T: Talk about with your partner "How do you use water at school？"

S1: We use water ...

...

（出示同学在学校用水的图片，让同学们以小组为单位，头脑风暴讨论一下，在学校水有哪些用途。）

3. at work.

T: Different jobs use water in different ways. Talk about how they use water.

S1: Cooks use water to cook food.

S2: Scientists use water to do the experiment.

...

（让同学们进行头脑风暴，讨论不同职业的人们是怎样用水的。）

4.Show the students a passage, then conclude the main idea.

At home my mother uses water to wash clothes. At school we use water to drink and clean our classroom. At work cooks use water to cook food.

T: I have a passage. There are so many usages of water. So water is ...

Ss: Useful.

（让同学们总结出句子 Water is useful. 提升学生的归纳总结能力。）

5.Complete student's own passage.

T: OK. Take out your paper. Complete task 1. Practice to say the passage about water.

S1: Water is useful. At home my mother uses water to cook food. At school we use water to drink. At work firemen use water to put out fires.

...

（让同学们按照提示练习自己的小短文。）

Step 2: Water is fun

1.Introduce water festival.

2.Discuss other ways in which that water can make us happy.

3.Introduce play water games, drip painting and Ebru.

4.Conclude Water is fun, too. We use water to play and paint.

（Water is fun. 呈现。出示泼水节视频，让同学们了解泼水节文化。同时让同学们就 Water is fun. 进行讨论，通过图片视频等形式拓展词组 play water games, drip painting 水滴画，Ebru 水拓画，play music. 总结句子 Water is fun, too. We use water to play and paint. 拓展学生语料，为学生完成小短文做准备。）

Step 3: Water is shortage

1.Show some datas about the situation of water.

T: Water is shortage. What should we do ?

Ss: We should save water.

T: How do we save water ?

S1: We can reuse water.

S2: Don't leave the tap running.

...

2.Show the passage and extend the words shortage, reuse, used, leave the tap running.

But water is shortage now. We should save water. We can reuse water. We can use the used water to wash the toilet. We can't leave the tap running.

（通过图片和数据向同学们介绍水资源短缺的情况，我们应该节约用水，让同学们讨论日常生活中我们应该如何用水。出示短文 Water is shortage, 拓展单词 shortage, reuse, used, leave the tap running, 接下来的写作做铺垫。）

Step 4: The topic sentence

T: Please look at the whole composition. Have you noticed the first sentence of each paragragh？你注意到每段的第一句了吗？Let's read it.

T: Water is...

Ss: useful.

T: Water is...

Ss: Fun too.

T: Water is...

Ss: shortage.

T: What can we call them in Chinese？在汉语里我们可以把它叫作什么呢？

Ss: 中心句，主旨句。

T: 中心句，主旨句。We call it the topic sentence. It summarizes the main idea of the paragragh. 它是来总结这一段的中心思想的。It is usually the first sentence in English writing. 在英语的写作中它通常被放在第一句。

（出示整篇短文，让同学们发现规律，每段的第一句都是主旨句，在写作技巧上对同学们做指导。）

Step 5: Writing

1.Complete the composition according to the mind map.

2.Read it to your group members after writing.

（利用思维导图，完成短文。）

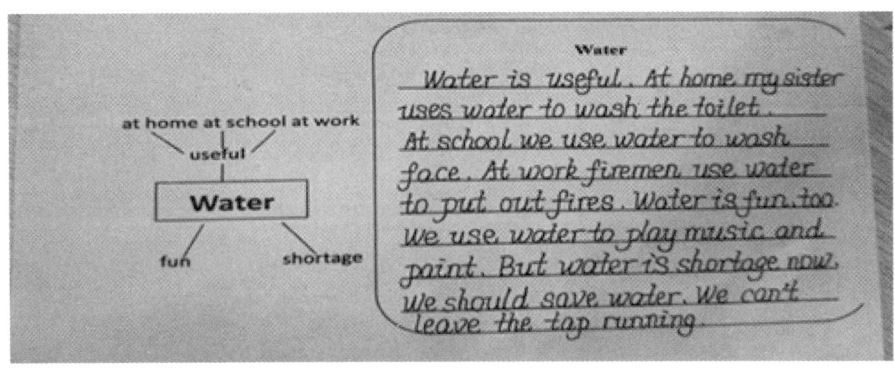

Step 6：Affective education

T: So water is very useful. And water is the source of life. We should cherish life, save water.

（情感教育，水是生命之源，我们要珍爱生命、节约用水。）

（四）Homework

Completer the composition.

（五）Blackboard design

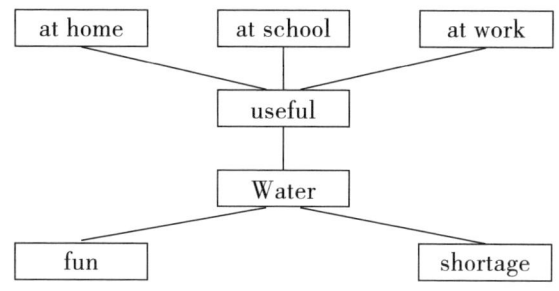

专家点评

英语学科作为一门外语语言学科，不只是语言知识的学习和运用，而是同时指向人的思想情感、思维方式及生活方式的生成与提升。因此英语教学要紧紧围绕英语学科核心素养的四个维度展开，即语言能力、文化品格、思维品质、学习能力。

1. 语言能力

本节课为牛津英语沪教 2011 课标版五年级上册，Unit11Water 第三课时，拓展写作部分。教学目标为通过 at home, at school, at work 三个方面进一步探讨水的用途，练习短文第一段的书写。英语写作的目的是语言输出，而语言输入则是语言输出的重要环节，学生需要积累素材，围绕话题积累相关的单词、短语和句型。本节课的教学设计尊重学生，注重联系学生的生活实际，通过教学活动让学生真正参与到话题中，帮助学生在真实体验中循序渐进地积累语料。

学生通过第一课时及第二课时的学习，已可以使用句型 We use water to wash our hands. 及 Firemen use water to put out fires. 来表达水的用途。以此为基础，教师从 Waterisuseful, water is fun, water is shortage 三个方面展开教学，通过师生问答、小组讨论、头脑风暴以及同桌对话等形式，进行语言运用，从而有效地帮助学生积累语料。问题层次分明，在充分巩固和操练句型的基础上，引导学生总结句型，提升学生归纳总结能力。积累语料的同时渗透了英语的写作技巧，由听、说、读的能力过渡到"写"，提高学生语言综合运用能力。

2. 文化品格

语言作为文化的载体，是文化的一种表现形式，语言和文化是密不可分的。

语言具有工具性和人文性的两种属性,这两种属性相辅相成,但在实际教学中,教师往往注重语言的工具性而忽略了人文性。

本节课,教师注重语言工具性的同时,也将文化熏陶融入课堂教学。教师运用图片和视频的方式,展示了泼水节文化,介绍了中国传统的水滴画、水拓画。扩展英语词汇量的同时,激发了学生的学习兴趣,增强了学生对于中国传统文化的认同感,文化的理解能力与文化的认同态度在语言学习活动中得以提升。英语教学结合数据,更加直观生动地展示了水资源短缺的现状,有效激发学生的环保意识,从生活中的点滴小事做起,珍惜水资源。文化与语言是不可分割的整体,离开了语言载体,文化就无法得到呈现、传承;没有文化内容,语言就成了机械的符号。理解运用英语的同时也是在理解文化信息,写作的过程也是对于文化信息的加工与表达。

3. 思维品质

思维以感知为基础,是大脑对"客观事物及联系"间接概括的反映。语言是思维的工具,而思维品质的提升又有利于增强学生的英语语言能力。

本节课利用思维导图,将 water 作为中心词,从 useful, fun 和 shortage 三个方面进行分类,并将水的有用性再分为三个层次,即不同的场合的不同应用,层次清晰,层层递进,有效整合本节课的写作信息,帮助学生搭建清晰的写作结构。思维导图是一种将思维形象化的方法,它简单有效,符合大脑的发展,能够高效地整合信息,培养学生的发散思维能力。本节课教师按照学习活动的次序,根据小学五年级学生的认知水平,将英语写作教学和思维导图有机结合,训练了学生的思维品质,使学生能够围绕某一个中心话题,分类别分层次进行思考,并有效整合语言,使写作更加有层次性和逻辑性。

4. 学习能力

授人以鱼不如授人以渔,对于学生而言、学习能力是指通过教师的指导而掌握科学的学习方法,也就是通常所说的"会学"。对于小学英语学习,不仅要让所有学生参与到教学活动中,培养学生团队合作精神和创新思维能力,更重要的是培养了学生自主学习的积极性,让学生愿意学习,学会学习,快乐学习。

本节课教师以学生为中心,通过小组合作、头脑风暴等方式,将课堂还给学生,让学生以主体身份参与学习活动。而教师的任务是通过问题适当引导学生,设定教学目标,管理教学资源。比如关于水在工作中的用途,教师设置问题,即不同职业的人,水的用途是不同的。小组成员积极讨论问题,在合作、交流和共享中完善答案,使课堂教学更加高效。

有人说"核心素养是课程设计的 DNA",它是对教育目标的最好诠释,指导着我们的教学。教师应该基于英语核心素养的四个维度,即语言能力、文化品格、思维品质、学习能力展开教学,将核心素养落实到教育过程中。教学设计注重情境化、问题化、活动化,并体现综合性、实践性和关联性。以学生为中心,教师充当引路者和点拨者,引导学生主动参与学习,与教师一起享受教学活动的过程及成果,使学生学会用英语交际,学会思考,学会体味生活。

评课教师:长春市绿园区绿园小学南校(原长春市第八十七中学小学部)

赵 明

英语六年级上册 Unit 12 The earth 教学设计

长春市绿园区民丰小学 李 蕾

【导语】

通过思维导图对地球各部分组成英语单词的学习,污染前与污染后的对比,教师应该在继续激发和保持学生学习兴趣的同时,着重培养学生的学习策略,增加学生的学习实践,增强学生的学习自信心,还要特别注意孩子素质培养,以激发学生的想象力和推理能力,进而提高学生的英语思维能力。能够运用学过的句型进行呼吁保护地球环境作文书写。

一、研究内容

牛津英语沪教六年级上册 Module 4 Unit 12 The Earth 第三课时 read and write。

二、教学目标

1. 知识与能力:利用思维导图复习本单元的核心词汇与句型。

新单词 ocean, land, forest。

把单词运用到句型 We should ... / We shouldn't ... 中。

了解拓展类单词 desert, rubbish,运用所学的单词句型描述地球并写出保护地球的方法,形成短文。

2. 过程与方法:能用思维导图思考问题并形成文章。

3. 情感态度与价值观:保护地球,保护环境。

三、教学重点

运用单词 ocean, land, forest，把单词运用到句型 We should ... / We shouldn't ... 描述地球和保护地球的方法，形成短文。

四、教学难点

We should ... We shouldn't ... 后面用动词原型。

五、教学准备

课件、图片。

六、教学过程

1.Warm up

Watch a vedio（一段描述地球美丽景色的短片，为学生创设英语学习氛围，将学生快速带入英语学习中来。）

2.Guide

Show some pictures about the Earth.

T: What color can you see on the earth？

（利用思维导图方式展示地球，用颜色引导学生，用已学的单词描述地球。）

3.New lesson

Step1：地球上每一部分所占比例。

T:Water represents 70% of earth.

S1: Land represents 40% of earth.

S2: ...

T:If we don't protect our earth, the earth will have two colors.

（将问题"如果不保护地球，未来地球颜色就剩下什么"抛给学生并引发学生思考，发展学生思维品质。）

T: Show another vedio？

（向学生展示污染后的地球，年级要有意识地将常见的语法知识呈现给学生，使学生将相关知识归纳整理，为今后进一步的学习做好铺垫。）

Step2：

T：How to protect our earth？（小组学习课文。培养学生自主学习能力。）

Step3：

讲授 We should... We shouldn't...

（教师先给出范例，用所学的句型练习写句子。）

Step4：

发放地球模板，画出思维导图描绘自己心目中的地球，在地球相应位置写出保护地球措施，最后形成短文。

4.Homework

Draw your mind map about earth and introduce it to your parents.

（画思维导图并向父母介绍地球，将学习延伸到课后。）

5.Blackboard Design

Unit 12 The earth

This is our earth,blue is ocean.....

We should save energy, we shouldn't litter.

Because...

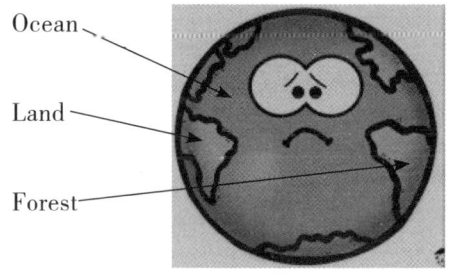
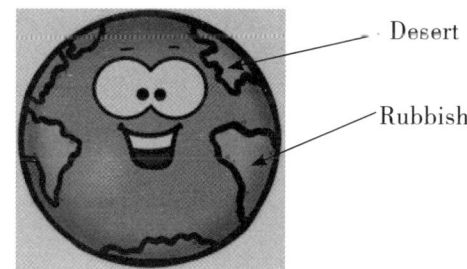

专家点评

李蕾老师作为民丰小学骨干教师，发挥老教师的传、帮、带作用、带动教师队伍整体业务水平提升，通过思维导图，运用生动的图片将"the earth"中的知识点内化，引导学生完成书写任务，是民丰小学构建温度课堂系列活动之"以学评教 以研促教"研讨课代表之一。

上课之前主管教学的朱春利副校长为大家做了"标准 效率 成长"为主题的业务培训，培训中朱春利校长与全体教师共同解读"一节课的课堂评价标准"，分析了每一条细则的目标与注意事项，又从教师专业成长的途径和"上课、听课、评课、悟课、磨课"的角度，帮助教师找到课堂教学这个成长支点。

培训后由骨干教师李蕾从课堂教学进行实践出发，组织了"以学评教 以研促教"的研讨课。

李蕾老师为我们呈现了一节六年级的英语课《The earth》，课堂教学中重视学生英语素养的提升，采用目标导学，通过小组合作学习的方式，课堂知识容量适当，把自主学习、合作探究的机会留给学生，充分体现了学生为主体、教师为主导的理念，提高了学生英语语言的学习与运用的能力。最后能够让学生进行完整的输出。

导入方法整节课堂从思维导图问题入手，组织学生独立学习、小组合作学习，在课堂反馈汇报中侧重于引导学生从整体把握文本、从单词到句型再到篇章渗透写作方法，学法指导，读中品悟，真正体现了以生为本的理念。

知识新授课堂上利用思维导图方式越来越成熟，从读中体会角色情感到语言运用，从阅读方法渗透到口语表达的指导，从评价用语的多元到处理生成的艺术性点拨……还有孩子们的表达与思维的碰撞，独特的体验。

态势语的恰当运用，多媒体思维导图辅助教学的作用发挥，教学准备的充分，听说读写的方法指导与模拟演练，日渐成熟！

从课堂实践中对比课堂评价标准，从学生表现中寻找思维导图引导学生知识输出形成文章的理念渗透，课堂教学研讨课后，从说课、评课和品悟课中，发现闪光点，寻找差距点，探索生长点，后续将会有思维导图下的写作课堂磨课跟进，真正实现成长路上的"以研促教"！

课堂是教师专业成长的重要支点，也是学生学科素养提升的重要途径。成长＝经验＋反思，理论支撑下的课堂实践，实践后的经验积累，反思中的不断锤炼，才会成就一节好课，一生好课，才会更有利于学生素养的全面提升，我们必会不断成长！

评课教师：长春市绿园区民丰小学教学校长　朱春利

获奖教学设计汇编

英语一年级上册 Module 8 Unit 1 How many？ 教学设计

长春市绿园区教师进修学校　王微微

一、教学内容

外研社小学英语新标准（一年级起点）一年级上册 Module 8 Unit 1 How many？

二、教学目标

1. 知识目标：学习新单词 one, two, three, four, five, six, seven, eight, nine, ten；能听懂、会读、会写句子"How many？"。

2. 能力目标：感受英语课堂的活跃，在日常生活中能运用所学语言；初步形成英语思维的能力，及大胆用英语交流的能力。

3. 情感目标：养成浓厚的英语学习兴趣，积极参与说英语、唱歌曲、做游戏等实践活动；树立较强的自信心，养成乐于与他人合作的精神。

三、教学重、难点

熟练掌握下列单词：one, two, three, four, five, six, seven, eight, nine, ten；能听懂、会说以下句子： How many ？ Count the number from 1 to 10.并能进行扩展，在实际生活中灵活运用。

四、教学准备

PPT、图片和实物彩球、多媒体。

五、教学过程

Step1: 热身环节 & 导入

1. 问好

T: Good morning, boys and girls!

S: Good morning, teacher!

T: How are you？

S: I'm fine, thank you. And you？

T: I'm fine, too.

2. 歌曲《Ten little Indians》

T: OK, now first, let's sing a song together! Are you ready？

S: Go!

T: Show me your fingers, follow me!

T: Excellent! You really did a good job! Sit down, please. The song is about numbers! Today let's study numbers together!

【设计意图】欢乐的歌曲再配上动作充分调动学生积极性，缓解紧张的学习情绪，营造英语学习氛围；同时歌词中 one, two 等数词恰为本课话题。

3. 导入

（1）让学生们看课文活动1图片。引导学生理解语境，兔妈妈带领兔宝宝过马路，边数数边齐步走，以防兔宝宝走失。

（2）再次播放动画片，请学生跟读。
（3）让学生扮演兔妈妈和兔宝宝，让他们到前面表演。
【设计意图】通过播放课文1动画，引出数字1—4，导入本课数字的学习。并提示学生过马路时要遵守交通规则。

给学生们分成男生组和女生组，表现好的小组得到一颗彩色小球，最后小球数量最多的组获胜，且得到礼物。

【设计意图】通过分组竞赛的形式，既能激发孩子学习兴趣又能培养孩子团队合作意识。

Step2：新知呈现

通过课文讲解"How many？""One–Ten"。

1. 教师展示熊猫盼盼的图片，告诉大家，今天盼盼要给我们变魔术了。
2. 设置问题：盼盼的魔术是关于什么的？
播放动画，找同学回答。（关于数字）
3. 展示课文第一句话，出现"How many？"后，教师讲解。

how 以前在 How are you 里出现过，而 many 则是我们今天要认识的一个单词朋友（板书：many 许多）。接下来则由教师和学生一起认读单词 many。

教师拿出准备的盒子告诉大家里面有很多礼物。抽出一个苹果问大家"How many？"学生说数字1，再抽一个苹果问大家"How many？"学生说2……以此类推，大家熟悉了 how many 的含义以后，同学们一起问"How many？"老师进行回答。

学生 one by one 说 how many，老师进行纠音。

【设计意图】通过实物教学，让学生直观形象地感受到 how many 的含义及发音，进而以学生来问的形式进行操练。

4. 跟读课文，学习数字 one—ten。
（1）引导学生进入学习英文数字的情境中。

T：告诉孩子们刚刚老师问 how many 时，大家用汉语说了1、2、3，现在我们来学习用英语如何进行表达。教师边板书边读 one, two, three, four, five, six, seven, eight, nine, ten，学生跟读，比一比谁的声音最响亮。（数字下方对应贴相应数量

的图片）

（2）教读，逐个单词过关。此时教读的方式应点线面结合，通过声音的变化来调控死板的发音教学，要注意及时正音，并对表现好的学生给予表扬，且给他所在的小组加小球。

【设计意图】通过跟读课文，出现 One 时教师即板书 One 并讲解发音的形式，学生能清晰地了解数字与对应英文的写法。

（3）读英文数字，送掌声。即读的数字是多少，就送多少次掌声，且边鼓掌边用英文数数。

（4）Point and Say：教师指 1—10 中的任意数字，学生抢答，说出对应英文，获胜得小球。

（5）PPT 游戏：说出小恐龙对应的数字

让同学到前面，在大屏幕上点出数字所对应的英文。

【设计意图】让学生对数字 one—ten 进行操练。

（6）用 PPT 课件出示实物的数量，师问 How many，生用英文来答。

【设计意图】通过（3）—（6）的游戏活动来操练本课重点，寓教于乐，激发学生兴趣。

5. 学生齐读课文。

Step3：巩固训练

1. 数字接龙游戏（学生依次来说 one—ten）

2. Draw on fingers

（1）A 伸出手指，问 How many，B 看手指的个数用英文回答。先是师生合作，再是同桌之间的小组合作。

（2）A 在若干个手指上画上笑脸，展示给 B，A 用"How many？"询问数量，然后 B 来数并回答。

3. Group Work

同桌两人一组，在教室这一真实情境中，拿文具进行问答。比如，一名学生拿两只铅笔问："How many？"同桌回答"Two"，两人交替拿不同物品进行对话。

【设计意图】阶梯性的练习设置，让学生对本课所学进行灵活运用；创设真实情境，鼓励孩子勇敢表达。

Step4：小结

通过数小球，评比出本节获胜组的方式进行总结。

老师依次拿出两组瓶子里的小球，男女生轮换着问"how many？"轮换着回答"one—ten",如果球的数量超过 10 个,教师拓展介绍 eleven/twelve...

欣赏哼唱歌曲 How many？

【设计意图】通过评比获胜组数小球的方式来总结本课所学,能极大程度地激发学生兴趣,监测学生对 how many 和数字 1—10 的掌握情况。

Step5：作业

1. 听录音,跟读课文。

2. 用英语说一说父母的手机号。

【设计意图】通过完成作业 1,复习概括本课所学；通过完成作业 2,让学生知道如何在生活中运用数字。

Step6：板书设计

（荣获长春市小学英语学科教学设计大赛一等奖）

英语五年级上册 Unit 5 Friends 教学设计

长春市绿园区教师进修学校　苏丽红

一、教学内容

沪教版小学英语五年级上册 Unit 5 Friends。

二、教学目标

1. 语言知识目标

（1）在具体语境中运用核心句型：We both like... 描述自己与朋友的共同点。

（2）在板书的提示下，提炼并复述课文的要点。如：We both like sport. I like playing table tennis. She likes playing volleyball.

2. 学习技能目标

（1）运用图片和多媒体进行句型的巩固。

（2）借助板书和思维导图，完成学习单写作任务。

3. 情感态度目标

引导学生了解自己的朋友，珍惜朋友间的友谊。

三、教学重点

1. 运用核心句型：We both like... 描述自己与朋友的共同点。

2. 结合思维导图，完成学习单相应的写作任务。

四、教学难点

1. both 相关句型的实际应用。如：We are both...We can both...

2. 结合思维导图，完成学习单相应的写作任务。

五、教学准备

课件、图片、单词卡片、磁力贴、学习单。

六、教学过程

Step 1：Warming Up: Sing a song

【设计意图】活跃课堂气氛，激发学生英语学习兴趣和热情，使学生迅速进入英语情景。

Step 2：Greeting

Step 3：Review

（1）Make a dialogue with your partner

（2）Make sentences according to the pictures

【设计意图】围绕单元核心话题"Friends",复习巩固核心句型,为语言输出积累语料。

Step 4：Presentation

（1）Watch the video and answer the question

（2）Read the passage and circle the new words

（3）Ask and answer the questions

（4）Point the books and follow the video

【设计意图】视频导入,帮助学生整体感知课文,体验真实情景,调动学生的视觉、听觉和记忆力来参与语言活动。自主学习,互帮互学,培养学生独立思考能力,提高团队写作能力,将课堂还给学生,提高学生的学习热情。指书跟读,培养学生良好的学习习惯,充分熟悉了解课文内容和结构,注重"听""说""读"的基础能力培养,为英语写作打下坚实的基础。

Step 5：Practice

（1）Discuss the questions with neighbours

（2）Show the answers on the blackboard

【设计意图】通过师生问答,小组讨论,头脑风暴等形式,进行语言运用,问题层次分明,在充分巩固和操练句型的基础上,引导学生总结句型,提升学生归纳总结能力。板书呈现,构建清晰的写作结构,从而有效地帮助学生积累语料。

Step 6：Extension

（1）Introduce the mind map of the teacher's friend to the students

（2）Improve the mind map and introduce it to neighbours

（3）Show the mind map to the class

【设计意图】结合五年级学生认知水平,将英语写作教学和思维导图有机结合。围绕中心话题"friends",温故知新,将新旧知识有效融合,极大程度的丰富了写作素材,拓宽学生的写作思路。训练了学生的思维品质,使学生能够围绕某一个中心话题,分类别分层次进行思考,并有效整合语言,使写作更加有层次性和逻辑性。写作话题延伸,进一步鼓励学生发挥自己的想象力和创造力,与实际情况相结合,促进学生语言生成。提高语言运用的真实性,也为完成写作任务做好铺垫。

Step 7：Writing

（1）Choose one task in the learning paper

（2）Share the writings to the class

（3）Correct the writings

【设计意图】在有效语言输入的基础上,进行有梯度的语言输出训练。由关键词书写、短语句子书写再到篇章书写，层层递进，使不同程度的学生能较好地完成写作任务，扎实基础的同时，注重学生语言综合运用能力的培养。

Step 8：Homework

（1）Read the passage on Page 30

（2）Introduce the mind map to partners

【设计意图】学以致用，巩固基础，将任务延伸到课外，培养学生持续学习英语的兴趣。

Step 9：板书设计

```
        Module 2  Unit 5  Friends
              We are in the same class.
Friends    We  both  like sports.
                     Love animals.
              We are both students.
```

（荣获长春市小学英语学科教学设计大赛一等奖）

英语四年级下册 Module 9 Unit 2 Kangaroos live in Australia 教学设计

长春市绿园区雷锋小学　董晓莉

课题	Module 9 Unit 2 Kangaroos live in Australia.
教材分析	本课选自外研社新标准（一年级起点）四年级下册第九模块第二单元。本模块的主要任务是谈论自己喜欢的动物，介绍动物的特征和生活习性。本课的文本内容是一篇介绍袋鼠的短文。介绍了袋鼠的居住地、饮食等生活习性以及袋鼠妈妈拥有育儿袋、使用后腿跳跃等身体特征。通过文章的学习，使学生了解袋鼠的身体特征和生活习性，能描述一些动物的某种生活习性，能运用已学的核心词和核心句谈论自己喜欢的动物、介绍动物的特征和生活习性。在教授的过程中，适当添加了学习袋鼠其他身体部位特征的内容，进一步丰富了文本内容，也使得文本的学习更加贴近实际生活，促成学生用英语思维思考，用英语做事情的习惯。

教学目标	语用目标：学生能够从live，eat，drink等方面与他人谈论、交流自己喜爱的动物特征和生活习性。 语言知识与技能目标： 1. 在本文中学生能听懂、读懂单词kangaroo, back, eat, drink, live，能够运用句型Kangaroos live in Australia. They eat...They drink...简单介绍袋鼠。 2. 学生能运用live, eat, drink等核心词语描述、谈论一些动物的某种生活习性。 文化与情感目标：学生能够了解一些动物的特征和生活习性，感受动物世界的神奇，激发学生热爱动物的美好情感。 学习策略目标：在课堂交流中，学生能用英语进行思维活动和语言表达，积极与他人合作，共同完成学习任务。
教学重点	学生能够了解袋鼠的相关特性，并运用live, eat, drink等核心词描述一些动物的特征和生活习性。
教学难点	学生能够运用核心语句，描述自己最喜欢的动物。

教学过程

Step1：Warming up
1. Greetings.
2. Lead in.
Sing a song. "I love animals"
T: What animal do you like？ why？
（用一首关于动物的歌曲做热身活动，为学生营造英语的学习氛围，同时引出关于动物的话题讨论，为本课学习打下基础。）

Step2：Presentation and practice
1. Present the picture of part 1
　What does the sheep eat？　What does the sheep drink？
（通过part 1部分的练习，让学生感知句型...eat..., ...drink...为接下来的阅读奠定基础。）
2. Present the picture of part 2. Watch video. Talk about the picture. Teach "special bag".

3.Listen and watch: "How do kangaroos jump？"

4.Show pictures of kangaroos. Talk about the body parts of kangaroos.

（通过看图看视频，将课本中隐性化、抽象化的语言知识变得形象、生动。通过学生观察、思考来学习 special bag。通过说一说，猜一猜，使学生了解袋鼠的特征与生活习性，初步理解文本内容。）

5.Read the text and find out the key words（live, has, eat, drink, jump）.

a.Where do kangaroos live？

b.What do kangaroos eat？

c.What do kangaroos drink？

（学生通过自主阅读课文，整体感知文本。通过回答问题，引导学生思考，为构建思维导图打下基础。）

Step3: Consolidation and extension

1.Then ask students to read by themselves.

2.Show the mind map and make a short summary:（live, jump, has, eat, drink）

3. Talk what you have known about kangaroos in pairs. Retell the text.

4.Listen and choose "T" or "F".

5.Show more animals. Talk about "Where do they live？" "What do they eat and drink？"...

6.Read and guess. Then show the favourite animal to students.

（通过猜一猜"我最喜欢的动物"的环节，为学生展示了一个写作范例。）

7.Ask students to talk about their favourite animals in groups.

8.Show time.

Step4：Summary

1.Summarize the key points of the lesson.

2.Show some pictures about people and animals. "Animals are our friends. Love animals and protect animals!"

Step5：Homework

1.Read and retell the text.

2.Make a poster and talk about your favourite animal with your friends.

板书设计	

（获长春市第三届小学名师评选教学精英暨现场课一等奖）

英语四年级下册 Module 8 Unit 2 It's in the north of China 教学设计

长春市绿园区宁静小学校 王 亮

一、教材分析

本课是《外研社小学新标准英语》一年级起点四年级下册 Module 8 Unit 2 的教学内容。本课主要学习 north, south, east, west 四个方位词（其中 west, east 在 Module 6 涉及过）。通过学习使学生能运用句型 "____ is in the ____ of ____." 来描述方位，并向学生拓展 northeast, northwest, southeast, southwest 四个方位。

二、学生情况分析

小学四年级属于小学中年级段，学生有一定的英语学习基础，对所学知识有清晰的认识并能准确地表达出来。本课单词虽少，句型却是学生第一次学习，为了加强学习效果，设计教学要生动有趣，教学方式要丰富多样。在设计课堂教学活动时，可以采用灵活多样的教学方法来吸引学生的注意，努力营造在玩中学、学中玩的教学情境。课堂上尽量以鼓励表扬为主，鼓励学生开口说英语，让他们尝试成功的喜悦。激起学生学习的兴趣和信心是学好英语的关键。此外，创设真实情境，让学生在真实语境中理解和运用语言。

三、教学目标

1. 知识与能力目标

（1）学生能听、说、读、写单词：north, south, 语音、语调准确流利，感情自然。

（2）学生能听、说、读句型 It's in the north of China.

（3）学生能在实际情景中灵活运用____is in the ____ of ____句型来描述范围内的方位。

2. 过程与方法目标

（1）通过小chant、游戏、TPR、谈话法、小组合作等方式掌握本课重点单词及句型。

（2）通过创设真实情境，学生能学会灵活运用语言，同时培养逻辑思维能力。

3. 情感目标

（1）学生能对英语学习充满兴趣，乐于表达，能积极参与到各项交流活动中来。

（2）通过学习本课，培养学生爱国意识，热爱我们的祖国，热爱我们的家乡；鼓励大家读万卷书，行万里路。

四、教学重点

掌握新词 north, south, 并能用____is in the ____ of ____句型来描述方位。

五、教学难点

1. 字母组合"th"的发音。

2. 学生能在真实情境中灵活运用____is in the ____ of ____句型来描述方位。

3. 在介绍某一地方时除了介绍方位，还能介绍它的其他特点。

六、教学方法

整堂课围绕"学生为主体，教师为主导，学生多说，教师引导"的教学理念，在任务型教学下，创设一系列情景，让学生在具体的情景中学习新单词、新句型。把游戏、多媒体、全身反应法、小组合作、比赛竞争等各种活动融进课堂，让学生学习有张有弛，乐此不疲。

七、教学准备

PPT、图片和实物、多媒体。

八、教学过程

根据教学目标和本课重难点，教学过程设计如下：

Step1： Warming-up & Lead in

1. Greetings.

T: Good morning, boys and girls!

S: Good morning, teacher!

T: How are you？

S: I'm fine, thank you. And you？

T: I'm fine, too.

2. Play the opposites game.

T: OK, everybody! Now let's play the opposites game together. Are you ready？

S: Go!

T: Show me your hands, OK？

S: OK!

T: I say up! S: I say down!   T: Up!   S: Down!   T: Up!   S: Down!

T: I say left! S: I say right.   T: left!   S: right.   T: left!   S: right !

T: I say east! S: I say west.   T: East!   S: west.   T: east!   S: west !

T: Awesome! You did a good job! Thank you, everybody! Sit down, please!

Look! Here are the words appeared in the game, we can use them to describe directions, they are positional words. And, today, let's continue to learn some new ways to describe positions. Let's learn Module 8 Unit 2 Follow me! It's in the north of China!

S: It's in the north of China.

【设计意图】本环节大家边说反义词边做动作，同时配节奏强的伴奏，既能营造英语学习的氛围，吸引学生注意，调动课堂气氛，又能复习已学过的方位词，进而自然地导入本课——今天我们来继续学习新的方位词及表述方位的句子，一举多得，衔接自然。

T: Fantastic! Now look! Today I'll divide you into two groups, boys group and girls group, this is for boys and this is for girls. If you do better, I'll put the colorful balls in it. After class, the winners will gain gifts. So, everybody, follow me! Come on! Come on! Come on!

S: Come on! Come on! Come on!

【设计意图】分男生组女生组，通过比赛竞争的形式来学习本课，能有效激发学生学习兴趣，积极参与到活动中来，培养学生团队合作意识。

Step2：Presentation

1.Teach new words.

（1）The teacher shows the map of the world, and the map of China. Encourage students to say: This is a map of China. Then introduce factors of the map, especially the compass.

T: Compass is one of our country's greatest inventions. It can tell us directions and locations. For example, this needle points to the North.

（贴板书：North）

T: OK, north. Let's spell it together!

【设计意图】通过PPT呈现键盘拼写游戏，练习拼写north。

North！ Two by two!（通过two by two的形式操练north，教师纠音）

This needle points to the south.（贴板书：south）

Look at my hand, south, south，south!

【设计意图】通过吹气球游戏操练单词south。

Pay attention to"th".

【设计意图】通过砸金蛋游戏来操练单词。

Then students say east and west together. Next, the teacher introduces the four letters which can stand for the four directions. The teacher put the four letters on the blackboard, students say the four directions loudly.

（2）Say a chant.

East and west, home is the best.

North and south, let's have a rest.

【设计意图】第一遍大家跟老师读，且配动作！第二遍学生齐读配动作！通过这样的形式，帮助大家操练 north, south, east, west 四个方位词。且引出情感教育：East and west, China is the best!

（3）I point, you say!

【设计意图】通过以上两种形式来操练单词，TPR 与游戏相结合，寓教于乐。

2. Watch the cartoon.（teach the new sentences）

（1）Answer: How many cities are there in the cartoon?

（2）Introduce the four cities in the cartoon.

Let students put the cities on the map.

Introduce Beijing's feature and food to students.

(e.g. Beijing is in the north of China. It's our capital. We can see the Great Wall there. What's more, we can eat roast duck in Beijing.)

Play a sentence complementing game.

T: Beijing is in the north of ... S: China!

T: Beijing is ... S: in the north of China.

T: Beijing... S: is in the north of China.

【设计意图】通过补全句子的游戏，帮助学生学习句子，吸引学生注意，寓教于乐。

Introduce the other three cities to students.

Guangzhou is in the south of China. It is a big city.（通过 PPT 小火车游戏操练句子）

Suzhou is in the east of China. It is an old city.（通过"Bus 出发了"游戏操练句子）

Lhasa is in the west of China. It is a beautiful city.（通过手势声音高低游戏来操练句子）

【设计意图】通过学生和老师分别贴地图上的四个城市及小游戏等环节，学习新句型，过程中介绍划分东西南北的两条线，并让学生运用地图上其他城市进行造句，灵活运用所学句子进行表述。此外 4 个城市的方位介绍完后，都加上一句介绍这个城市特点的句子，而且配图片通过 PPT 的形式向大家进行展示。

Step3：Consolidation

1. Look and say!

Students stand up and say "We are in the _____ of our classroom."

T: Where are my gifts?

S1: The cake is in the north of our classroom.

S2: The football is in the east of our classroom.

S3: The toy car is in the south of our classroom.

S4: Peppa pig is in the west of our classroom.

【设计意图】老师先做示范，教室四个方位的同学起立，齐说自己的位置：e.g. We are in the east of our classroom. 然后找同学回答老师准备的四个礼物分别放在了教室的哪个方位，让学生了解如何表达在其他范围内的东南西北，知道 China 可以用其他词进行替换。教师创设教室这一真实情境，让学生充分练习，进行表述，教师也可在此环节，通过学生的回答来了解学生掌握情况。

2. Describe different places.

T: Where's Washington DC?

S1: It's in the east of the US.

T: Pay attention! It's the capital of the US.

T: Where's London?

S2: It's in the south of the UK.

T: Look! It's the capital of the UK.

【设计意图】教师展示美国，英国的地图，找学生回答它们的首都在哪？既操练本课所学又向孩子们渗透西方文化，培养学生国际意识。

Where's Jilin Province?

Where's Changchun?

Introduce: northeast, northwest, southeast, southwest.

【设计意图】展示我们的家乡——吉林省及长春市的地图，让学生来表述它们的方位，学生回答的过程既培养了思维能力，又巩固了新知。此外，拓展东北、西北、东南、西南这几个方位，让学生知道这些词可以帮助我们更加具体地描述方位。接下来顺势播放长春的景点图片，为接下来的 group work 环节当小导游介绍长春景点做铺垫，衔接自然，环节流畅。

3. Group Work.

I'm a little tour guide.

Introduce some famous places in Changchun to others.

For example:

Good afternoon, ladies and gentlemen! Welcome to our beautiful city—Changchun!

I'm today's little tour guide! You can call me Ann. Look! North lake park is in the north of Changchun. It's very big. We can fly a kite there.

T: I'll give you two minutes to prepare, then come to the front and show us your presentation!

【设计意图】通过小导游的形式介绍我们的家乡——长春，包括位置和特点。学生还可发散思维，在老师给的地图上加上长春的其他地方，比如 My school、儿童公园、长春站……既巩固本课新知，又能培养学生逻辑思维能力，通过小组合作，培养合作意识。

4. Emotional teaching.

Love our hometown, love our country.

Read ten thousand books, travel ten thousand miles.

You must benefit a lot from travelling.（情感教育：我们要热爱家乡，多读书，多旅行。）

Step4：Summary and Homework

Summarize the four directions and the key sentences. Students say the words and sentences together.

What's more, introduce northeast, northwest, southeast, southwest to students.

Students can choose one of the three homework to finish.

【设计意图】分层作业，学生可根据自身实际情况进行选择。

Step5：Blackboard Design

本课板书颜色鲜艳，主题突出，把中国地图贴到黑板上，再找同学分别贴北京、广州等地在地图中的位置，寓教于乐，激发学生兴趣，帮助学生快速记忆所学。此外方位词和重点句式都在板书上得以体现，重难点突出，一目了然。

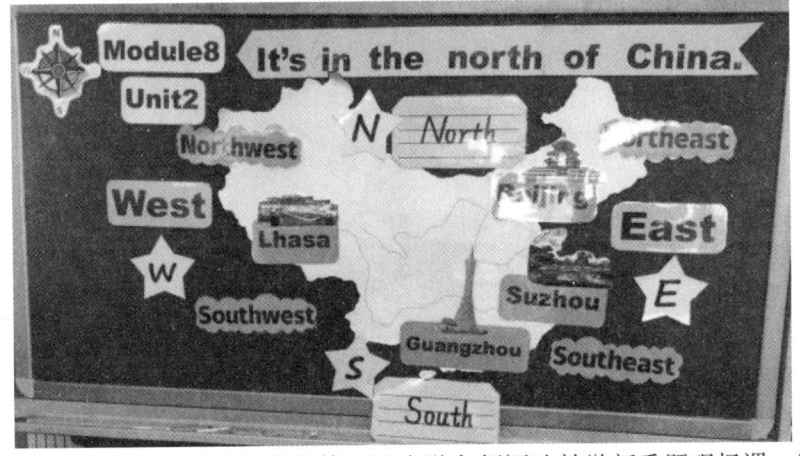

（获长春市第三届小学名师评选教学新秀暨现场课一等奖）

英语六年级下册 Unit 10 Great storybooks Period 3 A writing lesson My favourite story 教学设计

长春市绿园区雷锋小学校 李玥瑶

课例名称	Unit 10 Great storybooks Period 3 A writing lesson My favourite story
执教教师	李玥瑶（长春市绿园区雷锋小学校）
课型	写作课（第三课时）
学段	六年级下学期
教材版本	上教版《英语》

教学设计思路

My favorite... 属于频率较高的话题作文。在设计时，兼顾了课内知识和学生感兴趣的课外故事，所以本课时既是本单元的复习和巩固，也是拓展和延伸。在教学设计中，侧重点在于学生"说"和"写"，期望通过学习能让学生学会一定的遣词造句的方法，通过简单的思维导图构建介绍喜爱的故事的作文框架，从而提升写作能力。

指导思想与理论依据

1. 基于课标

根据课标二级目标中要求,考虑到本校学生的学习能力和英语水平，故将能力提升为能够用简单的语句表达思想或经验，能在写作中体现文章段落的逻辑性，而不是语句的拼凑。

2. 最近发展区

本课教学着眼于学生的最近发展区，为学生提供带有难度的内容，调动学生的积极性，发挥其潜能，以激发学习兴趣，帮助学生在原有的基础上继续进步。

3. 核心素养的培养

在本课教学过程中，注重对学生核心素养的培养，在语用知识传授与整合式学习中发展语言能力；在故事写作和探讨其意义中发展文化品格；通过课堂提问设计促进思维品质发展；通过课后英文故事阅读作业促进学习能力发展。

教材分析

本课是上海教育出版社《英语》小学六年级下册第四模块第十单元的第三课时。本单元的主题围绕 Great storybooks 展开,对安徒生童话、格林童话和伊索寓言进行了简要的介绍。本课重点是学生能够在教师的引领下构建介绍故事的基本框架,复习已学相关核心词汇,能够简单介绍自己喜欢的经典故事或名著。

学情分析

本课的教学对象是小学六年级的学生,他们有一定的英语基础,但是学生在写作过程中对于语句的灵活运用能力还有所欠缺。本节课基于学生原有基础上进一步提高学生的写作能力。另外,学生对学习本课有关童话故事的知识有着浓厚的兴趣,因而会积极参与到教学活动中来。

教学目标

知识目标:
1. 培养学生初步的写作能力、学会介绍自己最喜欢的故事以及喜欢的理由。
2. 通过 My favourite story 的写作练习,培养学生基本的写作能力,构建写作框架,掌握一些固定的英语语言表达,帮助学生巩固和综合运用语言知识。
能力目标:
1. 学会小组合作学习、交流信息,提高英语写作能力。
2. 掌握英语写作中组织语言的基本方法。
情感目标:
通过写作训练,培养学生基本的英语写作能力,乐于感知并积极使用英语。
2. 培养学生愿意用英语介绍自己喜爱的故事,热爱阅读,享受生活。

教学重难点

教学重点:
利用以往及本节课所学的句型,能够简单地输出一段描写最喜爱的故事的语篇。
教学难点:
通过简单的思维导图构建写作框架,使段落和句子前后连贯,相互呼应,有一定的逻辑性。

教学方法与工具
教学方法：情景教学法、活动教学法、任务型教学法。 教学工具：多媒体课件。
教学过程

一、课前热身，导入主题

教师和学生互致问候，询问学生是否喜欢读故事，然后播放故事视频自然导入主题。

T: Today we're going to talk about our favourite stories. Do you like to read stories?

Ss: Yes.

T: Let's enjoy a video. And tell me which story it is.

设计意图：通过学生熟悉的电影视频导入本课主题，激发学生兴趣。

二、循序渐进，做好铺垫

1. 提供 Alice in wonderland 的关键信息，教师简述故事大意后，带领学生根据 PPT 上提示的关键信息共同复述故事。

T: Can you guess which story is it?

S: Alice in wonderland!

T: Yes! Let us try to say something about Alice in wonderland.

设计意图：教师带领学生介绍故事，降低学生表达的难度，减轻学生的负担。

PPT 呈现作文每一部分：Name, About（Who, What），Writer, Learn。同时板书呈现 My favourite story 的思维导图。

T: Now look at the blackboard. Do you know how to write about My favourite story? First, we should write the story's name. Then we should write what is the story about. We should write who is in this story? What did she/he do? Then we should write about the writer. Finally, we should write what we learn from the story.

设计意图：学生通过完整的作文感受写作的框架，之后通过板书思维导图清晰呈现，进一步帮助学生明确写作的方法和步骤。

PPT 出示 Snow White 的一些关键信息，让学生猜一猜是什么故事。然后学生独立、分组介绍故事。PPT 提示介绍要求：a. 自己小声说。b. 小组合作说。c. 小组展示。最后教师请学生说一说。

设计意图：让学生独立、分组介绍，增加了任务的难度，促进学生语言技能的发展，进一步锻炼学生的综合语言运用能力。同时使学生充分理解本课话题，掌握本课重点,突破难点,为下一步学生独立完成故事介绍做好准备。

播放哈利波特的主题音乐,让学生猜一猜是什么故事。然后PPT呈现哈利波特的故事梗概,带领学生共同阅读。最后让学生自己提炼关键信息,介绍哈利波特的故事。

T: Now let's enjoy a piece of music. Tell me which story it is.

Ss: Harry Potter!

T: Now let's read the story of Harry Potter.

三、自主探究,语言输出

PPT呈现作文的框架和五个故事的图片,学生可以任选其一自主、分组说一说,写一写。教师提示可以写补充材料上的故事。之后教师请学生说一说自己喜欢的故事。教师适当点拨,及时评价。

T: Just now we've talked about three stories. Now let's talk about your favourite stories. Look at the screen. You can choose one and try to say it.

设计意图:学生经过之前的训练,已经能够掌握故事写作的大概方法。此时让学生独立完成写作,可实现语言技能的提高,锻炼学生的综合语言运用能力。

四、总结提炼,情感升华

教师总结本课主题,对学生进行情感教育。PPT呈现Stories can light our life. Stories make our life colourful. We can usually learn something from these stories.

设计意图:通过情感教育,使学生了解阅读故事的意义,有利于培养学生热爱阅读、热爱生活的良好品格。

课后作业,巩固提高。

1. 完成短文。

2. 尝试背诵。

3. 读一个故事并介绍给朋友。

设计意图:此环节既是对本课重点内容的复习巩固,也是在此基础上的拓展。同时也是对学生所学知识掌握程度的检验。学生可以根据自己的学习情况进行输出。同时培养学生的自学能力。

板书设计

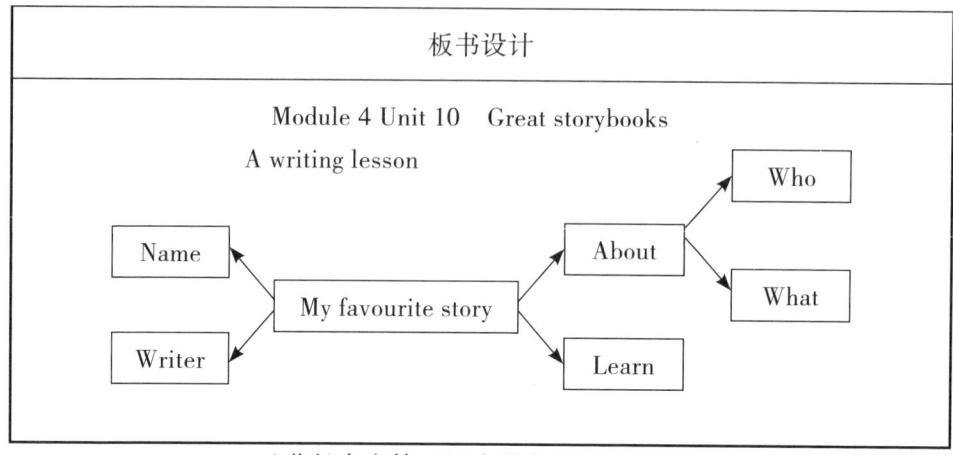

（获长春市第三届小学名师评选教学新秀暨现场课一等奖）

英语四年级上册 Module 6 Unit 1 It didn't become gold 教学设计

长春市绿园区哈达小学　张　楠

四年级上册 Module 6 Unit 1 It didn't become gold.	Listen and enjoy　　Look and learn Ask and answer　　Listen and say	教师	张楠 （长春市绿园区哈达小学）
Teaching aims	知识技能目标（包含运用能力目标）： 1. 全体学生能听懂：It didn't become gold. He didn't come back. 2. 全体学生能说：It didn't become gold. He didn't come back. 3. 全体学生能认读：woman, real, bad, took, angry, said。 部分学生能认读：become, gold, ago, long ago, magic, paintbrush, became, away, leaves, only, painting。 4. 全体学生能拼写 2—3 个自选单词。 5. 全体学生能运用行为动词一般过去时讲故事。		

Teaching materials	本课的内容根据中国古代的民间故事《神笔马良》改编。Unit 1 讲述了马良用神笔助人为乐的事迹以及坏人偷走神笔却事与愿违的故事。本课重在培养学生使用行为动词一般过去时讲故事的能力以及练习如何使用一般过去时的否定形式。
Students	四年级的学生有了一定的阅读听力基础，掌握一定的词汇量和句式，在本册的1—5模块学习和巩固了一般过去时的肯定和否定形式，语法知识的难度不大，而马良的故事更是耳熟能详，内容应该不难理解。学生只需要学习如何用英语讲述，而不需要记忆故事内容，所以本课内容虽然较多，但学生学习的积极性应该挺高。
Key points Difficult points	1. 使用行为动词一般过去时讲故事。 2. 使用一般过去时否定形式。 3. 识记动词一般过去时及其否定形式。
Learning prepare	教学用具：粉笔、黑板、单词卡片、多媒体、录音机。 课前任务：找出自己从小到大的成长图片，试着用英语做出描述。
Teaching procedure	Warming up and revision; Lead-in; Presentation; Summary; Emotion; Homework; Blackboard design.

Warming up and revision	Warming up: Say a chant together. 【设计意图】通过一个歌谣，复习学过的动词规则变化过去式，歌谣既朗朗上口，又能起到迅速导课的作用。 Revision: T: Let's see some pictures. Who are they? Ss: They are a pig and a cat. T: look! The pig is very fat. Then guess what did the pig eat for breakfast? What will the pig say? Ss: I had noodles for breakfast. T: You are so clever. And how about the cat? Did she have noodles for breakfast? Ss: No, She didn't have noodles for breakfast. She had fish for breakfast. T: Excellent, you have known the pictures well, then I want to know what did you eat for breakfast? 【设计意图】复习句型，引出主题。教师出示食物图片提问，学生用 I had ... I didn't had... 复习上节内容。
Lead-in	教师展示 PPT 书中没有食物的老妇人图片。 T: Did the old woman have food? Ss: No, she didn't. T: Do you know who help him? Ss: Ma Liang. T: You are so clever. First of all we will see a piece of video.（教师播放马良视频） 【设计意图】引出课文主人公，吸引学生读文章的兴趣。
Presentation	Finish watching. T:（hold a picture of paintbrush）What is it? Ss: It's a magic paintbrush. T:（评价语言）Today we will enjoy a story also about the magic paintbrush. Before reading this story I will do two things the first thing is I will divide you into two teams. Team green

Presentation	and Team yellow. When you answer one question right I will put a magic paintbrush in your team. After class the winner will get presents. Do you expect? Ss: Yes. T: The next thing is that I will give you two questions on the screen. You have two minutes to read this story and find the answers. Then let's go!（finish watching） 教师PPT播放课本动画，学生跟读。并且教师出示两个问题，让学生带着问题去看动画。 【设计意图】本课的学习采用从整体入手，先整体感知故事，给学生一个完整的语言环境，再到后面的细读课文。在初步感受故事中，给出最初的任务，让他们带着疑问看故事，理出故事主要的人物和时间线索，有助于进一步理解故事。 Q1. Who helped the old woman? Q2. Who stole the magic paintbrush? T: All right. Time's up who can answer my first questions? The boy in the last row. Ss: Ma Liang. T: Excellent. Your team wins a pen.（教师在思维导图上贴马良图片） How about the second one? The bad man.（教师在思维导图上贴坏蛋图片） T: Super, you have mastered the outline of this story. Your group wins a pen. After reading this story for the first time I think all of you have mastered the main idea of this story then we will watch the cartoon and read the story for the second time and before enjoying it I also give you two questions. Are you clear? Is Ma Liang a good boy or a bad boy, why? Is the man a good boy or a bad boy, why?

Presentation	Who can answer my questions? OK, the boy wears glasses, please. Ss: Ma Liang is a good boy, because he helped people. T: Super. You have master the main idea. How about the second one? The girl with short hair. Ss: The man is a bad man, because he took Ma Liang's magic paintbrush. T: Very good. You master the main idea. Then let's enjoy the story together. Who is he? Ss; Ma Liang. T: Was he a good boy? Why? Ss: Yes, he was. Because he helped people. T:You are so clever. Let's see the story. Long long ago, there was a <u>good</u> boy. His name was Ma Liang. He <u>helped</u> people. T: What did Ma Liang have? Ss: He had a magic paintbrush. T:Excellent, you know the writer's thoughts. Let's see the story. Read it together. Long long ago, there was a good boy. His name was Ma Liang. He Helped people. He had a magic paintbrush. Please fill in the blanks. Long long ago, there was a ____ boy. His name was ____. He ____ people. He ____ a magic paintbrush. 教师继续播放 PPT。 T: Who is she? Ss: She is an old woman. T: Then let's see the two pictures. What did he paint for the old woman? Ss: He painted food for the old woman. T: Why did Ma Liang paint food? Then let's see the story.

Presentation	Ss: This old woman ____ ____ food. So Ma Liang ____ food. T: Let's fill in the blanks. T: Did the food become real？ Ss: Yes, it did. 此环节学习第二个人物——老人，并且了解马良是如何帮助她的。同时让孩子了解，马良是个好孩子，不仅帮助老人，还帮助其他人，我们也要像马良一样成为乐于助人的好孩子，在这个基础上，用同样的句式来练习。 T: Ma Liang had a magic paintbrush. Then what will happen？ Let us see what is going on？ 教师展示 PPT 图片。 T: Was he a good man？ Ss: No, he was a bad man. T: What did the bad man do？ Ss: 抢了马良的笔。 T：Let us see the story. Read it together. Ss: He took Ma Liang magic paintbrush. T: You are so good at writing stories. What did the bad man paint？ Ss: He painted gold. T: Why he painted gold？ Let us see. Ss: The bad man didn't have gold. So he painted gold with magic paintbrush. T: Then guess that did the gold become real？ Ss: No, it didn't. T: Then What did it become？ Ss: It became a snake. T: Let's see what book says？ But it didn't become gold. It became a snake. 此环节学习第三个人物——坏人。通过寻找坏人的行为，来了解他为什么要这样做。因为没有神笔，所以抢马良的神笔，因为没有金子，所以用神笔来画金子。暗示孩子：即使是坏人也不是无缘无故的坏，他也是需要有理由的。之后通过问题的迁移来学习课文最后一幅图片。

Presentation	T:Let us retell this story basing on the tips on the blackboard. 【设计意图】通过以上的细读，学生已经对故事大意基本了解，故事教学的重点还需要学生借助提示（如思维导图）描述故事内容。此环节的设计正是体现学生整合语言结构、提高处理信息和发展学生语言文化素养的过程。 Free talking: T: Why Ma Liang's painting became real but bad man's became a snake？ The next part is pair-work. Think about if you were Ma Liang What else can you do to help people？ Look at the four pictures. Using this form to make a story with your partners. You just have two minutes to do this job, then go. 学生开始讨论这三组图片，教师走到学生中间以便及时回答学生问题。 T:I think all of you have the answers. Then which group will show your ideas？ T:The first group. How about the next picture. 【设计意图】用同样方式回答三幅图片，有利于学生对句型的掌握以及熟练使用，同时知识拓展让学生有能力帮助有需要的人。
Summary	Ss: 复述一遍。 T:Then look at your teaching list. Finish it as soon as possible. When you finish it you should sit well. I will invite the student who use the least time. Are you clear？ Ss: Yes. T: Then go! 一分钟之后叫最先完成并且坐好的同学回答这个问题，锻炼学生写的能力。

Emotion	【设计意图】在老师的引导下，观看PPT，揭示情感教育：Helping others when they are in trouble. 赠人玫瑰，手留余香。让学生感受到，虽然我们没有神笔，我们依然可以帮助别人。
Homework	Listen and read this story. Build your own map and retell this story to your family. 【设计意图】作业分层：基础作业为听音朗读课文；提高作业为用本节课所学的动词过去式造句子，正确表达在过去某一时刻做某事。
Blackboard design	**Module 6　Unit 1　It didn't become gold.** magic　　　　　It didn't become gold bad　　　　　　He didn't come back. took　angry　said Old woman —— didn't have —— food —— became —— real Ma Liang —— painted 　　　　　　had 　　　　　　took —— a magic paintbrush Bad man —— didn't have —— gold —— became —— snake 　　　　　　painted

（获长春市第二届小学青年教师教学大赛二等奖）

英语五年级上册 Unit 8 Alice in wonderland 教学设计

长春市绿园区民主小学　马　丽

一、教学说明

本单元以教授学习故事 Alice in wonderland 为主，words: wonderland，get through, think. 并学会运用句子 sentences: The rabbit is wearing a coat. Alice opens the small door with the key. 能运用思维导图复述 Alice in wonderland 这个童话故事，能分角色表演 Alice in wonderland 这个童话故事。

二、教学要求

1. 学习运用单词句子。

words: wonderland, get through, think.

sentences: The rabbit is wearing a coat. Alice opens the small door with the key.

2. 能运用思维导图复述 Alice in wonderland 这个童话故事。能分角色表演 Alice in wonderland 这个童话故事。

三、教学目标

1. 通过学习故事能理解运用单词、句型。

words: wonderland, get through, think.

sentences: The rabbit is wearing a coat. Alice opens the small door with the key.

2. 通过运用思维导图学习故事，帮助学生理解故事的发展变化，尝试复述讲故事。

3. 能理解 Alice in wonderland 这个童话故事，理解其寓意：颂扬爱丽丝勇于探险、保有好奇心、保持清醒、坚持正义的精神。

四、教学重难点

1. 能正确掌握单词、句子。

words: wonderland, get through, think.

sentences: The rabbit is wearing a coat. Alice opens the small door with the key.
2. 能够运用思维导图形式理解讲故事。

五、学情分析

五年级的学生在这个年龄段，活泼好动，喜欢直观形象思维思考问题，且愿意表达自己的思想。对游戏、唱歌、跳舞特别感兴趣。他们已经接触英语五年，有一部分孩子接触的时间甚至更长，因此对于表演英语故事等有一定内涵寓意的寓言故事很感兴趣，对于所学知识能够很快地接受，并且在整个班级中能够起到很好的交流互动作用。这个年龄段的孩子有很强的好奇心、求知欲和表现欲。根据学生的年龄心理特点，我在教学设计的过程中更多地考虑了学生们积极参与活动练习的形式。尽可能地创设真实的语言环境学习语言。学生通过听听、看看、演演学习英语故事，走进故事内，感受童话故事的魅力。通过视频表演故事，培养了学生英语阅读与表达的能力。五年级学生这个年龄段在交际能力的培养基础上，增加了阅读能力的培养。在故事表演中，尽力为学生寻找感兴趣的贴近学生生活的教学内容，容易触动学生的情感体验，引导学生进入情境、进行体验、展开想象、自由表达，感受童话故事的教育意义。

六、教学准备

教学课件、字卡等。

七、教学过程

Step 1：Sing a song

（这一环节通过轻松愉快的英文歌曲为学生营造欢乐的英语课的上课氛围，引领学生快速地进入英语课堂中来）

Step 2：English show

Students can act the dialogues in English.（通过对话，学生们利用所学的句子进行对话练习，通过复习学过的句型，为学生学习新知内容做好铺垫。你喜欢童话故事吗？引出今天即将学习的童话故事 Alice in wonderland）

Step 3：Presentation

1.T:（播放图片，各种经典童话故事海报）Look at the posters, have you red these stories？ They are fairy tales.

fairy tales 童话

imaginary stories 想象的故事

dream and magic 充满梦幻神奇的色彩

natural creatures as main characters 自然生物作为主要人物

vivid language image 语言生动形象

teaching lessons 教训

（通过对童话故事的介绍，学生们更多地了解童话故事的本身进而喜欢上童话故事，并引导出新课内容童话故事 Alice in wonderland）

2.T: OK, Today we will enter the world of fairy tales . I bring an fairy tale. It's name's Alice in wonderland.

Read the story ,then think about the questions:

Story's name: Alice in wonderland.

Who: _____

Where: _____

What happened: _____

（第一遍看视频故事思考问题，并画出你不理解的单词句型。初步认识理解童话故事）

3. 回答故事的问题。

Story's name: Alice in wonderland.

Who:Alice and white rabbit.

What happened:Alice sees a white rabbit in the garden. She runs after a white rabbit and jumps into a big hole. She finds a small door and a small key.Finally,she gets through the door.

4. Read the story again. Learn the new words: wonderland. get through, think.

（重点单词提炼学习，帮助学生梳理常用的短语句型，再读故事，回答故事发生的时间、人物、事件。学生们讨论故事的内容）

5. 根据学习指导单，自主思考与互相研讨理解故事。

Learning Guide：（学习指导单）

A.Read. 默读故事。

B.Help. 如果遇到问题，小组成员互相帮助。

C.Read. 伙伴一起朗读故事，至少两遍。

建议时间：6分钟。

6. 回答问题。

（1）Where is Alice？

（2）What does Alice see？

（3）What is the rabbit wearing？

（4）Where is Alice now？

（5）What does Alice find？

（6）What happened？

Think and complete.

a Alice gets through the door.
b The rabbit runs through the door. Alice cannot get through. She is too big!
c Alice finds a small bottle on the table.
d Alice becomes small.
e Alice drinks the water in the bottle.

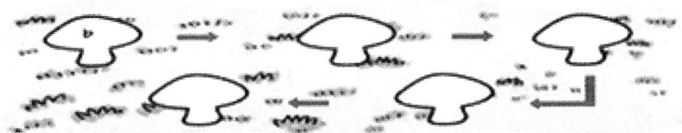

（通过详细学习故事内容，小组讨论填顺序）

7. Try to Tell a story.

　　Alice is in the garden. She sees _____. The rabbit is wearing _____. " How _____！What _____ he _____ here？" Alice thinks.The rabbit says, " Oh dear! _____！"

　　Then the rabbit _____.Alice _____.

　　The rabbit _____.Alice _____.

　　Now Alice is _____. She finds _____ and _____. She opens the door with _____. She cannot get through the door. "_____？" she thinks.

8. 根据思维导图，叙述故事。

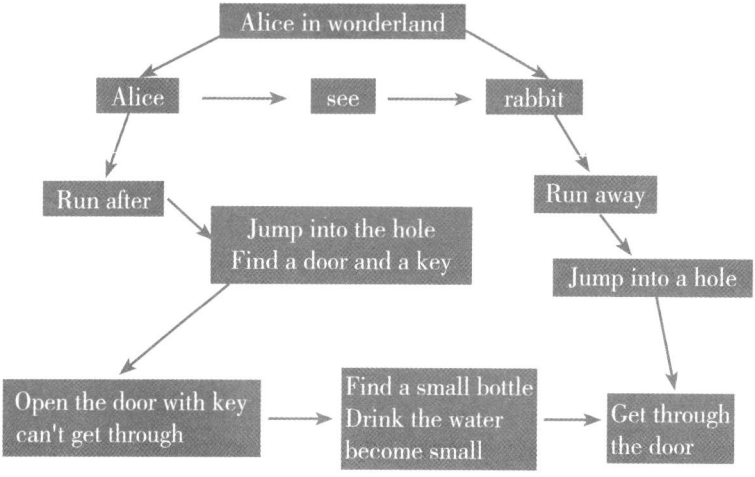

9. Say and act.（表演童话故事，提高学生的语用能力）

10. What do you learn from the story? If you were Alice, what would you do?

If you can keep a pure curiosity, then happiness is everywhere in life.

若能保持一颗纯真的好奇心，生活中快乐便无处不在。

（通过对本节课童话故事的学习，启发学生保持一颗纯真的好奇心，并且勇于尝试没有做过的事情，生活中快乐便无处不在。）

八、板书设计

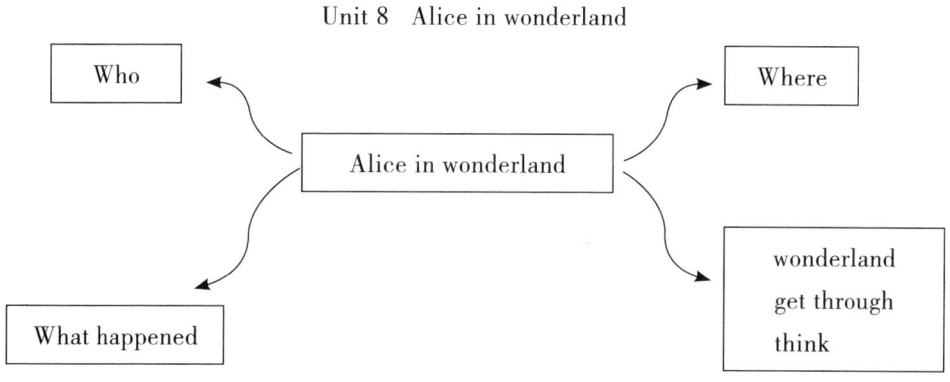

（获绿园区小学首届"明星杯"骨干教师教学技能大赛一等奖）

英语三年级下册 Module 3 Unit 1 Will you take your ball tomorrow？教学设计

长春市绿园区绿园小学　吴　娜

一、教学内容分析

本模块的话题是询问将来的活动并回答。课文的主要情景是爸爸告诉 Sam 和 Amy 星期六要去野餐，两人很高兴。Sam 马上询问 Amy 明天会不会带风筝，Amy 说不带。Sam 接着问 Amy 明天会不会带皮球，Amy 仍说不带。Sam 觉得很奇怪，于是问 Amy 为什么不带。Amy 告诉他明天是星期五，不是星期六，自己当然不会带这些东西。原来 Sam 过于激动，误认为明天就是星期六了。Unit 2 的课文情景是下周放假，朋友询问姗姗下周的计划，姗姗向朋友逐一说明了下周七天的安排。本模块集中出现了"Monday, Tuesday, Wednesday..."等表示星期的名词，教师在这里要注意引导学生进行总结归纳。本模块的学习重点是"will"的一般疑问句结构，学生在前面的三个模块中已经学习了使用"will"陈述将来的活动并询问是否要做某事的用法。因此，这个结构对于学生来说难度不大，教师应该给尚未熟练掌握这一句型的学生提供更多的练习机会。

二、学生情况分析

本节课的教学对象是三年级的学生，他们有了一定的英语学习基础，可以理解一些简短的对话，也可以在老师的帮助和指导下改编。三年级的学生仍然好奇而活跃，他们擅长模仿和表演，他们有兴趣学习英语，但是不能长期维持。因此，需要具体的任务和各种教学方法来指导他们。他们懂得如何进行同伴和小组间的合作学习，但是需要老师给予指正和指导。在学习本课之前，他们已经学习了一般将来时的陈述句的表达方式。在学习方面，他们有一定的学习的自觉性。学生的水平虽然存在差异，但是已经具有初步的自主、合作、探究学习的能力。

三、教学目标

1. 知识目标

（1）学生能理解并会读单词：tomorrow, Monday, Tuesday, Wednesday, Thursday, why, why not, next, week。

（2）学生会用本课重点句型。

2. 能力目标

（1）学生能听懂并会拼写重点单词：tomorrow, Why, next, week。

（2）学生能听懂并会使用重点句型：Will you take your ball tomorrow？ No, I won't. On Monday, I'll go swimming.

3. 情感态度目标

初步注意到中西方一周七天不同的表达方式及排列顺序。并乐于了解和接触这种不一样的文化。

四、教学重难点

1. 学生能听懂并会拼写重点单词：tomorrow, Why。

2. 学生能听懂并会使用重点句型：Will you take your ball tomorrow？以及回答：Yes,I will. No, I won't.

五、教具学具准备

PPT、单词卡片、学生任务单、风筝、球的实物。

六、教学过程

Step 1：Warming up

T:Good morning, boys and girls. How are you？

Ss: I'm fine, thank you. And you？

T: Very well. Now let's sing a song together（Play the video THE WHEELS ON THE BUS）.

T: Now let's sing the chant.

Ss:（Sing and act together.）

【设计意图】为学生创设轻松愉悦的学习氛围，激发学习兴趣，提高学习积极性。通过对 chant 的复习，复习星期的单词，为学习本课重点句型 Will you take your ball tomorrow？做铺垫，并引导学生了解中西方关于星期的文化差异。

Step 2：Lead-in and presentation

1. 整体呈现，引入主题

T：What day is it today？ What day is it tomorrow？以提问方式直接引出单词 tomorrow，讲解 tomorrow，并自由讨论 Will you go to school tomorrow？进入课文的学习。

【设计意图】教师领读，学生跟读，同桌互读。了解发音规律，强化句型，为学生自主学习做铺垫。

2. 谈话导入课文

再过一段时间又是假期，大家准备去哪里游玩呢？外出旅游，我们要提前制定计划，提前准备需要带的东西。学习完今天的课文，请大家也制定周末的出行计划。下面我们先来学习课文，看看 Amy 和 Sam 这个周末的计划吧。

（1）Listen to the tape.

（2）What are Amy and Sam going to do on Saturday？

T: What are they going to do on Saturday？ （About Picture 1.）

Ss: They are going to have a picnic.

T: Read after me "picnic"

Ss: Read two by two.

T: What are they doing？（Show some pictures. 出示课件）

Ss:They are having a picnic.

（课件展示一些野餐的图片，帮助学生理解单词的含义。现在进行时，学生已学过，目的在于让其感性认识与了解 picnic 的含义。）

3. 课文讲解

T: OK, now let's think about this question: What does Sam asks Amy？

S1: Sam asks Amy: Will you take your kite to the picnic tomorrow？

S2: Sam asks Amy: Will you take your ball tomorrow？

T: Very good. Sam asks Amy: Will you take …？ OK, read after me.

Ss: Will you take …？

T: Guess, if we are going to have a picnic, what will I take？

S1: Will you take water？ T: Yes, I will.

S2: Will you take rice？ T: No, I won't.

S3: Will you take a book？ T: Yes, I will.

S4: Will you take a kite？ T: No, I won't.

讲解句型"Will you take …"的肯定回答和否定回答。

带着问题、好奇心去学习，激发求知欲。

复习所学单词，并引导学生学会归纳总结。

使学生对课文有一个整体认识。

句子：Why not？通过观看视频了解 why 的用法，再进一步学习 why not 的用法。

句型：be going to do ... 学生已学过，从而引出新单词：picnic。

（让同学们带着问题来看第二、三幅图片，目的在于让学生有目的地来学习，并由学生来找出本节课的新句型：Will you take...？）

step 3：Practice

1.Ask and answer

T: Will you take apples on Saturday？

S:Yes, I will.

2. Do group work

T: If we will have a picnic, I will take a kite. I will take a ball. I will take bread. I will take an apple. I won't take rice and noodles. Look, here's a piece of paper, now, let's try to find: how many students will take the same things with me. OK？

We are going to have a picnic.

Will you take...？ Yes, I will / No,I won't.

【设计意图】通过小组学习，解决单词发音和词义的问题。通过学生观察，合作探究，归纳总结 Will you ...？句型的提问以及回答的方式，培养学生总结归纳能力。拓展词汇，丰富学生语言知识。

3. 练习巩固

（1）Group work: Read the text and then fill the blanks on the piece of paper.

（2）Production:Ask students to open their books to look at part 2 on page 28, encourage them to act the dialogue.

【设计意图】通过小组表演、小组合作的练习，培养学生模仿语音、小组合作能力。

4. 作业设计

（1）Ask students to read the dialogue in Part 3 on Page 28.

（2）制作一个关于周末出去玩的计划。

【设计意图】培养学生英语写方面的能力，为以后高年级作文的书写做铺垫。

七、板书设计

Unit 1 Will you take your ball tomorrow？
tomorrow   why

Will you take your ball tomorrow?
Yes, I will. / No, I won't.

（获绿园区小学首届"明星杯"骨干教师教学技能大赛二等奖）

英语一年级下册 Module 2 Unit 6 I like juice 教学设计

长春市绿园区春阳小学　付欣欣

教学目标	语言知识 1. 在语境中理解核心词汇 cola,juice,milk,water 的意思。 2. 用 I like... 来描述自己喜欢的饮料，如：I like juice. 3. 初步了解固定用语 Happy birthday,...! 来祝贺别人生日快乐。 语言技能 听力 1. 能听出话语中的核心词汇，如：cola,juice,milk,water。 2. 能听懂别人介绍自己喜欢的饮料，如：I like juice。 3. 初步能听懂祝贺生日快乐的固定用语"Happy birthday!" 4. 在图片或动画的帮助下听懂歌曲 Happy birthday to you。 口语 1. 能用 I like... 说出自己喜欢的饮料，如：I like juice。 2. 会唱歌曲 Happy birthday to you。
教学重点	1. New words：cola,juice,milk,water. 2. Drills: What do you like？ I like juice /...
教学难点	能在设计的语境中运用句型 What do you like？来询问，并能用 I like... 熟练正确地进行回答。
教学准备	多媒体课件、图片、实物、学习单。
教材分析	本版教材采用模块建筑式，将语言材料和语言技能有机结合，注重各模块在横向学习内容上循序渐进，在纵向语言知识和技能上

教材分析	滚动和复现。由内容相对独立但具内在联系的四个模块组成，每个模块包含三个单元。模块内材料都围绕一个主题展开，每个单元集中讨论该主题下的一个具体话题，单元内各部分都围绕该话题展开。这些话题从帮助学生认识自我、了解家庭出发，逐步发展到谈论与学生的学习和生活密切相关的方方面面，符合学生的生理特点和心理特点。话题的选择符合小学生对周围世界的认识需求。每个单元由若干学习栏目构成，依据栏目功能的不同从各个角度呈现语言材料，达到学习目的。各栏目几乎都涉及听、说、读三种语言技能的综合操练，启发和引导学生操练语言，激发学生学习英语的兴趣，培养英语语感，形成初步的英语口语交际能力。

导 学 过 程

环节	教师活动	学生活动	设计意图
Step1：温故知新	Greeting. T:Class begins. Good morning! How are you？... 1.Warming up Let's sing "I like dolls"。 2.Review Show some pictures and read. T: ..., I like...？ 3. 出示"juice"实物或图片，引出课题。 T:Look at this, juice, I like juice.Today,we have a new lesson: Unit 6 I like juice. Read together.	Sing and act "I like dolls"。 Read some words and say. S:...,I like... Ss: Unit 6 I like juice.	激情引趣导入，以带着动作跟唱进入英语学习。 对已学的相关词汇进行巩固复习，学生运用句型 I like... 进行表达。 利用图片或实物自然导入新课，营造轻松氛围，学习Let's learn部分的词汇。

Step2: 初学 感悟	1. 紧随课题呈现"juice"课件，先找学生试读（Who can try to read？），随录音跟读，再进行拼读、板书。 呈现拓展的各类果汁，演示一种英语表达，引导学生说一说。 朗读出示的相关歌谣。边打节奏边说。 Juice, juice, Sweet ,sweet. Juice, juice, I like juice.	学生试读。 Listen and repeat. Spell and read. Put your finger. 了解生活中常见的几类果汁。 （Try to say） Look，listen and read.（边打节奏边说）	通过多媒体技术，将图片、动画、声音呈现给学生，吸引学生的注意力，引入相应的词汇及相关的歌谣，做到词不离句。
	2. 直接呈现"cola"课件，先找学生试读，随录音跟读，再进行拼读、板书。 出示的相关歌谣。 Cola, cola, Sweet and nice. Cola ,cola, I like cola.	学生试读。 Listen and repeat. Spell and read. Put your finger. Look and try to read.（边打节奏边说）	
	3. 通过声音，引出"milk"课件，先找学生试读，随录音跟读，再在进行拼读、板书。 拓展两种口味的牛奶，出示相关歌谣，根据提示试说歌谣。	学生试读。 Listen and repeat. Spell and read. Put your finger. 初步了解两种口味的牛奶。 Look and try to read.（边打节奏边说）	词汇学习中呈现歌谣，调动了学生的学习兴趣，并培养了自主学习的能力。适合本年龄段学生的心理与生理特点。

Step2: 初学 感悟	4. 呈现 "water" 课件，先学生试读，随录音跟读，再进行拼读、板书。出示的相关歌谣，根据提示试说歌谣。	学生试读。 Listen and repeat. Spell and read. Put your finger. Look and try to read.（边打节奏边说）	
Step3: 初步 探究	1. 出示 Let's learn 中四种饮料多媒体图片，开展快速反应活动，进一步熟悉单词及 "…, I like…" 句型。 2. 展示问答活动。示范问答，引导学生参与问答。 T：Do you like … ? Yes,I like…/No,… 出示 What do you like？（你喜欢什么？）问答操练句式 I like…（提示指导：针对出现的问题及时进行引导，针对学生存在的疑问进行解答。） 3. 出示 Chant，巩固词汇和句式。 What do you like？ I like cola and milk. I like juice and water. I like cola , milk , juice and water.	小组合作探究巩固： 1. 新学的生词。 2. 不易理解的句式。 3. 小组合作，展示汇报交流。 学生自己试读。 学生分组试读。 齐声朗读相关的歌谣，边打节奏边说。	展现语言情景，突破知识的重难点，巩固语言练习。突破本课的重点句型 "What do you like？ I like …"。使学生从形象的句子结构特点和图画提示中很轻松地说出句子内容，而且可以通过反复的替换任务，在这个固定的句式结构中强化练习。结合语境很形象地加深知识联系，将新授的单词及句型在教学中不断得到运用与巩固。

Step4: 运用 实践	1. 播放 Let's talk 动画录音。 2. 呈现"What do you like？你喜欢什么？I like... 我喜欢……"句型。	打开书，随录音跟读。 小组合作分角色表演对话。 几名学生分别扮演不同角色，用所学句子进行情景对话。	在自主学习的基础上，小组合作交流，培养学生合作学习的能力及积极参与的意识，并对已学词汇和句型进行巩固复习。
Step5: 拓展 延伸	Let's act. 1. 创设过生日的情境开展句型的对话操练。 T: Today is Eddie's birthday. At Eddie's birthday party. Listen! Let's sing a birthday song. 2. 呈现对话内容。 Eddie: What do you like？ 你们喜欢喝什么？ S1: I like cola. 我喜欢可乐。 S2: I like juice. 我喜欢果汁。 S3: I like... S4: I like...	Listen and repeat. Let's sing together. 小组根据句式提示创设对话，组内操练，展示表演。	创设情境增加语言运用的真实性。 通过耳熟能详的歌曲营造轻松的课堂气氛。 学生小组内创设对话，巩固复习本节的内容体现语言的交流运用。

Step6: 课堂 小结	连一连。 牛奶　juice 果汁　milk 水　　cola 可乐　water Let's read again.（指板书）	Read together "cola, juice, milk, water"; "What do you like? I like ..."	检查所学内容。 梳理归纳本课的核心词汇及句型。
Step7: 板书 设计	Module 2　Unit 6　I like juice What do you like? juice cola I like ... milk water		
Step8: 作业 设计	A.Make some dialogues.（能力强的学生） B.Recite some words and sentences.（能力一般的学生） C.Read some words and sentences.（能力弱的学生）		

（获绿园区小学首届"明星杯"骨干教师教学技能大赛二等奖）

英语五年级上册 Module 2 Unit 4 Grandparents 教学设计

长春市绿园区宁静小学　张旭曦

一、教学目标

1. 知识技能目标

（1）The students master the words: usually, often, visit, sometimes, always, never, play sport, go shopping.

（2）The students master the key patterns: What do you usually do with your grandparents? I usually...

（3）The students learn the sound "sh" in the words.

（4）The students master the daily expressions: This is Mary./Come with me!

2. 过程与方法目标

（1）The students get scientific reading methods, form good reading habits and independent reading abilities.

（2）The students can pronounce the words according to the pronouncing rules.

（3）Develop students' ability through doing a survey, retelling a story and ect.

3. 情感态度价值观目标

Educate the students to communicate with their grandparents and care about them the more the better.

二、学情分析

1. 本话题围绕学生谈论与家人一起的活动，贴近学生的生活，学生有着丰富的体验支撑。

2. 对于重点词汇、频度副词的理解，可以通过日历标注的形式，从学生的感性入手，水到渠成。

3. 五年级学生对于 family 和 activity,已有了一定的语言积累，为本课的顺利表达奠定了良好的基础。

三、教学重难点

1. The core words and daily expressions: always, usually, often, sometimes, never.

2. The key patterns.

四、教学过程

活动 1：导入

Pre-task preparation.

1. Lead the students to enjoy the photos of families.

Ask: How about your family? How many people are there in your family? Who are they? There are ... They are ...

2. Draw forth the new word: grandparents 3. Show the topic of this unit.

【设计意图】通过一组家庭温馨图片的欣赏，导入家庭话题，展开自由会话，复习旧知, 引入主题 Grandparents.

活动 2：讲授

While-task procedure.

1. Ask the questions: Do you have any grandparents？ Do you love them？ Do you live with them？

【设计意图】围绕 Grandparents, 展开交流, 层层递进。

2. Ask the students to talk about their grandparents with photos.

【设计意图】利用照片, 介绍各自的祖父母, 增添亲切感。

3. Lead the students to have a brain storming time: What do you do with your grandparents？

【设计意图】开放问题, 带领学生进入头脑风暴时刻, 激发学生的思维。

4. Show some activity cards to help the students practise in the group work.

5. Work on the phrase: play sport, play table tennis.

6. Play the video of the dialogue.

Ask the students to watch it carefully and try to find the answers for "Match and say".

【设计意图】引出本节课的主要内容, 让学生带着问题去听课文, 借助文本, 新授频度副词。

7. Ask the students to finish "Match and say" one by one and draw forth the words: usually, often, sometimes according to the three students in the dialogue.

8. Compare "usually, often, sometimes". Introduce "always, never".

9. Show the calendar of a week and make the students judge: always, usually, often, sometimes, never.

【设计意图】通过比较, 使学生明确其区别。

10. Ask the students to read the dialogue by themselves and finish the table Who？ How often？ What？

11. Let the students read the dialogue in roles.

12. Ask some questions to check their understanding.

13. Give moral education: Show care to your grandparents.

活动 3：活动

Post-task activities.

1. Ask the students to do a survey in groups using the patterns:

——What do you do with your grandparents？
——I always/usually/often/sometimes/never...with them.
2. Invite some groups share and say "My grandparents and me" in class.

活动 4：作业
Write a passage named "My grandparents and I".

五、板书设计

本课板书设计从孩子年龄特点入手，色彩多样，突出重点知识框架，配以相关单词图片，增加趣味性，有助于学生快速总结归纳知识。分组奖励体现在黑板上，激发学生的竞争意识，从而使新知掌握得更加扎实。

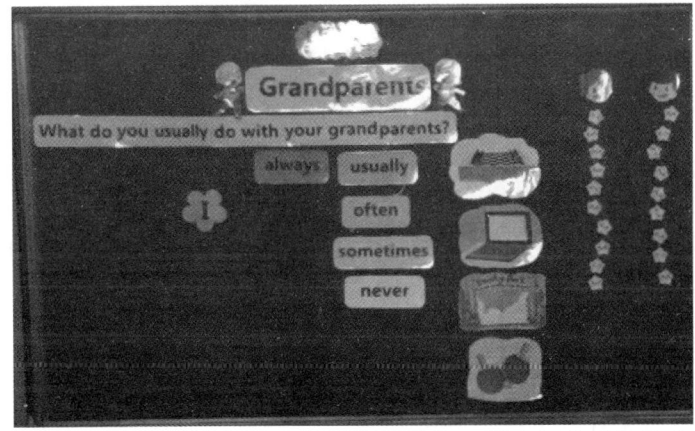

（获绿园区小学首届"明星杯"骨干教师教学技能大赛二等奖）

三年级下册 Module 4 Unit 12 Three little pigs 教学设计

长春市绿园区同心小学　张春艳

【导语】

本节课是牛津英语 3B（上海教育出版社）第四模块第 12 单元，以故事为重要内容，以故事的发展为线索进行学习。牛津英语系列教材的最大特点就是贴近生活，学生已经有了一定的语言积累，基于此，教师以教材为蓝本，就学生所学知识结合生活实际进行知识的灵活使用。

一、研究内容

牛津英语3B（一年级起点）三年级下册 Module 4 Unit12 Three little pigs Listen and say，Practise，Act it out。

二、教学目标

1. 知识目标：能认读、运用单词 straw, wood, bricks。
2. 能力目标：能用 This is my house. It's very... 来对故事进行描述。
3. 情感目标：通过学习故事内容，让孩子学会热爱劳动，明白团结就是力量。在学习中，培养孩子们的团队合作意识。

三、教学重难点

重点：会熟练运用 straw, wood, bricks。
难点：能用 This is... It's very... 来完成故事的复述。

四、教学准备

课件、单词卡片、头饰。

五、教学过程

（一）热身

Sing an English song "You are my sunshine".
（选择一首朗朗上口的歌曲，让学生轻松快乐地进入英语课堂。）

（二）复习

Let students try to say the words about animals.
（复习学过的单词和句型，回忆深化旧知识，了解学生原有经验并利用旧知识来学习新知识。）

（三）导入

猜物品游戏：

T: Look, I have many pictures. Do you want to see them? If you want to see, please try to say sentences with them...

（游戏热身，依次用熊猫、兔子、狮子的图片进行，在师生热身对话中提前渗透并使用即将要学习的句型，为后面的学习做铺垫。）

（四）新课呈现

引出课题。

当同学猜出小猪时，教师可以直接揭示今天的学习内容"Today we'll learn a story about pigs."

（五）学习文本

1. 播放 video，让学生回答"What does mother pig say? How do the pigs feel?"

Ss: Boys, now you can make your houses. They are happy.

2. 再听一遍，在学习单中圈出"straw, wood, bricks"，然后选择正确的词填空。

（bricks, wood, straw, blow, make）

Hi, I'm Tom. I like blue. I make a house with_____. I think it's strong. The wolf blows it away. Hi, I'm Tim. I make a house with_____. I think it's very strong. The wolf blows it away, too. Hi, I'm Jim. I _____ a house with_____. It's vey strong. The wolf can not _____ it away. We are brothers. We live in Jim's house now.

（在填空的过程中，老师讲解 strong, blow 的词义时，启发学生运用发散思维思考并说出还有哪些句子，同时予以鼓励。）

3. 听音指读课文，使学生熟悉教材内容并增强认读能力。

4. 老师带领学生根据黑板上的思维导图，完整复述课文。

（学生以思维导图为载体，建构知识，输出语言，促进逻辑思维的发展。）

（六）课堂达成，情景表演

利用头饰让孩子们再一次用本节课的主要词汇和句型进行情景表演。

（七）德育渗透

要脚踏实地做事，遇到困难时得多动脑筋，勇敢面对，不要寻找捷径，要学会像 Jim 那样做勤奋的孩子，不要偷懒也不要淘气。

（八）提升训练

让学生自由发挥创设真实情境，运用所学语句结合新旧知识，进行故事的复述。

（九）本课总结

老师带领学生根据本课思维导图，总结本课所学内容。

Today we learned three words: straw, wood, bricks, and a sentence: This is...It's very...

（十）作业

试一试用英语把今天学的故事讲给家人和朋友。

六、板书设计

Module 4　Unit 12　Three little pigs

Tom　　　Tim　　　Jim

straw　　wood　　bricks

I make a house with_____ .It's very_____.

The wolf blows down Tom's and Tim's house.

But the wolf can not blow down Jim'house. He runs away.

At last three little pigs live in Jim's house happily.

（获绿园区小学首届"明星杯"骨干教师教学技能大赛二等奖）

英语二年级上册 I don't like ginger 教学设计

长春市绿园区锦程学校　吴东琳

一、教学目标

1.使学生能够用"I don't like..."来表达自己的喜好。

2.学会单词 ginger, onion, ice-cream.

二、教学重点

1.掌握词汇 ginger, onion, ice cream；熟练表达句型 I don't like...

2.能运用 I like... 和 I don't like... 句型来表达自己的喜好。

3. 培养学生自主学习的主动性和合作精神，激发学生的学习兴趣，并敢于表达自己的喜好。

三、教学难点

让学生从听、说、读、写四个方面掌握课文内容并能够用所学句型表达自己的喜好。

四、教学准备

课件、图片、学案。

五、教学过程

Step 1：Warm-up

全班一起进行游戏：单词大比拼。老师以闪卡的形式来复习所学过的单词，最后，哪个组说得最多将获胜。（通过热身表达训练和复习的有效形式，鼓励学生勇于表达。课前热身以欢乐的游戏形式增添英语学习的氛围）

T:I will show my cards ,you read the words quickly.

Ss: rice...

T:Great. Stop here. Next let's see a video.

（复习结束，准备导入新课）

Step 2：lead-in

出示 SB Unit 2 活动 1 的挂图，引导学生说出本节课的主题——食物。

T:Tell me what the story is talking about.

Ss: Food.

T: Perfect. So today we will talk about food.

T: Next let's watch anther video.

Step 3：New class

出示 SB Unit 2 活动 2 的挂图，让学生听录音，试着理解课文。让学生听录音后，简单复述故事内容，引导出所要学习的单词和句型，并且翻译每一个句子。（在导入本课食物主题的同时，也可以拓展一些生活中常见的其他食物，引导学生多

说几种食物）

1. 导出新单词。

T: Tell me what the story is talking about ? And what kind of food in this video ?

Ss: Sam...

T: Wonderful. What kind of food in this video ?

Ss: Ice cream.

T: Good.

通过在视频中挑出新单词，从而导出要学的单词。

New words: onion, ginger, ice cream.

单词练习方式：Play some games to practice the words.（以多种游戏的形式来练习新单词，使学生在活跃的气氛中学到了新知识，也是英语课堂所呈现的学习特色）

2. 通过翻译课文导出新句型并通过游戏反复练习。（句型的练习形式仍然可以结合多种游戏来练习，比如：一个句型几个人来接龙完成游戏等形式，既是合作练习，也是提高孩子专注力的好方法）

New sentences: I don't like ginger.

句型练习方式：Make conversations.（以师生对话来举例练习句型，然后生生练习对话，尽量每个学生都呈现一遍对话内容，让老师了解其掌握程度）

3. 课文深入理解。

教师再次播放录音并让同学们跟读，使同学们深入理解课文意思。（学习了本课的主要知识点后再次跟读理解课文，学生能更深刻理解对话和知识点的含义）

Step 4：Finish-task

1. 完成运用任务 1。

教师先请学生自觉地去看每一幅图，然后教师再次放录音，要求学生认真听，并用最快的速度找出与听到的句子相对应的图，同桌两个人比一比，看谁的反应快。两人一组进行练习，学生 A 说句子，学生 B 指图，然后交换角色继续练习。

2. 完成运用任务 2。

请学生依次看清每一幅图后，请几个学生模仿课文，到讲台向全班汇报自己的对话。（复述课文既是考查学生口语表达的好形式，也是对听、说、读的综合运用的考查）

Step 5：Homework

Read the passage of Module 1.

六、板书设计

> Module 2　Unit 2　I don't like ginger.
> I like onions.
> I don't like meat.

（获绿园区小学首届"新星杯"新教师教学技能大赛二等奖）

英语五年级上册 Unit 6 Family life 教学设计

长春市绿园区四间小学　宋　桐

【导语】

本节课 Unit 6 Family life 这一单元在这套教材里有着至关重要的作用，并且孩子们第一次接触进行时态，要为孩子们后期的学习打下基础。现在进行时是本节课的重点结构，授课之前可以先帮助学生整体识记短语 doing my homework 等，再了解该结构的构成以及动词变化的一般规则，如 make—making 等。在备课的过程中，我针对小学生好动、好奇、喜欢亲身经历的心理特征，利用现有的教学资源进行加工制作了多媒体课件，让学生操练所学过的语言文化知识，转移到学习新知上。让孩子们能用现在进行时描述自己以及他人正在做的事。

一、研究内容

沪教 2011 课标版五年级上册 Unit 6 Family life 第一课时 Listen and say, Look and learn, Culture corner。

二、教学目标

（一）知识与技能

1. 能听懂 Kitty 和家人谈论他们正在做的事情的对话。

2. 读懂 Kity 和家人谈论他们正在做的事情的对话。
3. 正确书写本单元的核心句型：I'm doing my homework.
4. 能用简短的语句写出家人的位置及正在做的事情。

（二）过程与方法

利用实物进行展示，帮助学生建构对新单词的认知，将新旧单词进行整合归纳，让学生通过已有的知识来巩固和运用所学新单词和现在进行时态。

（三）情感态度与价值观

让学生操练所学过的语言文化知识，转移到学习新知上。让学生能用现在进行时描述自己以及他人正在做的事。并体会与家人一起生活的幸福。

核心句型和日常用语词汇：living room, bedroom, kitchen, bathroom, doing my homework。

三、教学重难点

（一）教学重点

1. 词汇：living room, bedroom, kitchen, bathroom, do homework。
2. 句型：能听懂、读懂并灵活运用新句型"I'm doing my homework"。

（二）教学难点

1. 现在进行时的结构及用法。
2. 一般现在时与现在进行时的区别。

四、教学准备

多媒体课件、单词卡片、贴纸、实物。

五、教学过程

Step 1：Warm up and pre-task preparations
课件出示 Look and learn 的图片，sing a song。

【设计意图】通过播放歌曲动画 Baby shark，让学生感知、学习 family 这个单词，进而导入课题"family life"，同时初步感知本课的核心内容。

Step 2：Learn the new words
T: Can you read these words？ Have a try. 学生试着读一读。
跟着录音朗读单词。

1.Ask and answer.

——Is your living room /bedroom big or small？

It's big / small.

——What's in your living/bedroom？

There is a TV，a bed …a table and a chair.

——What do you do in your living room/bathroom…？

——I watch TV, play games, sleep, read books…

2. Practice.

T: Where's the living room？ Next to the bedroom.

Where's the bedroom？ Next to the bathroom.

Step 3：While-task procedures

1. 复习学过的动词短语。要求学生边读边做动作。

【设计意图】通过肢体语言、面部表情、多媒体、实物等多种方式引导学生运用核心句型"I am doing my homework."及其单词学习等，再通过看口型说单词、看图片说句子和 Play a guessing game 三个活动对单词的学习和核心句型加以巩固运用，让学生在轻松愉快的活动中掌握核心词汇和句型。

2. 板书动词的 -ing 变化，学生朗读，并复习其变化形式。

do — doing make — making wash — washing run — running

3. 教授新句型。

I am…（doing）教师一边做动作，一边运用句型 I am…（doing）教授现在进行时并出示板书。

T: I like reading. Now I'm reading a book.（做动作 reading a book）

I like running. Now I'm running.（做动作 running）

What about you？ S1: I like drawing. Now I'm drawing.

4. 播放。

Listen and say 的录音，学生跟读课文。

5.Read in pairs. Show and role-play the passage.

Step 4：Practice

1. 出示有关动词短语的图片，让学生用现在进行时描述图片。

（1）I am doing my homework. Kitty is doing her homework in the living room.

（2）I am washing my hair. Mrs Li is washing her hair in her bathroom.

（3）I am making a model plane. Ben is making a model plane in his bedroom.

（4）I am cooking dinner. Mr Li is cooking dinner in the kitchen.

2. Ask students read and translate the dialogue in pairs. Show your answers.

【设计意图】通过 Practice 这个环节，对本节课学生所学的重点词汇进行检测，让学生和老师都能做到心中有数。

3.Read and complete.

It is seven o'clock in the evening. We are busy. My father is _____ in the _____. My mother is _____ in the _____. I'm _____ in my _____.

【设计意图】通过这个环节，对本节课学生所学的重点词汇进行检测，并掌握文本阅读的核心，让学生学会阅读，同时也让学生和老师都能做到心中有数。

Step 5：Chant and games

Let's chant。熟读小诗，掌握句型。

【设计意图】通过 Games 这个环节，对本节课学生所学的重点词汇和句型进行练习，调动学生的积极性，让学生在真实的语境中开展游戏。

Step 6：Summary

Step 7：Homework

1. Read and remember the words in "Look and learn".

2. Read the passage about "Listen and say".

六、板书设计

```
Unit 6  Family life
         living room
           bedroom
I am in the   kitchen  . I am doing my homework.
           bathroom
```

（获绿园区小学首届"新星杯"新教师教学技能大赛三等奖）

英语五年级下册 Unit 9 Seeing the doctor 教学设计

长春市绿园区新营小学 刘宇修

【导语】

本节课围绕"seeing the doctor"这一话题，主要运用到了"have+a/an 病症名词"

这一知识点描述和谈论病情，并要求学生能够根据实际情况运用"主语 +should/shouldn't..."这一句型提出建议，进而引发学生对于良好生活习惯的思考，复习并运用相关动词短语，完成核心素养的提升。

本节课的教学设计以及实际上课过程，都围绕"单元整体教学设计"这一目标展开，我个人理解，教师应当具备整合以及处理教材的能力，让每一课时的教学设计都能为单元的教学目标服务，贯穿式教学，而非割裂式教学，才能够实现"单元整体教学设计"，并且在教学实操的过程中也应保持连贯性、统一性。

一、研究内容

牛津英语沪教 2011 课标版五年级下册 Unit 9 Seeing the doctor 第一课时 Look and learn，Listen and say。

二、教学目标

1. 通过 Look and learn 栏目，帮助学生学习表示常见疾病的动词短语。
2. 通过学生就 Listen and enjoy 的儿歌进行问答，引出核心句型。
3. 通过 Ask and answer 的问答活动帮助学生操练句型。
4. 通过 Look and learn 的故事学习核心句型。

三、教学重难点

1. 重点。
（1）词汇：headache,fever,should,toothache,have a headache,have a fever,have a cold,have a toothache。
（2）句型 ...should/shouldn't...
2. 难点：正确使用 You should/shouldn't... 建议别人做或不要做某事。
You should/shouldn't... 句型与祈使句的区别。

四、教学准备

课件、图片、学案。

五、教学过程

学生学习过程	教师导学过程	二次备课
一、Lead in（2 min） Ss：Kitty is not feeling well.She is ill.Her mum takes her to the hospital.	T：（PPT展示图片，Kitty缺席了课，发来微信） Where is Kitty？ Why is she not here？	Game:Let's guess the jobs. 引出题"Seeing the doctor"。
二、presentation（5 min） 1.学习have a ...生病的表达。 2.-ache 表示疼痛及拓展词。	1.新授短语 have a fever/cold/headache/toothache. 2.情境创建：Mr Ache is a monster.He comes and bring hurt。拓展 earache，backache,stomachache 等词。	通过 Kitty 生病引出本课课文。

三、Read and answer （13 min） 1.She has a headache, fever and cold. 2.She should take some medicine,drink a lot of water,have a good rest. 3.Finish the practice. 4.Role-play the conversation.	Read and answer： 1.What's wrong with Kitty？ 2.What should she do？ 强调 have，take 表示吃的区别。 3. 完成书上练习。 4. 分角色朗读课文。	课文学习： 1. 看课文视频回答问题。 2. 跟读课文回答问题。 3. 自己阅读课文回答问题。
四、Practice（5 min） 请学生观看、倾听几位生病同学的生活习惯，提出建议（should/shouldn't）。	提出建议（should shouldn't）。	让学生能根据病情提出基本建议。
五、Group-work（8 min） 1. 根据 Ask and answer 提示，四人一组。 S1：He/She has a ... S2: You should... You shouldn't... S3：... S4：...	1. 设计 Kitty 痊愈的场景。 （PPT 展示 Kitty 对大家的忠告：keep good habits.） 2. 引导学生四人一组，完成 Ask and answer。	使学生进一步了解好的和不好的生活习惯。

六、Summary（5 min） 总结 good habits 和 bad habits。 A：We should... B：We shouldn't...	请学生谈谈这节课的收获。 Do you know any good habits？	使学生进一步了解好的和不好的生活习惯。
板书设计	Unit 9 Seeing the doctor What's wrong with you？ I / You have He / She / It has should / shouldn't 　　　　　{ a cold / a toothache / a headache / a fever }	

（获绿园区小学首届"新星杯"新教师教学技能大赛三等奖）

专题四　探索与发展

加强学科组建设，打造学习型团队

长春市绿园区教师进修学校　王微微

【摘要】学科组学习不是指学科组内教师个体学习的简单相加，而是一种组织学习。本文通过对学科组学习具有的形式合作性、内容综合性、过程持续性、方法多样性和行为绩效性等特点的讨论，试图寻求其提高学科组学习能力，有利于促进教师个体的持续发展和区域学校教育质量的提高。

【关键词】学科组；学习型；教育质量

随着课程改革进入深入阶段，创建学习型学科组引起了各级教育部门的关注，广大教师越来越认可学习的重要性，"专业自主学习""自我发展管理"等教育理念应运而生，教师走专业化发展道路不仅是新课改对教师的必然要求，也是教师实现自我价值的必然途径。

学科组是学校教学的一个专业性基层组织，也是学校教学工作的主阵地，更是学科教师提高专业知识水平、交流教学经验和开展教学科研的基本单位。学科组建设的好坏，在很大程度上决定了学校教学工作的成败。在落实素质教育，提升学科核心素养的今天，建设学习型的学科组非常重要。

这就要求我们：一是把教研组建设成一个学习型、研究型的教学团队；二是加强专题研究。通过"上课、听课、研讨、反思、评价"的研究过程，有力地促进校本教研工作；三是提倡微型教研。即小范围教研，使教研突出目标多样化，思路清晰化。

一、转变教师学习观念，助推教师专业成长

随着学科组科学建设，学习工作化和工作学习化已成为区域学科教师的一种观念，也成为一种工作和学习的方式。区域学科组开展形式多样、丰富多彩的教研活动，鼓励教师进行创造性的教育教学实验，允许各种教学模式、教学方法"百花齐放"，形成自由的学术交流与合作研究。

1. 集体备课以及听课评课活动。集体备课是一种重要的备课方式，是学科老师之间开展的一项重要的教学研究活动。根据教学的进度，学科团队的每个老师各自独立地完成对一节课、一个单元的教学设计之后，备课组或者教研组的老师们进行集体研讨，各抒己见，非常有利于相互之间的经验交流、取长补短。在集体备课的基础上，老师们定期开展听课评课活动，根据学科组制定的"一堂好课的标准"，通过"上课、听课、研讨、反思、评价"的研究过程，分析研究上课教师对课程目标的落实，对教学内容的演绎，对学生学习状况的了解，由此形成从教学内容的研究、学生现状的分析到教学方法的选择的完整思考体系，最终达到共同提高的目的。

2. 以"课例"为载体的校本教研活动。首先，学科组选定一个课题，共同探讨如何开展。然后，团队和组内各位教师根据具体情况对同一个课题进行个体备课。在个体备课的基础上，进行学科组内部的相互交流，同时聘请相关的专家（特级教师、市级教研员等）进行指导，使所备的内容更能体现新课改的理念和要求。此后，确定一位教师进行教学试教，团队和学科组的老师们一道参与听课，研究准备出来东西是否和学生的实际情况相吻合，应该如何改进才能更加符合学生的实际情况？在修改的基础上，再来上一节公开课，请相关的老师和专家再次听课，展示教学设计如何兼顾教材内容、学生实际以及新课程的理念。我们把这种以"课例"为载体的校本教研活动的基本模式概括为三个阶段：一是用自己原有的认识去理解教材和教学的阶段；二是在专家的引领下调整教学的阶段；三是在新的理念指导下重新认识教学的阶段。

以"课例"为载体的校本教研活动和平时学科组的集体备课、听课评课活动有很大的区别，就是这样的一次活动通常要延续半个学期左右的时间，周期比较长；参与的人员包括教师个体、学科团队、学科组集体和相应的学科专家，涉及面比较广；对一节课的研究和分析比较深入，教师获得的体验和感悟比较多。如果以

区域大学区和教育集团为主,学科组每个学期都能开展这样的一项活动,经过几年的积累,就会形成一组优质课,这将是区域学科团队和学科组的拳头产品和优质资源。更重要的是,在这个过程中,可以培养一个教师的群体,成为教学方面的骨干和中坚。

3. 教学专题研讨活动。根据区域学科教师现有的状况和自身的特点,有针对性地开展教学专题研讨活动,是建设学习型学科组的一种重要渠道。教学专题的研讨内容是十分广泛的。大的如:教学方法的研讨,教学原则的研讨,教师素质与教师心理的研讨,青少年心理特征的研讨,现代信息技术和学科整合的策略和途径研讨等。小的如:教案编写的研讨,教学目标的确定,学科经典实验教育功能的挖掘等,甚至细微到课本板书的研讨,作业批改的方式的研讨等等。

4. 实施教育科研课题。每个学科组都应确定一个研究课题,每个备课组都应围绕教研组的课题确立一个子课题,每个人都应在课题研究中承担一定的具体任务。以课题研究作为"学习型教研组"的具体学习"舞台"。

学科组制定的研究课题,往往决定着教研活动的方向、价值、深度和效果。教研组在选择和确定一个研究课题时,要注重从以下三方面加以思考:一是必须具有较高的价值性。所选择的研究课题要符合当前课改的基本精神和理念,符合素质教育深化、学科教学发展的需要,有利于促进教师教学、科研水平和学科教学质量的全面提高;二是必须具有较强的可行性。应与教研组成员的实际水平(知识、经验、研究能力等)、现有的教学相关条件以及有关材料的掌握情况相适应,能够达成预定目标;三是必须具有较大的开放性,使教研组每个成员都有发挥自己专长的空间,以达到开阔视野、提升自身素养的目的。

二、依靠学科团队学习方式,提升学科组整体教学水平

学习型学科组对团队的每一位教师提供了多方位的支持和帮助。这种支持和帮助不是一一对应式的,而是一个多向交叉支撑的网络。教师自主参与其中,就自觉地融入了团体之中。与团体同呼吸,共进步。既完善自我,又相互帮助,教师之间形成事业上的朋友。学习型教研组有共同的活动,更为重要的是,它为教师提供了展示自己的多种舞台。在学习内容和实践层次上满足不同教师的需要。

1. 它能促进教师建立职业认同感。每位教师在组内多种模式的活动中,可以坦诚交流自己的教与学的理念,交换对教师、对学生的分析与看法,从而营造出有共同心向的信息场和情感场,唤醒职业意识。教师的职业理想和成就易得到承认。在团体中,骨干教师的示范和奉献,可以产生一定的吸引力和辐射作用,教

师的成长过程也及时地得到展示。

2. 它聚集了大量教育教学的可视个案。教师将自己在教学实践中的各个教学事件进行完整的描述、解释、总结、理解、反思，这些具体的教学个案，有利于教师在具体的教学情景中根据个案的类通性，做出创造性的教学决策。所学的东西不断用于教学实践中，实践中的困惑与思考又不断地交流升华，教师可以迅速建立起自己对教育教学的信心，提高自我监控能力。

三、加强校本教学研究，形成区域教学合力

在新课程实施过程中，教师应努力成为教研者。教学研究应把"着眼点"放在理论与实践的结合上，把教研的"立足点"放在解决课堂教学实际的问题上，把"切入点"放在不断改进教学方法上，采取集体研究、微型教研，走出去，请进来的方法，博采众长，为己所用。形成良好的教研工作氛围。

教研组是校本教研的主阵地，从区域教研层面来说，团队努力把学科组打造成为教师教学创新的心理安全港和精神加油站。学习型教研组的创建，改变了教师的学习和工作观念，加强了团队合作精神，提高了集体创造力，最终达到了提高教学质量的目的。创建活动使学校得益，教师得益，学生得益，校际之间进行教研交流活动，让教师走出去，充分彰显自己的专业水平和教学魅力。

总之，创建学习型教研组，对深入开展校本教研，对促进教师专业化发展都十分有积极意义和促进作用，但要做好更深入的学习研究和改进。

古人云："君子博学而日参省乎己，则知明而行无过也。"校本教学研究的关键在于"解决问题"，而"解决问题"的要领在于思维上的突破，只有在思维的方式方法上发生变化，才能有新思想、新内容、新形式的创新。

聚焦核心素养 呈现精准课堂

长春市绿园区教师进修学校 苏丽红

《英语课程标准（2011版）》在课程性质中明确指出：英语课程承担着培养学生基本英语素养和发展学生思维能力的任务，即学生通过英语课程掌握基本的英语语言知识、发展基本的听、说、读、写的技能，初步形成用英语与他人交流的能力，进一步促进思维能力的发展，为今后继续学习英语和运用英语学习其他

相关科学文化知识奠定基础。可见，上好一堂英语课非常重要，那么怎样才是一堂好课？其实没有绝对的标准，但总体原则是围绕英语课程总目标的语言技能、语言知识、情感态度、学习策略和文化意识，即英语学科的核心素养语言能力、学习能力、文化意识和思维品质进行的。由此，我从以下四方面进行评价，即教学设计、教师素养、学生状态和教学效果。

一、教学设计

1. 教学目标明确

教学目标是课堂教学的核心、方向，我们在教课的过程中必须围绕教学目标进行。教学目标分为能力目标、知识目标和情感目标。教学目标的确定要全面、具体、有针对性和实效性。教学目标的实施要明确地体现在每个教学环节中，要体现新课程理念，能促进学生个性充分发展。

2. 教材处理恰当

教材处理包括知识教授是否准确、科学，是否突出重点，突破难点，抓住关键，难易适度，运用得当，结构合理，做到循序渐进，层次清晰；能否激发学生的求知欲，关注全体学生，教学内容能否体现科学性、人文性和社会性，并能联系到生活实际中。

3. 教学方法科学

教学方法的选择要符合新课标理念，符合教学目的和内容需要，围绕着教学目标进行。要有启发性、灵活性、指导性和实效性，实现教师点拨与学生学习的有机结合，有利于学生积极投入学习活动中。教师能根据教材内容精心创设情景，合理使用实物图片、挂图等直观教具，充分运用多种教学媒体及视听等现代化教学手段，使课堂形象、生动、恰当且直观，为学生创造良好的语言学习环境，促进新学习资源的生成。

4. 教学过程合理

众所周知，课堂教学有五大环节：①复习导入；②教授新课；③巩固练习；④课堂小结；⑤布置作业。这五个环节贯穿整节课中，一环扣一环，是相辅相成缺一不可的关系。复习内容与新知识学习要有所联系，为新知识学习做好铺垫；新知识的呈现要自然，有逻辑性，知识教授准确，重点突出，一切活动都围绕本课的教学重点而展开；复习操练要到位，要保证练习的时间和数量，而且要用事半功倍的高效方法，提高练的质量，使学生对所学知识做到懂、会、熟；课堂小结必不可少，它起到了画龙点睛的作用，使学生掌握一堂课的精髓，更加明确本节课的重点；最后的作业布置要科学适量，符合本节课的要求，使各层次的学生都能受益，有利于学生更好地掌握本节课所学知识。总之，整个教学过程要清晰严谨、环环相扣且过渡自然，时间分配合理，促成高效课堂。

二、教师素养

1. 教育理念新，教育思想端正，在教学过程中能体现当前教育教学中新理念、新思想、新做法，能与时俱进。

2. 仪表端庄大方，教态自然亲切，精神焕发，充满自信，有活力且和蔼可亲，有亲和力，深深地吸引着学生，营造高效的教学氛围。

3. 语言生动、清晰、精炼、规范，知识讲解准确科学，重点突出，教学目标明确，难易适度，能联系实际，关注全体学生，结构合理，超强的语言表达能力也是高效课堂的重要因素。

4. 板书规范，布局合理，作为教师粉笔字一定要过关，美观大方的字迹能给学生的书写起示范作用，板书字迹清晰，书写规范，安排合理，设计逻辑性强，重点突出，能给学生留下深刻的记忆，有助于教学。

三、学生状态

1. 学生的学习氛围要浓，课堂气氛活跃、有序，全体学生要参与学习的全过程，体现出以学生为主体地位的课堂教学，确保他们是以一种积极主动的态度参与，学生参与课堂活动程度的高低是决定英语课堂教学是否成功的重要因素。

2. 学生的学习过程要积极主动、热情高，自主学习的意识强、效果好，敢于提问题，回答问题，发表见解。良好的思维状态会促进学生探究式学习，引起学生的学习兴趣。兴趣加深，学习自然就会进入最佳状态，从而提高了课堂的效率。

3. 学生的学习层面要广，全班不同层面的学生都要参与学习的全过程，并进行有效的自主学习、合作学习和探究式学习。学生的学习方式决定了学习效果的好坏，他们的积极主动使学习有质量的提升，使各层次学生均有收获。

四、教学效果

英语课堂教学效果是指语言知识教学、语言综合运用能力训练和情感策略等方面任务的完成程度。

1. 学生对本堂知识掌握好，教学效率高，学生受益面大，不同程度的学生在原有基础上都有进步，当堂问题当堂解决，无学习负担。

2. 学生能把所有语言知识在实际中应用，他们通过探究活动，能把搜集信息进行合作交流，综合运用英语进行交际，使合作交流能力和实践创新能力得到提高和发展。

3. 积极的求知情绪使学生学习兴趣浓，思维活跃，课堂气氛热烈，正能量高，从而提高了教学效率，达到预想的教学效果。

总之，科学的课堂评价是实现英语课程目标的重要保障。评课要细致考查教学活动的全过程，进行有理有据的评价，不仅要关注学生学习过程，更要突出他们的主体地位，而且要发挥评价的监测、反馈、调控和引发教学感悟的功能，真正发挥评课在英语课堂教学中的导向作用，使教师更加明确怎样授课，从而使英语课堂更加完美、精准，实现高效课堂。

在学习中前行，在合作中发展

长春市第八十七中学小学南校区　王伟萍

作为一名教育工作者，在教育教研的路上紧张而忙碌，但是和孩子们一起学习英语，和同事们一起追求快乐丰富的生活，苦乐酸甜如是种种，在这其中我也日臻完善，和孩子教学相长，和同事们共同进步。

在教学中，我们紧紧围绕"自主探究、合作互助、交流分享"三段式课堂有效教学模式；形成阳光教育下的"注重体验，滋养心智"课程文化，"自主探究、合作交流"的课堂文化，推进阳光教育下的教师人化。

在教育局各位领导的关心下，在进修学校主管部门的指导下，在学校领导班子的支持下，在各位教职员工的配合下，经过近一学期的努力，我在教学这条路上的摸索初步见了一点成效，也收获了很多弥足珍贵的经验。先后被评为吉林省中小学省级骨干教师、英语学科带头人等称号，吉林省和长春市小学英语教师"教学精英"称号，被聘为长春市小学英语学科兼职教研员，被评为长春市教育科研工作先进个人，被评为长春市中小学教育科研骨干教师。这些成绩的取得源于我个人的对教育使命的担当和对教育事业的不懈追求，更受益于我校一贯的对学习任务和专业成长的重视。

随着我校的不断发展，教师队伍的壮大，教师的整体素质需要亟待提高。校领导教学理念超前，睿智创新，在上级部门的指导下，学校制定培训计划，带领教师们制定个人发展计划，教师培训计划，不但让我们要有自我发展的意识，还要有自我塑造的行为。通过不间断的不同形式的不同级别的培训学习，积淀了我们的专业知识，通过不断摸索的课堂实践强化了我们专业技能，通过长期深入的教学研究提升了我们的专业素养。正由于我们坚定不移地执行了学校的发展战略，借助学校搭建的平台，积极参加各级各类学习，因此也在辛勤努力中收获了荣誉。

一、带动群体共同前行，在团队建设中提升

在课改理念的指导下，我们学校对传统的课堂教学模式进行了改造。我们提出：让课堂教学活起来，让学生动起来；让课程间整合起来，让学生获得的知识综合起来；让课堂互动起来，让学生的思维飞起来。教师间通过集体会课、观摩课例、研讨交流、亲自实践等形式的活动，使观念有了较大的转变。在校领导的倡导下，我们在教学中进行特色教育和开展了厚底子工程，各年级的任课教师都为学生选用了不同程度不同水平的课外知识，补充到我们的教学中，为不同层次的学生提供了可用的学习素材，也为学生知识的积累，提供了肥沃的土地。同时每位教师注意积累自己的教学随记，汇集编写成小杂志和校本教材。这些材料的积累，如海滩细沙，积少成多，虽不够宽广坚实，却如实地记录了我们小学部全体成员在科研引领下所走过的脚印。

我校教师队伍是一支老中青相结合的队伍，年轻教师充满着朝气，每个人带着自己的梦想，带着自己的人生目标，带着自己的热情，投入到热爱的教育事业，虽然他们都很年轻，但是他们却都有严谨的工作作风。为了让新教师快速成长起来，我们学校制定了师带徒计划，"老教师"和年轻教师结成师徒，他们积极热情，要求进步，勤思善学，我们一路携手，一路高歌，共同进步。也正是他们的蓬勃朝气再一次激励了我，让我们老教师更坚定自己的前行目标。发挥自己的优势，坦荡无私，毫无保留地介绍经验，起到传帮带作用，在我们共同努力下，我校有3位教师评为部级优质课教师，5位教师评为省级优质课教师，5位评为市级优质课教师，9位评为区级优质课教师；1人获得吉林省教学精英称号，1人获得长春

市名师称号，1人被评为长春市骨干教师，6人被评为区级骨干教师，目前我校省市级区级骨干共计13人，多名老师的论文获奖，令我们欣慰的是，付出终有回报，我校在教育教学质量提升工程中获教育局奖励。这些荣誉的获得，既是载入学校史册的荣誉，同时也是对学校这几年来奋斗的充分肯定。这些小小的成功绝非几日之功，乃是全校教师同心协力、开拓进取、奋力拼搏的结果。

二、树立正确的科研观，在课题研究中成长

"十三五"以来，"科研兴教""科研兴校""科研兴师"如东风吹遍绿园，其理念已经深深地扎根于我们的校园中，教育科研在学校工作中发挥着的主导作用，也使我们充分认识到，只有卓有成效的推进科研工作，学校才能可持续的发展，才能创出特色，才能有效地提高办学质量和办学水平。正是我们的领导具有了这种超前的意识，在教育科研活动中，动员、带领我们主动地参与科研，先后带领我们学习教育科研的实际运用与操作，在研究状态下开展教育教学活动，鼓励我们开展适合自己学科的小课题研究，让我们与时俱进，在教学实践中坚定步伐，在教学的舞台上尽情地展现自己。

在新课改的进程中，我们校内教师一起努力、一起钻研，正是这些交流与合作，成为我们共同成长发展的催化剂，在学校开展的"走出去"活动中，我们先后去上海武汉学习，我们实实在在得到了实践机会，业务能力得到了极大的提升，成为最大的受益人。

每次的培训活动，并非终点，而是预示着一个新的起点。给我们一个开始，也为我以后的教育教学指引了个方向。

我毕业后一直在绿园教坛耕耘、成长，从一只蛹，经历了并不轻松的脱茧化蝶的过程，使我深深地认识到，一名教师要想成为骨干教师，进而再成长为名师，就要走一条不断进取、不断探索、不断积累、不断磨砺的探索者之路，要拥有自己的教育哲学和鲜明的教学个性。俗话讲：宝剑锋从磨砺出，梅花香自苦寒来，成长为名师更需要这样的磨砺和锻炼。以后我会继续默默地耕耘着，无私地奉献着，孜孜不倦地追求着，用自己的青春谱写着平凡高尚的教育的篇章。

关注自身成长，成就孩子的未来

长春市八十七中学小学部　刘鹤宇

天地之大，愈衬得人如蝼蚁。人这一辈子，去头去尾，真正有效的生命时间那么短。那么有限的生命，如何装下诸多丰盛的理想呢？美国"思想巨匠"史蒂芬·柯维告诉我们，首先从为自己的每一个选择负责开始。既然我们选择了教师这份职业，就要为自己的选择负责，对每一个孩子、每一个家庭负责。那么我们就要做好自己的职业规划，一个好的规划会给我们动力，会指引着我们前进。

一、定位，确立目标

（一）明确工作的目的

我想工作对于大部分人来说是不得不做的事情，是我们谋生的手段吧。是的，我曾经也这样想过。但世界著名实业家、哲学家稻盛和夫认为：诚然，为了获得生活的食粮，是工作的重要理由之一，这没有错。然而，我们拼命工作，难道仅仅为了吃饭这一个目的吗？他的观点是人工作的目的是为了提升自己的心志。在工作中修行，是锻炼灵魂、提高心性、培养人格最重要、最有效的方法。我们用心工作来磨炼我们的心，提升我们灵魂的层次，光明我们的良知。可见我们是在为谁工作了，这么多的好处都是为了我们自己，努力工作是为了能让我们自己成为一个更好的人。

（二）规划具体内容

子曰：工欲善其事，必先利其器。所以我们要想成为一名好老师，首先必须做一名有专业底气的教师。我们要研究规划的具体内容是什么？

1. 研究教学，提升教学能力

一名优秀的教师要做一名研究者。要从能教到会教，最后到"不教"；我们要思考如何将学生的被动学转化为主动学，也就是要我学变成我要学。在工作中常问自己这几个问题：我教什么？怎么教？为什么这样教？教的效果如何？其实也就是我们要向备课要质量，向课堂要质量。同时要勤反思，多总结，再调整，才能不断优化我们的教学，提高我们的教学能力。

2. 关注学生，激活学习动力

我们要时刻记住学生才是课堂的主体，所以我们要了解学生，从学生的心理和年龄特点出发去设计教学活动。在小学生的课堂教学中要持续激发学生的学习兴趣，才能使学生想学、乐学。我们可以从以下几个方面入手：

（1）让学生对教学内容感兴趣。

a.将教学内容整合设计，使之新颖，贴近生活，联系学生实际。

b.将所学知识问题化，调动学生的思维。

c.将问题生活化、趣味化、层次化，使各层学生都学有所获。

d.利用变式吸引学生的注意力，激发学生的兴趣。

（2）创新教学方式方法激发学生兴趣。

任务驱动法、游戏法、竞赛法、讨论法、直观演示法等。

（3）利用信息技术激发学生兴趣。

视频、照片、音乐（配乐）等。

（4）改变学习方式激发学生兴趣。

小组合作学习，学生讲解展示。

（5）学习方法指导激发学生学习兴趣。

如：PPT 呈现 Learning guide，Tips 等。

（6）让学生有获得感的评价，激发学生学习兴趣。

如：Good job！ Well done！ You did it. Wonderful！ ...

（7）利用教学语言激发学生兴趣。

如有幽默感，丰富的肢体语言。

（三）制定规划

目标是成长的方向、努力是成长的基础、方法是成功的路径。所以先制定总体目标，然后将总目标划分为：分段目标和分项目标，这样更便于我们做好落实。

1.由远及近，由虚到实

（1）分阶段目标，规划时间。

①利用好单位时间。

方法：把时间定格在纸上。

a.以一周为单位做好行动计划，从心理上对未来7天有所准备。

b.把要做的事情按轻重缓急排序，让行动更有效率。

c.类似的工作放在一起做，思维是有节奏的，一旦启动便会加速，让思维持续是提高效率的上策。

②利用好闲暇时间。

爱因斯坦说："人的差异在业余时间"，所以说业余时间要使"闲暇"与"工作"相得益彰。思维有惯性、行动也有惯性，所以一旦启动了"打麻将的思维和行动"要转换到"学习的思维与行动"上就会感觉是一种痛苦。

（2）分项目目标，规划任务。

"5W－1H法则"：即Why、What、Who、When、Where、How。

① Why（为什么——什么原因）

② What（是什么——什么情况）

③ Who（谁——由谁完成更好）

④ When（时间——什么时间）

⑤ Where（地方——什么场所）

⑥ How（怎么样——实行的办法）

2. 以我为主，协调发展

（1）结合自己的特长、爱好谐调。

（2）与学校的发展目标谐调。

（3）教育教学、科研相谐调。

二、实施途径

（一）模仿——成长的起点

模仿，既是成长的起点，也是创新的开始。教育是一门科学，也是一门艺术。没有谁天生就会做老师，必定会经历新手期、适应期、成长期、成熟期。在专业成长的过程中，"学习、实践、反思"是一条重要的途径，"模仿"是另外一条重要路径。

模仿的主要途径：

1. 师徒制（学校、校外如名师工作室等等）。

2. 教学资源（课件、教学设计、视频等）。

观看名优教师的录像。其实即使你拿着名优教师的教案、课件，你也上不出和他一模一样的课来。因为课堂是一段永远无法完全复制的奇妙旅程，因为你面对的学生是一个个鲜活的个体。但是，正是这种类似克隆的模仿，会让你产生顿悟，会让你在模仿中领略到大师教学设计的奥妙之处。

过程：模仿——模仿＋创新——自成一体。

（二）阅读——教学科研的基础

1. 读几本看家的书

如：《英语课程标准》《儿童教育心理学》《儿童行为心理学》《点燃学生的学习热情——基于脑科学教学策略》《教师不可不知的哲学》《如何成为高效能教师》等。

2. 读几本经典的书

如：《不做教书匠》《学习的格局》《静悄悄的革命》《超级大脑的七个习惯》《如何说孩子才会听 怎么听孩子才说》《学校挑战》等。

3. 读点专业外的书

如：《高效能人士的八个习惯》《逆商》《富兰克林传》《走出荒野》《敢于孤独的勇气》《来到世界上闯荡》等。

4. 读点专业期刊

《英语报》《小学教设计——英语》《英语文摘》《英语时空》等。

世界上任何书籍都不能给你带来好运，但是它们能让你悄悄成为你自己。

（三）反思——成长的主要途径

教学反思着重于通过识别、评价和改变隐藏于行动背后的，同时又能引起我们教师行为改变的信念和假设来促进专业发展。成功的教师一定是在不断的反思过程中进步的。著名教育家叶澜说："写一辈子教案不一定成为名师，写三年的反思可能成为名师。"

1. 实施教学反思手段现代化；

2. 开展多种形式的教科研活动；

3. 优化教学反思过程；

4. 利用一切机会外出学习、观摩、参与；

5. 主动参加上公开课、说课，交流论文；

6. 借助辅助途径进行实践教学反思；

7. 随时及时反思：课前反思、课后反思、阶段反思。

（四）机会——不要放弃

积极参加学校、区里、市里等组织的公开课、说课、微课、实验课展示、比赛等活动，磨炼自己的意志，在思想碰撞中学习，不断提升自己的教育教学能力。

俞敏洪说："一个人不论有多伟大，如果把他的一生拆成每一天，就会发现大部分的日子都是平淡而琐碎的；但如果一个人有了理想，平淡和琐碎就能凝聚成为伟大。平庸的人只拥有琐碎，伟大的人却能用琐碎堆砌成伟大……"

"只要抱着纯粹的、美好的、强烈的愿望，付出不亚于任何人的努力，那么，任何困难的目标都一定能够实现。" 只要老师努力学习，学生一定天天向上！所以我们要关注自己的成长，才能成就孩子更好的未来。希望我们每一个人都能过好每一天，享受工作、生活的充实和幸福。

语篇衔接理论在英语完形填空题教学中的应用研究

长春市绿园区民丰小学　李　蕾

【摘要】本研究对完形填空题型进行了分析,发现该类题型以考查学生进行语篇理解以及分析的能力为重点。语篇衔接理论在语篇构建方面发挥着重要作用,有助于帮助学生更好地理解完形填空类试题。因此,本研究认为应该将语篇衔接理论在英语完形填空类试题的解题过程中进行应用,教师要引导学生利用语篇衔接理论进行解题,提高学生的语篇衔接以及理解能力。

【关键词】语篇衔接理论；英语教学；完形填空

一、解题方法

将语篇衔接理论应用到英语完形填空教学中,通过对学生语篇衔接意识的培养和语篇衔接手段的训练,能够提高学生解答完形填空类题型的技巧。

（一）利用语法衔接手段对上下文进行理解

衔接理论在文章逻辑关系的寻找方面提供了很好的理论指导,衔接手段则提供了解答完形填空试题的具体方法。篇章的逻辑关系一般包括因果、递进、转折与对比、承接等,这些不同的逻辑关系常隐藏在句子中、句子间以及段落中。因此,我们可以认为完形填空试题在进行空格设置时一般是有"铺垫"的,学生要能够通过衔接手段来预测篇章的发展,并根据上下文之间呈现的逻辑关系,从下文中找出篇章发展的线索,因势推倒,进而得出正确答案。

例 5　When parents bring home a pet, their child＿48＿bathes it and brushes its fur. Within a short time,however, the ＿49＿ of caring the animal is handed over to the parents. Adolescents enter high school with great ＿50＿, but are soon looking forward to ＿51＿.

48. A.silently　　B.impatiently　　C.gladly　　D. worriedly
49. A.promise　　B.burden　　　　C.right　　　D.game
50. A.courage　　B. independence　C.confusion　D. excitement
51. A.graduation　B.calmness　　　C.responsibility　D.success

解析：例题中的解答关键点在于对句子间隐藏的逻辑关系的理解,我们可以看到however、but两个表示转折关系的词,那么上下文之间的内容应该是相反的,表达的情感色彩应该是截然相反的,因此48小题应选择的答案是gladly,对孩子最初照顾宠物时呈现出来的兴奋状态进行表达；49小题应该选择的答案是 burden 与上文表达的开心状态进行照应,48 与 49 小题使用的是比较和照应的衔接手段。50 小题与 51 小题与 48 和 49 小题的原题是相同的,50 小题应选择的答案是 excitement,是对学生兴奋的状态进行表示,随后该状态逐渐减弱,学生开始期待毕业,51 小题应选择的答案是 graduation,同样采用了比较照应的手段。

(二)利用词汇复现手段对词汇进行辨析

完形填空篇章的上下文之间是相互衔接的,是对同一话题进行的讨论,因此作者在写作过程中常常会使用词汇的重复与替代,因此完形填空试题在设置空格时,很可能以原词、同义词或者近义词、反义词为答案。在衔接理论的指导下,学生通过词汇复现的衔接手段能够对文章有个整体的理解,进而正确辨析词汇的含义。

例 6 As a general rule, all forms of activity lead to boredom when they are performed on a routine basis. As a matter of fact, we can see this __41__ at work in people of all __42__ .For example, on Christmas morning, children are excited about __43__ with their new toys.

41. A.principle   B.habit   C. way   D.power
42. A.parties   B.races   C.countries   D.ages

解析:由第一句中的 a general rule 可知,41 小题应选择的答案是"规则、原则",与 principle 互为同义词,此处为复现。从下文的 children、adolescents 可知,第 42 小题应该选择 ages,用来表示不同年龄的人,此处是上下文关系,同样可以理解为复现衔接手段。

(三)利用词汇衔接手段对词汇搭配进行寻找

词汇搭配是完形填空试题的重要考点之一,主要是对动词、介词以及名词和形容词的搭配进行考查,通过掌握词汇之间的固定搭配能够有效解决该类问题。

例 7 For example, on Christmas morning, children are excited about __43__ with their new toys.

43. A.working   B.doing   C.playing   D.going

解析:例题中给出的选项均能够与 with 搭配,但产生的含义是不同的,根据例题的句义:孩子们在圣诞节开心地玩着新玩具,所以正确答案是 playing,构成 play with 的固定搭配,含义是"和/与……一起玩耍"。

例 8 My 10-year-old noticed him and make a __43__ on how bad it must be to have to stand __44__ in the cold wind.

解析:例题的句义为"我十岁的孩子看到了他,并感慨在如此寒冷的天气中站在风中真是糟糕！"make a comment on 属于固定搭配，含义为"做一番评论"，因此应选择 comment。

总之，英语教师在进行完形填空类试题的教学时要注重对学生语篇衔接意识的培养，以及语篇衔接手段的训练，让学生能够积极主动地进行篇章学习，正确把握篇章的整体含义、主题思想与结构，提高学生的英语综合运用能力，进而增强学生完形填空类试题的解题能力。

二、研究发现

本文的主要研究发现可以总结为以下几点：

首先，通过教学实验前后的问卷调查结果可知，实验班学生在教学实验后使用语篇衔接理论解答完形填空试题的意识得到明显增强，学习兴趣、自信心以及主动性都得到了改善。

其次，通过实验后实验班和控制班学生测验成绩的对比以及学生在回答调查问卷时的答案，我们可以得出语篇衔接理论能够提高学生解答完形填空能力的结论。同时，我们可以看到实验班学生在接受了四个月的传统教学方法后，解答完形填空的能力没有出现任何明显的改变，虽然实验后测验成绩要略高于实验前测验成绩，但提高幅度并不可观。

再次，问卷调查和测验的结果表明，在教学实验前学生很少会使用语篇衔接理论解答完形填空试题，即使阅读材料使用了语篇衔接手段，学生们也很少能够注意。因此，在英语完形填空教学中使用语篇衔接理论是非常必要的。

最后，学习水平不同的学生在使用语篇衔接理论解答完形填空试题时存在着明显的不同，学习水平相对高些学生对于语篇衔接手段的关注度更高。也就是说，语篇衔接理论的使用情况能够影响学生的学习水平。

【参考文献】

［1］韩延利.衔接和连贯在大学英语四级完形填空中的作用［D］.哈尔滨：哈尔滨理工大学，2008.

［2］胡壮麟.语篇的衔接与连贯［M］.上海：上海外语教育出版社，1994.

［3］胡壮麟，朱永生，张德禄，等.系统功能语言学概论［M］.北京：北京大学出版社，2005.

［4］季节.完形填空解题技巧［J］.英语广场（学术研究），2012（12）：16.

［5］李媛.基于语篇分析理论的 TEM 4 完形填空题型教学模式探究［J］.英

语广场，2016（4）：61.

［6］蒙坤.基于衔接与连贯的英语完形填空训练设计［J］.基础教育研究，2013（21）：20.

［7］司瑞瑞.从完形填空看语篇教学［J］.哈尔滨职业技术学院学报，2012（4）：23.

小学英语微课教学的问题及策略探究

长春市绿园区绿园小学　王　杨

【摘要】 英语新课标强调英语教学改革要注重培养学生对英语学习的兴趣，大力倡导要把现代教育技术与学生学习英语有效地结合起来，使学习的渠道得以拓展，最终达到学生自主学习的目标。微课以短小精悍、知识性强、表现形式多样等特点越来越受到教育工作者的欢迎和重视，所以探究微课在小学英语教学中的应用对于优化课堂教学，提高学生的学习效率有着极为重要的意义。

【关键词】 小学英语；微课；微课教学

随着互联网+时代的迅猛发展，微课成为教育信息化发展的产物，成为一种新型的教学工具。在改变传统课堂教学方式的同时，能够更大程度地调动学生学习积极性及注意力。在教学实践中越来越多的教师开始探索如何高效地将微课运用于小学英语教学中，从而提高教学质量。

一、微课及微课教学的内涵

（一）微课的内涵

微课（即微型课），是运用信息技术，按照认知规律呈现碎片化学习内容、过程及扩展素材的结构化数字资源。具体来说，微课的核心组成内容是课堂教学视频（课例片段），同时还包含与该教学主题相关的教学设计、素材课件、教学反思、练习测试及学生反馈、教师点评等辅助性教学资源。

通过制作微课和在教学中使用微课，我认为微课的实质是：教师通过多媒体呈现所要讲述的重点内容，时间控制在十分钟以内，以某一个知识点为基点展开，多角度、多维度、多方面呈现与其相关的教学内容。

（二）微课教学的内涵

微课教学是教师以微课为载体，针对某个知识点或教学环节开展的教学活动。

我认为微课教学是为了达成一定的教学目标，教师将微课运用于教学之中，针对某个教学内容或教学环节开展的教学活动。它作为整个教学过程的一部分，对提高教学效率、达成教学目标起着重要的辅助作用。

二、小学英语微课教学的特点

（一）以短小精悍的微视频为媒介

微课以微视频作为主要媒介，聚焦于某个教学知识点，具有短小、精悍的特点。

短，指的是时长短。根据小学生的认知特点和学习规律，"微课"的时长一般为5—8分钟左右，最长不宜超过10分钟。

小，即容量小。"微课"视频容量一般在几十兆左右，视频格式通常为MP4,WMV,FLV等。师生们可以在线流畅地观看，也能够灵活方便地下载。

精，即选题精。为了突出课堂教学中某个知识点的教学，如教学中重点、难点、疑点内容。即一个微视频只教授一个知识点，讲解明白即可，不宜过多拓展。

悍，即微课对学生的学习有直接的影响和作用。微视频不仅仅丰富了英语课堂教学情境，而且在调动小学生学习英语的兴趣和吸引小学生注意力等方面发挥了重要作用。

（二）微课可以重复播放

微课是教师根据教学需求提前录制的视频，它明显的特点就是可以重复播放。在课堂上，教师通常面对的是几十个接受能力不同、理解能力各异的学生，为照顾整体情况和平衡教学进度，同一个知识点难以在课堂上多次重复。这对于没有及时掌握知识点内容的学生来说，这个知识点很有可能就成为知识盲点，这也是容易造成成绩差距的原因之一。微课教学为缩小学习成绩差异提供了可能。这是因为教师在实施微课教学时，对于学生没有掌握的地方，可以在课堂上有针对性地进行微视频的回放或将复习微课作为课后作业，从而使学生可以通过反复观看相关微视频来进行知识巩固。微课可以重复播放的特点为将知识牢固化、缩小班级学习成绩差距，实现个性化学习提供了良好的途径。

（三）主题突出

微课之微，还体现在内容容量上。与传统课堂知识容量大、知识点多的特点不同，微课的设计与开展通常只针对一个教学知识点或一个教学环节，旨在用最少的时间、最简洁的语言将内容讲清楚、讲透彻。因此，主题突出是微课教学的特点之一。

（四）方便开展

微课教学以微视频为载体，微视频是微课的核心，它依托信息技术的提高与互联网发展为背景，在制作和传播方面具有明显的优势。目前常用的有关微课视频的制作类型主要有：屏幕录制型、教学录像型、多媒体讲解型、动画讲解型、视频剪辑型等。常用的微课制作工具除了 Camtasia Studio，Adobe Audition，Gold Wave 等微课专门制作软件，还可以使用手机视频拍摄 APP。只要制作者掌握相应的技巧，就能录制微视频并上传到网络。正因为课程内容的微小，所以，人人都可以成为课程的研发者，促进了微课快速发展及被大众接受。因此，微课资源的丰富性为微课教学提供了可能性。

三、小学英语微课教学存在的问题及原因分析

微课这一概念自被提出以来，迅速在教育行业发展起来。目前中小学各科教师都加入到微课教学的实践中来，小学英语教师亦不例外。由于小学英语微课教学还处在试探阶段，深入教学实际，还有诸多问题值得我们研究和探索。

（一）微课教学在小学英语教学中尚未普及

自从微课进入教学的视域，"微课热"现象持续不退。但纵观"微课热"现象的背后，我们不难发现，当前的"微课热"现象更多地停留在征集、评比、制作、培训、平台搭建等环节，甚至很多学校硬性要求教师录制微课视频，重数量而不重质量。我通过对本小学英语教师进行访谈发现两个问题：其一，运用微课教学的小学英语教师人数不多；其二，微课教学使用的频率不高。

（二）资源选取不当

微课资源是教师进行微课教学的基础。在小学英语微课教学中，除了可以通过自己制作微课，大部分教师为了节省时间和精力，会选择从网上选取一些微课资源。但由于小学英语微课教学资源尚未完善，部分有特色的微课平台又具有明显的营利性质，这样一来，教师可选的微课资源十分有限。因此，在小学英语微课教学过程中，总会出现微课资源选取不当的现象。

（三）微课应用频率低

根据访谈了解到，大部分教师只是偶尔使用，一小部分教师从未使用过。通过访谈了解到教师很少能从网络中找到适合自己教学的微课，尤其是小学微课资源不够丰富。那么，导致微课应用频率低的原因除了资源少之外，还有一个重要原因是教师教学负担重，没有太多的时间来制作微课。一部分教师制作微课的技

能不过关，还有一部分教师受传统教学思维的限制很难接受新鲜的事物。造成这一问题的原因还在于相关信息技术培训机构缺乏，教师现代教育技术意识淡薄等。

（四）部分微课质量不高

其一，访谈了解到微课短小的特点使得教师设计微课的知识点比较分散，缺乏系统化的教学设计。目前，很大一部分教师能将微课应用到自己的教学中，然而只是简单地将其套入到传统教学模式之中，缺乏精心的教学设计；其二，通过课堂观察了解到大部分教师对微课的理解不到位，并没有把握微课的内涵和精髓，仅仅将知识传授方式变成了微课的形式，认为微课只是将知识讲解的过程切割成一个个小的片段。

四、优化小学英语微课教学的策略

（一）微课的课前设计环节

教师在课前设计环节主要是精准地明确教学目标，设计好教学内容。微课在时间上，具有简短性的特点，但在内容方面要求每一个微课所呈现的小知识点是完整的、有逻辑的。在设定微课的教学目标时，要以教材为基础，立足教学实际，充分发挥其"微"的特点，要将时间控制在10分钟以内，时间过长会出现学生注意力不集中的现象。同时，一节微课应只呈现一个教学重点或难点，如果内容过多，学生在几分钟的时间内会出现无法吸收消化的现象。比如，有一位老师在新授语法——现在进行时的时候，制作了一节6分钟左右的微课。其中包含现在进行时含义、构成、分词变化规则及句型间的转换规则。虽说微课时间不长，却包含了诸多语言知识点。由于视频时长的限制，教师只在一个知识点后搭配了练习题。可想而知，学生很难记忆和理解这些知识点。这样的微课教授语法过程，首先呈现语言规则，然后是讲解规则，再次是罗列大量语法现象，最后出题测试。这种以语法教学代替语言教学的微课既不能发展学生的综合语言运用能力，更是与《义务教育英语课程标准》对语法教学"在具体语境中理解语法项目的意义和用法"（教育部，2012）的要求背道而驰。

（二）把握学生认知特点，精心设计与运用

教师制作的微课，要符合学生认知特点和心理特征。低年级的学生感知事物较为笼统，无意注意和无意记忆占主导。那么教师可以运用大量的图片、音乐、图像来刺激儿童的感觉，多直观少言语。在微课教学时小学英语教师就可以运用相应的实物教具，秉承直观教学原则，将英语活动与微课相结合发展学生的英语听说能力。比如，我在教授一年级学生颜色这一主题时，通过微课让学生更深入

地了解到有关三原色和调色的知识。有些教师曾经在课堂上直接用颜料调色向学生展示，但这种方式有一定的局限性。一是颜色的调配不一定成功，直观性不强；二是涵盖的信息量少，调配色彩数量有限；三是调配过程浪费时间。我设计的微课，短短三分钟。通过动画形式，将三原色拟人成三个好朋友，互相拉拉手，就出现了新的颜色。在观看之前，让学生猜猜他们拉手会发生什么事情。设计问题，留有悬念。微课的运用，不仅激发学生学习的兴趣，还增强了学生的求知欲。

伴随着教学过程的不断深入，学生有意注意占主导，并有了一定的分析和总结能力。在这个阶段的微课教学中，教师应对微课件上的重点内容进行标红，同时可以设置一些开放性的内容或题目来发展学生的自主能力和发散思维。比如说在总结描述天气的形容词微课中，教师可以把 sunny,cloudy,rainy,snowy,smoggy 等几个单词中的 y 标红并引导学生发现这些共同特点。通过长期观察和练习，学生的逻辑思维也能得到发展。英语是重逻辑形式的一门语言，学生在逐渐掌握其语言规则的过程中也能发展其语言思维。

（三）利用微课实现学生个性化自主学习与巩固

微课具有一项明显的教学优势，那就是不受时间和空间的限制，让学生随时随地地进行学习。我们教师要利用好这项教学优势，将微课应用于学生的个性化自主学习中。利用微课预习、复习和查漏补缺。不管是课前还是课后，学生可能都会存在知识点或内容上的学习疑问，这时教师可以将与教学内容相关的微课视频发送到学生的移动学习端，供学生进行自主预习、复习与巩固。这样学生便可以自主观看，在观看微课时可以根据自身的学习水平和能力控制播放速度，并及时将疑难问题记录下来反馈给教师。学生还可以进行反复地观看来加强理解，自主把控自身的学习进度。

（四）提升自身信息素养，促进微课教学

教师在制作和运用微课过程中出现诸多问题，其主要原因是由于小学英语教师的微课教学能力不强所导致。这主要表现在：教师在能够进行微课制作时，不会或不善于使用现代化信息设备，缺乏信息收集和处理能力；教师在进行微课教学时，对多媒体教学与传统课堂的融合能力不强；还有部分教师不会使用微课数据资源平台反馈和评价学生的学习情况，导致微课教学质量打折。由此可见，教师信息素养的高低会影响微课教学质量。小学英语教师要强化自身信息素养，积极学习各种信息知识，提升自身信息素养。

【参考文献】

［1］胡铁生．微课程的属性认识与开发建议［J］．中小学信息技术教育，2014（10）：P13.

［2］黎加厚.微课的含义与发展［J］.中小学信息技术教育 2013（4）：10-12.

［3］张一春，邓敏杰，唐丽.微课助力教学变革，比赛提升教师能力——江苏省高校微课教学比赛分析及启示［J］.数字教育，2018（4）：1-8.

［4］陈璐.微课对小学英语教学的有效辅助［J］.中小学电教（下半月），2017（7）：58.

［5］耕武."微课"在小组合作学习中的作用［J］.新教育，2014（6）：4.

［6］周娜.微课在小学英语教学中的应用研究［D］.福建师范大学，2015.

［7］周芳.教师视域下小学英语微课教学的问题及对策研究［D］.湖南师范大学，2018.

思维导图在小学英语教学中的优势与不足

长春市绿园区宁静小学　张旭曦

【摘要】思维导图是一种可视化的知识表征工具，随着教育改革的推进、学讲方式的推行，思维导图在小学英语教学中得到了广泛应用，它的核心思想是将抽象思想和形象思想巧妙地结合起来，并以此来达到自身所想要的效果，这种方式很适合应用于英语教学当中，帮助引导学生从小学就打下扎实的学习基础。本文分析了思维导图作为教学工具在小学英语教学中应用的优势，并结合教学实践分析了现阶段思维导图在教学中应用的不足之处并配以纠偏措施。

【关键词】小学英语；思维导图；优势

思维导图教学法作为一种新型的教学方式，能够让学生们通过图表、配图等方式更直观地了解英语，学习英语，不过还是需要英语老师与学生默契的配合，才能更好地完成英语教学任务。通过思维导图，架构简单易懂的英语知识结构，让学生们很容易的学习英语，爱上英语，提高英语学习水平，当然也能更好地完成老师的教学任务，以达到理想的英语教学效果。所以思维导图可以作为好的教学工具，也是学生们学习上的好帮手。

一、思维导图概述

所谓思维导图，就是主要利用系统的总结来将琐碎的知识概念具体的表现出来。利用思维导图，老师可以将教学内容运用在其中，可以巧妙地让学生们理解学习内容，构建学习思路，完善学习方法，提高学习水平。思维导图运用在英语教学中，能够极大地丰富了英语教学内容，可以调动学生学习英语的积极性，提高英语学习水平，可见思维导图对小学教学的用处是非常大的。

二、小学英语教学中思维导图的优势

由于英语是一门语言学科，所以对于非母语学习的小学生来说，学习起来并不容易。他们刚接触到英语，需要学习最基础的英文字母、单词和语法等等，想要很好地打好英语基础，利用思维导图是一种极好的学习方法，能够让学生们更清晰的明白英语中的联系，更容易的学习英语，英语单词中有着很大的联系，这就可以利用思维导图将相同词性的单词，相同意义的单词，相同用法的单词分别连接起来，合理分配单词属性才能让学生们更好地理解各个单词，明白分配到一起的意义，这样可以在遇到不熟悉的单词时能够巧妙地利用思维导图解决这一问题。思维导图更适合小学生跳跃的思维方式，可以跟随学生的思维表达方式巧妙的改变思维导图的模式，助于学生快速地记住单词，也有利于学生们更好地理解其中的意义。

三、思维导图在小学英语教学中的缺失

尽管思维导图对小学英语的教学起着很好的促进作用，但近些年来经过调查着的研究，并结合教师多年来的英语教学工作时间来看，思维导图运用过程中存在着一些不足之处。

1. 老师过度依赖思维导图，导致学生对文字信息理解存在障碍

学生们可能还没有理解英语中的知识点，只是一味地使用思维导图，将教学内容以导图模式给学生们展现出来，却不知道学生们是否真正的理解和掌握，学生们在对单词的理解中，会用汉字标出来读音，这种方式不利于学生真正的理解英语，效果也不好，这种现象的出现就是由于老师过度使用思维导图，干扰了学生们系统学习英语信息的能力。

2. 老师频繁使用思维导图，导致学生对未知信息的理解本末倒置

老师可以认为利用思维导图的教学效果很好，就会频繁的利用思维导图已达

到教学目标，但殊不知这种模式对学生来说是否真正的有效，当学生以这种方式的学习习惯形成后，可能会一味地使用思维导图的方法进行学习，进而造成理解英语信息的本末倒置。当下，一些英语老师为了活跃课堂气氛，会频繁使用思维导图以调动学生的学习兴趣，这种方向是值得推荐的，但是，老师教学的对象是小学生，他们刚刚接触到英语，对学习英语会有好奇心，也会很乐意学习英语，但思维导图中会包含着英语知识结构、构图，如果频繁使用，可能会造成学生理解信息不准确，不能准确记住其中的要点，也不能很好地把握英语中的知识结构，进而导致英语教学效果不明显。

四、小学英语采用思维导图教学的纠偏措施

1.适度使用思维导图，开展小学英语教学

对于小学教学，一定要采取适当的教学方法，能够培养小学生学习英语的兴趣，调动他们的英语学习积极性，以便更好地打好英语学习基础，提高英语学习水平，在教学过程中，一定要适度的使用思维导图，小学对于英语生字词的学习并不是学生学习的全部，学生对相关信息的认识也极其重要，同时一定是建立在学生的学习兴趣之上的，这样学生才更有学习的劲头，学习所呈现的效果才会更好。在这其中，思维导图的利用可以以提高学生英语基础为主进行教学，打好英语学习基础，这样对以后的英语学习也能更轻松，简单。而且利用思维导图，能够一定程度的锻炼学生们的逻辑思维能力，发散思维找到解决问题的方法，对完善自身也有很大的帮助。

2.创新教学形式，调动学习劲头

小学生们可能会认为英语学习很困难，很难懂，对英语的学习提不起兴趣，这就需要老师们寻找合理的教学方式来调动学生的学习兴趣，创新教学方法，能够利用思维导图，将教学内容以思维导图的方式给学生们呈现出来，以帮助学生提高学习能力。思维导图的利用，让学生们在学习英语的过程中充分锻炼学习能力，提高学习效率，完成学习任务，更好地提高英语学习水平。例如，在学习英语单词"water"时，小学英语最开始教的是它作为不可数名词使用，意为"水"，在后面的学习过程中就会学到，同时它也可以作为及物动词使用，意为"浇水"，可见一个单词会有多种词性，且同样的单词表达的意义完全不同，在句子当中使用的位置也不同。这就可以利用思维导图的方式，巧妙地将此类单词在脑子中画出清晰的脑图，标明不同单词的不同意思的正确用法，使学生再遇到此类单词时，

能够想到这种记忆方法，同时也能更好地提高他们的学习能力。

3. 利用思维导图，加强教学互动

思维导图在小学英语教学中发挥着很大的作用，利用思维导图，可以加强课堂教学互动，合理的教学互动，拉动课堂学习气氛，调动学生学习英语的积极性。为了使思维导图真正地深入到英语教学当中，提升教学质量，就一定要在特定的学习环境下灵活的运用思维导图，以达到预期的教学效果。例如，在课堂教学过程中，在运用思维导图的基础之上，把学生们认识的，喜爱的英语词汇进行分类，并制定主题以供学生们自由讨论，讨论的结果及时以思维导图的方式记录下来以供老师课堂提问，这样学生们在认识单词的基础上就会极大地调动英语学习劲头，提高课堂参与度，共同烘托课堂学习气氛。

五、结语

综上所述，思维导图促进了英语教学的可持续发展，提高了英语教育的总体水平。合理的使用思维导图教学法，能够有效地提高英语教学效果，提高学生学习能力，开拓学生英语学习思维，激发小学生的英语学习潜能，更好地夯实他们的英语学习基础。

【参考文献】

［1］赵君妍.思维导图在小学英语教学中的应用策略［J］.英语画刊（高级版），2018:19.

［2］姜维.思维导图在小学英语教学中的应用研究［J］.校园英语，2018：131-131.

［3］曾凯.思维导图在小学英语教学中的应用研究［J］.课程教育研究（学法教法研究），2018：43-43.

小学英语游戏化教学探析

长春市第八十七中学南阳校区　董梦格

【摘要】在教育体制改革实施过程中,基础教育方面已经取得了巨大的进步。小学时期是我们学习英语的重要时期,而且游戏又符合幼儿的天性,把游戏和英语教学相互融合起来就更加有利于教学工作的展开。小学生在学习方面存在着自律性比较弱、注意力不能够完全集中等问题,游戏化教学从兴趣方面入手加以引导,能增强学生对于英语学习的主动性和积极性。本文以"游戏化"教学方式为目标,深入地探讨了教学的方式、问题和策略,以期望对小学英语教学方面有所帮助。

【关键词】小学英语;游戏化;英语教学;策略

让每一位学生都能受到良好的教育,是作为教育工作者的义务。英语适应的广泛性也越来越引起教育工作者的关注。小学英语课程教学的宗旨就是为了培养小学生在语言表达方面的能力以及与他人进行交往的能力,学好英语对于今后的工作、学习发展有着巨大的帮助,也是人际交往中最重要、最直接的工具之一。在我国大多数传统小学的英语课堂教学中,老师只是按部就班地完成了自己的课堂教学任务,而忽略了对于小学生的学习兴趣的培养,小学英语游戏教学,将掌握英语基础知识与游戏的全过程有机地融合在一起,寓教于乐,更好地提升教学效果。

一、小学阶段英语游戏化教学的原则

英语课堂教学是指我们要做到"以人为本",并且能够有意识地调动和充分调动学生的课堂积极性、主动性。游戏教学的最终目标也就是,在课堂教学的过程中尽量将枯燥的文字和语言,通过另外一种方式,与小学生自身的发展和心理特点相互地结合,并且转变为一种学生们能够乐于接纳和喜欢的形式去参与到教学活动中。使小学生们在玩中学、做中玩,以更好地达到提高课堂的教学效果,在轻松的气氛中进一步加强对于英语的运用和学习,增强了学生学习英语的自主学习能力、学习动力和目的性。

学生就好比一张白纸,老师怎么教学生就如何去学。英语学习质量的好坏直接影响到英语基础的平衡与否,也影响到英语能力的发展。作为英语教师,我在日常教学过程中特别注重学生英语基础知识的培养。在教学过程中灵活运用"游戏化"有效结合,正面引导学生,从语音至语法,从课堂提问到进行英语小组互问,从日常交流常用语到英文著作阅读,以提高学生的整体英语水平。

1. 明确游戏教学目的性

对于网络游戏普及化的今天来说,采用游戏化教学的最终目标就是为了提高课堂教学质量,游戏本身就是为了服务于教学内容。因此,游戏课堂教学的实施和开展必须与其教学内容紧密相关,并且具有一定的目标性。在进行游戏式教学的设计时,将其中的教学内容和知识点融入一个教学过程中,可以促使学生能够清晰地认识到其中的重点和难度,有助于进一步理解和掌握重要知识点。

2. 充分挖掘游戏教学的灵活性

小学英语游戏教学最重要的方式是注重教学的灵活性，教学过程中要注重把握课堂积极学习的气氛，适度将教学内容与游戏之间有效融合，最重要的是做到加强学生对英语学习吸引，提升积极性，也就是增强学习兴趣的培养，同时也要注意游戏化教学过程中不能引起课堂混乱。

3. 启发性思维助力游戏化教学

小学英语课程教学中采取的游戏式教学，是为了能够更好地掌握和巩固自己所学的知识，活跃课堂气氛，在这样的游戏中培养和提高学生的综合智力与技巧，但并非任何一种游戏都是可以在课堂上使用，要求具有一定的创造性和启发作用。在我们设计这样的游戏时，要特别注重对于学生体验和智力的激发，也就是说我们既要充分考虑学生对于所有其他人的接纳和运用能力，在这样的游戏中恰当地对于学生们进行了引导和启发，使得我们所有的学生都能够被融入这样的游戏和教学中。

二、小学英语教学的重要性

多年从教经验使我知道小学阶段英语教学的重要性。在小学英语的教学中我注重的是应该如何引导小学生逐步从语音、词汇、语法、句型入手，也可以让我们通过这种方式来创设一个有效的语言课堂，让小学生们都能够通过自己所学的英语进行互动和交流，以丰富多彩的教育活动方式来激发和提高小学生对英语的学习兴趣。

许多小学生对学习英语存在着畏难的情绪，从而导致他们学习欲望不太强烈，学习主动性不强。作为老师要充分认识到英语教学的重要性，引导学生认识到学好英语不仅能够开拓知识面，而且对人际交往、学习能力的提升有着不可代替的作用。引导学生在学习英语知识的同时，培养学生开拓进取的精神，学会与人友好相处、用心善待他人，提高小学生的文化素质、思想素质和心理素质。

三、小学英语学习存在的问题

1. 缺乏适当的语言环境

语言环境对于学习的重要不言而喻。在现实生活中，学习英语的方式基本上都还只是在一种单纯接受汉语基础教育的学习环境下开始进行英语学习使用英语，小学生之间的人际互动和语言交流使用的一般都是中文，这点制约了小学生的语言英语能力听说阅读技巧和表达能力。面对这种现象，可以将游戏设置到具体的情境中将教学与游戏合理地融入在一起，有助于小学生兴趣的培养。

2. 游戏教学设计方式不合理

小学生绝大多数都曾经接触到了互联网和电脑，在这种信息时代的大背景下，在开展小学英语游戏课堂教学设计工作的同时，就要充分地考虑到我国小学生的具体实际情况和特点，满足当下信息时代的趋势和发展需要。但在目前我国小学英语课堂教学的整个过程中，大部分的小学英语老师并没有积极有效的为他们引进具有针对性的小学英语游戏的教学策略，学生在课堂上进行英语基础知识的学习积极性也就很难获得有效的保障。

四、提高中小学生英语游戏课堂教学质量的有效性策略

1. 教室环境加强游戏化教学氛围

教室是我们学生自主参与的重要场所，因此，在小学英语课堂的教学中，要加强游戏式的教学，这需要加强教室里环境的改善。我们要进一步加强教室内部显性设施配置的整合和利用，对课堂环境设计进行了优化，给学生自己创造一个良好的英语课堂学习气氛，从而培养和增强了学生自己的英语学习兴趣和环境。在教室中合理地布置了游戏式教学的情境和场景，例如在我们进行与圣诞节等相关的课堂教学活动中，可以合理地布置与之相关的游戏情境和场景，从而能够使得我们的学生能够更好地把它们融入或者运用到这些游戏中去，进而能够更好地激发和提高我们学生的自主参与学习兴趣，达到理想的课堂教学效果。

2. 结合教程开展多种游戏情境创设

小学生的年龄特点使他们都具备很强的好奇心，喜欢去玩一些游戏。所以在教学过程中，将教学内容与多种游戏方式进行有效融合，就能够很好地活跃课堂气氛。在进行游戏的情境创设时，可以针对小学生的年龄特点设计富有儿童童趣的故事和游戏，让小学生在这些游戏中学到英语基础知识，将英语知识直接融入整个游戏的情境之中，用英语表达自己的看法和观点，使学生成为自身学习的参与者，提升学习的收获感和满足感。

3. 以兴趣引导学生提高参与主动性

小学生天性有着喜欢玩、爱闹的性格和特点，在进行游戏的教学中，要注重进一步加强对于小学生的宣传和引导。在课堂游戏教学过程中，要以学生为主体地位，教师处于引领者的位置，这样能够真正将学生们吸引进入教学当中去，从而更好地激发和培养了学生们对于英语的掌握和兴趣，为英语学习奠定良好的基础。

4. 教师自身能力提升是教学效果的有力保证

教师自身能力是做好课堂教学的关键，在游戏式教学中，老师应该是一个组织者、引领者，而不仅仅是一个教育家。在我们进行这样一个游戏式的教学过程中，老师一定要具备足够的技巧和能力来制订好这样一个游戏式的教学规则，保障这样一个游戏式的教学能够得到顺利开展。也可以从教育心理学的角度来了解小学生的心理特点，将教学方式与小学生教育心理学相结合，全方位了解学生更好地提升学生的自信心与求知欲，促进学生学习的主动性和有效性。

五、结语

总之，在游戏式的教学过程中，为了有效地增强和提升小学生学习的积极性，增强学习决心和精神意志力，就要针对教学目标进行针对性地完善和思考帮助学生在一个轻松的气氛中提高英语的学习能力，以提高英语课堂的教学质量，助力小学生英语学习打下坚实的基础。

【参考文献】

［1］秦敏.游戏教学在小学英语课堂中的应用探析［J］.四川职业技术学院学报，2013（4）.

［2］鲍艳辉.小学英语游戏教学的研究［J］.语文学刊（外语教育教学），2015（2）.

［3］陈瑞淑.浅谈游戏在小学英语教学中的作用［J］.濮阳职业技术学院学报.2006（03）.

小班化英语教学的探索

长春市绿园区开元小学　李惠杰

【摘要】目前新课改已明确提出以人为本，以学生的个体性发展为根本。我们必须在课堂中关注每一位学生的发展，以人本的态度对待每一位学生，重点培养学生的主观能动性。小班化教学的提出就是为了适应该形势的发展，以学生为中心真真切切落实因材施教的教学方案，文章结合小班化教学的显著特点对英语小班化课堂发展现状提出了几点发展性措施，以期望能提高课堂效率达到更好的教学效果。

【关键词】英语课堂；小班化；教学

引言：所谓小班化教学即缩减一个班级的教学规模，但同样以提高学生主观能动性与个性化发展为目的，是目前"以人为本"的新型教学班级形式。可以说，小班化课堂强化了个体教学资源的占有率，也充分利用了时空上的优势，为新课改中所提出的教学方式提供了一个更为广阔的教学平台。当下多数学校都通过开展讲座或教学沙龙对小班化教学进行学习了解，但在真正的实践过程中不免存在大大小小的问题，怎样充分发挥小班化课堂的优势；围绕小班化英语课堂要如何具体实施；小班化课堂区别传统课堂的特点是什么等种种问题都成为目前所亟待解决的。

一、小班化教学的显著特点

1. 学生人数少

小班化教学最鲜明的特点就是缩减了教学规模，传统班级在平日里基本都是四五十人上课，但小班化以 5-10 人为佳。学生人数的减少使得师生之间的互动效果得到大大提高。在现阶段，课堂仍旧是学生接触文化知识的主要途径，在课堂中通过互动的方式凭借小班化人数少的特点，教师能够密切关注到每一个学生对英语的掌握能力。

2. 自由座次

小班化教学除了规模缩减以外，再显著的特点就是自由的座次形式。小班化打破传统的座位形式，实行更为自由化的座次，像围坐式或"U"型式都有利于带动学习氛围。学生自由的座次为开展教学活动提供了更为有意义的基础，学生在小组活动过程中能够处于一个主动的地位，缩短了师生之间心理与空间上的距离。

3. 角色教学更为鲜明

英语课堂中不免会有很多角色对话练习，小班化教学使角色教学活动更为鲜明。在角色教学中教师更方便关注到每一位学生，学生的主观参与度也有所提升，有更多的好奇与热情投入到角色扮演的教学活动中，拉动英语课堂氛围的同时也提高了英语课堂质量。

二、英语课堂小班化教学发展现状

1. 学生英语水平分层严重

学生的语言天赋是有差异的，对英语的接受水平也就存在异同。目前的英语小班课堂中偶尔会出现严重的英语分层现象，即学生处于一个不同的高度来学习英语，有时候就会导致教师所备的课对某些学生起不到效果或者不能完全掌握，最终拉低英语教学效果。

2. 小组机制不够完善

小组合作机制为达到的就是强化沟通交流，在交流的过程中最大限度实现知识的共享。目前来说，教师受时空上某些因素的限制会单纯地派出小组代表来发言或活动展示，这样就不能充分带动整个小组的学习兴趣。就目前来看，小组机制大多只是一个学习形式，并没有真正充分的发挥小组教学的优势。

3. 学生没有养成良好的英语学习习惯

在英语学习过程中，小班化教学水平再怎么强，学生学习习惯如果得不到改善做什么都是无用功。当下学生学习英语多数都只停留在一个模仿的初步阶段，很难真正深入了解一个知识结构，尤其毕业班学生埋头于英语题海中忽视做题技巧，达不到计划中的英语学习效果。

4. 教师对小班化教学没有足够的重视

教师自身对小班化课堂的态度决定了小班化实施的教学效果。但目前即使开展了小班课堂，但教师的教学方法、教学形式与传统教学并没有太大差异，教师没有引起充分的重视就导致小班化教学活动展开的效果不明显。

三、小班化英语教学的探索

1. 开展多样化的英语教学方式，活跃课堂氛围

通过英语课堂中的角色扮演形式和多样的课外活动，了解每位学生的知识掌握度。英语课外活动可以说是英语课堂的一种延伸，是我们在教学形势的推动下为活跃学习氛围，提高学生英语参与度而开展的。以往在传统大班中开展一项户外活动方案通常会因为报名人数少而导致方案不能实行，但对于小班化英语课堂来说，组织丰富多样的教学活动是非常受欢迎的。学生有能力也有兴趣积极参加角色扮演或者课外活动。一般来说，英语角、英语写作、英语词汇比拼等活动形式都是最普遍效果也最好的。不仅仅活跃了学习的氛围也开拓了学生的视野，陶冶了英语学习情操。

2. 实施灵活的作业安排形式，激发学生兴趣

对于学生来说，越来越反感作业，尤其是必须板板正正写完的作业。因此我

们从学生的立场出发，必须创新作业形式，在对作业的安排布置上也应该灵活，避免学生产生厌倦心理，由此来激发学生对英语的学习兴趣。

3.完善英语小组合作机制，善于管理与组织

英语小组合作机制最主要的目的就是实现学生之间的沟通交流，在交流的过程中掌握每个人对所学知识不同的理解，进行归纳统一更大限度的接受英语学习重点。在小组机制的教学过程中教学环节肯定要环环相扣，为避免小组合作中只是某个人发言的情况我们必须要善于管理并进行合理的组织，努力做到教学环节多而不乱，交流多且有序，最大限度实现小组合作机制的优势。

4.教师突破传统教学观念，不断进行反思与创新

教师的教学观念是教学效果的重要影响因素，教师只有敢于创新才能在英语课堂中充分调动学生的学习兴趣并赋予学生足够的学习动力。要不断地对教学过程中出现的问题进行及时的反思，敢于突破传统的教学观念，通过真真切切的小班化教学调动学生的英语学习兴趣。尤其是教学资料不能局限于教材，要广纳丰富的英语教学资源，选取学生感兴趣的内容对教学大纲上的内容及时做出引导并补充。培养学生丰富的英语学习广度与深度，强化学生对英语的学习动力，进而提高英语课堂效率。

四、结语

小班化教学已经越来越普遍的应用于各大高校教学过程中，小班化的教学效果相对传统教学形式也发生了显著的效果。但要充分实现小班化教学的优势还需要我们继续进行探索，尤其是在英语课堂中，学生对英语的接受能力有差，更需要我们保持热爱去对待英语教学活动，达到更好的教学效果。

【参考文献】

［1］杨玉菊，田玫，徐丽英，等.关于双语教学的思考［J］.北京大学学报（哲学社会科学版），2007（S2）.

［2］汪百花.创造性使用《Go for it》英语教材［J］.才智，2008（11）.

［3］胡瑾，杨蔚.新农村建设背景下基础教育英语课程发展的思考［J］.才智，2009（13）.

［4］王琴;授之以鱼不如授之以渔——浅谈中学生英语自主学习能力的培养［J］.才智，2010（12）.

任务型教学在英语课堂中的运用

长春市绿园区教师进修学校　苏丽红

【摘要】任务型英语教学，就是在英语课堂教学中让学生用英语完成各种真实的语境和语言材料等的学习，将英语课堂教学的目标真实化、任务化，从而培养学生综合运用英语的能力。是以学生为主体，教师为主导，以培养学生综合语言运用能力为总体目标的教学方式。

【关键词】任务型教学；语言能力；主体；主导

任务型英语教学是英语教学的热点之一，《英语课程标准》明确指出：提倡任务型教学模式，把综合语言运用能力的培养落实在教学过程中，倡导体验、实践、参与、交流和合作的学习方式，实现任务的目标，感受成功，强调学生能用英语做事情，反对"单纯传授语言知识的教学方法"阐明了课程应从学生的兴趣、生活经验和认知水平出发，在发展学生综合语言能力的同时，还应提高学生的实践活动能力及人文素养。学生综合语言运用能力的培养很大程度上取决于教学的组织形式。现代教学理论认为，在教学活动中，学生应居于主体地位，教师居于主导地位。但在实际教学中，由于班级人数较多，以教师为中心的讲授式教学仍然是教学的主要形式，学生只能被动地听、抄、背，没有积极思考、发问、质疑的机会。这种单一的教学组织形式使学生感到枯燥乏味，在这种情况下，英语课堂教学要引进以学生为主体，以培养学生综合语言运用能力为总体目标的教学方式——任务型教学。

任务型英语教学是20世纪80年代在语言习得理论和交际教学思想的研究和实践基础上发展起来的有重要影响的语言教学理论。所谓任务型英语教学，就是在英语课堂教学中让学生用英语完成各种真实的生活、学习、工作等任务，将课堂教学的目标真实化、任务化，从而培养其运用英语的能力。教学中要以具体的任务为载体，以完成任务为动力，把知识和技能融为一体；作为课堂主体的学生，用所学英语去做事，在做事的过程中发展运用英语的能力。根据上述理论，外语课堂教学应包括"变化性互动"的各项活动，即任务。学生在完成任务的过程中，进行对话性互动，进而产生语言习得。

任务型英语教学的理念认为，仅靠英语知识的传授（学得）不会导致真正的语言知识。语言学习应强调"在做中学习"，使学生通过完成教师精心设计的任务来习得语言，完成交际任务的过程就是语言习得的过程。这一教学思想的提出，并不意味着以前一些行之有效的教学方式都应该淘汰。"教学有法，教无定法，贵在得法"。任何教学方式只要符合认知规律，只要能给课堂带来活力，就有其合理性。任务的设计以学生为中心，认真考虑学生的实际，把握任务的难度分级与排序，注意任务间的衔接，任务的设计要多元化。

课堂活动的任务化是英语教学培养创造性思维的具体手段。有了任务，学生的思维、直觉和想象就会遵循一定的方向展开，心智活动就会少阻滞、多流畅，就会在较少的时间内表达较多的思想；有了任务，语言学习就能从知识的讲解和规则的理解，发展到意义的表达和能力的培养。

《英语课程标准》中明确指出：提倡任务型教学模式，把综合语言运用能力的培养落实在教学过程中，倡导体验、实践、参与、交流和合作的学习方式，实现任务的目标，感受成功，强调学生能用英语做事情，反对"单纯传授语言知识的教学方法"阐明了课程应从学生的兴趣、生活经验和认知水平出发，在发展学生综合语言能力的同时，还应提高学生的实践活动能力及人文素养。学生综合语言运用能力的培养很大程度上取决于教学的组织形式。

在任务型教学中，很多任务都是通过合作学习完成的。合作学习将个人之间的竞争转化为小组之间的竞争。这有助于培养学生之间的合作精神和竞争意识；有助于因材施教，可以弥补一个教师难以面向有差异的众多学生教学的不足，从而真正实现使每个学生都得到发展的目标。小学英语教科书增加了许多学生在日常生活中熟悉并感兴趣的话题，提供了许多真实的语境和语言材料。因此，我们教师要充分利用好教材，以学生为主体，运用任务型教学，培养学生的创造性思维能力，鼓励学生自己思考，使他们能够用所学的知识来解决新问题。

任务型教学要求教师不断更新知识结构，适应现代社会发展对英语课程的要求。因此，教师应做到：准确把握新课程标准的理念、目标和内容，运用教育学和心理学的理论，研究语言教学的规律；根据学生的心理特征和实际情况，选择和调整英语教学策略，灵活运用各种教学技巧和方法；掌握现代教育技术，如多媒体和网络，开发英语教学资源；自觉加强中外文化修养，拓宽知识面，努力使自己成为具有创新精神的研究型教师。

为此，教师在运用任务型教学途径时应从以下几点出发：

1. 教师要营造良好的课堂教学氛围，建立民主平等的师生关系。教师应扮演助学者（回答学生的疑难问题），任务的组织者和完成任务的监督者，有时也加入到活动中充当学生的"伙伴"（partner）。教师应站在学生的角度，创设模拟交际的情景。

2. 教师要让学生明白任务的性质和目的，交代任务要清楚，要检查学生是否理解了任务的要求。其次，让学生明白完成任务的方法，任务的难度要适当，充分发挥学生的主体作用。

3. 任务的焦点是解决某个实际问题，这一问题必须与现实生活有着某种联系，这种联系应是具体的，贴近学生生活，学习经历和社会实际，能引起学生共鸣和兴趣，激发学生积极参与的欲望。

4.小组讨论前不要过多讲解，以免学生依赖教师的思路，不积极思考；请学生发言不要有任何偏向，如果教师经常叫那些能说会道的学生发言，其他内向的学生就会降低参加讨论的热情，因为他们可以按惯例预测出该由谁来发言，大多数学生就会心不在焉了。因此，要全方位的提问，让全班同学动起来，都要参与任务活动。

5.任务的设计和执行应注意任务的完成，即交际问题的解决，任务完成的结果是评估任务是否成功的标准。

6.任务的设计要有层次性，即一个任务的完成是下一个任务的前提条件。教师在指导学生完成任务的过程中，引导学生合理分配注意力，既注重语言意义，又能保持对语言形式的注意，从而使语言能力得到持续而平衡的发展。

在英语课程改革不断深化的背景下，倡导选择和运用任务型教学以期更好地完成课程目标，已成为一种历史的迫切需要。任务型教学要求教师转变教育观念和教学方式，由"教"变"导"，学生转变学习观念和学习方式，由"被动"变"主动"。任务型教学在给课堂教学带来了活力的同时，也对教师的素质、专业水平和创新精神提出了更高的要求，需要我们英语教师在实践中不断探索，不断反思，更新教育观念，时刻要与时俱进。因此，作为教师的我们必须不断学习新的教学理念，关注和尊重学生的需要，使每个学生都可以得到最大限度的发展。

【参考文献】

［1］英语课程标准．

搭建适宜平台，消灭英语课堂的"看客"

长春市绿园区四间小学　孙丽男

【摘要】小学阶段是英语学习的基础阶段，良好的基础直接影响学生的后续学习。但是随着年级的升高，学生两极分化现象逐渐出现，一些学困生成为课堂的"看客"，教师要给这些"看客"搭建适宜平台，使他们能积极主动参与到课堂学习中来，提高成绩，消灭两极分化。

【关键词】英语；看客；师生关系；参与；体验

从事英语教学工作近9年，我发现在小学高年段出现的两极分化现象一直是我们亟待解决的问题。

当学生升入三、四年级，我们就会发现，有部分学生由于种种原因对英语课失去兴趣，很难积极主动参与到课堂中来。升入五年级之后，这种两极分化现象更为突出。学优生已经可以和老师进行流畅的会话交流，能生动活泼地创设情境表演对话，而学困生的差距却相当大，诸如询问颜色，天气等的简单问答都会发生困难。他们羞于启齿，即使开口也是声音极小，相当没有自信。甚至完全沦为课堂的旁观者，彻底放弃学习，成为英语课堂上的"看客"，四十分钟的课堂成为煎熬。

关注英语课堂上的这些"看客"，是我们英语教师义不容辞的责任。

一、出现英语课堂"看客"的原因

1. 缺少兴趣，没有学习的积极性

英语《新课程标准》指出，基础教育阶段英语学科的教学任务是激发和培养学生学习英语的兴趣，使学生树立自信心，培养良好的学习习惯和形成有效的学习策略等。我们也常说"兴趣是最好的老师"。小学作为英语语言学习基础阶段，培养兴趣尤其重要。尤其是小学低年级的英语课堂，创建良好的学习氛围，建立融洽的师生关系，培养良好的学习兴趣，形成积极的学习动机，直接关系到当前课堂教学效果以及学生的后续学习。有的课堂教学方法陈旧老套，教学手段单一，没有充分掌握小学英语学科特点，强硬落实知识要点，自然无法激发学生学习兴趣。还有的由于教师自身性格关系，教学缺少感染力，也无法吸引小学生注意力，学生自然不愿意参与学习。

2. 缺少自信，没有知识获得的满足感

如果说兴趣是学习的基础，那么，学习自信就是兴趣的高级产物。我们不得不承认，想让小学生对课堂教学持续产生兴趣并不容易，那么在激发兴趣之后，我们要帮助学生建立学习自信，形成学习动机。英语课堂上，由于缺乏自信，不敢张嘴现象普遍存在，打破不了这层壁垒，学生自然成为课堂上的"看客"。

3. 缺少关注，成为课堂的"漏网之鱼"

小学英语教师所教班级多，班级周课时少，间隔时间长，再加上个别班额大等客观原因，有些学生没有被关注到，他们也就乐得做"鸵鸟"，久而久之，成了课堂的"看客"。

4. 语言智能发育迟缓

"加德纳智能理论"告诉我们，儿童的多元智能发展是不均衡的，有些孩子天生在语言智能上不占优势。如果教师不能及时给予更多的关注和辅导，就会逐渐落在后面，人在课堂，却如看戏。

二、搭建适宜平台，消灭英语课堂上的"看客"

1. 建立良好师生关系，给"看客"搭建学习的情感平台

教学实践证明，教师的教学效果不仅取决于教师的教学水平，而且与师生关系有关。教师是英语课堂教学气氛的主导者和调动者。营造良好的课堂氛围，首先教师的情绪应该饱满热情，对上课充满信心，带着自信和热情走进课堂，以良好的情绪影响学生，以生动热情的语言感染学生，全面调动学生的学习积极性。在教学过程中，应该给予学生充分的信任和肯定，营造安全的语言学习环境，多一些耐心，使学生不用担心因为错误甚至可笑的发音受到批评和嘲笑，敢于张嘴，乐于表现。

2. 课堂提问具有层次性，给"看客"搭建学习的参与平台

心理学研究表明：学生的学习兴趣，是在学习的过程中，由于经常体验到学习的乐趣，多次获得成功的满足，逐渐形成了一种比较稳定的学习动机和求知欲望。这成就感和自信心的建立主要来自于教师的课堂提问。

有的老师在教学中，为了顺利完成当堂教学任务，提问时不愿意在学困生身上耽误时间，有意无意之中剥夺了他们参与课堂的权利，这些学生也就在习惯之后失去提问的警惕，就成了课堂的"看客"。其实每个班中都存在"中间大——两头小"现象，即中等生占绝大部分。所以提问应以中等生为基础，同时兼顾学优生和学困生。让不同层次的学生都能真正参与到教学中来。对于英语课堂上这些"看客"，不能怕耽误时间而听之任之，也要给他们创建参与和展示的机会，难易要适度，可以从简单的认知层面的问题开始，比如读一读单词，说出简单的句子，这样将这部分学生拉入到教学中来，使他们体验到参与的快感，感受到成功的喜悦。

另外，提问应该具有策略准备。当学生给出正确完美的回答时，教师应及时做出反馈，给予表扬。当问题回答不够充分时，教师要适度调节问题的可行性。当学困生回答不上问题时，教师应鼓励其他学生帮忙，而不是让此学生一直站立感到难堪，更不应讽刺挖苦，影响其听课心情和学习的自信。

3. 设定不同的评价标准，给"看客"搭建成功体验平台

对于这些"看客"的评价，教师应做到适当横向激励，注重纵向比较。即当与其他学生做横向比较时，教师要注意榜样的激励作用，多作正面引导，肯定优点，多多鼓励，杜绝嘲讽。当与学生自身做纵向比较时，要关注学生的进步，让他们

看到希望，帮助其恢复学习的信心，体验成功的喜悦。更要注重多元评价，过程性评价，不以分数定性。有些学生可能口语差一些，但是听写能力很强，教师要肯定优点，促进其弥补不足，全面提高。

对学生的评价上，应该建立学生档案袋。但是，建立学生档案袋工作量大，教学对象比较多，很不具有操作性，怎么办？我建议，可以给学生建立成绩统计图。用折线统计图来记录学生的成绩点，这样可以很直观地看出学生进步与否，进步的幅度有多大，给学生一种看得见，体会得到的成功感。

4. 作业布置体现个体差异，给"看客"搭建知识巩固平台

转变学困生，是循序渐进的工作。不但在课堂教学中要根据学生差异教学，作业作为英语教学中的一部分，更应是教师考虑的重点。教师在布置作业时要灵活多样，针对不同程度的学生布置不同的作业，掌握学生的薄弱项，有针对性地布置作业。例如，在对待学优生上，我们可以要求其做会话及表达方面的作业，而对于学困生则可以从简单的认知水平上的抄写和阅读开始，循序渐进地安排，这样使学困生有信心，也有能力去完成作业。

5. 推行"一帮一带"，给"看客"搭建互帮互助平台

除了在教学中充分考虑到学困生的特点去因材施教，教师还应在课后给学困生热心的辅导。然而，在小学阶段，每位英语教师都要担任几个班的教学任务，工作量大，想逐个辅导的确不是件容易的事。这时候就要发动学优生的力量，鼓励他们发扬团结互助，共同进步的精神。可以实行"一帮一带"办法，一好帮助一差，一好带动一差。给每个"看客"安排一个协助者，由协助者负责每天帮助他们听说读写，并检查学习效果，及时向老师汇报学困生的学习情况。这样在学优生的带动下，促进学困生的不断进步，形成良好的学习风气。

通过以上这几点来帮助"看客"去转变，逐渐树立起学习的自信心，形成积极的学习动机，打破学习障碍，使其能够参与到教学中来，从而彻底消灭英语课堂上的"看客"。

自然拼读在字母教学中的实践

长春市第八十七中学小学部　宋欣航

英语字母教学作为学习英语的基础，是小学英语教学中的重要一环。字母教学是学生英语学习的起始，但由于学生基础薄弱，字母教学容易陷入单一枯燥的

学习氛围中，学生不了解字母，字母发音容易混淆，不注意将字母、字母组合的读音进行分类，从而陷入死记硬背的学习英语的形式。英语自然拼读法通过直接学习 26 个字母及字母组合在单词中的发音规则，建立字母及字母组合与发音的感知，让学生在轻松愉快的氛围中，了解和学习英语字母组合的奥妙，掌握英语拼读规律，从而达到看到单词就会读，听到单词就会拼的学习目的。这种教学法简单高效，符合小朋友学习语言的规律，且让他们在玩中学习，在学习中玩，不仅改变了学习英语时的枯燥氛围，还大大提高了学习效率。

一、利用自然拼读法，将字母音与字母发音一起记忆，夯实字母基本功

英语是一种拼音文字，它的句子由单词构成，单词由字母构成，所以对字母的发音准确掌握，对整个英语的学习都起着决定性作用。在低年段教学中要把好字母关，夯实发音基础，提升学生的英语学习能力。

自然拼读法的基本原理是要求学生掌握代表英语 44 个基本音的字母和字母组合即这些字母和字母组合在单词中的发音，而不是它们的名称音，如在自然拼读法中，辅音字母 b 代表 b，而不是读 /bi:/，元音字母组合 ai、ay 等代表 /ei/，以及一些英语拼写和读音关系的基本规律，让学生看到一个英语单词，就能读出来，或者想到一个单词，就能按照规律拼写出来，即做到见其形，知其音，听其音，知其形。

在字母教学中，我们首先要正确示范字母的发音，包括嘴型、舌位，将字母音与字母在单词中的发音一起记忆，通过丰富多彩的教学资源、教学活动、肢体语言帮助学生进行练习、巩固。例如，我在讲解沪教版牛津英语一年级上册 Unit 2 的 Letter 部分时（Cc, Dd），我是这样授课的：开课伊始，我为同学们准备了一首非常欢快的 Alphabet song，这首字母歌中，不光有 26 个字母的发音，还有他们在单词中的发音，A for apple, /æ//æ/ apple... 让同学们做好上课准备。通过复习字母歌谣 A for ant, B for bear. Ant, ant, ant. Bear, bear, bear. 复习上节课所学习的字母 Aa, Bb。呈现字母 Cc，告诉孩子们本节课我们要学习字母 Cc，向同学们示范 Cc 的发音 /s/+/i:/= /si:/，通过游戏操练字母 Cc 的发音。接着展示字母操 Cc Cc /k/ /k/ /k/，发音时强调清辅音 /k/ 的发音规则，做操时用手做出 Cc 的图案，两手握拳互相撞击模拟 "磕" 的声音。这种肢体语言使同学们能够很愉快地掌握字母的音，形及其在单词中发音。字母音及字母的发音教授完之后，我会出示本节课歌谣中的单词 cow，利用自然拼读的方法教授单词 /ka/，然后让同学们列举以字母 Cc 开头的单词，例如同学们会举出 cake, come, clock... 进一步练习字母在单词中的发音，

同时渗透拼读单词的方法。字母 Dd 的教学和字母 Cc 相同。在两个单词介绍完之后，出示书中的儿歌 C for cow, D for dog. A cow and a dog. A dog and a cow. 巩固字母及单词。字母读音与字母例词，歌谣的安排是一条语音暗线，教学时要努力让学生掌握字母的正确读音，并初步感知字母在例词中的读音，为以后学习语音奠定基础。

二、按照发音将字母归类记忆，避免发音混淆，更加准确地掌握字母音

为了更好地掌握 26 个字母的字母音，避免字母与字母之间发生混淆，要及时地对字母进行巩固和分类。将字母按读音进行分类也是字母读音教学的一个重要内容。可将字母分为七个家族，再对号入座，最终编成一首音素家族 chant 帮助学生记忆。A、H、J、K 是 A 家族，A、A 是族长。E 的家族有八位，BCDE、GPTV，E、E 是族长。[e] 的家族没有族长，它的成员有七位，FLMN, SX 和 Z。U 的家族有三位，UQW，U、U 是族长。I 的家族有两位，I Y，I I 是族长。R 和 O 单独住，它们自己是族长。在 26 个字母学完之后，每次课前几分钟就是字母的复习时间，这时，我会将字母打乱顺序出示，学生认读之后，我逐一将字母贴在黑板上，贴的顺序按照发音归类。如：A, H, J, K/ B,C,D,E,G,P,T,V/ F,L,M,N,S,X,Z/... 按照这样的发音规则能更加准确地掌握字母音，尤其是学生容易发错的 C/si:/ 而不是 /se/，H 的开头音是 /ei/ 而不是 /e/。

三、不断总结字母组合的发音规律，为单词的拼读、认读做准备

教授字母音的同时，平时在教学过程中，我们要注意字母组合的总结和积累，为单词的拼读打好基础。牛津英语三年级开始每个单元都会有 Learn the sounds 的环节。这一部分就是向学生展示字母组合及字母组合的发音，让学生在朗诵歌谣时练习，记忆字母组合及字母组合在单词中的常见发音。例如牛津英语四年级下册 Unit 1 Learn the sounds. (chick, chair)，这一部分主要通过单词 chick, chair 及含有字母组合 ch 的单词的歌谣，让学生们感知字母组合 ch 的发音，同时操练该字母组合在单词中的发音。这一部分我是这样操作的，首先播放歌谣动画让同学们感知 ch 字母的发音，Charlie has a chick. Charlie has a chair. Charlie and his chick. Are sitting on the chair. 播放完动画后我会问孩子们 ch 字母组合在这里发什么音？然后正确示范 /t/ 的发音，领读歌谣中含有 ch 的单词 Charlie, chick，chair。接着利用幻灯片出示含有更多 ch 字母组合的单词 lunch, child, chicken... 让同学们头脑风暴讨论这些单词的读音，练习自然拼读能力，最后跟读书中的歌谣，强化记忆。

英语字母教学在小学英语学习中有着至关重要的地位，因此通过自然拼读法在小学生学习英语的开始阶段建立英语字母代表发音的观念，建立字母及字母组合与发音的感知，可以让学生在轻松愉快的氛围中，掌握英语字母及其在单词中的发音，积累字母组合，练习拼读规律，为之后的英语学习奠定坚实的基础。

【参考文献】

［1］高敏．自然拼读法在小学英语教学中的应用［J］．基础教育，2005，12，7（6）：62．

如何激发和保持小学生在英语学习中的兴趣

长春市绿园区宁静小学校　白　波

根据《英语课程标准》，义务教育阶段英语课程的总目标是：培养学生综合语言运用的能力。这必须建立在语言技能、语言知识、情感态度、学习策略和文化意识等方面整体基础之上。积极的情感态度有利于促进学生主动学习。而在分级目标中则这样提到：达到一级目标，要对英语有好奇心，喜欢听他人说英语，在学习中乐于模仿，敢于表达，对应于具有一定的感知能力。对学习中接触的外国文化习俗感兴趣。达到二级目标，要对继续学习英语有兴趣。在学习中乐于参与、积极合作、主动请教，初步形成对英语的繁殖能力和良好的学习习惯。乐于了解外国文化知识。

情感态度指兴趣、动机、自信、意志和合作精神等。保持积极的学习态度是英语学习成功的关键。教师应在教学中不断激发并强化学生的学习兴趣，并引导他们逐渐将兴趣转化为稳定的学习动机。

小学英语教学是学生学习英语的起始阶段，其主要任务是培养学生学习英语的兴趣，激发学生自觉地探求知识的欲望。心理学家布鲁纳认为："最好的学习动机是学生对所学内容产生深厚的兴趣。"也就是说，浓厚的兴趣能调动学生的学习积极性，启迪智力潜能并使之处于最活跃状态，激起强大的学习动力。"兴趣是最好的老师。""兴趣可以为我们营造一个欢乐的、积极的教学环境"，所以教师要注意在英语课中找到兴趣点，让这样的快乐与积极并存的气氛在英语教学中滋生并稳步前进，贯彻始终，就能提高小学英语教学效果。怎么才能让学生们感受到英语学习的乐趣呢？从小学生的心理特点出发，我们可以尽量运用主动、形象、直观的教学方法。

在课堂教学过程中，注意学习兴趣的培养给学生创设快乐的教学情境，创造和谐、轻松、愉快的学习氛围；采用灵活多样的教学方法，组织学生进行广泛的语言实践，通过多种手段激发学生使用的热情，开展有趣的课堂活动，加强对学生学习兴趣的培养，学生的学习兴趣将变为参与实践的动力，使课堂教学绘声绘色，激发学生的学习积极性。这样，学生不仅会喜欢上英语课，更能主动争取机会参与课堂活动。如何才能实现以上构想？

一、寻找利用学生的兴趣点

如何才能寻找到学生的兴趣点呢？很少有孩子的兴趣点会落在学习上的，他们的兴趣更多地集中在课外和生活中的许多玩耍和娱乐活动上。所以要激发学生对英语的学习兴趣，还应该多关心学生在生活中的表现，关注学生在各类活动中的兴趣集中点，只有了解了学生的兴趣所在，才能以他们的兴趣为出发点，营造让孩子们感觉和谐、轻松、愉快的学习环境，创设吸引他们，能激发他们学习兴趣的课堂教学情景和环节。

在我们北方，冬天的时候，孩子们都会做一些比较有意思的户外活动，例如：踢毽子，跳绳，堆雪人，做冰灯，挖雪窝，滑雪，玩冰滑梯等。所以，我在与学生的日常交流中就多注意这方面的话题，注意发现他们生活中的兴趣爱好。在英语课堂中从这些兴趣出发，讨论一些学生感兴趣的问题或做一些学生喜欢做的游戏，教学的内容和过程对学生们的吸引就大了起来。例如：在教授"What sport...do you like？"这个句型时，除了书中的基本课文和话题外，在布置预习作业时还加了这么一个问题，"What sport...do you like in winter？"这是一个拓宽的问题，有利于学生在语言学习中养成自觉拓展知识的好习惯，提高英语水平。而且，当学生上完这堂课后做课外活动的热情更高了，而且也经常能听到他们在说："I like making a snowman."这不正是我们广大英语教师所乐于见到的吗？

在课堂中，将所谈论话题的答语设计为学生们感兴趣或者当下比较引人注意的内容。例如：在教授"Who's he/she？"这个句型时，教师可以出示一些孩子们比较熟悉和热衷的动画卡通形象和明星图片，比如，TFboys、乐迪、孙悟空、佩奇、喜洋洋灰太狼、海绵宝宝等，学生会感到很亲切和熟悉，参与课堂活动与回答老师提问的积极性会很高，课堂教学气氛非常活跃！

了解学生的兴趣点，就可以通过对这些兴趣点内容的运用激发和促进学生学好英语的兴趣。

二、因材施教，鼓励并表扬，激发和保持英语学习兴趣

并不是每个学生都愿意在大家面前表现自己，有的学生性格内向文静，比较害羞，他们不敢或是不愿意当众发表自己的意见。成功的小学英语教学应该鼓励孩子们多听英语、多说英语、多用英语，而不是让学生在课堂上因为面对自己不喜欢的学习方式或表达场景，产生压抑感和挫败感，进而对英语课堂产生畏惧心理。我们就是让他们在英语课堂上要积极大胆地表现，引导他们在英语课堂上将性格慢慢变得外向，克服害羞心理，乐于当众发表自己的意见，勇于面对自己的失误并加以改正，从而不断进步。

要达到这样的目的，不但要耐心倾听和适当鼓励，还要帮助他们树立自信、克服害羞心理，更要找恰当的时机给予他们更多的表现机会，课堂上尽量多提问他们一些适合他们的问题，对于他们的每一次回答都认真倾听和对待，及时给予鼓励，精彩的时候要让全班同学给予他们掌声。不要只肯定喜欢表现、接受能力强的学生，应该设法帮助每个学生体会学习成功时获得的快乐幸福感，这是激发和进一步保持学习兴趣的巨大力量，并能使学生产生学好英语的强烈欲望。

具体到课堂教学中，教师可以根据对学生的分析，分层创设不同层次的学习目标。如有的学生英语书写整齐标准，可以让他为大家做书写示范与纠正讲解；有的学生口语表达能力强，可以让他成为"英语朗读课代表"。在得到肯定和鼓励后，学生们的学习兴趣将被充分激发，并得到保持。

三、利用比赛的活动形式，激发兴趣

小学生爱表现、喜欢玩。游戏和比赛是小学生愿意做的事情。比赛可以调动他们参与的积极性，"水激石鸣，人激则进"。在英语课堂上，创设比赛情境，设计一些有比赛性质的游戏，既可以活跃课堂气氛，又能够提高学习兴趣。

例如：在教授食品类的名词时，让一个学生做一个动作，用肢体语言与表情

来做演示，也可以用简单的语言描述一些特征，同学们比比谁猜得最快、最多。可以分组进行，猜对加分，选出谁是优胜者。学生们非常乐于参与进来，兴趣极浓，原本单调乏味的课堂教学，成了学生心心念念的愉快时光。不仅激发了学生的学习兴趣，在比赛和游戏中得到的知识，印象深刻，不容易遗忘。

另外，中高年级，可以每学完一单元，开展一次朗读或者改写活动，将成果与同学们交流，期末检查的时候，在班级乃至年级进行展示，特别优秀的甚至可以找时间在全校同学面前展示。

英语教学中，有一些耳熟能详的游戏，如："开火车""找朋友""夺碉堡""争冠军""当医生"等，都是有比赛性质的游戏，这些游戏，既可以活跃课堂气氛，又能消除学习的疲劳，让英语学习成为一种乐趣。学生们热情高涨，极好地激发了他们的学习兴趣。

四、精心设计导入环节，激发学生学习兴趣

"好的开始是成功的一半"，用一个精彩的开端导入新课，学生自然地进入学习新知识的情境，利用已有的知识储备，轻松地完成新知识的学习，获得轻松愉悦的学习体验，也能激发学生学习的情感和兴趣，使学生乐学爱学。所以，导入环节的设计就变得重要起来。精心设计导入环节，引生入境，让学生快速进入学习状态。导入的方法多种多样：歌曲导入、对话导入、故事导入、问题导入。一个精彩的开头方式能让我们的教学导入环节事半功倍。

五、用实物化、具体化的评价方式，激发学生学习兴趣

我们还可以利用实物奖品，使评价具体化，来提高教学效果。低年级的学生对老师的每一句表扬都很在乎，一朵小红花，一张小粘贴，一块小橡皮都能令他们兴奋许久。我曾经在低年级字母教学的课堂上，给那些学得快、发音准、记得牢的学生发字母形状的小橡皮、小粘贴，得到的学生更加热情洋溢，没有得到的学生就会变得更加积极，集中注意力，认真听课，大家都想得到奖品。对成人毫无吸引力、不会多看一眼的小东西，对孩子们有着巨大吸引力，对在英语学习的初始阶段激发学生们学习英语的兴趣有极大的作用。

六、开展内容广泛、形式多样的英语课外活动,激发和保持学习兴趣

兴趣的根源在于运用。给学生更多的运用英语进行实践交际的机会,能够激发和增强学生学习英语的兴趣,这种机会我们可以通过组织适当多样的课外活动加以提供。这样就可以帮助学生把课堂上获得的知识运用于生活实践,使学生不断在活动中获得承认,增加学生学习和使用英语的兴趣与信心,坚持这样的活动,可以长久保持学生对英语学习的兴趣。

办英语小墙报,讨论学习中遇到的问题,交流运用得当的好的学习方法、英美文化习俗与汉文化的差异,适当介绍一些学习方法、英语歌曲、谜语、游戏等,也可以举办英语展示会、表演英语会话或短剧等。结合实际组织英语竞赛。如:英文书法比赛、朗诵比赛、单词拼写比赛、单词接龙比赛、作文比赛、英语讲故事比赛等。让学生在这些活动中受到激励和感染,提高英语学习兴趣,长久保持学习英语的兴趣。

兴趣是个体对特定的事物、活动及人为对象所产生的积极的和带有倾向性、选择性的态度和情绪。兴趣是推动学习的内在动力。小学英语课程的一个主要任务就是激发和培养小学生学习英语的兴趣。因此,在小学英语教学中,我们应重视培养和帮助学生保持学习英语的兴趣,增强其学习英语的动力,促进学生的英语学习。

总之,英语学习,激发学习兴趣是要务。学生语言能力最终发展程度的高低与英语学习兴趣的程度有很大的关系。失去了兴趣,无法更好地学习这门用来交际的语言、培养综合语言运用能力与日常交际能力。所以,在向学生传授语言知识与技能的同时,我们还要重视培养和保持学生对英语的学习兴趣,更好地完成小学英语最终的教学目标。

信息化环境下小学生英语学习力的培养探究

长春市绿园区宁静小学　王　亮

【摘要】在信息技术迅猛发展的今天,学会学习、终身学习已成为衡量人才的重要标准。当下的教育重点已由"学会"向"会学"转变。作为小学英语教师,我们要充分利用信息化技术手段与教学手段相结合来帮助学生培养英语学习力。

本文在已有学习力研究的基础上,从学习动力、学习能力、学习毅力及学习创造力四个方面对信息化环境下,小学生英语学习力培养的策略进行了探究。

【关键词】信息化;学习力;小学英语;培养策略

一、信息化教学及其优点

信息化教学指的是利用信息技术促进教育变革、推动教育现代化的教学过程。信息化技术手段多种多样,应用到教学领域,能使课程资源变得更加丰富,提升孩子学习兴趣、寓教于乐、重难点突出,有效培养孩子应用能力与自主学习能力,提升学习力。

二、小学生英语学习力

(一)学习力概述

"学习力"一词最早源自管理学领域,后逐渐迁移到教育范畴。国内外众多学者就学习力的内涵进行了不同的阐述,综合比对后,笔者认为学习力是一种能力,学生通过它能够获取知识、分享知识、运用知识及创造知识。学习力主要由学习动力、学习能力、学习毅力及学习创造力四大要素构成,它们既相对独立又紧密联系,为学习者的终身学习提供能量。

(二)培养小学生英语学习力的意义

学习力是信息化时代小学生最重要的能力之一,对学生的成长成才十分重要。培养小学生英语学习力,能有效促进他们全面发展,在掌握英语知识的基础上提高其终身学习的能力,因此这也是英语教师在教学过程中要对学生侧重培养的地方。

三、信息化环境下小学生英语学习力的培养策略

利用信息化技术手段能有效提升小学生英语学习力,接下来,笔者将结合学习力的四要素进行阐述。

(一)学习动力

学习动力指学生对于学习的欲望,是一种内部力量。它主要解决的是学生"为

什么而学"的问题，主要包括学习动机、学习目标、学习兴趣三个方面。教师可利用信息化技术手段来提升学生的学习动力。

比如在课前，通过班级微信群分享一些小学生在日常生活中流利自如地说英文、用英文的小视频及小学生参加英文演讲比赛、配音比赛等视频，鼓励学生增强学习动机。此外，每节课前，教师可组织几名口语较好的同学录制一个运用本课所学内容进行实际场景交际的小视频，继而分享给大家，让孩子们明确学习目标，且在心中埋下一颗"我能行"的种子，"跳一跳"就能够得着，帮助孩子提升信心，培养孩子成就感。且在课堂教学的最后环节，同样创设情境，给学生提供表演的舞台，鼓励大家运用所学进行展示，提升学习动力。此外，一些评价机制同样能增强孩子的学习动机。

兴趣是最好的老师，信息化辅助培养小学生英语学习兴趣，提高学习动力。教师可向学生推荐英语趣配音 App，里面不仅可以给喜欢的小动物进行配音，而且还有我们英语外研社配套教材的配音，孩子们在一词一句的模仿中，感悟地道的语音语调，学习地道表达、综合提升口语能力。此外，教师可介绍一些适合小学生特点的英文动画片、电影等供学生课余时间进行观看，沉浸到英语的环境中，培养语感，了解西方文化，培养跨文化意识。推荐 WOW ENGLISH TV 超级趣味英语，里面生活化的场景妙趣横生，重要词汇巧妙重复，非常适合小学生。此外，英文歌和小 chant 都能很好地提高学生英语学习兴趣。教师课前录制好小 chant 和英文歌的微课或小视频，通过班级微信群等方式分享给大家，孩子们课前观看，提前预习，上课再学习时会达到事半功倍的效果。

（二）学习能力

学习能力指个体通过有效的学习方法来识别、获取、加工、利用和管理信息的能力，分析以及解决具体情境中存在的问题的能力。它主要解决的是学生"如何有效率学习"的问题。借助信息化教学手段进行辅助教学，可有效提升学生学习能力。下面将从微信、微课、App 三个方面进行阐述。

1. 微信

微信是人们日常使用频率颇高的一款软件，能即时发送图文、视频等，已成为辅助教学的重要手段。

以小学英语教学为例，教师可在课前把教学目标、重点词句、情境对话等内容制作成视频片段或微课，再通过微信群或公众号分享给学生，学生提前预习。课上则以学生为中心，教师先总结和反馈学生们的问题，再通过 ppt 与课堂游戏相结合的方式来操练重难点内容，继而根据课前提供的情境，让学生在课上进行展示，提高学生语言应用能力。课后，教师分享与本单元内容相关的学习资料、拓展视频、重难点练习题、影视片段等，稳步提升学生的学习能力。

2. 微课

微课是一种微型的数字化教学资源，以教学视频片段为主，反映教师在课堂教学中针对某个知识点或教学环节而开展教与学活动的各种教学资源的有机组合，时常一般在 10 分钟左右。学生可以在课前通过微课自主学习老师录制或分享的教学内容，对重点内容做好预习。此外，教师还可整理旧课知识点，制作成微课分享给学生，供大家巩固复习，循序渐进地提高学习能力。

3. App

App 指手机应用软件。教师可推荐符合小学生年龄特点的英语学习类 App 来帮助培养学习能力。比如上文提到的英语趣配音，再比如帮助孩子学习单词的有道少儿词典 App。该软件集自然拼读、查单词、学单词、单词听写、单词拓展于一身，可以帮助孩子高效学习，及时检测，功能强大。诸如此类的英语学习类 App 还有很多，有待老师们去探索去发现，继而分享给学生使用。

（三）学习毅力

学习毅力指学生在学习过程中所具备的自觉、自控、克服困难、坚持不懈的意志。它是学习行为的保持因素。利用信息化技术手段，及时评价与反馈能很好地强化学习效果，保持学生学习毅力。

在信息化环境下，教师可利用多媒体在课上对孩子们的表现情况进行及时的评价与反馈，比如通过 ppt 呈现出竖大拇指的图片、设置鼓掌的特效等。此外，还可以给表现优秀的同学发放电子奖状、小红花等，鼓励学生不断努力，不断进步，保持学习毅力。当学生有了足够的成就感后，会感受到学习的乐趣，自主地投入到学习中去。此外，教师还可通过晓黑板、钉钉等 App 对学生学习情况进行检测并给予及时的反馈。

（四）学习创造力

学习创造力是个体将学习成果有创造性地运用到实际的能力，是学习力的最高层次。

教师可借助多媒体技术与情境教学法相结合，通过设计制订逼真的情境，鼓励学生思考相关问题，让孩子们通过小组合作等方式身临其境地运用所学，进行对话，有助于培养学生的学习创造力，让孩子们对所学内容融会贯通，举一反三，灵活运用，培养创新精神、合作能力的同时着实提高语言应用力，提升学生英语学习创造力。

四、总结

学习力能为学习者的终身学习提供能量,是信息化时代小学生最重要的能力之一。教师应充分利用多样化的信息技术手段与教学手段对小学生的英语学习力进行培养,使他们不仅"学会"而且"会学",培养学生英语核心素养,开阔学生视野,形成跨文化意识,发展创新能力,为学生的终身发展奠定基础。

【参考文献】

[1]王亮.信息化环境下医护类高职英语教学研究[J].教育现代化,2018,(15):220.

[2]石建军.教育领域学习力研究综述[J].现代教育,2017,(20):7.10.

[3]刘玲洲.高中生英语学习力的探究[J].海外英语,2012,(12):26+30.

[4]周艳平.智慧时代中职生学习力提升研究[D].江苏师范大学,2018.

[5]黎洁媛.初中生英语学习力问卷的初步编制[D].湖南师范大学,2018.

[6]李洪玉,何一粟.学习动力[M].武汉:湖北教育出版社,2011.

爱可以点燃希望

长春市绿园区同心小学　张春艳

在教育的过程中,孩子犹如一颗花种,但是他们的花期各不相同,这就需要我们老师用爱去呵护他们的成长,用心去陪伴他们长芽生叶。

我是一名英语教师,从事英语教学数年。讲台上的我,对工作一直有一份执着的热情。但有一位学生却让我"头疼不已"。Bob是所有老师公认的"调皮鬼",所有的老师都在控诉他如何如何不听话、学习让人头疼等。在无形中,我也对他有了不好的印象,听之任之。记得有一次英语测试,作文是描述自己的班级,同学们都写得不错,可当我看到Bob的作文时,发现他的卷面特别整洁,而且内容较长,可仔细一看,如此的长篇大论只有两句话重复组成,就是卷子上给出的"This is my classroom.It is big."看完之后,我真是又气又恼。和他谈吧,如同对牛弹琴,讲道理吧,感觉效果不是很好。这种矛盾的心理,让我的心情一直无法平静。

清晨早自习的铃声响起,同学们都在认真地准备今天的课程,他却无聊地将课本从前翻到尾,从尾翻到头;课上同学们认真听讲、积极回答问题,只有他无所事事，时而玩弄手中的橡皮、尺子，时而和后面的同学做一下鬼脸。做作业的时候总是东瞧瞧、西望望，一会儿趴在桌子上，一会儿碰一下同桌，等到快下课的时候，把别人的作业抢过来，照猫画虎一番，这种哭笑不得的作业真的让我头疼！在一次单元的测试中他仅得了30多分，他接到卷子后随手揉乱了扔到书桌里。这一情景恰巧被我注意到，当时我很生气，于是我把他叫到办公室询问原因，他理直气壮地说："我英语基础太差，跟不上了！" 由于他的语气不好，我把他训斥了一顿，他哭了，哭得很伤心。就在这一瞬间，我感到我面前站着的这个孩子有很强的自尊心，也意识到自己这种冲动的大声斥责可能是徒劳无益的，同时，我内心产生了一种慈爱之心。于是，我让他坐下，说道："你考不好知道生气，说明你很要强，你还想把英语学好吗？"他点点头。于是我开始指导他如何最快地取得进步，我从英语的语言特点到英语学习的重要性，到学习方法，一一向他做了介绍，并根据他的实际情况给他留了每天的学习任务，还一再鼓励他，最后，他非常感激地离开了办公室。

接下来的几天，我始终注意观察他的听课状态，并用较简单的问题向他提问，随之鼓励他，明显的，他已在进步之中了。一天放学后，我走到二楼楼梯口，他主动走向我说："老师，我英语现在按照你说的去做，明白点了。" 在接下来的测验中，他考了50多分，主动找到我说他没考好。我说："你已经进步很大了，你不能一口吃个胖子。"后来，在一次测验中，他居然成为全班几个90分以上的同学之一。我虽然对他的成绩有所怀疑，但并没有直接盘问他。怕伤了他的自尊心，而是从正面得到了他的答案。我说："这单元考得这么好，怎么学的呢？"他说："老师，这次考的我几乎全会，单词我妈都考过我了。你讲的重点句子我全默写过。我也没想到这么好。"这时，我意识到我的怀疑是多余的，也庆幸自己当时的理智。我与他分享着初次成功的快乐。我说："如果以后每单元你都能这样去做，综合起来，你的英语就了不起了。"他摸摸后脑勺，笑了。我说："只要你有恒心坚持下去，你一定能行。"

高尔基曾说过："谁最爱孩子，孩子就爱他，只有爱孩子的人，他才可以教育孩子。"我与孩子们经历了大大小小无数的事情，在这些经历里让我深深地懂得，只有带着爱走进他们的世界，才能有心灵上的碰撞。

每一个孩子都是天才，每一个孩子都隐藏着巨大的潜能，但我们教师往往会下意识地更加喜爱那些学习成绩好、遵守纪律的学生，时不时地给予表扬。与此同时却忽视了另外一些孩子：他们总是坐在教室里不起眼的角落，他们的学习成绩也许并不出色，但是他们却很有礼貌，他们能用废品制作出一件件美丽的工艺品，他们讲故事讲得绘声绘色。还记得那个平安夜的早上，我走进办公室发现办公桌上堆满好多五颜六色的平安果，办公室里的老师都是羡慕的眼神。第一节课下课后，我刚回到办公室，浩迪走过来，悄悄地递给了我一个没有任何包装的大苹果，我对他说："谢谢，这个平安果留给你吃吧。"他坚决地说："不，老师，我家里还有好多苹果呢，这是那里面最大的一个，我送给你！"孩子的话让我无法拒绝。他是班级里有名的淘气包，竟能把自己认为最好的东西送给我，可想而知，我在他的心中是多么的重要。对，孩子的世界就是那样的单纯，那样的简单。罗杰斯说过，爱就是深深地理解和接受，爱能让每一个孩子都喜欢上你，就像春风吹来，每一片树叶都能以口哨响应。当你心中装满了对学生的爱，你会更懂得珍惜孩子的天真，你会更善于发现孩子的优点，你会更尊重孩子的个性。

一个清新的午后，一群正在上初中小班的孩子月考放假特意回校看望我，有一个平时很腼腆的小女孩一见到我就马上扑到我的怀里，她仿佛是找到了停靠的港湾，孩子小声地啜泣着说："老师，我可想你了，可是没有时间回来看你，今天终于碰到了。"对于孩子的这种表现，我顿时不知所措，不知如何去安慰她，此时她竟然抹着眼泪对我说，"老师，我没事，只是特别想你。就想这么抱抱你！"我摸着个子快要追上我的她，内心真的无法用语言来表达。从孩子那质朴的语言中，我读懂了只有真正的爱，才是通向彼此的桥梁。

作为老师，我很幸福。我只是做了我分内的事，只是多付出了一点点的耐心和爱心。但我真的感到，爱可以撑起一片蓝天，爱可以驱逐孩子心头的阴霾；爱可以让孩子们的笑脸在阳光下更灿烂；爱可以点燃希望！让我们用耐心与慧心，履行自己的天职，成就学生，完善自己，无怨无悔地守着这一方净土，执着这一份信念，创造自己美好的人生。

如何有效地进行小学英语词汇教学

长春市绿园小学南校　宋　爽　李芹芹

一、研究的背景和意义

在英语学习的过程中，词汇学习占有重要地位。尤其在小学阶段，学生对词汇的掌握情况直接影响到英语的学习。但在教学中，教师的词汇教学方法和学生词汇记忆方法不当，往往降低了学生学习英语的兴趣，阻碍了学生英语听说读写能力的提升，因此，如何有效地进行小学英语词汇教学，成了小学英语教学中一个值得研究的问题。

二、词汇教学中的问题

（一）采用单一的教学模式

教学中，教师为了完成课时任务，部分教师在讲授时仍然采用单一的读、讲、译的教学模式，机械操练的方法，学生只是被动地接受，这大大降低了学生学习英语的兴趣。

（二）忽视语言环境的创设

教师在教学中不能创设情境，忽视整体教学，使单词学习成为一项孤立的活动。不能在听、说、读、写中学习和运用单词，只是根据单词表的内容让学生识记。使学生的英语词汇学习成为一种单纯的词汇记忆。

（三）学生不会拼读的机械记忆

学生在学习英语词汇时，多是机械记忆，并不会遵循发音规则去识记。如good，学生会按字母 g-o-o-d 去背，正是这种方法，学生经常会出现记忆混淆，并进入"背了忘，忘了背，背了还忘"的怪圈儿。这种记忆方法，无形中增加了学生学习英语的负担，学生背单词慢且真正掌握的词汇量远远不够，从而阻碍英语听、说、读、写能力的提升，使学生觉得学习英语枯燥无味，对英语学习望而却步。

三、提高词汇教学效果的方法

小学生的认知还处于简单状态，在小学英语教学中，词汇教学最为普遍，所以词汇教学在小学英语教学中的重要性不言而喻，针对词汇教学的教学方法，我总结以下几点：

（一）词汇的呈现与操练

小学生的学习认知是从简单到抽象、由低级到高级的过程，小学时期学生的认知能力较低，所以词汇的呈现方式要简单易懂。通过一些实物直观、形象的表达、生动的表情和有趣的动作等来激发学生学习的兴趣，挖掘学生的潜力，提高学生学习的积极性。

1. 词汇呈现的方法

（1）故事导入

在英语课堂中，故事对学生积极性的调动是毋庸置疑的，老师需要把知识变成故事，让学生在一个轻松的环境下感知故事所带来的知识。故事导入通常是会吸引学生的注意，使他们产生好奇心，主动去思考所学内容，这样的学习效果显著，尤其是对那些抽象的生僻的词汇，故事导入会给学生留下独特而深刻的印象。英语课堂是学生语言输入的有效阵地。在故事中学习，提高学生的听力和让学生模仿正确的语音语调，陶冶情操，丰富想象力。如，在学习沪教版三年级上册 Unit10 Numbers 这一课时，我们可以通过故事 Two old people are waiting for the bus. They can't see the number on the bus. They say "Can you help us？" Bus No.625 is coming. Let students look at the picture and help the old people. 通过故事导入和师生问答呈现相关词汇，激发和培养学生学习兴趣。如图：

（2）实物导入

小学英语中所接触的词汇，多数为日常生活所用到的词汇，比如文具、水果、食品、玩具等。老师可以直接用实物来进行词汇教学，通过实物直观展示并创设情境，学生可以对所学词汇有更直观具体的印象，降低英语学习的难度，同时学生也对词汇理解更直观、具体。如，在讲授 toys 一课时，可以让学生带来自己喜欢的玩具，并通过所学相关词汇进行描述和对话练习。

（3）图片，简笔画，教具导入

如房间、位置、天气、动物等，这些不方便用实物进行教学的词汇，可以用彩色的纸做成直观性的教具，或利用图片展示，以及学生最喜欢的简笔画来展示，这样不仅能让抽象的单词变得易于理解，还可以调动学生的想象力进行举一反三，让孩子们进一步理解所学单词。如，在讲沪教版四年级上册 Unit 11 Shapes 时，教师可以通过"七巧板"来呈现词汇，也可以通过简笔画进行学习和巩固本课词汇。

（4）音乐歌曲导入

新课改要求学生德智体美全面发展，音乐本身是一种美的享受，还能增添课堂生机，小学阶段的学生对音乐教学的接受能力，要胜于单纯的文字教学。音乐导入不仅让学生在不知不觉中进入所学课题，还能让学生易于接受，教学效果也会有效提升，使学生熟记所学知识，回顾乐曲时也是对知识的巩固。在学习沪教版四年级下册 Unit6 Music 一课时，通过歌曲导入，并让学生说说在音乐中听到或看到的乐器，呈现本课相关词汇。

（5）多媒体应用、游戏导入

视频即可看又可听，游戏即可玩又可练，这样的导入方式会达到事半功倍的效果。小学阶段的学生天性爱玩，对趣味性较强的学习方式具有较为浓厚的兴趣，我们应让孩子发挥这种天性来接触所学知识，这种方法可以让学生的参与度尽量达到百分之百，让学生从被动学习转化为主动学习。在讲沪教版三年级下册Unit4 Animals in the zoo时，通过听动物的声音猜猜是什么动物，由此呈现词汇，学生对此十分感兴趣，激发了学生学习词汇的欲望。

2. 单词操练

小学英语的教学目的是"激发学生学习英语的爱好和学习能力并感受外国文化，使学生大胆开口说英语，体会英语学习的趣味性，通过语音和书写的学习，为以后英语学习奠定基础，从而培养学习英语的良好习惯。"因此，在词汇操练阶段，不仅要讲究趣味性还要讲究实效性。以下，从听、说、读、写四个方面对词汇教学方法进行阐述。

（1）听

① 用大小声（老师大声，学生小声，老师小声，学生大声），也可更换其他人。

② 在黑板上画上 /\/\/\/\/\/\ 低处为小声高处为大声。

③ 将其中一位学生A请至台前并背过身去，其他人将物品藏起来，让学生A找所藏物品，当A离物品近时，其他学生大声提示，当A离物品远时，其他学生小声提示。

（2）说

这是英语课堂中最常出现的部分，让学生大胆地说出来，让每个学生都参与进来。

① 根据口型来读单词。让学生观察口型来试着把单词说出来，这样的方法既能让学生思考发音口型的音，也能让学生来自主地对单词进行拼读。

② 通过"开火车"游戏读单词。该游戏能够让每个学生都参与到英语学习活动中来，并使学生的注意力集中。

③ 通过Chant来读单词。简单有韵律的Chant，是学生最喜欢、最感兴趣的，教师可以通过词汇替换练习，让学生改编Chant。培养学生的英语学习兴趣和自主学习能力。

④ 通过自然拼读来读单词。小学阶段的语音规则教学，目的就是培养学生的拼读能力。当下最为流行的教学方法要属"自然拼读"了，为我们今后背单词、进一步的英语学习打下坚实的基础。有的人可能会疑惑，为什么在现阶段要学习自然拼读呢？因为它通过让学生认识字母和字母组合，通过发音做到见词能读、听音能写。举个例子，在学习汉字之前我们都要学习拼音，看见不认识的字我们通过拼音查字典，只要有了拼音，任何不认识的字都会轻松地读出来。其实，英语中的自然拼读就相当于汉语中的拼音，即使比较生僻的单词，通过发音规律也可读出。英语中80%单词都符合拼读规则，经过系统的学习和反复练习，可以熟练发音和默写。

这种教学方法符合小学生的语言规律，在学中玩，玩中学，提高学习效率，是一种效果显著的教学方式，比较适合小学的英语教学，也对词汇教学做中的部分。其中：

Aa /æ /Bb/b / Cc /k/ Dd /d / Ee/e / Ff/ f / Gg / g/

Hh /h / Ii / i/ Jj/ j/ Kk/ k/ Ll/ l/ Mm/ m/ Nn/ n/

Oo/ o/ Pp/ p/ Qq/kw / Rr/r / Ss/ s/ Tt/ t/

Uu/u / Vv/v / Ww/ W/ Xx/ks / Yy/i / Zz/z /

这些都是字母在单词中最常发的音。用这样的方法一些简单单词学生都可以进行自然拼读，如：

Aa Aa Aa /æ / /æ / /æ / apple apple apple；

Bb Bb Bb /b / /b / /b / bag bag bag

还有一些字母组合：ee, ea, ear, ere, air, oi, oo, ai, ay, oa, oy, ou, sh, ch, th 等，都是有规律可循的，学生学会自然拼读后，不仅见到生字能够读出来，而且背单词的难度也会相应降低。掌握了这些规律后，可以进行适量的有效单词训练，如：在单词呈现后进行单词游戏，让学生进行自然拼写，擦掉单词某个字母组合让学生猜，Which letter is missing？

（3）读

英语词汇学习的目的就是把词汇进行应用。在口语交际中需要，在文章的阅读中也同样需要。给学生准备相关词汇的绘本进行阅读，让学生通过阅读来掌握和理解词义，并通过词语的替换练习来掌握词汇。

（4）写

听写单词作为听、说、读、写的最后项，是由于听写单词需要掌握听力、拼写、书写能力后才能完成的，听写时，学生不仅要听清发音，还需要在同一时间拼音，然后将其正确书写出来。这也就要求学生要有一定的听说读写能力四种能力缺一不可。这也是口语和书面语相结合的必经之路。关于写的操练方法，我认为可以做一个字母 puzzle。

e	f	d	p	p	k	y	w
h	g	i	e	c	z	u	h
h	n	n	a	r	q	v	i
k	x	l	a	j	n	n	t
l	b	g	a	r	u	w	e
g	r	e	e	n	o	o	h
n	a	e	u	l	b	r	p
w	o	l	l	e	y	b	j

（二）词汇的巩固与记忆

只有不断地反复记忆，才能对英语词汇真正掌握，这就要求教师引导学生采用多种方法来强化学生对词汇的记忆。

1. 归纳法与思维导图的运用

单词在记忆的时候，可以将同类词放在一起记忆，并让学生发挥主动性，联想相关词汇，形成思维导图，这符合小学生的认知规律，有助于学生的记忆。如颜色、水果、星期、季节、天气、家庭、学校等。如图。

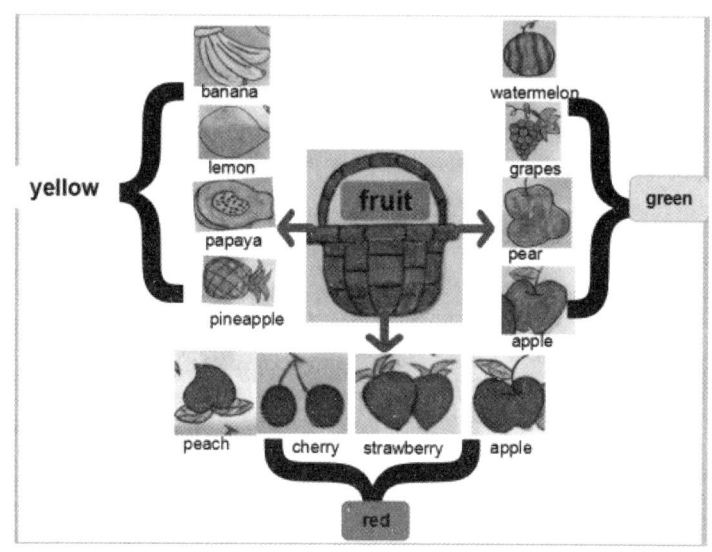

2. 通过动手实践记忆单词

在英语教学中，教师可以引导学生进行动手实践活动，再做中学，玩中学。这种方式可以激发学生学习英语的兴趣，达到语言学习和应用的目的。在做中学，有助于培养学生的创新思维和自主学习的能动性。如，在学习 shape 时，让学生利用不同的形状来组成不同的事物，增强了学生自主学习的意识，培养了学生合作学习的能力和创新意识。如图。

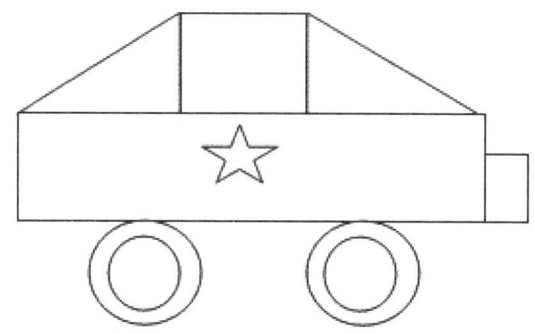

3.词语接龙题词汇运用

首先，词语接龙可以使学生主动思考，激发学生学习英语的兴趣，积极参与英语学习的热情，使学生扩大词汇量，在游戏中掌握词汇。如 apple-egg-good-dog-giraffe 等等。其次，英语学习的目的就是要学以致用，因此在词汇学习时，可以让学生通过词汇扩展到短语，从短语扩展到句子，再从短的句子扩展为短的文章，如：

apple

an apple

a red apple

a big red apple

I eat a big red apple.

依次扩展，这样可以加强学生的词汇记忆，并提高学生运用英语的能力。

四、结语

小学英语教学中，词汇教学是基础。没有词汇做基础，英语学习的构建如同"危楼"。因此，教师和学生要认识到英语词汇学习的重要性。教师要采用科学有效的教学方法，使词汇教学不再枯燥无味。学生也要选择正确的记忆方法，从而达到事半功倍的效果。

核心素养在英语课堂教学中的策略

长春市绿园区迎宾路小学　徐　薇

从当今教育改革趋势来看，我们需要的是更多新时代的创新性人才，为了满足国际潮流的需求，核心素养应运而生。

英语学科核心素养的贯彻落实，已经成为当前小学英语教育的一项难题，通过对英语学科核心素养进行追问，并且希望为学生英语学科素养的发展提供参考。

一、英语学科核心素养的主要内容

英语学科核心素养包括四个构成要素，即语言能力、文化品格、思维品质和学习能力。

语言能力主要是指对语言的运用及表达能力,专家对语言能力的理解各抒己见,且其内涵运用比较广泛,它不仅包括基本的语言知识,还包括语言的运用能力等其他方面。它是英语学科核心素养的基础,语言能力对英语这门学科来讲至关重要。

文化品格指的是对中外文化的理解和对优秀文化的认同,是学生在全球化环境下表现出的知识素质、人文修养和行为取向,教师在课堂教学中要注意引导学生学习知晓各国的历史地理、风俗人情、社会现象和传统文化背景等,使学生的跨文化沟通和传扬中华优秀文化的能力得以发展。

思维品质指人的思维个性特征,反映其在思维的逻辑性、批判性、创新性等方面所表现的水平和特征,英语的理解和表达过程对学生培养自己的思维方式和思维能力大有益处。当今我国教育已经开始重视对学生思维能力的锻炼与培养,开发学生思维能力是毋庸置疑的重要一步,只有帮助学生打开他们的思维,才能培养出更多的符合当今时代发展的创新性人才。

学习能力指学生积极运用和主动调试英语学习策略,拓宽英语学习渠道,努力提升英语学习效率的意识和能力。英语教师要注重引导学生养成持久的学习兴趣与良好的学习方式,形成高效的英语学习能力。学习能力与学生核心素养有着千丝万缕的联系,作为核心素养的学习能力,不仅仅是包括学习方法和策略,还包括对英语学习的一些认知,随着经济文化的不断加强,学生的自主学习能力受到广泛重视,学习能力对英语学习越来越具有影响力。

二、基于学科核心素养的英语课堂价值追求

学科核心素养,不能把它看成是表面的没有实际操作性的东西,而是要让它成为教学中具有实践指导意义的东西,在英语教学中,英语核心素养在教学理念、教学目标与教学方式三个方面体现出了英语课堂教学价值。

(一)教学理念,注重学生的主体性发展

英语核心素养的形成,在英语教学中不再只停留在为了知识而教的层面上,而转变到了为学生真正获得知识而教的层面,由过去的只注重学科知识的教学转向学科素养和能力的教学中心由教转向了学,现在的模式不再是教师一个人进行教学,更主要的是引导学生主体性的发展,教师除了激发学生的学习兴趣外,还要在其他方面对学生给予指导,从而促进学生的主体性发展,教师不仅是传授英语专业知识,还要对学生的人生观、价值观以及世界观给予正确引导。当今时代

日新月异,教育不仅需要为社会培养具有知识和技能的人才,更需要具备很强创新意识的人才,而创新意识的根本就是思维品质的发展。

(二)教学目标,注重学生的全面发展

当今社会是一个凸显人性化的社会,在当今社会教师管理学生也要凸显人性化,坚持以学生为主,全面发挥学生的主体作用,激发学生的学习热情,促进学生的个性发展。英语学科核心素养包括四个维度,在英语教学中分别发挥着各自的作用,在语言能力层面上,注重语言知识的学习与运用的培养,在思维品质上着重锻炼学生的思维能力,在文化意识上,以扩展学生的文化视野为重点,最终使学生的文化意识得到提升,在学习能力上,积极引导学生主动学习,进一步促进学生学习能力的提高。

(三)教学方式,注重知识的整合教学

传统的教育模式其内容的讲解比较单一,它脱离了知识内容的整体性与关联性,而整合学习是通过多种形式进行的,主要以建立在学科与学生之间的形式出现,最重要的是它有效地弥补了传统教学中的不足,传统的英语教学通常在英语知识教学上,只是单项地进行,在英语能力上把听说读写分别进行训练,这样的教学方式不利于学生英语整体的学习。

学习是一个缓慢积累的过程,同时也是思维品质得以提升的重要途径,英语学习并非单一的死记硬背,相反,英语学习对学生语言思维的塑造,对逻辑思维的发散作用十分明显,而问题是思维的起点,教师要精心设计问题,以问题为导向,引领学生的思维,让学生独立思考、推理和探究,训练学生的思维品质,求知的第一步,即是发现问题,爱因斯坦说:"提出一个问题,比解决一个问题更加重要,"以问题为载体,进而才能去思考问题,研究问题,最后解决问题,因此,为了培养学生的质疑问难精神,教师除了鼓励学生踊跃发言之外,还应重视课堂节奏的把握。

如何把英语学科核心素养运用到英语学科当中去?首先要对英语学科核心素养与学生核心素养的关系进行剖析后,再进一步对英语学科核心素养的四个方面进行论述,为下一步探索英语学科核心素养,当英语教学中的时间策略提供依据,有效地将英语学科核心素养运用到英语学科中。

在如今的英语课堂中,情境创设也是培养学生核心素养的一个关键所在,例如利用拆解法等方式灵活讲解单词,利用多媒体展现图片、声音等进一步增添学习的趣味性,或是给学生营造一个相关生活的真实语言环境,让学生学会运用英语与实际的交往场景中,调动学生的积极性,发展学生的多元思维,进而加强学生的英语学习能力。

英语学科核心素养就像英语知识海洋中的一盏航标灯,使英语教学有了明确的方向,本文通过对英语学科核心素养的追问,以及对英语课堂教学的价值追求

进行了探析。当今是个知识型发展迅速的时代，国际化趋势越来越明显，我们对未来需要的人才的要求也越来越高，而这些人才需要具备更高的跨文化交际能力等素养，恰恰这些素养的培养与英语是密不可分的，因此对英语学科核心素养的研究具有重要的指导意义，英语学科核心素养的提出与落实，给我国英语教学改革带来巨大的挑战，同时也带来了机遇，而且培养英语学科核心素养的目标也会是今后一直所关注的问题。

【参考文献】

［1］程晓堂，赵思奇.英语学科核心素养的实质内涵.

［2］肖青青，朱华.基于学科核心素养的英语课堂教学实践策略.

"Chant"在小学英语教学中的研究与应用

长春市绿园区迎宾路小学　杨研研

"Chant"短小精悍，有意境，富有韵律。在小学英语教学中适当地使用"Chant"，不仅可以降低教学难度，激发学生学习兴趣，而且可以让学生在轻松的氛围中掌握教学内容。

一、"Chant"的定义

"歌"与"谣"是两种不同的诗歌形式。《韩诗章句》记载"有章曲曰歌，无章曲曰谣。"歌和谣按照他们与音乐的关系划分，能配合乐器弹唱的，有乐谱的就是歌，不合乐、独自吟诵的则是谣。在小学英语教学中，我们也能运用"歌""谣"两种不同的形式辅助教学。可用"song"代表歌，用"chant"代表谣。刚走上讲台，在找合适的英语儿歌的时候，我更多停留在song这个层面上，但是发现这些歌曲有超出教学范围的单词和句子。采用这样的歌曲辅助教学无形中增加了学生的负担。所以，我在教学中song和chant结合，并以chant为主。

"Chant"就像是儿童口头传唱的歌谣，它们大多是根据儿童的理解能力、心理特点，以简明的音韵写成，也有部分儿歌是儿童自己在游戏等场合随口编唱的。Chant由于内容丰富生动、语言浅显、节奏明快，结合了词的韵律流动感，所以具有可以诵读的特质。

在我国通过审定、出版发行的英语教材中，都可以看到"chant"的身影。可见"Chant"在小学英语教学中占据相当重要的地位。

二、"chant"的特点

（一）"chant"中的语言简单浅显，易于学生理解

小学生处于学习语言的关键期，他们掌握的英语语句简单、语法结构单纯、语汇相对贫乏。Chant，简单易懂，适应了儿童语言发展的水平，能被孩子们理解和接受。比如《新起点英语》第一册的这首chant，结构简单，出现的单词不超出学生的认知范围，适用于刚开始学习英语的一年级学生。

Good morning ,book!

Good morning ,ruler !

Good morning ,pencil !

Good morning ,eraser !

Good morning ,school !

（二）"Chant"中的语言具有形象性，易于学生感知

小学生的心理年龄特点决定了他们以形象思维为主。Chant中的语言形象生动，常常使用摹声和拟人的手法。符合小学生的认知水平。比如下面这首chant。使用拟声词形象地刻画了风声、雨声和闪电的声音。

Listen to the wind. "Woo Woo Woo"

listen to the rain. "hua lala hua lala"

listen to the lighting. "Pa pa pa"

（三）"chant"中的语言节奏鲜明，韵律优美

英语自身就富有音乐节奏，语音语调抑扬顿挫。而chant更是具备节奏鲜明，韵律优美的特点。Chant中的节拍和韵脚可以帮助学生更好地掌握单词发音。Chant的这种和谐的音韵和鲜明的节奏，使得学生在诵读过程中产生愉悦感。

（四）"chant"适合小学生表演

小学阶段的少年儿童活泼好动，表现欲强。用动作辅助chant教学既符合学生的这种思维方式，又顺应了学生表现欲强的心理特点。在chant的诵读中，动感的语言能有效地唤起学生的注意，加以动作表演，更能增强他们对内容的理解，更能刺激孩子们的表现欲，从而增强自信心。例如在教授人体器官名词的时候可以应用下面这首chant，让学生边做动作边诵读。

Oh rabbit

Oh rabbit, oh rabbit （双手做兔子耳朵学兔子跳两下）

Red red eyes（双手OK眼前晃三下）

Oh shua, oh shua, oh shua shua shua （双手向前开合五次）

Oh rabbit, oh rabbit（同上）

Long long ears（双手做兔耳朵往上伸三次）
Oh wu, oh wu, oh wu wu wu（左右手交换做聆听状）
Oh rabbit, oh rabbit（同上）
Short short tail（右手放臀后）
Oh pia, oh pia, oh pia pia pia（轻拍屁股五下）

正因为 chant 具有这些特点，使得我们在小学英语教学中可以借助诵读 chant 这种教学形式，以此来激发学生的兴趣，开启他们的心智，从而促进他们英语听说能力的发展。

三、"Chant"在小学英语教学中的运用

（一）选择有情境的"chant"，以故事的形式诵读

布鲁姆说："成功的外语课堂教学应当在课内创设更多的情境，让学生有机会运用已学到的语言材料。"英语作为一种交际工具，应该在一定的情境中进行。在课堂中引导学生进行 chant 教学时，教师应该为"chant"的诵读创设一定的情境，让学生通过情境加深对语言的理解。而有了情境的"chant"就是一个微型故事。小学生爱读故事，理解故事快。所以教师可以引导学生诵读有情境、有故事性的"chant"，化解难度，提高学生综合运用语言能力。

（二）选择趣味性的"chant"，以游戏的形式诵读

小学生好奇心强，活泼好动，喜爱游戏。根据这些特点，教师可在教学过程中引导学生诵读一些富有趣味性的"chant"，以游戏的形式诵读。这样可以让学生积极主动地投入到英语学习中，加深对语言的理解，体会到英语学习的乐趣。

比如在教授国家名称时，我会引导学生诵读这样一首"chant"。

People in the UK meet together, shake and shake and shake again.（学生同桌两人面对面站好，边说 chant 边做握手动作）

How are you？How are you？How are you？

People in Australia meet together, hold and hold and hold again.（同桌两人边说边拥抱）

Good day. good day. good day.

People in China meet together, pat, pat, pat and pat again.（同桌俩人边说边互相拍打打招呼）

你好，你好，你好啊。

People in USA meet together, wave and wave and wave again.（同桌俩人边

说边挥手）

　　Hello,hello,hello.

　　People in Japan meet together,bow and bow and bow again.（同桌俩人边说边互相鞠躬）

　　People in France meet together,hug and hug and hug again.（同桌俩人边说边拥抱）

　　Bonjour! Bonjour! Bonjour!

　　这首儿歌趣味性很强。引导学生边说边根据歌谣做动作。使学生在课堂上不仅学会了国家名称和语言，还了解了各个不同国家的民俗风情和习惯。简单的一句日语和法语，增加了游戏的趣味性。

　　（三）选择可体验的"chant"，引导学生分角色诵读

　　《英语课程标准》倡导任务型的教学模式,让学生在教师的指导下,通过感知、体验、实践、参与和合作等方式,实现任务的目标,感受成功。体验式的教学活动有利于学生对语言知识的感知、理解，更重要的是让学生在体验的过程中学会运用，培养学生学以致用的能力。所以，在小学英语课堂中，应选择能体验、能参与角色扮演的"chant"。

　　（四）选择语句重复，部分单词可替换的"chant"，引导学生再创作

　　在教学中，chant的语句重复能降低学习难度，突出学习重点，突破学习难点。而且可以引导学生替换不同的单词，举一反三，以此类推，进行练习。

　　比如：在教授动物、颜色名称时，教师可以应用《Brown bear, brown bear, what do you see？》这首经典的chant。

　　Brown bear,brown bear,what do you see？

　　I see a yellow duck looking at me.

　　　　　　　　　　,what do you see？

　　I see　　　　　looking at me.

　　这首chant语句重复，易于掌握。而且，可以引导学生用学过的颜色、动物名词替换。启迪学生的思维，激发他们的创造力。

　　（五）选择可问可答的"chant"，引导学生在问答中诵读

　　小学生注意力时间较短，在课堂中长期采用一种教学方式，会让学生厌烦。所以在选用chant时，可以选用可问可答的chant，让学生分组，分男女生问答。通过变换教学形式，激发学生学习兴趣，提高教学效率。比如，在教学《how are you？》时，我会引导学生分男女生诵读chant。

　　boy：Hello,hello,how are you？

　　girl：Fine,fine,fine,thank you!

boy：Hello,hello,how are you？
girl：Oh,oh,just so so.
boy：Hello,hello,how are you？
girl：No,no,I'm terrible!

"chant"节奏鲜明，韵律优美，朗朗上口，易于诵读。在小学英语课堂上适当地使用 chant，可以激发学生的学习兴趣，活跃课堂气氛，减轻学习的压力，让课堂充满生机。

浅谈小学赏识教育

长春市第八十七中学小学部　刘　丹

【摘要】赏识教育是通往学生心灵的钥匙，是一种积极、激励性的教育方式。让学生在成功的体验、自信、期待、认可中进步。赏识教育本质是爱教育，挖掘学生潜力，增强自信，点燃孩子的智慧，让学生看到曙光，信心倍增。

【关键词】赏识教育；成功；自信；期待；认可

在教学中教师会接触到很多学生，每名学生的自然情况不一样，存在的问题也不一样。这就需要教育工作者要针对每名学生存在的不同问题给予各种帮助，这样才能帮助他们解决各自的问题，从而引领到正确的道路上来。从教这些年，我的经验告诉我，关注学生的每一件小事，赏识教育是通往学生们心灵的钥匙。

一、让学生在成功的体验中进步

让潜能生也能有展现各种能力的机会与舞台，让他们也能在集体活动中体验成功的欢乐，感受集体的温暖，增强他们的团队合作精神，激发自身的潜能。在平时，对潜能生要注意肯定与鼓励，哪怕是微不足道的优点，这对拉近师生间的距离，调动学生的积极性是很重要的。可评论一下他们优美的书法、生动的图画，多对他们说"你能行""你可以做到""你做得真棒"等鼓励性语言，让学生看到自己的长处，相信只要自己努力，就会有进步。

曾经所教班级有这样一位女学生，英语书法特别好，但英语成绩较低，而且是个性格自卑的孩子，经常不爱发言。但有一些小事渐渐地改变着她。在学校英语书法大赛中,她的作品获二等奖;在每节课的英语歌曲表演中,我会有意安排她在前面表演动作,她起初是很害怕的,但渐渐地表现得很自然,在英语课上发言也越来越多。

让学生在成功的体验中进步,在正面的肯定与成功的快乐中慢慢成长。

二、让学生在自信中进步

其实,每个人的能力不同,只要他能努力地追赶前面一个人,每次进步一点,学习就会由难变易,就会变成一种快乐的追赶游戏。就如上楼梯一样,只要一步一个脚印,终能上到楼顶。我们不能以学生的短处与别人的长处比,这样比掉的很可能是学生的自信,换回的却是学生的自卑。学生的表现不必是最好的,但如果是他的最好,哪怕还是最后一名,这也是一种进步,我们也要表扬他,鼓励他。让学生学会取人之长、补己之短,从自己每一步前进中感到克服困难的愉悦,收获成功的喜悦。这样,他们定能重拾丢失的自信,从而走出自卑的阴影,拥有正常健康的心态。

所教班级有这样一名学生,英语成绩非常差,主要原因是第一他的父母离异,家长不管孩子的学习,第二他是一个学习吃力的学生。我曾经十分苦恼,觉得不知道怎样帮助他。后来想出了一个主意:表扬孩子点滴的进步。我试着去做,慢慢地发现他开始完成英语作业,有时会举手发言,下课走到我的身边还要笑呵呵地看着我,从孩子清澈的目光中,我读懂了他的自信。尽管他的成绩很低,但孩子每天都在努力。

让学生在自信中进步,在愉悦的氛围中学习,这样就会产生动力。

三、让学生在期待中进步

期待,是老师给予学生最美好的礼物。教师对学生的期望,对他们的身心具有深远的影响,这种期待会让学生变得自信乐观,积极勇敢,对他们今后的成长有不可估量的作用。

曾经任教班级有一位男孩,英语学习成绩很一般,我一直在寻找适合他英语成绩提高的方法。在绘制英语思维导图的过程中,我发现他的绘画水平很不错,每一次的设计画面都是美观生动,色彩艳丽。于是我以此为契机,对他绘制的思维导图在课上给予了多次的肯定与赞赏,这完全带动了他学习英语的热情。我告诉他:"你在美术学科展示出来的天赋,让老师看到了你的潜力,如果你学习英语也像绘图时那样认真专注,相信你的英语成绩一定会提高。"毕业前,他给我写了一封信,记录了我们一起学习的日子,和老师对他的帮助,让他更加认真地学习英语。

让学生在期待中进步,未来又将发生什么奇迹,我们难以预料。

四、让学生在认可中进步

每个人在成长过程中都会犯错误,有的学生由于各方面表现比较差,受到的批评自然也比较多。他们更是在犯错误的过程中不断成长,而赏识教育的批评要给学生这样的感觉:你犯了错误不要紧,老师相信,你一定能改正,你还是好学生。这样,学生才会有对待人生的正确态度,才能健康成长。

班级有个学生很聪明,但是课上专注力较差,爱做一些小动作,纪律差,成绩也不理想。课下我找过他,几次谈话也不见效,真是拿他没办法。有一节英语课上,他听得很认真,坐姿端正,看到了他的进步,我及时给予他认可与表扬,后来我惊奇地发现每节课他都很认真,就像变了一个人似的,大家对他也是刮目相看。

从这个例子中我们不难看出,教师对学生的认可,在教育过程中的作用。

赏识教育本质是爱教育,是一种积极、激励性的教育方式。教师不要吝惜自己的赞美,你对学生的赞美、认可、鼓励、赏识,可以调动学生学习的积极性,挖掘学生潜力,增强自信,点燃孩子的智慧,让学生看到曙光,信心倍增。

把每一件简单的事做好就是不简单;把每一件平凡的事做好就是不平凡。一滴水珠,能折射出七彩斑斓的色彩;一个细节,能体现一个老师对孩子深沉真挚的爱。赏识你的学生,而不是简单地用一个模式面对所有学生,我们才能给孩子真正的帮助。给予他们无条件的爱,经常竖起你的大拇指吧,这对学生来说或许是成长道路上的巨大动力。

如何发挥游戏教学在英语课堂中的作用

长春市绿园区春阳小学 付欣欣

小学英语的教学目的是使儿童获得英语的一些感性知识,激发他们学习英语的兴趣。在教研教学中,我们必须探索一种符合小学生生理、心理的教学方法,才有利于小学英语教育的健康发展。

小学生在学校学习知识、接受教育，在认知、情感、意志、性格等多方面都发展很快。作为英语教师我们要了解小学生的心理特点，遵循其心理发展的规律开展英语教育和教学活动。

我校学情分析：

个性差别大，小学阶段是形成自信心的关键时期，迫切需要发现自身价值，对自己评价都偏高，有的孩子由于成绩不良或某个方面的缺失，受到班级同学的歧视，往往又对自己评价过低，对自己的英语学习失去了信心。小学生的自我调节能力差，课上非常容易受到同伴的影响，注意力不太集中。有的学生因受家里特殊情况的制约，父母都是务工人员，出于生活所迫，对孩子的关注极少，导致学生学习情况参差不齐，两极分化明显。

我校英语教研组开始不断实践，不断探索，在摸索中我们发现，游戏教学就是在教学中将枯燥的语言现象转变为学生乐于接受的、生动有趣的游戏形式，为学生创造丰富的语言交际情景，使学生在玩中学、学中玩，不仅学习了知识，更重要的是培养了兴趣。游戏活动还能活跃课堂气氛，使每个学生全身心地投入英语学习的氛围中。在新课标的要求下，我校英语老师针对小学英语课堂教学游戏模式进行研究。

我们总结出了英语游戏教学的作用：

①寓学于玩，减轻学习负担。

②遵循规律，激发学习动机。

③创设意境，培养创新能力，提高学习能力。

④有益于融和师生关系。

⑤有利于班集体的团结互助。

经过不断的尝试与创新，我们在理论和实践方面都得到了升华，主要体现在：

1. 游戏活动要体现全体性

素质教育的课堂是以学生为主体，教师为主导的课堂，在课堂教学中开展游戏活动也应遵循这一原则，面向全体学生，让每个学生成为游戏活动的主体，成为游戏活动中的参与者、组织者，让他们在教师——这位游戏活动的导演者的指导下积极地活动。教师在导演学生活动时要活而不乱、动静有序，要使每一个学生都参与，反对那种只顾少数学生而忽略大多数学生的做法。比如复习课上，组织学生以小组为单位用英语描述小组内的某一同学，然后再由其他小组的学生猜测"Who is he/she？"。在这个活动中小组内的学生群策群力把自己熟悉的人物用英语描述出来，由其他同学猜测，既培养了学生的群体意识、合作精神，又培养了学生综合运用英语的能力，收到了很好的教学实效。

2. 游戏的开展应有一定的目的性

游戏是为教学服务的，必须与教学密切相关。在设计游戏时，要充分考虑本课的教学重点难点和其他教学要求，围绕教学目的来设计游戏。这样游戏的目的十分明确，不是为做游戏而做游戏。我们可以设计"快乐转盘"的游戏：做一个活动的转盘，盘上面有各种形状，老师指着被遮着的图形问：What shape is it？Can you guess？让学生举手回答，他们几乎会把所有形状猜遍。最后老师可以转动转盘，看哪些同学猜对了，就给他们加分或者得小红旗。这种游戏目的性很强，学生的参与面也很广，练习较充分。

3. 游戏的开展要有一定启发性

我们可以设计一些富有创造性、挑战性的游戏。如看图猜物就是培养学生想象力和创造力的游戏。在幻灯片上画出几个抽象的图形，打在幕布上，让学生猜。T: What's this in English？学生可以大胆地发挥自己的想象力来猜，运用自己所学的知识来表达。启发性还体现在教师对游戏难度的把握，特别是对那些学习较后进的学生，我们可以通过游戏来激发他们的兴趣，让他们参与到游戏中来。在游戏中我们可以适当地给他们一些提示，启发鼓励他们在游戏中获胜，培养他们的自信心和参与意识。

4. 游戏的开展应具有一定的灵活性

灵活性是指在教学中，要注意适时、适度地开展游戏活动，在游戏中要注意课堂气氛和课堂节奏的调整和把握，灵活处理游戏中出现的问题。灵活处理教材内容与游戏的关系。游戏要服从教学要求，围绕教学内容开展游戏活动。灵活处理教学模式中的六个环节，并根据需要进行适当调整，以求达到"课伊始兴已浓、课正行兴愈浓、课将尽兴犹浓"的教学效果。

在几年的实践中，我们获得了如下经验：

设立小学英语课堂游戏教学的基本模式：唱歌热身，游戏引入——新知学习——边玩边练，角色表演——竞赛巩固。

1. 唱歌热身，游戏引入

课前组织学生唱英文歌曲，使学生作好上英语课的准备，同时让学生随着节奏的起伏，在无意中学到或复习歌曲中的单词、句型和语音，提高听说能力，唱歌时还可以配上适当的动作，让他们在蹦蹦跳跳中不知不觉地进入英语学习，接着设计恰当的游戏引入新课，训练学生听、说、读、写等方面的言语技能，激发学生对英语学习的兴趣，使学生对英语学习始终充满好奇心与新鲜感，从而使他们保持对英语学习的极大热情，为上新课创造良好的学习条件。

2. 新知学习

引入新课后，接下来就要进入新课学习，教师在这一环节充当"示范表演者"，利用实物、挂图、书中插图、简笔画、手势动作等直观教学手段，采用电教等媒体，适当结合游戏进行教学，使英语教学更加直观、更加生动有趣，保持学生的学习兴趣。小学生容易被一些新内容所感染，教师在设计新内容时要使学生从中愉悦身心，能使其掌握一定的语言知识和形成一定的语言技能，最终形成初步的语言适用能力。

3. 边玩边练，角色表演

新语言学完之后，学生对本课所学内容有了一定的了解，就需进行操练来消化，可采用多样化的游戏进行练习，如辨误游戏、猜一猜游戏、记忆游戏、画图游戏、词汇游戏、竞赛游戏、表演游戏、采访游戏、故事游戏、击鼓传花游戏等，游戏时可就近分组、水平分组、集体活动等，组织学生活动时要注意课堂纪律和学生参与程度，要做到动静有序，人人参与，通过游戏化解新授知识的难点，使学生在愉快的氛围中练习新语言点。如：计划在一节课上学习 8 种水果的单词，教师可以先让学生看含有 8 种水果的单词图片，做 Look, listen and point 的游戏，然后再做 Look, listen and say 的游戏，最后做 Look listen and write 的游戏。总之，游戏的目的是从听入手，逐步扩展到说、读和写。学生得到足够的输入量，自然对语言的运用就得到了巩固。

4. 竞赛巩固

通过竞赛等形式加以巩固语言点，检查对新知识的掌握情况，可作为一堂课的小结。小学生不仅好奇心强，而且好胜心也强，任何带有竞赛性质的语言游戏都能使他们精神振奋。如何突出全员性和合作性是小学英语教学的实质性的问题，因此，教师应多创设学生现实生活中需要互相学习和互相帮助的事例，如做"What's he/she doing"游戏时，可以让一组学生站到讲台上，教师站在某一组学生的后面，边出示画有动作的图片，边让全班学生齐声问"What's she/he doing？"他们的成绩以各组在规定时间内猜对的图片数计分。这样的游戏能较好地体现全员参与性和小组合作性，有利于培养学生的合作精神。

5. 游戏的设计要有趣味性和易记性

小学英语教学的主要目标是激发学生学习英语的兴趣。教育心理学表明，当教师的教学能引起学生的兴趣时就可使学生在学习时集中注意力，更好地去感知、记忆、思维和想象，从而获得较多和较牢固的知识和技能。

例如：做"鹦鹉学舌"传话游戏，看哪个组将信息准确传递得又快又好，再如"听辨"游戏，"听述描图"游戏以及"想一想""猜一猜"等游戏都对培养学生的学习兴趣和树立自信心十分有利。

6. 游戏的评价具有多元性和新思维性

有些教师不清楚评价的多元性，总抓住某个细节或某个方面进行评价，不能综合化、多元化地进行评价,他们只关注教学的结果和学生喝彩的多少而评定该堂课的好坏。

如:有的学生听的技能较好,有的说的能力较强,还有的读或写的方面较出众。因此,评价标准不能是唯一的,而要根据学生原有的学习水平做出具有发展性的评价,从而鼓励各类学生新思维的发展,使评价具有创新性。教师在设计游戏活动的话题时,必须围绕着学生熟悉的生活环境,才能获取较理想的效果。

经过多年的实践与探索,我们英语老师在有关游戏教学方面获取了经验,总结出了规律,在课堂上的应用也越来越得心应手。英语的游戏活动课并非不注重知识目标,只是淡化知识分割,将知识学习融于完成任务的过程之中;突破传统的教学模式和教学环节,突出学生的主体性、参与性、创新性、时间性;尽可能拓展学生的知识视野,尽可能综合学习并运用所学语言知识。游戏教学是一种激发并保持学生英语学习兴趣的重要途径。将游戏应用与小学英语课堂,会使教学产生事半功倍的效果。

如何根据场景设计提高小学生英语语感能力

长春市绿园区正阳小学校 卢 珊

语感就是对语言的直觉感知。英语语感是对英语的直觉翻译,是人脑不经过逻辑策略,直接把语言和语义进行非意识转换的思维过程。小学英语教学应该把学生语感能力的提升作为教学的主要任务,通过创设有效的教学场景,增强学生学习的趣味性,拓宽教学空间,延伸教学时间,通过反复科学创造性的训练,有效促进小学生英语语感能力的提升。

英语学科更应该以核心素养理论为基础,结合自身的小学英语教学实践,探讨如何设计合理有效的教学流程,通过场景设计提高小学生英语语感能力。

场景设计包括场面和情景设计。场面包括空间和时间要素。空间要素有课堂场面、生活场面、戏剧场面等;时间要素指的是课堂环节推进中场面的不断变化和教学场面的不断生成,也包括课外校外学习时间的有效延伸。情景指的是课堂要素(学生、教师、素材)间的交际对话、氛围创设、细节渲染、情感演绎,以及课堂之外的家庭社会交际要素之间的情感氛围促进、文化背景渗透等等。

一、创设交互性课堂场景,促进学生敏感性英语直觉形成

语言的敏感性是指从细小的语言世界中,敏锐的感知感悟到语言的特点规律

和精妙之处，通过语言的感觉强化和对比性细读，在整体感知的基础上，进入英语语言特有的语言氛围中。交互性课堂场景是指能有效促进师生、生生之间交际交流，促进学生和教材素材之间的有效碰撞，感知感悟课堂场面和情景。

1. 场景设计要重视语感训练中的主体性和交际性

场景设计要重视学生的主体性和课堂的交际性，这是英语敏感性直觉形成的前提。课堂教学的场景由学生、教师、教材、教学空间、教学氛围等要素构成。空间布局上应该体现空间要素的生态性，使课内和课外相结合，校内和校外互推进。以学生为主体，教师为主导，教材为桥梁，多种媒体为渠道，构建从课堂到家庭，从学校到社会的立体学习空间。在这个空间里学生是学习的主体。一节课成功与否，关键看学生朗读和表达是否充分，学生语言训练的面和点是否结合，每一位学生每一节课是否都有收获都有进步。比如课堂内课桌的圆形环状布置，可以促进师生间的平等对话，消解学生紧张感；分组或自由组合，可以促进学生和学生之间的自主交际，让学生在自由放松的情绪中形成语感。在课堂时间推进上，要借助多种手段和多种媒体让学生多听多读教材和相关材料。要给学生直接用英语表述的时间和空间。

2. 场景设计要重视学生和英语教材及素材之间的碰撞

场景设计要重视学生和英语教材及素材之间的交际，重视第一印象，重视情感渲染和碰撞。这是英语学习中敏感性直觉形成的第一步。

3. 场景设计要重视学生对教材疑惑点或亮点的感知感悟

对教材疑惑点或亮点的感知感悟，是敏感性直觉形成的重要环节。可以设计班级活动的场景，把课桌围成一圈，或分成几组，让学生面对面激烈讨论。可以让学生根据教材内容描述场面，寻找英语素材中的亮点。可以是情感亮点、文化亮点、语言亮点。可以根据提出的疑点亮点进行补充，也可以提出不同意见，进行争论。通过疑点和亮点的讨论，比较英语表达和汉语表达的不同点。在表达和讨论中，形成兴奋和热烈的学习气氛，不知不觉中让学生形成英语直觉表达习惯。

4. 场景设计要重视教学过程中的感性化氛围形成

场景设计要重视教学过程中的感性化氛围形成，这是敏感性直觉形成的关键。

首先，导入过程要注意感性化氛围的渲染。例如这样导入：请学生看几幅他们成长中的照片："Mom, I am planting flowers. 妈妈，我在种花呢。" "Dad, mom made a cake for me. 爸爸，妈妈给我做了个生日蛋糕。" "Hi, Mr. See, I am coming. 大海，你接招吧！" "Mom, it's raining. Can I hide under your dress？妈妈，下雨了，我能躲到你的长裙下吗？"然后让学生用英语来对这几幅图片进行简单描述。这样的导入，一下就能把学生带到童真的世界里，为进入课堂营造童趣感性的氛围。

其次，教学过程中要注意感性化氛围的层层烘托。从事件的叙述到场面的展开、情感的表达，突出生活性、故事性和戏剧性演绎，突出材料中的主题表达效果。要让整个素材的场面在学生头脑中活起来动起来，产生沉浸感兴奋感。环节设计要重视趣味性。重视场面的真实感，重视生活场景的再现，营造情景化对话的氛围，使学生完全沉浸在英语学习的环境和氛围中，不知不觉形成英语表达的直觉性。

二、创设对话式交际场景，促进英语规律性直觉形成

对话式交际场景，就是承认学生和教师是平等的，但又是独立的；就是要激发学生的思维，在学习中思考，在思考中总结规律；就是要蹲下身子，从学生的视野和习惯出发，尊重他们，发现他们的优点，允许他们的错误，引导他们在一次一次的纠错中，在一次一次的探索和实践中，找到正确的方向，形成规律性语言直觉。对话不仅仅是简单的表达，更是一种课堂场景中的民主和科学的姿态。

1.要通过场景设计，在英语学习过程中让学生直觉感知汉语和英语的不同用法，自觉纠正英语表达中的常见错误，纠正汉语在英语学习中的负迁移作用，要创设自由平等的对话氛围，鼓励学生发表自己的不同见解。鼓励他们去寻找总结英语学习的不同途径和方法，自主创设最有效的英语学习情境，在自主性学习场景中反复训练，提升自己的英语语感能力。

2.通过场景设计，通过对话让学生感知英语在特殊场景的特殊用法规律。比如，同一生活场景不断变换角色，变换故事。学生演绎不同角色，通过角色对话或不同生活场景的演绎，让学生在运用中直觉明白同一个单词在不同语境的运用，在不同事件推进中掌握近义词同义词在具体生活场景中的区别，掌握英语运用的规律。在学习过程中，注意不同年级不同学生的学习梯度的把握和学习高度的提升。

三、创设立体性社交场景，促进英语创造性直觉形成

教学情景预设可以留给教学足够空间，包含丰富的生成性，能促成多样性和创造性的形成。而在具体的教学场景的生发中，教师要注意"以超越平常的意识审视整个事件，然后以观众的视觉重新凝视正在舞台上演出的自己，以这种双线平行的意识同时活在两个不同的时间点。其中一条线是与对方（学生们）打成一片，实际感受到活在彼此共享的时刻里，另一条线路复杂勘探前方有无铺路，而后传送指示给后一班列车。"（《教学力》）。也就是说，小学英语教学要呈现强烈的现场感，教师要有

场景化意识，要有创新性意识。要在具体的场景中，发挥自身的前瞻性，引导学生根据不同的环境创造性运用英语来描述和表达，以适应未来社会化交际的需要。

1. 创设立体性社交场景，形成英语特有的社会性学习氛围

英语学习场景的设计，不仅仅局限在课堂和校园，更应该拓展到家庭和社会，要加强家庭社会的开放性场景的运筹。要让学生了解英语学习和遗忘的基本规律，促使他们在家庭和社会环境中自觉大胆地反复运用英语去表述和对话。可以通过微信等途径，让家长也成为情景中的要素。值得注意的是，要减少来自家庭的压力，要营造愉快学习的氛围，要和家长一起给学生提供英语表达的环境，营造自由愉快学习的氛围。在有效学习中自觉了解英语的语言规律和学习规律。

可以通过设计场景，让学生沉浸于英语的文化氛围中。在设计前，根据教材和相关素材，让学生搞清楚自然背景和人文背景，感性了解异国生活的独特性。在此基础上，进行中外文化的比较性阅读和表述，感受语言和文化的特殊性规律，联系生活实际，形成英语特有的语感直觉。

要多设计学校层面的英语活动课程，创设英语角、英语群等交际平台。也可以把学生带出校园，参加英语朗诵、英语表达竞赛以及用英语给外国朋友当导游等社会活动，在社会化场景中促进英语敏锐感知力的形成。

例如：带领学生参观农场，教师带着教学卡片随时备用。遇见动物，马上要学生说出动物的英文名，教师再出示单词卡片，学生反复朗读记忆。同时，随机进行对话训练。比如：

①课件上呈现学生已知的动物兔子 rabbit，猫 cat，狗 dog，鸭子 duck。

② T: What's this？ 这是什么？

S1: It's a ... 这是一只……

T: What are they？ 它们是什么？

S2: They're ... 它们是……

T： Wow! So many. I am busy. So I need some farm workers. 哇，这么多动物。我忙不过来，我需要一些农场小助手。

在农场我们还可以设计开放性的英语活动。比如描述一个农场招聘的场景，让学生作为应聘者踊跃完成以下任务：

（1）用英文读出以下小动物名称 cat, duck, sheep...

（2）用英语介绍我们的农场 Our farm is big. There are some ducks. There is a black dog...

2. 创设立体性学习场景，促进学生独特性和求异性思维形成

小学生创造性思维主要表现在自我实现上。其特征包括求异性、敏锐性、独特性、想象性等。在立体性学习场景中，课堂教学是核心。要给学生反复朗读和

思考英语教材的时间和空间。要重视教材带来的独特感受。要重视每一个学生的学习状态，让每一个学生都成为场景中不可缺少的要素。可以把课桌布置成圆形或四方形，让每一位学生都成为学习场景中平等而独立的一环。用各种方式各种场面的布局设计，各种课堂环节的生成让每一位学生都得到充分训练，让他们享受到自我成就的快乐。教师在场景中既要肯定学生在课堂中的表现，又要指出未来的英语生活场景中要注意的事项。要发掘学生在语音、语调、书写等的独特之处，发现学生英语学习时的独特方式，肯定学生在思考和表达中的独特角度和独特感悟，增强学生的成功感，激发学习兴趣。

在立体性场景中，社会性拓展是重要的环节。可以设计这样的活动课，让去过国外的学生介绍国外旅行时的见闻感受，让一部分同学担当同声翻译的任务，再让另外一部分同学指出表达中的错误。学生自选角色，相互交流。在欢乐的学习氛围中，既表现了自己的特长，又提高自己英语语感能力。

可以根据教材内容让学生联系自我进行联想想象表达，通过有趣的描述找到英语教材和自身生活的相同点和不同点，并借此进入英语特有的场景中。可以通过幻想，变身为材料中的角色，对故事情节等进行创造性改编，也可以让学生根据教材内容自主创设生活情景、编造剧本、创设舞台等，让他们既当导演又当演员。在创造性学习中形成英语的直觉感知力。

在社会性拓展中应该培养批判性思维，对教材中涉及的语言文章文化等大胆质疑，并及时发现同学甚至老师在英语表达中的错误。鼓励学生按时收听中央电视台英语频道，学习科学的发声和发音，让自己成为课堂和社会的英语小老师。鼓励阅读英语原文素材，从最简单的连环画开始，再到报纸杂志中有趣的英文内容。在社会化场景中不断拓展训练，英语语感能力也就逐步提高。

用情境式教学发展学生英语学科素养

长春市绿园区民主小学　马　丽

【摘要】发展学生英语学科核心素养是深化基础教育英语课程改革的重大举措之一。语言能力是英语学科核心素养中的"核心"。英语教学中运用情境式教学分别在听力、口语、词汇、阅读教学中进行实践的研究。通过教师如何用情境式教学的创设帮助学生寻找学习英语的捷径，使学生沉浸在欢乐、活跃的氛围中，激发学生的学习热情，培养用英语交际的能力和运用英语语言的能力，培养学生英语核心素养，为学生的终身发展做好准备。

【关键词】情境式教学法；学科素养；语言运用能力

随着新一轮课程改革的大力推进，发展学生英语学科核心素养是深化基础教育英语课程改革的重大举措之一。语言能力是英语学科核心素养中的"核心"。英语教学中我们运用情境式教学分别在听力、口语、词汇、阅读教学中进行实践的研究。目的是通过教师如何用情境式教学的创设帮助学生寻找学习英语的捷径，使学生沉浸在欢乐、活跃的氛围中，激发学生的学习热情，培养用英语交际的能力和运用英语语言的能力，培养学生英语核心素养，为学生的终身发展做好准备。

随着全球信息化知识大爆炸的时代的来临，成为合格的世界公民，学好英语是必备素质之一，培养英语核心素养的任务就成为英语学科教学中的重中之重，英语学科核心素养包括：

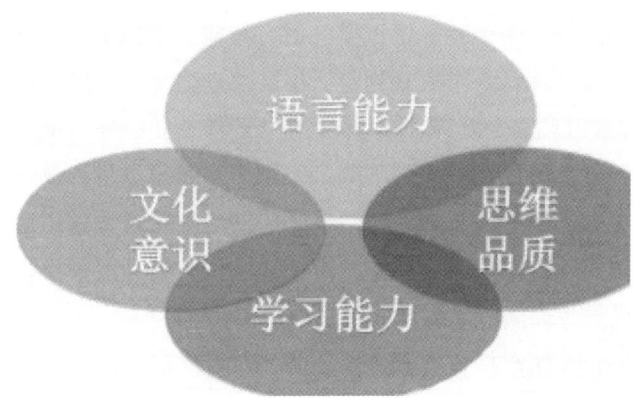

如何能够有效地培养学生的语言能力，情境式教学一直是我们探讨的课题，情境教学法英文名为 Situation Approach,产生于二十世纪二十年代的英国，七十年代传入中国，并逐渐发展成语言教学的重要方法。情境教学把情感活动和认知活动结合起来，在学会语言的同时学会使用语言的场景，激发学习者的学习热情，促进学科素养、人格素质的全面发展，把认知活动和情感活动结合起来的一种教学模式，从而实现语言交际的目标。

英语作为一门交流语言，其重要功能是沟通和表达。英语课堂中通过听说读写对知识进行传授，如果只是一味地照本宣科，并不能培养学生灵活运用语言的能力。究其原因，小学英语课堂存在以下问题：

1.听力与口语练习模式过于单一，缺少创新与坚持。教学方式没有得到英语教师的及时更新。目前多采用师生、生生互动或者 pair work 的形式。学生感觉乏味，提不起兴趣，课堂效果欠佳。

2.交际运用对话效果缺乏生活化。很多时候，老师创设的教学设计不够贴近生活背景，换言之，情境欠缺真实。这样，学生的体验式、实际交际意识不强。

口语训练浮于表面形成，机械操练，学生没能将所学真正理解消化。

3. 英语阅读书仅仅局限于英语教材与英语阅读练习，对于大量的优质的绘本阅读、人文地理的英语阅读涉及较少。

学生有畏惧心理。小学生心理素质较差，不敢开口讲英语的现象比比皆是。中西文化和中英文发音的差异让学生们望而生畏，害怕在人前发言。基于上述学生课堂中学习的表现，我们深入分析研究从听说读写四方面入手的情境式教学策略。

一、走进语境学会听，引领学生体验语言魅力

听力对于语言学习来说是非常重要的语言技能，听懂了，才能实现更好的交际活动。听力理解过程是一个由难到易，层层递进的复杂、多层次化的心理思维理解过程。它除涉及语音、语调、句型词汇外，还涉及非语言知识，如爱好、信心、态度等非智力因素。所以，英语教师除了注重语言知识本身的教学和语言技能训练外，还需要考虑学生的需求和各年龄段学生的心理因素，运用情境式的教学方法，还原语言的实际运用的真实场景，解决小学生听力理解障碍，从而提高学生的听力能力，进一步提高语言运用能力。

1. 抓实基础，夯实单词音形意，循序渐进提高听力

听力能力的培养应从基础入手，教师与学生都应认识到听力练习只有师生积极合作才能事半功倍。要想做到听力理解清晰到位，就一定要重视学生英语思维的培养，在学习词汇的过程中运用真实的情境式记忆练习辨识单词，重视音、形、义词汇学习的完整性，把好信息储存好。

2. 注重听力技能的训练，日积月累提高理解能力

听力技能靠的是日积月累，由量变到质变的过程。就听力而言，理解有声语言的交际过程可能是一种估计、猜测、预期、推断、想象等技能积极在相互动作的过程。在教学中有必要安排正规与非正规语音、语调的比较练习，通过大量的练习正常语速的日常对话，使学生逐步熟悉真实生活中语音、语调、停顿、节奏、重读形式等。在日常教学中通过文本对话的听力的反复训练与指导，让学生自己去发现找到连贯表达中的语音变化、语音省略、强弱和轻重的读法。

3. 视频音频配合进行听力训练

视频音频配合，指的是根据教学的需要，把声音与图画或实物、动作等配合帮助学生理解听力材料的内容。

二、深入情境学会说，丰富学生语用能力

听懂理解了英语信息，接下来的就是要口语交际运用，英语教学真正地把英语在日常生活中用起来是我们的最终目的。口语表达能力是学生语言应用能力的一种直观体现。在具体情境的营造下能够给学生的口语表达提供依托，并且化解学生心理的紧张情绪，让学生体验学习真正的生活中的口语表达带来的愉快与自信，促进学生的口语能力的提高。

牛津英语沪教版教材的 listen and say 语境丰富，语言交流自然、真实。教师将学生带入文本情境，灵活设计教学过程，能促进学生主动学习，积极思维，进而丰富其语言运用形式。

依托具体语境，突破对话重点。现代外语教育注重语言学习过程，强调语言学习的实践性，主张学生在语境中接触、体验和理解真实语言，并在此基础上学习和运用语言（教育部，2012）。因此，在重、难点的处理环节上，教师应依托具体语境，让本课的语言知识融入对话中去学习。

[案例1] 六年级上册 Unit 3 Healthy or unhealthy？Part 1 listen and say 部分的核心句型是：What did you have for break fast this morning？I had some bread and milk. 教材通过 Alice，Jill 与 Joe 的对话，谈及了 Alice，Jill，Joe 三人对早餐食物的研究，并引申一步说出饮食的健康习惯与不健康的饮食有哪些。在学生整体感知对话后，教师进行了如下的设计：

1. 运用旧知引导，理解对话内容

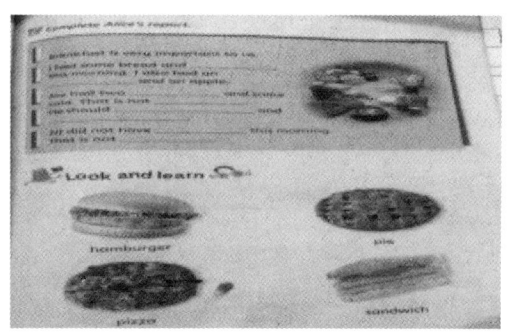

教师利用课件展示食物 eggs milk fruit fish chicken vegetables bread rice noodles...，并能够区分 healthy 和 unhealthy food，出示食物金字塔，帮助学生深入了解生活中的语言。之后听对话初步理解过去式的表达：What did you have for break fast this morning？I had some... 这一环节为学生初步理解对话内容，及对健康食物的饮食习惯有一个良好的引领意识。贴近学生的生活实际，学生们理解得更轻松容易。

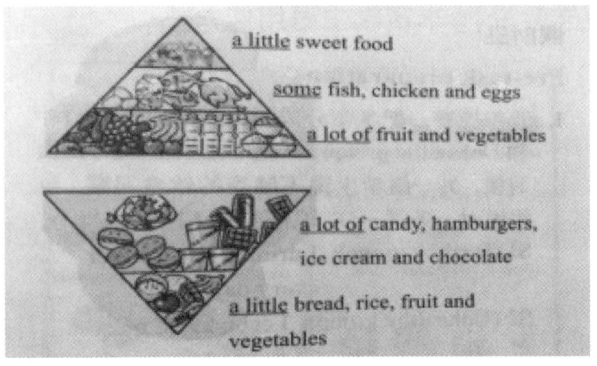

2. 梳理反馈信息，加深文本理解

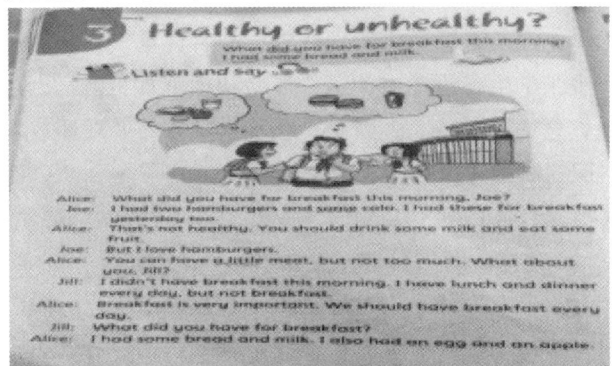

结合学生实际，运用句型 What did you have for break fast this morning？ I had some... 进行对话练习。学生们能够理解运用已知单词，回答问题。再次对对话文本进行练习，进而达到教师引导学生根据具体语境关键信息的反馈，厘清对话的逻辑关系，使学生加深了对话内容的理解。

三、阅读延伸语境学会用，提升学生语用能力

  研读教材、整合教学内容，针对各年级有不同的教学要求。学科整合、渗透文化意识，提倡"大英语"教学的观点，英语不但是语言教学，也是文化教学。各个年级教学中的文化渗透要通过文化拓展课，整合各学科特点，利用媒体资源等，使学生最大限度地发挥学习英语的主动性。

  增加阅读量、分层次指导，特别是针对低年级学生绘本阅读，鼓励学生们大量阅读。高年级的学生通过读适合他们的有声资料，视频音频，阅读英语报纸，选择具有介绍风土人情的良好资料作为阅读文本接收信息，因此在小学高年级中教师应主要通过阅读教学来渗透中外文化。

牛津英语六年级上册［案例3］Unit 1 Growing up 通过一个人的成长，为学生理解长大的含义。同时 read a story 环节，为学生展示了小蝌蚪找妈妈的故事，通过这个单元的主题，我们还可以为学生创设情境，让学生了解蝴蝶的蜕变、鹰的重生等。有意义的资料帮助学生开阔视野，提高语言运用能力。

情境式教学突出情境的创设，通过各种手段创设自主学习的情境，让学生乐于学习、学会学习。它以思维为核心，以情感为纽带。这种语境的创设聚焦培养学生语言运用能力的核心素养要求，英语教学是引导学生探求新知、形成能力、体验情感、发展思维的过程，也是有效达成学科核心素养培养的过程。教师在对话教学中基于教材创设完整的教学情境，将教学目标融入精心设计的情境中，能引导学生在情境中思考、运用、表达，从而切实提高学生的语言综合运用能力，落实英语学科素养的培养。在英语教学过程中，教师要充分创设情境调动学生的思维，使学生会探索，会学习，会运用英语。

浅谈如何在小学英语学科教学中渗透生命教育理念

长春市绿园区雷锋小学　董晓莉

20世纪60年代，美国学者杰·唐纳·华特士于1968年在加州创建"阿南达村"学校开始倡导生命教育思想。几十年来他所创立的生命教育理念受到了人们的高度重视。生命教育的实践在全球已得到迅速发展。近年来，国内外许多学者从教育学、心理学、生物学、环境伦理学、社会学等不同角度，对生命教育的产生、内涵、目标、内容、方法与实施途径等，进行了深刻而广泛的研究和探讨，取得了生命教育实践和研究的大量成果，这些为生命教育的推进和实施起到了积极的作用，也是生命教育思想得以在世界范围内凸显的重要原因。教育部在《基础教育课程改革纲要》中对培养目标作了调整，强调"知识与技能""过程与方法""情感、态度与价值观"多元并重的价值取向，鲜明地昭示着新课程由单纯注重传授知识向引导学生学会学习、学会生存、学会做人的功能转变，昭示着我们的培养目标不是认知体而是生命体。生命教育理论自提出以来，就引起了广大教育工作者的极大兴趣和探索热情，它指出了教育应有的价值取向：就是教育具有优化生命存在、提升生命价值的功能。它倡导师生要以学生的发展为基础，通过对生活世界的关注，使学生得到情感体验、人格提升、个性张扬，同时使教师的职业生命活力得以焕发，师生在交互中共同成长。因此笔者结合小学英语教学实际，浅谈如何在小学英语学科教学中渗透生命教育理念。

一、利用教学活动渗透生命教育理念

（一）关注学生生活实际，依据课程标准，制定教学目标，渗透生命教育理念

基础教育改革的核心理念就是要基于学生的发展，关注学生的发展，为了学生的发展。"一切为了学生的发展"应该是我们所有教学行为和教学活动的出发点。因此，教学目标的设定应深入细致地考虑学生的实际，关注学生的生活视界。以牛津英语四年级上册中的第六单元教学内容"My parents"为例，这一单元讲述的是家庭成员的职业。介绍了Jill的爸爸是一名消防员，同学们都去参观消防站、了解消防员的职业特点。所以本单元的总体教学目标中，情感、态度和价值观目标，可以这样制定：了解消防员的职业特点，并培养学生的防火意识。在课后设计开放性作业时，可以借助第四单元学过的内容，要求学生画一棵"家庭树"。上面标注家庭成员的名字后，再将每个人的职业写在上面。尽可能多的将信息设计在"Family tree"中。

（二）适当建构教学文本，借助绘本渗透生命教育理念

教学内容是帮助学生达成英语课程目标的载体，也是教师所教和学生所学的素材。小学英语教学内容有较大的灵活性和开放性，具有一定的弹性和伸缩性。教材中有很多短文可以改编成绘本故事，这样既生动，又能帮助学生更好地理解故事，升华情感体验，理解生命的价值与意义。如：六年级上册第一单元有一课"Little Justin"。这篇短文的中文意思，学生们耳熟能详，它讲述了小蝌蚪找妈妈的故事。在找的过程中，小蝌蚪的身体也在变化。最终在它找到妈妈的时候，自己也蜕变成了一只真正的青蛙。本文有一定的科普在其中。学生对于青蛙的成长过程似懂非懂，教师可以借助自制的绘本，帮助学生理解这一进化过程，也可以鼓励学生在课后自己设计一个关于青蛙成长过程的绘本。实际上，学生参与其中，乐在其中。

（三）通过表现性任务活动，体现课堂教学的生命活力

课堂是师生共同进步的场所，它应该充满生命的活力。杜威曾提出"教育即生活"，我国教育家陶行知先生也认为"生活即教育"。所以英语课首先应该结合学生的生活实际，帮助他们创设情境，这样能激发学生学习兴趣，从而使他们乐于交流，达到综合运用语言的能力。表现性任务活动是一个很好的途径。如牛津英语四年级上册第十二单元，话题是天气。本单元要求学生不仅能掌握如何询问天气，还要了解天气变化与生活的关系。在教学中，讲授完新知后，教师可以设计这样的环节。借助中国地图进行"天气预报"。预报的形式可以一人完成，

模仿手机里的"天气预报"APP，介绍天气的同时，建议人们如何穿衣，也可以多人自编对话，进行旅游天气预报。为了表演的内容具有科学性，前置作业中教师需要提醒学生提前搜集相关信息，了解一些生活常识。总之，学生在学中玩，在玩中练，在表演中进一步体会到了天气与生活的关系。

二、多元建构评价体系，促进学生生命发展

教学目标是促进学生生命发展的，因此，其评价必须有利于教师进行诊断与调节教学活动。

评价的方式是多元的，自评、师生互评、生生互评等。评价的方式也可以是多样的。下面简单介绍几种方式。

（一）成长记录袋

教师平时可以引导学生将自己的开放性作业，如有创意单词的设计、自创的思维导图、英语手抄报、单元知识小结等等，分别收集在自己的成长记录袋里。利用活动时间，将学生的记录袋进行开放评比，互相点评，甚至可以互相交换自己喜欢的作品。这一活动不仅使学生在一点一滴中体验到自己的变化与成长，也有利于学生自信心的建立，帮助教师更好地了解学生的状况，为后续因材施教提供依据。

（二）成长记录卡

这种卡片包括常用的四种卡片。第一种"过关卡"，完成一定的任务，教师作为奖励发放的。它也是学生成长的记录，卡片上记录着收获此卡的内容，让学生能够在收获中反思、进取。第二种"免写卡"，此卡由教师发放，是学生在单词小考中得满分或是背诵课文表现优异时得到的免抄写作业的"免写金牌"。第三种"优点卡"，此卡多为教师和家长发放的，一定数量内也可以由其他同学赠予。上面写着自己的优点及被其他同学欣赏的优点。最后一种为"承诺卡"，写着自己对自己阶段学习的承诺。如学习小目标等。这些卡实际上就是自己、其他同学、老师和家长对自己的评价记录。学生们对这些卡，爱不释手，这种评价方式受到多数学生的喜爱。

（三）自制评价表

在评价的过程中，教师选择适当的项目，鼓励学生自制评价表。例如对于在

评价某项开放性作业时。鼓励学生自己设计评价表，先小组内交流，完成一个统一的评价表，再在全班交流，通过后作为全班此项任务的评价标准。由于是学生自己设计的，通常他们也会更加努力地完成好任务，对评价的意见会更容易接受。

总之，我们的教学活动应以学生为本，为了学生更好的发展，尊重学生的特性，发掘他们的创造性。整个教学活动是对教师与学生共同的陶冶与提升，更好地理解生命的意义与价值。

新课程下英语教学方法刍议

长春市绿园区春阳小学 滕 红

岁月总是在指缝间倏忽而过，年轻的时候说到"经验之谈"总会感到有些牵强，难以言状，就是以现在多年的教学阅历，仍觉得离"有经验"三个字距离尚远，在这里仅以自己有限的教学方法和教学方式与大家共勉。

【摘要】《义务教育英语课程标准》中提出，"英语课程提倡采用既强调语言学习过程又有利于提高学生学习成效的语言教学途径和方法，尽可能多地为学生创造在真实语境中运用语言的机会"，这充分指明了英语学科的教学方向，而运用怎样的途径和方法，仁者见仁，智者见智。下面我从几个方面简述一下我的所教所得。

游戏、chant 类教学活动在低年级课堂上应用广泛，因为它适合低龄学童的特点。但在高年级课堂上则不常用，师生之间缺乏互动和交流，流于传统的授业解惑，但是有活力、有感染力的课堂永远都存在于"寓教于乐"之中。小学阶段的英语知识的确是通过"习得"来获得的，但是在这一过程中，不同教学方法的运用和实施则起到了重要和积极的作用。所以我们教师不仅要"因材施教"，也应该学会"因龄施教"，即从不同的角度去钻研在不同年龄段你要运用怎样的教学活动才能更大地激发学生学习的热情，从而收到意想不到的学习效果。

在上海教育出版社六年级下册 Unit 7 Helping others 的授课中，我就考虑到由于是高年级的学生，课上会比较拘谨，不愿意发言，很容易导致课堂沉闷、无活力这样的实际情况，在认真思考后，我结合大火的抖音动作自编了一段 chant，作为课前的热身活动：

In the park ,in the park   在公园
Look like, look like   看起来像

Half an hour, half an hour   半小时

Near the lake, near the lake   在湖边

每位学生的动作毫无大孩子的扭捏，他们面带会心的笑意沉浸在欢乐之中，为接下来的授课做好了充分而又愉悦的铺垫。此热身活动的内容是本课短语的部分，它欢快活泼的基调不仅消除了学生们的紧张感，拉近了师生的距离，又复习了所学的知识，一举两得。

游戏类的设置我大致分为三个方面，集体活动通常是全班性的，以短语为主，表现形式大多为chant或歌曲，目的是活跃气氛，开启美好、欢快的授课风格，同时避免了短语学习的死板、生硬。句型的活动主要是合作模式，分散难点，加强小组团队的协作，英语能力稍差的同学也积极参与进来，互相配合，各有所得，其乐融融。简述一下我经常用的方法——粘贴句式法，即把句型的单词或短语分写成四小段，进行顺序排列，并根据此活动，演变成不同的训练方式，巩固和加强对重点句型的认知。单词的课堂活动丰富多彩，方法更是多种多样，我主要以孩子们个体形式来表现，让更多的孩子们有机会展示自己，充分调动他们学习英语的热情，感受到自己也是这个课堂的主人，融入自己的所思所想。这里给大家介绍一个"碰地雷"的游戏，教师手拿地雷的模型，学生手持单词卡片按顺序读出，教师把地雷不经意放到某个学生头上，此时这个词是不能认读的，如果学生不小心读出，大家一起说：one, two, bomb。不同的教学活动给予学生不同的学习体验，所以我们要尽可能地丰富自己的教学理念和思维，给学生呈现出精彩纷呈的课堂氛围。我们教师所有的游戏类方法都应该是围绕在教学内容的基础上，为教学服务的，要做到有实实在在的教学效果，我们绝不能为了外表热闹的课堂而丢掉了教学真正的意义，充其量那只是一场空洞的表演，所以我们必须依托教学内容这一根本方向来开展一切教学活动。

教学是一门艺术，教师是艺术家。这是我这些年教学的深刻感受。喜欢站在讲台上把每一堂课生动、有深度地展现给我的学生们。当我把晦涩难懂的语法知识点由浅入深、由点及面、步步渗透到他们认知中去的时候，他们的目光是那么真诚，让我感动；课堂教学中突然的神来之笔，学生们恍然大悟的神情，也让我很难忘；幽默、双关、借喻的教学方式是在不断教学实践的打磨中积累的经验，也有自身的感悟在其中，每当这个时候孩子们都会心地相互一笑、频频点头，我知道他们会永远记得，因为这些东西入了他们的心。

我一直记得在讲句型"How many books are there on the desk？"时，当时用的是单数句来回答，很多同学不理解，how many后面必须用名词复数，而回答怎么却用There is ... 面对学生们的困惑，我以这个班的某个同学为例做了这样的解释，当时我故作沉思状问大家："How many 张三 sare there in your class？"学生们大笑，

心领神会，争先恐后地举手回答，有的同学甚至用复数句来展现自己的与众不同。热闹之后，我告诉他们，面对这样的句子，我们是要根据实际情况来选择用单数句还是复数句的。对于教学中出现的那些需要解释和说明的问题，我一直尽可能在学生们非常熟悉的范围内开展，这样直观化、形象化的教学模式能将抽象、生涩、不易理解的语法知识极大地弱化，从而带给学生们深刻的领悟。

有些学生在名词复数的运用上总是掌握不清楚，经常忘记加"s"，为了帮助同学们记得牢固，我嘱咐大家千万别忘了复数名词后的"s"，有一次有个同学又忘了，我故意大声说，"怎么回事，s哪去了！"同学们回过神儿之后，哄堂大笑，从那以后，大家记住了这个典故，只要有人忘记在名词后添加复数，大家就笑说，"死"哪去了？！所以适度的幽默在教学中不仅仅是带来学习的欢乐，更多的是带来富有接地气、直达内心深处的那份共鸣，是与教学相长的深度融合，给学生们的体验和认知是长久的，深刻的。

英语阅读一直是学生们比较挠头的，而怎样讲好一堂别开生面的英语阅读课文对教师来说也绝非易事。阅读课文的讲授是多种教学手段的综合运用，其中多媒体必不可缺。它作为教学的辅助手段，有着多姿多彩的画面、丰富的教学容量，极大地激发了学生们学习课文的兴趣和想象力，其教学效果毋庸置疑。但是从众多的实际授课中发现，多媒体教学运用多的课堂，单纯的演示取代了师生之间的情感交流，学生们似乎成了被动的观众，这种缺乏生命力的课堂，教学效果反而大打了折扣。所以，在我看来，教法的钻研、创新、独特，依旧是我们教师教学永恒不变的主题，辅助的教学手段则是锦上添花的那一部分，二者相得益彰，那么课堂就会更加趋于完美。

对于英语阅读课文的讲授，我一直采用"自主、合作式"的学习策略，发展他们自主学习的能力，实现自我学习的个性化，同时培养学生之间的合作精神，达到互帮互助，共同进步的目的。这是《义务教育英语课程标准》提出的基本理念。在平时课堂的阅读课文授课中，我大多数运用这样的教学模式，首先以复习形式扫清单词和短语为阅读设下的障碍，然后通过学生自我总结的形式为课文中出现的语法知识点做铺垫，并用不同图形的标号标示到黑板上，如一般将来时用波浪线、现在进行时用长方形、单三形式用三角符号、名词复数用圆圈、课文中的重点句型像There be, I think 等用双重波浪线……接下来我会让学生通篇自我阅读，按照不同的图形标号找到相对应的文章句子并勾勒出来，学生们都熟知这样的操作，有的同学还用不同色彩的蜡笔进行涂描，五彩斑斓，特别悦目。一段时间过后，我会给出指令，让小组四人对照检查操作结果，纠正错误，分配好个人表达题目后进行语言操练，并以小组竞赛的方式表演你们组的学习结果。每个小组都不甘心落后，强弱相互补益，都以最大的动力和积极的状态参与其中，课堂上呈现出力争上游、欣欣向荣的教学氛围。然后再辅之以多媒体课件、动画进行细致打磨，全面加强，这样学生们对课文的认知就会更完整、更深入，尤其是抽象的语法知识在学生们不断地重复学习、独立判断、自我分析、质疑问难并认真改正的过程中得到了巩固再巩固，加强再加强，我相信随着时间的推移，他们总会有"破茧成蝶"的那一刻。

很多时候，我愈来愈喜欢上课时我的样子，学生们的样子——我们都带着青春的活力和气息，绽放着激情四射的光芒。对于我来说，这是一种深沉的快乐和幸福，美好的情感都是双向传递的，我和孩子们一起成长，成长无关年龄，无惧岁月，就让我用多年积累的教学经验为孩子们持久学习英语打开最初的那道门。

【参考文献】

[1] 义务教育英语课程标准.

自然拼读法在小学英语教学中的应用

长春市绿园区八十七中学小学部　王晓宇

【摘要】词汇学习是外语学习中最基本的组成部分。在小学英语教学过程中，伴随着词汇量的增加和书写、阅读要求的提高，许多学生对英语学习会感到紧张有困难，这些不良的情绪进而影响学生们的学习效能，产生不良循环。因此若在小学英语教学中，进行自然拼读法教学，便可以帮助学生在没有学习音标的情况下掌握字母组合的发音规律，不仅使他们能自己读出符合语音规则的单词，又能提高学生在辨音测试中的正确率，这将使他们充分感受成功的乐趣。

【关键词】自然拼读；小学英语；课堂教学

一、自然拼读法的概念

自然拼读法（Phonics）是指在没有掌握和不借助国际音标的前提下，利用英文字母或字母组合的规律，直接把所学的英语单词准确地拼读和拼写出来。它把拼写和拼读当成一个整体来对待。自然拼读法是以英语为母语的小朋友们阅读时普遍使用的一种学习方法。这种学习方法比较先进，它是通过直接学习26个字母及字母组合在单词中的发音规则，先让学生感受到字母及字母组合与发音的关系，通过系统的训练，再让学生能够做到"见词能读，听音能写"，从而快速记忆单词并进行阅读理解的拼读方法。

二、理论依据

（一）儿童认知发展理论

"儿童认知发展理论"是瑞士心理学家、生物学家和哲学家皮亚杰创建的。皮亚杰分析总结了儿童认知发展的几个不同阶段。认知发展阶段分别为：感知运动阶段，前运算阶段，具体运算阶段以及形式运算阶段。小学生的年龄一般在7到12岁，小学生在具体运算阶段的认知特点是：交际性和社会性。自然拼读法的原则是"由易入难"，从字母、音素到整体拼读，学生可以通过复习旧知识和发现新知识来掌握一种新的知识。因此在新的教学模式上，要立足于培养学生的学习能力和发掘学生学习英语的潜能上，学生学习语言的过程就是感知和理解语音和文字符号的过程。儿童对语言的理解是建立在感知语音，尤其是感知字形的基础上的。因此，儿童学习语言一定要认识字，所以离不开认读。

（二）语言迁移理论

苏联语言学教授谢尔巴说过："教师可以在非母语的语言教学过程中摒除母语，但却不能从学生的脑海里摒除母语"。从表面上看，汉语与美语是完全不同的：英语是拼音文字，汉语是表意文字。但是，汉语与英语都是人类使用的语言，两者间存在不少类似。比如，汉语的韵母及声母在一定程度上对应着英语中的原音和辅音。因此汉语拼音的发音和规律对学生学习英语自然拼读法起着积极的作用。汉语拼音与英语语音间相对应的关系可以帮助学生学习英语单词拼读。在学生学习自然拼读法时应好好利用汉语拼音到英语语音之间的语言迁移，加强教学效率。

三、运用自然拼读法的方法

自然拼读法调动了学生模仿的本能，调动了学生学习英语的兴趣。而对于在英语教学中将自然拼读法与日常的英语教学相结合的方式有如下几个方面：

（一）自然拼读融入游戏中

学习拼读是一件相对枯燥的事情，而儿童好奇多动的身心特点不太适应单纯的理论学习。所以用有趣的学习方法可以达到事半功倍的效果。因此，在课堂教学实践中，我们可以使用一些游戏的方式增添趣味性。在课堂上，可以用下面的游戏：

1. 找单词

念准单词，小蝴蝶会飞到单词所在的花骨朵上啦！（可以制作动画，蝴蝶飞到相应的花朵上。）

2. 厨师与女孩

厨师喜欢含有"oo（短）"的单词，女孩子喜欢含有"oo（长）"的单词，点点图片，把听到的单词写在横线上。

3. 动作记忆法

可以利用谐音幽默的动作帮助记忆发音，如：

c k 装年老咳嗽状发出 ck, ck, ck

e 装应声状发出 er, er, er

h 装喝水状发出 h, h, h

w 装刮风发出 wh, wh, wh

（二）自然拼读融于歌谣中

歌谣可以非常有效的运用自然拼读。歌谣朗朗上口，学生们愿意说，愿意表演。在运用字母组合 ar 时，可以用这个歌谣：I take a trip in my car.

Far, far, far.

To a barn on a farm.

Staring at the stars.

在运用 cr 字母组合时，可以用下面的歌谣：Crows cross the street.

Crabs crawl among the crowd.

The crows creep and creep.

Crack open the crab.

（三）自然拼读融入英语阅读教学

对于学习英语的小孩子来说，阅读在英语学习中起着重要的作用。我们可以采用阅读教学模式：字母发音—字母组合发音—单词读音—句子的语音语调—短文的朗读和理解。例如，学了 a 后，就让学生整体认读单词 apple；学完第一组字母后，就可以指导学生根据读音来朗读"It is an apple."等句子，并利用图片或实物来展示句子的意思。然后，再把"It is an apple."等句子放到一首短诗或一个小故事中让学生去理解，去记忆。

四、意义和作用

（一）提高了学生学习英语单词的能力

将自然拼读法用在课堂上发现，学生通过使用自然拼读法来进行英语学习后，在拼读方面有了很大的进步。不使用拼读法的学生们，在读和听到新单词时，能独立拼读或拼写出此单词的能力并不是很好。在使用自然拼读法后，明显能发现学生们词汇学习效果上的差异。由此证明，自然拼读法是一种科学有效的学习方法。学生借助拼读规律掌握了单词的发音，借助读音和拼写之间的练习促进了学生进行单词拼读和拼写的正确率。学生们运用自然拼读法去记忆单词，减轻了学习的压力，提高了学习效率，为今后综合语言运用和学习奠定了基础。

（二）激发了小学生学习单词拼读的兴趣

自然拼读法的教学方式激发了小学生学习单词拼读的兴趣。学生在词汇学习方法和策略上进行了训练，对词汇音节发音、拼写结构和词义间联系不断进行了思考，发散了思维，不再是机械死记硬背地去记忆单词。此方法运用的良好效果和成就感，激发了学生对词汇学习的兴趣和信心。这也表示自然拼读法是一种符合小学生的认知特点和心理特点的课堂教学方法。

（三）丰富了小学英语课堂教学内容

在课堂教学中教师运用对比、归纳等方式介绍字母和字母组合的发音规律，可以使用歌曲、游戏和卡片等直观的方式进行单词音节的拼读练习，丰富了小学英语课堂的教学内容。在课堂上运用自然拼读教授单词拼写的教学方式在不断的摸索和改进中，为这种方法日后的推广积累了丰富的教学经验。自然拼读法使大部分学生在学习中具备了自己识别和拼读单词的能力，学生运用自然拼读法熟练掌握了语音知识，增强了学生英语拼读的能力。自然拼读法也帮助学生记忆单词，扩大了英语拼读的词汇量，为学生在高年级英语词汇与阅读的学习打下了良好的基础。

五、结语

自然拼读法在小学英语拼读教学中发挥着越来越重要的作用，学生们在学习英语之初就掌握了自然拼读法规则，加上适当的练习，使学生遇到生词的时候就可以读准词音，提高了学生的听说能力，这为学生将来的学习奠定了坚实的基础，大大提高了学生的学习效率。

【参考文献】

[1]王媛.小学英语教学中自然拼读法的应用研究[J].学周刊，2015，（5）：P106.

[2]高敏.自然拼读法在小学英语教育中的应用[J].山东师范大学外国语学院学报2005，（6）：P62-64.

[3]王满莉.浅谈自然拼读法与音标教育在小学英语教育中的分阶段运用[J].剑南文学，2013，（2）：P390-391.

浅谈小学英语毕业总复习的有效策略

长春市绿园区双丰小学校　柳玉今

【摘要】在小学英语教学中，复习教学是师生完成教学任务的重要环节。在目前的教学，很多老师对复习教学存在着一些错误的认识，以为复习就是把所学知识进行简单的重复再现，沉迷于"题海战术"。本文结合沪教版小学英语教材的整理复习，对小学英语有效总复习的主要策略等方面进行探讨。

【关键词】小学；有效；总复习；策略

每年的六月份，小学毕业考试临近，学生们开始了紧张、有序的总复习。小学英语总复习是对小学英语知识的归纳总结和梳理的过程，是十分重要的一个环节。因此如何上好复习课一直是我们老师关心的问题，如果复习这一环节做得好，学生的考试成绩一定不错，反之，则有可能让老师的辛苦付出收效甚微。

针对这种现象，我主要从四方面做了一些探索，有一些效果，说出来和大家共享。

一、掌握科学的复习方法

1. 认真制定计划，注重复习的目标性

在制定计划前教师要吃透教材，对整个小学阶段的教学内容都要把握好。利用多长时间进行复习；学生要掌握的重点、难点有哪些；学生在学习的过程中有哪些知识点是难掌握的；采取什么措施有效地组织复习；学生对各部分内容的听说读写分别达到什么要求；要教会学生复习的方法；要教会学生怎样转变学习方式学习等等，老师都要做到心中有数、目标明确。

根据学生实际情况，针对他们在学习上的薄弱环节制定切实可行的复习计划，合理安排复习时间，精心设计好每一节有效的复习课。在复习过程中复习计划不是一成不变的，有些安排需要根据实际情况做出相应的调整，但总体计划肯定不可大变。这样可以避免复习的盲目性，教师不能想到什么就讲什么，造成个别知识点的疏漏。

2. 合理安排时间，体现复习的科学性

小学六年级英语总复习基本可以分为三个阶段，每一个阶段应有所侧重。

第一阶段：以教材为本，侧重于教材的复习与梳理。

教材课文是最基础的，复习教材课文是最根本的复习。所以我把3-6年级的教材快速地过一遍，通过教材的重现来归纳语言点，讲透语言点的运用，对各单元的知识要点进行梳理，同时应注意基础单词、词组、句型的过关，让学生对小学阶段所学的英语知识进行"查漏补缺"。

第二阶段：进行横向复习，做到点面结合。

根据各知识点的前后联系将散落于各册书中的语言点进行归纳、小结，帮助学生构建紧密联系的"知识串"。对于一些学生易混淆的知识，教师应重点讲解。

例如，我们复习数词的时候，可以连串地复习基数词、时间表达法、加减法、星期、月份以及相关的句型。复习特殊疑问句，要让学生掌握疑问词：where, when, what time, who, how many, how much, how old, what 等，明确问什么怎么回答。复习一般疑问句，要让学生明确开头的引导词是：be 动词、情态动词和助动词等，回答一般是 Yes 或 No。这一阶段的复习中，教师要防止简单的重复，避免面面俱到，应当遵循精讲多练的原则，让学生通过听讲进一步加强理性认识，通过练习在实践中掌握。

第三阶段：针对考试题型，对做题技巧进行讲解，指导学生掌握一些做笔试和听力题的要领。当然，在复习的最后阶段，对于重难点、易混淆、易出错的语言点，教师还应多加复习指导和练习。

在总复习阶段，我精选试题，不乱不滥，注重复习应考的实效性。学生做题不在多，在于精，不要一天一张试卷，要归类，要纠错。侧重对做题技巧的讲解和训练一些学生易出错的题目，指导学生掌握一些做听力和笔试的要领。比如做选择题时，教学生先分析答案，判断此题在考查什么知识点，再利用排除法在把每题的选项做比较之后，进行准确选择。还有，在训练学生听力时，要求学生的注意力要集中，遇到一时不理解的单词不要停下来思索，要消除畏惧心理，不要因为一两个单词没听懂而患得患失，要坚持继续听，防止大量信息流失。要抓住关键词，抓主要线索，抓整体。强调学生在听的时候，不要大叫，养成良好的听音习惯。讲解习题时，不要只注重订正答案，更要注重答案的分析和应用到的知识点的回顾。

二、转换学习方式，培养复习的自主性

上复习课单是老师讲，学生听和做，效果并不理想。新课标要求老师在教学中培养学生的自主学习能力。所以我们要开动脑筋，变换教学的方式方法，调动学生的学习主观能动性，让学生当学习的主人。

我让学生们组建互助小组，辅优补差。新课标要求在教学中培养学生的自主

学习能力，所以我们要开动脑筋，变换教学的方式，调动学生的学习主动性，让学生当学习的主人。在复习过程中，我们可以用小组合作的方式，发挥优秀学生的带动作用，通过学生小组学习（一帮一），一起归纳总结，一起分享学习的方法和成功的经验，一起完成老师布置的复习任务，这种方法是很有效的。在复习阶段，我采取女生帮男生，给他们考单词，背句型，听歌曲。这种互助模式大大提高了英语复习效率，学生自己发现各自的优缺点。这种手拉手学习方式，帮助后进生找回了英语学习自信心，让优等生更上一个层次。

三、讲究因材施教，注重活动开展

因学生中两极分化现象比较严重，因此在复习过程中，可以采用分层分类复习，对不同层次的学生提出不同的要求，帮助不同层次的学生获得不同的提高和收获。对基础较差的同学重点放在基础知识的复习上，对于一部分尖子生重点放在能力的培养和知识的综合运用上。

同时我们要注重活动开展，营造英语后继学习氛围。

我们学校有一个传统，在每学期期末举行三到六年的英语百词竞赛。单词竞赛前，学生们纷纷进入了紧张的读单词、记单词、背单词的"内战"中，大家你追我赶，争当优秀。教室里，常常可见学生三五成群围在一起，你考我来我考你，个个情绪激昂、人人充满自信。操场上，有的学生手执书本，口中念念有词；有的学生结成学习配对，你考考我，我考考你……校园里显得那么和谐、那么团结向上，大大提高了英语单词复习的效率。我们会表彰年级第一名的班级以及个人满分的学生。学生手拿奖状的那一刻，我明显感受到他们内心的喜悦和激动以及其他学生的羡慕之情。通过竞赛，我看到了学生的进步、学生的成长。竞赛活动激发了学生学习英语的兴趣和动力，营造和谐、紧张的后继学习氛围，提高学生的学习质量。

四、营造轻松氛围，提高复习的趣味性

新课程强调，教学过程应该是"师生交往、共同发展的互动过程"，而课堂互动往往是通过教学细节来实现的。教学细节推动师生课堂有效互动。我认为，

细节虽小，但在教学过程中的功能和作用，在促进学生发展中的意义和价值，却举足轻重。总复习阶段时间紧、内容多、难度大，要达到最好的复习效果，真的不容易。如果我们在复习的过程中得不到学生的配合，那么老师的水平再好，热情再高，复习计划制定得再周密也没用。因此，我们要注重英语复习的趣味性，英语复习课也可以像我们的新授课一样通过游戏、故事表演、唱歌等去激发他们的兴趣。这样一来，我们的英语复习课就不再枯燥无味了，学生也能够快乐的复习，效果自然提高了。

探索小学毕业总复习的有效策略是重要的，必要的，有着实际意义的活动。无论是学生，还是教师都能从中受益匪浅。以上主要是我在小学毕业总复习活动的全程探索，是不是对你真的有效，实在不好说。有一点，老师和学生都应该明白：考试的成绩固然重要，却不是唯一重要的，能在整个复习过程中让孩子更多地了解自己的学习状况，今后的学习应该更注意什么、加强什么、改进什么，复习的价值就已经不浅了，我们关注考试，但更关注考试之外的收获。

【参考文献】

［1］吴智丹.小学英语复习课的若干思考［J］.中小学外语教学，2009（6）.

［2］张文炽.实施合作学习，发挥优势互补［J］.小学英语教学，2003（5）.

［3］王蕴芬.优化设计提高小学英语复习课的有效性［J］.小学教学设计，2010（2）.

论英语教学设计中的审美意境

长春市绿园区宁静小学　　魏丽丽

【摘要】 真正要使一节英语课生动有趣，使学生"乐学"就需要注重审美设计。古今中外许多的学者与教育家都十分重视审美在教学中的应用，如柏拉图、孔子、蔡元培、朱光潜等等，我们认识到英语作为一种交际工具已被越来越多的国家所重视，所以给学生创造一块养料丰富的土壤，让他们每个人都有一棵千般美丽，万般风情的心灵之树，让学生感受英语美，鉴赏英语美，创造英语美。

【关键词】 英语教学；审美意识；审美体现；审美体验

一、英语教学中的审美意识

教育的目的、规律、原则；教学的环节、方法、设计等，是一个纷繁的教育学科体系，怎样把握，捕捉鲜活的一面，搜寻保持教学始终充满生机的方法，那就是——审美。

美的形态万千，审美教学亦在其中。比如我们生活在大自然中，自然千姿百态，异彩纷呈，美的享受尽在自然之中。正如孔子所说"智者乐水，仁者乐山"。自然美指自然界中自然物与自然现象的美，如何理解"一花一世界，一叶一菩提"，要有审美的眼光，丰富的想象和联想能力，文化底蕴也必不可少。艺术美存在艺术作品中，是艺术家们按照一定的指引创造而得给人以深的感染力，英语教学中给我们感受最深的莫过于语言艺术美。而对于艺术美我们又要"入乎其内，出乎其外"正确引导。

二、英语教学中的审美体现

在英语教学中，教师为主导，学生为主体，教材是一个媒介，使师生传递知识、交流知识，也拓展知识。审美教学之中，教师则是"立美"主体，学生是"审美"主体，教材则是美的承载与传播，是审美对象。

英语教学首先可以体现一名优秀教师的人格之美，人格是人的思想，品德和情感的统一体。中国现代著名教育家丰子恺曾经说过，圆满的人格就像一只鼎，真善美好比鼎的三足，缺了一足鼎必然立不成，从根本上体现"为人师表"，如孔子所说"其身正，不令而行；其身不正，虽令不从"。以一种积极向上健康的个性特征来感染学生，把自身独特的个性，如一眼活泉自然流露出来。无论是自信型、思考型、安静型、严肃型、谨慎型、活泼型、自我型都要体现人格之美；其次，英语教师有着行为之美，优美的仪态包括英语教师在教学活动中衣着服饰、仪表举止、容貌姿态等，对教育有着一定的影响作用，特别是处在模仿期的学生，教师美的行为必能给学生以深刻的印象，课堂有时就是教师一个展示的舞台，着装的朴实整洁，举止的稳重儒雅，谈吐的文质谦逊，态度的善良和蔼可以给学生一种美的力量，陶醉其中。英语教师的言语之美，特别是口语具有重要的作用，集教育性和启发性于一身，在注重口语科学典雅的同时，又常常用一些贴近生活的通俗口语，恰当运用幽默。可在文化氛围中添上一些温情。比如，英语教师在学生回答问题时鼓励地说："Who can try？ Can you try？ Try again！"回答完问题时及时表扬说："Good! Very good! You are clever!"等等。眼睛，是心灵的窗户，是一个人深层心理的自然表现，教师在课堂中如眼神这样的态势语也能体现与学生的交流。以上，我们可以得知教师具有人格之美，行为之美，这些都要在教学过程中表现出来，具体的体现在课堂活动之中。在设计教学之时，教师自身之美的发掘要融入其中。

三、英语教学过程中的审美体验

教学过程设计简单地说分为热身设计、复习设计、新授设计、游戏设计、板书设计、结语设计、作业设计等，我们在前面两部分中认识了审美活动又发现了英语教学中内在的美的因素，如何应用到具体的课堂中是我们要解决的。下面我们从这样一段导语开始："Dear boys and girls, now let's sing the song and do some actions."一句简单的指令，让学生带着愉悦的心情，开始一节快乐的英语课，同时也有用一段精美的FLASH动画创设情境。所谓万事开头难，一个美丽的邂逅才有更美的亲近和所得。热身的设计可以落英缤纷，可以花团锦簇，目的都是创设情境、激发情趣，帮助学生进入审美，让学生有审美期待。精心设计教学目标要有层次性，使学生由直观的感性认识到深入内部，发现艺术真谛，如教读。

板书之美，不仅美在形式，更美在脉络，当华美的叶片落尽，生命的脉络才清晰可见。

板书记载的是一节课的流程，就像一个导游，在览遍风景之后，把亮点永远留在你的记忆之中绝不是简单的文字拼凑。

结尾之美，好的开端要有好的结尾相映衬，方不感遗憾。结尾之处可以达到妙不可言的境界。音乐之极有"余音绕梁，三日不绝"，课堂结尾更应追求艺术性和愉快性，把学生从身心疲劳的状态中唤回，再次激发学生的兴趣。

四、总结

英语教学中的美我们可以说出一串情感美、形象美、动态美、意象美、和谐美、情趣美、朦胧美、雄浑美、婉约美、平淡美、豪放美、含蓄美、直率美、意境美、音乐美、精炼美、格律美、绘画美、排列美、色彩美、结构美、细节美……正如别林斯基说"美是从灵魂深处发出的"。

【参考文献】

[1]李泽厚.华夏美学[M].天津：社会科学院出版社，2001，11.

［2］北京大学哲学系美学教研室．西方美学家论美和美感［M］．北京：商务书馆，1980，5．

［3］朱光潜．文艺心理学［M］．上海：复旦大学出版社，2011，12．

［4］宗白华．美学与意境［M］．北京：人民出版社，2009，3．

［5］（英）David Nunan．交际课堂的任务设计［M］．北京：人民教育出版社，2000．

［6］（英）理查兹．论语言教学环境［M］．北京：外语教学与研究出版社，2001．

小学英语单元整体教学设计的实践与思考

长春市绿园区教师进修学校　王微微

【摘要】"小学单元整体教学"是在《英语课程标准》的基础上，老师通过认真学习每单元教学的目标要求，对教材和学情作认真分析，针对单元的教学内容作全面考虑，整体组织教学内容和设计教学方法；通过对教材深入透彻的把握，科学合理地整合整个单元的教学时间和教学内容，让教学内容在有限的教学时间里发挥它的最大效益。本文通过笔者在教学的长期实践，使用行之有效的策略对单元中的各部分加以整合，挖掘教材中各知识点的联系，从而更高效地提高课堂教学的实效性。

【关键词】单元整体；设计实施；意义

从2001年新课程实施以来，我们发现随着对新教材的使用，长春市小学英语教师在教学观念、教学方法和技术等方面发生了深刻的变化。然而我们可以发现传统教学中单元各个板块的教学还是存在着一种"本位"思想，从现在的教学现状来看，还是有许多教师"本位"的思想根深蒂固，"全局"的观念比较淡薄，"各自为战"成家常便饭，单课教学却非常"繁荣"。现行《牛津英语》教材是按"话题—功能—结构—任务"体系编写的，每个单元围绕一个话题展开语言训练。教材是相对固定的，教学情境却是经常变化的。

这就要求教师根据某一个单元，着重研究牛津英语新教材单元整体教学的策略，整体制定该单元的教学目标要求并细化其分课时的具体目标，整体组织单元的教学内容，整体安排单元教学时间，整体设计单课教学过程和方法，整体设计相关的单元主题活动作业并进行评价反馈，在评价基础上再次反思重建。

基于学科核心素养的课堂教学实践研究——小学英语

为了更好地实现教学目标，不仅课堂教学离不开教学设计，单元教学内容的教学同样也离不开整体设计，由此提出单元整体教学设计。该教学设计有利于小学英语教师整合时间资源，有利于教学效率的提高，更有利于学生合理认知该牛津教材单元内组块的建构，促进小学生英语语言综合能力的整体发展。同时，由于在实施英语单元整体教学法时，教师要考虑教学目标的整体性、话题内容的整体性、语言知识的整体性、练习活动安排的整体性及能力培养要求的整体性。这就要求教师对某一单元、某本教材，甚至某套教材都有高度的整体把握能力，单元整体教学设计也可以让教师的技能得以提升，而且使教师的"教"和学生的"学"两个方面都受益非浅。

一、什么是单元整体教学设计

单元整体教学设计是指教师在对课程标准、教材等教学指导性资源进行深入地解读和剖析后，根据自己对教学内容的理解，以及学生的情况和特点，对教学内容进行分析、整合、重组，形成相对完整的教学主题，并以一个完整的教学主题作为一个单元的教学。这里的单元是一个教学主题，由若干节具有内在联系的课所组成。这些具有内在联系的若干节课相互间形成一个有机的教学过程，其知识、方法、态度等内容也集合成了一个统一的板块，不能简单理解为单元就是"教材的单元"。一个教学单元应该有多大，并没有严格的规定，要根据目标、内容、学生发展的需要等方面来确定。

二、为什么要进行单元整体教学设计

目前，老师们的教学设计大多拘泥于单课时内容的就课论课，一方面缺少了整体上的把握，另一方面对各种教学要素的选择和应用缺乏回旋余地。因此，"单元教学"跟传统的单课时教学的一个明显的区别在于，前者是系统教学，后者是先分散后总结式的教学。英语新课程提出的知识与技能、过程与方法、情感态度与价值观三维课程目标，是一个相互联系、相互渗透的整体，是学生在学习活动中实现科学素养提升的多个侧面。从一般意义上说，教师的每一堂课都应当体现知识与技能、过程与方法、情感态度与价值观三维目标，因为这些目标是难以分割地融合于一体的。但是，就一堂具体的课堂教学而言，又有一个更需要突出什么目标的问题。有的课程内容宜通过"亲历过程"获得方法的启示，就可以突出"过程与方法"目标；有的课程内容蕴含丰富的思想道德因素，就可以着重进行"情感态度与价值观"的教育。那种将三维目标不加分析机械地套用在每一堂课上的做法，并不是很妥当。笔者认为，在实际教学中，要全面关注三维目标并将它们整合于统一的教学过程之中；落实三维目标的基本单位不应当是一节课，而应该是一个单元。

三、如何实施单元整体教学设计

1. 吃透教材，构建单元主题

教材作为构成教学系统的最基本的要素，是教师"教"和学生"学"必不可缺少的重要载体。但在课程改革中，最现实的问题之一是如何实现三维目标？因此，在实际教学中，教师就不能照本宣科地"教教材"，必须从三维目标的实现的根本立场上去认识和建构教学的单元。也就是说，教师必须从教材中的单元走出来，将其转化、重组或重新建构为适宜学生科学素养提升的教学单元，"用教材去教"。如牛津小学英语教材编写的总体思路是以话题为纲的，它主要以交际功能和语言结构为主线，逐步引导学生运用英语完成具有实际意义的语言任务，即"话题—功能—结构—任务"相结合的编写思路。所以当教师进行单元教材分析时，就很容易发现牛津小学英语教材的每个单元都是一个专门的话题。而且在这些单元话题中，很巧妙地安排了相对应的语言结构和交际功能。同时，教材又会为每一个话题设计出相关的语言知识学习任务，让学生在完成语言知识学习任务的过程中掌握话题所要求的语言知识项目，并形成相应的语言运用能力。例如，五年级英语上册的10个单元，每一个单元的教学内容都是围绕着一个专门话题，因此，围绕这个主题把整个单元的各项目标加以整合，再分别把教学目标分配到各课时中，逐一落实，各个突破，就能达到"每课有得，所得不同"的目的。

2. 围绕主题，制定单元设计

一个有效的单元教学设计不能是教材内容的简单呈现、识记或操练，它应该围绕着一个主题展开，并且由浅入深、层层递进地设计。

下面是笔者对《牛津小学英语》5B Unit 4 为主题的单元设计：备课组在初始

确定了整体设计的思路，本单元的标题为"An English friend"。以"Friend"这个中心词为切入点，根据不同的教学内容，分别确定了每节课的教学主题。第一节课紧扣 A 板块语篇内容，把单元标题"An English friend"定为该课课题。第二节课 B、C、D 板块没有一个完整的情景，为了有效组合三个板块的内容，给学生创设一个真实的、贴近他们生活的情境，把"QQ friends"作为课题。第三课时为充分体现运用、交际，将课题定为"Making friends"。从"An English friend"到"QQ friends"，再到"Making friends"，多元、贴切的目标层层递进，由浅入深，积极有效，实现了对知识的感知、强化与运用。帮助学生在生活化的情景中，不断地接纳知识、吸收知识、回味知识、运用知识。

四、单元整体教学设计的实践意义

1. 有助于学生构建知识

单元教学的着眼点是"单元"。从教学内容看，单元教学以一个"单元"为相对独立的教学单位，强调从单元这个整体出发设计教学，突出内容和过程的联系性和整体性。从教学目标看，单元教学是一个相对完整的过程，在这个过程中，三维目标的有机融合和有效落实问题逐步得以实现。从教学方法看，单元教学不是对单元内各课题平均使用力量，而是依据学生的认知特点和某个单元的教学内容，设计合理的、有一定思维梯度的科学学习过程，注重学习的阶段性和层次性，避免了传统课时教学的随意性与盲目性。

2. 有助于教师不断完善自身的智能结构

对英语教师而言，显然单元教学设计比传统的单课时教学设计更具有挑战性。通过单元教学，教师的教学设计视野从单课时的微观范畴转向更为宽阔的单元宏观范畴，能够从单元整体上把握教学目标、内容和方法，有利于使宏观层面的课程目标落到实处，同时又能使单元内的课时教学变得更加富有弹性，有利于优化教学效果。

要想取得单元整体教学的实效，还需要以教师深厚而广博的积淀，准确而丰赡的理解，完整而深刻的把握，巧妙而精到的点拨作为支撑，否则难以在一个单元里，以及更大的英语学习范畴里，游刃有余，以简驭繁。在实践中，我们尽管积累了不少实践经验，但毕竟历时不长，有失全面和深刻，离课堂教学的理想境界——简单化、艺术化、精良化与高效化，还有很长的一段路要走。不过，我们相信：

坚持"单元整体教学",最终会实现整体提高英语素养的目的。我们坚信:生命,因丰富充实而延长;英语,因驻扎心灵而永生。

针对学生个体差异确定有效教学策略

长春市绿园区绿园小学　杨晓涵

【摘要】教学过程中教师要充分认识到学生的个体差异,要尊重学生的个体差异,为每个学生的个性张扬无偿提供创造各种机遇、条件。教育的目的不是因为有个体差异而消灭差别,而是在承认个体差异的基础上鼓励个性的发展。教学中要做到面对有差异的学生,实施有差异的教育,因材施教,促进有差异的发展,以达到提高学生的科学素养的目的。

【关键词】个体差异,尊重差异,因材施教

以人为本、关注学生差异,为每个学生提供适合的教育是重要的课程理念。在对待学生差异方面,有的教师更多地考虑和顾及的只是他们的可接受程度,强调教学过程中针对不同层次的学生呈现相应的教学内容,然而在利用个体差异方面显得匮乏。我们说,学生是重要的教学资源,学生差异同样也是重要的教学资源,善于利用学生差异,有助于提高教育教学质量,使教学收到良好的效果。

一、什么是差异化教学

美国学者 Diane Heacox 认为,"差异教学"是指教师改变教学的进度、水平或类型以适应学习者的需要、学习风格或兴趣。其根本目的是让学生能以自己的方式,谋得自身的最佳发展,获得相对于自己的学业成功.

我国华国栋教授认为"差异教学是指在班集体教学中立足学生差异,满足学生个别的需要,以促进学生在原有基础上得到充分发展的教学。"因此,差异化教学就是在建制班教学中,利用和照顾学生个体差异,建立在教育测查和诊断基础上的一种"保底不封顶",促进学生最大发展为教学目标和多元化弹性组织管理的教学方式。

二、产生个体差异的原因

在我们平日平常的教学中，课堂上常常出现学生发言不积极的现象，有时甚至一个问题出来，课堂上却鸦雀无声，见不到一只举起的手。有时也会部分学生沉默，部分学生却十分积极，表现出了个体差异；在同一个班级，同一个老师讲课，同一节课上不同的学生接受知识的快慢程度是不同的，表现出了个体差异；我们也知道，一个班的学生成绩检测有高有低，甚至差距很大，也表现出了个体差异……通过平日教育教学工作探讨和研究，笔者认为产生个体差异的原因很多，其主要有以下方面：

1. 个体智力水平不同产生了学生的个体差异

智力主要是指人的认识能力和实践能力所达到的水平。智力主要包括观察力、记忆力、思维能力、想象能力与实践活动能力。统计材料表明：少年儿童中一般情况下智力超常与智力低下者各约占3%。西方国家通常采用智力测验的方法来鉴别智力发展水平。测定智商的公式是：IQ（智商）= MA（心理年龄）CA（生理年龄），智商在140以上者为智力超常儿童，智商在20以下者为低能（弱智）儿童。显然，智商的测定是否科学关键在于心理年龄怎样测定，某些测验的合理程度这里不去讨论，而一般认为智力超常与智力低下者是极少数，这是符合实际的。对于智力差异来说，有的学生学习速度快，接受能力强，实践能力也强；有的学生反应较慢，理解能力差，实践能力也弱。学生注意力也有强有弱，记忆力强的学生记得快，记得久，且记忆方法得当；记忆力弱的学生识记时花费的时间和精力多，并且容易遗忘。可见，学生在智力发展上有差别是客观存在的。

2. 兴趣爱好和习惯不同产生了学生的个体差异

学生对不同学科的学习兴趣是不同的，对某一门学科越感兴趣的学生，学习就越起劲，而且学习信心越足，学习成绩也会越来越好。学习兴趣也能弥补智力上的不足，有了兴趣就能把艰苦的学习变成快乐的学习。还有一些学生则对学习不感兴趣，学习对他们说无异于一种苦役，学习没有信心，投入的时间、精力也不够，学习效果不言而喻。至于学习习惯，有的学生喜欢早上学习，而有的学生喜欢开夜车；有的学生有好的学习惯，课前把一切准备好，有一个好的精神面貌，上课严守纪律，专心听讲，主动积极，大胆开口，课后自觉复习、朗读、背诵、记忆；有的学生则没有好的学习习惯，学习上松松垮垮，不紧不慢，无精打采。因此，学生的兴趣爱好和习惯不同直接产生了学生的个体差异。

3. 家庭背景因素也产生了学生的个体差异

有关资料研究表明：不同的家庭背景儿童行为问题发生率不同，不同的家庭教育方式其儿童的行为问题发生率也不同，家庭教育起着特别重要的作用。这是因为家庭是孩子生活的基本环境，父母是孩子的第一任老师，孩子同家长朝夕相处，家长的一言一行都起着潜移默化的作用，家长对孩子各方面发展的影响是最直接、最长久、最深刻的。

4. 教师的教育理念误区会产生学生的个体差异

教师在教学过程中默许分化现象，总认为个体差异是不可避免的自然现象，人为改变不了的。这想法，实际上就默许了差距，导致差异变大。

5. 教学过程中备课忽略学情产生了学生的个体差异

教师在备课时很少考虑本班的实际情况，也就忽略了个体差异。

三、确定有效教学策略

1. 设立学习小组，构建互帮单元

对于一个班集体，我们可以有意识地将学生划分成若干个学习小组，利用小组内的学习水平差异，形成交流合作、相互帮助的学习单元。为方便起见，在学生座位的设置上，一般前后两排相邻的四个学生为一个学习小组。在学习小组构成上应尽力做到"同组异质，异组同质"，即保证各个小组包含有不同层次成绩的学生，不同小组之间学生的学习水平又是相对平衡的。

2. 借助朋友关系，实现共同进步

现实世界中，由于性格、爱好的相近性或其他别的因素，某些人会走到一起，形成朋友关系，甚至是很要好的朋友。同学间的朋友具有较深的感情，可以成为较好的学友关系，在他们中间往往又存在有学习能力和学习水平的差异性，这些差异性也是很好的教学资源，利用这些可以实现相互间的共同进步。我们都有这样的体验，朋友间常聚一起，谈说、交心会成为常态，没有心理负担，可以畅所欲言。这样，在朋友间，成绩较差的敢于向成绩较好的朋友请教、提问，优生更乐意帮助较差的同伴，形成小的"学习团队"。

3. 倾听学生建议，做好有效预设

有效的课前预设是课堂教学成功的基础和关键。备课环节，不仅要教师备教材，对所授内容深刻理解，还要备学生，分析学生的现状，找准教学起点，从而实现科学设计教学方法，合理安排教学结构的目标。现代学生观强调，在教育教学中要承认和接受学生个体发展的差异性，因材施教，促进不同学生的发展。这就要求我们在备学生时，必须考虑到不同层次的学生。一定意义上讲，适合学生的教育是最好的教育，学生认可的教学方法才是最好的教学方法。所以，教师要考虑到不同层次的学生，对不同层次的学生有足够的了解，除分析在构建新的认知结构中，不同的学生可能会遇到的障碍外，教师还要对各类学生的需求是什么，各类学生喜欢什么样的教育教学方式等，力求做到心中有数。

4. 尊重个性差异，善待所具特征

学生差异，既包括学习水平的差异，也包括了个性特征的差异。个性差异可能带来有个性化的学习方式，尊重学生具有的各自学习方式，是现代学生观的体现。个性化的学习方法和策略可成为有价值的教学资源。教师应善于利用个性化的学习方式资源，允许不同个性特征的学生选用适合自己的方式学习。如在巩固、记忆新的知识时，可以有不同的方法和途径，有些方法在教师看来是最好的，但不同的学生却会有不同的感受，有的学生喜欢手脑并行，在手写的过程中强化记忆了新的知识，有的学生记忆力较强，单凭几遍阅读就可记住。优化的学习方式对不同的学生一般是不尽相同的，教师要注重对学生各自优化的学习方式的研究，做好相应的指导，不要把自我肯定的学习方式硬性地强加于学生，要鼓励学生选择适合自己的学习方式。

总之，教学过程中教师要充分认识到学生的个体差异，要尊重学生的个体差异，为每个学生的个性张扬无偿提供创造各种机遇、条件。教育要求面向全体学生，促进学生生动、活泼、主动地发展，其目的不是消灭差别，而是在承认个体差异基础上的鼓励个性的发展。面对有差异的学生，实施有差异的教育，因材施教，促进有差异的发展，以达到提高学生的科学素养的目的。只有这样，我们培养的人才能是适应社会、主动接受社会挑战、立身社会、创造社会的人才。

【参考文献】

［1］（美）荷克丝.差异教学：帮助每个学生获得成功［M］.中国轻工业出版社，2004.

［2］华国栋.差异教学论［M］.北京：教育科学出版社，2001.

［3］基础教育课程改革纲要.

[4] 论现代课堂教学中学生的个体差异及其教学策略.

[5] 教学中学生的个体差异研究——从适应到超越.

提升小学生英语口语能力的教学

长春市绿园区正阳小学　马龙丽

【摘要】随着现代社会的发展,英语口语的运用越来越广泛,在小学英语教学中,也开始重视英语口语表达能力的培养。本文主要从结合课堂物品,设计口语交流活动、结合图画内容,设计口语表达环节、结合生活情境,设计口语交际活动等方面探讨提升小学生英语口语能力的教学方法。

【关键词】小学英语;口语能力;培养方法

在小学英语教学中,口语教学是非常重要的教学内容,教师需要让学生能够流利地用学过的句子表达自己的想法,让学生能够对一些陌生的英语单词进行阅读。因此,教师在英语课堂上需要通过对口语教学的设计来提升学生的口语能力,促进学生在课堂上口语表达能力的提升和进步。

一、结合课堂物品,设计口语交流活动

在小学英语教学中,教师可以通过结合课堂物品,设计口语交流活动的方式来进行英语口语教学。即在课堂上为学生展示出一些实物,让学生根据实物进行口语对话交流。这样通过实物来为学生提供口语交流的机会,让学生能够根据实物表达出自己所学的英语句子,学生在口语对话交流的过程中,便逐渐能够提升自身的口语表达能力。

我在为学生授课《It's cheap.》这节英语课的时候,在课堂上为学生展示出了一些带有价格标签的真实物品,有钢笔、篮球、书包、文具盒、相机等等。展示出这些物品之后,我便让小学生根据这些物品及价格进行对话。其中一位学生拿起一支钢笔说:"I got a new pen. It's blue and white. This pen is very nice."另一位

同学问道："Is it expensive？"之前的同学回答说："No, it's cheap. It's only 10 yuan."这位同学说："Oh, great. I'll buy one, too."可见这一组学生根据实物进行口语交流是比较顺利的。还有一组学生围绕书包展开对话，一位学生先说道："Let's buy a schoolbag! Which one is good for you to use？"另一位学生，打量了一下讲台上的这些物品，说道："I like this big red schoolbag."之前提问的学生回答说："I'll buy it for you."从学生们运用英语句子进行交流的过程中可以看出学生在此课堂中能够根据提供的实物进行口语交流，交流过程中也能够运用课上所学的句子进行对话，这也达到了锻炼学生英语口语表达能力的目的。

二、结合图画内容，设计口语表达环节

在小学英语教学中，教师还可以通过结合图画内容，为学生设计口语表达的环节，以此培养学生的口语表达能力。结合图画内容是指教师可在教学过程中为学生展示与教学内容相关的图片，让学生通过观看这些图片上的信息来进行口语对话，从而在对话交流的过程中形成良好的口语表达能力。

我在为学生授课《He shouted,'Wolf, wolf!'》这节英语课时，在电子交互白板上为学生展示出了几幅卡通图片。其中第一幅图片中一个人站在水中，图片上写着"shouted"；第二幅图片中一个人朝着水中的男孩跑来，图片中写着"run"；第三幅图片中水中的男孩捂着肚子嘲笑另一个跑到水中的男孩，图片中写着"laughed"；第四幅图片中跑过来的男孩正在训斥水中的男孩，图片中写着"said"。在展示出这些图片之后，我问学生："从这些图片中你们知道这是一个什么样的故事吗？大家跟自己的同学一起用英语来说一说吧。"其中一位学生代表水中的男孩，先说："Help! Help!"另一个要救人的学生说："Don't be afraid. I'll run to save you."接着代表水中男孩的同学说："Ha ha ha! You're so foolish. I just lied to you!"救人的学生说："No one will believe you when you lie all the time."从学生的对话过程中可以看出，学生在课堂上能够根据图片中的信息进行口语交流，由此过程中，学生的口语表达能力也在逐步提升。在学生以图片中的内容进行对话之后，我又让其他同学根据此图片以讲故事的方式说出图片中的信息。其中一位学生说道："There is a boy. He always lies and plays tricks on people. One day, he stood in the water and shouted:'Help, help!' Another boy heard

专题四 探索与发展

the call for help and ran over. He jumped into the water to save the lying boy. The lying boy laughed and said: 'Ha ha ha! you are so foolish.' The cheated boy was very angry and said: 'No one will believe you when you lie all the time.'"从这位学生按照图片进行口语表达的过程中,也可看出图片能够提供给学生口语表达交流的机会,让学生在课堂上充分进行口语交流。

三、结合生活情境,设计口语交际活动

为了能够提高小学生的口语表达能力,教师在小学英语教学中,还可以通过结合生活情境的方式,为学生设计口语交际活动。即让学生根据生活中常见的现象和情境来进行口语表达,从而使学生的口语表达能力得到提升。教师可以在教学中运用授课内容相关的生活情境来让学生组织语言进行口语交际,使学生在口语交际的过程中锻炼学习的英语句式。

在我为学生授课《What's the time?》这节英语课时,便让学生以生活中的情境展开对话交流。情境内容为:一个小孩非常想看动画片,但是妈妈说要在晚上 8 点才能看,于是孩子一直询问时间。在生活情境设定好之后,学生便开始在课堂上进行对话交流。其中扮演孩子的学生说:"Mom, I want to watch cartoons."扮演孩子妈妈的同学生说:"The cartoon doesn't start until 8 p.m."扮演孩子的学生接着问道:"What's the time now?"扮演妈妈的同学说:"It's 2 o'clock."这时,另一位扮演妹妹角色的同学说:"Let's play, Tom."扮演孩子的学生说:"OK, let's run. I'm a small train."过了一段时间,扮演孩子的学生又问:"What's the time, mom?"扮演妈妈的学生回答说:"It's 6 o'clock."接着孩子又问:"What's the time, mom?"这次,扮演妈妈的学生回答说:"It's eight o'clock. Let's watch cartoons."从学生的口语表达过程中便可以看出,结合生活情境进行口语交际的方式,能够调动学生的口语表达积极性,促进学生在口语交际过程中英语表达能力的提升。

综上所述,在小学英语口语表达的教学中,教师要提升学生的口语能力,需要为学生提供口语交际的机会。教师可以通过结合课堂物品,设计口语交流活动的方式,让学生根据真实的实物进行口语交流;还可以通过结合图画内容,设计

口语表达环节的方式,使学生根据图画中的场景进行口语交流;还可以结合生活情境,设计口语交际活动的方式,使学生以生活中的情境为基础进行口语表达。这些方式均能锻炼学生的口语表达能力,使学生在小学英语课堂上的口语交流越来越顺畅。

【参考文献】

[1]周小荣.农村小学英语对话教学现状的调查研究[J].惠州学院学报,2017,37(02):124-128.

[2]张萍.谈农村小学生英语口语表达能力的培养[J].西部素质教育,2016,2(22):181.